향산 변정환 선생의
시대적 위상과 학문세계

대구한의대학교 향산교양교육연구소 편

보고사
BOGOSA

香山 卞廷煥 先生 近影

대구한의대학교 총장 재임 시 모습

대한한의사협회 명예회장 재임 시 모습

향산 변정환 선생 연보

[출생]

1932.07.22 : 경북 청도군 이서면 홍선2길 39-5 출생

[학력]

1939~1945 : 이서초등학교 졸업

1945~1950 : 흥인당 한문학전수(사서삼경) 5년간

1952~1955 : 영남고등학교 제4회 졸업

1955~1959 : 경희대학교(동양의약대학) 졸업

1955.04.25 : 국립국악원 1년 수학(시창)

1957.05.20 : '唐詩精解' 번역 작업 참여(任昌淳 著)

1959.04.15 : 대한민국 한의사 제9회 국가고시 합격

1959.07.22 : 보건사회부 한의사면허 취득

1964~1965 : 영남대학교 경영대학원 경영학석사과정 수료

1967~1970 : 경희대학교 대학원 한의학석사학위 영득

1980.04.30 : 중화민국문화대학 명예철학박사학위 영득

1981~1985 : 서울대학교 대학원 졸업, 보건학박사학위 영득

1982~1986 : 경희대학교 대학원 졸업, 한의학박사학위 영득

1983.07.25 : 국토통일원(평화통일정책 자문회의) 연수

1986.07.31 : DEPARTMENT OF CONSUMER AFFAIRS CA91206

1987.07.06 : 정신문화연구원(대학교육협의회) 연수

1993.10.07 : DIPLOMATE OF CHINESE HERBOLOGY OF THE NCCA

2003~2004 : 대구시 무형문화재 보유자 권일지/ 시조창 1년여 수학

2010~2011 : 국가 무형문화재 보유자 김경배/ 시조창 1년여 수학
2013.12.04 : 태국 아세아 스카라대학 명예경영학박사 영득
2013~2017 : 대구시 무형문화재 전수교육조교 및 국가 무형문화재
           이수자 김향교 / 시조창, 가곡시창, 한시창, 가사 5년 수학

[경력]

1959~1986 : 제한의원(濟漢醫院) 원장, 제한한의원(濟韓韓醫院) 원장,
           제한한방병원(濟韓韓方病院) 병원장
1969~1974 : 경상북도한의사회 회장(중임)
1970.12.26 : 세계 최초의 한방병원(제한한방병원) 개원
1971~1987 : 재단법인 제한동의학술원 이사장
1972~1988 : 한국 한시연구원 이사장
1972~1979 : 통일주체국민회의 초대·2대 대의원
1973~1977 : 세계침구학술대회(3,4,5) 의장·한국대표
1975~1976 : 국제라이온스협회 대구클럽 제15대 회장
1975~1986 : 제한장학회(재단법인 제한동의학술원) 회장
1976~1986 : 황제의학사(계간동서의학) 사장
1976~1980 : 국제동양의학회 초대·2대 회장
1977~2023 : 제풍제약사(전 동해제약사) 사장
1977~1979 : 삼성장학회(이서중·고등학교) 회장
1979~1981 : 국민정신계발연구원 이사장
1980~1981 : 사단법인 대한한의사협회 협회장
1980.09.16 : 대구한의과대학 설립 인가(교육부)
1980.09.25 : 국제동양의학 세계학술대회 대회장
1980.09.30 : 세계중의학(1차) 학술대회 한국대표단장
1980.09.25 : 한의사국가시험 출제위원 위촉
1980~1986 : 학교법인 제한학원 설립, 이사장

1981.08.05 : 평화통일정책자문회의 의원

1981.09.20 : 전국한의학학술대회 명예대회장

1981.12.23 : 대구직할시 시정자문위원

1982.04.06 : 범국민올림픽 추진위원회 수성구 위원장

1982.02.01 : 중화민국 중의약연구소 특별회원 추대

1985~1986 : 국제라이온스협회 309-D지구 제11대 총재

1985.10.17 : 새마을운동·문고 대구시 지부장

1985.10.20 : 라이온스 봉사은행설치, 은행장

1985~1986 : 국제라이온스협회 한국복합지구 총재협의회 의장

1986~1987 : 소련국립의료원 초청 한국대표

1986~1988 : 대구한의과대학 제2·5대 학장

1988.09.15 : 성균관대학교 대학원(유교학) 특강

1989.03.08 : 성균관명륜당 공자 석전제 헌관

1990.01.13 : 한국유교학회 회장 제천의례 주재

1990.07.21 : 백두산정상 제천의례제 주재, 초헌관

1990.07.22 : 한중국제학술대회 의장

1991.03.09 : 경산대학 학장

1991.03.15 : 제한의료원 초대원장

1992~1998 : 경산대학교 초대·2대 총장

1995.05.03 : 사단법인 국제인권옹호한국연맹 상임위원

1997.02.24 : 대구경북지역대학교협의회 회장

1997.04.19 : 대구경북대학총장협의회 의장

1998~2006 : 제한한의원 원장

2000~2001 : 사단법인 대한한의사협회 명예회장협의회 회장

2001~2004 : Presiden Republik Indonesia Megawati Sukarnoputri
              주치의 3년

2003~2007 : 재단법인 자광학술원 이사장

2005~2006 : 학교법인 제한학원 이사장
2006~2022 : 21C한중교류협회 이사
2006~2010 : 대구한의대학교 제5대 총장
2007.08.08 : 의성허준기념사업회 고문
2009~2010 : 재단법인 안용복재단 이사
2009.11.16 : 재단법인 통합의료센터 발기인대회 및 창립총회 임시의장
2010~2023 : 대구한의대학교 명예총장
2010.07.01 : 현)제한한의원 원장
2010~2013 : 국가원로회의 공동의장
2010~2015 : 재단법인 5.16민족상 이사
2010.10.14 : 제6회 국제미식양생대회(대장금배) 고문
2011.03.02 : 현)사단법인 대자연사랑실천본부 이사장
2011.06.18 : 세계평화실천운동본부 공동총재
2011~2018 : 한국수필가협회 이사
2011.11.21 : EBS '직업세계-일인자' 방송 출연
2013~2015 : 한국유교학회 고문
2013.09.22 : 군자정 강학계 원장(청도)
2014~2018 : 세계중의학회연합회 이사
2014.01.01 : 서울대학교 보건대학원 보건학 박사회 고문
2014~2023 : 한천서원 원장(대구)
2014~2016 : 추원제 원장(청도)
2014.05.29 : 성균관 자문위원장
2014.05.25 : 국제 대자연사랑실천본부 명예회장
2014.05.25 : 2014년 제7회 세계청년대자연사랑축제 대회장
2015.01.09 : 사단법인 5.16민족상 이사장
2015.03.01 : 전국 취약계층 청소년돕기운동본부 총재
2015.06.01 : 한국유통협회 총재

2015.07.18 : 국제건강포럼 및 박람회 조직위원회 고문

2015~2017 : 낙동서원 원장(대구)

2015.12.23 : 대한민국 새하얀미술대전 초대작가

2017.05.17 : 대한민국 영남미술대전 초대작가

2017.08.28 : 한국 노벨재단 상임이사

2017.09.15 : 대한민국 영남미술대전 초대작가회 회장

2017.11.07 : 사단법인 대한명인 한시창 부문 명인선정

2017~2019 : 서계서원 원장(대구)

2018.01.03 : 화서학회 화서연원록 편찬위원회 고문

2018.01.09 : 대한민국 영남미술대전 초대작가전(대구문화예술회관)

2018.01.17 : 어린이교육신문 편집자문위원장

2018.01.23 : 대한민국문화예술 새하얀포럼 초대개인전(계명대학교 극
　　　　　　 재미술관)

2018.05.09 : 대한민국영남미술대전 초대작가회 창립전(가온갤러리)

2018.05.11 : 제51회 봉강연서회전(소헌미술관)

2018.10.09 : 대구봉산서화회전(봉산문화회관)

2019.05.07 : 대구한의대학교 건학 60주년 발전기금조성 향산 변정환
　　　　　　 개인서전(대구문화예술회관)

2020.01.14 : 현)대구경북서예가협회 고문

2020.01.18 : 대구경북서예가협회 초대작가

2021~2023 : 경희대학교 총동문회 대의원(이사)

2021.07.16 : 현)대구유림회 원로위원회 회장

2023.01.20 : 현)재단법인 한국천은미륵불원 전인

[저서]

1969.05.03 : 의원(한의사동문지)

1970.08.31 : 불임병의 치료와 소녀경의 연구(경희대학교 석사논문)

1980.03.31 : 한의의 맥박(현수사)

1980.09.20 : 낮이나 밤이나(현수사)

1984.01.27 : 맥(수상집)

1985.02.26 : 조선시대의 역병에 관련된 질병관과 구료시책에 관한 연
구(서울대학교 박사논문)

1986.02.20 : 옥약계영환과 조경양혈원이 자성 Rat Hormone 및
Cateohdamine 함량에 미치는 영향(경희대학교 박사논문)

1987.08.10 : 부인양방(한림원)

1992.11.10 : 아직은 쉼표를 찍을 수 없다(행림출판사)

1995.12.30 : 오늘도 삼성산 돌층계를 오르며(경산대학교 출판부)

2001.02.26 : 역질의 보건사적 구료시책(경산대학출판부)

2001.03.20 : The Road to korea Medicine(Daihak publishing company)

2002.09.01 : 일흔, 새벽(도솔출판사)

2003.10.20 : 자연의 길, 사람의 길(도솔출판사)

2007.08.25 : 시련을 딛고 밝은 세계로(북랜드)

2010.06.28 : 주역(번역, 대구한의대학교 출판부)

2012.11.26 : The Long, Hard Road to Korean Medicine(북랜드)

2019.01.27 : 노자 도덕경(번역, 북랜드)

[수상]

1965.03.27 : 사단법인 대한한의사협회 공로 표창

1969.10.07 : 대구지방검찰청 검사장 공로 표창

1969.12.15 : 대한노인회 대구지부장 감사패

1971.09.25 : 보건사회부장관 감사장

1974.03.27 : 경희대학교 한의과대학 제8회 동문 공로패

1975.01.27 : 경상북도지사 감사장

1975.05.24 : 한국보이스카우트연맹 경북 연맹장 감사패

1975. 12. 16 : 국제라이온스협회 309-D지구총재 공로 표창
1976. 04. 10 : 국제라이온스협회 309-D지구총재 표창패
1976. 04. 12 : 영남중·고등학교장 감사패
1976. 12. 03 : 한국사회의학연구소 이사장 감사패
1977. 03. 09 : 한국기독교 성아어린이 합창단장 감사패
1977. 10. 09 : 대구시장 감사장
1977. 12. 17 : 대구라이온스클럽 회장 봉사상·공로패
1978. 03. 03 : 대구중학교 교장 감사패
1978. 03. 15 : 대구한의사협회장 감사패
1978. 04. 07 : 국민포장(대통령 제1418호) 수상
1978. 05. 16 : 대한노인회 대구시 동구회장 감사패
1978. 06. 12 : 경상북도지사 감사패
1978. 10. 15 : 영남일보사 사장 감사패
1978. 10. 21 : 재무부장관(경찰의 날) 감사장
1978. 12. 16 : 국제라이온스협회장 공로패
1979. 04. 07 : 경상북도지사 공로패
1979. 10. 24 : 대구약령시 개발위원장 감사패
1979. 12. 22 : 국제라이온스협회 수성클럽 회장 감사패
1979. 12. 27 : 윤제장(대통령 제64호) 수상
1980. 03. 31 : 경북사대부속국민학교장 감사패
1980. 04. 04 : 경북한의사회장 공로패
1981. 06. 11 : 새마을문고 신평APT 어머니회장 감사패
1982. 03. 20 : 대한한의사협회장 공로패
1984. 05. 16 : 5.16민족상(사회부문) 수상
1985. 02. 28 : 국제라이온스협회장 20년 쉐보론상
1985. 10. 19 : 국제라이온스훈장(국제협회장)
1985. 10. 25 : 협동장(새마을 대통령 제1385호) 수상

1986.04.12 : 한국사자대상(지구년차대회) 수상

1991.10.31 : 경상북도지사 감사상

1994.12.20 : 경희인 대상 수상

1998.05.12 : 청도군수 감사장

2000.10.14 : 이서면장 감사장

2007.05.29 : 대구경북 봉사대인상 수상

2008.09.29 : 국가유공자증서(대통령명의 국가보훈처 11-30040932호)

2009.06.25 : 국가공로 훈장 수상

2013.02.19 : 한중 수교 21주년 기념 '2012 자랑스런 한·중인상' 수상

2013.11.01 : 6.25전쟁 60주년 기념 호국영웅 기장증(국가보훈처113004
0932호)

2014.12.21 : 대구시장배 태극권 노년부 집체전 8식 1위(개인전 1위)
대구시장배 태극권 집체전 16식 1위(단체전 1위)

2015.05.17 : 대구시장배 태극권 노년부 집체전 24식(개인전 1위)

2015.05.17 : 대구시장배 태극권 노년부 개인전 양생 태극선 1단 1위

2015.08.13 : 제19회 세계서법문화예술대전 삼체상

2015.08.21 : 대한민국 향토미술대전 금상

2015.09.12 : 제3회 대한민국 삼봉서화대전 입선

2015.09.22 : 제1회 정선아리랑서화대전 입선

2015.10.03 : 제1회 여초선생추모 전국휘호대회 입선

2015.10.14 : 국제건강박람회/FORUM 건강건미장수(문등배) 스타상

2015.11.28 : 제3회 조선4대명필 자암 김구 전국서예대전 입선

2015.12.23 : 제8회 대한민국 새하얀미술대전 서예부문 종합 대상

2016.02.29 : 한민족평화상 한민족세계화 공로상 수상

2016.09.05 : 제21회 전국 남·녀 시조경창대회 장원 수상

2016.10.28 : (사)대한민국향토문화미술협회 한문 부문 은상

2016.11.06 : 제9회 대한민국친환경미술서예문화대전 입선

2016.11.06 : 제9회 대한민국친환경미술서예문화대전 은상
2016.11.26 : (사)대한시조협회 광진구지회 제3회 전국남녀 시조 경창대회 1등
2016.12.16 : 라이온스클럽 국제회장(2016~17) 감사패
2017.04.03 : (사)대한우슈협회 제181회 승단심사 합격(壹段)
2017.09.21 : (사)대한민국기로미술협회 감사상
2017.09.21 : (사)대한민국기로미술협회 작가상
2018.01.23 : 한국미술협회 서예문화상 수상
2018.05.01 : 대한태극권연맹장 태극권 승단심사 합격(七段)
2018.06.23 : 제20회 전국태극권대회 개인전 노년부 1위(손식21식)
2018.11.04 : (사)대한우슈협회 18식 태극선 3위
2019.09.20 : 재단법인 통합의료진흥원 감사패
2019.11.26 : 제39회 대한민국영남서예대전 원로작가상
2020.12.01 : 21C 한중교류협회 20주년 특별 공로상 수상
2020.12.17 : (사)대한한의학회 감사패
2021.03.23 : 대한민국영남미술대전 초대작가회 감사패
2021.05.10 : DGB 대구은행 은행장 감사패
2023.02.24 : (사)대구유림회 감사장
2023.09.16 : 제20차 국제동양의학회 학술대회장 공로패
2024.06.28 : (사)대한경영학회 경영자대상 수상

머리말

　한 인간에 대한 생애와 업적 그리고 역사적 평가는 실로 어려운 일이다. 더구나 생존하면서 왕성하게 활동하고 또한 새롭게 업적을 쌓아가고 있는 인물에 대한 평가는 더더욱 어려운 일이다. 자칫하면 개인의 삶 속에 체현된 광범한 경험의 실상을 고루 담지 못할 수도 있고, 핵심을 놓칠 수도 있기 때문이다. 또한 사실과 해석의 편차가 심할 수도 있고, 본질에 대해 누를 끼칠 수도 있다.

　그러나 드물기는 하나 그렇지 않은 개인의 일상이 있다. 바로 향산 변정환 선생의 삶이 바로 그러한 것이다. 그의 생애는 시대를 달리한다 해도 내용과 결과가 한결같은 것이란 확실한 믿음을 주기에 충분하다. 그의 인생은 널리 알려진 바와 같이 한의학의 전문화, 한의학의 과학화, 한의학의 세계화의 길을 정확하게 걸어간 삶이었다. 그의 족적은 양의(良醫)로서의 삶과 대구한의대학교의 창학과 지속적 발전을 정직하게 보여준다.

　향산 변정환 선생은 한의사이면서 대구한의대학교를 건학했다. 1959년 경희대학교 한의과대학의 전신인 동양의약대학을 졸업하고, 4월에 청도군 이서면에 '회춘의학연구소'와 동년 12월 대구시 봉산동의 '제한의원'을 통해 시작한 한의사의 길은 90이 넘은 지금도 현재진행형이다. 그가 한의사의 길을 택한 것은 조부인 고산공(鼓山公)의 '불위양상(不爲良相) 영위양의(寧爲良醫)'의 가르침에 힘입었다. 작게는 가업의 계승이

었지만, 명의의 길을 통해 한의학의 발전을 도모하고 실천하는 첫걸음
이었다. 선생은 1970년 12월 세계 최초의 한방종합병원인 '제한한방병
원'을 설립하여 체계적이고 과학적인 병원 운영시스템을 도입했다. 한
의학 진료와 치료의 과학화의 토대를 만든 것이다. 1971년 한의학의
연구·교육기관인 '제한동의학술원'을 설립하여 한의학 연구의 양적 확
대는 물론이고 질적 성장을 도모했다. 1980년 대구·경북 지역에서 유
일한 '대구한의과대학'을 설립한 것은 결코 우연이 아니었다.

대구한의과대학은 1992년 종합대학 승격을 거쳐 오늘의 '대구한의
대학교'로 거듭 발전했다. 올해 건학 64주년을 맞은 대구한의대학교는
국민보건 및 인류복지 향상이라는 건학 정신을 바탕으로 사회 각 분야
의 전문인 양성의 요람으로 사회적 책무를 다하고 있다. 이러한 대구한
의대학교의 발전은 향산 선생의 존재와 역할에 힘입은 바가 크다. 향산
선생은 대구한의대학교 자체이며 언제나 그 속에 계신다.

4년 전 '대구한의대학교건학60년사'를 정리하면서 향산 선생에 대
한 이해의 폭을 넓힐 수 있었다. 선생이 이룩한 다방면의 업적이 실로
대단함을 확인했다. 향산 선생의 생애와 업적에 대한 학술적 조망이
시급함을 절감하고, 각 분야 전문가들의 연구를 바탕으로 학술대회를
열어 호평을 받았다. 이제 그 결과를 세상에 내놓아 널리 선생과 함께
하는 세상을 만들고자 한다. 책이 아니라 향산이라는 참된 사람을 배우
는 계기로 삼고자 하는 것이다.

향산 변정환 선생의 시대적 위상과 학문세계를 연구하신 연구자님
들께 감사를 드린다. 그리고 향산 선생의 위인적 풍모를 기억하고 상
세하게 그려낸 원고를 보내주신 각계각층의 관련자들에게도 인사를
드린다. 선생의 사상과 철학의 총체적 실체는 평전을 통해 확인할 수

있을 것이다. 향산 선생을 배우는 장을 열어준 모든 분께 두 손 모아 감사의 인사를 드린다.

　향산 변정환 선생의 위인적 풍모와 학문세계의 학술대회와 출간을 위해 애쓴 분들이 있다. 본서가 세상에 나올 수 있도록 기획하고 출판을 위해 헌신한 이래종 명예교수, 변귀남 교수, 김병우 교수와 김광수 실장을 말한다. 이분들의 노고는 아무리 강조해도 지나치지 않다. 아담하면서도 가치 있는 책으로 만들어 준 보고사 김흥국 사장님께도 감사를 드린다.

2024년 9월
대구한의대학교 향산교양교육연구소장 김문섭

차례

제1부
향산 변정환 선생의 시대적 위상

향산 변정환 선생의 생애와 업적에 대한 고찰 [김병우]

향산 변정환 선생의 대자연과 조화를 이루는 삶 [변귀남]

향산 변정환 선생의 사회봉사와 사회복지 [김경민]

제2부
향산 변정환 선생의 학문세계

제3부
향산 변정환 선생의 위인적 풍모

제4부
향산 변정환 선생 평전

향산 변정환 선생의 생애 [장호병]

제1부

향산 변정환 선생의
시대적 위상

향산 변정환 선생의
생애와 업적에 대한 고찰

김병우*

1. 머리말

한 인간에 대한 역사적 평가는 어렵다. 더구나 과거로 사라진 역사 속의 인물이 아니라 생존하고 왕성하게 활동하고 있는 인물에 대한 평가는 더더욱 어렵다. 동시대에 살고 있는 사람들의 인식이 한결같지 않을 뿐만 아니라 어느 쪽에서 바라보느냐에 따라 해석과 평가가 극명하게 갈릴 수 있기 때문이며, 자칫하면 의도치 않게 그의 생애와 업적의 본질에 대해 누를 끼칠 수도 있다. 그럼에도 불구하고 생존한 인물에 대한 평가를 시도하는 것은 그 내용과 결과가 시대를 달리한다 해도 별반 다르지 않을 것임을 알기 때문이다. 대구한의대학교가 존재하는 한 설립자인 향산 변정환에 대해서는 변함없고 식을 줄 모르는 교육열을 가진, 또한 한의학을 사랑하고 실천한 인물로 칭송될 것이 분명하다.

* 대구한의대학교 기초교양대학 교수

향산 변정환은 청도의 고명동에서 한학자 집안의 후손으로 태어났다. 조부는 부친의 산소를 지키기 위해 일제와 7년간 쟁송을 하여 승소했지만, 그에게 남은 것은 가난 그 자체였다. 향산이 태어날 때는 그래도 최악의 상황은 면했지만, 궁핍하기는 마찬가지였다. 그러나 향산은 조부이신 고산공의 자상함과 미래지향적인 가르침으로 인해 양의(良醫)의 꿈을 키울 수 있었다. 다른 집안의 학당에서 한문을 익혔고, 보통학교를 졸업하면서 일제의 강제부역에 끌려갔지만 구사일생으로 탈출에 성공하기도 했다. 한국전쟁기에 보도연맹으로 억울하게 형이 죽으면서 집안의 장남 역할을 맡으면서도, 고등학교와 대학에서 고학생 만학도의 길을 걸으면서도, 조부의 가르침을 잊은 적이 단 한 번도 없었다. 한의학도의 길을 걸어 한의학의 대가가 된 것은 스승이신 조부의 가르침을 한시도 잊지 않은 결과였다.

사람이 세상에 태어나 일생을 살면서 한 분야에서 일가견을 이루기가 쉬운 일이 아니다. 그럼에도 향산은 다양한 분야에서 최고의 위상에 자리매김하고 있을 뿐만 아니라 업적과 성과 면에서 타의 추종을 불허하고 있다. 한의사로서의 향산은 『동의보감』의 허준과 『동원수세보원』의 이제마에 버금가고 있으며,[1] 대구한의대학교를 설립하고 교육의 일선에서 제자를 양성한 공적은 한의학계의 전설일 뿐만 아니라 민족한의학 교육의 귀감으로 위상을 확고히 하였다. 평생을 손에서 놓지 않은 『주역』에 대한 이해와 해석은 명쾌할 뿐만 아니라 미래를 예측하는 길잡이 역할로 이에 대한 강의가 지금까지도 끊어진 적이 없다. 뿐

---

1 이선근은 한국정신문화원 원장으로 재직하면서 변정환의 『한의의 맥박』(1980)을 읽고 평가의 글을 남겼다. 변정환, 『시련을 딛고 밝은 세계로』, 북랜드, 2007, 11쪽에 자세하게 나와 있으며, 한의사로서의 변정환의 실력과 위상을 짐작할 수 있다.

만 아니라 '라이온스클럽'에 가입하면서 시작된 사회봉사활동은 시간
이 흐를수록 깊이를 더하게 되고 그 영역은 확장되어 사회 전 분야에
걸쳐 끝없이 이어지고 있다.

  이러한 향산의 생애와 업적은 이미 자전적인 기록으로 남아 있다.
그는 본인이 이 세상에서 이루고자 했던 일과 이제 시작한 일을 일곱
가지로 정리했다. 이것을 정리하면 첫째 한방진료를 종합화한 세계 최
초의 한방병원인 제한한방병원의 설립이며, 이 과정에서 '한(漢)' 자를
'한(韓)'으로 바꾼 일이다. 둘째는 국제동양의학회 조직과 이를 통한 한
의학의 발전상을 알리면서 세계한의학의 종주국의 위상을 강화한 일이
다. 셋째로는 국학 중심의 대학 창업으로 윤리강상의 회복을 기하고
도덕적 정체성을 확립하기 위해 '민족정기론'을 엮어 필수교재로 하고,
천하에 도덕을 선양하고 민족자존을 되살리는 교육을 실현한 일이다.
넷째로는 '세계를 보자'는 표어를 통해 한의사들의 인력수출과 국제사
회 한민족 위상 강화를 위한 노력으로 세계화 정책을 선제적으로 펼친
일이다. 다섯째로는 민족의 뿌리를 되찾고 분단된 조국의 통일과 대화
합을 위한 백두산 천제를 봉행한 일이며, 여섯째로는 개천절 세종문화
회관에서 '단군의 건국이념과 민족화합'이라는 제하에서 기조연설을
행하고 그 요지를 수록한 일이다. 마지막으로 일곱째는 세계 모든 인류
에 도덕을 회복시키는 일이다. 그 출발로 「사모곡」을 자서전에 실은
일이다.[2] 이것은 1995년 12월에 향산이 스스로 정리한 살아온 이력의
성과로 이미 완성되어 빛을 발한 것도 있지만 일부는 여전히 진행 중인

---

2 변정환, 「증보판을 내면서」, 『오늘도 삼성산 돌층계를 오르며』, 경산대학교 출판부,
   1995.

일들이기도 하다. 이 모든 일들이 어떤 결과로 우리에게 다가올지 아직
은 아무도 모른다.

향산의 생애와 평가는 일차적으로 본인의 성찰적 자서전을 기반으
로 한다. 자서전은 본성이 주관적 입장의 기록이지만, 시대를 거듭하면
서 내용이 더 풍부해지고, 정확성을 기한 점이 돋보인다.[3] 향산은 자신
의 사상과 행적을 별도로 정리하여 후학들의 이해를 북돋우기도 한다.
한의학과 관련한 대표적 정리는『한의 맥박』과『맥』이며,[4] 신침으로
대중에게 그것도 공개적으로 검증되어 알려진 것은『할아버지 침은
약침』의 출간과 연관이 있다.[5] 이 외에도 향산은 소소한 일상은 물론이
고 사회적 관심과 실천에 대해서도『일흔, 새벽』과『자연의 길, 사람의
길』[6]을 남겨 한 인간의 삶에 대한 총체적인 이해를 가능하도록 했다.
그러나 이러한 기록들은 자성문(自省文)이기 때문에 객관성을 담보하기
에 한계가 있는 것도 사실이다.

이러한 행적과 실천은 향산으로 하여금 한국 현대인물로 평가받기
에 부족함이 없었다. 한국인물연구원은 역사를 기록한다는 차원에서
철저한 검증을 거쳐 한국 현대인물 선정 작업을 했다. 향산의 생애와

---

3 변정환,『아직은 쉼표를 찍을 수 없다』, 행림출판, 1992;『오늘도 삼성산 돌층계를 오르
   며』, 경산대학교 출판부, 1995;『시련을 딛고 밝은 세계로』, 북랜드, 2007.

4 변정환,『한의의 맥박』, 1980;『맥』, 1981. 영남대학교 총장을 역임한 이선근은 이 책을
   읽고 이 나라의 지성인이라면 누구나『한의의 맥박』을 한 번 짚어보고 읽어보고 자아의
   심신을 위해서도 귀중한 영양소로 삼아주기를 간절히 바란다면서 한의사들의 필독서로
   추천하는 글을 남겼다. 변정환,『시련을 딛고 밝은 세계로』, 북랜드, 2007, 9~13쪽.

5 박동희,『할아버지 침은 약침』, 북랜드, 2008(2012, 증보판). 이 책의 주인공 변정환은
   2011년 11월 21일 EBS TV방송 '직업의 세계 일인자(제39회 한의학의 맥을 잇다)'의 프로
   에 출연하여 한의학의 과학성과 우수성을 알리고, 일반인을 대상으로 한 한의학 이해에
   대한 저변을 확대하는 데 지대한 공헌을 했다.

6 변정환,『일흔, 새벽』, 도솔, 2002;『자연의 길, 사람의 길』, 도솔, 2003.

업적은 한국현대인물 33인에 들기에 충분했다.[7] 이로써 향산의 인물과 행적은 물론 삶 자체를 후세인들이 쫓아 실천할 수 있는 객관적 검증을 마친 것으로 이해한다. 향산은 그야말로 검증된 한국의 현대인물로 부각된 것이다. 이러한 결과물은 향산 개인에 대한 객관적 검증과 인식의 틀을 만드는 계기로 작용하기에 충분하다.

본고는 향산의 생애를 현재적 관점에서 정리하고, 중요 업적을 평가하면서 시대적 의미를 부여하고자 한다. 이것은 향산의 생애와 업적을 객관적으로 인식하게 만들어 현대인물로서의 의미와 가치를 확인하는 작업의 토대를 구축하게 될 것이다. 향산의 삶을 오늘에 재조명함으로써 동시대를 살아가는 사람들이 의미 있는 생활은 물론 미래를 지향하는 삶의 지표로 제시될 수 있을 것으로 기대한다. 또한 가치 있고 의미 있는 삶을 추구하는 모든 이들의 귀감이 되는 위치에 자리매김하게 될 것으로 기대한다.

2. 향산의 시련과 극복

1) 가학을 잇기 위한 평생 배움의 길

1932년 7월 무더위가 기승을 부리던 어느 날, 경상북도 청도군 이서면 고명리에서 한 사내가 태어났다. 시대적으로는 일제의 한민족 지배가 악랄해지고 있었고, 이러한 일제의 정책에 대한 저항으로 인해 집안

---

7 한국인물연구원 편집부, 『한국현대인물열전 33선』, 한국인물연구원, 2005, 143~154
   쪽. 향산의 인물과 행적은 대구한의대학교 이사장, 총장, 제한한방병원 원장, 대한한의
   사협회 회장에 대한 역할과 활동을 중심으로 수록되어 있다.

도 기울 만큼 기울었다. 그러나 나라의 운명도 더 물러설 수 없어 각처에서 민족적 저항이 거세졌고, 집안도 이사하면서 새로운 둥지를 틀어 기운이 용트림하던 때였다. 나라도 독립되어야 하고, 가문도 일어서야만 하는 즈음이었다. 변정환은 이러한 민족적 과제와 가문의 현실을 해결해야만 하는 책무를 타고 태어났다. 어찌 보면 운명이었다.[8]

변정환의 인생에서 가장 많은 영향을 준 인물은 조부 고산공 변석영(卞錫永)이었다. 변석영은 일제의 식민통치의 일환이었던 '묘지관리법'을 거부하면서 부친을 선산에 모셨고, 7년간의 송사에 가산을 탕진하기도 했지만, 부모에 대한 효 실천과 민족의식은 훗날 변정환의 백두산 제천의식으로 이어졌고, 부친인 변수삼(卞秀參)과 모친 우소월(禹小月)에 대한 지극한 효심을 발휘하는 원천으로 작용했다. 조부는 밀양변문(密陽卞門)의 문명(文名)을 이어받아 군내에서는 한학자로 존경을 받았지만, 실제로는 한약국을 열어 주변인들에 대한 구료(救療)로 더 칭송을 받았던 인물이다. 변정환은 지금도 잊지 못하는 조부의 가르침이 있다. "불위양상(不爲良相)이면 영위양의(寧爲良醫)"가 바로 그것이다.

변정환의 인생에서 교육자, 정치가, 사업가의 길로 걸어갈 선택의 순간이 있었지만, 한 번도 조부의 뜻을 어긴 적이 없다. 그에게는 어진 정치가가 되어 세상을 바로잡을 능력은 없었지만, 훌륭한 의사가 되어 병든 사람을 고쳐줄 천부적인 재능과 자신감은 충분했던 것이다. 실제로 향산의 아흔 인생은 조부의 가르침대로 걸어왔다 해도 과언이 아니

---

8 향산은 어머니가 무밭을 지나다가 유난히 크고 둥근 무 한 개를 뽑아 치마폭에 싸는 태몽을 꾸었다고 한다. 무는 꿈 해몽에서 재물과 명예 그리고 금전으로 해석하기도 한다. 향산의 일생과 일맥상통하는 태몽이었다. 한의사로 성공하여 적당한 재물을 모았고, 이를 기반으로 집안과 학교를 일으켜 명예를 얻었으며, 민족의학을 정리하였기 때문이다.

다. 그러나 저절로 그렇게 된 것은 아니다. 스스로 수많은 역경을 딛고 일어섰으며, 양의가 되는 조건들을 하나씩 차근차근 쌓은 노력의 결과였다.

변정환의 공부는 한자를 깨치는 것으로 시작되었다. 『천자문』과 『동몽선습』을 이은 『명심보감』은 조부로부터 배웠다. 일곱 살이 되면서 한자를 통해 사물을 이해하게 되었고, 이서초등학교에 입학하면서 신학문을 접했다. 어린 시절 변정환의 인격형성과 인생관의 토대를 구축하는 데 결정적인 역할을 한 분은 할아버지 변석영이었다. 한의사로서 고아한 품위와 뜻을 가지셨고, 항시 정결한 몸가짐을 보여준 소우주와 같은 존재였다. 6학년 때 겪은 할아버지의 타계는 슬픔을 넘어서 가르침을 잊지 않겠다고 결심하고 실천하는 계기로 작용했다.

해방이 되면서 3년간 서당 홍인당에서 한문 공부에 매진하였다.[9] 이때 익힌 한문은 후일 한의학과 『주역』 공부의 기초가 되기에 충분했다. 17세가 되던 1949년 화양고등공민학교에 입학하였고, 이듬해 한국전쟁이 터지면서 학도병 1기로 육군에 입대하였다. 그러나 다행인지는 모르지만 옴으로 의병제대를 하고, 화양고등공민학교에 복학하여 학업을 지속할 수 있었다. 20세에 화양고등공민학교를 졸업하고 면서기로 취직하여 이서면사무소에서 호적업무를 담당하였다. 생활이 어느 정도 안정적으로 되었지만 고등학교 진학의 꿈을 포기할 수는 없었다.

뜻이 있으니 길도 보였다. 고등공민학교 졸업을 인정받고 중학교 학력인정 시험을 거쳐 영남고등학교에 진학했다. 1년간은 청도 집에서

---

9 변정환의 서당공부와 한자공부에 대한 내력은 『아직은 쉼표를 찍을 수 없다』, 행림출판, 1992, 45~52쪽에 자세하게 실려 있다.

헐티재를 넘어 통학을 하였다. 새벽 3시에 집을 나와 학업을 마치고 귀가하면 밤 10시가 되어 현실적으로 공부에 매진하기 어려웠다. 대구에서 자취를 하면서 영남고등학교를 졸업하고 대학 진학 문제로 부친과 갈등을 겪었으나, 조부의 유지를 따르기로 아버지와 협의했다. 그래서 경희대학교 한의과(당시 동양의학대학)에 진학하였고 고학생으로 4년간 학업에 몰두했다.

27세가 되던 1959년 3월 경희대학교 한의과대학을 졸업하고, 귀향하였다. 제9회로 시행된 한의사 국가고시 합격통지서는 한 달 뒤인 4월에 받았다. 보건사회부 한의사면허증(제1441호)을 받아 고향 사랑방에서 시작한 한의사 역할은 7월에 그만두었다. 곧바로 대구 봉산동에 제한의원을 개원하여 본격적인 한의사의 길을 걸어갔다. 그러므로 1959년은 변정환에게 터닝 포인트였다.

변정환은 배움을 그만두지 않았다. 한의사로 정착하면서 한창 바쁠 때인 1964년 영남대학교 경영대학원에 입학하여 석사과정을 수료함으로써 전문경영인의 자질을 닦았다. 1967년에는 경희대학교 대학원에 입학하여 한의학과 의술의 전문성을 겸비했다. 이러한 학문적 활동은 1969년 3월 세계 최초의 '한방종합병원' 기공의 밑거름이 되었다. 1970년 8월 대학원 석사과정을 수료하면서 한방의 과학화에 대한 신념이 확고해졌다. 이후 각종 사회활동에 참여하여 성과를 낼 수 있었던 것은 끊임없이 추구한 공부의 결과였다.

변정환은 중화민국 문화대학으로부터 명예철학박사학위를 받았지만, 1981년 서울대학교 대학원 보건학 박사과정에 입학했다.[10] 이때

---

10 서울대학교 보건학 박사학위는 1985년 2월 26일 영득했다. 박사학위 논문명은 「조선시

그의 나이 49세였고, 이미 한의사, '라이온스클럽'을 중심으로 한 봉사활동, 통일주체국민회의 대의원(재선), 대한한의사협회장 등을 역임하면서 지역사회에서 명망이 높았던 때였다. 더구나 1980년 12월 학교법인 제한학원을 설립하여 이사장을 맡고 있었다. 그럼에도 그는 배우는 일에 앞장섰다. 이듬해인 1982년에는 경희대학교 대학원 한의학 박사과정에 입학했다.[11] 배움에는 끝이 없음을 몸소 보여주었다. 현재에도 주역 공부를 한시도 게을리하지 않고 있어 평생 배움의 길을 걸어가고 있다.

2) 조부의 가르침으로 인생을 설계

변정환은 어린 시절부터 문제를 해결하는 능력을 가지고 있었다. 처음부터 있었다기보다는 현실을 직시하면서 해결책을 스스로 찾고자 했다. 그 과정에서 능력을 키웠고, 그것이 성공한 삶의 원천으로 작용했다.

변정환의 조부는 부친 산소 문제로 7년간 소송을 진행했고, 그 결과 가혹한 가난과 아래채를 물려받았다. 가재도구를 팔아야 했을 뿐만 아니라 아랫마을로 이사를 하지 않을 수 없을 정도였다. 변정환이 태어났을 때는 정점을 찍었다. 1930년 일제의 식민지배는 더 악랄해지는 반면에 어린 변정환은 조부를 통해 민족의식이 싹트는 계기가 되었다. 조부

대 질병에 관련된 질병관과 구료시책에 관한 연구」.

11 경희대학교 한의학박사학위는 1986년 2월 24일 영득했다. 박사학위 논문명은 「옥약계 영환과 조경양혈원이 자성 Rat의 Hormone 및 Catecholamine 함량에 미치는 영향」.

가 변정환의 출생을 가장 반겼고, 보리타작 마당에서 갈고리를 끄는 것을 보고 '장차 큰일을 할 놈이 분명하다'라고 격려와 예언으로 힘을 보태주었다.

변정환은 대충하는 일이 없었다. 그것은 어린 시절 조부가 깨우쳐 준 것이다. 다섯 살이 되면서 사랑방에서 한문을 배우게 되었다. 할아버지와 함께하는 즐거움도 있었지만, 곶감과 엿은 매혹적인 것이었다. 가끔 건너뛰기도 하고, 서산(書算)을 한꺼번에 몇 개씩 접기도 했지만, 어김없이 회초리가 돌아왔다. 눈을 지그시 감은 할아버지는 알고 계신 것이었다. 천자문을 읽으면서 어렴풋이 천지와 우주에 관한 무한화와 두려움을 느끼게 되었고, 이때부터 누군가 언제 어디서든 보고 있다는 생각에 일을 대충하는 일은 없었다고 한다.

변정환의 민족의식은 조부의 행적과 관련 있다. 그는 어린 시절 경험한 조부의 행적과 전승을 통해 민족의식을 싹틔웠다. 증조부의 묘지조성 문제로 일제의 법을 어긴 조부는 7년간 소송에 휘말렸고, 그 결과 가산을 탕진하면서 힘겹게 살아왔다. 이러한 그의 가계 내력과 평소 조부의 가르침이 그의 어린 시절 각인되었고, 후일 민족정기를 바로잡게 만들었다.

초등학교 시절 그가 직접 겪은 일은 창씨개명이다. 주재소 순사의 강압으로 친척들이 모여 논의한 결과 17대조 아호인 춘정(春亭)의 정신을 계승하는 의미에서 춘산(春山)으로 개씨(改氏)된 경험이 있다. 당시의 입장에서는 성씨의 좋고 나쁨에 있는 것이 아니었다. 일제의 강압에서 생존을 위한 방편에 불과했고, 해방될 때까지 춘산정환으로 살아야만 했다. 산소 문제로 인한 장기간의 송사와 창씨개명에 반대할 경우의 가족들의 입장을 배려한 조부의 처사를 이해하기에는 너무 어렸지만,

성장하면서 민족의식을 깨우는 계기로 작용하였다.

어린 변정환은 나라 잃은 슬픔을 직접 겪기도 했다. 보통학교 시절 국어 성적을 산정하는 기준이 '국어 카드'를 통해 우리말 사용 빈도로 결정하는 데 대한 불만을 품었다. 황무지 개간이라는 명목으로 자행된 강제노역도 겪었다. 할당받은 면적의 땅에 작물을 심고 길러야만 했고, 이것이 성적에 반영되었다. 전쟁 말기로 접어들면서 일제의 공출을 경험했다. 솥과 밥그릇은 물론이고 유기와 제기까지 빼앗아 갔고, 정해진 날짜에 학교에 가져가지 못해 집으로 돌아오는 사태를 겪으면서 나라 잃은 설움을 실감했던 것이다. 이러한 경험은 어린 마음에 상처로 남았고, 일제에 대한 적개심과 민족의식으로 키워졌다.

1945년 3월 25일 보통학교를 졸업했으나 가정형편이 어려워 중학교에 진학하지 못했다. 그런데 전시비상대책 소년청년단에 강제로 가입되어 일본인 교관의 지휘하에 죽창으로 군사훈련을 받았다. 기차를 타고 대구의 동촌역으로 이동하여 자유를 완전히 박탈당하고, 전쟁터로 끌려가게 되었다. 동촌비행장의 격납고와 방공호의 물을 퍼내면서 일본놈이 망해야 이 고생도 면할 수 있는데 오히려 일본을 도와주고 있는 자신을 발견하고 소스라치게 놀랐다. 요령으로 부역에 임하면서 기회를 보다가 배수구 철조망을 뚫고 탈출을 감행했다. 가창을 거쳐 집으로 돌아온 어린 변정환은 '나는 해냈다'는 성취를 맛보았고, 며칠간 다락방에 숨어지내다 해방을 맞이했다. 일제에 대한 직접적인 저항운동으로 이해된다. 이때 가족의 소중함을 깨달았고, 후일 일가친척까지 소중하게 여기는 계기가 되었으며, 해방과 동시에 나라의 존재는 물론 독립국가의 실체를 직접 깨달았다.

이러한 경험이 토대가 되어 성인이 되어서는 민족적 정신과 기상을

더 높이는 데 앞장섰다. 백두산에서 통일을 기원하는 제천의식을 거행
한 것이 변정환의 민족정신과 민족의식을 표현한 대표적 사건이었다.
유교학회 회장이 되어 꼭 실천하고자 했던 행사였다.[12]

한편으로 변정환으로 하여금 한의사와 교육자 인생을 설계하게 한
분은 조부였다. 고산공은 변정환의 출생을 진정으로 반겼고, 어린 시절
의 행동 하나하나를 예사롭지 않게 보셨다. 보리타작 마당에서 갈고리
를 끌고 이리저리 돌아다녀도 "어린놈이 제법이구나, 장차 큰일을 해낼
놈이 분명하다"고 칭찬해 주었고, 혀 짧은 소리로 글자를 읽어도 칭찬
과 격려를 아끼지 않으셨다. 천자문을 배울 때는 친구들 앞에서 배운
바를 외워보게 하여 용기를 주었다. 그런 변정환을 집안의 희망으로
보아 자신감을 키워 주었다.

이서공립학교에 입학시키면서도 시속(時俗)을 따르라 하면서 왜놈을
이기기 위해서라도 신학문을 배울 것을 강조했다. 틈틈이 요순시대의
어진정치와 함께 효성을 강조하였다. 특히 어린 변정환의 일생과 직업
을 결정하는 말씀을 했고, 이 말은 평생 변정환의 삶 자체가 되었다.
조부는 선비로서 국망에 대한 책임을 다하지 못한 자신을 자책하면서
농사와 한약방 운영으로 주민들의 구휼과 치유에 대한 책무를 정당화
하는 자신의 좌우명을 강조하면서 손자는 한발 앞선 더 높은 차원의
삶을 살도록 훈계하였다.[13] 이것이 곧 손자의 일생을 결정짓게 만들었

---

12 백두산에서 올린 통일을 기원하는 제천의식의 시말에 대해서는 『아직도 쉼표를 찍을
  수 없다』, 223~229쪽에 자세하게 기록되어 있어 참고가 된다.
13 조부의 좌우명은 '士非巨擘歸農可 人未英雄出世何'로 자신의 생애를 정리한 것으로 보
  인다. '선비로 훌륭한 인물이 되지 못하면 농부가 되는 것이 맞으며, 사람이 영웅이 아니
  라면 출세한들 무슨 의미가 있겠는가'라는 의미이다.

다. 지금도 변정환의 머리에 뚜렷이 남아있는 인생의 목표가 된 글귀는
바로 '불위양상(不爲良相)이면 영위양의(寧爲良醫)'라면서 좋은 의사가
되기를 희망했다. 그것은 조부의 평생 희망을 이어가는 것이기도 했다.
조부가 한의사로서 지역사회에서 신망을 얻고 있는 삶에 대한 긍정적
평가이기도 했지만, 손자에 대한 진로와 살아가는 방향을 설계해 준
셈이다. 변정환은 오늘도 한 치의 벗어남 없이 조부의 가르침대로 살아
가고 있다.

3) 현실을 직시한 학창 시절

변정환은 청년기에 접어들면서 자신의 정체성을 확립하고 현실의
문제를 회피하기보다는 언제나 문제를 직시하고 정면 도전으로 해결하
려 했다. 강제부역과 탈출은 물론이고 축농증과 옴을 치료하기 위해
금강산 수행을 결심한 것도 자신의 문제를 스스로 해결하려 한 자세에
서 나온 것이다. 물론 부친의 병세로 인해 실행하지는 못했지만 남에게
의지하는 것이 아니라 스스로 해결하려는 의지를 보인 것으로 주목할
만한 일이다.

공부에 대한 열정은 남달랐다. 스스로 자신을 평가하고 도움이 되지
않는 일에 대한 단호한 결단을 했다. 화양고등공민학교에 입학할 때만
해도 학업을 이어간다는 점에서 행복했다. 그러나 교과 내용이 서당보
다 못하였고, 친구 공책을 빌려 시험을 본 것이 평균 93점을 받자 과감
하게 그만두었다. 물론 한국전쟁의 발발이 향학열을 누그러뜨리기도
했다. 더구나 형이 보도연맹에 연루되어 처형당하는 아픔을 감내하면
서 시대적 비극을 이겨갔다.

의병제대 후 생계를 위해 면서기로 취직해 호적업무를 담당했다. 어린 시절 배운 한문의 덕을 톡톡히 보았고, 운동화 배급으로 혜택을 누리기도 했다. 그러나 눈치와 요령만으로 젊은 시절을 보낼 수는 없었다. 주당으로 명성을 날렸지만 배움에 대한 불길을 잠재울 수는 없었다. 현실에 안주하는 것이 아니라 새로운 출발이 필요했다. 그러나 진학에는 경비가 필요했다. 매파를 통해 혼인을 주선하고 계시던 아버지를 설득했다. 결혼 비용을 학비로 융통해 줄 것을 간청하였고, 학업과 농사일을 병행할 것을 약속해 겨우 허락을 받았다. 그래서 영남고등학교에 진학할 수 있었다. 결혼과 집안일로 안주할 수 있었지만, 변정환은 과감하게 새로운 세계에 도전을 했다. 현실의 어려운 여건을 두려워한 것이 아니라 정면으로 돌파하려 한 것이다. 백 리 길 먼 등굣길이었지만, 야밤 산속의 두려움이 엄습해 왔지만, 고등학생이란 자부심으로 극복했다. 동시대의 친구들은 엄두도 못 낼 일이었다. 한마디로 억척 그 자체였다.

2학년이 되어 대구 시내에서 자취생활을 시작했다. 통학거리도 문제였지만 학비도 벌어야 했기 때문이다. 학원에서 붓글씨 쓰는 아르바이트를 시작했다. 중앙영수학원에서 시작한 필경사 일은 코피를 흘리는 힘든 노동이었지만, 생활비와 학비를 해결하게 해 주었다. 주말이면 청도로 가서 농사일도 거들었다. 주어진 여건이 아무리 어렵다 해도 좌절하지 않았다. 고등학교 3년간 경제적·육체적 어려움을 오로지 자신의 힘으로, 그리고 노력으로 극복하고 해결했다. 그렇다고 공부를 게을리한 것은 결코 아니었다. 육체적 고통은 아무것도 아니었다.

대학 진학의 난관도 스스로 극복했다. 의사가 되라던 조부의 가르침을 잊지 않았고, 굳은 결심이 부친의 마음을 움직였다. 학비와 취직이

보장된 대구사범대학의 합격증을 뒤로하고, 동양의약대학을 지원했다. 아버지의 설득이 가장 어려운 일이었다. 12시간이 걸리는 완행열차였지만 희망의 빛을 보았다. 집안 형편과 학비를 비롯한 현실적 문제를 변정환은 두려워하지 않았다. 할 수 있다는 신념과 하늘이 무너져도 솟아날 구멍이 있다는 믿음은 언제나 새로운 힘으로 작용했다.

대학시절은 그야말로 고학(苦學)의 연속이었다. 용산구 원효로에서 안암동 산 10번지에 위치한 동양의약대의 통학은 정말 머나먼 길이었다. 버스비와 전차비도 만만찮았지만, 거리에 버리는 시간이 너무 아까웠다. 결국 청산동 뒷산에 천막생활이 시작되었다. 식수와 용변의 어려움 속에서도 영어 단어를 외웠고, 의학 공부를 했다. 청도를 오가면서 반시를 팔아 생계를 잇기도 했다. 수박과 참외 등 과일 장사도 했다. 고물 장수로 반 학기 등록금도 마련했다.

생활비 마련을 위해 헌책 장사를 하면서 청계천에 독립된 노천서점도 차렸다. 닥치는 대로 일을 하면서 청계서방의 깃발형 간판을 달기도 했다. 이때『동의보감』원본 25권과『사상의학』,『주역』등의 귀중본을 구입하여 희열을 느끼기도 했다. 책방을 정리하고 양약 장사도 했다. 그래도 한철 장사로는 청도의 반시가 으뜸이라고 판단했다. 청도와 동대문 시장을 오간 청도의 반시 장사는 학비와 생활비를 해결하게 해 주었으나, 고향 친구를 믿고 반시 배송을 맡긴 것이 화근이었다. 친구의 '먹튀'로 무일푼의 빈털터리가 되었으나 변정환은 좌절하지 않았다. 현실에 안주하지 않고 다시 일어섰다. 대단한 용기와 의지였다.

변정환에게도 행운은 있었다. 스승 임창순 교수의 신임을 얻었기 때문이다. 수업 시간 중국 최고의 시인 두보(杜甫)의 '객지(客至)'를 시원하게 해석한 것이 계기였다. 임창순 교수의 극찬과 함께 고서적 등사용

철필 필경사의 자리를 얻었다. 학비와 생활비가 생겼을 뿐만 아니라 교수님 댁에서 기거하는 행운도 따랐다. 이후 대학의 조교처럼 고문헌 번역작업에도 참여하는 영광을 얻었다. 덕망 높으신 은사의 문하생 그 자체만으로도 감당하기 어려웠고, 평생 조신한 행동을 하게 된 요인으로 작용하였다. 어찌 보면 흥인당 서당시절의 공부가 결실을 본 것이지만 결국 준비된 자에게 행운은 오는 법이다. 이후 변정환은 언제나 미래를 위해 준비하는 자세를 견지하게 되었다.

대학시절 변정환은 잊을 수 없는 친구를 만났다. 김완희(金完熙)가 바로 그였다. 상주가 고향인 김완희는 나이도 같았다. 둘 다 가학으로 인해 한학에 밝아 대화가 통하는 것은 자연스러운 일이었다. 술도 마시고, 장기도 두고, 나중에 무허가 의료행위도 함께 하였다. 하월곡동에서 '신침'으로 명성을 얻는 데는 김완희의 투자와 일정한 역할이 있었다. 이후 한의사로서, 동지로서 평생을 함께하게 되었다. 진정한 친구를 얻은 것이 후일 대학창학과 한방병원 건립의 원천이 되었다. 변정환의 학창 시절은 한학과 한의학, '신침'의 명성으로 어우러져 후일 인생 성공의 발판으로 작용했다.

4) '신침'과 '용한 의사'로 자리매김

변정환의 한의사 생활은 한의사 면허증이 없던 대학시절부터 시작되었다. 물론 의료시설이 빈약했고, 의사가 절대적으로 부족한 시대적 상황이 도와주었기에 가능한 일이었다. 학생 신분이라 비록 윤리의식은 부족했지만, 젊은 패기는 하늘을 찌를 듯했다. 수중에 5천 원밖에 없었지만, 평생지기가 된 김완희의 3만 5천 원 투자는 하월곡동 골방을

얻기에 충분했다. 간판도 없고 면허도 없었지만 독감환자들에게 침이
나 약첩을 제공하면 돈벌이가 제법 쏠쏠했다. 학교 공부는 뒷전으로
밀려나고 환자들과 시간을 보내면서 신망을 이어갔다. 학교 강의와 밥
짓는 일 등은 자연스럽게 김완희의 몫이 되면서 작은 갈등이 있기도
했지만 돈은 제법 벌었다.

이때 변정환이 경험한 임상실험은 엄청났다. 원인 모를 딸꾹질에
대해 생위단과 활명수 등 백방의 양약을 사용했으나 소용이 없었다.
20시간이나 지속되는 딸꾹질을 참다못해 침을 꺼내 중완(中脘)에 꽂는
모험을 감행했다. 그런데 신기한 일이 일어났다. 딸꾹질이 멈춘 것이
다. 변정환이 침에 심취하게 되고 후일 신침의 명성을 얻게 되는 출발
점이었다. 이후 환자 시술 전에 본인의 몸에 먼저 실험을 하였고, 효과
와 반응을 봐 가면서 시침하게 되었다. 신침(神鍼)의 소문은 삽시간에
퍼져 종암동, 미아리, 장위동, 수유리 일대로 퍼져나갔고, 적잖은 돈이
모였다. 신사복도 한 벌 사 입었다. 서민에서 귀족의 생활이 열리는
듯했다. 그러나 호사다마였다. 도둑을 맞으면서 양복도, 진료기구도,
도민증도 학생증도 모두 사라졌다.

사연 많은 군 제대증마저 사라지자 변정환의 눈앞은 캄캄했지만,
좌절보다는 대범함을 보였다. 물건을 찾을 수 없다는 판단을 하고 주인
집의 신고를 만류했다. 암담함을 참기 어려워 친구와 통음하면서 며칠
을 보내면서 현실을 직시했다. 변정환은 역시 변정환이었고, 신침은
신침이었다. 신침이 진료를 다시 시작했다는 소문과 함께 환자가 몰려
들었고, 응급환자들은 침으로 진정시켜 주위 병원으로 보냈다. 그러면
서 전문하숙집으로 옮겨 '회춘의학진료소(回春醫學診療所)' 간판을 달았
다. 본격적인 한의사로서의 첫 출발이었고 변정환의 평생 꿈을 이루는

토대가 형성되는 것이었다.

농약에 중독된 고향 친구를 살리는 일은 한의사로서의 보람을 느끼게 해 주었다. 굳어가고 있는 손을 잡고 희미한 맥박을 느끼면서 사관(四關)을 트고 십정혈(十井穴)을 출혈시키면서 진땀을 흘렸다. 차례차례 침을 꽂아 나가며 수족의 움직임을 감지하면서 환자의 얼굴을 자세히 볼 수 있었다. 하루가 지나 정신을 차린 친구 백영식은 고단한 자신의 삶과 함께 농약에 중독된 사연을 털어놨다. 사흘 만에 원기를 회복한 친구에게 후일 쇠고깃국을 대접받기도 했다. 변정환의 침술은 이런 과정을 거쳐 날로 발전했다.

변정환의 침술은 아버지를 치료하는 과정에서 완성의 경지에 이르게 된다. 대학을 졸업하고 한의사 국가고시 합격증을 가지고 고향으로 돌아온 것은 1959년 4월 15일이었다. 조부님 묘소에 예를 올리면서 '좋은 의사'가 되겠다고 다짐했다. 서울에서 개업하겠다는 포부는 집안 형편과 부친의 뜻으로 인해 좌절되고, 결국 사랑방에 '회춘의학연구소'란 간판을 걸었다. 그러나 개업신고를 하지 않아 곤욕을 치르는 것이 대구에서의 개업으로 연결되었다.[14] 대구에서의 개업은 간단한 일이 아니었다.

대구에서의 한의원 개업은 친구 박순달의 도움이 있었다. 배타적이고 보수적인 대구에서의 개업은 선배들도 말렸다. 그러나 변정환은 두

---

14 변정환이 대학을 졸업한 것은 1959년 3월 27일이고, 국가고시 합격증을 받은 것은 4월 15일이었다. 그러나 보사부 장관 명의의 한의사 면허증은 7월 22일 발급되었다. 그런데 고향에서 개업신고를 하기 전에 이미 원근에서 환자들이 몰려들었다. 청도지서는 의료법 위반을 문제시하였으나 사정을 설명하고 절차를 밟겠다는 의사를 전하면서 시간을 벌었다. 정식 개업을 대구에서 하게 된 이유의 하나였다고 할 수 있다.

려움을 도전의 용기로 바꾸었다. 하월곡동의 신침 명성이 자신감을 주었다. 보수와 배타의 벽을 뛰어넘어 보고자 하는 오기가 그를 자극했다. 변정환의 인생에서 좌절은 없었다. 패배도 없었다. 후배들을 위해 길을 열어야겠다는 사명감도 있었다. 이러한 과정을 거쳐 제한의원이 1959년 12월 6일 개업을 하게 되었다. 그런데 반전은 제한의원 개업의 전날에 일어났다. 그것이 이후 제한의원과 함께 한의사로서의 변정환이 지역사회에서 각인되는 계기가 되었다.

변정환은 개업에 필요한 절차를 마치고, 간판을 걸 준비를 하였다. 바로 그때 열대여섯 살 먹은 소녀가 큰길 바닥에 갑자기 쓰러졌다. 순식간에 사람들이 모여들었고, 소녀는 눈을 하얗게 치뜨고 입에 거품을 물었다. 한의사인 변정환은 망설일 여유가 없었다. 침통을 챙겨 들고 달려가 소녀의 귀문(鬼門) 13혈에 침을 놓았다. 소녀가 정신을 차리며 일어나더니 얼굴을 붉히면서 사라졌다. 반면에 주위의 사람들은 탄성을 질렀다. '용한 의사' 그 자체였다. 이 현장의 한의사의 응급처치와 관련된 스토리가 만들어지면서 삽시간에 퍼져나갔다. 개업식과 환자들의 교차는 말로 표현할 수 없었다. 배타적인 대구의 정서를 단박에 뛰어넘는 일대의 사건이었다. 변정환은 자신의 실력으로 배타적 지역 정서의 장벽을 뛰어넘었던 것이다.

개업 후 2년이 지나면서 한의원 주변 환경과 환자들의 접근성을 고려해 봉산동 148번지에 새로운 터전을 마련하였다. 환자의 급증은 교통경찰관의 도움이 필요할 정도였다. 대구 지역에서 한의사로서의 명성은 물론이고, '신침'이라는 별명과 함께 '용한 의사'로서의 위상을 확보했다. 경제적 안정은 물론 자녀들의 출산으로 가정의 행복도 뒤따랐다. 국제라이온스클럽과 무의촌 지역 무료진료 봉사활동에도 참여하였다. 유교사상에 근거한 도덕성 회복 운동은 물론이고, 병원경영에 필요한 지식을 습득하기 위해 영남대학교 경영대학원에도 진학했다. '제한한의원'으로 간판을 고치고 병원을 확장한 것은 더 넓은 세계로 나가기 위한, 궁극적으로는 한의학의 세계화와 대학설립을 위한 초석을 놓는 일이다. 이러한 일들의 출발은 1964년부터 시작되었다.

3. 향산의 끝나지 않은 여정

1) 대구한의대학교의 창학

향산 변정환이 이룩한 업적 중 으뜸은 단연코 대구한의대학교의 창학과 성장 그리고 발전임이 분명하다. 향산은 유년시절 배움을 갈망했고, 어려운 환경 속에서 한시도 배움을 잊지 않았다. 공부와 교육에 대한 시련이 생길 때마다 좌절하지 않고 불굴의 의지로 극복해 소기의 성과를 이루었다. 학문에 대한 열정은 장학사업으로 그 명맥을 이어가고 있다.

향산이 이룩한 학의학 학문과 인술은 대학 은사인 현곡(玄谷) 윤길영(尹吉永) 교수에 힘입은 바가 크다. 현곡의 교수연구실에서 한의학의 미래와 나아갈 길에 대한 당부의 말씀이 향산의 가슴을 울렸고, 한의학의 과학화와 체계화에 대한 구체적인 방법으로 한방종합병원의 설립을 가슴에 품었다. 동시에 한의학의 교육과 연구지원을 위해 대학설립에 대한 창학의 뜻을 세웠다. 향산이 한의과대학의 창학 씨앗을 잉태한 것은 1959년 1월이었다.[15]

변정환이 한학도의 길을 걸어가게 된 것은 조부 고산공의 가르침이 컸다. 천부적인 한의사의 재질을 타고 난 변정환은 서울의 하월곡동 하숙집에서 '회춘의학연구소'를 열었고, 졸업 후 고향 사랑방에도 같은 간판을 내걸면서 본격적인 한의사의 길을 걸었다. 민족의학의 연구와 발전에 대한 열의를 짐작할 수 있다. 고향인 청도에서 대구로 근거지를 옮기면서 변정환의 꿈은 확장되었다. 종합병원 설립이 바로 그것이고 제한의원(濟漢醫院)은 그 출발점이었다.

경상북도 한의사회는 일찍부터 한의과대학 설립을 숙원사업으로 설정했지만, 진척을 보지 못했다. 한의사회는 종래 한의과대학 설립을 위해 청와대 건의서는 물론이고, 국회와 문교부·보사부 등에 대한 청원서 제출로 설립의 필요성과 당위성을 호소했지만 성과는 없었다. 영남대학교의 이효상 이사장, 이선근 총장과의 밀접한 접촉도 효과가 없었다. 대구대학교의 이태영 학장, 경북대학교 주영은 의과대학 학장, 계명대학교 신태식 학장 등을 통한 한의과대학 설립운동 역시 성과를 내지 못했다. 1970년대는 이렇게 흘러갔다. 이 과정에서 변정환은 기존 대학에 한의과대학을 유치할 것이 아니라 대학을 신설하는 방안을 강구했다.

한방의료계 핵심 인물을 중심으로 대구한의과대학 설립추진위원회를 구성한 것은 1979년 5월이었다.[16] 위원장을 맡은 변정환은 한의과대

---

15 향산 변정환의 민족의학 교육으로서의 한의과대학 창학과 대학 설립 및 발전 과정은 대구한의대학교60년사편찬위원회, 『대구한의대학교건학60년사』, 매일신문사, 2019, 92~186쪽에 자세하게 수록되어 있다.

16 대학설립 추진이 가시화된 것은 1979년이었다. 이해 5월 학교법인 설립을 위한 총회가 열렸고, 제한학원으로 법인명이 결정되었으며, 이사와 감사가 선임되었다. 그리고 1980년 1월 학교법인 설립에 필요한 제반 서류를 완비하고 2월 법인신청서를 교육부에 제출하였다.

학 설립의 당위성을 설명하면서 요로와 접촉했으나 청와대의 반려로 동력을 잃게 되었다. 이 과정에서 위원의 일부가 탈락하였지만 굽히지 않고 재차 신청서를 제출하였다. 1980년 2월 29일이었다. 광주민주화 운동과 신군부의 출현으로 혼란을 거듭하면서 한치 앞을 내다보기 어려웠지만 향산은 항심을 견지했다. 그 결과 신군부가 중심이 된 제5공화국이 성립하면서 대학설립의 승인을 받을 수 있었다.[17] 향산은 평생 꿈의 또 다른 하나가 결실을 맺는 기쁨을 맛보았다. 어려움에 대한 포기가 아니라 지속적인 노력과 도전의 결과에 다름 아니었다.

대구한의과대학 설립계획은 1980년 9월 16일 공식적으로 승인되었다. '대한민국 교육이념에 기하여 인격을 도야하고 건전한 사상을 함양하는 동시에 우리나라 전통적인 한의학의 심오한 이론과 실제적 응용방법을 교수 연마하여 민족의학으로 승화 발전시키고 국가와 인류사회 발전에 공헌할 지도적 인물을 양성함'이 대학설립의 목적이었다. 변정환 대학설립추진위원장은 1981년 3월 개교를 목표로 제반 사항을 철저히 준비하고 제출했다. 이로써 1980년 12월 29일 대구한의과대학 설립이 인가되었다. 대구한의과대학의 위치는 경산시 점촌동 75번지였으나. 1981년 제1회 입학식은 대구시 수성동 제한한방병원에서 이루어졌다. 대구한의과대학의 건학은 향산 변정환이 한의과대학 창학의 뜻을 품은 지 21년 만에 결실을 보았다.

---

17 향산의 한의과대학 설립 성공의 배경에는 그의 이력과 인맥이 결정적인 요인으로 작용했다. 대표적으로 보면 1972년에 시행된 통일주체국민회의 대의원의 재선 경력과 이 과정에서 형성된 영남대 이선근 총장과의 인연, 1974년부터 맡은 대구한의사회 회장의 계속되는 연임과 흥은동 병원에서 만난 이규호 당시 문교부 장관과의 인연과 도움 등 개인적 인연과 도움에 힘입은 바가 크다.

한의과대학 설립인인 변정환은 제한학원 이사장으로서 학교 발전에 직접 헌신했다. 건학이념을 정립하고,[18] 교육의 목표와 교훈도[19] 정했다. 학교부지의 확보와 교사 신축도 현장에서 직접 함께하는 모습을 보여 구성원들의 자발적 참여를 유도하였다. 1983년 3월 변정환은 학장이 되어 대학의 교육과 운영을 직접 맡았다. 그는 대학의 건학이념과 미래지향을 위해 교훈을 보완하였다. 지금까지 유지되고 있는 '지지(知止), 인도(仁道), 역행(力行)'이 바로 이것으로, 대구한의대학교 교육의 3대강령이며 이념으로 자리 잡아 학교 발전의 철학적 기반을 이루게 되었다.[20] 동시에 한의학과 학생들의 강의도 게을리하지 않아 연구와 교육의 표본이 되었다.

이후 변정환은 제한학원 이사장, 학장, 총장, 명예총장으로 대구한의대학교 발전을 위해 한시도 소홀히 한 적이 없다. 대구한의과대학에서 경산대학으로 그리고 종합대학 승격에 이르기까지 변정환의 땀과 열정의 기운이 미치지 않은 것이 없다. 1992년 경산대학교 초대총장으로 취임한 변정환은 캠퍼스 확장에 주력하여 대운동장과 인문사회관 준공은 물론 복지관, 건축조형관을 완비함으로써 부족한 강의실 문제

---

18 개교 당시에 정립된 건학이념의 내용은 '우리나라 전통적인 한의학의 심오한 이치를 개발하고 체계화하여 민족의학으로서 승화 발전시키고 이의 실용화와 양산화를 도모하며 나아가 의료시혜 확대를 위한 국민이 보건 향상에 기여함과 아울러 금세의 총아 격으로 각광받는 한의학을 국제적 차원에서 종주국적인 면모를 갖추고 국위선양에 주도적 역할을 할 인재를 양성하여 수출입국을 뒷받침하는 원대한 계획에 따라 지역사회의 발전과 국가의 번영 및 세계 인류의 복지 향상에 기여함을 목적으로 한다'라는 건학이념은 당시의 모습 그대로 고색창연하게 대구한의대학교 역사전시관에 전시되어 있다.

19 1981년 3월 1일 발표된 교훈은 '궁리(窮理)', '성신(誠信)', '지선(至善)'이었다.

20 지지는 '알고 머무르다'는 뜻으로 "창의적 지성인", 인도는 '어질게 봉사한다'는 의미로 "건강한 인격인", 역행은 '배움을 힘써 실천한다'는 뜻으로 "선도적 실천인"을 양성한다는 것이다.

와 학교 외형을 키웠다. 1997년에는 대학발전을 위한 대토론회를 주도
하여 학교구성원들의 의견을 수렴하여 함께하는 학교 발전의 길도 열
었다. 2006년 제5대 총장에 취임한 후 대구캠퍼스 강의동 신축공사를
주도했고, 삼성캠퍼스의 기린체육관을 완공하여 다목적 활용도를 높
였다. 문경시립요양병원을 개원하여 한의학의 위상을 강화하였고, 한
학촌과 대각정 조성에 착수하여 현재 삼성캠퍼스의 랜드마크로 자리
잡게 만들었다. 변정환의 학교 사랑과 발전에 대한 수고는 잠시도 멈춘
적이 없다.

2) 한의학의 현대화와 세계화

변정환의 한의학 연구는 대학 재학시절부터 시작되었다. 하월곡동
하숙집에 설치한 '회춘의학진료소'[21]가 출발점이며, 졸업 후 고향집 사
랑방에 간판을 건 '회춘의학연구소'는 진료와 연구를 위한 도약의 계기
였다. 재학시절부터 이미 진료의 경험과 임상을 거친 향산은 대구에서
'제한의원'으로 본격적인 한의사의 길을 걸었다. 1959년 12월 6일의
일이다.

한의원은 '신침'답게 '용한 의사'라는 별명에 걸맞게 날로 번창했다.
2년이 지나면서 중구 봉산동 148번지 삼덕교회 앞쪽 대로변으로 병원

---

21 아르바이트 형태로 진행한 진료행위는 무허가였으며, 의료법 위반이었으나 당시의 사회
통념상 일정한 범위에서 허용되었다. 유행성 독감이 번지고 있는 상황이 유리하게 작용
하였고, 치유의 효과가 좋아 '신침'으로 불리면서 명성을 얻었다. 최초의 임상실험 대상
은 딸꾹질로 고생하던 자신이었고, 중완에 침을 꽂아 효과를 보면서 침을 연구했다.
두 번째는 농약 중독자였던 친구를 침술로 완치한 사례가 있다. 『아직은 쉼표를 찍을
수 없다』, 106~113쪽 참고.

을 확장 이전하였고, 하루 150명 환자를 진료하는 일은 개인 능력의
한계를 넘는 일이었다. 늘어나는 환자만큼 경제적 여유도 생겼지만,
편안한 생활에 만족할 수 없었다. 환자들의 불편을 해소하는 일을 급선
무로 여겨 1964년 1월 '제한한의원'으로 간판을 새롭게 했다. 그러나
병원 확장일은 부지와 경제 문제가 겹치면서 쉬운 일은 아니었다. 그러
나 시련이 닥친다고 그만둘 변정환이 아니었다.

향산이 대학 다닐 때 꿈꾸어왔던 우리나라 세계 최초의 한방종합병
원 건립은 이렇게 시작되었다. 수성구 상동의 방천가의 반듯한 집터는
한방병원으로 최적의 입지 조건을 갖추고 있었다. 윤길영 교수의 가르
침과 대학시절에 품은 꿈을 실현하는 일은 처음부터 어려움에 봉착했
다. 전통적인 건축미를 바탕으로 전통의학의 특색을 살려야 했고, 이것
을 현대식 자재로 표현하는 일을 성사시키는 것이 건축설계사의 입장
에서 쉬운 일이 아니었다. 설계사가 고민했던 제약을[22] 변정환이 통
크게 받아들이면서 만족할 만한 결과로 나타났다.

한국 최초의 한방종합병원 기공식이 열린 것은 1969년 3월 3일이었
다. 병원 공사는 순조롭게 진행되었고, 12월 26일 준공식을[23] 하면서
한국 최초의 한방종합병원이 만들어졌다. 한국 한의학 의료계의 쾌거
이며 역사적 사건으로 기록되기에 충분한 일이다. 이 과정에서 한의원
도 종합병원을 지을 수 있도록 의료법 개정 운동을 향산이 직접 주도해

---

22 설계사가 고민한 것은 설계기한의 제약과 좁은 대지의 한계로 자유로운 설계가 어려운
점 그리고 건축비용이 문제였다. 그러나 변정환은 아무 조건을 내걸지 않았고, 이것이
바로 대단한 작품이 나오게 된 결정적 계기였다.
23 변정환이 기획한 병원 규모는 3천여 평의 대지에 본관 3층 건물과 연건평 950평을 세우
는 것이었다. 이날은 일차적으로 5백 평의 본관 건물만 준공을 본 것이다.

주위를 놀라게 했다. 병원은 양방 종합병원과 걸맞게 입원실, 진료실, 약국, 약제실을 갖추었고, 전염병 환자를 격리 치료할 수 있는 병동도 마련했다. 한의사들과 간호사들은 흰 가운을 착용하였고, 예진에서 청진기는 물론 전자기기도 사용하였다. 한국 한의학계에서 한의학의 현대화의 첫발을 내딛는 역사적 순간이 아닐 수 없다. 변정환은 양의계의 진료방식과 인사관리를 선진적인 것으로 인식해 왔고 실천을 한 것이다. 한의학의 과학화 실천의 출발이었다.

대학시절 윤길영 교수 연구실에서의 대화가 꿈의 첫발을 내디딘 셈이다.[24] 한방종합병원의 개업은 국민들로 하여금 질병의 고통을 극복하게 하는 첫걸음이지만, 변정환 개인에게는 한의학 연구와 사회봉사활동으로 영역을 확장하게 하는 자양분이 되었다. 그렇기 때문에 양의사들의 항의도 자연스레 수그러들었으며, 비영리 의료기관 재단법인 제한동의학술원과 동양의학연구소를 설립하여[25] 민족의학의 연구와 의술이 인술이 되는 길을 닦을 수 있었다.

민족의학 한의학이 세계 속에서 각광을 받는 일은 1973년에 일어났다. 제56차 세계 라이온스클럽 연차대회가 미국 마이애미에서 열렸다.

---

24 향산은 대학시절 윤길영 교수 연구실에서 김완희와 깊은 대화를 나눈 적이 있다. 이 자리에서 김완희는 한의학 발전을 위해 학문 연구에 일생을 걸겠다고 다짐했지만, 변정환은 우리나라 최고의 한방병원을 개업해 질병 때문에 고통 받는 이들을 치료하고, 여기서 나온 이익금으로 한의학 연구 활동과 사회 봉사활동에 힘쓰겠다고 큰소리쳤다. 이들의 치기 어린 용기와 희망에 대한 회고는 한방종합병원의 개원식을 마친 날 밤 회고되었다. 『시련을 딛고 밝은 세계로』, 32쪽 참고.

25 제한동의학술원은 1971년 9월에 조직되면서 변정환이 이사장을 맡았고, 동양의학연구소는 같은 해 12월 26일 설립되면서 변정환이 소장이 되었다. 이로써 한의학 발전을 위한 학술회의 및 연구발표회가 정기적으로 열리게 되고 학술지가 발간되는 토대가 마련된 것이다.

변정환은 한국 대표로 참석하게 되었다. 유럽으로 여행을 가면서 덴마크에서 인솔책임자가 병이 나는 사고가 일어났다. 일행 중 의사들도 많았지만, 신장결석증을 치료할 수 있는 양의는 없었다. 현지의 의사가 왕진을 왔지만, 수술 이외의 방법이 없다고 판단했다. 이때 변정환은 침으로 치유하겠다고 나서자 주위 사람들이 조롱의 눈초리를 보냈다. 변정환은 전혀 개의치 않고 한의사로서 본분을 묵묵히 수행했다. 침술이 시작되면서 동시에 환자의 비명이 커졌지만, 환자는 곧 평온을 찾았다. 침으로 통증을 멈추게 하는 마취가 성공한 것으로 양의들의 기세는 이미 흔적을 찾을 수 없었다. 침의 효과는 대단했다. 어깨 아픈 사람, 허리 아픈 사람을 침으로 치료해 주는 신세가 되었지만 외국에서 침의 효과를 증명한 셈이었다.

변정환은 1973년 9월 24일에 열린 제3차 세계침구학술대회 개막에 결정적인 역할을 통해 한국 침구의 세계화를[26] 실현하고자 했다. 세계침구학회의 인사들과 교류하면서 견문을 넓혔고, 1975년 2월 미국 네바다주 라스베이거스에서 열린 제4회 세계침술학회에 한국 대표로 참석해 한국 침술의 우수성을 재차 알렸다. 이때 변정환은 동양의학 전반에 걸친 학술대회를 제의하였고, 세계침구학회원들은 한국에서 열어 줄 것을 요구해 채택되었다. 그런데 이때 한국 침구의 우수성과 효능을 감지한 교포들은 물론이고, 뉴욕 주재 영사도 침술 치료를 받고자 했다.[27] 한국의 침술이 미국에서 각광을 받기 시작한 것은 변정환의 명성

---

26 당시 한의사협회는 재정적 어려움으로 인해 세계침구학회를 개최할 입장이 아니었다. 변정환은 학회의 요청을 받아들여 1백만 원을 찬조하여 대회는 예정대로 순조롭게 진행되었고, 대회 의장을 맡은 변정환은 한국 침구의 실상과 우수성을 세계침구학회에 알리는 계기로 활용했다. 한국 침구가 세계 속으로 나가는 길을 연 것이다.

으로 인한 것임은 두말할 필요가 없다.[28]

한의학의 우수성을 입증하는 제4차 세계침구학술대회와 제1차 국제
동양의학학술대회가 서울에서 열렸다. 1976년 10월 30일 앰버서더호
텔에서 열린 학술대회에서 변정환은 초대회장으로서[29] 직무를 성실히
수행했다. 국제동양의학학술대회는 21개국에서 1,400여 명이 참석하
는 대성황으로 진행되었다. 변정환 개인의 영광이 아니라 한국 한의학
이 동양의학의 주도권을 장악하는 쾌거였다. 이때 변정환은 한의학의
주권을 바로잡고자 했다. 그가 구상한 것은 민족의학으로서의 한의학
이었다.

세계동양의학학술대회를 진행하면서 중국인들은 동양(東洋)의 용어
에 거부감을 표시했다. 동양이 일본을 지칭하는 것으로 여겼기 때문이
다. 그래서 '동방(東方)'의 명칭을 사용하자고 제의하기도 했다. 문제는
동양과 동방은 중국과 일본의 의학을 상징하는 의미가 강했다는 점이
다. 그러면 '한국의 의학을 상징하는 용어는 무엇일까?'[30]에 대한 진정
한 탐구가 시작되었다. 한국 한의학계가 국제 의학계를 이끌어 간다는

---

27 당시 뉴욕에는 중국인이 운영하는 침구 시술소가 있었으며, 하루 백 명 정도의 환자가
    몰렸다고 한다. 그러나 치료비가 워낙 비싸 뉴욕은 100달러, 워싱턴은 70달러, 로스앤젤
    레스는 50달러였다고 한다. 이때 미국 교포들로부터 미국 체류와 외화 획득을 위해 이민
    을 요청받기도 했다고 전해진다. 그러나 변정환은 국적을 바꿔가면서 침술을 돈벌이
    수단으로 여길 마음이 전혀 없었다.

28 세계에 떨친 한의학에 대한 내용과 성격은 『시련을 딛고 밝은 세계로』, 49~57쪽 참조.

29 당시 변정환은 한의과대학 유치운동과 대구라이온스클럽 회장직을 수행하고 있어 상상
    할 수 없는 처지였지만, 한의학의 세계화 및 현대화를 포기할 수는 없었다. 그의 사명이
    었고 운명이었다.

30 변정환 회장은 중국과 일본의 입장을 절충하여 『동의보감(東醫寶鑑)』의 '동(東)' 자를
    고려하면서 편의대로 사용하게 하였고, 영어로는 '오리엔탈'로 공식화하기로 제안하여
    동의를 받았다.

자부심에 개인의 희생과 경제적 손실을 감수할 수도 있을 정도였다.

변정환은 1974년 경상북도 한의사회 회장이 되면서 한의과대학 설립운동을 주도하였고, 삼성장학회를 중심으로 장학사업도 벌였다. 진학을 하였지만 경제적 어려움을 겪고 있는 고향과 모교 후배들을 중심으로 제한적으로 지원하였다. 1976년 9월에는 재단법인 제한동의학술원을 통해 한의학 전문 계간지 『황제의학』을 창간하였는데, 지금은 『동서의학』으로 그 명맥을 이어가고 있다. 이 과정에서 한의학의 본질과 명칭에 대한 연구를 진행하였고, 1979년 9월에 필리핀에서 개최된 제1차 전통의학학술대회에 한국 대표로 참가하였다. 1980년 3월에는 서울에서 제2차 국제전통의학학술대회가 열렸다. 대회집행위원장을 맡은 변정환은 업무를 보면서 한국 한의학의 국제적 위상을 고민하지 않을 수 없었다. 한국 한의학계의 입장과 그간 한의학에 대한 학문의 정체성을 『한의(韓醫)의 맥박(脈搏)』으로 정립하였다. 한국 한의계에서 최초로 한의(漢醫)가 아니라 한의(韓醫)의 명칭이 사용되었다.

한의(漢醫)의 오자로 오해를 받기도 했지만 그의 본뜻은 '한의의 명칭에 대하여'란 수상에 잘 나타나 있다. 한의로 표시하는 당위성을 상세하게 논리적으로 정의한 것이다. 그의 주장을 간략하게 소개하고자 한다.

한의사(韓醫師)란 한의사(漢醫師)를 말한다. 잘못 알고 썼던가? 결코 아니다. 앞으로는 한의사(漢醫師)를 한의사(韓醫師)로 써야만 하고 또 한의사(韓醫師)라야겠기에 쓴 것이다. ……한(韓)은 우리나라의 이름이요, 한(漢)은 중국의 이름이다. 우리나라 사람이 중국 이름을 붙여야 할 이유가 어디 있는가. 양의학이 우리나라에 전래되기 4천여 년 전부

터 의사, 의학으로 사용되었건만 남의 것인 양 한(漢) 자를 붙이고 그것
도 사람의 칭호 앞에도 한(漢) 자가 따라야 할 이유는 또 어디 있는가,
4천여 년 전부터 우리 의약으로 계승되었던 것이다.[31]

이상과 같이 한의(韓醫) 사용의 당위성을 역설하였다. 한(漢) 자를
붙이는 것이 바로 사대주의의 잔상으로 지적하면서, 우리의 의학으로
통칭하고 허준이 동의(東醫)로 명명한 사실을 강조했다. 우리의 고유문
화와 정통성, 고유 의학의 위상을 회복하는, 세계 속의 고유한 한의학
으로 자리매김하는 첫걸음이었다. 민족의 상징이며 배달의 혼이 담긴
한(韓) 글자를 민족의학으로 정립한 쾌거였다.

한의(韓醫) 명칭에 대한 논쟁은 일어나지 않았다. 자연스럽게 한국의
한의학(韓醫學)계가 받아들이면서 한의(韓醫)가 공식 명칭으로 자리 잡
았다.[32] 국적 있는 교육, 주체적인 한의학으로 발돋움하면서 한의학계
에서 일어난 자성의 분위기는 이후 한의학 발전의 밑거름이 되었다.[33]
변정환의 주체적인 한의학과 세계로 뻗어나간 한의학의 위상과 실상에
대한 단면을 읽을 수 있다.

3) 사회봉사의 실제와 의미

향산은 한의원을 개업하고 난 후 환자의 급증과 함께 경제적 안정을

---

31 『아직은 쉼표를 찍을 수 없다』, 179~182쪽에 전문이 실려 있어 참고할 수 있다.
32 한국정신문화연구원 이선근 원장은 한의 명칭의 정립에 대한 극찬과 함께 중국문화대학
    에 추천하여 명예철학박사학위를 받게 해 주었다. 여기에는 변정환의 『주역(周易)』에
    대한 해박한 지식도 작용하였다.
33 『시련을 딛고 밝은 세계로』, 58~59쪽.

이루게 되었다. 자연스럽게 그의 관심은 사회적 약자에게로 쏠렸다. 1964년 국제라이온스클럽에 가입하면서 사회봉사를 시작하였고, 이듬해부터는 무의촌 지역 무료진료 봉사활동에 적극 참여하기 시작했다. 향산의 사회봉사는 자신의 자산을 토대로 한 것이다. 라이온스활동은 경제적 기반으로 시작하였고, 무의촌 진료봉사는 전적으로 자신의 침술과 직업의식의 발로였다. 그는 언제나 더불어 함께하고자 하는 철학을 묵묵히 실천한 것이다.

향산의 라이온스클럽 활동은 국제라이온스클럽을 창시한 미국의 멜빈 존스의 영향을 받았다. 멜빈의 "사람이 아무리 높은 지위에 오르고 돈을 많이 벌었다고 할지라도 남을 위해 봉사하는 일에 착수하기 전에는 결코 성공했다고 말할 수 없다"는 말을 향산은 성공의 기준으로 삼았다. 성공의 기준이 남을 위해 베푸는 것에 있다는 것을 믿었기 때문이다. 그래서 뜻을 모으기 위해 조직을 선택했고, 함께 봉사에 참여하는 길을 선택했다.[34] 향산의 봉사활동에서 그 중심축은 언제나 라이온스클럽이었다.[35] 라이온스클럽을 통한 봉사활동은 향산에게 훈장과 상패로 보답하면서 동력을 이어가게 만들었다. 봉사활동과 보상의 성격은 그에게서는 언제나 공존했고, 그것이 새로운 에너지를 생성해 냈다고 할 수 있다.

2011년 (사)대자연사랑실천본부가 창립되었고, (사)대자연사랑실천본부의 이사장으로 '생명 존중'과 '자연 사랑'을 모토로 자연과 인간은

---

34 당시 대구라이온스클럽의 모임은 매달 1회 저녁 시간에 열려 한의사로서 진료 활동에 영향을 받지 않았고, 다른 일을 하는데도 지장을 주지 않아 클럽활동에 어려움이 없었다.

35 대구라이온스클럽의 활동과 임원 역임에 대해서는 『아직은 쉼표를 찍을 수 없다』, 164~171쪽에 자세하게 수록되어 있다.

분리될 수 없는 일체로 행복한 사람과 건강한 미래 사회의 기반을 지향
한다. 대자연사랑운동은 미래건전사회운동으로 확장되면서 운동의 깊
이와 폭을 넓게 만들었다. 사회봉사 활동 중 백미로 손꼽을 수 있다.
이것은 백두산 통일기원 제천의례로 귀결되었기 때문이다.

향산은 유교학회 회장이 되면서 결심한 것이 하나 있었다. 그것은
백두산에서 통일기원 제천의례를 봉행하는 것이었다. 제천의례는 숭
고한 민족정신 그 자체였다. 한의(漢醫)를 한의(韓醫)로 바꾸어야 한다
는 주장의 저변에 이런 민족의식과 자존심이 있었기에 가능한 일이었
다. 제천의례를 통해 민족의 자주를 되찾고자 하는 일은 지난한 일이지
만, 분단된 조국의 현실을 타개하기 위한 하나의 방책이기도 하여 시대
적 과제를 실현하는 길이기도 했다. 민족의 동질성을 회복하기 위한
방책이기도 한 백두산 제천의례는 쉬운 일이 아니었다.

유교학회의 행사로 제안된 백두산 제천의례는 회원들의 적극적인
지지와 동참을 바탕으로 추진되었다. 93년 만에 시행되는 제천의식에
93명의 참배객이 등록한 것은 길조였지만, 타국을 통해 백두산으로
가는 길은 험난했다.[36] 장마와 비바람으로 인해 제천의례를 포기하자는
의견이 지배적이었지만, 시련을 모르는 변정환은 결연한 목소리로 천
제 봉행을 강행했다. 무모하다고 주위에서 수군거렸지만, 93년 만에
지내는 천제를 소홀히 할 수 없어 정성과 경건한 자세로 임했다. 연길
의 백산호텔에서 진행된 '한민족의 천(天)사상과 제천의례' 한중학술대

---

36 북경 공항에 도착하자 문화방송 취재팀이 카메라 장비를 압수당했으나 정치적 목적이
없다는 사실을 인지한 당국은 돌려주었다. 북경에서 심양으로 가는 길에는 뇌성과 칠흑
같은 어둠으로 인해 불안을 느끼기도 했다. 계속해서 지루한 장마로 발길을 잡아 제천의
례를 진행하기 어려운 지경이었다.

회도 성공적이었다. 향산의 일생에서 가장 잊을 수 없는 일로 자리매김
하는 일대 사건이었다.

향산의 사회봉사 활동은 분야와 장소를 구분하지 않았고, 다방면에
걸쳐 진행되었다. 일일이 열거하기 어려워 대표적인 봉사활동 한두 가
지만 소개하기로 한다. 1965년 고향의 유지들이 만들어 놓은 삼성(三
聖)장학회 부이사장이 되었다. 삼성장학회는 고향인 청도 이서중고교
학생들을 지원하는 단체이다. 향산은 경제력이 허용하는 한 필요한 곳
이라면 지원을 아낀 적이 없다. 모교인 경희대 한의대 대구 지역 동문
회장의 연임에는 적극적인 장학사업의 배경이 작용한 것도 사실이다.
물론 자녀들이 다닌 학교의 육성회 활동에도 부지런했다.

법무부 경생보호회의 보호위원와 국제 인권옹호연맹 경상북도 지부
지도위원이 되어 전과자들의 사회복귀를 돕기도 했다. 그에게 도움을
바라는 손길은 다방면에서 뻗어왔고, 그의 온기는 사방으로 퍼져나갔
다. 그는 대구 남부경찰서 행정 자문위원과 대한 보이스카우트연맹 재
정분과위원장으로도 헌신했다. 변정환은 돈을 모으는 방법도 잘 알았
지만, 떳떳하고 정당하게 사회에 환원하는 길을 잘 개척하기도 했다.
어떤 의미에서 돈의 통로를 정확하게 인식하고 있었기 때문에 봉사의
길은 그만큼 그에게 있어서는 쉬웠을지도 모른다. 그렇다고 향산이 한
의사로서의 본업을 소홀히 한 적은 한 번도 없었다.[37] 보통 사람과 다른

---

[37] 변정환은 개업의와 한의사회 활동으로 바쁜 나날을 보내면서도 한의학 발전의 실체로
훌륭한 한의사를 양성하는 육영사업을 위해 영남대학교 경영대학원 석사과정으로 수료
했고(1965.2), 경희대학교 대학원에 입학하여(1967.9) 석사과정을 수료했다(1970.8).
대구한의과대학을 설립하고 학장, 이사장을 역임하는 과정에서 서울대학교 대학원에서
박사학위를 취득하기도 했다(1985.2). 54세가 되던 1986년 2월에는 경희대학교 대학원
에서 한의학박사학위를 받아 학문 연구와 한의학 발전은 물론이고, 한의학으로 국민건

비범한 그의 일면을 읽을 수 있다.

4. 맺음말

향산 변정환은 백범 김구의 어록에 빗대어 자신의 소원을 피력하기도 했다. 그의 첫 번째 소원은 '한의학의 발전'이었고, 두 번째 소원은 '한의학을 위하는 일'이었다. 세 번째 소원은 '한의학을 세계화하는 일'이었다. 그의 생애를 소원에 한정한다면 향산 변정환의 소원은 사실상 이루어졌다고 봐야 한다. 그의 일생이 일찍이 '한의학의 전문화, 한의학의 과학화, 한의학의 세계화'에 맞추어져 있었기 때문이다. 조부의 가르침인 '양의(良醫)'로서의 삶을 실천하면서, '양의'의 실체를 스스로 보여준 것으로 평가하기에 손색이 없다.

그의 일생을 정리하자면 그의 인생은 시련이 아닌 것이 없었다. 많은 사람이 불가능하다고 한 일도 그는 언제나 해냈다. 그가 다양한 영역에서 활동하면서 쌓은 업적들을 찬찬히 뜯어보면 장애가 없었던 적이 없었다. 그러나 그는 의연하게 그 많은 시련을 묵묵히 극복했다. 한의사로서의 시련, 대학 총장으로서 시련, 사회봉사자로서의 힘든 여정, 학자로서의 고난과 고독 등 시련의 고통과 내용은 격을 달리하면서 그를 힘들게 했다. 구십 평생을 살아오면서 곳곳마다 색다른 시련이

강 향상과 보건정책을 수립하고 실현하는 요건은 물론이고, 한의학으로 세계 인류복지에 기여하는 자격을 완벽하게 갖추었다. 그는 한시도 한의사로서 본연의 의무와 자세를 잊은 적이 없다. 의사로서 언제나 그는 현역이고 싶었다. 이런 그의 태도는 생명이 다하는 그날까지 지속될 것이다.

있었지만, 단 한 번도 피하지 않았다. 언제나 꿋꿋한 자세로 정면을 응시하고, 헤쳐 나갔다. 향산 변정환이 다른 사람과 다른 점이 바로 여기에 있었다.

다만 그에게도 호사다마는 있었다. 1992년 종합대학으로 승격한 경산대학교 초대 총장에 취임하는 영광을 얻었다. 본의 아니게 대구·경북 지역 총장협의회장도 되었다. 그러나 이 화려함 뒤에 가혹한 시련이 있었다. 무혐의로 풀려난 사건이지만, 일생동안 잊을 수 없는 고통이었다. 그럼에도 그는 누구를 원망하지 않았다. 용서할 일도 용서받을 일도 아니라고 생각했다. 참으로 의연한 태도가 아니었던가. 모든 것을 자신의 잘못된 처신으로 돌렸고, 자신의 일에 대한 소홀함으로 돌렸다.[38] 참으로 진정한 유학자의 태도인 반구저기(反求諸己)를 실천하였던 것이다. 그러면서 밝은 미래와 세계를 향해 더욱 도전하는 모습을 견지했다. 진정한 지도자의 모습으로 주위를 감동케 했던 것이다.

향산이 일생동안 이룩한 학문세계와 다방면에 걸쳐 성과를 거둔 업적들은 일차적으로 자녀들에 의해 면면히 이어질 것이다. 한의학의 세계화와 과학화는 물론 명의로서의 명성은 한의사인 장남 변준석이 계승하여 새로운 경지를 개척하고 있다. 여기에 장녀 변성희는 한의학의 효험에 관한 심층 연구와 후학 양성에 매진하고 있어 한의학의 새로운 경지를 펼칠 것으로 기대된다. 조부 고산공에서 시작된 민족의학 한의학의 맥은 가학으로서의 완성을 넘어 인류의 건강과 질병치유를 선도하게 될 것이다.

---

38 당시 향산의 심정과 태도는 『시련을 딛고 밝은 세계로』, 277~282쪽에 자세하게 기록되어 있다.

차남 변창훈은 대구한의대학교의 건학이념을 확장하여 전통과 첨단의 융합으로 세계 속의 대학으로 발전시키고 있다. 건학 60년을 맞아 '새로운 꿈과 도전'이라는 슬로건 아래 꿈과 조화, 통합의 비전을 제시하면서 미래 교육 100년 준비에 여념이 없다. 괄목할 업적을 바탕으로 총장의 3연임에 성공하면서 교육의 미래가치를 창출하는 새로운 대구한의대학교 역사의 지평을 열어가고 있다.

향산이 이룩하고 지속되고 있는 업적 가운데 간과해서는 안 되는 중요한 것이 하나 더 있다. 바로 대자연사랑실천운동으로 인간과 자연이 하나로 어우러진 지구촌 실현을 위해 생명을 존중하고 자연을 사랑하는 실천운동이 바로 이것이다. 향산은 대자연과 조화를 이루는 삶에 대한 내용은 물론이고 그것의 실천 방안을 구체적으로 제시하면서 몸소 실천함을 한시도 게을리한 적이 없다. 자연과 인간이 하나가 되는 대자연사랑실천운동은 막내 변귀남이 학술활동과 정책 연구에 매진하면서 각종 자연보존활동 및 문화·봉사사업을 활발하게 전개하는 동시에 지속적인 운동으로 거듭나고 있다.

결론적으로 향산의 생애와 업적은 대구한의대학교로 응축되고 융화되면서 영속성을 가지게 될 것이다. 그 구심점인 대구한의대학교는 시대를 창조하고 창의·융합의 인재를 양성하는 대학으로 거듭날 것이 확실하다. 이런 모든 것들은 바로 향산의 희생과 도전정신, 올곧은 선비로서, 한의학과 교육에 대한 열정을 몸소 실천한 밑거름이 있었기에 가능한 일이다. 이런 점에서 향산의 업적에 대해서는 아무리 강조해도 지나치지 않다.

참고문헌

대구한의대학교60년사편찬위원회, 『대구한의대학교건학60년사』, 매일신문사, 2019.

변정환, 『卞廷煥 隨想集 脈』, 玄水社, 1984.

변정환, 『아직은 쉼표를 찍을 수 없다』, 행림출판, 1992.

변정환, 『오늘도 삼성산 돌층계를 오르며』, 경산대학교 출판부, 1995.

변정환, 『자연의 길 사람의 길』, 도솔, 2003.

변정환, 『시련을 딛고 밝은 세계로』, 북랜드, 2007.

변정환, 『창간 11주년 기념 경산대신문 축쇄본 〈제1권〉』, 경산대신문사, 1994.

변창훈, 『香山卞廷煥書展』, 대구한의대학교 건학60주년기념사업단, 2019.

박동희, 『할아버지 침은 약침』, 북랜드, 2012.

변정환, 『일흔, 새벽』, 도솔, 2002.

한국인물연구원 편집부, 『한국현대인물열전 33선』, 한국인물연구원, 2005.

향산 변정환 선생의
대자연과 조화를 이루는 삶

변귀남*

1. 코로나19가 던진 화두[1]

'미증유', '불청객', '갑자기 들이닥친' 등의 수식어와 함께 찾아온 코로나19는 온 인류를 고통 속에서 신음하게 했다. 세계는 전에 없던 속도로 백신을 만들어 보급했고, 제약업계에서 상식처럼 여겨지던 임상실험도 그 어느 때보다 간소화했다. 우리나라 역시 방역에 온 힘을 쏟은 덕분에 '위드 코로나'처럼 단계적인 일상회복을 위해 나아가고 있지만 과거의 일상을 온전히 회복하는 데에는 적지 않은 시간이 걸릴 것이라는 다소 비관적인 예측이 가능하다.[2]

---

* 대구한의대학교 글로벌인재학부 교수

1 『대자연사랑』 제13호에 수록된 향산의 「코로나19가 던진 화두」를 빌려왔다. 변정환, 「코로나19가 던진 화두」, 『대자연사랑』 13, 사단법인 대자연사랑실천본부, 2022. 3, 4쪽.
2 '코로나 사피엔스(corona sapiens)'라는 단어를 보면 코로나19를 기점으로 인류가 뚜렷하게 변별되리라는 짐작도 가능하다. 최재천 외, 『코로나 사피엔스—문명의 대전환』, 인플루엔셜, 2020.

코로나의 역습이 그간 우리의 삶을 규정했던 패러다임마저 크게 흔들어 놓았습니다. 인류 사회 전체가 엄청난 시련을 겪었으며, 이미 많게 변했고, 앞으로 더 많은 변화를 맞이하게 될 것입니다. 이런 사태를 통해서 우리 인간이 배워야 할 교훈도 한두 가지가 아닙니다. (중략) 그러나 전염병이 반드시 악영향만 미치는 것은 아니라고 봅니다. 새로운 패러다임을 낳기도 합니다. 어쩌면 시대 변화를 불러온 뉴노멀 (New Normal)의 창시자일 수도 있습니다. 역사적으로 보면, 유럽을 강타했던 페스트는 중세에서 근대로 넘어오는 발판이 되었습니다. 유럽의 남미정복에 결정적인 기여를 한 천연두는 당시 구대륙의 교환 화폐였던 금은의 대량 공급지를 확보하는 역할을 했습니다. (중략) 이처럼 절체절명의 충격이나 위기가 전화위복이나 새로운 도약 기회를 동반하면서 인간의 지혜와 현명한 판단을 요구합니다.[3]

향산의 말처럼 우리는 "코로나의 역습이 그간 우리의 삶을 규정했던 패러다임마저 크게 흔들어 놓"는 "절체절명의 충격이나 위기"를 마주했다. 하지만 "전염병이 반드시 악영향만 미치는 것은 아니"어서 "전화위복이나 새로운 도약 기회를 동반하면서 인간의 지혜와 현명한 판단을 요구"하는 모습도 마주할 수 있었다. '어떻게 살아야 하는지', '지금까지의 삶을 바꾸지 않고 지속해도 괜찮은지', '이전과 같이 살아간다면 인류가 얼마나 존속할 수 있을지'와 같은 근본적인 질문을 자신에게 하게 된 것이다.

작게는 개인의 삶과 생존의 문제를, 크게는 인류의 문명과 인간 삶 전체에 대한 본질로 이어지는 이러한 질문은 꼬리에 꼬리를 물고 이어

---

3 변정환, 앞의 글.

졌다. 거듭되는 질문이 도달한 것은 생태계와 기후의 위기로 대표되는 대자연의 위기였다.

대자연이 마주한 위기는 1970년대 초반부터 국제적인 정치의 장(場)은 물론 다양한 학문 영역에서도 제기되어 왔다. 50여 년 동안 왕성한 논의가 이루어진 덕분에 다양한 분석과 진단, 이에 부합하는 대안이 제시되었음에도 실천의 문제는 좀처럼 해결되지 않고 있다. 이러한 상황에서 한스 요나스(H. Jonas)의 진단과 준엄한 경고는 향산의 의견과 궤를 같이한다.

> 예전에는 세계의 종말에 관한 판결로서 우리를 위협하였던 것이 종교였다. 오늘날에는 바로 고통을 당하고 있는 우리의 지구 자체가 이날의 도래를 예견하고 있다. 그러나 이 마지막 계시는 예수가 설법하였던 시나이 산으로부터 오지도 않고, 석가가 깨우쳤던 보리수나무로부터도 오지 않는다. 한때는 훌륭한 창조로 나타났던 이 지구의 황무지에서 우리 모두가 몰락하지 않으려면 우리의 탐욕스러운 권력을 억제해야 한다고 경고하는 것은 바로 말없는 피조물들의 고발이다.[4]

종교가 "세계의 종말에 관한 판결"을 내렸던 과거와는 달리 "오늘날에는 바로 고통을 당하고 있는 우리의 지구 자체가" "세계의 종말"의 "도래를 예견하고 있다"는 요나스의 말은 코로나19를 거치며 누구나 고개를 끄덕일 정도의 문장이 되었다. 그리고 한 걸음 나아가 현존 인류의 생존을 위해, 미래세대의 생존권을 우리 손으로 훼손하지 않기 위하여 "한때는 훌륭한 창조로 나타났던 이 지구의 황무지에서 우리

---

4 한스 요나스, 이진우 역, 『책임의 원칙-기술 시대의 생태학적 윤리』, 서광사, 1994.

모두가 몰락하지 않으려면 우리의 탐욕스러운 권력을 억제"할 수 있어
야 한다는 생각으로 이어졌고, 베이컨적 이상의 위험성이 현존 인류와
미래세대를 위협하고 있음을 깨닫게 했다.[5] 요컨대 코로나19라는 미증
유의 사태는 인간과 자연의 새로운 관계를 정립하고, 나아가 새로운
생태학적 가치와 윤리를 마련해야 한다는 인식으로도 확산한 셈이다.
향산은 이를 두고 다음과 같이 말했다.

> 코로나19가 인간에게 던진 강력한 화두는, 자연을 파괴해가며 미래
> 를 당겨쓴 현재는 결코 참다운 행복일 수 없다는 사실입니다. 따라서
> 인류는 자연과의 조화, 미래를 위한 배려와 대자연에 대한 겸손이 그
> 어느 때보다 절실하게 요구되는 상황에 직면했다는 사실을 깨달아야
> 할 것입니다.[6]

40여 년의 글로벌 경제를 작동시킨 자본주의는 인간 삶의 가치체계
를 전도시키고, 그 부정성을 유감없이 드러냈음은[7] 주지의 사실이다.
그럼에도 우리는 무엇을, 어떻게 해야 자본주의가 추동한 대자연의 위
기를 극복할 수 있는지, 최종적으로 현존 인류와 미래세대를 온건히
할 수 있는지 대답하지 못했다. 우리는 무엇을, 어떻게 해야 할까?
이 질문에 대한 답은 향산이 오랫동안 마음을 다해 활동해 온 '사단
법인 대자연사랑실천본부(이하, 대자연사랑)'에서 엿볼 수 있다. "자연과

---

5 요나스는 "경제적 성공은 1인당 상품 생산, 다수의 복지 향상, 체제 내에서의 모든 사람들
   의 비자의적인 소비 증가 등에서 드러나는데, 한마디로 말하면 사회 전체와 자연 환경과
   의 신진대사가 급격히 증가한 것"이라고 이야기했다. 자본주의 경제가 자연을 자원과
   재료로 성장해 왔음을 떠올리면 이 지적은 타당해 보인다.
6 변정환, 앞의 글.
7 최재천 외, 앞의 책, 63쪽 참조.

조회되는 삶, 자연과 인간은 하나"라는 기치 아래 설립된 이후 줄곧
'실천'에 방점을 찍어 온 '대자연사랑'은 '국제대자연사랑실천본부'의
한국지부이다.

현대화와 산업화는 부자와 가난한 자를 극단적일 만큼 뚜렷하게 구분
을 지웠다. 경쟁을 부추기는 사회를 갈수록 강도 높은 노력을 강요하고
사람들을 두려움과 고뇌로 내몰고 있다. 우리들의 장래는 점차 더 암울
하게 보이며 또한 우리들의 공동 사회는 산산이 부서졌다. 서민들은
정신적으로 건조한 상태에 직면해 있다. 많은 사람들이 혼탁한 흙탕물
속에서 살기 시작하고 또한 나쁜 관념, 왜곡된 생계, 어지럽혀진 종교적
신뢰, 그릇된 가치, 그리고 감성적이고 즉흥적인 감각에 사로잡혔다.
이 같은 바람직하지 않는 조건들을 제거하기 위하여 우리들은 어머니인
대자연(mother nature)으로 돌아갈 필요가 있다. 우리들은 자연의 가
치와 기대에 대한 진정한 의미를 고려해야 한다. 생명에 대한 존엄과
훌륭한 인품의 진실성을 받아들일 필요가 있다.

국제대자연사랑실천본부의 사명은 자연과의 유대를 강화하고, 세련
된 생활양식을 계획하여 새로운 자연 사랑 문화를 창조하는 것이다.
그리고 일련의 새로운 도덕률과 가치 등을 정립하는 것이다.

어머니인 대자연에 대한 사랑을 밖으로 표명하고, 생명을 소중히 하
고, 우리들의 내면적인 아름다움을 언어로 표현하고, 그리고 자연과의
조화를 회복하여야 한다.

우리는 전체 인류가 평화와 공존의 기쁨을 누릴 수 있는 거대한 울타
리를 만들고자 한다. 대자연의 말없는 가르침에서 지혜를 얻고 삶 속에
서 실천할 때 그 염원이 성취될 수 있음을 확신한다.[8]

---

8 왕자광, 사단법인 대자연사랑실천본부 편집부 편, 「자연과 조화된 생명─사람의 아름다

"현대화와 산업화", "경쟁을 부추기는 사회"는 "강도 높은 노력을 강요하고 사람들을 두려움과 고뇌로 내몰"았고, 개인들은 "나쁜 관념, 왜곡된 생계, 어지럽혀진 종교적 신뢰, 그릇된 가치, 그리고 감성적이고 즉흥적인 감각에 사로잡"힌 "혼탁한 흙탕물 속에서" 사는 것과 다름 없는 상황이 되었다. '국제대자연사랑실천본부'는 이러한 상황을 타개하고자 "자연과의 유대를 강화하고, 세련된 생활양식을 계획하여 새로운 자연사랑 문화를 창조하는 것", "일련의 새로운 도덕률과 가치 등을 정립하는 것"을 사명으로 설정하였다. 이를 통해 "어머니인 대자연에 대한 사랑을 밖으로 표명하고, 생명을 소중히 하고, 우리들의 내면적인 아름다움을 언어로 표현하고, 그리고 자연과의 조화를 회복"할 수 있고, "전체 인류가 평화와 공존의 기쁨을 누릴 수 있는 거대한 울타리를 만들" 수 있기 때문이다.

이러한 '국제대자연사랑실천본부'의 뜻을 한국에서 확산하는 '대자연사랑'은 2011년 3월 환경부에 등록된 비영리단체이다. 인간과 자연이 하나로 어우러진 지구촌 실현을 위해 생명존중과 자연사랑을 실천하는 비영리단체로, 환경보호와 생활환경개선을 위해 노력하면서 차세대 주역들이 자연과 생명을 아끼고 사랑할 수 있도록 교육, 문화, 환경, 봉사와 관련된 다양한 활동을 펼쳐 왔다. 특히 향산은 '국제대자연사랑실천본부'의 사명을 깊이 이해하여 "자연의 말없는 가르침에서 지혜를 얻고 삶 속에서 실천"하는 데 진력해 왔다.

인류와 더 나아가 지구촌 전체의 지속가능한 생존을 위해서는 반드시

움을 드러내다』, 북랜드, 2014, 7~8쪽.

자연과의 공존, 세계는 하나라는 인식의 장을 넓히는 일부터 시작해야
하며, 스스로의 안전한 삶과 미래세대의 안녕을 보장받기 위해 자연환
경을 보호하고 사랑하며 지켜야 할 엄중한 책임을 외면할 수 없게 되었
습니다.

본 법인은 이러한 시대적 요청에 부응하여 국내외의 환경단체 및 시
민사회와 연대하여 환경보호와 생활환경개선을 위해 노력하면서, 어린
학생들을 비롯한 모든 다음 세대의 주역들이 자연과 생명을 아끼고 사
랑할 수 있도록 교육, 문화, 환경, 봉사와 관련한 다양한 활동을 펼쳐나
가고 있습니다.[9]

회원들을 향해 우렁찬 (사)대자연사랑 출범을 알린 변정환 이사장은
"(중략) 대자연사랑실천운동은 글로벌 운동으로 세계일가를 이루어야
할 시대적 요청에 따른 시민운동이며 대우주 자연을 사랑하고 모든 생
명과 공존을 통해 자연에 순응하여 지구를 살리고, 지구촌의 빈곤타파
와 전쟁 없는 평화를 위해 소통과 상생의 삶을 영위하려는 궁극적 목표
를 세우고 있다. (중략) 우리의 실천은 일회성 구호에 그칠 것이 아니라
실천을 생활화하여 모범을 보여주었을 때 우리의 운동은 급속히 확산해
나갈 것이다. 이제 우리는 생명존중사상, 자연사랑 정신을 후대에 물려
줄 방안을 모색해 나가야 할 것이며 지구촌이 분쟁 없고, 전쟁 없고,
질병 없고, 문맹 없고, 빈곤 없는 이상향의 세계를 이룩해 나가는 데
앞장서야 한다"고 강조했다.[10]

이처럼 '대자연사랑'은 향산의 신념인 '자연과 공존하는 인간의 삶'

9 변정환, 「대자연사랑 잡지 창간에 즈음하여-가족에게 띄우는 편지」, 『대자연사랑』 창
   간호, 사단법인 대자연사랑실천본부, 2016, 4쪽.
10 편집부, 「2012 대자연사랑 출발 한마당-대자연 사랑 우리가 실천한다」, 『Headline
   News』, 2012.11., 36쪽.

과 '생명 존중'의 가치를 실천하는 장(場)이라는 점에서 향산을 이야기하는 또 다른 키워드로 살펴볼 가치가 있지만 본격적으로 다루어지지는 못했다. 따라서 이 글에서는 향산의 신념이 실천되는 장(場)으로서 '대자연사랑'을 바라보고, 향산이 대자연과 조화를 이루는 삶을 어떻게 실천해 왔는지를 살피고자 한다. 이러한 시도는 향산의 신념과 가치의 뜻을 한층 깊이 이해하고, 그의 역행(力行)을 온전히 살피는 일이라고 할 수 있다.

2. 교육과 학술활동으로 향산의 신념을 전하다

향산은 유·불·선에 대한 깊이 있는 이해를 바탕으로 자연과 조화된 삶의 가치를 설파하고, 실천해왔다. 그는 『자연의 길 사람의 길』에서

> 자연을 따른다는 것은 우주의 흐름을 따르는 것이다. 몸과 마음의 움직임을 우주의 리듬에 맞추기만 해도 삶에 장애가 생기지 않는다. (중략) 지금 이 순간 자신을 둘러싸고 있는 것들, 자신의 삶을 가능하게 하는 상황과 불화하지 않으면 된다.[11]

라고 적고 있다. 이 문장은 병을 예방하거나 치료하는 근본을 설명하는 것으로 보아도 무방하겠으나, "몸과 마음"을 지닌 인간과 "우주의 리듬"으로 표현된 대자연의 조화를 염두에 두고 해석할 수 있다. 향산이 인

---

11 변정환, 『자연의 길 사람의 길』, 도솔, 2005, 72쪽.

간이 "대자연과 한 가족임"[12]을 지속하여 강조해 왔음을 복기하면 더욱 그러하다. 또, 이 문장은 환경문제로 인하여 '자연'이 자연스럽지 못하고, '우주'가 우주답지 못할 때 인간과 인간이 당면한 미래가 어떻게 될 것인지를 환기한다.

> 공장식 밀집사육이나 야생동물의 무자비한 포획과 같은 인간의 행위를 보면 어떤 식으로든 응징이 따르지 않을 수 없을 것입니다. 어디 동물뿐이겠습니까? 나무 한 그루, 풀 한 포기, 돌멩이 하나, 모래 한 톨까지도 모두 다 그 나름의 가치와 이유를 가지고 이 세상에 생겨났을 것입니다. 그런 존재들을 우리는 제멋대로 베어내고 불태우고 무너뜨리고 부수었으니, 대자연에게 무한정의 인내를 요구할 수 없습니다. (중략) 쓰나미, 지진, 폭우, 혹한 등 우리가 이전에는 겪지 못했던 수많은 자연 이변은 대자연이 살아남기 위해서 벌이는 최소한의 자가 치유 과정이라는 주장이 설득력을 얻고 있습니다. 이제 우리는 생몸살을 앓고 있는 대자연에 대해서 미안해 할 줄 알아야겠습니다. 입원을 시키고 대수술을 받게 하지는 못할지라도 이마에 물수건이라도 올려주며 고개를 숙여야 할 것 같습니다.[13]

향산에 따르면 "공장식 밀집사육이나 야생동물의 무자비한 포획", "그 나름의 가치와 이유를 가지고 이 세상에 생겨"난 "나무 한 그루, 풀 한 포기, 돌멩이 하나, 모래 한 톨"을 인간이 "제멋대로 베어내고 불태우고 무너뜨리고 부"[14]순 탓에 "쓰나미, 지진, 폭우, 혹한 등 우리가

---

12 변정환, 「우리는 한 가족입니다」, 『대자연사랑』 10, 사단법인 대자연사랑실천본부, 2020, 4쪽.
13 위의 글.

이전에는 겪지 못했던 수많은 자연 이변"을 마주하고 있다. 세계기상기구(WMO)가 2020년 12월에 발표한 보고서나 지구온난화에 관한 연구[15]를 떠올려보면 이는 지극히 현실적인 우려로 앞으로 발생할 수 있는 더욱 큰 재난을 막기 위한 제언에 가까워 보인다.

그간의 잘못을 반성하며 우리가 할 수 있는 것은 무엇일까?

우리는 그동안 대자연을 너무 몰랐습니다. 스스로 대자연의 일부이면서 자신이 무엇을 바탕으로 하여 어떻게 고리를 이루고 있는지 몰랐다는 것입니다. (중략) 이제 우리는 '아는 것이 별로 없지만 대자연과 한 가족임'을 인정하고, 자연과 공존하는 생활로 우리의 일상을 다시 채워 나가야 한다고 역설하고 싶습니다.[16]

---

14 향산의 이러한 생각은 'MZ세대'가 비거니즘을 선택하는 과정과 흡사하다. 강민희에 따르면 "평균 학력이 높고 자신의 의견을 피력하는 데 비교적 익숙한 MZ세대는 동물을 착취해서 생산되는 모든 제품과 서비스를 거부한다는 신념을 바탕으로 소비를 통해 정치적·사회적 신념을 적극적으로 표현하는 '미닝아웃(Meaning Out)'을" 하며, "Z세대의 36.1%는 식음료를 구매할 때 환경, 동물, 기부, 공정 무역 등 신념을 우선하고, MZ세대는 바다거북의 배에서 발견된 플라스틱 빨대에 경각심을 느끼며, 자기의 신념을 드러내는 굿즈를 소비하고 적극적으로 SNS에 인증하고 있"다. 강민희, 「MZ세대의 비거니즘콘텐츠 사례와 의미 연구」, 『동아인문학』 57, 동아인문학회, 2021, 401~402쪽.

15 세계기상기구(WMO)가 2020년 12월에 발표한 보고서나 지구온난화에 관한 연구에 따르면 2020년 지구 평균기온은 산업화 이전(1850~1900년) 수준보다 1.2±0.1도 높았으며, 2024년까지 일시적으로 1.5도를 초과할 가능성은 적어도 20%라고 적었고, Robert McSweeney는 그의 연구에서 지구의 기온이 2도 증가하면 빙상이 붕괴되기 시작하고 4억 명 이상의 사람이 물 부족을 겪으며 적도 지방의 주요 도시가 사람이 살 수 없는 곳으로 변하고 북위도 지역조차 여름마다 폭염으로 수천 명이 목숨을 잃을 것으로 예상된다고 주장했다. WMO, "WMO Provisional Report on the State of the Global Climate 2020", https://public.wmo.int/en/our-mandate/climate/wmo-statement-state-of-global-climate(검색일 : 2023.6.26.); Robert McSweeney, 「The Impacts of Climate Change at 1.5C, 2C and Beyond」, 『Carbon Brief』, October, 2018.

16 변정환, 앞의 글, 2020, 4쪽.

향산은 자연과 조화되는 삶에 대한 깊이 있는 고민을 해 본 적이 없는 독자도 "'대자연과 한 가족임'을 인정"하고, "자연과 공존하는 생활로 우리의 일상을 다시 채워 나가"야 한다고 말한다. 그러나 이 문장이 독자에게 이르러 공감을 불러일으키고 실천으로 이어지려면 '어떻게'를 살필 수 있어야 한다. "그동안 대자연을 너무 모"르는 상태로 지내왔기 때문이다.

향산은 '어떻게'를 고민하는 대중을 깨치기 위하여 '대자연사랑'의 기관지『대자연사랑』에 꾸준히 기고하고, '대자연과 건강', '건강과 채식식단'을 주제로 각계각층을 위해 특강하며, 명사초청특강의 연사 및 '2015 국제건강 포럼 및 박람회'의 기조강연자로 활동했다.

〈그림 1〉 2015 국제건강포럼 및 박람회 기조강연

〈그림 2〉 '대자연과 건강'으로 한 시민특강

〈그림 3〉 2019 채식문화 활성화 포럼

〈그림 4〉 대자연사랑 학술 세미나

'대자연사랑'은 이러한 향산의 뜻을 '조상들의 대자연사랑 문화 연구', '생활 속 환경보호 실천방안 그린라이프 연구', '대자연사랑 학술세미나'와 '채식문화활성화포럼' 개최 등과 같은 학술연구와 정책연구로 계승·확산하는 한편, 다양한 기관과의 MOU를 체결하여 환경 및 비거니즘 콘텐츠 등 학술활동의 지평을 넓히고자 애쓰고 있다.

향산과 더불어 그의 생명존중과 자연사랑을 학술활동과 정책연구 차원에서 살펴온 '대자연사랑'의 이러한 노력은 개인의 신념과 철학을 이해하고, 집단지성으로 '지금, 여기'에 부합하는 그 뜻을 발굴하는 과정이자 결과로 그 의미가 또렷하다.

3. 채식문화보급으로 향산의 어진 뜻을 실천하다

『동물해방(Animal Liberation)』에서 인간이 동물을 대하는 방식을 '종차별주의(speciesism)'라고 일갈했던 피터 싱어(Peter Singer)가 『죽음의 밥상(The Ethics of What We Eat)』을 펴내고,[17] 침팬지를 연구하는 동물행동학자이자 생명평화운동가인 제인 구달(Jane Goodall)은 『희망의 밥상(Harvest for Hope)』을 펴냈다.[18] 오랫동안 동물의 권리를 주장해 온 두 사람이 거의 같은 시기에 '밥상'에 방점을 찍었다는 사실은 퍽 흥미롭다. 이들은 책에서 반성 없는 육식문화를 채식문화로 바꾸는 것이야말로 동물의 권리를 인정하는 도덕적인 행동이자, 공장식 동물농장에서 비롯하는 각종 환경오염 문제를 해결할 윤리적 대안이라고 주장한다.

---

17 피터 싱어, 함규진 역, 『죽음의 밥상 농장에서 식탁까지, 그 길고 잔인한 여정에 대한 논쟁적 탐험』, 산책자, 2008.
18 제인 구달, 김은영 역, 『희망의 밥상』, 사이언스북스, 2006.

그러나 우리가 동물을 다루는 방식인 "(음식으로서의) 식사, 사육방법, 수많은 과학 영역에서의 실험 절차, 야생동물의 사냥, 덫 놓기, 모피 옷, 서커스, 로데오, 동물원과 같은 오락 영역"[19]에 불편함을, 때로는 불쾌감마저 느끼고, 적나라한 밥상의 진실을 마주하더라도 수행자처럼 완전 채식주의자가 되겠다고 선언하기란 쉽지 않다. 그동안 윤리학계에서 피터 싱어류의 공리주의적 동물해방론[20]과 레건(Tom Regan)류의 의무론적 동물권리론을 중심으로 동물의 권리와 도덕적 지위에 대한 많은 논의와 반론이 제기되어 왔다는 사실을 복기하며 '윤리'를 염두에 둔다고 해도 마찬가지이다.[21] 이 때문에 '채식은 어렵다'는 생각에 시도조차 하지 못하는 일이 적지 않다.

그런데 향산은 오랫동안 육식을 금하고 참선에 몰두하며 극도로 절제하는 생활을 유지하고 있다.

　　변 명예총장은 고기와 자극적인 음식을 멀리하고 채식하는 습관도 건강을 유지하는 비결이라고 강조했다.

19　Peter Singer, 『Practical Ethics』(2nd ed.), Cambridge: Cambridge University, 1993, p.13; 피터 싱어, 황경식·김성동 역, 『실천 윤리학』, 철학과현실사, 2003, 33쪽; 김성한, 「피터 싱어의 동물해방론」, 『철학연구』 22, 고려대학교 철학연구소, 1999, 111~113쪽.

20　Louis P. Pojman, 『Environmental Ethics: Readings in Theory and Application』, Belmont, CA: Wadsworth, 2001, pp.29~30.

21　이러한 동물에 대한 인간의 차별적 태도를 피터 싱어는 "종차별주의(speciesism)"라고 부른다. '성차별주의(sexism)"나 "인종차별주의(racism)"와 같은 논리적 구조를 갖는 이 개념은 "평등(equality)이라는 기본 원리를 한 집단에서 다른 게 대우(treatment)해야 한다거나 동시에 두 집단이 동일한 권리(rights)를 가져야 한다는 의미는 아니라는 사실"을 함께 염두에 두어야 한다. Peter Singer, op.cit., p.2; 피터 싱어, 황경식·김성동 역, 앞의 책, 35쪽.

그는 "현대인이 갖고 있는 대부분의 질병은 무엇을 못 먹어서가 아니라, 필요 이상으로 많이 섭취를 해 생긴 문제이다"며 "50년 이상 고기를 먹지 않았고 채식과 현미밥을 즐겨 먹었다. 술, 담배는 물론 커피도 마시지 않고 튀긴 음식이나 당분이 많이 들어간 음식도 멀리한 지 오래 됐다"고 말했다.[22]

기사와 같이 향산은 "고기와 자극적인 음식을 멀리하고 채식하는 습관"으로 건강을 유지해 왔다. 하지만 그의 채식은 건강을 위한다는 의미를 넘어 "동물성 제품의 사용을 포기하는 것, 동물의 생명이 아닌 공공재로 취급하는 것을 거부하는 것"[23], "동물의 생명을 빼앗거나 고통을 야기하며 얻어진 음식, 혹은 동물의 강제적인 노동력이 요해진 음식을 먹는 것에 반대"[24]하는 것에 가깝다. 또, 동물의 생명을 해치는 것과 동물의 노동력을 착취하여 얻어진 제품을 소비하지 않는 것[25], 일상에서 불필요한 동물의 죽음과 고통에 반대하는 실천적 생활양식[26]이다. 요컨대 향산의 채식은 동물의 생명을 존중하고 환경을 보호하는 데

22 허현정, 「90대에 개원을? 한의원 이전·개원한 변정환 대구한의대 명예총장」, 『매일신문』, 2023.5.5. https://news.imaeil.com/page/view/2023050216505672251(검색일 : 2023.7.6.)

23 Veganism. Vegansim. Wikipedia. https://en.wikipedia.org/wiki/Veganism.

24 Cherry, E., 「It's Not Just A Diet: Identity, Commitment, And Social Networks In Vegans」, Master of Arts, University of Georgia, 2003.

25 Why go Vegan. Vegan Society. https://www.vegansociety.com/go-vegan/why-go-vegan.

26 Mann에 따르면 채식은 선택에 의한 식습관이 아닌 삶의 철학이자 윤리적인 가치관이라고 이야기하고 있어 채식의 의미가 '먹는 행위' 그 이상의 문제임을 알려준다. Mann의 이러한 인식은 식습관을 포함한 생활양식은 때때로 개인의 삶에서 중심적인 위치를 점하면서 정체성의 일부를 형성한다는 사고에서 비롯된 것으로 여겨진다. Mann, S. E., 『More Than Just A Diet: An Inquiry Into Veganism, Anthropology Senior Theses』, University of Pennsylvania, 2014.

도움이 될 뿐만 아니라, 건강에도 긍정적인 영향을 줄 수 있는 실천으로 보아야 하며, 따라서 먹거리의 선택 차원이라기보다 유·불·선에의 깊은 이해에서 비롯한 것이라고 할 수 있다.[27]

'대자연사랑'은 이러한 향산의 뜻을 계승, 채식의 필요성과 가치를 대중에 알리고자 '채식문화활성화 포럼'과 '채식요리경연대회'를 개최하고, '채식요리지도사과정'과 '비건원데이쿠킹클래스', '채식사랑동호회' 등을 운영해왔다. 다양한 채식의 경험을 제시하고 채식식당을 확산하기 위하여 2002년부터 여러 채식식당에 재정적인 지원을 아끼지 않는 것 또한 앞선 노력과 궤를 함께한다.

'대자연사랑'의 채식문화보급을 위한 노력에서 특히 주목할 것은 베지닥터와 공동 주최한 '채식문화 활성화 포럼'이다. 이 포럼은 채식에 대한 이해를 돕고 생활 속에서 채식문화를 어떻게 활성화하고 공감대를 형성해 나갈지에 대해 논의하여 채식 인구 확산과 채식하기 좋은 환경을 만들어 나가자는 취지에서 시작되었다.[28]

> 변정환 이사장은 '채식에 대한 이해 및 의학과 건강을 통해서 채식문화를 선도하는 베지닥터와 MOU를 체결하고 두 단체가 협력하여 지구환경과 건강한 식생활 문화를 이끌어 갈 계기를 마련하게 된 것을 기쁘게 생각한다.'고 하였고, 베지닥터 김진목 회장은 '대중 채식에 대한 이해를 돕고 생활 속에 채식문화를 활성화하고자 노력하는 대자연사랑

---

27 이는 흔종(釁鍾)을 위해 끌려가던 소를 보고 가여워하는 것이 인(仁)이라는 골자의 『맹자』와 "양을 잡아먹으면 그 양이 죽어서 사람이 되고, 사람은 죽어서 양이 되"는 『능엄경』의 반복 순환을 복기하게 한다.

28 이동민, 「채식하기 좋은 환경을 만들어가는 첫걸음!」, 『대자연사랑』 7, 사단법인 대자연사랑실천본부, 2019, 11쪽.

실천본부와 함께 채식에 대한 전문 지식과 새로운 경험을 공유하며 올바른 생활 실천을 통해 질병 예방과 치료에 힘쓰고 나아가 인류 건강 증진과 환경보호를 위해 협력하게 되어 기대하는 바가 크다'고 화답하여 무르익은 상호협력의 분위기를 실감케 하였다.[29]

채식약선을 통하여 인류의 건강증진을 위한 가장 전통적이면서 가장 첨단적인 건강음식문화를 만들려는 '대자연사랑'의 노력은 대구한의대학교와 공동주관한 '제1회 채식요리경연대회'에서도 찾아볼 수 있다. '2014년 경북식품박람회'의 일환으로 진행된 이 대회에는 30여 팀이 출전하여 약 100여 종류의 채식약선요리를 선보여 채식에 대한 대중적 관심이 상당한 수준임을 보여주었다.[30]

'채식요리지도사과정', '비건원데이쿠킹클래스', '채식사랑동호회'는 참여자들의 뜻과 만족도가 특히 높다는 점에서 괄목할 만하다.

고기, 생선, 달걀, 우유, 꿀을 먹지 않고 곡식, 채소, 과일을 먹는 것은 동물들을 위한 것이기도 하지만 사람들을 위해서도 정말 좋은 것이라는 것을 많은 사람들이 깨닫기를 바랍니다. 비폭력, 비살생의 순식물성 음식을 통한 사랑과 평화의 기운이 이 세상에 널리 널리 퍼져 세상을

---

29 천원섭, 「대자연사랑실천본부, 채식하는 의사들과 손을 잡다!－대자연사랑실천본부&베지닥터 상호협력 협약 체결」, 『대자연사랑』 6, 사단법인 대자연사랑실천본부, 2018, 20쪽.

30 김미림 대구한의대학교 교수는 "대자연사랑실천본부와 대구한의대학교는 지역의 뿌리 깊은 한방인프라를 기반으로 한국의 다양한 산채와 약채 및 곡류를 활용하여 채식약선으로 전국을 선도하고 음식문화산업의 새로운 고부가가치 아이템으로 채식약선을 도입·발전시켜 인류의 심신 건강증진에 기여하고자 합니다."라는 포부를 밝히기도 했다. 김미림, 「채식약선(藥膳)을 아십니까?」, 『대자연사랑』 창간호, 사단법인 대자연사랑실천본부, 2016, 27쪽.

더 아름답게 만든다는 것을 보다 많은 사람들이 공감하면 좋겠습니다.[31]

향산은 '제1회 채식요리지도사 교육과정' 2급 수료식에 직접 참석하여 "나와 사회를 이롭게 만들어 나가는 데 있어 채식은 반드시 필요하며, 채식요리 전문인력 양성을 위해 계속 노력할 것이다. 또한 동물, 환경, 미래, 먹거리에 대한 인식과 고민을 사회 전반으로 확대해 나가고자 한다.'라며 앞으로 채식요리전문가 양성의 필요성과 중요성에 대해서 언급[32]하는 등 '대자연사랑'의 채식문화보급사업에 애정을 보여 왔다.

〈그림 5〉 채식요리지도사 1급 민간자격 과정

〈그림 6〉 대구음식관광박람회 채식약선

〈그림 7〉 제7회 경북식품박람회
채식요리전시경연대회

〈그림 8〉 채식사랑동호회의 모임

31 이영미, 「제1회 채식요리지도사 2급 교육과정 참가 후기」, 『대자연사랑』 7, 사단법인 대자연사랑실천본부, 2019, 9쪽.

32 이동민, 「건강한 식습관, 내 손으로 만들어가요!—채식요리지도사 교육과정 개강」, 『대자연사랑』 7, 사단법인 대자연사랑실천본부, 2019, 6쪽.

'대자연사랑'은 이외에도 다양한 채식의 경험을 제시하고 채식식당을 소개하고, 비건 라이프스타일 매거진 월간『vegan』과 채식 레시피를 공유·소개하고 있다.

'대자연사랑'의 이와 같은 노력은 다채로운 채식문화보급 프로그램을 운영하여 진입장벽을 낮춘다는 데에서도 의미를 찾을 수 있겠지만, 공동체 즉 연대의 힘을 보여준다는 점에서 한층 빛을 발한다. 동물과 환경, 개인의 가치관을 존중하더라도 일상에 소용되는 모든 제품의 윤리적 생산에 관여하기란 쉽지 않고, 무지와 부정적인 선입견, 동물을 산업적으로 이용하는 경우가 빈번한 현대사회에서 채식의 선택과 실천은 쉽지 않음은 잘 알려져 있다. 이 어려움이 채식에 도전하는 이들에게 장벽이 될 수 있음[33]을 생각해 보면 '대자연사랑'은 향산의 어진 신념을 실천으로 확산하는 연대로서도 가치가 충분하다.

4. 봉사와 문화사업으로 향산의 공동체 정신을 실천하다

향산은 도덕성의 회복과 마찬가지로 인간이 살아가는 세상의 근본으로부터 인류의 미래에 대한 답을 찾고자 '자연과 공존하는 인간의 삶'과 '생명 존중'을 강조해 왔다. 환경이 오염되고 생태계가 파괴되어 인간에게 되돌아온 일련의 과정을 "땅에 대한 약탈의 역사이며 심각한 인류 생존의 위협"[34]이라고 지적한 문장은 자연과 인간의 공존에 대한

---

33 비건(지향)은 본인의 행동이 환경과 관련한 피해를 최소화하기 위해 가장 합리적인 선택을 하는 것이라고 생각하지만, 이 선택과 실천을 유지하려면 정당성과 이를 확산하기 위한 연대가 필요하다. 강민희, 앞의 논문, 참조.

향산의 생각을 잘 보여줄 뿐 아니라, 읽는 이로 하여금 "땅에 대한 약탈"
이 "인류 생존"을 어떻게, 얼마나 위협할지를 깊이 생각하게 만든다.

이러한 생각은 『대자연사랑』 창간호에 고스란히 드러난다. 향산은
'대자연사랑'의 설립이념을 설명하면서 "지난 세기 과학기술의 진보와
더불어 도시문명이 급속히 발전하면서 인류는 물질문명의 수혜자가
된 동시에 열대우림의 파괴, 지구자원의 고갈, 지구 온난화로 인한 심
각한 환경문제의 피해자가 되었"음을 지적하는 한편, "인류와 더 나아
가 지구촌 전체의 지속가능한 생존을 위해서는 반드시 자연과의 공존,
세계는 하나라는 인식의 장을 넓히는 일부터 시작해야 하며, 스스로의
안전한 삶과 미래세대의 안녕을 보장받기 위해 자연환경을 보호하고
사랑"[35]할 것을 촉구했다.

'대자연사랑'은 이러한 향산의 목소리에 귀 기울여 자연보호활동 및
자연사랑 캠페인을 전개하고, 환경정화봉사와 지역사회봉사를 꾸준
히 해왔다. 특히 남천과 그 주변을 중심으로 이루어진 대구지부의 환
경정화활동은 봉사자와 지역민 모두에게 즐겁고 감동적인 기억으로
남았다.

지난해 환경정화활동을 할 때 하천 주변은 풀숲까지 깨끗하게 청소하
였으나 하천 속 쓰레기는 제법 깊은 물 때문에 치우지 못해 아쉬움이
많았었다. 그래서 올해는 무릎 위로 깊숙이 올라오는 긴 장화를 여러
켤레 준비하여 남자 회원들이 직접 착용하고 물속에 들어가 집게로 쓰

---

34 변정환, 『자연의 길 사람의 길』, 도솔, 2005.

35 변정환, 「대자연사랑 잡지 창간에 즈음하여-가족에게 띄우는 편지」, 『대자연사랑』 창
   간호, 사단법인 대자연사랑실천본부, 2016, 4쪽.

레기를 주워 담다 보니 지난해 보다 훨씬 많은 양을 수거하게 되어 모두
가 큰 보람을 느꼈다.

　이날 행사에 함께한 대구지부 회원 가족 중에는 어린 초등학생들도
있었는데, 조그만 체구로 긴 집게를 들고 청소를 하는 조금은 우스꽝스
러운 모습에 주변에서 운동을 하던 시민들이 칭찬과 박수를 보내기도
했다.[36]

　자연을 사랑하는 사람들이 모여 이룬 집단이다 보니, 우리 단체는
그 어느 곳보다 자연을 사랑하고 가꾸는 사업에 열정적으로 참여하고
있다. 이 행사에 꾸준히 참석하는 회원들은 여러 해가 지나면서 서로
잘 알게 되어, 만나면 더없이 반갑게 안부를 묻고 사업 방향에 대해
얘기도 많이 하고 있다. 그리고 이번에는 새로운 회원들을 유치하고
본 사업을 주위에 알려 더 많은 회원들이 참여하는 방안에 대하여 논의
하였다. 행사에 참여하면서 항상 느끼는 것이지만, 오랜 기간 활동에
참여하다 보니 이제는 모두가 어느새 숙련된 전문가들이 되어 그토록
넓은 면적을 일사불란하게 청소를 마치는 기적을 이루어낸다.[37]

　"제법 깊은 물" 때문에 "무릎 위로 깊숙이 올라오는 긴 장화를 여러
켤레 준비하여 남자 회원들이 직접 착용하고 물속에 들어가 집게로
쓰레기를 주워 담"거나 "넓은 면적을 일사분란하게 청소"하는 일은 자
발적인 봉사라고 하더라도 쉽지 않다. 그러나 "함께한 대구지부 회원
가족", "주변에서 운동을 하던 시민들"의 "칭찬과 박수", "여러 해"를

36　이일봉, 「하늘도 감동한 우리의 기도-2018 대구지부 경산 남천 환경정화활동」, 『대자연
　　사랑』 6, 사단법인 대자연사랑실천본부, 2018, 11쪽.

37　진성환, 「대구지부 2020 추계 환경정화활동-나에게 주는 값진 선물」, 『대자연사랑』
　　6, 사단법인 대자연사랑실천본부, 2018, 13쪽.

함께 하여 "서로 잘 알게 되어, 만나면 더 없이 반갑게 안부를 묻고 사업 방향에 대해 얘기도 많이 하"는 오랜 벗과 "새로운 회원"이 있어 "모두가 큰 보람을 느"끼고, "기적을 이루어"낸다.

이러한 보람과 기적은 대학생 동아리인 '자연사랑'[38]과 대자연봉사단 '그린엔젤'에 고스란히 전해져 책임감과 뿌듯함, 성취감, 그리고 환경 문제에 대한 인식 전환과 새로운 배움이라는 교육적 효과도 내고 있다. 환경정화활동에 참여한 학생들의 글이 이를 방증한다.

그냥 지나칠 때는 잘 몰랐는데 정말 생각보다 많은 쓰레기들이 버려져 있었습니다. (중략) 하나하나 줍다 보니 어느새 봉투가 꽉 차 있었으며, 큰 봉투가 다 찰 때까지 주웠는데도 여전히 곳곳에는 쓰레기가 남아 있었습니다. 중고등학교 학창 시절에 다 같이 봉사활동으로 환경정화활동을 하게 되면 지구가 우리 손으로 깨끗해질 거라는 생각만 들었는데, 지금은 그때의 뿌듯함과 성취감보다는 속상하고 미안한 마음이 먼저 들었습니다.[39]

---

38 '자연사랑'은 자연은 사람보호, 사람은 자연보호를 하며 자연과 더불어 사는 에코리더가 되고자 모인 대구한의대학교 재학생의 봉사동아리이다. 자연보호, 환경정화, 국제교류, 사회봉사 등 네 가지 활동 영역으로 인간과 자연이 하나로 어우러진 지구촌 실현을 위해서 생명 존중과 사랑을 실천하는 '자연사랑'은 교외 환경정화활동과 환경캠페인, 환경연수, 그린캠퍼스사업, 캠퍼스 클린활동, 비건테이블, 재활용 업사이클링, '대구시민생명축제' 부스 및 환경캠프 참가, 게릴라 가드닝, 독거노인 대상 사랑의 연탄봉사, 벽화사업을 통한 정주환경 개선, 농촌일손 돕기 등을 하고 있다. 또한 농림수산식품교육문화정보원의 '모두가 도시농부'의 게릴라 가드닝 공모전에서 최우수상을 수상하는 등 괄목할 만한 성과를 거두고 있다.
39 안다은, 「하천정화활동-깨끗한 남천을 돌려주세요」, 『대자연사랑』 6, 사단법인 대자연사랑실천본부, 2018, 39쪽.

봉사하면서 야생화동산에서 사람 손길이 닿기 어려웠는지 옛날에 버려진 쓰레기들도 발견되었습니다. (중략) 냇가의 윗부분까지 유해식물 제거가 완료되고 저희는 중간의 생태텃밭으로 내려갔습니다. 그곳에서 자연퇴비의 제작방법과 그에 필요한 재료들이 얼마나 중요한지 등을 배웠습니다. 만들어져있는 자연퇴비를 직접 만져도 보았는데, 퇴비냄새도 거의 없었으며 퇴비를 수작업으로 만드는 데에 필요한 주의점 등을 듣고 노력이 많이 필요하다고 느꼈습니다.[40]

이외에도 '자연사랑'과 '내추럴에코 클럽'은 경북환경연수원에서 열린 '대학생 E-job 마이스터 과정'에 참여, 기후위기와 생물종 다양성에 대한 교육을 받고 탄소중립을 위한 생활에[41] 대해 탐색함으로써 미래세대의 역행(力行)을 오롯이 보여준다.

향산은 "우리사회의 파괴된 도덕성을 되살릴 필수 조건으로 '공동체의식'을 꼽"아 왔다. '도덕성의 회복'이 "물질만능주의에 피폐해지고 치열한 경쟁주의에 지쳐가는 이 사회에, '공존(共存)의 방법'을 제시하는 것"으로서 명확한 자아의 정립과 지속적인 성찰, 함께 살아가는 사람에 대한 배려와 공감, 더불어 도덕성의 재정립이 필요하다.

자연의 순리에 따라 가꾸고 지켜가면서 공존(共存)해야 한다는 정신을 한시도 잊지 말아야 합니다. 아주 작은 일일지라도 지금 우리가 함께 이끌어가는 이 대자연사랑실천운동이 더 큰 성과로 다가올 미래를 확신하며 다 같이 매진하여 도약의 발판을 다져 나갑시다.[42]

---

40 김현우, 「2022 야생화동산 유해식물제거 활동－오늘은 내가 바로 야생화 지킴이」, 『대자연사랑』 15, 사단법인 대자연사랑실천본부, 2023, 16쪽.

41 사단법인대 자연사랑실천본부, 『대자연사랑』 14, 2022, 75쪽.

〈그림 9〉 하천환경정화활동   〈그림 10〉 그린엔젤의 환경정화활동

〈그림 11〉 2017 사랑의 연탄나눔 봉사   〈그림 12〉 2022 포항 태풍수해복구 봉사활동

'대자연사랑'은 향산이 주장해 온 '공동체 의식'과 '공존의 방법'을 모색하기 위하여 '농촌의료봉사활동', '소외계층을 위한 무료급식', '연탄나눔', '쌀 배달', '농촌일손돕기'와 같은 지역사회봉사를 해왔다.

지난 12월 1일, 대자연사랑실천본부 대구지부와 함께 경산시 자인면 일대에 사시는 어르신들 댁을 방문해 연탄을 배달하였다. (중략) 이번 활동은 총 세 곳의 가정집에 약 3,000장의 연탄을 배달했으며, 어르신들께서 따뜻하게 겨울을 보냈으면 좋겠다는 마음을 담아서 연탄을 한 장씩 옮겼다. 연탄배달을 하며 몸을 움직이다 보니 금세 땀이 나서 차가

---

42 변정환, 「'대자연사랑' 제3호의 큰 의미」, 『대자연사랑』 3, 사단법인 대자연사랑실천본부, 2017, 4쪽.

운 겨울공기도 이길 수 있었다. 또한 창고에 빼곡이 쌓여가는 연탄을 보며 뿌듯한 마음이 들었다.[43]

추석을 앞둔 지난 9월 3일, 2022 행복나눔 사랑나눔 김장담그기 행사를 실시했다. 이날 행사는 대자연사랑실천본부와 그린엔젤이 공동주관하고 서울지부, 그린엔젤 회원들이 직접 김장을 담궈 취약계층이나 소외된 이웃에게 전달함으로써 사랑과 봉사를 배우고 실천하는 기쁨을 체험하고자 마련되었다. (중략) 우리 그린엔젤과 복지센터 관계자들은 김장김치가 필요한 중증장애인시설, 노숙인시설, 노인복지증진시설, 지역아동시설 등 20여 군데 기관에 전달을 하며 그린엔젤의 첫 김장나눔행사는 성공적으로 마칠 수 있었다.[44]

오늘의 활동 지역인 포항시 오천읍에 도착하여 활동에 필요한 장화, 장갑, 조끼, 모자, 수건 등을 받고 착용하였다. 생각보다 심각한 집안 상태에 봉사자들은 모두 막막한 마음이었는데 피해를 입은 주민분들은 얼마나 더 힘드실까 생각하며 바쁘게 몸을 움직여 본다. (중략) 35명의 자원봉사자가 6가정에 흩어져서 온몸이 땀으로 젖을 정도로 열심히 복구 활동에 힘을 보태었다. 쓰레기도 차곡차곡 정리하고 피해 주민분들이 원하는 것들을 최대한 들어 드리기 위해 땀을 흘렸다.[45]

엄동설한에 3,000장에 달하는 연탄을 배달하는 일은 빈말로도 쉽다

43 최수빈, 「연탄은 사랑을 싣고-2018 사랑의 연탄 나눔」, 『대자연사랑』 7, 사단법인 대자연사랑실천본부, 2019, 18쪽.

44 김영민, 「2022 행복나눔! 사랑나눔! 김장담그기-사랑으로 담근 김치, 따뜻한 추석선물이 되다」, 『대자연사랑』 15, 사단법인 대자연사랑실천본부, 2023, 7쪽.

45 천원섭, 「태풍 힌남노 포항 수해복구 자원봉사활동-태풍이 휩쓸고 간 자리 모두가 구슬땀」, 『대자연사랑』 15, 사단법인 대자연사랑실천본부, 2023, 13쪽.

고 할 수 없다. 태풍이 할퀴고 간 자리를 복구하는 일도 고되기는 마찬 가지다. 포항시 오천읍의 피해를 떠올리면 "생각보다 심각한 집안 상태에 봉사자들은 모두 막막한 마음"이었다는 문장은 차라리 쓰라리다.

그러나 봉사자들은 "어르신들께서 따뜻하게 겨울을 보냈으면 좋겠다는 마음"으로 "차가운 겨울공기"를 이기고, "온몸이 땀으로 젖을 정도로 열심히 복구 활동에 힘을 보태"었다. 이는 피아(彼我)를 나누는 것이 아니라 "이타(利他)의 분위기가"[46] 확산하여 '우리'가 될 때 비로소 가능한 일일 것이다. 아래의 글은 봉사활동에 나선 '대자연사랑'의 마음가짐을 잘 보여준다.

봉사활동에 깃든 '대자연사랑'의 마음은 공동체와 공존을 강조해 온 향산의 말과 글, 회원 개인의 성정에서도 찾아볼 수 있지만 향산의 봉사활동에 감화한 결과이기도 하다.

올해도 한의사인 변정환 이사장과 김재견 이사께서 한방의료봉사를 함께 해주었다. 한 분 한 분 아픈 곳을 물어가며 침을 놓으시곤 진료가 끝날 때면 아픈 곳은 괜찮은지 물으시며 다정다감하게 진료를 진행하였다. 지난해 다녀간 것을 기억하시는 몇몇 어르신께서는 또다시 찾아준 것에 대해 감사하다는 말도 전했다.[47]

항상 반갑게 맞아주시는 효사랑시니어센터 우재영 원장을 뵙고 변정환 이사장께서 예쁘게 포장된 한방의약품, 행복빵, 음료 등 후원물품을

---

46 이순자, 「성보재활원 지역사회 봉사활동―배우고 느낀 것이 더 많았던 봉사활동」, 『대자연사랑』 15, 사단법인 대자연사랑실천본부, 2023, 18쪽.

47 이동민, 「2018 농촌 한방의료봉사―나눔은 행복의 시작!」, 『대자연사랑』 7, 사단법인 대자연사랑실천본부, 2019, 46쪽.

전달하였다.

(사)대자연사랑실천본부 변정환 이사장과 김재견 이사께서 올해도 함께 해주셨다. 바쁜 일정 속에서도 한방의료봉사하는 날만큼은 나눔을 전할 수 있다는 점에서 기쁜 마음으로 함께 하신다는 두 분의 따뜻한 마음이 전해진다.[48]

〈그림 13〉 2018년 농촌지역 한방의료봉사   〈그림 14〉 2017년 청도지역 한방의료봉사

"바쁜 일정 속에서도 한방의료봉사하는 날만큼은 나눔을 전할 수 있다는 점에서 기쁜 마음으로 함께"할 뿐 아니라, "한 분 한 분 아픈 곳을 물어가며 침을 놓으시곤 진료가 끝날 때면 아픈 곳은 괜찮은지 물으시며 다정다감하게 진료"하는 향산의 모습은 '나 하나쯤이야'라는 문장으로 운위되는 이기심이 확산한 '지금, 여기'에서 이타심이 무엇인 지를 환기하기에 충분하다.

이외에도 '대자연사랑'은 "자연과 조화되는 삶, 자연과 인간은 하나" 임을 대중에 환기하기 위해 '대자연사랑 사진 공모전', 환경을 주제로 한 도서와 노래를 기획·제작하여 보급하는 '대자연사랑 도서 및 음악

---

48 이동민, 「2019 농촌 한방의료봉사—행복을 나누는 사회 함께 만들어요!」, 『대자연사랑』 9, 사단법인 대자연사랑실천본부, 2020, 46쪽.

제작', '내추럴에코'를 중심으로 전 연령대에 걸쳐 자연과 세상과 조화를 이루며 살아가길 춤과 체조로 전하는 '행복체조 및 노래 보급', 대자연사랑 합창단을 중심으로 한 '대자연사랑 콘서트', 생명존중이라는 기치 아래 세계 청년들이 함께하는 '2014 제7회 세계청년대자연사랑축제', 일상에 시로 쉼표를 찍는 '대자연 시 낭송회' 등 다양한 문화사업을 전개하고 있다. 특히 코로나기간인 2021년 3월 22일부터 5월 15일까지 자연과 인간의 조화, 생명의 역동성, 계절이 담긴 일상을 주제로 하는 '2021 대자연사랑 사진 공모전'과 '대자연사랑축제'는 대내외적으로 큰 호응을 얻었다.

2014년 8월 2일부터 8월 3일까지 대구 엑스코(EXCO)에서 열린 '2014 제7회 세계청년대자연사랑축제'는 "생명사랑·생명존중·생명보호"라는 주제로 노래와 춤을 통해 자연에 담긴 순수함, 생명력, 아름다움을 표현하여 생명의 가치와 소중함을 전하기 위해 개최되었다. 먼저 '대자연사랑콘서트−천지의 춤 자연의 노래'는 자연 사랑을 주제로 하는 춤과 노래를 통해 생명사랑 의식을 고취하고, 세계 각국의 우수한 대자연사랑문화를 공유하며, 국제 청년 간 네트워킹과 우호증진, 화합을 도모하였다는 성과는 물론, 16개국 26개 팀 1,500명과 국내외 내빈 및 일반관람객 15,000여 명이 함께해 대성황을 이루었다는 점에서도 눈에 띈다. 경주 불국사와 양동마을 일원에서 진행된 '생태문화관광'은 국내외 참가자들에게 우리나라의 아름다운 생태관광지와 문화를 소개하여 생태보존과 환경보호 의식을 배양했다는 평가를 받았다. '한국채식문화체험−채식으로 부탁해!'에서는 많은 참가단체와 해외관광객이 우리나라의 음식문화에 녹아있는 채식메뉴를 직접 맛보고 환경실천운동의 일환으로서 채식이 중요함을 배울 수 있었다. '대자연사랑사진

전', 한국문화체험 프로그램인 'Touch Korea, Share the Moment' 등
의 부대행사 역시 '2014 제7회 세계청년대자연사랑축제'를 알차게 꾸
며주는 동력으로 작용했다. 행사의 준비부터 마무리까지 '대자연사랑'
의 정성이 깃든 이 축제는 강산도 변한다는 시간이 흘렀음에도 참가자
들에게 우리나라와 채식, 그리고 '대자연사랑'의 뜻을 만나는 자리로
회자된다.

〈그림 15〉 세계청년대자연사랑축제　　〈그림 16〉 2023 전국생활체육대회축전의
내추럴에코

　　2021년에 시작된 '대자연사랑 사진 공모전'은 "처음 개최하는 공모
전이었지만 총 479편이 응모했을 정도로 많은 관심을 받았"고, 이에
걸맞은 수작이 출품되어 대자연의 경이로움을 생생히 느낄 수 있는
이도은의 「가을 숲의 빛」, 강성일의 「눈 내린 의암호」 등과 가족에 대
한 애정이 듬뿍 담긴 이홍섭의 「손주들의 재롱」, 권해원의 「바다는 너
무 좋아요」 등등이 온라인과 오프라인 전시회로 감동을 주었다.[49]

---

[49] 2021년 6월 10일부터 7월 9일 한 달 동안 개최된 온라인 전시회는 VR기술을 활용하여
전시공간을 만들고 360° VR Show 관람으로 실감 나는 관람을 가능케 하였다. 코로나19
로 인한 피해가 막대했던 시기였음을 떠올리면 이 수상작품 전시회는 관람객에게 사진미
학과 기술의 힘, 그리고 자연의 아름다움을 동시에 전한 자리라고 평가할 수 있다. 천원
섭, 「2021 대자연사랑 사진 공모전을 마치고」, 『대자연사랑』 12, 사단법인 대자연사랑
실천본부, 2021, 47쪽 참조.

5. 향산의 삶과 뜻, 한 사람 한 사람의 작은 실천으로

향산은 2014년, '대구한의대학교 개교 34주년 기념 국제학술대회 자연과 인간의 소통-생명존중, 인간성회복, 자연보호'의 환영사에서

> 21세기의 주요 화두는 생명존중, 인간성회복, 자연보호라 생각됩니다. 물질만능주의 삶과 인간중심의 자연관으로 인해 발생된 현대사회의 문제를 풀어가는 방법을 모색함으로써 아름다운 사회를 만들어 갈 수 있기를 기대합니다.[50]

라는 메시지를 전했다. 길지 않은 이 글을 통해 첫째, 향산이 오랜 시간에 걸쳐 "21세기의 주요 화두로 생명존중, 인간성회복, 자연보호"를 염두에 두었고, 둘째, "물질만능주의 삶과 인간중심의 자연관"으로 "현대사회의 문제를 풀어가는 방법을 모색함으로써 아름다운 사회를 만들어 갈 수 있기를 기대"해 왔으며, 셋째, "21세기의 주요 화두"로 향산이 택한 키워드가 "자연과 조화되는 삶"으로 귀결되리라는 추측도 어렵지 않게 할 수 있다.

향산의 이러한 뜻은 '대자연사랑'의 주요사업인 교육 및 학술활동, 환경 및 봉사사업, 문화사업, 채식사업 등에서 실천·실현되고 있다. 그래서일까, '대자연사랑'의 활동을 바라보며 향산은 때로는 "자연과 인간의 조화로운 공존에 작은 보탬이라도 되기를 바라며 소박하게 시작했던 일이지만, 교육, 학술, 환경, 문화, 봉사 등 다양한 분야에서

---

50 변정환, 「환영사」, 『대구한의대학교 개교 34주년 기념 국제학술대회 자연과 인간의 소통-생명존중, 인간성회복, 자연보호』 자료집, 2014.8.1., 11쪽.

착실하게 노력해 왔다고 자부할 만"[51]하다고 기뻐했고, "자연의 선물에 대해 정서적인 반응만 하는 차원을 넘어서야 할 시점"임을 알고 "우리가 살아가야 할 삶의 원형을 제시하"[52]자고 독려하였으며, "세상일이 마음 같지 않을 때가 많지만" "묵묵히 자신의 길을 가는 자연을 보며 위기 속에서도 의연히 나아가는 대자연인이 되시기를 기원"[53]했다.

향산은 '대자연사랑'에게 상생, 공존, 연대 등의 과제를 제시하고, "환경문제는 우리들 일상생활 속의 작은 노력에서 해결의 실마리를 찾아볼 수 있다"[54]며 실천을 강조하는 것도 잊지 않았다. 이는 '대자연사랑'은 물론, 자연과 조화를 이루어야 할 모두에게 전하는 그의 메시지라고 보아도 무방해 보인다.

> 우리가 지구를 살리려는 노력은 바로 지구촌을 구하고 상생의 길을 가기 위함입니다. 따라서 한 사람 한 사람의 작은 실천이 모여 대자연사랑실천본부의 공동목표가 성취될 수 있도록 더욱 노력하여야 하겠습니다.[55]

이 메시지처럼 우리 모두는 "지구촌을 구하고 상생의 길을 가기 위"

---

51 변정환, 「새로운 도약의 무술년(戊戌年)이 되기를 기원하며」, 『대자연사랑』 5, 사단법인 대자연사랑실천본부, 2018, 4쪽.

52 변정환, 「삶의 원형을 제시하는 대자연사랑」, 『대자연사랑』 8, 사단법인 대자연사랑실천본부, 2014, 4쪽.

53 변정환, 「위기 속에서도 의연하시기를」, 『대자연사랑』 15, 사단법인 대자연사랑실천본부, 2023, 4쪽.

54 변정환, 「무더위 속 단비 같은 '대자연사랑'이 되길 바라며」, 『대자연사랑』 4, 사단법인 대자연사랑실천본부, 2017, 4쪽.

55 변정환, 「대자연사랑실천운동을 이끄는 기수가 되기를 기원합니다」, 『대자연사랑』 2, 사단법인 대자연사랑실천본부, 2016, 4쪽.

해 때로는 고요히 혼자서, 때로는 다정히 더불어 앞으로 뚜벅뚜벅 걸어 가야 할 것이다. 이 걸음 끝에 비로소 "자연과 조화되는 삶"을 영위하고 "자연과 인간은 하나"임을 오롯이 느끼게 될 것이다.

참고문헌

변정환, 『자연의 길 사람의 길』, 도솔, 2005.

사단법인 대자연사랑실천본부, 『대자연사랑』 창간호~15호, 2016~2023.

사단법인 대자연사랑실천본부, http://www.the-inla.or.kr/

최재천 외, 『코로나 사피엔스-문명의 대전환』, 인플루엔셜, 2020.

왕자광, 사단법인 대자연사랑실천본부 편집부 편, 『자연과 조화된 생명-사람의 아름다움을 드러내다』, 북랜드, 2014.

편집부, 「2012 대자연사랑 출발 한마당-대자연 사랑 우리가 실천한다」, 『Headline News』, 2012.11.

강민희, 「MZ세대의 비거니즘콘텐츠 사례와 의미 연구」, 동아인문학회, 『동아인문학』 57, 2021.

제인 구달, 김은영 역, 『희망의 밥상』, 사이언스북스, 2006.

H. 요나스, 이진우 역, 『책임의 원칙-기술 시대의 생태학적 윤리』, 서광사, 1994.

김성한, 「피터 싱어의 동물해방론」, 『철학연구』 22, 고려대학교 철학연구소, 1999.

대구한의대학교, 『대구한의대학교 개교 34주년 기념 국제학술대회 자연과 인간의 소통-생명존중, 인간성회복, 자연보호』 자료집, 2014.8.1.

피터 싱어, 함규진 역, 『죽음의 밥상 농장에서 식탁까지, 그 길고 잔인한 여성에 대한 논쟁적 탐험』, 산책자, 2008.

피터 싱어, 황경식·김성동 역, 『실천 윤리학』, 철학과 현실사, 2003.

허현정, 「90대에 개원을? 한의원 이전·개원한 변정환 대구한의대 명예총장」, 『매일신문』, 2023.5.5. https://news.imaeil.com/page/view/2023050216505672251 (검색일 : 2023.7.6.)

Cherry, E., 「It's Not Just A Diet: Identity, Commitment, And Social Networks In Vegans」, Master of Arts, University of Georgia, 2003.

https://public.wmo.int/en/our-mandate/climate/wmo-statement-state-of-glo
　　　bal-climate(검색일 : 2023.6.26.)

Louis P. Pojman, 「Environmental Ethics: Readings in Theory and Application」,
　　　Belmont, CA: Wadsworth, 2001.

Mann, S. E., 「More Than Just A Diet: An Inquiry Into Veganism, Anthropology
　　　Senior Theses」, University of Pennsylvania, 2014.

Peter Singer, 「Practical Ethics」(2nd ed.), Cambridge: Cambridge University,
　　　1993.

Robert McSweeney, 「The Impacts of Climate Change at 1.5C, 2C and Beyond」,
　　　「Carbon Brief」, October, 2018.

Veganism.. Vegansim. Wikipedia. https://en.wikipedia.org/wiki/Veganism(검색
　　　일 : 2023.6.26.)

Why go Vegan.. Vegan Society. https://www.vegansociety.com/go-vegan/why-
　　　go-vegan(검색일 : 2023.6.26.)

WMO, WMO Provisional Report on the State of the Global Climate 2020.(검색일
　　　: 2023.6.26.)

향산 변정환 선생의 사회봉사와 사회복지

김경민*

1. 들어가는 말

사회봉사는 현대사회의 다양한 욕구 충족과 문제해결 및 예방을 위해 자원봉사·사회사업·사회단체활동 등의 유사 용어로도 불린다. 자원봉사(이하 사회봉사)활동[1]이란 개인 또는 단체가 지역사회·국가 및 인류사회를 위하여 대가 없이 자발적으로 시간과 노력을 제공하는 행위이다. 사회봉사자의 어원을 알아보면, volunteer의 어간 vol은 라틴어 volo를 기원으로 한다. 이 단어의 의미는 영어의 will과 유사 의미이며, '뜻', '앞으로 행동하다'의 의미이다. 그 파생어인 '자발적 의지로, 호의로'의 의미를 가진 voluntas에 사람을 의미하는 접미사를 붙여 volunteer가 되었다.[2] 즉, 사회봉사는 자발적 의지로 지역사회, 국가 및 인류

---

* 대구한의대학교 아동복지상담전공 교수

1 자원봉사활동기본법 제3조1항, 법제처 국가법령정보센터, https://www.law.go.kr/법령/자원봉사활동기본법(검색일 : 2021.9.1.)
2 岡本民夫 외, 『エンサイクロペディア社會福祉學』, 中央法規出版, 2007, 596쪽.

사회를 위해 행동하는 개인 또는 단체를 말한다.

　우리나라 사회봉사의 유래는 전통사회의 계, 두레, 향약 등을 들 수 있다. 농경사회의 공동체에서 상부상조를 목적으로 만들었다. 1880년대 말부터 종교의 봉사 정신을 바탕으로 한 사회봉사활동이 있었으며, 명동성당 신자모임과 대한 YMCA, 태화기독교사회관 등의 활동이 그 대표적인 예이다. 한국전쟁 전후에는 대한적십자사와 구세군 등의 인도주의 사상을 근간으로 하는 지원단체가 활성화되었다. 이후 1960년대에는 대학생들의 농어촌봉사활동에서 일손 돕기 및 문맹교육봉사 등을 활발하게 진행하였다. 사회봉사의 전 국민적인 확산은 1986년 아시안게임과 1988년 올림픽이며, 1993년 대전 엑스포 행사에서 더욱 빛을 발하였다. 2007년 충청남도 서산·태안 원유유출사고 때에는 100만 명 이상의 사회봉사자가 참여한 재해대응 사회봉사활동을 전개하기도 하였다. 이에 정부는 사회봉사의 제도적 기반을 구축하기 위해 자원봉사활동 기본법을 2005년에 제정하였다. 12월 5일을 '자원봉사의 날'로 지정하여 국민의 사회봉사활동 참여를 촉진하고 사회봉사자의 사기진작을 위해 노력하고 있다.[3]

　이처럼 사회봉사는 자발적 의지로 지역사회, 국가 및 인류사회를 위한 노력이며, 인간의 존엄성을 존중하며, 인간다운 삶을 누릴 수 있는 복지사회 구현을 목표로 하는 사회복지의 목표와도 깊은 관련성을 가지고 있다. 현대사회의 다양한 어려움과 곤란을 겪고 있는 아동과 노인, 여성, 장애인을 대상으로 한 사회봉사활동(의료 및 소득 보장, 교육

3　대한민국정책브리핑 홈페이지, 행정자치부 보도자료, 「기록으로 보는 나눔과 봉사의 발자취」, https://www.korea.kr/news/pressReleaseView.do?newsId=156172726(검색일 : 2021.9.1.)

등)은 사회복지제도 및 실천에 근간이 되는 활동이 된다.

본 연구는 향산(香山) 변정환 명예총장(이하, 향산)의 사회봉사활동과 사회복지 관련성을 알아봄으로써 현대 사회에서 요구되는 다양한 욕구 충족과 문제해결을 위한 바람직한 사회봉사활동 모델을 제시하는 것을 목적으로 하고 있다. 이를 위해 첫째는 향산의 한의학을 중심으로 한 사회봉사와 연구·학술활동과 사회봉사 단체를 통한 실천 활동에 대해 알아본다. 둘째는 향산의 인간 존엄성을 바탕으로 하는 권리옹호활동을 알아본다. 셋째는 향산의 지역사회 봉사활동을 알아보기 위해, 지역사회복지 실천의 3가지 모델(지역사회 개발모델, 지역사회 계획 및 정책모델, 지역사회 행동모델)을 적용하여 알아본다. 넷째는 향산의 끊임없는 사회봉사를 알아볼 것이다.

2. 향산의 사회봉사

향산의 사회봉사는 한의학을 중심으로 사회봉사 연구·학술적 형태와 사회봉사 실천적 형태로 구분이 된다. 향산은 한의학의 과학화와 체계화, 그리고 세계화라는 원대한 포부를 가지고, 연구·학술 활동을 바탕으로 사회봉사 실천 활동을 끊임없이 전개해 나갔다. 사회봉사 연구·학술의 시작은 민족의학 교육의 산실인 회춘의학연구소(回春醫學研究所)이다. 1959년 회춘의학연구소의 설립은 동양의약대학(현 경희대학교 한의과대학)에서 배운 이론을 연구하고 실험하는 현장이 되었다. 동년 12월에 개원한 제한의원(濟漢醫院)은 개인의 치료적 측면을 강조한 회춘(回春)을 넘어서 지역사회와 국가, 세계에 대한 관심과 사회봉사의 의지라 할 수 있다.

 이 시기 우리나라 사회복지는 일제강점기를 지나 한국전쟁을 거치면서, 전쟁의 폐해에 대한 복구 및 피난민, 전쟁고아 등에 대한 보호가 절실한 시기였다. 특히 재정자립의 문제점이 대두되며, 미국을 포함한 선진국의 원조를 받아 사회복지 실천을 해왔던 시기이다. 헌법[4](1948년 제정) 제19조에는 "노령, 질병 기타 근로능력의 상실로 인하여 생활 유지의 능력이 없는 자는 법률의 정하는 바에 의하여 국가의 보호를 받는다."라고 규정하고 있다. 또한 미군정 하의 구호준칙을 따르고 있으며 대표적으로는 후생국보 3호이다. 공공구호의 대상은 65세 이상인 자, 6세 이하의 소아를 가진 모, 13세 이하의 아동, 불치의 환자 등이다. 당시 한국전쟁 후 어려운 경제상황과 사회복지환경 속에서 응급대처 및 사후대처의 성격을 지니고 있다. 향산의 사회봉사 연구·학술을 위한 회춘의학연구소와 한민족(韓民族)을 한의(韓醫)로 구제(救濟)한다는 큰 뜻을 담은 제한의원의 개설은 당시 혼란스러운 사회에 사회봉사의 선도적 모델을 제시하였다고 할 수 있다.

 이후 향산은 한의학의 과학화와 세계화 계획의 규모와 민족의학 교육 등의 미래를 위해서 '제한의원'의 한계를 느끼게 된다. 1964년 제한한의원(濟韓韓醫院)을 개원하여 모든 계획을 종합화하여, 본격적인 추진을 준비하였다. 이 시기 향산은 경희대학교 한의대학교 석사과정과 영남대학교 경영대학원을 입학·수료하며, 한의학의 과학화와 체계화를 위해 노력하였다. 이러한 결실로 한의학의 미래이자 전문화·과학화

---

4 법제처 국가법령정보센터, https://www.law.go.kr/법령/대한민국헌법/(00001, 1948 0717)(검색일 : 2021.9.1.)

·세계화를 지향하는 세계 최초 한방병원인 제한한방병원(濟韓韓方病院)을 개원한다. 제한한방병원은 종합병원과 같은 운영체계로 한의사, 약사, 간호사, 직원을 합쳐 21명의 대규모였다. 의료법상 국내 최초의 한방종합병원이자 수술실, 응급처리실과 환자를 격리·치료할 수 있는 병동 및 검사실, 약제실, 급식시설 등을 두며 규모에서도 일반 종합병원과 비교해도 손색이 없었다.[5]

헌법(1962년 전부개정)[6] 제30조에는 다음과 같이 규정하고 있다. ① 모든 국민은 인간다운 생활을 할 권리를 가진다. ② 국가는 사회보장의 증진에 노력하여야 한다. ③ 생활능력이 없는 국민은 법률이 정하는 바에 의하여 국가의 보호를 받는다. 1960년대 들어서면서, 사회복지는 인간의 생존권적 기본권을 규정하며, 사회복지 관련법이 제정되며, 사회복지의 태동의 시기에 접어들게 된다. 1961년 생활보호법은 우리나라 최초의 공공부조법률이 되었으며, 일제강점기 1944년 제정된 조선구호령을 폐지되었다. 사회보험의 성격인 산업재해보상보험법이 1963년에 제정되었다. 또한 의료보험법이 1963년에 제정되었지만, 강제적용이 아닌 임의적용으로 실질적인 사회보험의 적용이 이루어지지는 않았다. 사회복지관련법으로는 아동복리법(1961년 제정), 윤락행위 등 방지법(1961년 제정), 사회보장에 관한 법률(1963년 제정), 사회복지사업법(1970년 제정)이 있다. 그러나 1960년대의 사회복지 입법은 태동의 시기였으나, 경제·사회적 환경의 부담으로 시행에는 어려움을 겪고

---

5 대구한의대학교60년사편찬위원회, 『대구한의대학교건학60년사』, 매일신문사, 2019, 106쪽.

6 법제처 국가법령정보센터, https://www.law.go.kr/법령/대한민국헌법/(00006, 1962 1226)(검색일 : 2021.9.1.)

있던 시기이다. 이 시기 향산의 세계 최초의 한방병원인 '제한한방병원'은 한의학을 중심으로 한 전문화된 사회봉사를 실천하는 현장이 되었다.

그리고 향산은 1971년 한의학의 과학화를 도모하기 위해 제한동의학술원(濟韓東醫學術院)을 설립했다. 재단법인 제한동의학술원[7]은 의도 중흥에 입각하여 국민보건 향상에 관한 제반 문제를 연구하고 결과를 실용화하려는 향산의 신념을 실천하는 토대가 되었다. 목적사업은 구체적으로 알아보면 ① 동양의학과 서양의학의 비교연구, ② 한의학 발전과 과학화에 관한 연구, ③ 예방의학에 관한 연구, ④ 육영(育英)·자선(慈善) 및 도덕사업에의 출연(出捐), ⑤ 제한한방병원 및 부속의료기관의 유지 경영, ⑥ 위 각항에 부속되는 일체의 연구 및 사업이다. 또한 1973년 서울에서의 제3차 세계침구학술대회 및 1975년 제4차 세계침구학술대회가 미국 라스베이거스에서 개최되면서 국내의 동양의학개발에 대한 관심이 높아지기 시작하였다. 향산은 1976년 국제동양의학학술대회에서 창립총회를 통해 초대 회장으로 취임하게 되었다. 한의학의 세계화를 지향하는 국제동양의학회(國際東洋醫學會)[8]는 동양의학의 국제화에 따른 나라 간의 학문교류, 세미나 및 국제학술회의 개최, 동서의학의 비교 연구 등을 목적으로 창립되었다.

1970년대 사회복지제도 중 국민복지연금제도가 제정되고, 의료보험제도는 전면 개정된다. 국민복지연금법(1973년 제정)은 국내 경제·사회적 어려움으로 제정은 되었으나 실질적인 시행은 되지 못한다. 이에

---

7 대구한의대학교60년사편찬위원회, 앞의 책, 108~114쪽.
8 위의 책, 118쪽.

반해, 의료보험법(1976년 전면개정)은 종래의 임의가입 조건은 1977년부터 500인 이상의 사업장 근로자를 대상으로 강제적용하기로 최초 규정하였다. 이후 1961년 생활보호법 제정으로 시행되던 저소득층 의료혜택을 별도의 의료보호법(1977년 제정)을 제정함으로써, 국내의 의료 혜택의 체계화를 구축하게 되었다. 향산의 재단법인 제한동의학술원의 설립을 통한 한의학의 과학화와 국제동양의학회의 창립으로 한의학이 동양의학으로서 세계화·국제화는 우리나라의 사회복지제도와도 맥락을 같이하고 있다. 이는 국민 개인과 지역사회의 보건 향상 및 국가의 의료혜택 발전과 한의학의 국제화를 통한 인류복지 향상에 이바지하고 있음을 알 수 있다.

또한 향산은 재단법인 제한동의학술원의 학술지[9]를 발간한다. 1973년『제한(濟韓)』에서는 한의학의 세계화를 위한 발돋움의 제목으로 물질문명의 극치에서 정신문명에로의 전환을 맞아 동양철학을 배경으로 한의학을 과학화·세계화 하여야 한다고 강한 의지를 피력하였다. 동양의학의 계발과 육성의 영속화를 위해 1976년에는『제한』에서『황제의학(黃帝醫學)』으로 재출범을 하였다. 한의학의 학술연구와 사계에 다각도로 기여를 목표로 하고 있다. 1979년 한의학이 동서의학의 융합과 협력을 선도적으로 고무 격려하여야 할 시대적 요청에 부응하기 위해『황제의학』에서『동서의학(東西醫學)』으로 제호를 바꾸었다. 향산의 한의학을 중심으로 한 사회봉사 연구·학술적 활동은 한의학의 전문화와 과학화 그리고 세계화 발전에 지대한 공헌을 하였다. 그리고 1980년 대구한의과대학 설립의 초석이 되었다. 이 시기 우리나라의 사회보장

---

9 위의 책, 114~115쪽.

제도심의위원회에서 사회보장에 관한 사항의 조사연구를 바탕으로 심의[10]하였다. 구체적으로는 사회보장에 관한 의료급여, 휴업급여, 실업급여, 노령급여, 산업재해보상과 공적부조에 관한 사항 등을 조사심의하였다. 사회보장제도심의위원회는 국민의 복지향상을 위해 의료보험제도와 의료보호제도를 정비하여, 현재에도 대표적인 사회보장제도로 자리매김 시켰다.

향산의 대표적인 사회봉사 활동은 1964년 대구라이온스클럽 가입에서부터 찾을 수 있다. 라이온스클럽[11]은 미국 멜빈 존스(Melvin Jones)가 인류의 꿈인 평화와 박애, 자유와 지성의 정신으로 창립하였다. 국제라이온스협회가 성취하고자 하는 목적은 8가지이다. ① 봉사단체로서의 성격을 명확히 하고 있으며, ② 라이온스클럽 활동 사항을 조정, 표준화하였다. ③ 세계 인류 상호 간의 이해심을 배양하고 증진, ④ 건전한 국가관과 시민의식을 고취, ⑤ 지역사회의 생활개선, 사회복지, 공덕심 함양, ⑥ 우의와 협력, 상호이해를 통한 클럽 간 유대, ⑦ 일반인의 관심사인 모든 문제해결을 위한 토론의 장 마련(정당과 종교 문제 제외), ⑧ 지역사회의 숨은 자원봉사자들을 격려, 각 분야의 효율성을 제고하고 도덕심 향상을 목적으로 하고 있다. 국제라이온스협회는 회원의 사회봉사활동의 전문성을 높이기 위해 8개 항의 윤리강령[12]을 제정

---

10 법제처 국가법령정보센터, https://www.law.go.kr/법령/사회보장제도심의위원회규정/(01748,19631216)(검색일 : 2021.9.8.)

11 국제라이온스협회 356-A지구. http://www.lions356-a.org/bbs/page.php?hid=introduction(검색일 : 2021.9.10.)

12 첫째, 직업관은 자기 직업에 긍지를 가지고 근면 성실하여 힘써 사회에 봉사한다. 둘째, 성공관은 부정한 이득을 배제하고 정당한 방법으로 성공을 기도한다. 셋째, 조직관은 남을 해하지 아니하고 자기 직업에 충실히 임한다. 넷째, 대인관은 남을 의심하기 전에

하였다.

국제라이온스클럽(Lions Clubs International)을 창시한 멜빈 존스의 "사람이 아무리 높은 지위에 오르고 돈을 많이 벌었다고 할지라도 남을 위해 봉사하는 일에 착수하기 전에는 결코 성공했다고 말할 수 없다." 라는 말에 공감한 향산은 라이온스클럽을 선택하였다고 한다. 또한 성공의 기준은 돈과 재물을 많이 가진 것이 아니라 남을 위해 많은 것을 베푸는 것에 있다고 생각한다.[13] 사회봉사 활동의 중요한 요소인 자발성을 알 수 있는 부분이다. 특히 개인이 가지고 있는 능력을 바탕으로 타인 및 지역사회에 지속적으로 봉사하기 위해서는 자발성이 근간을 이루고 있어야 한다. 이러한 개인의 자발성을 바탕으로 한 봉사활동이 라이온스클럽과 같은 공동의 목적을 지향하는 집단이 되었을 때는 그 파급력은 더욱 커지게 된다. 공공의 발전을 목적으로 하는 지방자치단체나 중앙정부가 개인의 모든 욕구와 문제를 해결해 주는 것은 아니다. 특히 시대의 상황과 경제적 상황은 국가 구성원의 삶에는 큰 영향을 주기도 한다. 향산의 라이온스 사회봉사는 지역사회와 국제사회의 어려움을 겪고 있는 사람의 욕구 충족과 문제해결을 해줌으로써 공동의 발전을 도모하는 행동이다.

향산은 라이온스클럽 가입 후 무의촌 진료 등의 봉사활동과 재정적 기부 또는 지원활동에 적극적으로 참석하였다. 1975년에는 제15대 대

먼저 자기를 반성한다. 다섯째, 우정관은 우의를 돈독하게 하며 이를 이용하지 아니한다. 여섯째, 시민관은 선량한 시민으로서 자기의무를 다하며 국가민족사회의 발전을 위하여 노력한다. 일곱째, 봉사관은 불행한 사람을 위로하고 약한 사람을 도와준다. 여덟째, 남을 비판하는 데 조심하고 칭찬하는 데 인색하지 아니하며, 모든 문제를 건설적인 방향으로 추진한다.

13 변정환, 『시련을 딛고 밝은 세계로』, 북랜드, 2007, 298쪽.

구라이온스클럽 회장이 되었다. 일본의 나가사키에 있는 라이온스클럽과 자매결연을 통해 사회봉사활동의 국제화에도 힘을 쏟았다. 외국과의 민간외교에 힘쓴 결과 라이온스클럽 총재에게 표창을 받는다. 이후 향산은 지속적인 사회봉사활동으로 1985년 제11대 국제라이온스협회 309복합지구 총재(의장)와 제16대 국제라이온스협회 총재협의회 의장에 선출되었다. 309복합지구 총재를 임하며, 대구직할시 시립 대구장애인종합복지관 제1차 위탁운영을 계약하였다. 제1대 장애인종합복지관운영위원회 회장이 되었고, 새마을 청소년 지원을 시행하였다. 또한 현재 동대구역 근처의 회원이 기증한 땅에 라이온스클럽 회관을 마련하였다. 향산은 한국 총재협의회 의장 자격으로 국제라이온스협회 이사회를 주관하게 되었다. 국내에서는 처음으로 개최되었으며, 기조연설에서 공산국가에 라이온스클럽의 지원 및 확대와 여성회원들도 정회원으로 가입이 가능하게 하자는 제의를 하였다. 이는 이사회에서 만장일치 통과되어, 현재에는 공산국가를 포함하여 세계 각국에서 라이온스클럽의 정신을 따르는 사회봉사단체가 생기고, 여성회원이 정회원이 되어 눈부신 활동을 하고 있다. 향산의 국제라이온스협회의 총재 및 의장의 활동에서 사회봉사의 공익성(公益性)을 엿볼 수 있다.

향산은 개인과 가족을 돕고, 지역사회의 참여와 후원을 통해 지역사회의 발전을 의논하고 계획을 세우는 선봉자의 역할을 하였다. 더 넓게는 세계의 평화와 인류복지 증진을 위해 친선을 도모하였다. 사회봉사에 있어서는 권력과 재물의 욕심을 배제해야 가능한 일이다. 사회봉사 정신의 무상성(無償性)을 전제로, 한의사의 직업에 긍지를 가지고, 부당한 이익을 배제하며 선량한 시민으로서 국가 민족사회의 발전을 위해 노력하였다.

3. 향산의 권리옹호 활동

향산의 사회봉사활동을 내용적인 면으로 접근해 보면, 대표적으로
는 사회복지에서 인권, 권리 등을 옹호해주는 활동을 꼽을 수 있다.
상기 향산의 사회봉사에서 강조하였던 자발성과는 다른 성격의 공공단
체 및 사회단체에서의 위촉에 의한 봉사활동을 그 대표적인 예로 들
수 있다. 이 장에서는 향산의 국제인권옹호 한국연맹과 법무부 갱생보
호회 보호위원 등의 사회봉사활동에 대해 알아보고자 한다.

먼저, 향산은 1969년 사단법인 국제인권옹호 한국연맹 경북지부 지
도위원과 1995년 국제인권옹호한국연맹 상임이사에 위촉되어 활동하
였다. 사단법인 국제인권옹호 한국연맹은 세계인권선언의 숭고한 정신
을 기념 및 구현하기 위해 1953년에 창립하였다. 세계인권선언은 제2차
세계대전 이후 전쟁의 위험성과 인권유린에 대한 반성으로 인간의 천부
적 권리를 존중해야 된다는 취지로 유엔 인권위원회에서 작성되었고,
제3차 유엔총회(1948년 12월 10일)에서 채택되었다. 세계인권선언은 전
문과 30개의 조항으로 구성되어 있다. 모든 인류 구성원은 천부적 존엄
성과 양도할 수 없는 권리를 가지고 자유, 정의 및 평화의 기초적 내용의
전문과 인권에 대한 보편적 규정(제1조~제2조), 시민적·정치적 권리 규
정(제3조~제21조), 경제적·사회적·문화적 권리규정(제22조~제27조), 권
리 및 자유실현의 전제 규정(제28조~제30조)으로 구성되어 있다.[14]

---

14 전문(천부적 존엄성과 양도할 수 없는 권리, 국가우호관계를 강조), 제1조(인간의 자유스
   러운 존엄과 권리), 제2조(모든 사람은 선언에 규정된 모든 권리와 자유를 누릴 자격이
   있음), 제3조(생명과 신체의 자유와 안전의 권리), 제4조(노예 또는 예속상태 금지), 제5
   조(비인도적 처우 또는 형벌 금지), 제6조(법 앞에 인간으로서의 권리), 제7조(법 앞에

국제인권옹호 한국연맹은 최초 대한인권옹호연맹으로 창립(1953년)
을 하였고, 1955년 UN인권이사회 산하 비정부국제기구인 국제인권연
맹(International League for Human Rights)에 가맹하게 된다. 1957년 종
래의 대한인권옹호연맹을 국제인권옹호 한국연맹으로 개정하고, 사단
법인으로 등록을 하였다. 이후 사회단체 등록 및 연맹 부설 북한인권개
선운동본부를 창립한다. 또한 연맹의 기본목표는 첫째 인권사상의 양
양과 둘째 인권제도의 개선, 셋째 인권침해의 구제와 넷째 북한인권의
개선이다.[15]

상기의 한국연맹이 가입되어 있는 국제인권연맹은 세계인권선언의
구체적인 조항과 인권규범을 강화하기 위해 노력하였다. 또한 여성의
권리와 노동권 옹호, 소수자 및 난민보호를 위해 일하며, 식민지의 자
결원칙을 지지하였다. 국제인권연맹은 UN의 업무를 주되게 수행하였
지만, 세계 각국 기구와의 업무도 주력하였다. 공산주의와 민주주의

평등), 제8조(권리 침해시 구제받을 권리), 제9조(자의적 체포, 구금, 추방 금지), 제10조
(공평한 법정에서 재판을 받을 권리), 제11조(유죄 입증시까지 무죄 추정 권리), 제12조
(자의적인 간섭과 비난받지 아니할 권리), 제13조(이동 및 거주의 자유에 대한 권리),
제14조(박해를 피해 비호받을 권리), 제15조(국적을 가질 권리), 제16조(혼인과 가정을
이룰 권리), 제17조(재산을 소유할 권리), 제18조(사상, 양심 및 종교의 자유에 대한 권
리), 제19조(의견의 자유와 표현의 자유에 대한 권리), 제20조(평화적인 집회 및 결사의
자유에 대한 권리), 제21조(선출된 대표를 통해 자국의 정부에 참여할 권리), 제22조(사
회보장을 받을 권리), 제23조(노동과 실업 보호에 관한 권리), 제24조(노동시간제한과
휴식과 여가의 권리), 제25조(사회복지와 사회보호를 누릴 권리), 제26조(교육을 받을
권리), 제27조(문화생활, 예술향유, 과학발전의 혜택을 공유할 권리), 제28조(권리와
자유가 실현될 수 있도록 사회적, 국제적 질서에 대한 권리), 제29조(공동체에 대한 의
무), 제30조(권리와 자유를 파괴하기 위한 행위 금지).
외교부 홈페이지, https://www.mofa.go.kr/www/wpge/m_3996/contents.do(검색
어 : 국제인권규범, 검색일 : 2021.9.15.)
15 국제인권옹호 한국연맹 홈페이지, http://www.humanrights-korea.or.kr/(검색일 :
2021.9.15.)

국가 및 독재 또는 식민정책의 영향에 있는 국가들의 정치 체제를 대상으로 광범위한 연맹을 위한 활동을 실행하였다.[16] 국제인권연맹에는 일본의 공익사단법인 자유인권협회(公益社團法人 自由人權協會)도 가입되어 있다. 자유인권협회는 1947년 제2차 세계대전 이후 기본적인 인권의 옹호의 목적으로 일본 최초의 전국적 시민조직으로 설립되었다. 이듬해에 국제인권연맹에 가입하였으며, 1951년 한국전쟁 후 일본 내 치안입법 구상을 비판하였다. 1960년대에는 미군 통치하의 오키나와의 현지 조사를 실시, 오키나와의 인권 문제의 실상을 발표하여 1971년 오키나와의 일본 반환 실현에 원동력이 되기도 한다. 1975년 국제인권규약 비준촉진운동을 개시하고, 이듬해에는 협회사무소를 이전하며, 인권법률상담 등의 협회활동의 체계화에 힘썼다. 1981년 정교 분리원칙의 의의를 설명하며, 야스쿠니 신사에 대한 공식참배에 경종을 울렸으며, 1984년에는 일본 내 정신의료 문제의 심각성을 유엔 인권위원회에 제기하여 일본 내 정신보건 관련법을 개정하는 계기를 마련한다. 이후 여성 및 국외 인권옹호활동과 일본 내의 인권옹호법령 제·개정을 위해 활동을 이어가고 있다.[17]

향산의 인권옹호 사회봉사단체의 활동은 세계인권선언의 이념을 근간에 두고 있다. 인간이 인간다운 생활을 할 수 있도록 권리를 보장하

---

16 John C. Eckel, 「The International League for the Rights of Man, Amnesty International, and the Changing Fate of Human Rights Activism from the 1940s through the 1970s」, 『Humanity: An International Journal of Human Rights, Humanitarianism, and Development』 4(2), University of Pennsylvania Press, 2013, p.186.

17 日本 公益社團法人 自由人權協會 홈페이지, http://jclu.org/jclu/history/(검색일 : 2021.9.20.)

며, 개인이 가지고 있는 능력을 바탕으로 사회에 이바지할 수 있도록 인권을 옹호해주는 활동이다. 이러한 활동은 개인, 가족뿐만 아니라 사회, 공동체 및 국가, 세계의 관심사이며, 정치적 사상과 경제·문화·사회적 환경의 배경을 배제한 인간 본연의 권리를 강조하였다. 또한 사회복지실천에서는 아동권리협약, 장애인권리협약, 노인인권 및 권리보호, 여성권리선언 등의 선포에 근간이 된다.

다음은 법무부 갱생보호회 갱생보호위원으로서의 사회봉사활동이다. 향산은 이 활동으로 대구지방검찰청 검사장으로부터 공로 표창을 받는다. 갱생보호위원의 법적근거는 갱생보호법[18]을 들 수 있다. 갱생보호가 필요한 자를 대상으로 재범을 예방하고, 경제적 자활독립을 조성하여, 사회보호와 개인 및 공공의 복리를 증진함을 명시하고 있다. 갱생보호위원은 관찰보호 사업에 임하는데, 관찰보호는 통신 면접 방문을 통해 선행 지도 장려, 계유하고, 주거 교우 등 환경을 조정하는 활동이다. 갱생보호위원의 사회덕망가 중 지부장의 추천으로 법무부 장관이 위촉하는 것은 위촉 사회봉사에 대한 영역으로 구분할 수 있다. 그리고 갱생보호위원에게 급여를 제공하지 않는 것은 사회봉사, 무상(無償)의 특성을 알 수 있다.

이러한 향산의 갱생보호회의 갱생보호위원 활동은 현재 한국법무보호복지공단에서의 법무보호위원[19] 활동으로 볼 수 있다. 1961년에는

---

18 법제처 국가법령정보센터, https://www.law.go.kr/법령/갱생보호법/(01276,19630226)(검색일 : 2021.9.15.)
19 법무보호위원은 사회적 신망이 두터운 자 중에서 범죄예방 분야 봉사활동에 관심을 갖고 법무보호복지사업 지원을 위해 노력하며 법무부 장관이 위촉한 봉사자들 말한다. 보호관찰 등에 관한 법률 제18조 범죄예방 봉사위원, 법무부 법무보호위원 운영규정, 한국법무보호복지공단 자원봉사위원회 운영규정에 운영근거를 두고 있다. 한국법무보호복지

갱생보호법 상의 갱생보호위원으로 법무부장관이 위촉을 하였으며, 1996년에는 법무부 소속의 자원봉사로서 범죄예방위원으로 통합이 되었다. 2019년 현재에는 법무보호위원 운영규정이 제정되어 법무보호위원을 중심으로 한국법무보호복지공단 자원봉사자 조직개편이 이루어졌다.

4. 향산의 지역사회 봉사활동

향산의 지역사회 봉사활동을 지역사회 개발모델, 지역사회 계획 및 정책모델, 지역사회 행동모델로 구분하여 알아보고자 한다. 이는 로스만(Rothman)의 지역사회복지 실천 3가지 모델이다. 먼저, 지역사회 개발모델[20]의 접근방식은 목표를 결정하고 시민이 행동을 함에 있어서 지역사회 수준의 광범위한 사람들이 참여하여, 지역사회 변화를 추구해야 함을 전제하고 있다. 즉, 이 모델의 목표인 자조와 공동체의 전체적인 조화를 위해 주민참여를 중시하고, 공동체의 조직화를 추구한다. 인구 구성의 동질성이 존재하며, 목표에 대한 합의도출이 쉬운 공동체에서 적절한 기능을 하게 된다. 지역사회 개발모델은 향산의 새마을운동·문고 사회봉사활동에서 찾을 수 있다.

향산은 1985년 새마을운동·문고 대구시 지부장이 되었고, 그해 대통

공단 홈페이지, https://koreha.or.kr/sub/05_01.do?MN1=4&MN2=22&MN=22(검색일 : 2021.9.20.)

20 Jack Rothman·John Erlich·John E. Tropman, 『Strategies of Community Intervention』, Itasca, Ill.: F.E. Peacock Publishers, 2001, p.29.

령으로부터 협동상(새마을) 수상하였다. 새마을문고중앙회는 새마을운
동중앙회의 회원단체이다. 회원단체는 새마을지도자중앙협의회, 새마
을부녀회중앙협의회, 직장·공장새마을운동중앙협의회, 새마을문고중
앙회, 새마을금고중앙회로 구성된다. 새마을문고 시·군·구지부 회칙
준칙[21]에 의하면, 사업의 목적은 지부 및 관내의 읍·면·동 분회와 새마
을작은도서관(도서관법 제5조에 따른 작은도서관을 포함한다.)의 운영을 촉
진함으로써 독서보급을 통한 주민의 정신계발과 생활문화 향상에 이바
지함이다. 이러한 목적을 달성하기 위해 ① 새마을작은도서관의 설치,
등록, 지도 육성, ② 읍·면·동분회의 지도 감독, ③ 문고지도자 및 회원
교육, ④ 새마을작은도서관 운영에 관한 조사연구, ⑤ 도서의 수집 배부,
⑥ 독서(동아리)회, 독서대학 운영 및 이동도서관의 설치 육성, ⑦ 새마을
작은도서관용 도서 및 기관지 보급, ⑧ 우수 새마을작은도서관 및 유공
자에 대한 표창, ⑨ 시·도지부로부터 위임받은 사항, ⑩ 교육·문화·
예술 재능기부동아리 조직 및 재능기부활동, ⑪ 기타 본 지부의 목적
달성에 필요한 사업으로 구성되어 있다. 이처럼 우리나라 지역사회개
발의 대표적인 모델은 1970년대부터 본격적으로 실시된 새마을운동[22]

---

21 새마을문고 홈페이지, https://www.saemaul.or.kr/upfiles/etc/organization_doc0
   4.pdf 새마을문고시·군·구 회칙 준칙(검색일 : 2021.9.25.)
22 조미영은 1970년대 지역사회개발사업으로서 새마을운동을 다음과 같이 정리하고 있다.
   1971년 9월 '근면, 자조, 협동'을 새마을정신으로 규정.
   1971년 마을 진입로, 소하천, 소류지의 정비, 공동우물.
   1972년 안길, 농로, 간이급수 추가됨.
   1973년 마을 발전수준에 따라 기초마을, 자조마을, 자립마을로 구분.
   1975년 증산운동, 근검운동, 안보운동에 역점을 둠.
   1976년 도시새마을운동이 본격화.
   조미영, 「한국 지역사회복지의 변천에 따른 발전방향 : 지역사회서비스를 중심으로」,
   『한국행정사학지』 26, 한국행정사학회, 2010, 165쪽.

이라 할 수 있다. 새마을문고는 새마을운동의 정신[23]을 따르고 있다.

다음은 지역사회 계획 및 정책모델[24]로서 의식주를 포함한 일상생활과 신체·정신 건강 등과 같은 실질적인 사회 문제에 대한 문제해결의 기술적 과정을 강조한다. 지역사회 계획과 정책의 방향은 자료에 입각한 사회과학적 사고와 객관성에 근거 바탕으로 다른 지역사회 내 계획 및 정책들과 달리 창의적으로 변화되어진다. 즉, 지역사회 내의 효율적인 사회자원 분배 과제달성을 목표로 한다. 지역사회 계획 및 정책을 위해 사회자원은 지역주민 간의 욕구와 이해에 바탕이 되어야 유효한 효과를 거둘 수 있다. 향산의 사회봉사 중에 지역사회 계획 및 정책모델은 동·서 의학 통합에 대한 노력에서 찾을 수 있다.

향산은 2009년 통합의료센터 발기인대회에서 임시의장을 맡았다. 지역사회 내의 통합의료서비스 제공을 위한 첫걸음이었다. 우리나라는 한의학과 의학 간의 상이성, 상호불신, 근거(evidence) 부족 등으로 상호 협진과 공동연구가 힘든 상황이었다. 지역사회의 환자 중심, 근거 중심 의료서비스 제공을 위해서는 통합의료의 새로운 패러다임의 의료서비스가 필요한 시점이 되었다. 통합의료는 난치성 질환의 치료율을 높이고, 부작용은 줄이기 위해 한의사와 의사가 동등한 자격으로 함께 진료하는 것을 말한다. 한의학, 현대의학, 보완대체의료의 융합을 통

---

23 이는 새마을운동중앙회의 정관 제2조(목적)에서 알아볼 수 있다. 그 내용은 새마을운동을 영속적인 국민운동으로 추진하는데 선도적인 역할을 하며 국민의 자율적 참여를 통한 사회봉사 정신을 함양하여, 지역사회의 균형 있는 발전과 국가 발전, 나아가 지구촌 공동번영에 기여함을 목적으로 한다. 새마을운동 홈페이지, https://www.saemaul. or.kr/upfiles/etc/%EC%A4%91%EC%95%99%ED%9A%8C%EC%A0%95%EA%B4%80. pdf 새마을운동중앙회정관(검색일 : 2021.9.25.)

24 Jack Rothman·John Erlich·John E. Tropman, op.cit., p.31.

한 전인적인 건강을 추구하는 의료서비스이다. 통합의료를 위해 보건
복지부의 후원으로 대구광역시, 대구한의대학교 의료원, 대구가톨릭
대학교 의료원이 함께 통합의료진흥원이라는 비영리재단을 설립하였
다. 통합의료(한의학, 의학, 재생, 보완대체)를 국가, 지방자치단체와 민
간, 대학이 합동으로 추진한 것은 통합의료진흥원이 국내 유일이며,
세계 최초이다. 2004년 대구한의대학교 의료원과 대구가톨릭대학교
의료원 통합의료 시범사업을 위한 MOU를 시작으로 공동연구, 교육
및 동서의학센터 개소를 통한 한의학과 의학 간의 협진연구, 통합진료
프로토콜을 개발하였다. 이러한 수년간의 교류와 협력을 통해 원활한
공조체제를 구축하였으며, 2009년부터 통합의료 관련 임상/임상연구,
법·행정 등 인프라 연구를 지속적으로 수행하고 있다. 이러한 지역사
회의 통합의료의 열정과 연구, 교육 등을 바탕으로 진료하는 통합의료
진흥원 전인병원[25]이 2015년에 개원을 하였다.

향산의 통합의료서비스 구축성과는 지역사회 전인적인 의료복지서
비스를 받아야 하는 주민, 환자들을 대상으로 공공과 민간, 대학 자원
을 효율적으로 배분한 지역사회복지 계획 및 정책 모델이라 할 수 있다.
지역사회복지 계획 및 정책 모델은 국가, 지방자치단체와 지역의료의
전문직인 의료복지서비스 제공기관과 대학이 지역사회의 통합의료의

---

25 통합의료진흥원 전인병원의 의료서비스를 구체적으로 알아보면 다음과 같다. ① 난치성
   인 암 환자의 치료율을 높이고 삶의 질을 향상시키기 위해 한의학·현대의학·재생의료
   ·보완대체의료의 융합을 통해 새로운 패러다임의 의료서비스인 통합의료를 제공, ②
   통합의료로 암환자들의 면역력 증대를 위한 면역암치료를 시행, ③ 통합의료로 암성통증
   및 만성통증을 치료, ④ 통합의료로 일상생활 복귀를 위한 재활치료, ⑤ 국민건강보험공
   단 지정 일반검진과 암검진을 시행, ⑥ 감기몸살부터 큰 병 치료까지 진료하는 의료서비
   스, ⑦ 의사와 한의사 2명의 주치의가 진료하는 의료서비스 통합의료진흥원 전인병원
   홈페이지, http://www.cimh.co.kr/page3.php#sec01(검색일 : 2021.9.30.)

욕구를 파악하고, 수집·분석하여 합리적인 대처방법을 국내 최초·세계 최초로 제시하였다고 할 수 있다.

그리고 지역사회 행동모델[26]의 접근방식은 지역사회 또는 공동체에 증가된 자원 또는 평등한 대우를 요구하기 위해 불리하거나 불이익을 받는 계층의 존재를 전제로 한다. 지역사회 행동모델에서 대표적으로 실천방법은 목적과 목표 달성을 위한 권리옹호 전략이 사용된다. 즉, 지역사회 행동모델은 불이익을 겪고 있는 주민이 조직화를 통해 발원권이나 의사결정권을 획득하게 되는 과정이다. 사회자원을 개선하고 개발하는 변화의 활동이다. 이처럼 향산의 상기의 국제인권옹호 한국연맹과 법무부 갱생보호회 보호위원 활동은 지역사회 행동모델의 권리옹호라 할 수 있다. 또한 대자연사랑실천본부 이사장 활동과 2011년 세계평화실천운동본부(World PPC) 공동총재 취임의 지역사회 사회봉사 실천에서 찾을 수 있다.

향산은 2011년 사단법인 대자연사랑실천본부[27] 창립총회에서 이사장으로 취임한다. 대자연사랑실천본부는 국제 대자연사랑실천본부의 한국지부로 2011년 3월 환경부 허가(제398호)로 등록되었다. '인간과 자연이 조화되는 세상'의 Vision과 인간과 자연의 공존을 지속 가능한 미래를 위한 가장 시급한 과제로 설정하고 있다. 교육, 학술, 환경, 문화, 봉사를 통해 생명 존중, 사연 사랑을 실천함으로써 사연과 어우러진 사회를 만들어가고자 하는 Mission을 가지고 있다. 향산은 대자연 문화활동과 채식문화활성화, 자연보존활동 및 캠페인, 세계청년대

---

26 Jack Rothman·John Erlich·John E. Tropman, op.cit., p.33.
27 대자연사랑실천본부 홈페이지, http://www.the-inla.or.kr/(검색일 : 2022.1.10.)

자연사랑축제 개최, 지역사회 대자연사랑나눔 활동을 통해 생명 존중과 자연 사랑을 선두에서 실천하고 있다.

또한 향산은 2011년 세계평화실천운동본부[28](World PPC) 공동총재에 취임한다. 세계평화 실천운동본부는 2011년 설립되었다. 가난과 질병, 재난, 전쟁 등으로 지구촌 소외된 사람들에게 국경을 초월한 체계적이고 전문적인 봉사를 위해 설립되었다. 지구촌 소외된 지역사회를 중심으로 보호·교육·질병 예방 및 치료·구호, 지역사회개발 등 다양한 사업을 진행한다. 세계의 소외된 지역사회 행동모델은 세계인권선언 이념의 숭고한 정신을 기리며, 권리옹호 및 사회행동, 운동을 실천하고 있다. 향산의 국제인권옹호 한국연맹과 세계평화실천운동본부 및 지역사회 법무부 갱생보호회 활동은 지역사회를 넘어 국가, 지구촌의 인권 및 권리옹호 활동이라 할 수 있다. 이처럼 향산의 지역사회 행동모델은 사회적 약자와 지구촌 소외지역의 입장에서 문제점을 해결하기 위한 노력이다. 불평등을 개선하기 위해 제도를 개선, 제안하는 실천과 사회적 약자의 목소리를 대변하는 활동이다.

5. 향산의 끊임없는 사회봉사

향산의 사회복지의 태동기의 시기에서부터 현재에 이르기까지 끊임없는 사회봉사 활동을 하고 있다. 민족의학인 한의학을 중심으로 사회봉사 연구·학술활동과 사회봉사의 대표적 단체인 라이온스클럽을 통

---

28 세계평화실천운동본부 홈페이지, https://www.wppc.co.kr/(검색일 : 2021.10.4.)

한 실천적 모습을 볼 수 있었다. 이외에도 여러 사회봉사 활동을 하였다. 그중 눈여겨볼 것은 아동복지와 청소년의 보호를 위한 활동이다. 향산은 우리나라 경제성장과 함께 사회복지 지원의 확대시기에 학생들의 교육기회 확대와 장학사업을 실시하였다. 구체적으로는 1975년 한국보이스카우트연맹 경북 연맹장과 1976년 영남중·고등학교장, 1977년에는 한국기독교 성아어린이 합창단장에게 감사패를 받았다. 그리고 1977년부터 1979년까지는 삼성장학회 회장을 맡으며, 경북 청도 이서중·고등학생들에게 장학혜택을 주었다. 대구 지역에서는 1978년 대구중학교 교장과 1980년 경북대학교 사범대학부설 초등학교장으로부터 감사패를 받았다. 근래는 저출산에 따른 문제 및 소외 아동·청소년을 대상으로 한 사회봉사와 교육의 중요성을 강조한 사회봉사활동을 진행하고 있다. 2015년 전국 취약계층 청소년돕기운동본부 총재, 2018년 어린교육신문 편집자문위원장을 역임하게 된다. 또한 향산의 노인 관련 사회봉사활동은 노인을 위한 사회봉사와 노인에 의한 사회봉사로 구분할 수 있다. 노인을 위한 사회봉사활동으로는 1960년대부터 무의탁, 무의촌 진료봉사를 실시해 오고 있으며, 이러한 공적을 인정받아 1969년 대한노인회 대구지부장 감사패를 수여받았다. 향산 또한 고령이 되면서 사회에서의 활동을 인정받아 2013년 국가보훈처에서 6.25전쟁 60주년 기념 호국영웅 기장증을 수여받게 된다. 또한 지역사회의 노인에 의한 사회봉사로는 2021년부터 대구유림회 원로위원으로 위촉받아 활동을 하고 있다.

향산의 끊임없는 사회봉사활동은 국가와 지방자치단체, 공공기관에서 인정을 받는다. 1971년 보건사회부 장관, 1975년 경상북도지사 감사장을 받고, 1978년 경상북도지사와 경찰의 날의 기념하여, 재무부장관의 감사장을 받는다. 1981년에는 평화통일정책 자문회의 의원으로 위촉된다. 평화통일정책 자문회의 의원은 현재 민주평화통일자문회의 자문위원[29]에 해당한다. 우리나라의 민주적 평화통일을 지향하는 사회봉사 활동이라 할 수 있다. 1980년대의 향산의 사회봉사활동은 사회복지의 지역사회복지 활성화에 발맞추어 1981년 대구직할시 시정자문위원으로 위촉되었으며, 1998년 청도군수, 2000년 이서면장 감사장, 2007년 대구경북 봉사대인상을 수상한다. 이러한 향산의 사회봉사의 결실은 2009년 국가공로 훈장을 받으며 그 빛을 더한다.

6. 맺는말

사회봉사활동은 개인 또는 단체에 의해 이루어지는 공익활동으로 개인의 의사와 단체의 이념과 목표에 따라 행해지는 일련의 활동과정이다. 사회 구성원의 욕구와 문제를 중심으로 사회환경, 사회복지제도와도 밀접한 관련성을 갖고 있다. 향산의 사회봉사는 연구·학술적 활동을 기반으로 주된 실천을 사회봉사단체를 통해 이루어졌다. 이러한

---

[29] 민주평화통일자문회의 자문위원은 대통령이 위촉한다. 대통령은 주민이 선출한 지역대표, 정당·직능단체·주요 사회단체 등의 직능 분야 대표급 인사(직능대표), 재외동포 대표로서 국민과 재외동포의 통일 의지를 대변하여 건의하고 자문에 응할 수 있는 인사를 자문위원으로 위촉한다. 자문위원의 신분은 무보수·명예직을 원칙으로 한다. 자문위원은 평화통일정책의 수립·추진에 관하여 대통령에 건의·자문하기 위하여 다음과 같은 역할을 수행한다. ① 평화·통일에 관한 여론을 수렴하고, 정책 대안을 제시, ② 지역회의·지역협의회에 소속되어 평화·통일 사업을 추진, ③ 생활 현장에서 평화·통일정책과 통일문제 등에 관하여 소통하고 공감대를 확산, ④ 정부의 평화·통일정책에 대한 이해를 높이고, 평화·통일 활동 역량 강화. 민주평화통일자문회의의 홈페이지, https://www.puac.go.kr/lang/kr/view/intrcn/int_com_lin02.jsp(검색일 : 2021.10.7.)

사회봉사활동은 그 당시 사회복지환경과 상호작용을 해왔다. 향산의 사회봉사와 사회복지에 대해 정리해 보면 다음과 같다.

향산 사회봉사의 연구·학술적 활동은 한의학의 과학화와 체계화, 세계화라는 원대한 포부를 실천해가는 과정이었다. 사회복지는 환경 속의 인간을 강조하며, 인간과 인간 및 인간을 둘러싼 환경과의 상호작용을 강조한다. 향산은 그 시대의 욕구와 문제를 충족, 해결해 가며, 개인 또는 가족, 지역사회, 국가, 세계가 필요로 하는 사회봉사 활동을 이어 오고 있다. 향산의 사회봉사는 일제강점기와 한국전쟁을 지나, 사회·경제적으로 혼란스러운 사회복지 환경에서 민족 교육의 산실인 회춘의학연구소를 시작으로 제한의원 개원으로 이어졌다. 이는 개인의 치료적 측면을 넘어 지역사회와 국가 등 공동체를 위한 사회봉사를 의미한다. 1960년에는 사회복지 입법은 이루어졌으나, 시행 및 실천의 어려움을 겪던 시기였다. 이 시기 향산은 세계 최초 한방병원인 제한한방병원을 설립하며, 한의학의 전문화에 힘썼다. 1970년대는 사회보험 제정 및 시행되었던 시기이다. 특히 의료보험제도의 강제적용 및 저소득층 의료혜택인 의료보호제도가 시행되었다. 향산의 제한동의학술원은 의도중흥에 입각하여 국민보건 향상에 관한 제반 문제를 연구하고 결과를 실용화하려는 향상의 신념을 실천하는 토대가 되었다. 또한 국제동양의학회 칭립은 한의학의 세계화·국제회 노력을 일환이었다. 제한동의학술원에서는 『제한』, 『황제의학』, 『동서의학』으로 제호를 바꾸어가며 학술지를 편찬하였다. 한의학의 과학화·세계화 및 동서의학의 융합과 협력을 선도적으로 제시하였다.

향산 사회봉사의 실천적 활동은 사회봉사단체인 라이온스클럽(Lions Club)과 함께였다. 향산이 가지고 있는 능력을 바탕으로 타인 및 지역사회에 지속적인 사회봉사에는 자발성(自發性)이 근간이 되었다. 이런 향산 개인의 자발성은 라이온스클럽과 같은 공동의 목적을 가진 집단이 되었을 때 그 파급력이 더욱 커졌다. 라이온스클럽 회장 및 복합지구 총재(의장), 총재협의회 의장을 하며 실천했던 지역사회 봉사와 여성회원의 정회원 및 공산국가에 라이온스 봉사 정신의 전파 등에서 사회봉사의 공익성(公益性)을 엿볼 수 있었다. 또한 향산의 사회봉사활동은 권력과 재물의 욕심을 배제해야 가능한 일이다. 사회봉사 정신의 무상성(無償性)을 전제로 한의사 직업에 긍지를 가지고, 부당한 이익을 배제하며 선량한 시민으로서 국가 민족사회의 발전을 위해 노력하였다.

향산의 사회봉사활동으로 대표적인 내용은 권리옹호 활동과 지역사회 봉사활동으로 구분할 수 있다. 인권옹호를 위한 국제인권연맹 활동은 세계인권선언의 이념을 근간에 두고 있다. 인간이 인간다운 생활을 할 수 있도록 권리를 보장하며, 개인이 가지고 있는 능력을 바탕으로 사회에 이바지할 수 있도록 인권을 옹호해주는 활동이다. 사회복지 실천에서는 아동권리협약, 장애인권리협약, 노인인권 및 권리보호, 여성권리선언에도 영향을 주고 있다. 향산의 지역사회 봉사활동을 지역사회 개발, 지역사회 계획 및 정책, 지역사회 행동의 측면으로 구분해 보면 먼저, 지역사회 개발모델은 목표인 자조와 공동체의 전체적인 조화를 위해 주민참여를 중시하며, 공동체의 조직화를 추구한다. 향산의 새마을운동·문고 사회봉사활동이 그 예이다. 다음은 지역사회 계획 및 정책모델로서 의식주를 포함한 일상생활과 신체·정신 건강 등과 같은 실질적인 사회 문제에 대한 문제해결의 기술적 과정을 강조한다. 지역사회 계획 및 정책을 위해 사회자원은 지역주민 간의 욕구와 이해에 바탕이 되어야 유효한 효과를 거둘 수 있다. 지역사회에서 동·서의학 통합인 통합의료센터 구축을 위한 향산의 사회봉사활동에서 찾을 수 있었다. 그리고 지역사회 행동모델의 접근방식은 지역사회 또는 공동체에 증가된 자원 또는 평등한 대우를 요구하기 위해 불리하거나 불이익을 받는 계층의 존재를 전제로 한다. 대표적으로 실천방법은 권리옹호이며, 향산의 국제인권옹호 한국연맹과 법무부 갱생보호회 보호위원 활동 및 대자연사랑실천본부와 세계평화실천운동본부 활동을 꼽을 수 있다.

향산은 끊임없는 사회봉사활동을 하였다. 아동복지와 청소년의 보호를 위한 활동으로 우리나라의 경제성장과 함께 사회복지 분야에서의 확대의 시기에는 학생들에게 교육기회 확대와 장학사업을 실시하였다. 근래의 저출산에 따른 문제 및 소외 아동·청소년을 대상으로 한 사회봉사와 교육의 중요성을 강조한 사회봉사활동을 진행하고 있다. 향산은 노인을 위한 무의탁, 무의촌 진료봉사를 실시해 왔으며, 현재에도 종합사회복지관 봉사활동 등 노인을 위한 사회봉사활동을 몸소 실천하고 있다. 이러한 끊임없는 사회봉사는 국가와 지방자치단체, 공공기관에서 인정을 받는다.

향산의 사회봉사 활동은 한의학을 중심으로 이루어졌다. 개인의 사회봉사활동을 사회복지와 연관성을 찾는 것에 비판적인 사람도 있을 것이다. 그러나 향산의 사회봉사활동은 공공의 사회보장을 위한 한의학의 연구·학술 활동과 사회봉사단체를 통해 이루어졌다. 또한 사회봉사활동 시기의 사회욕구 또는 문제를 충족, 해결하려고 노력하였다. 이러한 사회활동을 국가, 공공기관, 민간단체 등에서 인정받고 있다.

다양한 욕구와 문제들의 발생은 사회봉사활동의 필요성과 결부된다. 복지사회 발전을 위한 사회봉사의 바람직한 활동모델을 향산의 교육철학이자 대구한의대학교 교훈인 "지지(知止)·인도(仁道)·역행(力行)"[30]을 적용하여 제시해 보고자 한다.

첫째, 지지(知止)는 사회봉사활동에 있어서 자신의 의지와 창조적 활동을 지향한다. 사회봉사활동은 타인에 의해 강제로 의무화되는 활동이 아니다. 자신의 의지와 목표로 사회봉사를 시작하였다면, 내적 성장과 동시에 활동으로 인한 보람을 얻을 것이다. 자발적인 의지는 기존의 구조화되어 있는 생각과 인식에 얽매이지 않고, 타인이 필요한 욕구와 문제를 파악할 수 있는 창조적 능력을 기를 수 있다. 이런 창의적 역량은 새로운 사회서비스와 사회봉사활동 구축에 이바지할 것이다.

둘째, 인도(仁道)는 공동체의 구성원으로서 인간의 존엄성 존중을 그 목표로 해야 한다. 우리는 가족, 지역사회, 국가 등의 공동체의 구성원이다. 공동체 구성원의 주체성과 존엄성을 존중하는 것은 상호 간의 신뢰감 형성에 긍정적인 영향을 준다. 상호 간의 신뢰감을 바탕으로 사회봉사자가 '높은 곳에서 낮은 곳으로' 또는 '많은 사람이 적은 사람에게' 등의 베풀어준다는 생각을 버리고, 공동체의 일원으로서 권리옹호의 자세가 필요하다. 또한 상호관계에 있어 공개되면 안 되는 사항은 비밀이 유지되어야 한다. 이런 인간의 존엄성을 존중하는 공동체 구성원 간의 상호관계는 건강한 사회봉사활동을 위한 근본이라 할 수 있다.

---

30 지지(知止)는 '알고 머무르다'는 뜻으로, 대구한의대학교의 교육목적 중 '창의적 지성인' 양성과 괘를 같이하며, 더 힘차게 날기 위한 준비 과정을 의미한다. 인도(仁道)는 '어진 길을 목표로 한다'는 뜻으로 대구한의대학교의 교육목적 중 '건강한 인격인' 양성과 괘를 같이하며, 모든 학구(學究)의 지표(指標)이며 핵(核)이요 목적(目的)이요 대상(對象)을 의미한다. 역행(力行)은 '배움을 옳은 길에 힘차게 옮긴다'는 뜻으로 대구한의대학교 교육목적 중 '선도적 실천인' 양성과 괘를 같이하며, 배움 자체도 중요하지만 실천에 옮김으로써 지(知)·인(仁)·행(行)의 균형을 이루는 것의 의미를 갖고 있다. 『대구한의대학보』 4, 2쪽, 1984.3.15.

셋째, 역행(力行)은 사회를 위한 활동 그 자체이다. 사회봉사 활동은 사회구성원과의 관계 속에서 이루어진다. 유상(有償)의 대가를 바라거나, 개인만의 만족을 얻기 위해 활동하는 것이 아니다. 개인 또는 지역사회 등의 문제를 해결하거나 욕구를 충족하기 위해서는 지역사회 자원과의 네트워크 구축 및 지지관계의 형성이 중요하다. 이를 위해 무리한 사회봉사활동은 지양되어야 하며, 주변 사람들의 이해를 얻으며 활동할 것을 권장한다. 또한 사회봉사자 활동에 대해 항상 점검하고 논의하는 자세가 필요하다. 발전적인 사회봉사를 위해서는 활동점검과 애로사항이나 문제점에 대해서는 동료나 사회봉사단체 등과의 상담도 필요하다. 이런 선도적인 사회봉사 활동이 되었을 때 감동, 보람, 도전의식, 달성감 등의 다양한 경험을 하게 된다.

참고문헌

대구한의대학교60년사편찬위원회, 『大邱韓醫大學校建學60年史: 1959-2019』, 매일신문사, 2019.
대구한의대학교, 『대구한의대학보』 4, 2쪽, 1984.3.15.(목요일)
변정환, 『시련을 딛고 밝은 세계로』, 북랜드, 2007.
조미영, 「한국 지역사회복지의 변천에 따른 발전방향 : 지역사회서비스를 중심으로」, 『한국행정사학지』 26, 한국행정사학회, 2010.
Jack Rothman·John Erlich·John E. Tropman, 『Strategies of Community Intervention』, Itasca, Ill.: F.E. Peacock Publishers, 2001.
John C. Eckel, 「The International League for the Rights of Man, Amnesty International, and the Changing Fate of Human Rights Activism from the 1940s through the 1970s」, 『Humanity: An International Journal of

Human Rights, Humanitarianism, and Development』 4(2), University of Pennsylvania Press, 2013.

岡本民夫 외, 『エンサイクロペディア社會福祉學』, 中央法規出版, 2007.

국제라이온스협회 356-A지구, http://www.lions356-a.org/bbs/page.php?hid=intr oduction(검색일 : 2021.9.10.)

국제인권옹호 한국연맹 홈페이지, http://www.humanrights-korea.or.kr/(검색일 : 2021.9.15.)

대자연사랑실천본부 홈페이지, http://www.the-inla.or.kr/(검색일 : 2022.1.10.)

대한민국정책브리핑 홈페이지, 행정자치부 보도자료, 「기록으로 보는 나눔과 봉사의 발자취」, https://www.korea.kr/news/pressReleaseView.do?newsId=15617 2726(검색일 : 2021.9.1.)

민주평화통일자문회의 홈페이지, https://www.puac.go.kr/lang/kr/view/intrcn/int _com_ lin02.jsp(검색일 : 2021.10.7.)

법제처 국가법령정보센터, https://www.law.go.kr/법령/자원봉사활동기본법(검색일 : 2021.9.1.); https://www.law.go.kr/법령/대한민국헌법/(00001, 19480717) (검색일 : 2021.9.1.); https://www.law.go.kr/법령/대한민국헌법/(00006, 19621226)(검색일 : 2021.9.1.); https://www.law.go.kr/법령/사회보장제도 심의위원회규정/(01748,19631216)(검색일 : 2021.9.8.); https://www.law. go.kr/법령/갱생보호법/(01276,19630226)(검색일 : 2021.9.15.)

새마을문고 홈페이지, https://www.saemaul.or.kr/upfiles/etc/organization_doc0 4.pdf 새마을문고시·군·구 회칙 준칙(검색일 : 2021.9.25.); https://www.s aemaul.or.kr/upfiles/etc/%EC%A4%91%EC%95%99%ED%9A%8C%EC%A 0%95%EA%B4%80.pdf 새마을운동중앙회정관(검색일 : 2021.9.25.)

세계평화실천운동본부 홈페이지, https://www.wppc.co.kr/(검색일 : 2021.10.4.)

외교부 홈페이지, https://www.mofa.go.kr/www/wpge/m_3996/contents.do(검색어 : 국제인권규범, 검색일 : 2021.9.15.)

통합의료진흥원 전인병원 홈페이지, http://www.cimh.co.kr/page3.php#sec01(검색일 : 2021.9.30.)

한국법무보호복지공단 홈페이지, https://koreha.or.kr/sub/05_01.do?MN1=4&MN2 =22&MN=22(검색일 : 2021.9.20.)

日本 公益社團法人 自由人權協會 홈페이지, http://jclu.org/jclu/history/(검색일 : 2021.9.20.)

향산 변정환 선생의 '교육보국'에 관한 여정

이동기*

1. 서론

인간이 세상에 태어나서 장수를 누리고 후세에 길이 빛나는 업적을 남긴다는 것은 쉬운 일이 아니며, 더구나 흔한 일도 아니다. 향산 변정환 명예총장[이하 향산으로 약칭]은 90성상(星霜)의 천수(天壽)를 향유하면서 한의학계뿐만 아니라 한의과대학 발전사에 불후의 업적을 남겼다. 향산은 세계 최초로 한방종합병원을 설립했고, 대구 지역에서 유일하게 한의과대학을 개교하는 쾌거도 성취했다. 향산은 해방 이후 열악한 환경 속에서 수많은 좌절과 시련을 극복하고, 부단한 도전과 노력으로 자신의 희망과 이상을 현실 사회에 구현한 선각(先覺)의 한의사이며 한의학자이고, 동시에 교육경영자이며 교육자이다.

필자는 향산으로부터 사제관계의 의례(儀禮)인 속수지례(束脩之禮)를 거치지 않았고, 더욱이 친자(親炙)의 가르침을 받은 적도 없다. 그

---

* 영남대학교 교양학부 교수

럼에도 필자는 인근 대학에 재직하면서 대중매체로 향산의 동정을 견문(見聞)했고, 그런 견문으로 향산을 사숙(私淑)하며 존경해 왔다. 이런 연유로 향산의 교육과 관련된 원고를 부탁받아 저어한 마음으로 허락했다.

　향산은 일제강점기에 태어나 조국광복과 한국전쟁, 경제발전의 근대화와 인간 존중의 가치를 실현하는 민주화 등을 직접 경험한 격동의 시기에 살았다. 특히 향산은 경제적 어려움으로 학업 과정에서 수많은 시련을 겪었지만, 배움에 대한 열의와 노력으로 시련을 극복했다. 또한 향산은 '양의(良醫)'를 간절히 염원했던 조부의 가르침을 명심하여 국가와 민족에 보답하는 길이 오직 '교육보국(敎育輔國)'에 있음을 자각했다.

　향산의 '교육보국'은 서구 의학의 전래로 침체되었던 한의학(韓醫學)을 민족의학(民族醫學)으로 계승·발전하는 것이었고, 한의학에 정통하고 전문적 지식을 습득한 한의사 배출을 위한 한의과대학의 설립이었으며, 한의학의 과학화와 세계화를 위한 학술연구 활동의 활성화였다. 향산은 평생 '교육보국'에 고군분투하여 매진했다. 결국 향산은 이 세 가지 목표를 달성했기 때문에 위대한 선각자로 추존(推尊)되고 있다.

　이 글은 향산의 '교육보국'에 관한 여정을 살펴보고, 그것이 지닌 교육적 의미를 필자의 관점에서 논의한다. 그러므로 경우에 따라서는 필자의 자의적(恣意的) 견해가 있음을 미리 밝힌다. 생존 인물에 대해 글을 쓴다는 것은 매우 두려운 일이지만, 필자는 향산의 자서전과 저술을 중심으로 이 글을 쓴다.

2. 향산의 생애와 학문

1) 조부의 가르침과 원대한 입지

향산은 1932년 7월 22일(음력 6월 12일)에 경북 청도군 이서면 흥선리 (고명동)에서 아버지 청은 변수삼(靑隱 卞秀參, 1901~1975)과 어머니 단양 우씨(丹陽禹氏, 1901~1992) 사이에서 3남 2녀 중 둘째 아들로 태어났다. 향산에게 위로 형과 누나가 있었으니 집에서는 셋째였다.[1] 그 당시는 우리나라의 주권이 일본에 의해 강탈당했던 일제강점기였다.

향산은 어린 시절에 부친보다는 조부의 가르침을 기억하고 있다. 일반적으로 전통사회에서 아이들의 교육은 조부모의 슬하(膝下: 무릎) 에서 시작되므로 무릎학교단계, 혹은 조손(祖孫) 교육이라 한다. 조손 교육을 통해 아이들은 기본적인 예의범절과 학문의 기초적 지식을 습 득한다. 향산은 한의학을 공부하여 한약방을 운영하시던 조부 고산 변 석영(鼓山 卞錫永, 1878~1944)의 가르침을 항상 마음속에 간직하고 있었 다. 그 가르침은 "어진 재상이 되지 못한다면, 차라리 좋은 의사가 되라 [불위양상 영위양의(不爲良相 寧爲良醫)]."라는 말씀이었다.[2] 전통사회의 문화가 잔존했던 일제강점기에 향산은 한의학의 기초가 되었던 한문 공부를 소부로부터 전수받았다. 조부께서 가르쳤던 한문 공부의 내용 은 주로 『천자문』, 『동몽선습』, 『명심보감』 등이었다.

또한 조부는 손자에게 자신의 좌우명인 '사비거벽귀농가, 인미영웅 출세하(士非巨擘歸農可 人未英雄出世何)'로 세상을 살아가는 방법을 가르

---

1 변정환, 『아직은 쉼표를 찍을 수 없다』, 행림출판, 1992, 16쪽.
2 변정환, 『시련을 딛고 밝은 세계로』, 북랜드, 2007, 19쪽.

쳐 주었다. 즉 조부는 "선비로서 훌륭한 지도자가 되어 이 나라를 일본
의 속박에서 풀려나게 할 능력이 있으면 그 길로 매진하겠지만 그렇지
못할 바에야 농사일로 돌아가는 것이 옳다. 사람이 영웅이 되어 남들이
하지 못하는 것을 해내지 못할 바에야 출세를 한들 무슨 소용이 있겠는
가?"³라고 강조했다.

향산은 비록 어린 나이였지만, 조부의 가르침에 영향을 받아 좋은
의사가 되기를 염원했고 원대한 입지(立志)를 세웠다. 그것은 바로 "한
의학의 전문화, 한의학의 과학화, 한의학의 세계화"였다. 이러한 향산
의 입지는 평생토록 소원이 되었고, 그 소원은 다음과 같이 구체적으로
표출되었다.

첫 번째의 한의학 발전은 훌륭한 한의사를 양성하는 육영사업이고,
두 번째의 한의학을 위하는 일은 한의학으로 국민건강 향상과 보건정책
에 힘쓰는 일이며, 세 번째의 한의학을 세계화하는 일은 한의학으로
세계 인류복지에 기여하는 일인 것이다.⁴

한편, 학문을 시작하는 사람들에게 입지는 매우 중요했다. 입지가
중요한 까닭은 학문을 시작하고도 행여 미치지 못할까 걱정하면서 늘
새롭게 다짐해야 하기 때문이다. 그래서 학문하는 사람에게 있어 입지
는 자아실현을 위한 자신과의 약속이며, 성학(聖學)을 달성하려는 원대
한 포부이다. 일찍이 장재(張載, 1020~1077)는 "천지를 위해서 뜻을 세
우고, 백성을 위하여 도를 세우고, 옛 성인을 위하여 학문을 이어받고,

3 변정환, 앞의 책, 1992, 23쪽.
4 변정환, 앞의 책, 2007, 19쪽.

만세를 위하여 태평한 세상을 열어야 한다."[5]고 주장하여 학문에 대한
자신의 입지를 천명했다. 또한 율곡 이이(栗谷 李珥, 1536~1584)도 입지
의 중요성을 다음과 같이 강조하였다.

> 처음 배우는 이는 무엇보다 먼저 뜻을 세워야 한다. 반드시 성인이
> 되겠노라고 스스로 다짐하고, 조금이라도 자신을 하찮게 여기거나 중도
> 에 물러설 생각을 하지 말아야 한다. 평범한 사람들도 성인처럼 그 본성
> 은 동일하다.[6]

이처럼 입지는 자신의 교육철학을 간명하게 천명하는 교육 선언이
며, 스스로에 대한 기약(期約)이다. 또한 입지는 학문 수양을 위한 자각
적 태도의 확립이며, 초지일관하려는 정신적 자세이다. 따라서 입지가
견고하지 않으면 학문적 성취를 이룰 수 없으며, 스스로 계획한 교육목
표에 도달할 수도 없다. 향산은 조부의 간절한 염원을 자신의 입지로
자각하고 실천하였으며, 또한 자신의 세 가지 소원을 이룩한 한의학계
의 선각자였다. 향산이 한의사로서 최고의 명성과 영예를 획득하고,
한의학에 정통한 인재 양성을 위한 한의과대학의 설립도 조부의 가르
침에서 연유하였다.

---

5 박희병 편역, 『선비들의 공부법』, 창작과비평사, 1998, 43쪽. "爲天地立心, 爲生民立道,
  爲去聖繼絶學, 爲萬世開太平."
6 『擊蒙要訣』. "初學, 先須立志, 必以聖人自期, 不可有一毫自小退託之念. 皆衆人如聖
  人, 其本性則一也."

2) 서당의 유교 경전 공부와 늦은 고등학교 졸업

향산은 1939년 4월에 7살의 나이로 이서국민학교(현 이서초등학교) 1학년에 입학하여 1945년 3월에 졸업했다. 향산은 졸업 후 4월에 전시 비상대책 소년청년단에 강제로 징집되어 대구동촌비행장에서 훈련 도중에 천신만고(千辛萬苦)로 탈출했다. 그 후 향산은 고향집 다락방에서 약 1주일간 숨어서 지내다가 조국광복을 맞이했고, 고향의 서당인 흥인당에서 3년 정도 한문 공부에 몰두했다.[7]

흥인당은 고성 이씨(固城李氏) 문중에서 운영하는 서당이라 다른 성씨의 아이들은 출입이 허락되지 않았다. 하지만 향산은 문장(門長)과 훈장(訓長)으로부터 『통학경편』 발문 중에서 "선을 쌓은 집안은 반드시 경사가 있고, 불선을 쌓은 집안은 반드시 재앙이 있을 것이다[積善之家, 必有餘慶. 積不善之家, 必有餘殃]."라는 문장을 암기하는 시험에 통과한 후 서당에서 한문을 공부했다.

서당에서 『소학(小學)』을 비롯한 『대학(大學)』, 『중용(中庸)』의 강독을 들었고, 연주시(聯珠詩), 두시(杜詩), 당시(唐詩)를 공부했다. 그 후에도 『맹자(孟子)』와 『논어(論語)』, 『시전(詩傳)』과 『서전(書傳)』을 강독했다.[8] 향산은 서당에서 유학 경전의 공부를 통해 동양사상에 대한 기본적 이념을 이해할 수 있었고, 인간관계의 윤리와 사회질서의 규범을 터득했다. 유학 경전에 관한 공부는 결국 한의학을 공부하는 데 있어 초석이 되었다.

향산은 유학 경전의 공부를 통해 중용적(中庸的) 도리를 세상의 이치

---

7 변정환, 앞의 책, 1992, 33~52쪽.
8 변정환, 앞의 책, 2007, 121~123쪽.

로 파악했다. 향산의 저술집에는 중용적 도리를 여러 차례에 걸쳐 언급
하고 있지만, 하나만 예시로 적기(摘記)한다. 즉 향산은 "자연의 도(道)
는 중도(中道)다. 자연스런 삶이란 중도를 지키는 삶이다. 그것이 바로
정도(正道)이다."[9]라고 강조했다. 향산은 중도를 치우침이 없는 상태로
설명하면서 '상대적 바름이 아니라 초월적 바름'이라고 규정했다.

여기서 말하는 향산의 중도는 '중간자적 입장의 바름'[상대적 바름]이
아니라 '가장 알맞은 상태의 바름'[초월적 바름]을 추구한다. 또한 향산
은 중도를 한방의 원리로 설명했고, 중도는 결국 균형과 조화를 지향한
다고 강조했다. 인간의 신체적 상태는 균형과 조화의 작용으로 항상성
(恒常性)을 유지한다. 그 항상성에서 일탈하면 질병이 생기고, 가장 알
맞은 상태에서 벗어나게 된다. 바로 중도에서의 일탈이다. 한방의 기본
적인 원리는 중도에서 일탈한 신체 상태를 원래의 신체 상태로 회복시
키는 조치이며, 이는 회복탄력성의 작용 원리이다.

향산은 서당에서 한문 공부를 3년간 마치고, 1949년 4월에 17살의
나이로 화양고등공민학교에 입학하였지만, 그 이듬해에 한국전쟁이
발생하여 9월에 군대에 입영하여 1주간 훈련 후에 전방에 배치되었다.
그러나 당시에 유행했던 전염병으로 의병 전역하여 다시 화양고등공민
학교에 복학하여 20살에 3학년을 졸업했다.

대학 진학을 위해 1952년 4월에 20살의 나이로 영남고등학교에 입
학하니 만학도로서 배움에 대한 열정은 누구보다도 강렬했다. 그러나
경제적 어려움 때문에 고학(苦學)으로 고등학교 3학년 1학기를 마치고,
2학기가 되자 대학 진학에 대한 걱정으로 고민했다. 이때 조부의 가르

---

9 변정환, 『자연의 길 사람의 길』, 도솔, 2003, 35쪽.

침인 "어진 재상이 되지 못한다면, 차라리 좋은 의사가 되라[불위양상 영위양의(不爲良相 寧爲良醫)]."라는 말씀이 기억되어 한의학으로 가업을 계승해야겠다는 각오로 동양의약대학(현 경희대학교 한의대)에 응시하였고, 간절히 기대하고 열망하던 한의대에 합격했다. 향산의 한의대 입학은 각고의 노력으로 이루어진 당연한 결과였지만, 빈농한 아들로서 대학 공부도 쉽지만은 않았다.

3) 은사와의 만남

교학상장(敎學相長)[10]은 유학의 중요한 학문 방법이다. 즉 가르치고 배우는 것은 서로가 성장하는 것이며, 스승과 제자가 학문을 통해 인격적으로 성숙할 뿐만 아니라 학문적 발전을 도모하는 의미이다. 사제(師弟)는 질의문난(質疑問難)의 도반(道伴)이며, 성학(聖學)을 함께 성취하려는 동인(同人)이다. 그러므로 학문함에 있어 스승의 존재는 망망대해(茫茫大海)의 나침반과 같아서 스승은 반드시 필요하며 또한 중요하다.

한편, 만남의 철학자라 불리는 부버(Buber, Martin, 1878~1965)는 "모든 참된 삶은 만남(Begegnung)이다."[11]라고 강조했다. 동서고금을 막론하고 스승과 제자는 상호 간의 '은혜로운 만남'을 통해 삶의 확고한 신념을 형성할 수 있고, 인격의 비약적인 성숙을 기약할 수 있다.

향산은 경희대 한의과대에 입학하여 학비를 마련하기 위해 아르바

---

10 이 말은 『禮記』의 「學記」에 나온다. 즉 "是故學然後知不足, 敎然後知困. 知不足, 然後能自反也. 知困, 然後能自强也. 故曰敎學相長也."이다.
11 마르틴 부버, 표재명 옮김, 『나와 너』, 문예출판사, 2001, 19쪽.

이트와 막노동을 하지 않을 수 없었다. 그러한 일을 하던 중에 향산은 청명 임창순(靑溟 任昌淳, 1914~1999) 교수를 수업 시간에 만났다.[12] 임창순 교수와의 만남을 통해 향산은 삶과 학문에 새로운 전환기를 맞이했다. 특히 임창순 교수는 수업 시간에 한시 한 수를 칠판에 적었다. 그 한시는 두보(杜甫)의 「객지(客至)」였다.

사남사북개춘수(舍南舍北皆春水) / 단견군구일일래(但見群鷗日日來)
화경부증연객소(花徑不曾緣客掃) / 봉문금시위군개(蓬門今始爲君開)
반손시원무겸미(盤飧市遠無兼味) / 준주가빈지구배(樽酒家貧只舊醅)
긍여린옹상대음(肯與鄰翁相對飮) / 격리호취진여배(隔籬呼取盡餘杯)

임창순 교수는 이 시를 학생들에게 우리말로 해석하기를 권유했다. 아무도 해석하는 학생이 없었으나, 향산은 서당에서 이미 두시(杜詩)를 배웠기 때문에 주저 없이 한시를 해석했다.[13]

집 앞 뒤에 모두 봄물 흐르니 / 떼 지은 갈매기 날마다 와서 노닌다. / 꽃잎이 길을 덮어도 비로 쓸지 않았더니 / 오늘 뜻밖에도 그대가 오는

---

12 임창순(任昌淳, 1914~1999)은 한문학계를 대표하는 학자로서 재야에서 많은 후진을 양성했고, 민족적 문화의 우수성을 발굴하기 위해 노력했다. 금석문·서예·그림·서지학 등 다양한 분야에서 왕성한 연구 활동을 했으며, 나중에는 통일 사회운동에도 지속적인 관심을 기울였다. 1946~49년 대구사범대학 전임강사, 1951~54년 동양의약대학 조교수, 1954~62년 성균관대학교 부교수를 지냈다. 금석학의 대가로 전국 각지의 비문 등 금석문을 해석·판독했고, 『한국 금석집성』(1984)을 펴냈다. 저서로 『한국의 서예』·『한국미술선집-서예편』(1975) 등을 남겼고, 1999년 2월 당시 200여 수를 우리말로 풀이한 『당시정해(唐詩精解)』 증보판을 46년 만에 출간할 정도로 학문에 대한 열정이 대단했다. 청명임창순선생 추모사업추진위원회, 『청명 임창순 선생 추모집』, 한길사, 2000.
13 변정환, 앞의 책, 2007, 191쪽.

구나. / 시골집이라 아무것도 대접할 게 없으니 / 그저 집에 남아 있는 술 한 잔 대접하리다. / 이웃에 함께 마실 늙은이 있으니 / 울타리 너머 불러 함께 마심이 어떤가?

임창순 교수는 향산이 한시를 해석하는 모습에 놀랐고 감탄했다. 이 한시를 인연으로 향산과 임창순 교수는 평생의 사제관계를 형성했다. 향산은 임창순 교수의 주선으로 고서적을 필사하여 주석하면서 돈도 벌 수 있고, 한문 공부도 할 수 있는 일거양득(一擧兩得)의 기회를 얻었다. 그 이후에도 향산은 임창순 교수의 한자대사전 편찬 작업을 도와드리면서 한자에 대한 어휘 공부를 할 수 있었고, 한자의 자의(字義)에 대한 심오함도 인식했다. 향산은 한문 공부를 독려하였던 임창순 교수의 학덕(學德)을 잊지 않았고, 은사를 재단 이사장으로 모시기도 했다.

다른 한 분의 은사는 현곡 윤길영(玄谷 尹吉永, 1912~1987) 교수와의 만남이었다.[14] 윤길영 교수는 향산에게 한의학의 학문적 지식과 인술(仁術)을 전수했다. 또한 윤길영 교수는 한의학의 학문체계를 과학적 입장에서 재정리하기 위해 현대생리학의 이론체계를 도입할 필요가 있다고 주창(主唱)했다. 향산이 한의학을 학문적으로 공부할 수 있었던

---

14 윤길영(尹吉榮, 1912~1987)은 동양의약대학 교수, 경희대 한의대 교수 등을 역임하면서 한의학 중심에서 학문을 이끌어간 지도자였다. 윤길영 교수는 '한방생리학의 이론과 방법'이라는 제목의 글에서 한방생리학이라는 학문 분야의 내용과 방향에 대해서 상세하게 논하고 있다. 특히 한의학의 뛰어난 학문체계를 과학적 입장에서 재정리하기 위해 현대생리학에 이론체계 가운데 일부를 도입하여 한의학을 현대화할 필요가 있다고 주장했다. 1983년에는 『동의학의 방법론 연구』라는 필생의 역작이 출판되었다. 김남일, 『근현대 한의학 인물실록』, 「한의학의 과학성을 찾아낸 한방생리학의 창시자 윤길영」, 들녘, 2011.

계기도 윤길영 교수의 영향이 지대했다.

　윤길영 교수의 주장은 제자인 향산에게 전수되어 한의학의 과학화와 세계화로 발전되었다. 특히 동양의약대학(현 경희대학교 한의과대학) 재학 시절에 윤길영 교수는 병이 생기면 치료하는 하의(下醫)가 되지 말고, 병이 생기기 전에 대처하는 예방의학을 강조했다.

　　옛날 동양의학에서 하의(下醫)란 말을 사용했지. 이미 생긴 병을 고치는 건 물론 의사가 할 일이네. 그러나 앞으로 생길 병에 미리 대처하는 게 참다운 의사의 일이 아닐까? 하의란 이미 생긴 병을 주물러 고치는 의사를 이르는 말이네. 흔히들 서양의학의 대부라고 부르는 히포크라테스가 제일 먼저 예방의학의 중요성을 말한 것으로 알고 있는데, 잘못 알려져 있는 거네. 좋은 의사는 이미 있는 병은 물론이고 다가올 병도 다스릴 줄 알아야 한다. '양의상치무병지병(良醫常治無病之病)'이라는 말이 히포크라테스 훨씬 이전부터 있어 왔다네. 그러나 역사만 깊으면 뭘 하나. 그것을 계승 발전시킬 후학들이 없으면 얼마 안가 한의학은 지구상에서 자취를 감추게 될지도 모르는데.[15]

　또한 윤길영 교수는 제자들에게 한의학의 현대화에 대하여 관심을 표명했다. 이와 같은 윤길영 교수의 가르침은 향산에게 좋은 의사가 되기 위한 하나의 철칙(鐵則)이 되었다.

　향산은 임창순 교수와 윤길영 교수의 가르침을 종신불망(終身不忘)으로 깊이 새겨 실천하고 있다. 즉 향산은 임창순 교수로부터 학문의 엄밀성과 학자의 진정한 모습을 배울 수 있었다. 또한 윤길영 교수로부

---

15 변정환, 앞의 책, 2007, 191쪽.

터 한의학의 과학화와 세계화는 민족의학인 한의학의 치밀한 학문적 연구로부터 시작됨을 인식했다. 결국 향산은 한의학을 학문적으로 연구하기 위해 서울대학교 대학원 보건학 박사과정과 경희대학교 대학원 한의학 박사과정을 거쳐 두 개의 박사학위를 취득하였다. 향산이 학문적 연구에 관심을 가졌던 계기는 모두 두 은사의 덕분이라 생각한다.

3. 세계 최초의 한방병원 건립 과정

1) 한방병원의 모태인 회춘의학연구소

향산은 1959년 3월에 경희대학교 한의과대학을 졸업하고, 4월에 한의사 국가고시 합격통지서를 수령했다. 얼마 되지 않은 기간이었지만, 재학 중에 향산은 서울의 하월곡동에서 회춘의학진료소(回春醫學診療所)[16] 간판을 걸고 한의사로서 활동했고, 신침(神鍼)으로 소문이 나서 돈도 적잖게 벌었다. 향산은 '신침'으로 소문이 났지만 지금의 의료시설에 비하면 보잘것없는 간단한 진료기구를 이용하여 환자를 치료했다.

향산이 '신침'으로 소문난 계기도 우연한 기회였다. 향산은 자신이 딸꾹질을 시작하자 생위단과 활명수도 복용하였지만 효과가 없었다. 향산은 더 이상 딸꾹질을 참지 못해 자신의 몸 부위 중에서 침술 위치인 중완(中脘)에 침을 시술하자 딸꾹질이 중지되었다. 그 후부터 침에 심취하여 자신의 몸에 침을 시술해보고 환자에게 시술했다.[17] 시침(施鍼)이

---

16 변정환, 앞의 책, 1992, 110쪽.

17 위의 책, 108~109쪽.

학문적으로 발전되지 않았던 당시 상황을 고려하면, 향산은 자신의 몸을 임상실험의 대상으로 삼아 시술에 관한 정보를 축적하였고, 이를 통해 한의학의 학문적 체계화를 모색했다.

향산은 하월곡동에서 '신침'으로 나름대로 성공했기 때문에 서울에서 한의원을 개업할 생각이었다. 그러나 향산의 부친은 아들이 서울에서 개업하는 것을 반대하였고, 집안 사정을 들어 귀향을 종용했다. 어쩔 수 없이 향산은 고향인 청도군 이서면 고명동(현재 흥선리)으로 내려와 그곳에서 또다시 '회춘의학연구소(回春醫學研究所)'란 이름으로 진료했지만, 정식으로 개업 신고를 하지 않으면 의료법 위반이라고 제한을 받았다.[18] 향산은 고향에서 한의원을 개원하여 치병구인(治病救人)으로 지역사회에 헌신하려 했으나 의료법 위반이라는 제재에 깊은 갈등과 시련에 직면했다. 향산은 이 기회에 새로운 도전을 기약했고, 부친의 허락을 받아 대구에서 한의원을 개업하기로 결정했다.

2) 세계 최초의 한방종합병원인 제한한방병원

향산은 청도에서 한의사의 역할을 청산하고, 대구에서 한의학의 연구와 발전에 대한 열의를 펼치기 위해 1959년 12월 6일에 대구시 봉산동 152번지 이층집에서 제한의원(濟漢醫院)을 개업했다. 이때 향산은 27살 혈기 왕성한 청년의 한의원 원장이었다. 제한의원으로 명명(命名)한 이유는 한의(韓醫)로 세상 사람들은 구제한다는 의미였다. 즉 개인의 건강과 지역민에 대한 구제뿐만 아니라 세계인을 민족의학인 한의로

---

18 위의 책, 117쪽.

구제한다는 의미를 포함하고 있다. 향산이 한의원을 개원하는 목표는 오로지 한의학을 민족의학으로 발전시키고, 세계인의 질병을 한의학적 방법으로 치료하는 것이었다.

"하늘은 스스로 돕는 자를 돕는다."는 속담이 있듯이 자신의 일에 충실한 사람에게는 언제나 행운의 기회가 오기 마련이다. 향산에게도 예외는 아니었다. 특히 개업 하루 전에 길 가던 젊은 처녀가 향산의 한의원 앞에서 발작을 일으켜 졸도했고, 향산은 이를 목격하고 진맥을 통해 본능적으로 간질 환자임을 알았다. 향산은 의원에서 침통(鍼筒)을 챙겨 와서 시침(施鍼)으로 간질 환자를 치료했다.[19] 간질 환자는 잠시 후에 정신을 차렸고, 주변에서는 향산에게 '신통하다'고 했고, 그 소문은 순식간에 전국으로 확산되었다.

이를 계기로 전국에서 환자들이 제한의원으로 몰려왔고, 환자의 증가에 따라 효율적인 환자 진료와 수용을 위해 1960년 3월부터 한의원에서는 최초로 진찰권 및 대기번호 제도를 실시했다.[20] 개업한 지 2년이 지나자 외래환자는 급증했고, 한의학의 과학적 연구를 위한 공간도 부족했다. 그리하여 1961년 10월에 대구시 봉산동 148번지로 병원을 확장하여 이전했다.

향산은 제한의원에서 환자의 진료와 치유에만 몰두하지 않고, 하루에 50여 명의 환자를 진찰하면서 한의학의 과학화와 세계화 방안을 강구했다. 또한 향산은 1964년 1월 기존의 제한의원의 간판을 '제한한

---

19 변정환, 앞의 책, 2007, 191쪽.
20 대구한의대학교60년사편찬위원회, 『대구한의대학교건학60년사』, 매일신문사, 2019, 101쪽.

의원(濟韓韓醫院)'으로 교체하고 현대적인 한방종합병원의 건립을 시도
했다. 또한 향산은 병원의 효율적인 행정과 관리를 위한 전문적 지식을
습득하기 위해 영남대학교 경영대학원에 입학하였고, 경영대학원 과
정을 수료한 이후에는 한의학의 과학화와 세계화에 대한 체계적인 연
구 성과를 축적하기 위해 경희대학교 대학원 석사과정에 입학했다.

봉산동에서 제한한의원으로 병원을 확장하여 이전하였지만, 몇 년
이 지나자 병원 공간이 치병구인(治病救人)하기에는 또다시 협소했다.
향산은 복덕방에 문의하여 3천 평 규모의 토지가 매물로 나온 것을
듣고, 직접 눈으로 확인한 후 바로 계약했다. 이때가 1967년 3월 15일
이었다. 그 부지가 바로 세계 최초의 한방종합병원의 터전인 대구시
수성구 상동 165번지였다. 이 부지 위에 현대식 한방종합병원을 건립
할 수 있다는 생각에 향산은 벅찬 감회를 느꼈고, 몇 명의 설계사를
만난 후에 대아설계사무소의 김인호 설계사가 작성한 도면이 마음에
들어 1969년 3월 3일에 기공식을 갖고 건축물 건립에 착공했다. 한방종
합병원의 공사에 투입된 연인원은 18,900명이었고, 공사 기간은 21개
월이었다.[21]

향산은 제한한방병원으로 개설을 신고했고, 경상북도지사는 1970년
12월 15일 자로 병원개설신고필증을 발급했다. 그리하여 1970년 12월
26일 세계 최초의 한방종합병원이 준공되었고, 여기서 한의학의 학문
적 연구와 과학화의 서막이 시작되었다. 그 후에도 이곳은 대구한의과
대학의 설립에 필요한 임상실험과 진료를 위한 전초기지가 되었다.

제한한방병원은 의료법규상 국내 최초로 인가된 한방종합병원이다.

---

21 위의 책, 103~105쪽.

개원 당시 병원의 규모는 3개의 진료실을 포함하여 총 18개의 입원실과 21개의 병상을 구비했고, 수술실 및 응급환자를 위해 시간제한 없이 진료가 가능한 응급처치실, 전염병 환자를 격리·치료할 수 있는 병동도 마련했다.[22]

3) 대구한의과대학의 설립

대구 지역에서 한의과대학의 설립에 대한 관심은 일찍이 시작되었다. 1960년대 경상북도의 한의사협회가 중심이 되어 추진되었으나 성과가 없었다. 다시 1970년대 초기에 향산이 경상북도 한의사회 회장을 맡으면서 적극적으로 추진되었다. 그러나 당시의 한의과대학 설립에 대한 여론이 높지 않아 대구 지역대학 총장들의 지지도 얻지 못했다.

1976년에 대구경북의 한의사회와 한약협회는 공동으로 추진할 것을 결의하고, 한의과대학 설치추진위원회를 구성하였다. 추진위원장에 향산이 선임되었고, 청원서를 작성하여 정부와 지역 총장에게 발송했다. 여전히 대구 지역에서 한의과대학 설립운동은 부진했고, 향산은 재단법인 제한동의학술원(濟韓東醫學術院)을 설립하여 한의과대학 설립에 관한 정보를 수집했다. 이를 기점으로 향산은 독립대학으로 한의과대학 설립을 모색했다.[23]

한의과대학의 설립은 대학을 유지하고 경영해야 할 학교법인의 설립이 우선이었다. 대학설립 추진이 계획되면서 1979년 5월 9일 학교법

---

22 위의 책, 106쪽.
23 위의 책, 120쪽.

인 설립을 위한 창립총회가 개최되었고, 총회에서 법인명을 제한학원으로 결정하고 이사와 감사를 선임했다. 1980년 1월 법인설립에 필요한 제반 서류를 구비했고, 동년 2월에 법인신청서를 문교부(현 교육부)에 제출했다. 몇 개월의 심사 과정을 통해 1980년 9월 16일 학교법인 제한학원의 설립에 관해 가인가를 결정했다. 그리고 1980년 12월 3일 학교법인 제한학원의 설립을 인가했다. 학교법인 설립 허가는 학년당 2학급의 대구한의과대학 설치를 위한 것이었다.[24]

마침내 1981년 3월 5일에 한의예과 신입생 108명의 입학식이 제한한방병원에서 거행되었고, 삼성산의 경산캠퍼스가 그해 5월 31일에 1호관이 준공되어 이후부터 경산캠퍼스에서 한의학 교육이 실시되었다. 이때부터 향산은 한의학의 학문적 체계를 정립하고 실제적 응용기술을 계발하기 위해 대학원 설립을 계획했다. 1983년 6월에 대학원인가 신청서를 문교부에 제출했고, 10월 29일에 설립이 인가되었다. 학부생이 졸업도 하지 않은 상황을 고려한다면 대구한의과대학의 쾌거이다.[25]

그 후 1990년 12월에 교명이 경산대학으로 변경되었다가 2003년 5월에 대구한의대학교로 다시 변경되어 현재까지 삼성캠퍼스는 한의학에 정통한 인재 양성의 요람(搖籃)이 되었다. 현재 대구한의대학교는 3개 캠퍼스(수성캠퍼스·삼성캠퍼스·오성캠퍼스), 6개 단과대학(45개 학과 및 전공 영역), 3개 대학원(일반 대학원, 보건복지 대학원, 한방산업 대학원), 3개 병원(대구 병원, 포항 병원, 문경 병원), 10개 연구기관, 지원 및 부속시설(12개 센터 및 시설)로 조직되어 있다.

---

24 위의 책, 125~26쪽.
25 위의 책, 152쪽.

향산의 건학이념(建學理念)은 '한의학을 민족의학으로 승화·발전시키고, 이를 통해 국민의 보건 향상에 기여하며, 국위선양에 주도적 역할을 할 인재 양성이며, 지역사회의 발전과 국가의 번영 및 세계 인류의 복지 향상에 기여'함을 목적으로 했다.[26] 이러한 건학이념에 기초하여 향산은 대구한의과대학의 교훈을 '지지(知止)·인도(仁道)·역행(力行)'으로 새롭게 설정했다. 여기서 '지지'는 창의적 지성인, '인도'는 건강한 인격인, '역행'은 선도적 실천인으로 교육적 인간상을 표현했다.[27]

필자의 소견이지만, 향산과 대구한의과대학교는 운명공동체라 여겨진다. 대구 지역에서 명실상부한 한의과대학의 위상을 견지하고 있는 대구한의과대학교는 향산이 일생동안 수없이 직면한 시련을 극복한 결과물이며, 좋은 의사가 되라는 조부의 가르침을 실천한 형상화였다.

4. 한의학의 세계화와 과학화를 위한 학술연구 활동

향산은 전통의학인 한의학을 민족의학의 경계를 넘어서 세계 속의 한의학으로 발전되기를 항상 염원했다. 향산은 한의학의 세계화와 과학화를 위해 학술연구단체를 결성하고, 그 단체를 통해 한의학의 세계화에 몰두했다. 한의학의 발전과 과학화 등에 관한 연구를 진작하기 위해 제한동의학술원을 설립한다. 그리고 향산은 재단법인 제한동의학술원 학술논문집 『제한(濟韓)』을 1973년 5월 28에 창간했다. 제한동

---

26 위의 책, 135쪽.
27 위의 책, 137~138쪽.

의학술원에서 발간하는 『제한』의 창간호에서 향산은 '한의학의 세계화를 위한 발돋움'이란 창간사에 한의학의 과학화와 세계화를 강력하게 피력했다.

우리의 선조들이 수천 년 동안 피나는 경험을 통하여 정묘(精妙)롭게 이루어 놓은 학문임에 이와 같은 표현이 과격할는지도 모르겠으나 여기에서 언급하고자 하는 의도는 분명 그 원리적인 면이 아니라 그 상황들의 현대화에 있는 것입니다. 한의학의 근간이 되고 있는 음양과 오운육기(五運六氣)[28]의 개념을 현대인에게 어떻게 설명해 줄 것이며, 이를 바탕으로 한 실험실적을 어떻게 보여줄 것인가 하는데 연계된 문제들만 해도 수없이 많습니다.

향산은 『제한』으로 발간되던 학술지를 동양의학의 계발과 육성을 위해 1976년 9월 30일에 『황제의학(黃帝醫學)』으로 개명하였고, 다시 1979년 6월 30일에 『동서의학(東西醫學)』으로 개명되어 현재까지 발간되고 있다. 특히 『동서의학』으로 제호를 변경한 이유를 다음과 같이 설명하고 있다.

---

28 한의학에서는 간단히 운기학(運氣學)이라고 하는데 임상진단과 치료에 중요한 역할을 한다. 오운은 목화토금수(木火土金水) 오행(五行)을 천간(天干)인 갑을병정무기경신임계(甲乙丙丁戊己庚辛壬癸)에 배합하여 운용함으로써 기후변화의 정상과 이상을 분석하는 것이다. 육기는 풍(風)·열(熱)·화(火)·습(濕)·조(燥)·한(寒)을 말한다. 육기를 지지(地支)인 자축인묘진사오미신유술해(子丑寅卯辰巳午未申酉戌亥)에 배합시켜 세기(歲氣)를 추측하여 연중 각 계절의 정상기후와 이상변화를 분석한다. 육기는 주기와 객기로 나뉘는데 주기는 일정한 방향으로 돌아가는 계절의 순서를 말하며, 객기는 궐음(厥陰)·소음(少陰)·태음(太陰)·소양(少陽)·양명(陽明)·태양(太陽)의 순서로 순환한다. 연간(年干)에 따라서 오운을 추산하고, 연지(年支)를 따라서 육기를 추산하며 겸하여 운기 상호 간의 상생상극 관계를 관찰해서 그해의 기후변화 및 질병의 발생과 예후를 예측한다.

본지는 이번 호부터 제호(題號)를 『동서의학』으로 개제(改題)해서
발행한다. 제호를 개제하게 된 주된 이유는 오늘날 동양의학이 세계의
의학을 향한 전위(前衛)로서의 사명과 역할을 감안할 때 동·서의학의
격합(隔合)과 협력을 선도적으로 고무, 격려해야 할 당면한 시대적 요
청에 부응하는 당연한 조치라고 하겠다. 이제 본지는 이러한 참다운
뜻에서 앞으로 동·서의학의 종합학술지로서 맡은 바 사명을 더 한층
활성화시키는 데 있어서 창의적이고 지속적인 노력을 연면(連綿)히 진
작시켜 나갈 것임을 다짐하는 바이다.

이처럼 향산은 학술지의 이름을 『동서의학』으로 변경해야만 했던
이유를 두 가지로 설명했다. 하나는 동양의학이 세계의 의학으로 발전
하기 위해 한의학의 사명과 역할을 융합하고 협력해야 할 시대적 요청
이었으며, 다른 하나는 동·서의학의 종합학술지로서 성격을 강화하기
위해 창의적이고 지속적인 계승이었다.

향산은 1980년 한의사협회 회장에 취임하면서 『한의(韓醫)의 맥박
(脈搏)』을 출간했다. 이 책이 출간되자 '한의(韓醫) 혹은 한의(漢醫)' 논쟁
을 촉발했다. 그 책 속에 '한의의 명칭에 대하여'라는 논문에서 향산은
한의(漢醫)를 한의(韓醫)로 명명(命名)할 것을 주장했다.

앞으로 한의사(漢醫師)를 한의사(韓醫師)로 써야만 하고 또 한의사
(韓醫師)라 하겠기에 쓴 것이다. 다른 데 예가 있었던 것도 아니다. 다만
내 주체 의식과 우리나라의 주체성을 살리기 위해서일 따름이다.
한(韓)은 우리나라 이름이요, 한(漢)은 중국의 이름이다. 우리나라
사람이 중국 이름을 붙여야 할 이유가 어디 있는가. 양의학이 우리나라
에 전래되기 전부터 의사, 의학으로 사용되었건만, 남의 것인 양 한(漢)

자를 붙이고 그것도 사람의 칭호 앞에까지 한(漢)자가 따라야 할 이유는
또 어디 있는가. 중국 한(漢)나라 당시에 처음 의서를 들여왔다. 사대주
의 사상이 강한 일부 학자들이 한의서(漢醫書)라 해서 한(漢)자를 붙이
기 시작했다. 그러나 우리 조상들은 의학으로 통칭했고, 조선시대 허준
선생은 동의(東醫)라 명명했다. 그러던 것이 일제의 침략으로 일본인들
이 양의를 수입하면서 우리나라의 고유문화와 정통성 그리고 주체 의식
을 말살시켜 일본인으로 동화시키기 위해서 자기들이 갖고 온 양의만을
의(醫)로 하고 고유 의학은 한의(漢醫)로 전락시켰다. (중략)

한(韓)은 '한국 한'이라 한다. 조선을 통칭하는 것이다. 대한은 대한
민국을 약칭한 것이다. 즉 옛 삼국의 국명이요 지명이며 임나(任那)의
부락이다. 삼한은 진한, 변한, 마한을 말한다. 혹은 성으로 하고, 뜻은
간(幹)이다. 일작안(一作玕)이며 우칭감로(又稱甘露)요, 혹은 가락의
말이 변해 그렇게 된 것이라고 한다. 이 한(韓)자는 우리의 국명이요,
우리 민족의 상징이며, 배달의 혼이 담겨진 글자라 하겠다. (중략)

맥박(脈搏)은 한의사(韓醫師)의 생명이요, 동시에 인류의 생명현상
을 나타내는 촉진이다. 동맥을 통해 전해지는 심장의 고동맥이라고도
한다. 피부의 내부 얕은 데에 있는 동맥에 손가락으로 절진(切診)하는
것이다.[29]

향산은 한의(漢醫)가 아니라 한의(韓醫)로 명명해야 할 필요성을 민족
주체 의식의 자각, 민족의학의 정통성 회복, 한민족 상징의 표출로 설
명했다. 향산이 생각한 한의학은 우리 민족문화와 생리에 의해 자생(自
生)한 학문이며, 외부의 타율적 수용에 의한 학문이 아니라 내부의 자율
적 정통성으로 계승된 학문으로 규정했다. 그러므로 향산에게 있어 한

---

29 변정환, 앞의 책, 2007, 65~67쪽.

의학은 수천 년 동안 한민족에게 전승되었던 의술 및 의학 경험의 결정체로 만들어진 민족 상징의 의학이며, 배달의 혼이 담긴 의학이었다.

한편, 향산은 한의학의 세계화를 주장하며 국제동양의학회의 창설에 대한 필요성을 역설했다. 때마침 1975년에 2월 미국 라스베이거스에서 제4차 세계침구학술대회가 개최되었고, 그 학회에 참석한 일본, 대만 등의 한의사들과 학회결성을 결의했다. 그 후 보사부와 대한한의사협회의 협의 과정을 통해 1976년 10월 28일부터 30일까지 3일간 서울에서 국제동양의학학술대회가 개최되었다. 이 대회는 국제동양의학회 창립총회를 겸했다. 이 창립총회에서 향산은 국제동양의학회 초대회장으로 추대되었고, 향산은 국제동양의학회의 활동을 본격화했다.[30]

국제동양의학회는 동양의학의 국제화에 따른 나라 간의 학문교류, 세미나 및 국제학술회의 개최, 동서의학의 비교 연구 등을 활발히 전개했다. 특히 국제동양의학회의 성과는 한의학을 세계화하는 데 있어 한국의 국익을 선양했고, 국내적으로 한의학에 대해 새로운 인식의 계기가 되었다.

5. 결론

향산은 명문거족(名門巨族)의 후예도 아니었고, 경제적 부유함을 물려받은 가문의 후손도 아니었다. 그러나 증조부가 정6품의 관직에 종사였으니 미관말직(微官末職)의 가문도 아니었다. 향산은 조부께서 한

---

30 대구한의대학교60년사편찬위원회, 앞의 책, 117~119쪽.

약방을 운영하는 빈농의 아들로 출생하여 세계 최초로 종합한방병원을 개원하였고, 명실상부한 종합대학교 설립자가 되었다. 그렇기 때문에 향산은 자수성가의 사표로 추앙될 수 있고, 자신의 꿈을 현실에 이룬 창조적 개척자로 표상될 수 있다.

하지만 향산은 90성상(星霜)을 살아오면서 헤아릴 수 없는 고난과 역경을 오직 성실과 열정으로 극복했다. 향산에게 있어 학교생활은 가난 때문에 고학(苦學)으로 점철되었고, 한의원의 개원은 부친의 요구와 가정형편 때문에 순탄하지도 않았다. 그러나 향산은 조부의 '좋은 의사'의 이상을 실천하기 위해 결코 포기하지 않고, 한의사로서 불철주야(不撤晝夜)로 환자를 진료했다.

향산이 좋은 의사를 이상(理想)으로 표방한 것은 '한의학을 민족의학으로 계승·발전하는 것이며, 세계인의 질병을 한의학적 방법으로 치료하는 한의학의 과학화와 세계화'였다. 이를 필자는 '향산의 교육보국정신(敎育輔國精神)'이라 명명한다. 향산에게 있어 교육을 통해 국가 발전에 기여하는 교육보국의 실천은 대구 지역사회에 한의과대학을 설립하여 치병구인(治病救人)으로 귀결되었다. 향산은 대구한의대학교에 오랫동안 총장과 이사장으로 재직하면서 학교 발전에 헌신했다.

필자는 향산의 '교육보국(敎育輔國)'에 관한 글을 통해 저어한 마음으로 다음과 같은 소회로 마무리한다.

첫째, 향산은 엄격한 자기관리 능력으로 세상의 불신과 불의를 극복했고, 외부의 저항과 내부의 도전을 이겨냈다. 이는 향산이 일찍이 유학에서 추구하는 도덕적 인간 함양의 의미를 인식하였고, 스스로 고매한 인품을 지녔기에 가능했다.

둘째, 향산은 남보다 탁월한 시대 인식과 정확한 현실진단으로 대학

혁신의 창조적 개혁자가 되었다. 이는 향산이 현실 사회에 대한 통찰력
과 동서고금을 종횡하는 폭넓은 식견을 지녔기에 가능했다.

셋째, 향산은 학문에 대한 남다른 열정과 높은 안목으로 한의학을
민족의학으로 발전시켰고, 한의학의 세계화와 과학화에 기여했다. 이
는 한민족(韓民族)에 대한 주체 의식의 자각이며, 민족의학의 정통성
회복이라는 측면을 향산이 강조했기에 가능했다.

넷째, 향산은 중용적 삶의 원리를 실천하여 균형과 조화를 추구하는
일관성 있는 인생관을 지녔다. 이는 향산이 노자사상의 자연과 중도(中
道)를 중시했기에 가능했다.

참고문헌

김남일, 『근현대 한의학 인물실록』, 「한의학의 과학성을 찾아낸 한방생리학의 창시자
　　　윤길영」, 들녘, 2011.
대구한의대학교60년사편찬위원회, 『대구한의대학교건학60년사』, 매일신문사, 2019.
마르틴 부버, 표재명 역, 『나와 너』, 문예출판사, 2001.
박희병 편역, 『선비들의 공부법』, 창작과비평사, 1998.
변정환, 『아직은 쉼표를 찍을 수 없다』, 행림출판, 1992.
변정환, 『鼓山世稿』, 대보사, 1995.
변정환, 『일흔, 새벽』, 도솔, 2002.
변정환, 『자연의 길 사람의 길』, 도솔, 2003.
변정환, 『시련을 딛고 밝은 세계로』, 북랜드, 2007.
청명임창순선생 추모사업추진위원회, 『청명 임창순 선생 추모집』, 한길사, 2000.

향산 변정환 선생의 대학설립 철학과
운영을 통해서 본 교육의 새 지평

최손환*

1. 들어가는 글

오늘날 대학을 둘러싼 환경은 시시각각으로 변하고 있다. 변화의 맥락 중에는 학령인구의 감소와 관련한 것을 빼놓을 수 없다. 2014년 당시 대학 구조개혁 추진 정책의 배경에는 대학 입학 정원이 고교 졸업자 수를 초과하게 될 것을 감안하여 각종 평가에서 대학 정원 감축의 노력을 기울이고자 하였다. 또한 제4차 산업혁명도 중요한 변화의 맥락 중 하나이다. 오늘날 과학기술의 발달로 인한 4차 산업혁명의 도래는 사회뿐만 아니라 인간을 둘러싼 환경의 많은 변화를 실감나게 한다.[1]

학령인구의 감소와 제4차 산업혁명의 영향 외에도 대학 진학률의 변화도 눈여겨봐야 한다. 대학 진학률이 70% 수준인 보편화 단계에서

* 대구한의대학교 한의학과 교수

1 최손환, 「미래사회 변화에 대응하기 위한 교육적 과제와 대학 운영에 관한 연구」, 『The Journal of the Convergence on Culture Technology』 6(3), (사)국제문화기술진흥원, 2020, 217~224쪽.

의 고등교육은 대학 구성원의 구성 배경이 다양해진 만큼 초창기 대학
과는 달리 대학 운영에 대해서도 다각적으로 고민해야 한다. 고등교육
의 보편화 과정에서 나타나는 이러한 현상은 기존의 고등교육체제로는
사회경제적 변화의 요구에 부합하지 못한다는 것을 의미하고 있다. 가
장 대표적인 문제가 바로 대학생들 간의 학업 능력 차이가 크다는 점이
다. 서로 다른 사회경제적·문화적 배경 및 학업 배경을 가진 대학생들
이 한 강의실에 있기 때문에 전공 안에서의 격차도 심하게 나타난다.
뿐만 아니라 대학 간과 전공 간에도 점점 미분화 현상이 나타나기도
한다. 특히 학업 능력의 차이가 큰 학생들이 유입되어 대학생들의 기초
학력 저하 문제도 함께 나타난다.

  이러한 일련의 문제들은 양질의 교육을 위한 걸림돌이 되어 결국
노동시장에서의 고등교육 인력 수급의 문제와 직결된다. 사실 우리 대
학은 급속하게 보편화 단계로 이동하였지만 대학 진학 요건, 학생의
진학 및 취업 패턴, 고등교육의 목적과 기능, 대학 운영의 형태 등에서
아직도 엘리트형 단계의 속성을 버리지 못하고 있다. 따라서 변화가
필요한 시점이라고 할 수 있다. 이처럼 대학은 시대와 사회의 전반적인
변화에 따라 예전의 교육패러다임에 근거한 운영방식에서 벗어나야
한다.

  대학들은 이러한 변화에 적응하기 위해서 많이 노력하고 있다. 이는
변화에 적응하느냐 그렇지 않으냐에 따라서 대학의 생존이 걸린 문제
이기 때문이다. 사실 이것은 우리나라만의 문제가 아니다. 선진외국의
사례도 찾아볼 수 있는데[2] 예를 들어, 세계에서 가장 우수한 대학으로

---

2 허준, 『대학의 과거와 미래』, 연세대학교 대학출판문화원, 2020.

손꼽히는 옥스퍼드대학(University of Oxford)과 케임브리지대학(University of Cambridge)은 18세기와 19세기 초반, 급격한 산업화와 국민국가의 도래라는 인류사적 전환기에 대응하지 못하고, 고전 교양교육과 성직자 배출이라는 중세적 역할에 집착하며 구시대의 유물이라는 오명을 듣기도 했다. 런던 대학과 스코틀랜드의 대학들에게 실용 학문의 권위를 모두 빼앗겼다가, 19세기 말, 정부의 개입과 적극적인 행정적 재정적 지원 그리고 내부의 혁신을 통해 20세기 최고의 대학으로 재도약할 수 있었다.

영국뿐만 아니라 미국 유수의 대학들도 마찬가지다. 시대적 변화에 대응하지 못하고 구시대적 모습을 견지하다가는 구시대 유물로 전락한 사례를 쉽게 찾아볼 수 있다.

사실 19세기는 산업혁명으로 인한 산업구조의 변화와 국가 권력 구조의 변화가 진행되는 격변의 시대였으며, 대학 역시 그 역할을 새롭게 정립하는 시기였다. 21세기 현재 4차 산업혁명이라 표현되는 인류사적 전환기가 진행 중이다. 과학기술의 발전이 촉발한 산업, 경제, 사회, 정치적 변화에 조응하는 방향으로 대학의 기능과 역할을 혁신해야 할 것이다. 이를 위해서 4차 산업혁명으로 통칭되는 변화에 대한 이해와 대학의 미래 역할에 대한 분석도 필요할 것이다.

이러한 거시적인 현실 자각에 더하여 한 가지 고려해야 할 점은 사실, 교육은 '인간 만드는 것'에 관심을 가져야 한다. 기억을 더듬어 보면 어린 시절, 나의 부모님은 담임 선생님께 "이 녀석, 인간 만들어 주세요."라는 말을 종종 했다. 처음에는 대수롭지 않게 여겼지만 학년이 올라갈수록 그 말이 나에겐 어떤 말보다 오래 기억되었다. 별로 말썽도 부리지 않는 나였는데 매년 새로운 학년이 될 때마다 '인간 만들어 달라'고 주문을 하셨다.

5학년 때에는 내가 좋아하는 선생님께 부모님은 '이 녀석 인간 만들어 달라'고 이야기하셨고 나는 부모님을 원망의 눈초리로 바라보았다. 부모님의 그런 말씀이 나를 '이중인격자'로 만들지는 않았나 하는 철없는 생각 때문이었다. 왜냐하면 학교에서는 '아주 착한' 학생이었으니까. 혹시 선생님께서 '집에서 얼마나 말썽을 부렸으면 부모님이 이런 말을 할까?'라는 생각을 선생님이 할까 봐 걱정을 했다. 그 이후에도 선생님을 만날 때마다 말씀하셨고, '벌써 인간으로 태어난 나한테 또 무슨 인간을 만들어 달라는 거지?' 이런 생각을 종종 했다. 그리고 많은 시간이 흐른 뒤, 학생들을 가르치는 지금에 이르러서야 그 속에 담긴 의미를 조금이나마 깨달아 가고 있다.

모름지기 교육이라고 하면 '인간됨의 가치'를 가르치는 것에도 소홀히 해서는 안 될 것이다. 그러나 가끔 교육 현장에서는 '인간됨의 가치' 보다는 '교과 내용'과 '현대적인 것', 즉 '기술적인 것' 등 직업에 도움이 되는 것을 가르치는 데 초점을 두는 경향이 있다는 생각을 조심스럽게 해 본다. 오랜 삶을 살아온 연륜과 경험에서 우러나오는 가치를 우리 학생들에게 이야기해 줌으로써, '자기 직업에서 살아가는 법'을 열심히 배운 우리 학생들이 교육의 또 다른 한 줄기인 '굳건히 붙들고 바꾸지 않을수록 좋은 것(즉, 인간됨의 가치)'을 경험할 수 있게 한다면 더 좋지 않을까라는 생각을 해 본다.

이에 본 연구에서는 중세시대 대학이 설립된 이후, 1차 산업혁명 이후 산업의 발달과 더불어 대학의 역할과 정체성의 변화가 있었고, 오늘날 4차 산업혁명과 더불어 사회의 큰 변화 속에서 대학의 역할이 다시 한번 변해야 하는 시점에 놓여 있다는 사실을 감안하여, 우리 대학 설립자인 향산의 대학 설립 과정과 철학 속에서 급변하는 환경 속에서 보다 건강한 대학을 위해서 우리가 가져야 할 대학 교육의 새로운 지평을 가늠해 보고자 한다. 물론 새로운 지평 속에서 어떻게 하면 향산의 삶의 철학에 부합하는 인간을 만들 수 있을지에 대한 고민도 함께 할 것이다.

2. 변화의 소용돌이와 대학 교육의 방향

1) 변화의 소용돌이

대학을 둘러싼 변화의 소용돌이 그 첫 번째는 학령인구의 감소일 것이다. 학령인구의 감소는 대학 교육의 패러다임을 새롭게 바꾸는 계기가 된다. 2018년 5월 통계청 자료를 보면 2017년 우리나라의 총인구는 51,230,704명으로 10년 전인 2007년 49,130,354명에 비해 약 2백1십만 명 증가하였다. 하지만 2000년대 초반부터 지속된 낮은 출산율의 여파로 같은 기간 초등학생의 경우 3,829,998명에서 2,674,227명으로, 중학생의 경우 2,063,159명에서 1,381,334명으로 각각 감소하고 있다.

이처럼 출산율 감소 및 학생 수 변화 추이를 감안한다면 당연히 대학에 진학하는 학생들의 수는 지속적으로 감소할 것이라는 사실은 분명하다. 특히, 2000년대에 들어서는 합계출산율이 1.07~1.3명 사이를 유지하고 있다. 이는 현재까지는 1990년대 초반의 한시적인 출산율 증가로 인해 고등학교 졸업생의 수가 크게 변화하지 않았지만, 2000년대 초반 출생자들이 고등학교를 졸업하기 시작하는 2018년 이후부터는 본격적인 고교졸업생 및 대학 진학자 수의 감소를 예측할 수 있다. 실제로 출산율의 감소로 인해 2019년을 기점으로 입학정원에 비해 입학자원이 현저히 모자라는 현상이 나타나기 시작할 것이라는 사실을 쉽게 알 수 있다.

실제 이런 일은 2020학년도에 일어나고 말았다. 《대학저널》(2012)에 따르면, 더 큰 문제는 정원 미달 사태가 갈수록 심각해질 것이라는 점이다. 대학에 입학할 학생은 갈수록 줄어든다. 통계청에 따르면 2021년 47만 6천2백여 명이던 만 18세 학령인구는 매년 줄어 2023년 43만 9천 명, 2024년에는 43만 명, 2040년에는 현재의 절반인 28만 4천여 명으로 감소한다. 교육부는 지난 2019년 발표한 학령인구 변화에 따른 대학 입학자원 추이에서 2022학년도에는 4년제와 전문대를 포함한 전체 대학 입학자원이 2018학년도 대학 정원(49만 7천 명)보다 8만 5천여 명 부족할 것으로 예측했다. 부족 인원 즉 미충원 규모는 2023학년도 9만 6,305명, 2024학년도 12만 3,748명으로 정점을 찍는다고 발표한 바 있다.

대학을 둘러싼 변화의 소용돌이 두 번째는 4차 산업혁명에 따른 사회·경제적 환경의 변화를 들 수 있다. 2016년 3월에 세기의 대결이라고 일컬어지는 이세돌 선수와 '알파고(AlphaGo)'의 바둑 대결이 있었다. '알파고'의 승리로 경기는 끝났고, 경기 결과에도 놀랐지만 '알파고'의 등장은 우리에게 많은 자극을 주었다. 그 이후 '알파고'에 버금가는 혁신적인 것들이 우리가 제대로 인식하지 못하는 사이에 우리 곁에 아주 가까이 와 있다는 사실을 깨닫기 시작했다. 물론, '알파고'가 등장하기 이전에도 1997년 IBM의 딥블루가 체스 세계 챔피언에게 승리한 바 있으며, 2011년 IBM의 인공지능 컴퓨터 '왓슨(Watson)'도 퀴즈쇼에서 인간을 압도적인 차이로 따돌리며 우승한 바 있다. 이 당시에도 대결의 결과도 그랬지만, 컴퓨터가 단순한 계산 도구가 아니라 인간의 언어로 된 질문을 이해하고 해석한 다음 해답을 찾아가는 과정 또한 충격적이었다. 2019년에는 구글의 '알파스타(AlphaStar)'가 컴퓨터게임 〈스타크래프트(Starcraft)〉 2에서 프로게이머를 상대로 승리했다는 소식도 있었다.

〈2016년 세계경제포럼〉에서는 2025년이 되면, 인터넷에 연결된 의류와 스마트글라스, 인터넷과 연결된 가정용기기, 로봇 약사의 등장, 3D 프린터로 제작된 간 이식, 자율주행자, 기업 감사의 30%를 인공지능이 수행하고, 신호등이 없는 스마트시티의 건설이 현실화된다고 말한 바 있다. 또한 『UN미래보고서 2040』에서는 10년 내로 상용화될 것으로 DNA 나노봇, 사물인터넷, 증강현실, 빅데이터, 3D 프린터 등을 소개하면서 인간을 둘러싸고 있는 환경이 과학기술의 발달로 급격하게 변화하고 있다는 사실을 강조하고 있다. 이처럼 미래 사회는 지금까지 상상할 수 없었던 모습으로 변화하고 있는 것이 사실이다.[3]

이러한 시대가 될수록 미래 사회에 필요한 기술정보뿐만 아니라 인간의 가치와 존엄, 그리고 교육의 본질을 추구하는 교육이 더욱 필요한 것이다.[4] 특히, 게임중독, 온라인중독, SNS 중독 등 지금도 온라인화, 디지털화로 인한 병폐들은 계속 늘어만 가고 있는 현실에서, 인간의 가치와 존엄에 대한 교육이 제대로 이루어지지 않는다면, 4차 산업혁명

3　김인숙·리상섭·박제일·최손환·김창환, 『평생교육경영론』, 양서원, 2020, 12쪽.
4　김재춘, 「인공지능의 시대, 기계의 객관성과 경쟁하기보다 인간의, 너무나 인간적인 주관성에서 의미 찾아야」, 『교육개발』 43(3), 2016, 4~5쪽.

사회로의 진전에 따른 인간의 피폐화, 소외 문제는 더욱 심각해질 것을 예고하고 있다. 이처럼 학령인구 감소와 4차 산업혁명으로 인한 경제·사회·문화 등 사회 제 분야의 변화는 교육에 직·간접적으로 큰 영향을 미칠 것이다. 우리는 최근에 이러한 현상을 실제로 목격하고 있다.

2) 대학 교육의 방향

4차 산업혁명의 격랑 속에서 교양교육의 변화와 강화도 필요하다. 고등학교를 졸업하고 바로 진학한 대학생들에게는 지식 전수 중심의 교양교육이 아닌, 비판적 창의적 사고력을 강화하고, 복잡한 문제의 추론 능력을 배양하는 새로운 교양교육이 제공되어야 한다. 컴퓨터와 인공지능이 잘해 낼 수 있는 지식암기와 패턴 인식보다는 인간이 더 잘할 수 있는 정형화하기 어려운 창의력, 비판적 사고능력, 소통 능력, 협업 능력을 강화할 수 있도록 교양교육을 개편해야 한다.[5]

특히, 기존의 지식 중심의 교육시스템에서 벗어나 창의적이고 융합적인 역량, 문제해결 능력을 갖춘 인재의 양성을 위한 역량 개발 중심의 교육체제가 활성화될 것을 예견하기도 한다. 4차 산업혁명 시대의 산업 분야에서 필요한 역량은 복합 문제해결 능력, 사회적 능력, 체계적 능력 등이 주요하며, 미래 사회의 인력은 새로운 역할에 신속히 적응할 수 있는 유연성 및 학제 간 학습(Interdisciplinary Learning) 능력, 다양한 기술적 전문능력인 하드 스킬(Hard Skills)과 다양한 지식의 활용을 기반으로 한 소프트 스킬(Soft Skills), 즉 변화에 대한 유연성, 다

---

5 허준, 앞의 책.

양한 기술의 활용 능력, 조직 내 커뮤니케이션, 협상, 팀워크, 리더십 등을 활성화하는 능력 등이 요구된다. 따라서 대학 교육도 이에 맞출 필요가 있다.

오늘날은 사회의 변화 속도가 빠르기 때문에 그 무엇도 확신할 수 없는 불확실성이 증가하고 있다. 이에 이러한 시대에 필요한 인재에 대한 개념도 바뀌어야 한다. 『제4차 산업혁명시대 대한민국 미래교육 보고서』[6]에는 4차 산업혁명 시대 미래교육의 방향으로 산업사회의 대량생산 방식 특성인 표준화, 규격화, 정형화된 교육 방향을 탈피하여 4차 산업혁명 시대의 주요 특성 변화인 다양성, 창의성, 유연성을 강화하는 방향으로 교육이 변화해야 한다고 말한다. 이처럼 다양성, 창의성, 유연성을 핵심가치로 미래교육 콘텐츠는 창의적 인지 역량, 인성적 정서 역량, 협력적 사회역량, 생애 학습 역량을 함양할 수 있도록 해야 한다.

물론 이러한 인재를 키우기 위해서 교육의 초점도 제고할 필요가 있다. 예를 들어, 교양교육, 전공교육, 비교과 활동에서 각각 글쓰기, 외국어, 컴퓨터 등 도구적 성격의 교양교육뿐만 아니라 인문학적 소양을 강조하고 있다. 전공교육에서는 창의적 체험활동, 문제해결 과정을 체험하게 하는 과목에서부터 캡스톤디자인을 적극 활용해야 하며, 이에 더하여 문제해결력, 문제해결 과정, 컴퓨팅 사고를 체험하게 하는 교과 등의 도입도 필요하다고 강조한다.

최손환(2020)은 제4차 산업혁명 시대의 미래교육 방향과 핵심 가치

---

6 국제미래학회·한국교육학술정보원, 「제4차 산업혁명시대 대한민국 미래교육보고서」, 광문각, 2017, 169~170쪽.

에서 언급하고 있는 내용을 분석하고 있다.[7] 여기에서 각 대학에서 인
문학 교육을 통하여 키워야 할 인문역량의 정의에서 대부분 언급하고
있는 내용인 정서적, 건전한 가치관, 사고의 폭, 다양성, 도덕성, 봉사
의 실천과 맥을 같이하고 있다는 사실을 찾았다. 이들 대학이 제시하는
인문역량 요소는 문화적 소양, 도덕성 및 윤리, 교양능력, 가치관 정립,
인문학적 소양, 철학적 사고, 역사 지식, 윤리의식, 문화적 감성, 봉사
정신 등이 있다. 이러한 내용을 보면, 4차 산업혁명 시대에 필요로 하는
인재상과 대학이 인문학 교육을 통해서 키우고자 하는 인재상과 맥을
같이하고 있다는 점을 알 수 있다. 이는 그만큼 4차 산업혁명 시대에
인문학적 소양을 갖추어야 성장시킬 수 있는 인문역량들이 필요하다는
사실을 방증하는 것이라고 볼 수 있으며, 이러한 교육은 결국 교양대학
에서 가르치는 교양교육을 통해서 함양할 수 있는 소양이라는 사실을
거부할 수는 없다.

3. 향산의 대학설립 철학 및 운영과 대학 교육의 새 지평

1) 할아버지의 교육철학과 대학 교육의 미래 방향

향산은 그의 할아버지 고산공(鼓山公)을 잘 따랐고 할아버지와의 관
계 속에서 성장해 가는 모습을 향산의 저서 곳곳에서 발견할 수 있다.
특히 후일에 한의사의 길을 걷게 된 이유 중의 하나로 밝히기도 했다.

---

7 최손환, 앞의 글, 221쪽.

조부님의 교육철학은 의외로 간단했다. 성인도 때에 따라서는 시속(時俗)에 따르라 했고, 호랑이를 잡으려면 호랑이 굴에 들어가야 한다. 그러니 왜놈을 이기려면 왜놈들의 신학문을 알아야 한다. 그러나 진짜 학문은 한문이라는 것을 잊어서는 안 된다. 그리고 언문은 우리말이요, 글이니 그 또한 쉬지 않고 익혀야 하며, 한문 공부도 계속해야 한다는 것이 요지였다.

－『대구한의대학교건학60년사』 '조부의 가르침, 한의학도의 길을 걷게 하다' 중에서

과학기술의 발달에 따른 시대와 사회의 변화, 그리고 대학을 둘러싼 환경의 변화에 따라 대학에서 지향해야 할 방향도 최첨단의 것에 맞추어 특성화하고 교육내용도 이에 맞추어야 한다는 사실은 당연하다. 향산의 할아버지가 시속(時俗)에 따르라고 했던 것처럼. 그리고 교육 선진국의 대학들이 변하려고 노력했던 것처럼.

하지만, 우리는 향산의 할아버지가 언급한 '진짜 학문'을 눈여겨봐야 한다. 너무 오래전 이야기가 될 수도 있겠으나, 고대 그리스 로마 및 중세와 르네상스 시대에는 7자유과라는 학문이 있었다. 예를 들어 문법, 논리학, 수사학, 대수학, 기하학, 천문학, 음악 등이 그것이다. 그 이후에 문학, 역사, 철학, 종교학 등도 그 범주에 포함시킬 수 있다. 중요한 것은 이들 학문을 통해 이성을 발달시키고, 마음 밖의 질서와 법칙을 이해시켰으며, 세상을 바라보는 폭넓은 이해와 자유의지를 강화했다는 점이다. 우리 대학도 이 점을 놓쳐서는 안 될 것이다.

『대한민국 미래교육보고서』에서 소개한 바 있는 미국의 세인트존스 대학(St. John's University)의 학생들은 4년 동안 고전 100권을 공부한다.[8] 교수가 주입식으로 강의하는 것이 아니라 문학, 철학, 정치이론,

신학, 역사, 경제 등 다양한 분야의 책을 스스로 읽고 생각하게 만든다. 학생들은 고전을 읽고 여러 의견을 들음으로써 정보를 습득하고, 자신의 의견을 말함으로써 정보를 공유하며, 그러한 것들을 에세이로 적음으로써 정보를 정리하는 과정을 거친다. 수업의 목표는 책의 전체 내용을 이해하는 것보다는 책의 내용을 생각하는 것이다. 또 4년 동안 고전만 공부하는 것이 아니라 고전 세미나 이외에도 수학, 언어, 과학, 음악 수업이 있으며, 모든 수업들이 일방적인 강의가 아닌 토론을 기본으로 진행된다. 4년의 수업은 결국에는 질문을 통해서 자신을 알아가는 것이다. 무엇을 모르는지, 왜 이런 생각을 했는지, 남은 어떻게 생각하는지 등을 수업을 통해 스스로 배움으로써, 결국에는 자신의 가치관을 하나씩 정립해 간다. 고전을 많이 읽고 줄거리를 외워서 삶의 깊이가 더해지는 것이 아니라, 고전을 많이 생각하고 곱씹음으로써 자신을 찾아나가기에 어떤 문제가 닥치더라도 그것을 지혜롭게 풀어낼 수 있는 것이다. 이러한 교육풍토를 만들어 갈 필요가 있는 것이다.

2) 한의학의 과학화와 대학 교육의 간학제성

제한동의학술원 『제한』의 창간호에서 '한의학의 세계화를 위한 발돋움'이란 제목의 창간사를 통해 물질문명의 극치에서 정신문명에로의 전환을 맞아 동양철학을 배경으로 한의학을 과학화·세계화하여야 한다는 강한 의지를 피력한 대목을 볼 수 있다(『대구한의대학교건학60년사』, 2019).

---

8 국제미래학회·한국교육학술정보원, 앞의 글, 390쪽.

우리의 선조들이 수천 년 동안 피나는 경험을 통하여 정묘롭게 이루어 놓은 학문임에 이와 같은 표현이 과격할는지도 모르겠으나 여기에서 언급하고자 하는 의도는 분명 그 원리적인 면이 아니라 그 상황들의 현대화에 있는 것입니다. 한의학의 근간이 되는 음양과 오운육기의 개념을 현대인에게 어떻게 설명해 줄 것이며, 이를 바탕으로 한 실험실적을 어떻게 보여줄 것인가에 연계된 문제들만 해도 수없이 많습니다.

-제한동의학술원 『제한』의 「창간사」에서

이는 동양과 서양, 과거와 현재, 그리고 추상 세계와 과학화와 같은 간학제적 성격을 띤다고 볼 수 있다. 이 부분은 학생들에게 무엇을 어떻게 교육하고 평가할 것인지에 관한 전체 교육과정을 개발할 때 다음의 두 가지 교육 모델에 주안점을 두는 점과 맥을 같이한다고 볼 수 있다. 즉, 다학제간 모델(multidisciplinary model)과 간학제적 모델(interdisciplinary model)에 따라 교육내용을 달리할 수가 있다. 이에 대해서 좀 더 살펴보면, 다학제적 모델을 이용한 인문사회의학 교육이란, 의과대학생들에게 인문사회의학 교육목표를 달성하는 데 도움이 된다고 생각하는 여러 가지 인문학과 사회과학 교과목들, 예컨대 철학, 윤리학, 신학, 문학, 역사학, 법학, 사회학, 경제학 등은 물론 음악이나 미술, 연극 및 의사소통 기술 등 다양한 과목들을 독립적으로 제공함으로써 학생들로 하여금 이들 분야에 대한 폭넓은 지식을 쌓아 이를 스스로 의학적 지식에 통합해서 장차 의료 활동에 활용하도록 하는 것을 말한다.

이에 비해, 간학제적 모델을 이용한 인문사회의학 교육은 인문학이나 사회과학 과목들로부터 의학과 관련이 깊다고 생각되는 부분들을 전문가들이 미리 추출하고 종합해서 이를 간학제적 교과목 내지 교육과정으로 만들어 학생들에게 제공하는 것을 말한다. 의료윤리, 의철학, 의사학, 의학과 문학, 의사와 사회, 의학과 예술, 의사–환자 간 의사소통 기술 등이 그 좋은 예이다.

두 모델이 각기 장단점을 가지고 있지만, 여기 많은 의학지식과 기술을 학습해야 하는 의과대학생들에게는 간–학제적 모델에 의한 인문사회의학 교육이 효율성이 높다고 보는 것이 일반적인 견해이다. 미국 하버드 의과대학 1학년에서 3학년까지 학생들에게 제공되는 〈환자–의사 관계(Patient Doctor Relationship, PDR)〉 프로그램이나 존스홉킨스 의과대학 1학년에서 4학년 학생들에게 제공되는 〈의사와 사회(Physician and Society, PAS)〉 프로그램, 그리고 UCLA의과대학 전 학년 학생들에게 제공되는 〈의사 만들기(Doctoring)〉 프로그램 등이 이런 간학제적 인문사회의학 교육과정의 좋은 예이다.

이는 우리 대학 한의학교육과 교육과정 구성에 충분히 참고할 만한 내용일 것이다. 오늘날 시대는 기존의 개별적이고 독립적인 학문 분야의 경계가 무너지고 새로운 질서에 따라 이합집산하여 재편되는 경향이 있고 이는 교육과정 설계에 있어서도 예외가 아니다. 특히 간학제적 모델은 시대 사회적인 요구와 의학교육의 방향이 인문사회–생물의학의 간학문교육을 강조하고 있기 때문에 더욱 필요하고, 개별 분과학문의 영역을 넘어서 간학문적인 교육내용을 포함한 교육과정을 편성해야 한다. 각 시기별 학습자들이 경험하는 학습 맥락과 학습자의 이해수준에 따라 교육과정을 개발할 필요가 있고, 이때 생물학적, 심리적, 인간적으로 얽혀있는 포괄적인 문제해결 능력을 키우기 위해서는 한 교과 안에서 다양한 영역의 주제에 접근할 수 있도록 해주어야 할 것이다. 특히 교육의 효과적 측면에서 볼 때, 학년별 단절된 교육이 아니라 4년

(혹은 5년)의 연속과정으로 연속성 있는 교육이 더욱 의미가 있다.

3) 설립 당시의 교육목적에 대한 재조명

지역 내 한의과대학 설립을 위해서 20여 년의 과정에서의 어려움을 몸소 경험한 향산은 결국 다른 대학에 의지하거나 건학에 무관심한 인사들과의 추진이 아닌 몸소 학교법인 설립추진위원회를 구성해서 1980년 2월 29일 자로 학교설립계획승인신청서를 문교부에 제출했다.

> 본 한의과대학은 대한민국 교육이념에 기하여 인격을 도야하고 건전한 사상을 함양하는 동시에 우리나라 전통적인 한의학의 심오한 이론과 실제적 응용 방법을 교수 연마하고 민족의학으로 승화 발전시키고 국가와 인류사회 발전에 공헌할 지도적 인물을 양성함을 목적으로 함. (1980년 문교부로부터 승인받을 당시의 교육목적)

이러한 목적의 대학설립 요청을 받은 문교부는 대한민국 교육의 근본이념에 기하여 학술의 심오한 이론과 그 광범·정치한 응용 방법을 교수 연구하여 사회에 봉사할 수 있는 유위한 인격을 도야함을 위해 대학설립을 허가했다. 대구한의과대학 건학의 결실은 1959년 설립자인 향산이 한의과대학 창학의 뜻을 품은 지 21년 만에 대단원의 결실을 보게 되었다(『대구한의대학교건학60년사』, 2019, 132쪽).

> - 새 시대 새 사회에 부응하는 복지사회 건설의 목표 아래 새로운 교육 이념을 수립 진작한다.
> - 의도중흥에 입각하여 박애·봉사 정신을 함양하고 학구적이고 양심적

인 의료인을 양성한다.

– 성실·근면·정직하며 국가와 민족의 발전을 위하여 헌신할 수 있는
유위한 지도적 인재를 육성한다.

(설립자의 교육철학을 바탕으로 제정한 교육목표 3개항 중에서)

대학의 설립목적과 설립자의 교육철학을 바탕으로 향산의 평생의
교육신념이 녹아 있는 교육목표를 위와 같이 설정했다.

그 이후, 1983년 3월 1일 향산이 학장으로 취임하면서 종래의 교훈
을 보완하여 "지지(知止), 인도(仁道), 역행(力行)"을 설정했다. 『대구한
의대학교건학60년사』의 자료를 보면, 지지는 '알고 머무르다'는 뜻이
다. 우리 대학의 교육목적 중 '창의적 지성인' 양성과 궤를 같이하며,
더 힘차게 날기 위한 준비 과정을 의미한다. 인도는 '어질게 봉사한다'
는 뜻이다. 우리 대학의 교육목적 중 '건강한 인격인' 양성과 궤를 같이
하며, 모든 학구의 지표이며 핵이요 목적이요 대상을 의미한다. 역행은
'배움을 힘써 실천한다'는 뜻이다. 우리 대학 교육목적 중 '선도적 실천
인' 양성과 궤를 같이하며, 배움 자체도 중요하지만 실천에 옮김으로써
지(知), 인(仁), 행(行)의 균형을 이루는 의미를 갖고 있다. 이것이 바로
향산이 평소에 가지고 있는 교육철학을 집대성한 것이라 할 수 있다.

이를 구체적으로 실천할 수 있는 개념으로 하버드대학에서 지향하
는 자유교육(liberal education)을 들 수 있다. 김지현 외에 따르면 자유
교육이란 시국적, 지엽적 주제의 타당성이나 직업의 유용성을 염두에
두지 않고 자유로운 탐구정신으로 실행하는 교육을 말한다. 자유교육
은 인간과 자연 세계에 관한 인식을 증대시킨다.[9] 그것은 학생들의 신
념과 선택에 대해서 보다 성찰적이게 하며, 그들의 전제와 동기부여에

관해서 보다 비판적이게 하며, 문제해결에서 보다 창의적이고 주위 세계에 관해서 보다 통찰력 있게 하며, 그들의 생활에 개인적, 직업적, 그리고 사회적으로 대두되는 쟁점들에 관해서 자신들이 더 능력을 가지고 인지할 수 있게 한다. 자유교육의 목적은 추정을 뒤흔들어 놓고, 익숙한 것들을 낯설게 만들고, 외양의 저변과 이면에 어떠한 것들이 존재하는지를 규명하고, 젊은이들이 스스로 방향감각을 찾을 수 있게 도와주는 것이다. 자유교육은 이러한 목적을 달성하기 위해서 항상 의문을 던지고, 자기성찰을 유발하고, 비판적이며 분석적인 사고를 가르치고, 학생들이 자신들의 능력으로는 이해하기 어려운 현상과 근본적으로 상이한 역사적 계기와 문화적 형성과의 만남에서 새로운 세상을 경험하게 한다.

물론, 여기에는 비판적이고 성찰적으로 생각하며 구체적으로 행동하는 것까지를 포함한다. 이를 기반으로 보다 정교한 전문직업인으로서의 훈련이 이루어질 수 있는 것이다.

4) 학문적 성열과 그 파장, 변화

개교 5주년을 맞이한 1985년. 개교한 이후 소위 장족의 발전을 거듭했다고 말할 수 있다. 한의예과 104명에서 개교한 이후 재학생 수도 1,200여 명 늘었으며, 학과 수도 5개 학과로 늘었다. 특히 대학 시설 면에서 1호관에서 이어 2, 3호관에 이르기까지 교육환경면에도 보다 대학답게 갖추어 나갔다. 아래의 글은 5년간의 발전이 구성원 모두의

---

9 김지현 외, 『대학의 학부교육』, 교육과학사, 2017, 19쪽.

노력으로 만들어진 것이고 이를 축하하기 위한 「격려사」의 일부이다.

  …대학 발전의 중요한 요건은 바로 그 대학의 학문적 성열(成熱)이라고 하겠습니다. 하버드, 옥스퍼드, 캠브리지 등 세계의 명문대학도 훌륭한 시설이나 아름다운 환경의 구성에 의해서 건설된 것이 아니라 그 대학에서 이루어 놓은 학문의 결과가 우수하여 많은 석학이 배출되었고, 학문적 업적이 인류 평화에 기여한 공로가 컸기 때문입니다. 모든 대학들은 그 대학 나름대로의 특수성을 지니고 있으며 그 특수성에 따라 학문의 성격도 규정지어지는 것입니다.
  우리 대학의 특수성은 건학이념에 잘 나타나 있습니다. 이 특수성에 따라 우리 대학 고유의 학문적 분위기가 형성되어 우리 대학을 상징할 만한 학문적 업적을 쌓아야 할 것입니다. 대학에서의 학문은 어느 한 개인에 의해서만 이루어지는 것이 아니며, 몇몇 개인을 두고 평가하는 것도 아닙니다. 그 대학에 몸담고 있는 대학인 전체에 의해 이루어지며, 그 대학인 전체의 학문에 대한 정열과 끊임없는 노력에 의해서 응결된 새로운 업적을 두고 평가하는 것입니다. 대학은 이러한 학문 활동을 통하여 인격을 연마하는 곳이며, 지와 덕을 겸비한 민주시민의 지도자를 양성하는 곳입니다. 인격도야를 위해서 불철주야 선현들이 남긴 명언과 명저를 탐독하고, 선현들의 실천궁행한 길을 거울삼아 대아(大我)를 위해 봉사하고 헌신적으로 노력하며 이성적으로 행동하며 극기의 과정을 통하여 사욕과 사악을 떨쳐버리는 수련을 쌓는 것입니다….
  -대구한의대학교 건학 5주년 기념 변정환 이사장의 「격려사」 중에서

  향산의 「격려사」에는 '성열(成熱)'이라는 단어가 등장한다. 오늘날 젊은 세대들은 잘 사용하지 않는 어휘이기는 하지만 상상해 보면, 열성, 열정, 노력, 성공적인 결과를 위한 열중의 뜻을 포함한 것으로 봐도

무방할 것이다. 이는 연구든, 교육이든, 시설설비든, 교육환경이든 그 어느 면에서든 성열이 가능하려면 바로 구성원의 역할이 필요하다는 점을 강조한 대목일 것이다.

무엇이든 이루어 내려고 성열을 하다 보면 이는 자연스럽게 몰입으로 이어질 것이다. 재미있는 사실은 몰입이 대부분 창의성, 행복, 인생의 완성, 자기발전 등과 연결되어 있다는 사실이다.[10] 특히 몰입 덕분에 전혀 새로운 융합의 산물이 나올 수 있다. 보통 사람은 걱정, 불안, 권태가 가득하지만 몰입의 상태는 각성과 자신감을 뛰어넘어 단조로운 일상에서 벗어나 질 높은 삶의 경험을 제공한다. 특히 문젯거리에 대한 이해도도 높고, 평소 많이 고민하고 준비하여 실력도 있다면 몰입, 즉 최적의 경험을 할 수 있다.

미하이 칙센트미하이(Mihaly Csikszentmihalyi)는 그의 책『몰입의 즐거움』에서 사람들은 화초 가꾸기건, 음악 감상이건, 볼링이건, 요리건, 대체로 자기가 가장 좋아하는 일을 할 때 몰입을 경험하는 것이라고 말한다. 또한, 운전을 할 때나 친구들과 이야기를 나눌 때, 혹은 일을 할 때도 의외로 자주 나타난다. 텔레비전을 보거나 휴식을 취할 때처럼 수동적으로 임하는 활동에서는 좀처럼 그런 체험이 나타나지 않는다는 사실을 강조한다. 이에 더하여 그는 몰입을 창의성과 연결하여 이야기하고 있다. 창의성은 새로움을 만들어 내는 것이고, 새로운 무언가를 만들어 내는 과정은 사람이 할 수 있는 가장 즐거운 활동 중의 하나이다. 즐거운 활동을 하면 앞에서 언급한 것처럼 쉽게 몰입의 경험을 하게 된다. 몰입의 상태에서는 또 다른 창의적인 산물이 나온다. 이것이

10 최손환 외,『창의와 융합인재』, 내하출판사, 2018, 45쪽.

바로 몰입과 창의성이 서로 선순환 구조에 있다는 사실을 알 수 있는 대목이다.

구성원 모두가 각각 제자리에서 수동적으로 자신의 역할에 임하지 않고 몰입의 즐거움을 만끽한다면 어떤 일이 벌어질까? 향산이 격려사에서 언급한 그 열(熱)이 캠퍼스 구석구석에서 성(成)으로 나타날 것이다. 물론 덤으로 혁신적이고 창의적인 대학 운영의 노하우들이 대학 곳곳에서 만들어질지도 모를 일이다. 남을 움직이려거든 내가 먼저 움직여야 한다. 남을 감격시키려거든 내가 먼저 감격해야 한다. 가슴속에서 우러나오는 말만이 정말 사람을 감동시킬 수 있다. 나의 정성이 다른 사람의 정성을 불러일으키고, 나의 정열은 다른 사람의 정열에 전파한다는 말이 있다. 어떤가? 내가 있는 지금 이 자리를 꽃자리라고 생각하고 이 속에서 열과 성을 다한다면? 그 꽃자리에 소명을 가득 담고 정성과 정열을 쏟아낼 수 있다면 우리가 변해 있을 것이다. 그리고 우리를 둘러싸고 있는 모든 환경이 변해있을 것이다.

5) 푸는 교육, 묶는 교육

향산의 삶에 대해서 이야기하고 있는 『일흔, 새벽』의 느낌은 마치, '솔바람 풍경 소리에 귀 열어놓고 … 茶(차)나 한 잔하게나!'라고 말하면서 소나무 향기 고즈넉한 산사에는 언제나 그랬듯이 여유롭게 차 한 잔 내놓으며 행복한 미소로 이방인을 맞이하는, 그러한 풍경을 연상케 한다.

삶의 여유를 지향하는 사람이라면 한 번쯤은 있을 법한 경험이다. 은은한 향의 차를 마시며 손끝에 전해오는 도자기 예술의 따스함이라거나, 처마 끝의 풍경소리와 소나무 가지 바람에 스치는 소리 들려오고 옛 추억 가득 담은 손때 묻은 고가구의 정취라거나, 이처럼 여유로운 마음으로 나눈 담소는 오래도록 잊히지 않는다. 이것이 쉽게 잊혀 지지 않고 오래도록 기억할 수 있는 이유는 무엇 때문일까? 그것은 바로 '감각 간의 융합'이 이루어졌기 때문이다. 은은한 향기, 손끝의 따스함, 풍경소리, 고가구의 정취, 여유로움 등이 어우러지면서 향, 감촉, 소리, 색 등의 모든 감각이 섞이면서 감각의 경계가 무너지고 하나로 융합된 것이다.

여기에는 실로 엄청난 교육적 성찰이 숨겨져 있다. 흔히 교육 현장에서 우리는 '알아간다는 것'을 오직 '인지발달'이라고 생각한다. 그러다 보니 '인지발달'을 위해서 '정서', '감정', 그리고 '감각'은 철저히 배제하기도 하며 이러한 것들은 오히려 사치라고 여기기도 한다. 이는 어찌 보면 잘못된 접근 방법일지도 모른다. 실제로 '정서', '감정', '감각'은 인지구조의 형성과 인식내용의 폭넓은 이해에 뿌리 깊게 영향을 끼친다. 산사에서 나눈 담소가 그토록 오랫동안 기억할 수 있는 이유도 바로 이 지점에서 찾을 수 있다. 인지구조가 다양한 감각과 교차하면서 감각의 융합이 이루어졌기 때문이다. 모든 감각이 생명력을 가지면서 이야기 내용에까지 생명력을 불어넣은 것이다. 『일흔, 새벽』은 모든 감각과 정신적 능력의 융합이 숨 쉬고 있다.

또 하나의 교육적 성찰은 아래에 인용한 부분을 통해서 확인할 수 있다.

사람들은 생긴 것이 다른 만큼 재능도 다양합니다. 그래서 한가지 기준으로 사람을 평가하는 일은 위험합니다. 특히 요즘의 젊은이들이 저마다의 개성과 끼를 맘껏 발산하는 걸 보면 보기에 좋습니다. 부럽기도 합니다. 누구 눈치도 보지 않는 분방함도 그리 나쁘게 보이지 않습니다. 실패를 무릅쓴 도전이나 과장된 모습의 방황도 존중합니다. 젊음은 그래서 좋습니다. 그러나 요즘 우리 사회는 젊은이들에게 애늙은이를 요구합니다. 인생의 무한한 가능성을 실험해야 할 중고등학교 시절은 입시라는 감옥으로 만들어 버리고, 대학에 진학해서는 비합리적인 서열로 기회와 가능성을 박탈해 버립니다. 나는 그것이 몹시 가슴 아픕니다. 그래서 나는 젊은이들에게 이런 당부를 하고 싶습니다. 젊음을 맘껏 발산하되 그 행위가 자신의 삶을 살찌우는 밑거름이 되도록 하라는 것입니다.

-변정환, 『일흔, 새벽』, 도솔, 2002, 70~71쪽.

이는 대학에서 학생들에게 어떠한 교육적 경험을 할 수 있는 장(場)을 펼쳐줘야 하는지 가늠할 수 있는 대목이다. 초대 문교부 장관을 지낸 오천석은 그의 저서 『스승』에서 다음과 같이 말한다. 우리는 우리의 자녀를 보배라고 한다. 장차 우리 사회·국가의 기둥이 될 소중한 존재라고도 하고, 우리의 문화적 전통을 계승해 나갈 귀한 후예라고도 한다. 그러면서도 이것은 하나의 구호에 지나지 못하고, 실제에 있어서는 하찮은 존재로 다루어지고 있다. 이것은 가정에 있어서나 학교에 있어서나 다름이 없다. 좀 과장된 표현일는지는 몰라도, 우리 교육은 가정에 있어서나 학교에 있어서나를 막론하고 묶는 교육이다. 금지라는 밧줄로써 동여매는 교육이다. 그의 몸을 붙들어 매고, 그의 마음을 결박하는 교육이다. 몸을 움직이지 말라, 한눈팔지 말라, 돌아다니지 말라, 이야기하지 말라, 뛰어다니지 말라, 정신을 딴 데 팔지 말라… 이러한 '말라'라는 쇠사슬로 몸과 마음을 동여매는 교육 방법으로 일관하여

온 것이 아닌가?

우리 아이들을 외길로 몰아넣고 끌고 가는 것이 아니었던가? 이미 성인에 의하여 다져진 길을 가야 하는 교육이 아니었던가? 거기에는 샛길도 없고 미지의 경지에로의 탐험도 없으며, 좌우의 풍치를 바라볼 수 있는 여유도 없다. 다만 이미 닦여진 길로 묵묵히 따라갈 뿐이다. 거기에는 모험도, 탐색도, 방황도, 신발견의 기회도, 호기심과 흥미를 만족시킬 수 있는 탈출구도, 창의성을 발휘할 수 있는 틈도 없다. 마치 목자에게 끌려가는 양 떼의 행진이 있을 뿐이다.

이러한 교육의 길의 종착역은 명백하다. 그것은 잘 훈련된 병사와 같은 산물이다. 명령에 따라 정확히 움직이고, 맹목적으로 순종하며, 이견을 모르는 획일적인 로봇 같은 인간일 것이다. 무엇 때문에 우리 어린이들은 이러한 교육의 길을 가야 하는가? 무슨 까닭으로 그들은 이처럼 결박된 모습으로 교사가 이끄는 외길로 가야 하는 것인가? 오늘날 우리 사회는 이러한 인간을 필요로 하지 않을 것이다. 오늘날 필요한 시민은 스스로 생각하고, 비판하며, 자기의 갈 길을 자주적으로 선택하고, 자기의 운명을 독자적으로 개척할 수 있는 능력을 갖춘 인간이다. 독창력이 풍부하고, 새것을 창조하며, 군중을 맹목적으로 따라가지 않고, 이견(異見) 개진하기를 두려워하지 않는 발랄한 인물이다.

이제부터 교육이 가야 할 길은 풀어주는 길이다. 각자의 능력을 최대한도로 발휘할 기회를 주는 길이다. 자아 성취와 자아 초월을 가능케 하는 길이다. 이제까지의 부정적인 길, 소극적인 길이 아니라, 긍정적 적극적 길인 것이다. 선택을 허락하지 않는 외길이 아니라, 탐험을 허용하는 여러 길이다. 통제된 훈련의 길이 아니라 자유스러운 사색의 길이다.

향산도 오천석과 같은 맥락에서 말하고 있다. 우리 학생들이 젊음을 맘껏 발산하되 그 행위가 자신의 삶을 살찌우는 밑거름을 만들 수 있도록, 우리 대학이 바로 그 교육의 장(場)을 펼쳐줘야 할 것이다.

6) 학문에 임하는 자세에 대한 일침

향산은 은사 임창순 선생님과의 경험을 『시련을 딛고 밝은 세계로』에서 이야기하고 있다. 함께 사전 편찬 작업을 하면서 고서적을 원지에 옮겨 쓴 후에 처음으로 칭찬을 들으며 "일을 일이라 생각하지 말고 공부하는 마음으로 하면 힘이 덜 들 거야"라는 말과 함께 다음과 같은 말을 한다.

> 학문의 길이란 외로운 걸세. 혼자 가는 길이지. 언젠가는 자네도 외톨이로 가야만 하는 것이네. 말하자면 일가견을 이루어 독립을 한다는 것인데, 그때서야 비로소 참다운 자신만의 학문이 되고 연구가 꽃을 피우게 되는 것이네.
> 　　　　　－변정환, 『시련을 딛고 밝은 세계로』, 북랜드, 2007, 197쪽.

이는 향산에게 할아버지 다음으로 많은 깨우침을 준 은인인 은사 임창순 선생님의 말이다. 그의 책 『시련을 딛고 밝은 세계로』에서 이미 밝힌 바와 같이 은사를 모시면서 또 하나 배우게 된 것은 진정한 학자의 길이 얼마나 외롭고 어려운 것인가 하는 점이다.

'상구보리(上求菩提)'라는 불교 용어가 있다. 상구보리는 '보리의 지혜를 구하여 닦는 일'을 의미한다. 다시 말해 학문에 임하는, 배움에 임하는 자세가 필요하다는 것이다. 향산의 은사님이 말한 "참다운 자신만의 학문이 되고 연구가 꽃을 피우"기 위해서 교육학자인 장상호는 다음에 주목하며 학문에 증진할 필요가 있음을 강조한다.[11]

배움의 과정에서는 무엇보다도 먼저 절대적 확신에서 벗어나야 한다. 절대적 확신은 아집과 독단, 편견과 선입견을 낳기 쉽고 결국 그것에 안주하기 때문이다. 그다음 겸손하게 자신을 낮추면서 배울 대상에게 다가서며 신뢰를 보여야 할 것이다. 그리고 가르치는 사람의 것을 그대로 모방하기보다는 자신에게 적합한 형태로 변화시키고 성장시키려는 자세를 갖추어야 한다. 배우는 과정에서 이를 경계해야 한다. 대부분 복사, 모방 등을 하면서 자주성을 잃고 가르치는 사람이 모든 것을 다 해결해 주기를 바라는 경우가 종종 있다.

배움의 과정은 그리 쉽지는 않다. 왜냐하면 단기간에 높은 수준으로 올라가고 싶지만 그것이 맘대로 되지 않기 때문이다. 한 발 한 발 내디디며 결과가 제대로 보이지 않는 안개 속의 길을 걸어야 하기 때문이다. 이때 호기심, 열정, 사랑, 존중심 등의 마음을 가지며 배움의 열정을 계속 유지하는 것이 중요하다. 배움의 과정에서 이러한 규칙들을 지킨다면 아주 재미있는 배움의 놀이에 입문하게 되는 것이다. 그러면 어느 순간 보이지 않았던 것이 보이게 되고, 해결되지 않았던 어려운 문제를 쉽게 해결할 수 있으며, 걸림돌로 여겨졌던 것이 디딤돌이 되는 그날이 올 것이다. 우리가 학문에 임할 때 반드시 명심해야 할 부분이다.

교육행정에서는 조직을 운영하기 위해 최소한으로 갖추어야 할 요소로 흔히 3M, 즉 돈(money), 물자(material), 사람(man)을 들며, 그중

---

11 장상호, 『학문과 교육(하) 교육적 인식론이란 무엇인가』, 서울대학교출판부, 2000, 462~485쪽.

에서도 사람을 가장 중요한 요소로 들고 있다. 이는 한 조직이 다른 요소들을 아무리 잘 갖추었다고 하더라도, 그 과정이나 결과는 결국 이를 운용하고 관리할 사람에 의해 좌우되기 때문이다. 이러한 점에서 교육활동에서 주체적인 역할을 담당할 교직원을 확보하고 적소에 배치·활용하며, 이를 쾌적한 조건에서 근무할 수 있도록 하는 교육인사행정은 교육행정에서 가장 중요한 부분 중의 하나이다. 이는 학문의 길에 서 있는 교원, 그리고 이를 지원하고 학교 운영의 전반적인 과정에 관여하는 직원의 중요성을 다시 한번 실감할 수 있게 하는 대목이다. 특히 학문의 길에 서 있는 교원은 앞서 언급한 상구보리의 사상을 다시 한번 살펴봐야 할 것이다.

7) 백년지대계를 위한 교육적 열정

향산은 『시련을 딛고 밝은 세계로』에서 신설 대학이 가지는 재정적 어려움과 여러 가지 열악한 상황에 놓여 있지만 노력하고 극복해서 장차 일류대학을 이루겠다는 꿈을 저버리지 않았음을 강조하며 다음과 같이 말한다.

> 대학 발전의 저해 요인을 빤히 알고 있기에 인기에 영합하지 않고 원칙과 정도를 걸어오자니 첫째 교직원이나 학생들에게 인기 없는 총장이 될 수밖에 없을지 모르지만, 나중은 어떻게 되든 그 자리만 모면하자는 인기몰이나 전시용, 일회용 행사 등 임시 방책은 언젠가 '후회와 퇴보'를 가져오게 하며, 결국 학교 발전을 후퇴시키고 학생들의 진로에 저해되는 요소로만 남게 된다는 걸 나는 피부로 체험하게 되었다.
> ─변정환, 『시련을 딛고 밝은 세계로』, 북랜드, 2007, 21쪽.

이처럼 향산은 외형적이고 인기 영합의 재정 투자가 아닌 어려운 여건 속에서도, 역사가 짧은 대학일수록 기존의 역사가 오랜 대학에 도전과 경쟁력을 갖게 하기 위해서 면학 분위기 투자의 중요성을 항상 강조했었다. 특히 "대학 강의실과 연구실이 밤새도록 불이 켜져 있고 교수나 학생들이 연구에 몰두하느라고 잠이 부족하고 시간이 모자라야 할 텐데, 강의 시간이 끝나자마자 빠져나가기 바쁜 연구실이 제자들에게 참교수의 모습을 보일 수 있겠는가" 하면서 아쉬워했다. 그는 원칙과 정도를 걸어온 그 열정을 무엇보다 중요하게 생각하였다. 정의를 위하여 외부의 유혹과 끊임없이 싸우며 스스로를 성찰해 가는 그러한 열정을 가진 교원이 무엇보다 필요한 시점인 것이다.

이러한 교육풍토를 만들어 갈 수 있도록 교원과 학생, 그리고 직원 등 모든 대학 구성원이 함께 노력해야 할 것이다.

8) 향산의 여정, 항상 새로움으로 거듭나기

『나이가 들수록 왜 시간은 빨리 흐르는가』라는 책에는 학문적이며 논리적으로, 때로는 감성적으로 나이가 들수록 시간이 빨리 흐르는 이유를 설명하고 있다. 이즈음에서 한번 질문해 보고자 한다. 흔히들 30대는 30km, 40대는 40km, 50대는 50km의 속도로 시간이 흐른다는데…. 왜 이처럼 나이가 들수록 왜 시간은 빨리 흐를까?

여러 가지 이유가 있겠지만, "권태 때문에 시간이 오히려 짧게 느껴"지기도 하고 "하루하루가 똑같을 때는 매일이 똑같이 느껴"지고, "하루하루가 완전 똑같이 흘러간다면, 아무리 긴 일생도 짧게 느껴"질 것이다. 똑같은 일들의 연속, 똑같은 일상은 우리의 뇌를 무디고 단순하게 하여 시간에 대한 감각을 잃어버리고 공허한 세월을 보내게 만든다. 이렇게 되면 하루하루는 지루하게 여기며 길다고 느낄지 몰라도 그것이 일주일이 되고, 한 달이 되면 너무나 빠르게 흘러갔다는 것을 느낄 것이다. 우리에게 주어진 물리적인 시간은 똑같다. 하지만 어떤 사람에게는 긴 하루를 만들어 주기도 하고 어떤 사람에게는 아주 짧게 만들어 버리기도 한다. 얼마나 신기한 일인가?

어떻게 하면 우리에게 주어진 똑같은 시간을 좀 더 길게 살아갈 수 있을까? 어느 원로 교수의 퇴임식 자리에 한 기자가 물었다. "선생님께서는 선생님 분야에 최고의 자리에 올랐습니다. 이제 원로하신데 편안한 휴식을 취하셔도 될 텐데 힘들게 왜 또 새로운 것을 배우려고 하십니까?" 퇴임하는 원로 교수는 자기가 그동안 배우고 싶었으나 접해보지 못했던 예술영역에 발을 들여놓았던 것이다. 젊은 기자는 그 이유가 궁금했던 것이다.

그 원로 교수는, "이보게 젊은이, 나는 내게 주어진 시간을 더 길게 사용하고 싶다네. 그리고 기자 양반, 나는 아직 늙지 않았네. 사람은 무언가 새로운 것 배우기를 망설이는 그 순간부터 늙어가는 거라네."라고 말했다.

그렇다. 사람은 새로운 것에 발 내딛기 두려워하고 틀에 박힌 생활에 익숙해져서 그 삶에 만족하는 순간부터 시간이 빨리 흘러가서 급속도로 늙어가기 시작한다. 오래 살고 싶다면, 특히 젊게 살고 싶다면 새로운 것을 배워서 우리 뇌에 활기를 불어야 할 것이다. 가능한 한 주어진 일상의 틀을 깨거나 주어진 환경을 변화시킬 필요가 있다. 여행을 한다거나, 그동안 배우지 못했던 영역의 것을 배운다거나, 항상 새로움으로 거듭날 수 있도록. 향산은 항상 새로움으로 거듭난다.

9) 향산의 여정, 겨우내 준비해온 봄의 생명력으로

지난겨울은 유난히 따뜻했던 것 같다. 여느 해와는 달리 동장군도 그리 큰 기승을 부리지도 못한 채 조용히 물러난 듯하다. 큰 눈조차 구경하지 못한 채 시나브로 봄이 찾아와 버렸다. 대지 가득 하얗고 노랗고, 연분홍색을 띤 봄꽃들이 세상을 장식하더니 어느 순간 꽃눈을 흩뿌리며 우리의 마음을 설렘 가득하게 흔들어 놓았다. 그리곤 또다시 연초록의 향연을 시작하더니, 혹시라도 이파리들이 목말라할까 봐 잔잔한 빗방울로 대지를 조용히 적셨다. 이 졸고를 작성하는 지금은 단풍의 향연이 펼쳐지기를 바라는 듯이 아침저녁으로 꽤 쌀쌀하다. 이런 과정을 가만히 보고 있노라면 자연의 이치는 신비롭기 그지없다.

여기에는 분명 '때'가 있다. 그 '때'를 위해서 자연은 긴 겨울 동안 인내하면서 묵묵히 생명력을 유지한다. 겨우내 끊임없이 준비해온 생명력은 '때'가 되면 어느 순간 봄을 꽃 피우고, 그 다채로운 향기를 가득 남긴 채 '때'가 되면 촉촉한 비를 맞으며 초록의 향연을 위해서 기꺼이 자리를 내어준다. 느슨하게 게으름을 피우거나 너무 빠르게 재촉하는 법이 없다. 그 '때'가 되면 묵은 것은 자연스럽게 새것에게 자리를 내어준다.

자연은 긴 겨울 동안 끊임없이 준비해온 생명력으로 봄을 시작하였다. 우리는 어떤가? 이미 봄과 여름이 지나고 가을이 되었는데 '우리의 봄'이 시작되었는지 묻고 있으니 무슨 뚱딴지같은 소리인가 하면서 의문을 가질지도 모르겠다. 하지만 계절이 봄이 되었다고 우리의 마음까지 봄이 된 것은 아니다. 주의를 한번 둘러보라. 다들 날과 씨로 얽혀있는 삶의 굴레에 찌들어 지친 얼굴을 하고 있는 것은 아닌가? 아니, 주의

를 볼 필요도 없이 자신의 모습을 한번 비춰보라. 혹시 몸과 마음이
지쳐 힘들어하고 있지는 않은가? 행여 자신의 삶이 어두운 터널에 갇혀
있다거나, 한 치 앞도 볼 수 없는 안개 속을 방황하고 있다는 느낌을
받고 있지 않은가? 행여 축 처진 어깨로 한 발 한 발 힘겹게 발걸음을
옮기고 있지는 않은가?

　문득 서재에 꽂힌 손때 묻은 책을 한 권 발견했다. 세상 모든 고민을
혼자 다 짊어지고 사는 듯한 착각에 빠져있던(요즘도 웃음을 잃은 학생들
을 보면 이런 생각이 든다) 시절에 즐겨 읽던 책이었다. 지금도 여전히
그때 붙여둔 포스트잇이 그 자리 그대로 있었다.

　　인간의 봄은 어디서 오는가?
　　묵은 버릇을 떨쳐버리고 새로운 시작에서 새움은 트는 것
　　-법정 스님, 『그물에 걸리지 않는 바람처럼』, 샘터, 2010, 71쪽.

　향산은 면서기를 할 때도 그랬고, 고학생으로 무허가 진료소를 개원
했을 때도 그랬고, 세계 최초의 한방종합병원을 설립했을 때도 그랬고,
후진양성을 위하여 한의대학교를 세웠을 때도 그랬다. 묵은 버릇, 묵은
때, 묵은 고민거리 과감히 떨쳐버리고 새로운 내일을 향해서 힘찬 발걸
음을 내디뎠다. 우리도 지금, 삶의 새움을 틔우기 위해서 묵은 버릇을
과감히 떨쳐버리고 새로운 시작을 알리는 우리의 봄을 준비하자.

4. 나오는 글

향산이 세계 최초의 한방종합병원을 설립하고 한의대학교를 세워 후진양성에 전력을 다할 수 있었던, 그 도전의 시작점은 스스로 만들어 간 소명(召命, calling)이 있었기에 가능했을 것이다. 최손환은 성직자가 아닌 일개 개개인일지라도 소명의 중요성에 대해서 강조한 바 있다. 소명이란, 사전적 의미로 어떤 특별한 목적을 위해 부름을 받는 것이라는 말이며 동시에 소명, 직업, 천직을 의미하기도 한다. 심리학 용어 사전에 따르면, 소명이란 원래 종교적 개념으로서 신의 부름을 받는 일이라는 의미로 사용되었으나 차츰 일반화되어 개인적, 사회적으로 의미 있는 일을 발견하여 그것에 헌신하는 것을 지칭하는 용어로 변했다. 마르틴 루터(Martin Luther)와 존 칼뱅(Jean Calvin)은 금욕적인 이상과 세속적인 직업에 대한 비판에 반대하며, 세속적인 직업들도 영적인 중요성을 지닐 수 있다고 주장하며, 소명은 생산적인 어떤 일에도 적용될 수 있으며, 자신의 일을 열심히 수행함으로써 인류의 복지 향상에 기여하는 것은 소명이 될 수 있다고 주장한 바 있다.[12]

이렇듯, 소명에 대한 정의는 종교적인 특성의 전통적 인식에서 벗어나 의미 있는 일에 대한 열정을 강조하는 특성을 보인다. 예를 들어, '소명의식을 가지고 열심히 일해야 한다'라는 말은 자신의 일에 의미를 찾아 최선을 다하는 것을 의미하는 것이다. 무슨 일을 하든지, 혹은 어느 직장에서 어느 직위에 있든지 간에 그것이 단순한 노동으로 임할 수도 있고, 소명으로 임할 수도 있다. 중요한 것은 본인이 자기가 하고

---

12 최손환 외, 『공동체와 직업윤리』, 내하출판사, 2019, 159쪽.

있는 일에 대한 태도에 달려 있다고 하겠다. 노동과 소명을 구별하는
속성이 여러 가지 있겠지만, 그중의 하나는 비전을 가지고 임하는가
그렇지 않은가에 달려 있다고 할 수 있다.

예를 들어, 한 그루의 나무를 심는 사람이 그 일을 함으로써 소정의
임금을 받는 것을 목적으로 한다면, 그것은 단순한 노동에 지나지 않을
것이다. 그러나 만일 그가 심는 나무로 말미암아 벌거벗은 산을 녹화하
여 우리 강토를 아름답게 하는 동시에(모 광고의 문구처럼, 우리 강산 푸르
게 푸르게) 홍수의 피해를 막음으로써 인명과 재산을 보호하는 길이 된
다고 생각한다면 어떨까? 비록 그의 일이 얼핏 보면 비천한 것 같지만
이는 확실히 비전을 가진 일이라고 할 수 있다.

이처럼 자신의 직업에서 소명의식을 가지고 임했을 때, 그 성과는
언젠가는 겉으로 드러나기 마련이다. 실제로 유명한 영화배우 비비안
리도 마음에서 우러나오는 행동을 해서 주연배우로 발탁된 경우이다.
그녀가 오디션을 보러 갔다가 많은 사람들과 똑같이 경쟁하면서 면접
을 보고 있었는데 돌아서서 나가면서 통로에 떨어진 휴지를 주워서
휴지통에 버렸다. 그 모습을 우연히 보게 된 감독이 더 이상 면접을
보지 않고 그녀를 영화의 주인공으로 선발하겠다고 했다. 그 영화가
바로 〈바람과 함께 사라지다〉이다.

오천석은 『스승』이라는 책에서 소명은 단순한 직업이 아니라 소명
이 되려면 종사하고 있는 일에 대한 헌신이 있어야 한다고 말했다. 소
명이 요청하는 것은 기계적 형식적 동작이나 단순히 시간 보내기를
의미하지는 않는다. 직장에서 자기가 하는 일에 대한 자부심이 있어야
하고, 동시에 정열과 성의가 있어야 한다. 자기의 몸과 마음을 쏟아
부을 수 있는 헌신하는 마음이 있어야 할 것이다. 이렇게 하면 자신뿐

만 아니라 다른 사람들의 마음에 감흥을 일으킬 수 있다. 감흥이 일어나면 절대 월급날만 기다리는 단순한 직업이나 노동이라고 생각하지 않을 것이다.

사실 우리가 하는 일은 고역이 될 수 있고 기쁨이 될 수도 있다. 의무감에 못 이겨 맡겨진 하루의 일을 기계적으로 되풀이하는 직업인으로만 생각하고 생활한다면 이것은 분명히 노동이며 부담이 될 것이다. 그러나 이러한 좁은 생각을 초월하여 비전을 좀 더 높이 세우고, 자기 스스로의 성장을 돕고, 잠재적 가능성을 개발하여 풍요한 생활을 영위케 하고, 이를 통하여 자신과 가정, 그리고 인류의 발전을 돕는 길이라는 신념을 가진다면 상황은 달라진다. 이는 분명 단순한 노동의 영역을 뛰어넘어 지금 하는 일이 희열의 원천이 되고 부담이 아니라 보람 있는 일이 될 것이기 때문이다.

우리의 임무는 단순한 노동으로 하루를 사는 것이 아니라, 하는 일에 비전과 헌신을 가지고 생활해야 한다는 점을 잊어서는 안 된다. 비전과 헌신을 기본으로 하는 일에는 반드시 소명감이 깃들 것이며, 이러한 생활은 진정 살아있는 삶이라고 할 수 있다. 향산이 소명을 가지고 한의사 한 사람이 세계 최초의 한방종합병원과 한의대학을 설립해가는 그런 삶을 살아가고 있는 것처럼.

5. 그리고 새로운 시작과 과제

서론에서 오늘날 대학은 시대와 사회의 변화에 따른 학습자 구성의 다양화, 학령인구의 감소, 그리고 4차 산업혁명에 따른 사회 제 분야의

급격한 변화, 대학 재정 운영의 어려움 등으로 인하여 이전의 교육패러
다임에 근거한 운영의 틀에서 벗어나야 한다. 대학에서의 교양교육과
전공교육, 학부교육과 대학원 교육, 전문인과 직업인 양성 등의 문제를
어떻게 접근할 것인지, 다양한 학습자 구성원들의 요구를 어떻게 반영
하여 교육과정을 운영할 것인지 등 교육과정과 교육의 특성화, 그에
따른 질 관리 등, 대학 교육 전반에 대한 재검토가 필요한 시점이다.
하지만, 어렵고 바쁠수록, 좀 더 여유를 가지고 처음을 되새겨 볼 필요
가 있다.

> 간절한 염원일수록
> 고원한 이상일수록
> 허공과 같아야 한다는 것을
> 돌탑을 보며 배웁니다.
>
> 점점 작아짐으로써
> 점점 가벼워짐으로써
> 스스로를 높이는 탑
>
>   -변정환, 『일흔, 새벽』, 도솔, 2002, 10~17쪽.

이처럼 대학의 존재 이유는 우리 사회의 미래를 밝혀줄 인재를 키우
는 데 있다. 우리 대학의 교훈인 "지지(知止), 인도(仁道), 역행(力行)"
즉, 배움에 머무르고, 어진 길을 목표로 하고, 배움을 옳은 길에 힘차게
옮길 수 있는, 그러한 인재를 교육을 통해서 키워나가야 한다. 아주
작은 염원이자 이상인, 학생 하나하나를 어떻게 키울 것인지를 고민해
야 한다.

포리스트 카터(Forrest Carter)는 『내 영혼이 따뜻했던 날들』에서 교육이라는 것은 두 개의 줄기를 가진 한 그루의 나무와 같다고 하면서, 한 줄기는 기술적인 것으로, 자기 직업에서 앞으로 발전해가는 법을 가르친다. 그런 목적이라면 교육이 최신의 것들을 받아들이는 것이라고 하였다. 그러나 또 다른 한 줄기는 굳건히 붙들고 바꾸지 않을수록 좋은 것으로 그것을 가치라고 불렀다. 정직하고, 절약하고, 항상 최선을 다하고, 다른 사람들을 배려하는 것을 가치 있게 여기는 것이야말로 다른 어떤 것보다 중요하다. 만일 이런 가치들을 배우지 않으면 기술면에서 아무리 최신의 것들을 익혔다 하더라도 결국 아무 쓸모도 없다. 사실 이런 가치들을 무시한 채 현대적이 되면 될수록, 사람들은 그 현대적인 것들을 잘못된 일, 부수고 파괴하는 일에 더 많이 쓴다고 하였다.[13]

우리 대학은 교육을 통하여 학생들이 후자의 것을 제대로 배우고 함께 공감하여 전자의 것을 잘 활용할 수 있는, 그러한 인재로 키워가야 할 것이다. 전문적인 지식인이면서 동시에 아픈 사람을 측은하게 여기는 마음, 따뜻한 마음, 정직, 겸양, 평등, 공평, 성심, 성의, 배려, 소명, 헌신, 높은 윤리, 높은 도덕성, 직업 가치관, 사명감 등을 갖춘 인간적인 지성인으로 키워야 할 것이다.

독일의 대문호 괴테(Johann Wolfgang von Goethe)는 "어떤 경우든 자기가 사랑하는 사람에게서만 배울 수 있다"고 했다. 이는 정서적인 작용 없이는 배움은 일어나지 않는다는 사실을 확인할 수 있는 말이다. 계란을 보면 계란 흰자는 계란 노른자의 색깔을 더욱 청명하게 만들어줄 뿐만 아니라 실제로 병아리가 부화되는 단계에서 중요한 역할을

---

13 포리스트 카터, 조경숙 역, 『내 영혼이 따뜻했던 날들』, 아름드리미디어, 1999, 215쪽.

한다. 이처럼 계란 흰자 때문에 노른자가 더욱더 그 가치를 발휘하는
것이다. 인지발달도 마찬가지이다. 정서의 발달(흰자)이 충분히 이루어
져야 그 중앙에 있는 인지발달(노른자)이 더욱더 큰 의미를 가질 수 있는
것이다. 우릴 통해 우리가 길러야 할 바람직한 인재 양성의 방향을 생
각해 볼 수 있다.

신영복은 그의 저서『나무야 나무야』에서 "대학은 기존의 이데올로
기를 재생산하는 종속의 땅이기도 하지만 그 연쇄의 고리를 끊을 수
있는 가능성의 땅"[14]이라고 말했다. 미래의 인재를 양성하는 대학에서
교육을 통하여 기존 사회의 벽을 허물고 한 발 더 성장할 수 있도록
우리 학생들이 새로운 질문을 하고 그 답을 찾아갈 수 있는 가능성의
땅으로서 역할을 해야 할 것이다. 특히 오늘날과 같이 사회의 제 영역
에서 변화가 심하여 그 기준을 세우기 어려운 시대일수록 대학이 그
역할을 제대로 해야 할 것이다.

이처럼 우리 대학은 대중형 대학 교육과 수월형 대학 교육을 동시에
실현하도록 해야 한다. 대중형 대학 교육을 통하여 대다수의 학생이
올바른 가치를 가지고 우리 사회에 건강한 일꾼이 되도록 성장시킴과
동시에 일부의 우수한 학생들에게는 수월성 교육을 통하여 새로운 가
능성의 땅을 개척할 수 있는, 향산이 10여 년 이상의 어려움 속에서도
지치지 않고 학교 설립의 꿈을 실현한 것처럼, 그러한 인재를 키워내야
할 것이다.

---

14 신영복,『나무야 나무야』, 돌베개, 1996, 93쪽.

참고문헌

국제미래학회·한국교육학술정보원, 「제4차 산업혁명시대 대한민국 미래교육보고서」, 광문각, 2017.

김인숙·리상섭·박제일·최손환·김창환, 『평생교육경영론』, 양서원, 2020.

김재춘, 「인공지능의 시대, 기계의 객관성과 경쟁하기보다 인간의, 너무나 인간적인 주관성에서 의미 찾아야」, 『교육개발』 43(3), 2016.

김지현·신의항, 『대학의 학부교육』, 교육과학사, 2017.

다우베 드라이스마, 김승욱 역, 『나이 들수록 왜 시간은 빨리 흐르는가』, 에코리브르, 2004.

대구한의대학교60년사편찬위원회, 『대구한의대학교건학60년사』, 매일신문사, 2019.

미하이 칙센트미하이, 이희재 역, 『몰입의 즐거움』, 해냄출판사, 2007.

법정, 『그물에 걸리지 않는 바람처럼』, 샘터, 2010.

변정환, 『시련을 딛고 밝은 세계로』, 북랜드, 2007.

변정환, 『아직은 쉼표를 찍을 수 없다』, 행림출판, 1992.

변정환, 『일흔, 새벽』, 도솔, 2002.

신영복, 『나무야 나무야』, 돌베개, 1996.

오천석, 『스승』, 교육과학사, 1998.

장상호, 『학문과 교육(하) 교육적 인식론이란 무엇인가』, 서울대학교출판부, 2000.

최손환, 「미래사회 변화에 대응하기 위한 교육적 과제와 대학 운영에 관한 연구」, 『The Journal of the Convergence on Culture Technology』 6(3), (사)국제문화기술진흥원, 2020.

최손환·윤영순·박희옥·이정영·권덕문, 『공동체와 직업윤리』, 내하출판사, 2019.

최손환·윤영순·박희옥·이정영·권덕문, 『창의와 융합인재』, 내하출판사, 2018.

포리스트 카터, 조경숙 역, 『내 영혼이 따뜻했던 날들』, 아름드리미디어, 2010.

허준, 『대학의 과거와 미래』, 연세대학교 대학출판문화원, 2020.

Report on the work of the Special Committee on the Fourth Industrial Revolution of the National Assembly.

향산 변정환 선생의 보건에 대한 고찰

빈성오*

1. 들어가며

　최근 세계적인 보건 문제는 사람들의 건강하고자 하는 욕구에 따른 의료수요 증가가 이루어지고 있고, 이러한 의료수요의 증가는 급격한 의료비 증가를 초래하는 것이다. 특히 자유주의 시장경제원리에 입각한 보건의료 체계를 가진 우리나라에서는 민간보건의료에 대한 의존도가 높아 더욱 심각한 현실이다. 이에 대한 대책으로 제시되는 것이 공공보건의료의 확대이지만 이는 현실변화에 능동적 대처 능력이 떨어지고, 민간의료에 비해 상대적으로 낮은 의료수준으로 국민들의 만족에 부응하지 못하고 있다.

　특히 코로나바이러스감염증-19 시대에서 공공보건의료의 역할이 매우 중요하게 대두되고 있지만 충분한 공급이 이루어지지 않아 그 역할의 한계를 여실히 드러냈다. 이 때문에 대안으로 제시되는 것이

* 대구한의대학교 보건학부 교수

질병 발생 이전에 건강을 증진하여 치료가 필요한 인구를 줄이는 것과
공공의료시스템을 튼튼히 구축하여 합리적인 의료시스템을 정비하는
것이다. 이러한 문제해결을 위한 대안의 하나가 한의약 공공보건사업
이다. 한의학을 기반으로 하는 보건사업은 급증하는 의료비 증가와 치
료 중심 의학의 한계를 극복할 대안이 될 수 있고 더구나 한양방이 같이
공존하는 한국 의료의 특성을 살리고 한국적 특수성을 넘어 세계적으
로 의미 있는 공공보건사업의 새로운 모델 창출을 기대할 수도 있기
때문이다. 또한 그동안 많은 사람이 서양의학에 의한 치료 방법은 대단
히 확실하다고 인식하였으나 일부 영역에 대해서는 지난 10년간 서양
의학 자체에 대한 환상에서 깨어나는 방향으로 사회적 논의가 전개되
고 있고, 더 나은 치료 방법에 대한 새로운 해결책을 요구하고 있다.
즉, 세계인의 보건 문제 해결을 위해 다양한 보건 관련 영역들이 모인
통합의료의 요구가 높아지고 있는 것이다. 그중에서도 한의학의 세계
화를 통한 전 인류의 보건 증진이라는 것은 한의학의 표준화와 과학화
를 통해 한의학이 전 세계에 널리 확산되고 보급되는 것이다. 이것이
향산(香山)이 추구하는 한의학을 통한 보건이다.

　본 연구는 일찍이 한의학의 과학화 및 세계화를 통해 인류 보건에
공헌한 대구한의대학교 설립자인 향산 변정환 명예총장의 한의학을
통한 인류 보건 향상에 기여한 업적들을 논점별로 살펴보고 향산의
보건관이 인류 보건을 위협하는 코로나 시대에 얼마나 중요한 의미를
가지는 것인지에 대해 고찰함으로써 향산의 보건을 통해 앞으로 새롭
게 다가올 인류의 다양한 보건 문제에 대처하고 해결하는 데 기여할
수 있는 자료를 제공하는 것을 목적으로 한다.

　이에 향산이 집필한 저서, 논문, 발표문, 연설문 및 기고문 등 다양한

연구 결과들의 분석을 통해 향산의 보건관을 살펴보고 이를 최근의
보건 이슈들과 비교하여 향산의 보건을 재구성하였으며 이 연구에서
참고한 주요 자료는 향산의 서울대학교 보건학 박사학위논문인 「조선
시대의 역병에 관련된 질병관과 구료시책에 관한 연구」와 『시련을 딛
고 밝은 세계로』, 『역질의 보건사적 구료시책』 등의 저서 및 『대구한의
대학교건학60년사』 등이다.

2. 향산의 보건활동

향산은 그의 자서전 『시련을 딛고 밝은 세계로』 첫 장에서 다음과
같이 말하였다.[1]

> 내게도 소원이 있다. 누가 나에게 소원이 무엇이냐고 묻는다면, "나
> 의 소원은 한의학의 발전이오." 할 것이고, 그다음 두 번째 소원이 무엇
> 이냐 물으면 역시 나는, "한의학을 위하는 일이오." 대답할 것이다. 또
> 세 번째 소원은 무엇이냐 해도, "한의학을 세계화하는 일이오." 하고
> 대답할 것이다. 이 소원은 내가 숨이 끊어지는 순간까지도 그렇게 대답
> 할 것이다.

향산의 보건관은 여기에 모두 담겨 있다. 지금으로부터 54년 전인
1969년 12월 26일 세계 최초의 한방종합병원을 설립한 한의사 향산의

---

1 변정환, 『시련을 딛고 밝은 세계로』, 북랜드, 2007.

가슴속에는 이미 한의학의 세계화로 인류 보건에 대한 의지가 굳게 자리 잡고 있었다. 향산은 그의 소원을 다음과 같이 풀어서 설명하였다.

"첫째의 한의학의 발전은 훌륭한 한의사를 양성하는 육영사업이고, 두 번째 한의학을 위하는 일은 한의학으로 국민 건강 향상과 보건정책에 힘쓰는 일이며, 세 번째 한의학을 세계화하는 일은 한의학으로 세계 인류복지에 기여하는 일이다."라고 하였다.

향산의 보건 정신에 큰 영향을 끼친 사람은 그의 조부님이시다. 그의 조부님은 향산이 어릴 때부터 '어진 재상이 되지 못하면 차라리 훌륭한 의사가 되라'고 당부하였다. 이 말씀으로 향산은 '벼슬의 길, 정치의 길을 가지 않았으니 어진 재상의 길은 아니고, 오직 좋은 의사가 되자'고 다짐하며 한의학의 전문화! 한의학의 과학화! 한의학의 세계화! 이 길을 택해 노력하고 연구해 왔다.

향산은 이것만이 국민의 건강증진을 위하고, 한의학의 학문적 위치가 정착되어 한국의 한의학이 세계 인류복지 향상에 기여할 것으로 확신하면서 한의학도의 길을 선택하였다. 그 후 누구도 하지 못하고 불가능하다는 '한방종합병원'을 세계 최초로 설립하였고, 나아가 '대구한의과대학'을 세워 국민보건 향상을 위한 한의사 양성과 한의학의 발전을 위한 학문 연구에 힘써 오고 있다.

더 나아가 향산은 후진 양성을 위해서 '나' 자신부터 학문에 정진하고 연구해야겠다는 각오로 뒤늦게 공부를 시작하여 뼈를 깎는 노력으로 서울대학교 보건학 박사학위를 취득했으며, 이어서 경희대학교 한의학 박사학위까지 취득하게 되었다. 특히 향산의 보건학 박사학위논문인 「조선시대의 역병에 관련된 질병관과 구료시책에 관한 연구」[2]와 후속 연구로 진행된 『역질의 보건사적 구료시책』[3]은 우리나라의 보건사를 총 집대성한 것으로 인정받는다. 또한 1980년 12월 29일에는 대구한의과대학의 교육부 인가를 받고 한의학과로 시작하여 곧 보건학을 대학에 설치하였다.

향산은 한의학자이면서 보건학자다. 이미 반세기 전에 국민보건과 세계 인류의 보건에 대해 확고한 신념으로 한의학과 보건학의 학제 간 융합을 실행한 것이었다. 이는 대구한의대학교의 지지(知止), 인도(仁道), 역행(力行)⁴을 몸소 실천한 것이다.

3. 향산의 질병관 및 보건관

질병의 역사나 보건사를 연구하는 학자들은 대부분 서양 중심으로 연구를 진행해 왔기에 우리나라의 보건사를 연구하고 서양 보건사와 비교해 보는 사료들은 전무한 상태였다. 향산은 그의 저서인 『역질의 보건사적 구료시책』에서 '공중보건의 역사는 곧 인류의 생활사와 더불어 시작된 것이라고 할 수 있다'라고 하였다. 이는 '질병은 사회와 문명이 만든다'라는 관점에서 질병의 역사를 연구하는 많은 학자들의 주장과도 일치한다.

중세 서구에서는 흑사병(黑死病)으로 불리는 페스트와 천연두(天然

2 변정환, 「조선시대의 역병에 관련된 질병관과 구료시책에 관한 연구」, 서울대학교 박사학위논문, 1985.

3 변정환, 『역질의 보건사적 구료시책』, 경산대학교 출판부, 2001.

4 대구한의대학교의 교육 삼강령(三綱領)이자, 이념이며, 미래지향의 철학으로 교훈(校訓)이자 교훈(敎訓)이다.

痘) 등 각종 급성 전염병이 창궐하여 무수한 인명을 앗아갔고 같은 시기에 우리나라에서도 질병이 성행하여 막대한 피해를 주었다. 향산은 이러한 전염성 질병은 일정한 시기에 비슷한 병상을 나타내면서 다수의 생명을 위협하기 때문에 한 사회의 생활 양태에 깊이 관계되었고 그 국가의 정치·경제·사회·문화 등 각 분야에 적지 않은 영향을 끼치며 특히 중세 로마제국이 멸망한 한 원인이 보건사업의 쇠퇴(衰退)에 있었다는 사실을 주목하였다.

향산은 한 국가나 한 시대의 흥망성쇠를 가늠할 수 있게 하는 보건의식을 제고시키는 노력은 아무리 강조해도 지나치지 않기에 무엇보다도 먼저 이에 대한 우리의 시각을 역사를 통해 넓혀야 할 필요가 있었다. 하지만 아직 우리의 보건 문제에 대한 사적인 연구가 활발하지 못한 실정이었고 몇몇 개괄서에 간혹 단편적인 언급만 있을 뿐이었다. 이에 현대적인 의미의 보건개념이 도입된 시기가 얼마 되지 않았지만 보건 문제에 있어서 역사의 맥락을 잇는다는 뜻에서도 역질의 보건사에 대한 연구가 반드시 필요한 것이라고 생각하였다.

향산은 우리나라의 보건사(保健史)를 정립해 보는 데에는 보건에 관계된 지식을 계통적으로 분석하며 이해하고 이에 대한 역사적 배경을 살피지 않고서는 이를 종합적으로 파악하기가 어렵다고 판단하였다. 이러한 이유로 조선시대를 대상으로 각종 문헌자료를 통해 그 당시에 유행하였던 전염병에 대한 질병관(疾病觀)·구료시책(救療施策)·방역사업(防疫事業) 등을 보건사적 측면에서 통시적(通時的)으로 분석하는 연구를 시작하였다.

향산은 이 연구를 위해 조선왕조의 정사(正史)인 『조선왕조실록(朝鮮王朝實錄)』을 비롯하여 필요한 자료들을 수집하고 항목별로 분류·취합하여 통시적으로 이를 정리 고찰하였다. 먼저 질병관에 대해서는 조선시대에 간행된 역병에 대한 의서와『조선왕조실록』에 보이는 역대 왕의 여제문(癘祭文), 그리고 구료시책을 논의한 의정부(議政府)의 회의록 등을 참고하였으며, 조선시대의 법전 조례집(法典條例集)인『대전조례(大典條例)』에서 역질구료(疫疾救療)의 제도적인 면을 살펴보았고,『조선왕조실록』에 나타난 여러 시책 및 회의 기록에서 종합적인 구료시책을 고찰하였다. 또한 조선시대 이전의 자료로는 우리 역사에 가장 중요한 사서인『삼국사기(三國史記)』와『삼국유사(三國遺事)』,『고려사(高麗史)』,『고려사절요(高麗史節要)』등의 기록을 참고하였다. 그리고 민간자료로서 이익(李瀷, 1682~1764)의『성호사설(星湖僿說)』과 정약용(丁若鏞, 1762~1836)의『여유당전서(與猶堂全書)』에서 각기 그들의 병인론(病因論)을 살펴보았고, 신속(申洬, 1600~1661)의『사시찬요(四時纂要)』와 홍만선(洪萬選, 1643~1715)의『산림경제(山林經濟)』에서 민간의 대역행태(對疫行態)를 고찰하였다. 또한 야사류(野史類)인『대동야승(大東野乘)』과『연려실기술(燃藜室記述)』도 아울러 참고하였다. 그야말로 현존하는 우리나라 주요 사서, 의서 및 고서들을 모두 분석한 것이다.

향산은 먼저 조선시대 이전의 질병에 대해 다음과 같이 설명하였다. 「설문(說文)」에 보면 "역은 백성이 모두 앓는 병이다[疫民皆病也]."라고 하였다. 이는 역(疫)을 모든 사람에게 유행하는 전염성 질병으로 인식한 말이며, 희랍어의 "Epidemic"이나 독일어의 "Volkskrankheiten"과도 관계된다고 하였다. 그렇지만 대부분 기록들이 '집단적으로 발생하는 역(疫)'에 관심을 두고 있지, 개별적 전염병 질환에는 큰 관심이 없었는데 그 까닭으로는 당시 사람들의 전염병 개념이 의학의 기술적인 수준으로 볼 때 오늘날과 같이 병균에 따라 분류되어 있지 않았기 때문이라고 하였다. 그러나 현재와 같은 세세한 분류는 아닐지라도 당시 한의학의 수준은 질병을 상당히 다양하게 분류하는 체계를 가지고 있었고 주로 증상에 따른 분류화에 의해 전염병도 여러 가지로 나뉘어져 있었다고 하였다. 그렇지만 사서에서의 관심은 개개의 전염병명보다는 전체의 '역(疫)'에 있었다.

여기에서 향산의 중요한 발견이 있다. 이 당시 사서에서는 '어떤 것이 많은 인명을 앗아가는가'에서 '어떤 것'보다는 사회 유지에 중요한 '많은 인명'에 초점을 둔 것이다. 즉 원인보다는 결과에 초점을 두었으며, 질병의 예방과 원인 규명 및 치료보다는 전염병을 그 당시 사회를 잘 유지하는데 장애적 요소로 더 생각한 것이다. 여기에는 구민도 애민도 없다.

하지만 의서를 통해 본 역질에서는 전염병명이 제시되어 있다고 하였다. 조선시대 전후에 저술된 의방서(醫方書)에는 『제중입효방(濟衆立效方)』, 『신집어의촬요방(新集御醫撮要方)』, 『향약구급방(鄕藥救急方)』 및 『동인경험방(東人經驗方)』, 『향약혜민경험방(鄕藥惠民經驗方)』, 『향약간이방(鄕藥簡易方)』, 『진맥도결(診脈圖訣)』 등이 있으나, 현존하는 것은 『향약구급방』뿐이며 『향약구급방』에는 훨씬 많은 질병명이 제시되어 있다고 하였다.

'동인(東人)'이니 '향약(鄕藥)'이니 하는 표현은 확실한 보건·의학적 특성이 반영되어 있는 것이다. 이 의서들에 나오는 질병명은 실제로 국내에 널리 존재했음을 의미하며 고려 유일의 의방서인 『향약구급방』에는 다양한 병명이 기재되어 있다고 하였다. 이렇게 병명만을 살펴보아도 상당히 다양한 질병들이 존재했음을 알 수 있었다. 이 중에서 전염성 질환이라고 생각할 수 있는 것들은 중독 중에 미생물성(微生物性)

중독의 가능성, 후비(喉痺), 악창(惡瘡), 임질(淋疾), 이질(痢疾), 학질(虐疾), 완두창(豌豆瘡), 시기병(時幾病) 등이었다. 이들 중 완두창은 천연두의 일종으로 추측되는데, 이는 향약구급방에서 최초로 언급된 것이라고 주장하였다. 이와 같이 과거의 정치 또는 사회적으로 가장 어려웠던 문제가 바로 이 역질에 대처해 나가는 것이었다고 주장하였고 역질에 대한 국가의 정책 비중도 컸을 것이라고 하였다.

이상의 내용을 분석한 향산은 역질의 원인론에 대해 절기불화설(節氣不和說)·오운육기설(五運六氣說)·환경불결설(環境不潔說)·원혼울발설(冤魂鬱發說)·잡귀소행설(雜鬼所行說)·군집원인설(群集原因說) 등을 말하였다. 또한 정부에서 폈던 구료시책으로 악병(惡病)의 원인은 기한(飢寒)과 피로(疲勞)이니 민가의 기한자들을 사전에 구호하며, 치료 약재를 중앙에서 지급하고 용약(用藥)의 허실을 점검하고, 향약을 쓰도록 하며 지방마다 그곳에서 산출되는 향약을 채취하여 충당한다고 하였다.

향산은 조선시대의 구료시책에 대한 정책 방향을 세 가지 측면에서 파악하였는데 첫째는 제사 또는 불사(佛事)를 통한 정신적 위안(慰安)이고, 둘째는 의료 사업을 통한 신체적 구호(救護), 셋째는 예방적인 사전 조치였음을 밝혔다. 특히 신체적 구호와 예방적인 사전 조치는 현대 공중보건학과 건강의 내용과도 많이 일치하는데, 1948년에 규정된 건강의 정의는 "단순히 질병이 없거나 허약하지 않을 뿐만 아니라 신체적, 정신적, 사회적으로 완전히 안녕한 상태"라는 것은 Winslow 교수의 공중보건의 정의와도 일치한다. 그 정의는 "조직적인 지역사회의 노력을 통해서 질병을 예방하고 수명을 연장시키며, 신체적·정신적 효율을 증진시키는 기술과 과학이다. 조직화된 지역사회의 노력으로 환경위생, 전염병의 관리, 개인위생에 관한 보건교육, 질병의 조기발견과 예방을 위한 의료 및 간호 서비스의 조직화, 모든 사람이 자기의 건강을 유지하는 데 적합한 생활수준을 보장받도록 사회제도를 발전시키는 것을 포함하고 있다".

향산은 조선시대의 보건정책은 상대적으로 미신적이던 데에서 점차 합리적이고도 준 과학적인 면으로 옮겨왔다는 긍정적인 측면이 있다고 하였으며, 한편으로는 주로 후기에 확대되었던 복지시책은 실제로 충분한 경제력의 뒷받침이 없었던 명목상의 시책이었다고 하였다.

향산은 다음과 같이 우리나라 보건사의 특성을 정리하였다.

> 역사를 통해 얻은 지식은 오늘의 문제를 해결하는 데 도움을 줄 수 있을 때 비로소 그 값어치가 있는 것이다. 우리는 지금 산업사회를 거쳐 지식사회로 급속하게 변화하고 있으면서도 수천 년을 지켜온 농경사회에서의 전통적인 생활패턴이 그대로 국민생활의 많은 부분을 지배하고 있음을 본다.
>
> 따라서 오늘날 우리의 보건 문제가 이 때문에 더욱 복잡성(複雜性)을 갖는다고 할 수 있다. 요즈음 보건학의 개념이 자연과학 분야만이 아니고 사회과학 분야에까지 확대되어 해석되고 있음은 이러한 우리의 현실에 비추어서도 너무나 당연한 것이라 하겠다. 본 연구가 현재와 미래에 당면할 보건의료 문제에 대하여 폭넓은 시각과 의미 있는 준거(準據)를 제시할 수 있으리라고 믿는 바이다.

4. 시대를 앞서간 향산의 보건과 애민

우리나라 국민건강증진에 기여한 향산의 보건 업적은 크게 세 가지로 구분할 수 있다. 첫째, 대구한의대학교로 대표되는 끊임없는 교육 및 연구 활동을 통한 한방보건의 과학화와 세계화이다. 둘째는 한방의료기관을 통한 국민보건 향상을 위해 세계 최초의 한방종합병원의 설립과 한양방 협진을 시도한 것이다. 셋째는 한의학자이면서도 인류 보건 향상에 큰 뜻을 품고 보건학의 영역에 뛰어들어 전염병에 대한 한의학의 접근을 체계화한 것이다. 이는 지금의 코로나 시대에 한의학이 나아가야 할 방향을 설정해 주고 있다.

1) 연구 및 교육 활동과 대구한의대학교의 설립

향산은 한의학이 보건학과 연계되는 인식을 가지게 하고 대구·경북 지역 주민들에게 한의학을 통한 건강증진을 위해 한의과대학 설립운동으로 이어질 수 있도록 한 것이 1976년 10월 28일부터 3일간 서울에서 개최된 국제동양의학회 창립총회를 겸한 국제동양의학학술대회이다. 초대회장으로 취임한 향산은 국제동양의학회의 규모 확대와 질적이고 양적인 성장으로 국내의학계, 보건학계의 이목을 집중시켰다. 이러한 노력은 한의학이 보건학 분야로 외연을 확장하고 세계화하는 데 분수령이 되었다.

1980년 9월 16일 당시 문교부가 승인한 대구한의과대학의 설립목적을 살펴보면 향산이 한의학으로 인류 보건에 공헌하고자 하는 의지를 알 수 있다.

　본 대구한의과대학은 대한민국 교육이념에 기하여 인격을 도야하고 건전한 사상을 함양하는 동시에 우리나라 전통적인 한의학의 심오한 이론과 실제적 응용 방법을 교수 연마하여 민족 의학으로 승화 발전시키고 국가의 인류사회 발전에 공헌할 지도적 인물을 양성함을 목적으로 함.

　이러한 설립목적에 따라 재정립된 건학이념에서는 직접적으로 향산의 보건 정신이 드러나고 있다. 건학이념은 다음과 같다.

　우리나라 전통적인 한의학의 심오한 이치를 개발하고 체계화하여 민족의학으로서 승화 발전시키고 이의 실용화와 양산화를 도모하며 나아가 의료시혜 확대를 위한 국민의 보건 향상에 기여함과 아울러 금세의 총아격으로 각광받는 한의학을 국제적 차원에서 종주국적인 면모를 갖추고 국위선양에 주도적 역할을 할 인재를 양성하여 수출입국을 뒷받침하는 원대한 계획에 따라 지역사회의 발전과 국가의 번영 및 세계 인류의 복지 향상에 기여함을 목적으로 한다.

　향산은 건학이념에서 평소 학문의 중요성을 전통적인 한의학 이론을 체계화·세계화하며, 국민보건 향상에 기여하고, 국가의 번영 및 세계 인류의 복지 향상에 이바지해야 한다는 데 뜻을 두었다.

　대구한의과대학의 설립이 진행되던 당시에는 우리나라에서 보건의 영역은 매우 생소하였으며 주요 관심사가 기생충질환 문제와 모자보건 문제에 국한되었고 전반적인 보건사업보다는 인구수 조절을 위한 가족계획사업에 치중되는 시기였다. 또한 대학에서 학문적으로 체계화하여 인재를 양성한 일은 매우 드물었다.

1980년대 들어서 정부는 보건의료 활동을 지원하기 위한 행정적 조치로 여러 가지 보건의료 관련 법규가 많이 만들어지는데 농어촌 등 보건의료를 위한 특별 조치법의 제정(1980년)이나 산업안전보건법의 제정(1981년), 그리고 공중위생법(1986년)이나 후천성 면역결핍증예방법(1987년)의 제정과 이들 법에 의한 공중보건 활동으로 이어졌으며, 또한 이 시기에는 보건 분야 전문 인력양성을 위한 교육의 영역이 강화되는데 대구한의과대학에서도 1982년 보건경제학과를 신설하였고 1983년 첫 신입생들이 입학하게 되었다. 특히 보건학 분야 인재 양성의 핵심인 대학원이 1960년 이전에는 서울대학교 보건대학원만 존재하였으나 1977년에 연세대학교, 1981년에 경북대학교에 보건대학원이 설치되었고, 1988년에는 현 대구한의대학교의 전신인 경산대학교에서 보건대학원 석사과정이 설치되었고 1990년에는 박사과정도 설치되면서 명실상부한 우리나라 보건 전문가 양성의 중심이 되었다.

향산은 일찍이 한의학이 국민보건 향상의 중추적 역할을 할 수 있으리라 생각하고 이를 교육의 장에서 체계적으로 다루기 위해 대구한의대학교에 1988년에 보건학 석사과정의 보건대학원을 설치하였으며 그 후 1990년에는 보건학 박사과정을 설치하였고 대학원에서 '양생론'을 강의하며 양생론의 이론을 현대 보건학의 개념에 접목하여 후학을 양성하였다.

또한 향산은 대구한의과대학을 개교한 이후 여러 부설 연구소를 설립하여 연구 역량을 높였는데 국제간의 학술교류를 통하여 한의학의 세계화 및 각 분야별 학문 발전과 문화 발전을 도모하기 위하여 1984년 국제문화연구소를 설립하였고 같은 해 보건경제와 환경보건에 관련되는 모든 문제를 조사·연구함으로써 보건경제학 및 환경보건학의 발전과 국민보건 향상에 기여하고자 한국보건문제연구소를 설립하기도 하였다. 향산은 전문연구소의 설치와 대학과 대학원에 보건학 전공을 설치한 것에만 안주하지 않고 뜨거운 연구 및 교육 열정으로 대학원에서 직접 강의와 논문지도를 병행하였다. 그중에서도 '양생론' 과목을 직접 강의하기도 하였다. 양생론은 대학원 보건학 박사과정의 교과목이었다.

지금으로 보자면 한의학 기반의 양생론과 현대 보건학이 합쳐진 융합적 성격의 강의였다. 특히 향산이 직접 양생론을 강의한다는 것이 널리 알려져 당시 대구한의사협회 신창환 회장이 대구한의대학교 박사과정에 입학하였고, 그 뒤 많은 한의사들이 한의학과 보건학의 융합을 공부하기 위해 보건학 박사과정에 입학하게 되었다. 신창환 회장은 향산의 양생론을 중심으로 학위논문을 준비하게 되는데 논문은 '황제내경의 양생론에 대한 고찰'로 향산이 직접 박사학위논문 심사위원장을 맡으며 지도를 하였다. 이 논문에서는 『황제내경(黃帝內經)』과 이와 관련된 여러 문헌들을 통해 양생(養生)은 우리의 일상생활 속에서 실천할 수 있는 비교적 쉬운 방법들로 이루어져 있으며, 개인과 집단의 건강증진, 노쇠예방, 질병예방, 위생방역 및 면역력 증강을 통한 신체의 건강은 물론이고 사회적, 문화적, 경제적인 만족을 통한 정신의 건강에 초점이 맞추어져 있다고 하였다.[5]

향산이 지도한 이 논문에서 제시한 내용들을 중심으로 향산의 양생론에 내재된 사상을 살펴보면 자연을 거스르지 않고 자연의 변화에 순응함으로써 자연과 환경에 적응함을 강조하고 있다. 즉, 자연을 극복하고 정복할 대상으로 본 것이 아니라, 자연에 따라서 거기에 알맞게

---

5 신창환, 「黃帝內經의 養生論에 대한 考察」, 경산대학교 박사학위논문, 2000.

자신의 생활을 조절하여 건강을 유지하려고 했다는 것이다. 내용들을 구체적인 내용별로 구분해보면 다음과 같이 몇 가지로 나눌 수 있는데 우선 사계양생(四季養生)이다. 이는 한 해 동안 일어나는 사계절의 기후변화와 음양변화의 규칙을 경험적으로 연구하여 거기에 알맞은 생활방법을 제시한 것이라고 할 수 있다. 또한 음식양생(飮食養生)이 있는데 대체로 규칙적이고 균형을 이룬 영양제공을 위한 알맞은 식품 섭취를 강조한다. 또한 각각의 음식물이 인체에 미치는 영향을 파악하여 이를 질병의 치료에 적절히 응용하였는데 이는 음식양생에 있어 가장 특징적인 부분이라고 할 수 있다. 특히 노인의 식생활에 대한 중요성이 많이 언급되는데 현재 우리나라 인구의 15% 이상이 65세 이상인 고령사회인 점을 고려해 볼 때 음식양생은 그 의의가 크다고 할 수 있다. 또한 정신양생(精神養生)이 있다. 정신양생에 있어서 가장 기본이 되는 이론은 정신적인 요인이 인체의 건강에 영향을 미치고, 반대로 개인의 건강상태가 정신에 영향을 미칠 수 있다는 이론이다. 즉 신체와 정신은 따로 분리해 낼 수 없는 하나로 보는 것이다. 마지막으로 주거양생(起居養生)이다. 주거양생은 사람의 환경, 노동, 수면, 모자보건 등과 관련된 부분으로 일상생활에서의 활동을 구체적으로 안배하여 건강을 유지하고자 하는 것이다. 황제내경(黃帝內經)에서는 양생(養生)이란 단지 신체적인 건강뿐 아니라 사회, 경제, 문화, 환경을 포괄하여 신체는 물론 정신적인 건강까지 강조한 진보된 개념의 건강을 추구하는 생활 실천방법이며 양생의 근본이념에는 사람의 건강이라는 관점과 함께 환경의 보전과 미래에 대한 배려가 내포되어 있다.

앞서 기술하였지만 현대 보건학의 개념에서 건강에 대한 정의를 세계보건기구(WHO)에서는 '건강은 단순히 질병이 없거나 허약하지 않다

는 것뿐만 아니라 신체적, 정신적, 사회적으로 완전히 안녕한 상태'라
고 정의하고 있다. 또한 공중보건학의 개념은 '공중보건학이란 조직적
인 지역 사회의 노력으로 질병을 예방하고 생명을 연장시키며, 신체적
·정신적 효율을 증대시키는 기술이며, 과학이다'로 정의된다. 여기에
서 현대적 관점의 건강과 보건의 의미에서 중요한 키워드는 신체적,
정신적, 사회적 안녕과 질병 예방, 생명 연장이며 최근에는 사회적 건
강의 중요성이 대두되고 있다는 점에서 향산의 양생론은 신체는 물론
정신적인 건강까지 강조한 진보된 개념의 건강을 추구하는 생활 실천
방법으로서 중요한 가치를 가진다.

  향산은 지금의 건강과 보건의 의미가 양생에 녹아들어 있다고 하였
다. 사람이 생활하면서 '생명(生命)'을 인식하고 이를 중요시하기 시작
한 것은 인간의 역사에 비추어 볼 때 정복을 위한 전쟁의 시기가 지나간
비교적 최근에 나타난 현상으로 자신과 타인의 생명을 깨닫고, 수명을
더욱 연장시키고, 행복하게 살기 위해 제시된 여러 가지 방법들이 바로
양생론(養生論)인 것이다. 즉 양생은 신체적인 건강을 추구하는 것보다
는 더 상위의 개념으로 볼 수 있다고 하였다. 다시 한번 언급하지만
이것이 현대 공중보건의 정의와 상당 부분 일치한다. 이를 통해 볼 때
양생론은 단지 과거 사람들이 행해왔던 추상적인 건강법의 의미보다는
오히려 현대의 우리에게 더욱 필요한 구체적인 생활보건 지침이 될
수 있다는 결론에 이르게 되었다.

2) 세계 최초의 한방종합병원 설립과 한양방 협진

  제한한의원(濟韓韓醫院)의 제한(濟韓)은 일차적으로 한국의 전통의학

을 강조하는 것으로 '한의학의 세계화와 과학화, 민족의학에 대한 향산의 원대한 포부를 드러낸 것이다. 그리고 우리나라 국민은 물론이고 전 세계인을 한의로 구제한다는 큰 뜻이 담겨있다. 개인의 건강과 지역민에 대한 구제가 아니라 전국적이며 세계적인 진료와 구제를 하겠다는 의지의 표현이다. 즉, 제한은 한 개인의 건강관리나 질병관리, 건강증진의 차원을 넘어 지역사회나 국가, 전 세계를 대상으로 하는 보건의 가치를 내포하고 있다.

또한 향산은 한방병원의 운영에 있어서 재단법인의 설립을 위한 의료법인제도와 한의학의 과학화의 필요를 느끼고 이를 추진하였으며 그 결과 재단법인 제한동의학술원을 설립하였다. 이것은 향산이 평소에 가진 한방의 과학화와 세계화의 신념을 실천하는 장을 만들기에 충분했다. 또한 일찍이 한의학의 학문적인 연구와 임상축적, 진료와 치유의 전문화를 위해 '회춘의학연구소'를 운영하였고 '제한한의원'을 개원하면서 동양의학에 대한 총체적 개념을 '제한'으로 통합하였다. 제한에는 한의학의 과학화와 체계화 그리고 세계화라는 원대한 포부가 담겨있다.

즉, 한의학의 세계화는 세계보건기구에서 제시하는 'Health For All'(모두를 위한 보건)을 실천하기 위한 전제조건의 의미를 가지며 이는 현재의 코로나와 같이 하나의 질병이 특정 지역이나 국가에 국한되지 않고 전 세계적인 보건 문제로 인류의 건강에 치명적인 문제를 야기하는 시점에 매우 중요한 한의학의 역할을 오래전에 이미 제시한 것이다.

특히, 1971년 10월 25일 설립된 재단법인 '제한동의학술원'은 의도중흥에 입각하여 국민보건과 전 인류 건강증진에 관한 전반문제를 연구하고 결과를 실용화하려는 향산의 신념을 실천하는 토대였다. 즉,

현대 사회의 중요한 이슈인 건강증진이 연구 기반과 실용을 중심으로 진행되는 것과 맥을 같이하며, 국민건강증진을 위한 한의학의 미래 발전 방향을 한의학 분야만을 염두에 두지 않고 실사구시의 정신으로 일반인들에게도 전파되기를 바란 향산의 실용정신이었다.

1980년에서 1990년에 걸쳐 국가의 사회경제적인 측면과 보건정책적인 측면에서 일어난 다양한 변화를 부속한방병원은 적극적으로 수용하고 이에 부응하고자 힘썼다. 경제성장과 함께 국민들의 보건의식도 크게 달라졌고 예방의학과 가정의학이 크게 부각되면서 생약 및 한방의학에 대한 국민적 관심도가 크게 상승하였다. 더불어 양방의학 중심의 의료체제가 변화하면서 과거에 비해 상대적으로 한방의학에 대한 위상과 신뢰도가 높아진 것이었다. 이와 동시에 한방과 양방의 분리와 운영에 대한 이원적 체제에 대한 불편이 의료진과 환자 상호 간에 지속되고 있었다.

이 과정에서 한방과 양방의료진 간의 갈등과 한방을 수용하려는 양방의료진으로 인해 양방의료진 내부의 갈등도 조금씩 생기기 시작했다. 또한 양약과 한약의 조제자들 간에도 다소의 갈등이 생겼고, 진료의 범위를 둘러싼 의료진의 수용과 배척의 문제들이 표출되었다. 그러나 국민들의 질병과 의료에 대한 지식과 정보의 양이 확대되면서, 의료진의 행태에 대한 국민들의 눈높이가 높아지게 되었다. 그 결과 국민들의 대다수는 양방과 한방의 협진체계를 요구하였다. 국민들은 양방과 한방의 폭넓은 시혜와 질병의 고통으로부터 완전히 벗어나기를 원했던 것이다. 환자의 입장에서는 양방과 한방의 구분이 중요한 문제가 아니기 때문이었다. 이러한 추세를 국가는 현실적으로 국민의 요구를 외면할 수가 없었다. 이러한 사회적 배경 속에서 국립의료원이 발 벗고 나섰다. 한방진료실을 병설하여 양방과 한방의 상호 보완적인 진료로 양질의 의료시혜를 확대하기 시작한 것이다.

향산은 이러한 사회와 국가, 의료계의 변화를 주시하고 발 빠르게 대응하여 대구한방병원에 물리치료 등 간편한 양방진료를 병행하면서 양방과 한방 융합진료의 길을 열어나가게 하였다. 이러한 병원의 체질 개선과 병원 운영의 현대화는 대학부속병원으로의 재개원을 계기로 초대병원장에 취임한 향산의 끊임없는 노력의 결과였다.

부속한방병원에 한양방 협진 시스템 구축을 위한 양방의원인 제한의원이 개설된 것은 1990년 4월이며 김호진 교수가 초대 제한의원장으로 부임하였다. 이렇게 선구적으로 대구한의대학교 부속병원에서 한양방협진체제를 구축한 것은 우리나라 의료법이 2010년 1월에 개정되면서 한양방협진의 내용을 추가한 것에 무려 20년 앞선 것이다.

우리나라는 2010년에 들어서서야 의료법 개정으로 제43조에 "병원·치과병원 또는 종합병원은 한의사를 두어 한의과 진료과목을 추가로 설치·운영할 수 있다"고 하였다. 그리고 "한방병원 또는 치과병원은 의사를 두어 의과 진료과목을 추가로 설치·운영할 수 있다"고 하여 한양방 협진의 장을 열었던 것이었다.

3) 코로나 시대 극복을 위한 향산의 노력

앞서 언급한 향산의 보건학 박사학위논문인 조선시대를 중심으로 한 우리나라의 전염병 관리에서 지금의 일차보건의료체계와 유사한 형태의 보건의료체계가 전염병 관리에 활용된 것을 발견하였다.

1978년 세계보건기구는 '알마아타 선언'을 통해 후진국과 선진국 사

이의 건강 불평등과 한 국가 내에서의 건강 문제를 해소하기 위한 방책
으로 일차보건의료(Primary Health Care)를 제안하였다. 일차보건의료
는 대형병원에서 제공하는 고급 의료서비스가 아니라 기본적 의료서
비스에 깨끗한 물 공급, 위생, 교육, 전염병 관리와 같은 공중보건 정
책을 포함하는 개념이다. 특히 최근의 보건의료 패러다임이 치료 중심
에서 예방으로 바뀌는 시점에 각국의 전통의학의 과학화 및 표준화를
통해 앞으로 일차보건의료에서 중요한 역할이 기대된다. 이에 현재 코
로나 시대에 한의학이 우리의 보건 증진에 기여할 수 있는 방법은 여러
가지가 있다. 먼저 면역력 강화이다. 면역 증강을 위해 한의학에서는
체질을 개선하는 방법이 있다. 이를 통해 면역력을 강화하여 바이러스
나 감염병에 대한 저항력을 높일 수 있다. 또한 증상 완화를 들 수 있
다. 코로나19의 증상인 발열, 기침, 호흡곤란 등을 한약재로 완화시킬
수 있을 것이다. 더불어 코로나19의 예방과 조기 치료 측면에서도 한
의학의 예방적인 치료법과 함께 조기 치료도 매우 중요하다. 향산은
이처럼 한의약은 코로나 시대에 우리의 건강에 매우 중요한 역할을
할 수 있지만 정부의 지원과 함께 지속적인 연구와 개발이 필요하다고
생각하였다.

　향산은 2019년부터 코로나의 팬데믹이 본격적으로 시작된 시기에
안타까운 사망자를 기록하고 있는 전염병의 두려움 앞에서, 인류의 희
망인 백신과 치료제가 하루빨리 개발되기를 바라면서 당시 문재인 대
통령, 윤석열 대통령 당선인, 안철수 대통령취임준비위원회 위원장에
게 서신을 보내었다.[6] 향산은 코로나바이러스가 처음 대구·경북 지역

6　코로나가 인류의 건강을 위협하던 시기에 문재인 대통령, 윤석열 대통령 당선인, 안철수

에 번졌을 때, 대구시장을 면담하고 한방에도 예방과 치료약이 있다는
사실을 소개하며 이를 치료에 사용할 것을 권하였으나, '한방 치료제는
쓸 수 없다'는 답을 들어야 했다. 답답한 심정에 대구 지역의 통합의료
이사장과 한의사회를 통해 협조를 요청했지만, 또다시 돌아온 답은 '코
로나19 치료에는 한방과 한의사가 제외되었기에 반영할 수 없다'는 것
이었다.

향산은 한의사도 국가시험을 치르고 국가가 인정하는 면허를 취득
한 공인 의료인인데, 국란의 지경에 이른 전염병 사태 해결에서 배제된
다는 것에 이해할 수 없었다. 그리고 한의학적인 치료법도 제시하며
한약의 재료들은 자연으로부터 온 것이고 이미 오랜 기간 치료제로
쓰이며 효과를 검증한 것들이기에 더욱 안심하고 치료제로 쓸 수 있다
는 점을 강조하였다.

향산의 나이가 아흔이 넘었지만 한 자리에 머무는 연구를 경계하기
위해 지금도 중국을 비롯한 한의학을 연구하는 각국의 전문인들과 교
류하며 연구를 이어가고 있다. 이는 더 큰 명예를 얻기 위함도 아니고
더 많은 부를 얻기 위함도 아니었다. 그저 향산이 일평생 쌓아온 한의
학 지식이 우리 사회와 나아가 인류의 건강한 삶에 조금이나마 도움이
되기를 바라는 마음에서였다.

평생 한방을 연구해온 사람으로서, 전염병 예방과 치료에 한방이
담당할 수 있는 미래의 전염병 공포에 대한 대책으로 '생태백신'을 주장
하며 주위에 이를 알리기 위해 많은 노력을 기울였다. 생태백신이란

대통령취임준비위원회 위원장에게 서신을 보내어 코로나19의 치료와 관리에 한의학의
역할을 강조함.

자연을 지켜 우리의 몸을 보호하는 것이며, 자연을 있는 그대로 두면 야생동물의 바이러스가 우리에게 옮길 일이 없기 때문이다. 육식을 자제하는 것 역시 생태백신의 한 예이며, 이는 '대자연사랑실천'으로 이어지는데 인간과 자연이 하나로 어우러진 지구촌 실현을 위해 생명 존중과 자연 사랑을 실천하는 것으로 다양한 학술활동 및 정책연구, 자연보존 활동, 문화사업, 봉사활동 등 인간과 자연이 공존하며 함께 행복한 세상을 만들고자 노력하는 생활실천 운동이다.

향산은 서신 말미에 향후 다가올 예측할 수 없는 또 다른 전염병의 시대를 대비하기 위해서라도 양방과 한방의 경계를 허물고 예방과 치료에 대한 논의를 주장하였다. 이는 특정 집단의 논리에 의한 것이 아니라, 대국적 결단으로 가능하며 백신과 치료제 개발만 기다리고 있기엔 코로나로 인한 고통과 경제적 피해 또한 너무나 막대하기에 의술을 지닌 한 사람으로서 안타까운 심정으로 충심을 다한 향산의 뜻을 표현하였다.

최근 대구한의대학교는 코로나로 인해 국민보건이 위협받았던 시기인 2020년 7월에 산림치유의 개념을 도입하였다. 산림치유는 인체의 면역력을 높여 신체적 정신적 건강을 회복하고 증진시키는 데에 숲에 존재하는 여러 환경적 요소를 활용하는 것이다. 즉 질병의 치료보다는 예방적 차원의 면역력을 강화하는 치유 활동이다.

이에 향산은 코로나를 비롯한 각종 질병 예방 및 건강증진을 위해 산림을 활용한 산림치유와 더불어 숲, 식물, 생태, 기후 등과 관련된 제반 영역에 대한 연구 및 교육을 실행하기 위해 향산학술림을 설치하였다. 향산학술림은 학생의 실험실습을 통한 교육 및 기술 습득과 생태학, 임학, 동식물학, 조경학, 산림치유, 약용자원 등 다양한 학문의 참여로 학술림 시설을 활용한 지역주민 건강증진 프로그램을 운영하여 코로나 시대를 극복하는 데 기여하고자 하였다.

5. 마무리

향산 변정환 박사는 대구한의대학교 설립자이며 명예총장이며 보건학자이며 한의학자다. 향산은 한의학의 교육과 연구를 통해 국가와 인류의 보건에 지대한 공헌을 하였고 지금도 이어지고 있다. 최대 업적인 대구한의대학교의 설립으로 한의학 교육과 연구를 주도하고 한의학의 과학화, 표준화를 통한 세계화로 인류 보건 증진에 공헌하였다. 한의학의 고유한 개념과 이론은 서구 의학과는 다르지만, 서구 의학에서 제공하는 정보와 다양한 기술들과 결합하여 환자의 건강을 유지하고 치료할 수 있는 새로운 방법을 개발하는 데 활용될 수 있다. 지금도 한의학이 인류 보건에 끼친 영향은 다양한 측면에서 연구되고 있다. 일부 연구에서는 한의학이 예방적인 요소로서 중요한 역할을 하고 있다는 결과가 나오고 있으며, 한의학 치료가 질병 발생을 예방하는 데 도움을 줄 수 있고, 한의학의 건강 유지 기능은 강조할 만한 가치가 있다. 하지만, 아직까지도 한의학이 보건에 미치는 영향에 대한 연구는 계속 진행 중이며 많은 과제가 놓여있다.

이 논문을 작성하기 위해 향산의 보건 업적을 연구하면서 얻은 결론은 "향산보건"이다. 향산의 보건이 아니라 대명사인 "향산보건"이다. 향산보건은 한의학의 과학화, 세계화와 더불어 향산의 애민정신, 실용정신 및 생명 존중과 자연 사랑 그리고 끊임없이 연구하는 도전정신이 포함되어 있다. 이에 후학들이 향산보건을 더욱 발전시키기 위한 몇 가지 제안을 하고자 한다.

첫째, '향산보건'을 연구하는 연구회가 있어야 한다. 향산은 한의학과 보건학을 전공한 융합학자이다. 또한 지금까지 향산의 삶을 살펴보면 한의, 보건, 봉사, 복지, 역사, 한문, 애민, 세계화, 인류 등 다양한 영역들이 포함된다. 이에 향산보건을 연구하고 그 정신을 계승 발전시키기 위해서는 한의학 및 보건학뿐만 아니라 다양한 영역의 전문가들이 모여 현재와 미래의 관점에서 향산보건을 더욱 발전시킬 수 있는 방안들을 모색하여야 한다.

둘째, '향산보건'이 우리 사회에 미친 영향과 미래 사회에 끼칠 영향을 체계적으로 정리한 전문서의 발간이다. 향산의 많은 업적과 그 삶의 여정은 분명히 후학들이 나아가야 할 학문적 지표가 될 수 있다. 한의사, 교육자, 대학 경영자, 보건전문가 및 다양한 영역에서 공헌한 향산의 업적을 계속 이어가고 발전시키기 위해서는 영역별 전문서의 발간은 분명히 필요하다.

셋째, 향산보건을 널리 보급하는 것이다. 향산은 한의학에서부터 시작하여 보건학을 연구하였다. 그 과정에서 얻은 공통된 결론은 건강과 질병은 우리가 살아가고 있는 자연환경과 사회환경 및 인간의 조화가 중요하다는 것이다. '자연과 인간은 하나'라는 가치는 행복한 삶과 건강한 미래 사회의 기반을 만드는 데 주춧돌이 될 수 있다. 따라서 이러한 향산보건 사상을 널리 알릴 수 있는 다양한 문화콘텐츠 개발이 필요하다.

참고문헌

김주철·성수현·이은경, 「한의사의 감염관리 인식과 교육에 따른 실천도 변화 조사」, 『대한예방한의학회지』 25(1), 대한예방한의학회, 2021.

대구한의대학교60년사편찬위원회, 『대구한의대학교건학60년사』, 매일신문사, 2019.

변정환, 「朝鮮時代의 疫病에 關聯된 疾病觀과 救療施策에 관한 硏究」, 서울대학교 박사학위논문, 1985.

변정환, 『시련을 딛고 밝은 세계로』, 북랜드, 2007.

변정환, 『역질의 보건사적 구료시책』, 경산대학교 출판부, 2001.

사단법인 대자연사랑실천본부, 『대자연사랑』 14, 2022.

신창환, 「黃帝內經의 養生論에 대한 考察」, 경산대학교 박사학위논문, 2000.

이장석·이은경·이기남·정명수, 「의약 공공보건사업에 대한 공중보건한의사들의 인식」, 『대한예방한의학회지』 15(2), 대한예방한의학회, 2011.

한동운, 「선진국의 일차의료부문의 통합의료-일차보건의료체계에서의 한의학에 주는 함의」, 『대한예방한의학회지』 16(1), 대한예방한의학회, 2012.

황상익, 『문명과 질병으로 보는 인간의 역사』, 도서출판 한울림, 1998.

대구한의대학교 부속 대구한방병원의 역사

송지청*

1. 들어가며

의학사에 있어 병원의 역사는 중요한 연구 주제 중 하나이다. 현재 병원[1]은 입원시설을 갖춘 의료기관으로서 의료체계에서 개별 의원이 담당하고 있는 역할과 구별되는 중요한 역할을 수행하고 있다. 병원의 등장은 의원이 담당하고 있던 의료영역을 확장하였다는 측면에서 주목할 만하다. 따라서 병원의 역할을 역사적으로 살펴보는 것이 필요하며 아울러 병원의 역사적 등장을 살펴보는 것 또한 의학사에서 다룰 중요한 과제이다.

그동안 병원의 역사에 관한 연구는 활발하게 진행되었는데, 하나는 병원의 기원에 관한 연구이며 다른 하나는 개별 병원의 역사에 관한 연구이다. 몇 가지 선행연구에 대해 살펴보면 다음과 같다.

---

* 대구한의대학교 한의예과 교수
1 병원의 의미를 1차 의료기관인 의원과 구별하고자 한다. 즉, 병원을 의원과 달리 입원환자를 대상으로 의료행위를 하는 의료기관으로 한정하였다.

병원의 기원에 관한 연구로 기독교 전통의 비잔틴 세계에서 병원의
기원을 찾는 경우와 아스클레피오스 신앙과 그 신전과 관련하여 병원
의 기원을 찾는 경우가 있었으며,[2] 병원의 탄생 배경에 기독교와 아스
클레피오스 신앙 두 개의 영역을 하나로 연결시켜 병원의 기원을 탐구
하고자 하는 경우도 있었다.[3]

개별 병원의 역사에 관한 연구 가운데 대한적십자병원에 대한 연구
는 대한적십자병원의 설립과 운영에 대해 소개하면서 동시에 일제 통
감부의 식민지 의료기관의 기능을 보여주고자 했다.[4] 또 원산노동병원
에 대한 연구도 설립과 운영에 대해 소개하면서 동시에 일본 식민지시
기에 노동자들이 자발적인 노력을 통해 만들어 간 의료보장의 역사가
존재했음을 밝혀, 한국 의료보장이 서구의 것을 일방적으로 이식하였
다고 보는 것이 적절치 않은 관점임을 보여주었다.[5] 치과병원과 요양
병원의 역사에 관한 연구로는 한국 최초의 치과병원 설립에 관해 대한
치과의사협회지에 인터뷰가 게재된 바가 있었으며,[6] 요양병원과 관련
하여 해주구세요양원의 설립 과정과 규모, 운영 실태와 성과에 관한

---

2   남성현, 「초기 비잔틴 시대(4-7세기)의 기독교적 빈민보호시설의 발전과 병원의 탄생」,
    『의사학』 24(1), 2015, 195~239쪽; Edelstein Emma J., & Edelstein, Ludwig,
    『Asclepius』, Johns Hopkins Univ. Press, 1998.
3   여인석, 「아스클레피오스 신앙과 초기 기독교의 관계에서 본 병원의 기원」, 『의사학』
    26(1), 2017, 3~28쪽.
4   이규원·최은경, 「대한적십자병원(1905-1907): 설립 및 운영, 그리고 폐지를 중심으
    로」, 『의사학』 27(2), 2018, 151~184쪽.
5   정일영·신영전, 「일제 식민지기 '원산노동병원'의 설립과 그 의의」, 『의사학』 25(3),
    2016, 445~488쪽.
6   안정미, 「인터뷰: 90년, 치과병원 최초로 설립-청아치과병원 김찬숙 이사장」, 『대한치
    과의사협회지』 38(10), 2000, 937쪽.

연구가 있었다.[7]

이 밖에도 병원에 관한 연구는 많았으나, 그동안 한방병원의 역사에 관한 연구는 이루어지지 않았다. 일제강점기 해방과 함께 한의사들의 한의학 교육기관 설립을 위한 노력으로 동양대학관이 설립되었고, 서울한의과대학과 동양의약대학을 거쳐 1965년 경희대학교 한의과대학을 시작으로 현재 전국에 12개 한의과대학이 설립되었다. 또한 각 한의과대학은 교육병원으로서 한방병원을 설치운영하고 있으나 현재까지 한방병원의 설립과 역사에 관한 연구는 진행되지 않았다. 더구나 국가통계포털의 요양기관 현황 자료에 따르면(2017년 기준) 현재 300여 개가 넘는 한방병원들이 운영되고 있다. 하지만 아직까지 어떤 과정을 통해 최초의 한방병원이 설립되었는지, 그리고 이후 한방병원이 어떻게 운영·발전하였는지에 대한 연구는 진행된 바가 없었다.

의료법에서는 한의사가 주로 입원환자를 대상으로 의료행위를 하는 의료기관을 한방병원이라고 정의한다. 하지만 의료법은 1951년 제정된 국민의료법을 시작으로 계속 변화했고, 의료법에서 규정하는 병원의 형태도 조금씩 달라졌다. 따라서 본 연구에서는 우리나라 최초의 한방병원의 설립 과정 및 운영에 대해 살펴보고자 하며 한방병원 개설의 근거가 된 의료법의 변천에 대해서도 동시에 살펴보고자 한다. 이러한 연구는 의료법에 근거한 최초 한방병원의 역사에 대한 설명을 가능하게 할 것이다.

---

7 신동규, 「일제침략기 결핵전문 요양병원 海州救世療養院의 설립과 운영 실태에 대한 고찰」, 『한일관계사연구』 52, 2015, 341~381쪽.

2. 병원 설립의 준비 과정

1) 설립 배경

제한한방병원의 설립자 변정환 박사는 대학시절부터 한방병원 설립을 꿈꾸었다.[8] 그는 동양의약대학(현 경희대학교 한의과대학)을 졸업하고, 같은 해인 1959년 12월 6일 대구시 봉산동 152번지에 '제한의원(濟漢醫院)'을 개원하였다. 이후 개원한 지 2년이 되는 해에는 진료 공간 확보를 위해 한차례 병원을 확장하면서, '제한한의원(濟韓韓醫院)'으로 명칭을 변경하고 대구시 중구 봉산동 148번지로 한의원을 이전하였다.

변정환 박사는 자서전을 통해 한의원 개원 후 당시의 상황을 다음과 같이 설명하고 있다.

> 거리가 먼 시골에서 온 사람들은 대구에 살고 있는 친척들을 대리로 내세우기도 하는가 하면, 의원 부근에서 민박을 하는 경우도 늘어났다. … 환자가 늘면서 간호사와 사무 보는 남자 직원들이 늘어나게 되었는데, 계속 주먹구구식으로 인사관리를 할 수 없었던 것이다. … 더구나 진료 장소가 비좁아 대기하는 환자들이 편안히 앉아 있을 정도의 장소조차 변변하지 못해 늘 미안했다.

한의원을 운영하면서 환자는 지속적으로 증가하였고, 환자 수의 증가는 의료기관의 규모 확대와 인력의 보충으로 이어졌다. 변정환 박사

---

8 변정환 박사는 본인의 자서전에서 "대학에 다닐 때부터 나의 꿈은 우리나라 최초의 한방종합병원을 세우는 계획이었다."라고 밝히고 있다(변정환, 『시련을 딛고 밝은 세계로』, 북랜드, 2007, 26쪽).

는 이러한 시설과 인력 규모를 확대하면서 의료의 질을 유지하기 위해서는 체계적인 운영체계가 필요하다고 판단했다. 또한 당시의 교통체계로는 타지역에서의 통원이 쉽지 않았고, 환자를 위한 숙박시설(입원시설)이 필요하다고 생각하였다.

1960년대 초반(1961년 기준) 지역별 의료기관 분포율을 살펴보면, 경상북도는 11.68%로 서울, 경상남도, 경기도와 함께 의료기관 분포율이 높은 지역이었다.[9] 그중 한의원의 분포율 또한 경상북도가 11.53%로 높은 편으로, 총 2,046개의 한의원 중 236개가 경상북도에 있었다. 수치상으로는 경상북도가 의료의 접근성이 좋았던 것으로 보이지만, 실제로는 그중 45.76%인 108개의 한의원이 대구에 위치하여 지역 내 의료의 불균형이 심했다. 더구나 당시 대구시의 인구가 경상북도 전체 인구의 17.22%밖에 되지 않았고[10] 인구수 대비 의료기관 분포로 보면 그 불균형은 더욱 컸을 것이다. 이처럼 당시 보건자료를 통해서도 대구 외 지역의 사람들이 진료를 받기 위해 대구를 찾는 경우가 많았을 것이라고 판단된다. 자서전의 내용처럼 제한한의원의 환자들 가운데에도 타지역 사람들이 다수 있었고, 이는 입원 치료가 가능하도록 한의원이 아닌 한방병원을 설립하는 계기가 되었을 것이다.

---

9 1961년 기준, 국내 총 의료기관 수 : 8,957개, 경상북도 총 의료기관 수 : 1,046개(保健社會部, 『保健社會統計年報』, 1961, 14~15쪽).
10 대구시 인구 총괄 : 663,827명(대구시, 『대구통계연보』, 1961, 6쪽).
   경상북도 인구수 : 3,850,102명(保健社會部, 『保健社會統計年報』, 1961, 444~445쪽).

2) 건축 과정

제한한방병원의 설립은 부지 확보를 시작으로 실행에 옮겨졌다. 토지매매계약서에 따르면 변정환 박사는 1967년 3월부터 6월까지 3개월 간에 걸쳐 대구시 동구(현 수성구) 상동 165번지를 중심으로 인근 대지 3,000여 평을 매입하였다. 부지가 확보된 후, 병원 설계 과정에서 전통 의학의 특색을 나타낼 수 있는 건물을 설계하기 위해 많은 고심을 했다.[11] 그 결과 준공된 병원은 현대식 자재를 사용하였지만 기와 형태의 지붕이나, 난간, 기둥 등에서 전통적인 건축미를 느낄 수 있었다.

[그림 1] 제한한방병원의 전경

1970년 12월 배포된 '준공 및 개원 안내장'에는 건축의 착·준공일, 병원 건물 배치도, 근무자 명단, 병원 안내 등의 정보를 담고 있다. 안내장에 따르면 병원이 본격적인 착공에 들어간 것은 1969년 4월 19 일이었다. 이후 약 20개월에 걸쳐 공사가 진행되었고, 1970년 12월 10일에 병원 신축 공사가 마무리되었다.

---

11 변정환 박사는 본인의 자서전에서 "전통의학의 특색을 나타내기 위해서 전통적인 건축 미에다 현대식 자재를 사용하기로 하고 마지막으로 찾아간 곳이 대아설계사무실이었다."라고 밝히고 있다(변정환, 앞의 책, 26쪽).

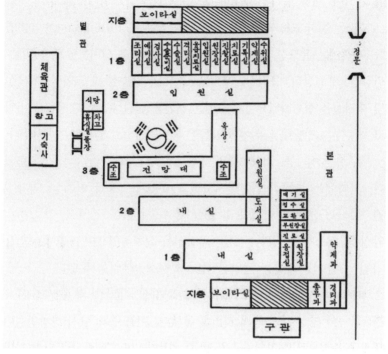

[그림 2] 병원 건물 배치도

병원 건물 배치도를 통해 완공된 병원의 대략적인 모습을 알 수 있었다[그림 2]. 완공된 병원에는 본관(지하 1층, 지상 3층)과 별관(지하 1층, 지상 2층) 건물이 나란히 서 있고, 뒤쪽으로 별도의 건물을 두어 체육관, 기숙사 등을 배치하였다.

병원 개설신고 시 첨부되었던 시설 개요 설명서[12]를 통해 병원의 시

---

12 시설개요설명서에는 의료법(법률 제1690호, 1965.3.23.) 제10조(병원)에 따라 구비한 인원 및 시설에 대해 설명하고 있다. 의료법 제10조 규정에 따르면 병원은 다음과 같은 인력과 시설을 갖추어야 한다.

설 개요에 대해 좀 더 자세히 알 수 있다.

본관은 지하 1층, 지상 3층 건물로 면적은 총 1,016.52㎡(306.71평)였다. 지하에는 유도장, 오락실, 창고 및 보일러실을 설치하였고, 1층에는 원장실, 부원장실, 응접실, 약제실, 숙직실, 방송실 겸 교환실, 기록실 및 대기실을 설치하였으며, 2층에는 개인용 입원실(6실), 화장실을 두었고, 3층에는 전망대를 두어 환자들이 휴식공간으로 쓸 수 있게 하였다.

별관은 지하 1층, 지상 2층의 건물로 면적은 총 369.74㎡(105.00평)였다. 지하에는 보일러실을 설치하였고, 1층에는 응급 처치실, 약제실 겸 기록실, 진찰실, 대기실, 수술실 및 수술준비실, 검사실, 간호원실, 암실 및 엑스선실, 입원실(3실), 화장실을 설치하였으며, 2층에는 합동 입원실(1실) 및 개인용 입원실(8실), 화장실, 부엌을 두었다.

별도의 건물에는 식당, 주방, 차고, 화장실, 세탁실, 약품창고, 체육관, 기숙사 및 소강당 등의 시설을 두었다. 이를 통해 당시 한방병원이 별관을 중심으로 운영되었음을 알 수 있는데, 변정환 박사도 당시 한방병원의 운영은 주로 별관에서 이루어졌다고 증언하였다. 제한한방병원의 시설에 관하여 설계 당시의 도면을 통해 보다 자세하게 확인하고 싶었으나, 현재 본관 설계도는 남아있지 않다. 다만 별관의 설계도면은 잘 보존되어 있어서 별관을 중심으로 운영되었던 제한한방병원의 시설을 자세히 살펴볼 수 있었다([그림 3], [그림 4]).

---

1. 보건사회부령으로 정하는 인원수의 의사, 간호원, 약사 및 기타 종사원, 2. 진료실(진료과목이 2과 이상일 때는 각과 전문 진료실), 3. 입원실, 4. 수술실, 5. 산실(산부인과 병원인 경우에 한한다), 6. 구급실, 7. 임상병리검사시설, 8. 방사선장치, 9. 조제실, 10. 소독시설, 11. 급식시설, 12. 난방시설, 13. 급수시설, 14. 세탁시설, 15. 오물처리시설, 16. 기타 보건사회부령으로 정하는 시설.
제한한방병원 시설 개요 설명서에도 위 시설들을 모두 포함하고 있다.

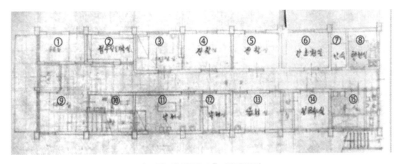

[그림 3] 별관 1층 설계도면
①응급실 ②접수실 및 기록실 ③진찰실 ④진찰실 ⑤진찰실 ⑥간호원실 ⑦암실 ⑧탕전실
⑨대기실 ⑩변소 및 창고 ⑪약제실 ⑫약제실 ⑬응접실 ⑭일직실 ⑮욕실 및 변소

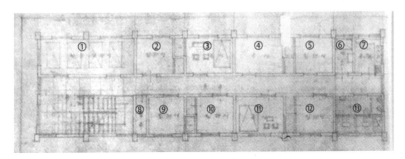

[그림 4] 별관 2층 설계도면
①합동 입원실 ②입원실 ③특실 ④특실 ⑤입원실 ⑥변소 ⑦부엌 ⑧창고
⑨입원실 ⑩입원실 ⑪특실 ⑫입원실 ⑬욕실 및 변소

[그림 5] 『매일신문』에 게재된 제한한방병원 개원 광고(1970.12.26.)

제한한방병원은 1970년 12월 10일에 준공되었지만, 변정환 박사가 각처에 한방병원의 개설과 정식 진료의 시작을 알린 것은 준공으로부터 약 2주 후인 1970년 12월 26일이었다[그림 5]. 1970년 12월 26일에 열린 준공 및 개원식을 시작으로 한방병원을 운영하였고, 이후 제한한방병원은 현재까지 대구한의과대학 부속 한방병원 건물로 사용되고 있다.

3. 제한한방병원의 운영

1) 제한한방병원 개설

1970년에는 의료기관 개설시 의료법에 따라 서울특별시장·부산시장 또는 도지사에게 신고를 해야 했다.[13] 변정환 박사는 제한한방병원의 준공에 앞서 병원개설신고서를 작성하여 송부하였다. 신고서에는 개설자에 대한 설명 및 자격취득 상태, 개설기관의 명칭, 개설 장소, 인력 및 시설, 개설예정일을 기재했고, 시설 개요 설명서와 설계도면을 첨부했다.

병원개설신고서에 따르면 개원 당시 병원의 인력은 한의사 3명, 약사 1명, 간호원 5명, 기타 사무직원 12명이었다. 원장으로 변정환 박사와, 진료한의사로 윤길영, 김완희가 근무하였고, 약사 이경희, 간호사 유정자, 이말근 외 3명, 원감 안수환과 사무장 정태룡, 경리과장 김석

---

13 제39조(의료기관의 개설신고) 의사·치과의사 또는 한의사가 의료기관을 개설하고자 할 때와 조산원이 조산업을 개업하고자 할 때에는 보건사회부령이 정하는 바에 의하여 서울특별시장·부산시장 또는 도지사에게 신고하여야 한다(의료법[법률 제1690호, 1965. 3.23. 일부개정]).

[그림 6] 경북도지사로부터 받은 공문(제1421-8496호)

만 외 9명의 직원이 있었다.

1970년 12월 7일 경북도지사로부터 의약1421-8496호 공문을 통해 병원개설 신고가 개설 허가되었음을 전달받았고[그림 6], 1970년 12월 15일 병원개설신고필증을 발급받았다[그림 7].

1970년 12월 26일에 열린 준공 및 개원식의 안내장에는 병원안내에 대한 설명이 있다. 안내장에 따르면 진료시간은 평일 및 토요일은 오전 8시 30분부터 오

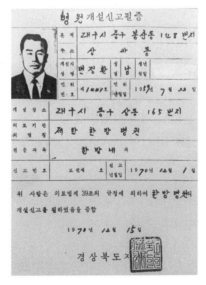

[그림 7] 병원개설신고필증

후 5시까지, 일요일은 오전 8시 30분부터 12시까지였으며, 응급 처치

실을 두어 응급환자는 시간제한 없이 진료한다고 명시하였다. 또한 입·퇴원 절차와 입원준비물, 면회시간, 입원료 등 입원 치료에 필요한 내용이 자세하게 설명되어 있다.

제한한방병원의 입원실은 총 18실(1인실 17개, 4인실 1개)로 21개의 병상을 보유하고 있었다. 입원실은 시설과 크기에 따라 5가지로 구분하여 운영하였는데, 입원실의 종류별 이용료와 보증금 및 구비된 시설에 대한 설명을 살펴보면 다음과 같다〈표 1〉.

〈표 1〉 **입원료**(식사 및 소독침구 포함 금액)

	입원료(원)	입원보증금(원)	비 고
특실A	5,000	20,000	전화, 난방, 수세식화장실, 옷장, 욕실, 비품고
특실B	4,500	20,000	전화, 난방, 수세식화장실, 옷장, 욕실, 비품고
1등실	2,500~3,000	10,000	전화, 난방, 옷장, 비품고
2등실	1,000~1,500	10,000	전화, 난방, 옷장, 비품고
3등실	500~600	10,000	전화, 난방, 옷장, 비품고

입원 절차는 입원결정서가 발급되면 원무과에서 입원 수속을 거쳐 병동 간호사실로 전달되고, 퇴원은 퇴원 통지서가 나오면 마찬가지로 원무과의 퇴원 수속을 거쳐 병동 간호사실로 전달되는 절차를 밟도록 되어있다. 또, 입원준비물로는 내의, 세면도구, 인장, 책, 기타 개인의 필요한 것이라고 명시하고 있다.

제한한방병원이 설립된 이후 당시 의료기록을 통해 병원 이용 현황을 알고 싶었으나, 자료를 찾는 데 어려움이 있었다. 그렇지만 법인[14]을

---

14 재단의 명칭은 제한동의학술원이다. 법인 제한동의학술원에 대해서는 뒤에 자세히 서술

설립하는 과정에서 구비해야 하는 서류 중 하나인 사업 계획과 예산에 관한 내용을 확인할 수 있었다.

법인 세입세출예산서에서 입원환자 수입은 일 10명을, 외래환자 수입은 일 30명을 기준으로 산정하였는데, 이를 병상 수 21개 기준 병상 이용률로 환산해보면 47.6%가 된다. 1971년 당시 통계에 따르면 주요 병원의 평균 병상 수는 74개(73.86), 일평균 외래 환자 수가 80여 명이고(79.60), 일평균 입원 환자 수가 42여 명(41.78)이었으며 병상 이용률은 56.6%였다.[15] 이를 통해 제한한방병원의 병상 수, 외래 환자 수는 주요 병원에 비해 적은 편이었지만 병상 이용률은 주요 병원과 유사한 수준으로 운영되었음을 알 수 있었다.

2) 재단법인 제한동의학술원

제한한방병원을 설립함으로써 공간 및 인력을 확보하여 진료 환경을 개선시켰고, 입원실을 설치함에 따라 의료의 편의성이 확대되었다. 하지만 한방병원이 학문적 연구의 기능까지 병행하기에는 한계가 있었다. 이에 변정환 박사는 국민보건 향상에 관한 제반 문제를 연구하고 그 결과의 실용화를 목적으로 1971년 10월 25일 재단법인 '제한동의학술원'을 설립하였다.

법인의 운영에 관해서는 정관을 작성하였고, 정관에 따라 기구를

하였다.
15 총 의료기관 수 : 237개, 총 병상 수 : 17,506개, 일평균 총 입원자 수 : 9,901명, 일평균 총 외래 환자 수 : 18,866명(保健社會部, 『保健社會統計年報』, 1971, 185~186쪽).

제 91 호

법인설립허가증

대 표 자 : 卞 廷 煥
소 재 지 : 경북 대구시 상동 165
종   별 : 재단법인
명   칭 : 제한동의학술원
목   적 : 동서양 의학 비교, 한의학 연구, 예방의학
            연구, 자선사업, 의료기관 유지경영
조   건 : 이면기재
근   거 : 민법 제32조

위와 같이 허가함

1971. 10. 25
보건사회부장관

[그림 8] 법인설립허가증

조직하여 사업을 추진하였다. 정관 제1장 제3조에 따르면 재단법인 '제
한동의학술원'의 목적은 다음과 같다.

　제3조(목적) 이 법인은 의도중흥에 입각하여 국민보건 향상에 관한
제반 문제를 연구하고 그 결과의 실용화를 기함으로써 지역사회의 발전
과 국가의 번영 및 인류복지 향상에 기여하기 위하여 다음의 사업을
한다.

　　1. 동양의학과 서양의학의 비교연구
　　2. 한의학 발전과 과학화에 관한 연구
　　3. 예방의학에 관한 연구
　　4. 육영 자선 및 도덕사업에의 출연
　　5. 제한병원 및 부속 의료기관의 유지경영
　　6. 위 각항에 부속되는 일체의 연구 및 사업

법인은 이사회가 주축이 되어 운영하였는데, 이사회는 8명의 이사 및 2명의 감사로 구성되었다. 회의를 통해 변정환 박사가 이사장으로 선출되었고, 이사는 이종우, 변삼득, 강영손, 이영숙, 김완희, 김기곤, 변규정이, 감사는 안수환, 변기운이 맡았다. 또한 학술위원으로 채인식, 윤길영, 김완희가 연구원으로 이종서, 조용국, 김명환, 김성환, 신민규 등의 한의사들이 연구에 참여하였다.

제한동의학술원은 법인설립 목적에 따라 학술활동을 진행하였고, 연구 결과를 발표하기 위해 학술지를 간행하였다. 1973년 5월 28일에 간행된 창간호『제한(濟韓)』의 창간사를 보면 과학적 연구를 통해 한의학의 이치를 구하고 이를 치료에 응용할 수 있도록 하는 것이 학술지를 간행한 목적이라고 하였다.[16] 학술지 발간을 시작으로 학술대회 개최 등 활발한 학술활동이 이어졌으며, 이 학술지는 2회 간행된 이후 1976년『황제의학(黃帝醫學)』으로 제호를 바꾸고, 1979년 다시『동서의학(東西醫學)』으로 제호를 바꾸어 현재까지 매년 계간으로 간행되고 있다. 또한 제한한방병원과 제한동의학술원의 설립 및 운영은 1980년 대구한의과대학 설립을 위한 초석이 되었다는 점에서도 의의가 있다.

---

16 변정환 박사는『濟韓』의 창간사 '한의학의 세계화를 위한 발돋움'에서 "우리의 선조들이 수천 년 동안 피나는 경험을 통하여 정묘롭게 이루어 놓은 학문임에 이와 같은 표현이 과격할는지도 모르겠으나 여기에서 언급하고자 하는 의도는 분명 그 원리적인 면이 아니라 그 상황들의 현대화에 있는 것입니다. 한의학의 근간이 되는 음양과 오운육기의 개념을 현대인에게 어떻게 설명해 줄 것이며, 이를 바탕으로 한 실험실적을 어떻게 보여줄 것인가 하는데 연계된 문제들만 해도 수없이 많습니다."라고 하였다(제한동의학술원,『濟韓』, 1973, 17쪽).

〈표 2〉 재단법인 제한동의학술원 사업계획

번호	주요 계획	주요 사업(세부사항)
1	동양의학과 서양의학의 비교	1. 연구 발표 2. 동서의학 교류 학술회 개최 3. 양의학적인 확진에 의한 한방치료의 통계자료 수집
2	한의학 발전과 과학화에 관한 연구	1. 임상병리 실험 2. 기성처방 외에 임상실험을 통한 연구 3. 각종 한약재의 주성분 분석 연구
3	예방의학에 관한 연구	1. 체력 조절실 운영 2. 사상 의학적 체질 감별 3. 오장육부의 허실 4. 세균감염의 조기 검진 5. 유행성 질환의 예방접종과 체질적 저항력 양성
4	제한한방병원 및 부속기관의 유지 경영	1. 실비로 많은 환자 수용 2. 약초 재배 및 생산기에 구매 3. 잉여금으로 최대한의 무료진료 실시 4. 동서의학의 비교로 환자를 최단 시일에 치료
5	지방자치단체에서 위탁한 무료 환자 진료	
6	무의촌 등 순방 무료진료	1. 매 분기 7일간 실시 2. 지역은 이사회의 결의 및 경상북도의 지원 요청 지역

의료법(법률 제1690호, 1965.3.23.) 제39조의 규정에 의거 경북도지사의 허가로 설립된 제한한방병원과 한의학의 연구·발전을 위하여 설립된 제한동의학술원은 재단의 목적에 부합하는 사업을 진행하였다. 〈표 2〉는 재단법인을 설립하면서 작성된 제한동의학술원의 사업계획서 내용이다.

재단 사업계획서에 따르면 제한한방병원의 운영으로 발생한 잉여금으로 최대한의 무료진료 실시를 계획하고, 지방자치단체에서 위탁한 무료 환자 진료를 담당하며, 매 분기 7일간 무의촌 등 순방 무료진료를 통해 매년 2,100명의 무료진료를 계획했다. 이와 같이 제한한방병원은 단순히 영리를 목적으로만 운영하지 않고 별도로 설립된 법인을 통해 국민들의 의료복지 향상에 도움이 되는 사업을 실시하였다.

3) 재단법인 제한동의학술원 부속 제한한의원

법인이 설립되고 얼마 지나지 않아 제한한방병원의 운영 주체가 개인에서 법인으로 바뀌었다. 1972년 1월 25일 제한한방병원이 '재단법인 제한동의학술원 부속 제한한의원'이란 명칭의 법인 소유의 비영리 의료기관으로 변경된 것이다. 1972년 당시 의료법에 따르면 비영리 의료기관이란 연간 무료 환자 수가 연간 입원 및 외래환자 수의 각각 30% 이상이 되어야 하는 의료기관을 일컫는다. 제한동의학술원의 주요 사업 계획으로 무료진료 시행을 두기는 하였으나, 이러한 이유만으로 한방병원을 비영리 의료기관으로 변경하지는 않았을 것이다.

보건사회부(현 보건복지부)로부터 명칭 변경을 요청받은 것이 변경의 직접적인 이유이며, 그 배경에는 '한방병원'이란 명칭 사용에 대한 의사회의 반대가 있었다.[17] 의사회에서는 당시 시행중인 의료법(법률 제1690호)에서 규정하는 의료기관의 종별에 한방병원이 없다는 점을 근거로 명칭을 문제 삼았다. 제한한방병원 설립 당시에는 같은 의료법(법률 제1690호)의 규정에 의하여 개설 신고를 하였는데, 각각 관련 조항을

---

17 변정환 박사는 본인의 자서전에서 "이뿐 아니라 의사회에서는 명칭을 가지고도 괴롭혔다. 한방병원은 의료법에 명시되어 있는 의료기관의 종류에 없다는 것이 그들의 주장이었다. 그런데 어째서 이런 명칭을 써도 가만히 있느냐고 보사부에 진정서를 내기 시작했던 것이다."라고 밝히고 있다(변정환, 앞의 책, 36쪽).

살펴보면 다음과 같다.

제8조(의료기관의 종별) 의료기관은 이를 종합병원, 병원, 의원, 치과병원, 치과의원 및 한의원으로 구분한다.

제39조(의료기관의 개설신고) 의사·치과의사 또는 한의사가 의료기관을 개설하고자 할 때와 조산원이 조산업을 개업하고자 할 때에는 보건사회부령이 정하는 바에 의하여 서울특별시장·부산시장 또는 도지사에게 신고하여야 한다.

제44조(의료기관의 규격 및 시설기준) 의료기관의 규격, 시설기준 및 감독상 필요한 사항은 보건부령으로 정한다.

변정환 박사는 1970년 제한한방병원을 개설하면서 의료법 제44조 규정에 의한 시설을 완비하고 제39조의 규정에 의거하여 개설 신고를 하였다. 당시 작성된 시설 개요 설명서를 보면 병원 개설 시 구비해야 하는 시설을 따른 것을 알 수 있다. 다만 의료법 제8조에 따르면 한방병원은 의료법에 규정이 되지 않은 의료기관이기 때문에 개설 자체가 위법사항이었다. 하지만 제한한방병원이 설립될 당시 도지사에 의해 개설신고필증이 발급되었는데, 이는 병원에 대한 정확한 개념이 정립되지 않았거나 명칭 사용에 대한 규제가 심하지 않았기 때문이라고 판단된다. 또한 같은 법률의 각각 다른 조항을 근거하여 의료기관이 개설되기도 하고 동시에 의료기관으로 인정될 수 없는 상황에 놓이기도 한다는 것은 당시 의료법의 한계를 보여주었고, 의료법 개정의 필요성을 증대시켰다.

한편 비영리 의료기관인 제한한의원으로 명칭이 변경된 이후에도 여전히 '제한한방병원'이란 명칭이 사용되었다는 점을 주목할 만하다.

1972년 11월 1일 보건사회부는 전국 병원 행정체계 확립을 지시하는
의정 1427-15557호 공문을 대한병원협회장에게 발신하였다[그림 9].
공문의 목적은 병원(20병상 이상)급 이상의 모든 의료기관을 병원협회
회원으로 가입시키고, 전국적으로 시, 도지부를 설치하여 일사불란한
행정체계를 확립할 수 있도록 하는 것이었다.

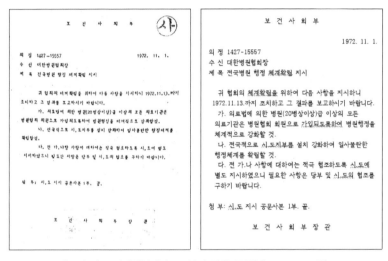

[그림 9] 보건사회부장관으로부터 받은 공문(제1427-15557호)

　　대한병원협회장은 보사부 공문 발신 이틀 후인 1972년 11월 3일 대
병협서무제72-93호 공문을 해당 의료기관에 발신하였고, 변정환 박사
는 제한한방병원장 자격으로 본 공문을 수신하였다[그림 10]. 이후 수신
된 공문에서도 제한한방병원이 병원협회 회원으로 활동한 것을 확인할
수 있었다. 변정환 박사가 제한한방병원장 자격으로 공문을 수신해왔
다는 것은 제한한방병원에서 제한한의원으로 명칭을 변경한 것과 무관
하게 여전히 병원급 의료기관의 역할을 계속해왔음을 알려준다. 이 사

실은 또한 의료법을 개정하여 한방병원에 관련된 규칙을 새롭게 제정
해야 하는 당위성을 설명하고 있다.

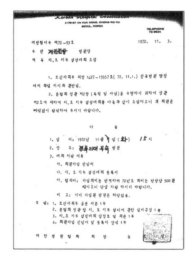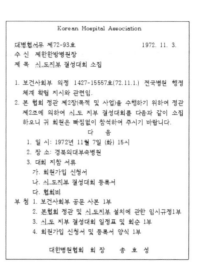

[그림 10] 대한병원협회장으로부터 받은 공문(제72-93호)

4. 한방병원에 관한 의료법 개정

1) 의료기관 종별 관련 규칙의 제정

일제강점기가 끝나고 1948년 대한민국 정부가 수립된 이후에도 일
본이 시행하던 조선의료령(제령 제31호, 1944.8.21.)은 여전히 존속되고
있었다. 이에 정부는 국민보건 향상을 위해 새로운 국민의료법을 제정
하기 위해 노력하였고, 1950년 2월 '보건의료행정법안'이 발의되었다.
그러나 보건부가 제출한 법안에는 일본이 한의학 말살정책에 의해 의

생으로 격하시켰던 한의사가 여전히 의료인에서 제외되어 있었다.[18]
법안에 대해 당시 한의학을 지키기 위한 한의계의 큰 반발이 있었고,
그 결과 1951년 제정·공포된 국민의료법(법률 제221호, 1951.9.25.)을 시
발점으로 한의사 제도가 정착되었다.[19]

　국민의료법의 제정으로 한의사가 의료인으로서의 지위를 되찾기는
하였으나, 그 내용을 살펴보면 여전히 의사, 치과의사와 한의사의 지위
에는 다소 차이가 있음을 알 수 있다. 한 가지 예로 '의업 또는 치과의업'
을 행하는 장소는 설비의 규모에 따라 병원과 의원으로 구분하였으나,
'한의업'을 행하는 의료기관은 한의원뿐이었고 한방병원은 언급되지
않았다.[20] 병원과 의원의 구분은 규모의 차이뿐만 아니라 의료의 기능
에서도 차이가 나는 중요한 부분이다.

　1962년 3월 20일 국민의료법은 의료법(법률 제1035호, 1962.3.20.)으
로 명칭을 변경하고 전면 개정되었다. 개정된 의료법에는 의료기관의
종류를 종합병원·병원·의원·치과병원·치과의원·한의원으로 명시하
였다.[21] 앞서 국민의료법의 의료기관 종별과 비교하면 종합병원이 추가
되었고, 의료를 행하는 장소를 병상 규모, 시설, 인력에 따라 병원과

18　박지현, 「식민지기 醫生 제도와 정책의 운영」, 『대동문화연구』 106, 2019, 317~343쪽.
19　제2조 전조의 목적을 달성하기 위하여 다음과 같은 3종의 의료업자를 둔다. 제1종 의료
　·치과의사 제2종 한의사 제3종 보건원·조산원·간호원(국민의료법[법률 제221호, 1951.
　9.25. 제정]).
20　제3조 의료기관으로서 병원·의원·한의원·의무실·요양소와 산원의 제도를 둔다.
　제4조 본법에 병원이라 함은 의업 또는 치과 의업을 행하는 장소로서 환자 20명 이상을
　수용할 수 있는 설비를 말한다. 전항 환자수용원수에 달하지 못하는 설비를 가진 것을
　의원이라 한다. 제8조 본법에 한의원이라 함은 한의사가 한의업을 행하는 설비를 말한다
　(국민의료법[법률 제221호, 1951.9.25. 제정]).
21　제8조(의료기관의 종별) 의료기관은 이를 종합병원, 병원, 의원, 치과병원, 치과의원
　및 한의원으로 구분한다(의료법[법률 제1035호, 1962.3.20. 전부개정]).

의원으로 구분하였듯이 치과 의료의 경우에도 별도로 치과병원과 치과
의원으로 구분하였다. 하지만 한방의료를 행하는 장소는 여전히 한의
원만 명시되어 있고 한방병원은 언급되지 않았다.

현행 의료법상 의료기관은 병원급 의료기관(병원·치과병원·한방병원
·요양병원·종합병원), 의원급 의료기관(의원·치과의원·한의원), 조산원으
로 구분하는데,[22] 현재와 같이 한방병원이 의료법상 의료기관 종별에
등장하기 시작한 것은 1973년 2월 16일 의료법이 전면 개정되면서부터
이다. 전면 개정된 의료법(법률 제2533호, 1973.2.16.) 제3조 2항에 따르
면 "의료기관 종별은 종합병원·병원·치과병원·한방병원·의원·치과
의원·한의원 및 조산소로 나눈다."고 하였다.

2) 의료법에서 규정하는 한방병원

1973년 개정된 의료법(법률 제2533호, 1973.2.16.)의 의료기관 종별에
한방병원이 추가되면서 비로소 의료기관으로서 '한방병원'의 법적 지
위가 규정되었다. 1973년 의료법에 한방병원은 한의사가 의료를 행하
는 곳으로서 환자 20인 이상을 수용할 수 있는 시설을 갖춘 의료기관을

---

[22] 제3조(의료기관)② 의료기관은 다음 각 호와 같이 구분한다.
1. 의원급 의료기관: 의사, 치과의사 또는 한의사가 주로 외래환자를 대상으로 각각 그
의료행위를 하는 의료기관으로서 그 종류는 다음 각 목과 같다. 가. 의원 나. 치과의원
다. 한의원, 2. 조산원: 조산사가 조산과 임부·해산부·산욕부 및 신생아를 대상으로
보건활동과 교육·상담을 하는 의료기관을 말한다. 3. 병원급 의료기관: 의사, 치과의사
또는 한의사가 주로 입원환자를 대상으로 의료행위를 하는 의료기관으로서 그 종류는
다음 각 목과 같다. 가. 병원 나. 치과병원 다. 한방병원 라. 요양병원 마. 종합병원(의료
법[법률 제16254호, 2019. 1. 15., 일부개정]).

지칭한다고 하였다. 현재는 30개 이상의 병상을 갖춘 시설로 한의사가
주로 입원환자를 대상으로 의료행위를 하는 의료기관을 한방병원이라
한다. 갖추어야 할 병상의 수가 20개에서 30개로 증가하기는 했으나,
일정 수 이상의 병상을 갖추어 입원환자를 대상으로 의료행위를 한다
는 점에서 의미를 같이하고 있다.

　의료법이 개정되면서 의료기관 종별에 한방병원이 추가되었을 뿐
아니라 의료기관 개설에 관한 제도에도 변화가 생겼다. 의료법 내 관련
조항을 살펴보면 다음과 같다.

　　제3조(의료기관) ① 이 법에서 "의료기관"이라 함은 의료인이 공중
　또는 특정 다수인을 위하여 의료·조산의 업(以下 "醫療業"이라 한다)을
　행하는 곳을 말한다.
　　② 의료기관의 종별은 종합병원·병원·치과병원·한방병원·의원·치
　과의원·한의원 및 조산소로 나눈다.
　　④ "병원"·"치과병원" 또는 "한방병원"이라 함은 의사·치과의사 또는
　한의사가 각각 그 의료를 행하는 곳으로서 입원환자 20인 이상을 수용
　할 수 있는 시설을 갖춘 의료기관을 말한다. 다만, 치과병원의 경우에는
　그 입원시설의 제한을 받지 아니한다.

　　제30조(개설) ① 의료인은 이 법에 의한 의료기관을 개설하지 아니하
　고는 의료업을 행할 수 없다.
　　② 의사·치과의사·한의사·조산원 또는 국가나 지방자치단체가 아
　니면 의원·치과의원·한의원 또는 조산소를 국가·지방자치단체 또는
　의료업을 목적으로 설립된 법인(以下 "醫療法人"이라 한다)이 아니면
　종합병원·병원·치과병원·한방병원을 개설할 수 없다.

④ 의료인이 종합병원·병원·치과병원 또는 한방병원을 개설하고자
할 때에는 보건사회부령이 정하는 바에 의하여 도지사의 허가를 받아야
한다.

개정된 의료법(법률 제2533호, 1973.2.16.) 제30조 4항에 따르면 병원
의 개설을 신고제에서 허가제로 변경했고, 제30조 2항을 보면 의료법
인만이 병원을 개설할 수 있도록 의료법인제도를 도입했다. 따라서 종
전에 의료인이 개설신고를 통해 병원을 개설하던 것에서 의료법인만이
도지사의 허가를 받아 병원을 개설할 수 있도록 법조항이 변경되었다.

기존에 운영되고 있던 병원은 대부분 법인이 아닌 의료인이 개설한
것으로, 의료법인제도의 도입은 의료기관의 종별을 변경하거나 새롭
게 의료법인을 준비해야 하는 혼란을 가져왔다. 1973년 9월 20일 의료
법시행령(대통령령 제6863호)을 개정하면서 이러한 혼란을 줄여보고자
기존에 병원을 운영 중이던 학교법인, 사회복지법인, 대한적십자사 및
재단법인에 대하여는 의료법인 설립절차를 거친 것으로 간주한다는
조항을 포함시켰다.

〈부 칙〉

② (경과조치) 이 영 시행 당시 종합병원 또는 병원을 개설한 사립학
교에 의한 학교법인, 사회복지사업법에 의한 사회복지법인, 대한적십
자사조직법에 의한 대한적시자사 및 민법 제32조의 규정에 의한 재단법
인에 대하여는 이 영의 규정에 따른 의료법인 설립절차를 거친 것으로
한다.

5. 의료법에 근거한 최초의 한방병원 개설

1) 제한한방병원 개설

1973년 전면 개정된 의료법은 1973년 8월 17일부로 시행되었다. 같은 해 9월 20일에는 의료법시행령(대통령령 제6863호)이, 10월 17일에는 의료법시행규칙(보건사회부령 제426호)이 전면 개정되었고 공포한 날로부터 시행되었다. 연이어 개정된 의료법에 근거하면 한방병원 개설이 가능하게 되었다. 즉, 의료법에 따라 한방병원을 개설하기 위해서는 의료법인이 의료법시행령에 따른 한방병원의 시설기준을 갖추고 의료법시행규칙이 정하는 바에 의하여 도지사의 허가만 있으면 되었다.

제한동의학술원은 민법 제32조의 규정에 의한 재단법인으로 부속 의료기관을 운영 중에 있었기 때문에 의료법시행령(대통령령 제6863호, 1973.9.20.) 부칙에 따라 의료법인으로 인정을 받았다. 제한한방병원은 1970년 설립 당시 의료법(법률 제1690호, 1965.3.23.)에 따라 보건사회부령(제306호, 1969.7.15.)이 규정하고 있는 병원의 시설기준을 갖춘 상태였다. 이는 1973년 의료법이 개정되면서 신설된 한방병원의 시설기준과 거의 유사했다. 1970년 제한한방병원 설립 당시 따랐던 병원의 시설기준과 1973년 신설된 한방병원의 시설기준을 비교해 보면 다음 〈표 3〉과 같다. 구비해야 할 시설에서 수술실과 방사선장치가 빠졌고, 대신 한방요법실과 대기실, 탕전실, 적출물관리시설이 추가되었다.

제한한방병원에는 1970년 설립 당시에도 이미 대기실과 탕전실이 설치되어 있었기 때문에 의료법시행령(대통령령 제6863호, 1973. 9. 20.)에 따른 한방병원의 시설기준을 갖추기 위해 한방요법실과 적출물관리시설을 일부 시설의 용도를 변경하여 설치하였다. 또, 각 과별로 1개씩

〈표 3〉 1969년 제정된 병원 시설기준과 1973년에 신설된
한방병원 시설기준의 비교

시설	병원 시설기준 보건사회부령 제306호(1969.7.15.)	한방병원 시설기준 대통령령 제6863호(1973.9.20.)
1. 진료실	진료과목별로 1	각 과별로 1
2. 입원실	병상 20개 이상	병상 20개 이상
3. 수술실	1	
4. 산실	(산부인과에 한함)	
5. 처치실		1(응급실 겸용)
6. 구급실(응급실)	1	
7. 임상병리검사시설	1	약품관리검사실 1
8. 방사선장치	1	
9. 한방요법실		1
10. 조제실	1	1
11. 대기실		1
12. 소독시설	1	1
13. 급식시설	1	1
14. 난방시설	1	1
15. 급수시설	1	1
16. 세탁시설	1	1
17. 오물처리시설	1	1
18. 적출물관리시설		1
19. 탕전실		1

총 4개의 진료실을 배치하였다.[23]

재단법인 제한동의학술원은 의료기관 개설허가신청서를 송부하였
고, 1973년 11월 24일 의료법시행규칙(보건사회부령 제426호, 1973.10.

---

23 진료과목은 한방내과, 한방소아과, 한방부인과, 침구과이다.

17.)이 정하는 바에 따라 경북도지사로부터 한방병원 개설 허가를 받았
다[그림 11]. 이로써 제한한방병원이 의료법에 근거한 국내 최초의 한방
병원으로 탄생하였다.

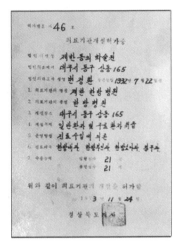

허가번호 제 46 호

의료기관개설허가증

법인의 명칭 : 제한동의학술원
법인의소재지 : 대구시 동구 상동 165
법인의대표자 성명 : 변정환 생년월일:1932.07.22
1. 의료기관의 명칭 제한한방병원
2. 의료기관의 종별 한 방 병 원
3. 개설장소 대구시 동구 상동 165
4. 개설목적 일반환자 및 구료환자 취급
5. 운영방법 진료수입에 의존
6. 진료과목 한방내과, 한방부인과,
          한방소아과, 침구과
7. 수용능력 입원실수 21실
          총병상수 21개

위와 같이 의료기관의 개설을 허가함

1973년 11월 24일

경 상 북 도 지 사

[그림 11] 의료기관 개설허가증

6. 교육병원으로 변모

1) 대구한의대학교 설립

1973년 대구 지역에 국내 최초의 한방병원이 개설되었지만, 대구
지역의 한의학 교육기관은 지속적인 설립에 대한 요구만 있었을 뿐
구체적인 추진으로 발전되지 못하였다.[24] 일례로 1971년에는 설립추진

24 대구 지역의 한의과대학 설립 추진은 1960년대부터 시작되었다.

위원회와 경상북도 한의사회가 공동명의로 탄원서를 작성하여 대통령,
보건사회부(현 보건복지부) 장관, 문교부(현 교육부) 장관에게 보냈다. 당
시 제출한 탄원서의 내용은 다음과 같다.

한의과대학 설치 탄원의 건

한의과대학 설치문제는 비단 삼천한의사의 숙원사항일 뿐 아니라 뜻
있는 국민의 염원 사항으로 이의 개설을 위하여 경향에서 종종 물결이
일곤 했으나, 지우금 성취를 보지 못하였으며 특히 당 대구는 삼백 년의
전통을 지닌 도시로서 주민의 대부분이 이용자요 이용자의 한의약에
대한 인식이 철저한 점 등 입지적 조건이 최적하므로 해서 한의과대학
설치가 절실히 요청되는 실정이오니 당로에서는 본 실정 감안하시와
영남대학교에 단과대학 혹은 한의약대학이 기필 설치되도록 화속배려
를 절망하와 별지 첨부 본 탄원에 지하나이다.

대통령 비서실로부터 진지하게 검토 처리하겠다는 공문은 수신하였
지만 실제 설립이 결정되지는 않았다. 이후 1976년 새로이 구성된 한의
과대학 설립추진위원회 역시 대학 설치를 청원하였으나 실패하였고,
연이어 1977년도에도 한의과대학 설립을 건의하였으나 계획은 무산되
었다.

변정환 박사는 계속해서 대학 설립을 추진하기 위하여 학교법인 설
립을 계획하였다. 대학을 설립하기 위해서는 사립교육법에 따라 본 대
학을 유지 경영할 재단인 학교법인이 필요했기 때문이다.[25] 1979년 5월

---

[25] 제3조(학교법인이 아니면 설립할 수 없는 사립학교) 학교법인이 아닌 자는 다음 각호의
1에 해당하는 사립학교를 설치·경영할 수 없다. 다만, 교육법 제103조의4제2항 또는

9일 변정환 박사는 학교법인 설
립을 위한 학교법인 설립추진위
원회를 구성하였고, 창립총회를
거쳐 법인명을 정하고 이사회를
구성하였다. 법인명은 "학교법인
제한학원"으로 하였고, 이사회는
9명의 이사 및 2명의 감사로 구성
되었다.

위원회는 사립교육법(법률 제
3114호) 제10조의 규정[26]에 따라
법인 설립에 필요한 제반 서류를

허 가 서

대학 1042.1-1190

학교법인 제한학원 설립대표 변 정 환

1980. 2. 29일 자로 제출한 학교법인
제한학원 설립 허가 신청에 대하여 사
립 학교법 제10조의 규정에 의거 다음
과 같이 허가함.

1980년 12월 3일
문 교 부 장 관

[그림 12] 학교법인 설립 허가서

구비하였고, 1980년 2월 학교법인 설립 허가 신청서를 문교부(현 교육
부)에 제출하였다. 이후 1980년 12월 3일 문교부장관(현 교육부장관)으
로부터 학교법인 제한학원의 설립을 허가받았다[그림 12].

제107조의4제2항의 규정에 의하여 산업체가 그 고용근로청소년의 교육을 위하여 중학
교 또는 고등학교를 설치·경영하는 경우에는 그러하지 아니하다.
1. 국민학교·중학교·고등학교·대학, 2. 사범대학, 3. 전문대학, 4. 대학 또는 전문대학
에 준하는 각종학교(사립교육법[법률 제3114호, 1978.12.5. 일부개정]).
26 제10조(설립허가) ①학교법인을 설립하고자 하는 자는 일정한 재산을 출연하고, 다음
사항을 기재한 정관을 작성하여 대통령령이 정하는 바에 의하여 문교부장관의 허가를
받아야 한다.
1. 목적, 2. 명칭, 3. 설치·경영하고자 하는 사립학교의 종류와 명칭, 4. 사무소의 소재지,
5. 자산 및 회계에 관한 사항, 6. 임원의 정원 및 그 임면에 관한 사항, 7. 이사회에
관한 사항, 8. 수익사업을 경영하고자 할 때에는 그 사업의 종류 기타 사업에 관한 사항,
9. 정관의 변경에 관한 사항, 10. 해산에 관한 사항, 11. 공고에 관한 사항과 그 방법,
12. 기타 이 법에 의하여 정관에 기재하여야 할 사항(사립교육법[법률 제3114호, 1978.
12. 5., 일부개정]).

위원회는 법인설립을 추진함과 동시에 대구한의과대학 설립을 위해 1980년 2월 29일 학교설립계획 승인신청서를 문교부(현 교육부)에 제출 하였다. 1980년 9월 16일 문교부로부터 받은 승인서에 따르면 교육법 제85조[27]와 학교 설립인가 사무처리규칙 제3조의 규정에 의하여 설립 계획이 승인되었다. 승인 내용에 따라 1981년 3월 1일 개교를 목표로 학교 설립에 필요한 제반서류를 준비하였고, 1980년 12월 10일 대학설 립인가 신청서를 문교부에 제출했다.

문교부의 검토를 거쳐 1980년 12월 29일 마침내 대학 설립인가를 받으면서 1981년 대구한의과대학이 개교하였다.[28] 이는 1965년 경희대, 1973년 원광대, 1979년 동국대를 이어 4번째 한의과대학 설립이었다.

대구한의과대학 개교 초기 제한한방병원은 대학의 행정업무 및 강의 공간 제공 등 대학본부의 기능도 함께하였다. 1981년 3월 5일 제한한방 병원 잔디밭에서 제1회 입학식이 있었고, 개교 당시에는 강의실이 없어 제한한방병원 체육실과 지하실을 강의실로 이용하였다.[29] 하지만, 교육 법에 따라 한의과대학은 대학부속병원이 필요했고,[30] 제한한방병원이

---

27 제85조 ①국립학교와 법률에 의하여 설립 의무가 있는 자가 설립하는 학교 이외의 학교 를 설립하고자 하는 자는 대통령령으로 정하는 설립, 편제 기타 설립 기준에 의하여 사립국민학교, 공·사립의 공민학교, 고등공민학교, 기술학교와 유치원은 당해 교육위원 회의, 공·사립의 중학교, 고등학교, 대학·교육대학·사범대학·실업고등전문학교·전문 대학과 특수학교는 문교부장관의 인가를 받아야 한다. 다만, 각종학교는 그 정도에 따라 감독청이 인가한다(교육법[법률 제3054호, 1977.12.31. 일부개정]).
28 한의학과 1개 학과의 단과대학으로 개교한 대구한의과대학교는 1992년 종합대학으로 개편되면서 교명을 경산대학교로 바꾸었고, 2003년 대구한의대학교로 한차례 더 교명 을 변경하였다.
29 1981년 5월 31일 1호관이 준공되면서 대학 본부를 현 경산캠퍼스 위치로 이전하였다.
30 대학설치기준령([대통령령 제10983호, 1982.12.31. 전부개정]) 제11조에 따라 의학계열 (의학·한의학·치의학에 관한 학과)은 부속병원을 갖추어야 한다.

대학 부속한방병원인 교육병원으로서의 기능을 할 수는 없었다.

대구한의과대학은 설립당시 교육법령에 의거해서 학칙을 작성하였고, 학칙 제15장 제65조에 따르면 다음과 같이 부속기관으로 대학 부속병원을 두고 있음을 확인할 수 있다.

> 제15장 부속, 부설기관
> 제65조(부속, 부설기관) 본 대학에 다음과 같은 부속, 부설 기관을 두고, 그 운영에 관한 규정은 이를 따로 정한다.
> ① 부속기관
> 　1. 도서관
> 　2. 동의학술원
> 　3. 대학 부속병원
> 　4. 출판부
> 　5. 기숙사
> ② 부설기관
> 　동양의학 연구소

대학병원(교육병원)은 질병을 치료하는 의료기관이면서 동시에 대학에 대한 예속성을 가진 교육기관이어야 한다. 그러기 위해서는 임상교육 및 실습을 할 수 있는 규모, 시설, 환경, 기구, 조직 비품 등이 갖추어져야 했다.

한의과대학이 설립된 이후 2년에 걸쳐 제한한방병원의 일부를 부속병원으로 개설하기 위한 제반 사항을 마련하였다. 의료법에 따른 병원 시설기준을 갖추고, 임상실습실을 갖추는 등 교육시설 및 의료기기를 확충하였으며 의사 및 간호사 등 필요한 의료 인력을 증원하였다. 교육

을 위한 제반 사항의 확충과 병원
개설을 위한 시설을 구비한 후,
1983년 4월 의료기관 개설 허가
신청에 필요한 서류[31]를 보건소에
제출하였고, 1983년 5월 26일 대
구한의과대학 부속한방병원 개설
을 허가받았다. 개설 당시 부속한
방병원의 병상 수는 33병상(15실)
이었다.

당시의 의료기관개설허가증을
통해 보다 자세한 내용을 확인하

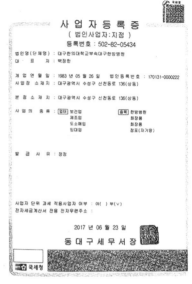

[그림 13] 사업자등록증

고 싶었으나 현재 남아있지 않았다. 하지만 현 대구한의대학교 부속
대구한방병원(전 대구한의과대학 부속한방병원)의 사업자등록증을 통해
개업연원일이 1983년 5월 26일이었음은 확인할 수 있었다[그림 13].

2) 대학 부속한방병원 개설

부속병원이 현재 대구한의대학교부속 대구한방병원의 초기 모습을
갖춘 것은 1987년이었다. 제한한방병원의 일부를 사용하던 것에서 전
체로 확장하고, 별관 중심으로 운영되어오던 것에서 본관을 증축함에
따라 병원의 규모가 커졌다. 이에 따라 병원의 소재지도 상동 165번지

---

31 의료기관 주위약도, 건설평면도, 진료과목별 시설정원 등의 개요설명서, 개설자의 면허
증 사본, 의료보수표, 법인설립허가증 사본, 등기부등본, 정관, 자산에 관한 서류, 사업
계획서 및 임원 명부 등.

에서 상동 165번지와 164-1번
지로 변경되었다. 1987년 3월
26일 발급된 의료기관개설허
가증을 통해 이후 부속한방병
원의 개설을 한차례 다시 신고
하였음을 알 수 있다[그림 14].

의료기관개설허가증에 따
르면 의료법시행규칙 제23조
제3항[32]의 규정에 의하여 대구
직할시장(현 대구광역시장)으로
부터 대구한의과대학 부속한

[그림 14] 의료기관개설허가증

방병원 개설 허가를 받았다.

1987년 당시 진료과목은 한방내과, 부인과, 소아과, 신경정신과, 안
이비인후과, 침구과 총 6개 과이고, 총 22개의 입원실에 33개의 병상을
보유하고 있었다. 병상 수는 앞서 1983년 개설 당시의 병상수와 동일하
나, 입원실의 수는 규모를 확장함에 따라 15실에서 22실로 증가되었다.

1987년 변경 개설 이후에도 늘어나는 병원 시설의 요구를 충족시키
기 위해 시설의 확장은 계속되었다. 1989년 3월에는 기존의 목조건물
을 철거하고 신관 병동 건립을 위해 건축허가를 받았고, 1990년 4월

---

32 제23조(의료기관 개설허가) ③도지사는 의료기관의 개설허가를 한 때에는 지체 없이 별
지 제15호 서식에 의한 허가증을 교부하고 분기별 의료기관의 개설허가 상황을 매 분기
종료 후 15일까지 보건사회부 장관에게 보고하여야 한다. 의료기관의 개설 장소의 이전
기타 개설허가 사항의 변경에 관한 허가를 한 때에도 또한 같다(의료법시행규칙[보건사
회부령 제794호, 1986.12.4. 일부개정]).

4일 건물이 준공되었다. 신축건물은 지하 1층, 지상 6층의 건물로 면적은 4338.085㎡(1312.26평)였다. 이 건물은 병원 진료와 한의학과 학생들의 임상실습실 및 양방의원인 제한의원의 개원 장소로 사용되었다.[33]

1990년 10월 31일 신고한 의료기관 개설 사항 변경허가 내용을 통해서도 1990년 한방병원이 증축되면서 진료실, 입원실, 병상 등이 증설되었다는 것을 알 수 있었다. 진료과목에 한방피부과와 한방요법과가 추가되면서 진료실이 늘어났고, 입원실 1실과 46병상이 추가되어 총 23실 79병상 규모였다. 〈표 4〉의 진료과별 연간 환자 수를 보면 1990년 당시의 병원 운영 상태를 알 수 있다.

〈표 4〉 대구한의과대학 부속한방병원의 진료과별 연간 환자 수(1990년 기준)

	진료과	연간 환자 수 (단위:명)
1	한방1내과	3,295
2	한방2내과	6,866
3	한방3내과	902
4	한방부인과	2,624
5	한방소아과	642
6	한방신경정신과	3,440
7	한방피부과	305
8	한방안이비인후과	446
9	침구1과	6,733
10	침구2과	4,527
11	한방요법과	3,384

---

33 1990년 4월 16일 제한의원을 개원하였다.

7. 병원의 발전

제한한방병원은 대구한의과대학의 설립과 함께 부속병원으로의 변모를 앞두고 있었다. 1980년 대구한의과대학 설립 인가를 받고 1981년 처음 한의예과 학생들이 입학하였다. 대구한의과대학의 설립으로 한의학교육에 대한 첫발을 내디뎠으니 임상교육을 진행할 부속한방병원이 필요하게 되었다. 사실 대학이 설립되기 이전부터 제한동의학술원을 중심으로 제한한방병원 내에서 의학교육은 시작되었다고 봐야 한다. 세브란스가 병원을 운영하면서 의학교육실을 둔 이유를 바탕으로 연희전문과 세브란스가 만나 연세대학교가 되었음에도 연세대학교의 설립을 1885년으로 두는 것은 세브란스의 전신인 광혜원의 설립연도를 기점으로 두기 때문이다. 2020년 우리 대학이 건학 60년을 맞이한 것도 같은 이치이다.

1983년 5월 26일 우리 대학은 대학부속 한방병원으로 제한동의학술원을 "대구한의과대학 부속한방병원"으로 명칭을 바꾸고 초대 한방병원장으로 변정환 박사가 취임하였다. 같은 해 8월 1일에는 2대 병원장으로 부인과를 전공했던 강효신 교수가 취임하였고 95년에도 병원장을 역임한 바가 있었다. 이후에도 84년 4월부터 87년 1월까지 김동규 교수가 3대, 4대, 6대, 8대 병원장을 역임하였고, 85년 9월부터 박순달 교수가 5대 병원장에 취임한 이후 86년 7대 병원장과 88년 11대 병원장, 93년 15대 병원장, 95년 17대 병원장, 98년 19대 병원장을 역임하였다.

1986년은 병원시설에 임상강의동이 건축되었다. 5월 26일 1,457㎡의 임상강의동이 준공이 되었는데, 교육병원으로서 임상교육을 충실히 할 수 있는 여건이 마련된 것이다.

1987년 1월 이태호 교수는 9대 병원장으로 취임한 후 10대 병원장을 역임하고 퇴임하였다.

1990년은 내외로 한의학이 부상하던 시기였다. 3월 임준규 교수가 12대 병원장으로 취임한 이후 같은 해 4월 신관병동이 증축되어 준공되었는데 그 규모는 지하 1층, 지상 6층으로 연면적이 4,338㎡이 되었다. 또한 한·양방 협진시스템 구축을 위한 제한의원을 개설하여 병원 이외에도 변정환 박사의 초기 한의원 명칭이 담긴 제한의원이 개설되었고 김호진 교수가 초대원장을 맡았다. 또한 10월에 의료기관 개설 사항 변경 허가를 취득하여 허가병상이 22실 33병상이었던 것을 23실 79병상으로 확대되어 발전을 도모하였다.

1991년은 학교와 병원의 위상이 달라지게 되었다. 대구한의과대학이 종합대학으로 승격이 되었기 때문인데, 이에 따라 교명이 '경산대'로 바뀌었으므로 병원의 명칭도 '경산대학 부속한방병원'으로 바뀌어야 했다. 같은 해 4월 13대 병원장으로 배종국 교수가 취임하였고, 6월에는 보건사회부장관 명의로 지정의료기관이 되어 지역사회에 중심이 되는 한방병원으로 자리매김하였다.

1992년 2월 14대 부속병원장 이학인 교수가 취임하였고, 4월에 대학이 종합대학 승격에 따라 드디어 명칭이 '경산대학교 부속한방병원'으로 바뀌게 되었다.

1993년에는 대구시로부터 의료보호진료기관, 응급의료기관으로 지정받아 양방병원과 어깨를 나란히 하게 되었고, 1994년에는 병원 규모를 더욱 확대하여 2월에 기존 의료기관 시설을 허가 병상 23실 79병상에서 30실 108병상으로 확대하였다.

1995년에는 허가병상 확장에 보조를 맞춰 신관병동을 증축하였는데, 6층에 220㎡ 규모의 의국을 설치하여 증축 연면적이 4,558㎡가 되었다.

1996년에는 18대 병원장으로 신경정신과 전공 정대규 교수가 취임하였다. 이후 99년에도 20대 병원장을 역임한 바가 있었다. 96년 1월에 근로복지공단으로부터 산재 지정병원으로, 또 12월에는 보건복지부장관으로부터 한의사 전공의 수련병원으로 지정되었고, 97년에는 국방부 장관에게 군 수련기관으로 지정받아 외형과 내실의 발전이 있었던 시기였다.

1999년엔 한·양방 중풍종합검진센터를 개소하여 중풍질환에 대한 전문 진료를 시작하였고, 부속한방병원과 별도로 6월 제한의원이 대구제한병원으로 승격이 되어 일반내과 외 6개 과를 진료하는 8실 38병상의 병원으로 재탄생하였다.

2001년에는 한국보건산업진흥원과 한국관광공사로부터 건강증진한방체험관광프로그램 우수병원으로 지정되어 일찍이 의료관광의 기반을 다졌으며 병원도 신관에 3병동을 개설하여 2개 병동시설을 3개 병동으로 확장하였다.

2002년 8월 21대 부속병원장으로 박재현 교수가 취임하였고, 2003년 경산대가 '대구한의대학교'로 교명이 변경됨에 따라 '경산대학교 부속한방병원'이 '대구한의대학교 부속한방병원'으로 바뀌게 되었다. 또한 같은 해 9월 22대 부속병원장으로 박창국 교수가 취임하였고, 2004년 11월 23대 부속병원장 강석봉 교수가 취임하였다. 2005년에는 24대 부속병원장으로 변준석 교수 취임하였고 2007년 25대 부속병원장 강석봉 교수, 26대 부속병원장 김종대 교수가 취임하였다. 이후 변준석 교수는 대구한의대학교 의무부총장에 취임하였다.

2010년엔 27대 부속병원장으로 강성길 교수가 취임하였고, 2011년 엔 28대 부속병원장으로 최홍식 교수가 취임하였으며, 2012년엔 29대 부속병원장으로 김승모 교수가 취임하였고, 2015년엔 30대 부속병원 장으로 백정한 교수가 취임하였으며, 2020년엔 31대 부속병원장으로 김종대 교수가 다시 취임하였다.

대구한의대학교 부속 한방병원은 국내에서 울릉도와 같은 도서지역 과 국외에서는 몽골, 스리랑카 등 의료 소외 지역이면서 한방의료가 필요한 지역이라면 언제든지 달려가 의료봉사를 실시하였으며, 최근 까지도 상주 존애원과 협업을 통해 유의(儒醫)들의 노블레스 오블리주 (noblesse oblige) 정신을 기리는 사업도 진행하였다.

2021년 코로나 19로 학교 내외로 어려운 상황이 펼쳐지고 있음에도 학교는 병원의 발전을 위해 현 위치의 부속병원 이전을 결정하고 23년 이전 개원을 목표로 대구한의대학교 부속병원의 발전을 위해 노력하고 있다.

[그림 15] 대구한의대 한방병원 전경

8. 나오며

대구한의대학교 부속 대구한방병원의 역사는 해방 이후 대한민국에서 한방병원이 처음 등장한 역사의 산증인이다. 양방의 경우 일찍이 입원시설을 갖춘 의료기관을 설립하고 의료환경을 확대해나갔는데, 한방의 경우 입원시설이 필요한 질환의 치료가 절실한 경우가 많았음에도 제한한방병원의 설립이 있기 전까지는 병원의 모습을 찾아볼 수 없었다. 제한한방병원 설립 이전에도 한방병원 설립을 요구하는 지역의 목소리는 있었지만 법이 없어서인지 병원을 설립할 자금이 부족해서인지 실행되지 못했다. 하지만 미비한 법체계 내에서 가능한 설비를 갖추고 등장한 제한한방병원은 우리나라 한방병원의 출발점을 알리는 역사적인 의미를 갖춘 병원으로 자리매김한다고 평가받는다.

참고문헌

남성현, 「초기 비잔틴 시대(4-7세기)의 기독교적 빈민보호시설의 발전과 병원의 탄생」, 『의사학』 24(1), 2015.
대구시, 『대구통계연보』, 1961.
박지현, 「식민지기 醫生 제도와 정책의 운영」, 『대동문화연구』 106, 2019.
변정환, 『시련을 딛고 밝은 세계로』, 북랜드, 2007.
保健社會部, 『保健社會統計年報』, 1961.
保健社會部, 『保健社會統計年報』, 1971.
신동규, 「일제침략기 결핵전문 요양병원 海州救世療養院의 설립과 운영 실태에 대한 고찰」, 『한일관계사연구』 52, 2015.
안정미, 「인터뷰: 90년, 치과병원 최초로 설립_ 청아치과병원 김찬숙 이사장」, 『대한치과의사협회지』38(10), 2000.

여인석, 「아스클레피오스 신앙과 초기 기독교의 관계에서 본 병원의 기원」, 『의사학』 26(1), 2017.

이규원·최은경, 「대한적십자병원(1905-1907): 설립 및 운영, 그리고 폐지를 중심으 로」, 『의사학』 27(2), 2018.

정일영·신영전, 「일제 식민지기 '원산노동병원'의 설립과 그 의의」, 『의사학』 25(3), 2016.

제한동의학술원, 『濟韓』, 1973.

Edelstein Emma J., & Edelstein, Ludwig, 『Asclepius』, Johns Hopkins Univ. Press, 1998.

※ 본 논문은 금유정의 대구한의대학교 대학원 석사학위논문을 기반으로 작성되었습니다.

제2부

향산 변정환 선생의
학문세계

향산 변정환 선생의 의안 분석을 통한 향산온담탕의 방제학적 기반 확립

변성희* · 김상찬**

1. 서론

향산(香山) 선생은 1932년 일제강점기에 경상북도 청도군에서 출생하여 동양의약대학(경희대학교 한의과대학의 전신)에서 수학하였으며, 이후 1970년 최초의 한방병원 설립, 1971년 비영리의료재단인 제한동의학술원(濟韓東醫學術院)의 설립,[1] 1973년 한의학전문 논문집 『제한(濟韓)』의 창간,[2] 같은 해에 제3회 세계침구학술대회장 역임,[3] 1976년 초대 국제동양의학회(ISOM; The International Society of Oriental Medicine) 회장 역임,[4] 1980년 제17대 대한한의사협회장 역임[5] 및 동년 대구한의

---

　* 대구한의대학교 한의예과 교수
** 대구한의대학교 한의예과 교수

1　대구한의대학교 향산교양교육연구소, 『香山 卞廷煥博士의 학문세계와 시대적 위상』, 2022.

2　본 논문집 『濟韓』은 1976년에 『黃帝醫學』으로 題號가 변경되었다가, 다시 1979년에 『東西醫學』誌로 題號가 변경되어 현재까지 발행되고 있음.

3　세계침구학술대회장. http://weekly.khan.co.kr/khnm.html?mode=view&art_id=17534(검색일 : 2022.11.28.)

과대학의 설립 등 우리나라 한의학의 학문적 및 행정적 발전, 한의학의
과학화, 국제화에 지대한 공헌을 하였다.

향산 선생은 경희대학교 한의과대학을 졸업한 1959년 대구 봉산동
에서 제한의원(濟漢醫院)을 개원한 이후부터 현재까지 수많은 임상진
료[6]를 하면서 다양한 임상의안(臨床醫案)을 남겼으며, 대학·대학원에서
의 강의 및 임상의(臨床醫)를 대상으로 한 임상강의[7]로 다양한 임상경험
들을 후학들에게 전수하였다.

향산 선생에 대한 연구로는 향산 선생의 사회봉사와 사회복지에 대
한 연구, 서도에 대한 연구, 생애와 업적에 대한 연구, 유학정신에 대한
연구 등 다양한 방면에서 이루어져 왔으나,[8] 선생의 의안(醫案)에 대한
연구보고는 매우 미흡한 실정이다.

이에 본 저자들은 향산 선생의 의안을 기반으로 향산 선생의 빈용방
제(頻用方劑) 중의 하나인 가미온담탕(加味溫膽湯)에 대하여 연구하였
다. 현재까지 가미온담탕에 대한 연구로는 교통사고 후 불면증 환자의
치료,[9] 두근거림의 치료,[10] 불안정협심증의 치험례,[11] 스트레스성 뇌신

4 국제동양의학회장. https://www.isom.or.kr/bbs/content.php?co_id=c1_menu01(검색
  일 : 2022.11.11.)
5 대한한의사협회장. https://www.akom.org/Home/Company/2?sub=10(검색일 : 2022.
  11.11.)
6 이동기, 「香山 卞廷煥의 '敎育輔國'에 관한 旅程」, 『香山 卞廷煥博士의 학문세계와 시대
  적 위상』, 대구한의대학교 향산교양교육연구소, 2022, 23~38쪽.
7 변정환 강의, 경산대학교 한의과대학 동창회 편집, 「香山 卞廷煥 總長 臨床特講 講義
  錄」, 경산대학교 한의과대학 동창회, 1996.
8 대구한의대학교 향산교양교육연구소, 『香山 卞廷煥博士의 학문세계와 시대적 위상』,
  2022.
9 강석범·김영준·우창훈, 「교통사고 후 불면증 환자에 대한 加味溫膽湯의 임상례 연구」,
  『東西醫學』 45(2), 제한동의학술원, 2020, 13~20쪽.

경전달물질의 변화,[12] 항고지혈작용,[13] 항 Stress 효능,[14] 수면 시간 연
장[15] 등이 있었으나, 가미온담탕의 분석 및 가감법에 대한 연구는 전무
한 실정이다.

본 연구에서는 2021년 6월 30일까지 '한글워드'로 작성된 573건의
향산 선생 진료 차트 중 가미온담탕(加味溫膽湯)이 활용된 차트를 대상
으로 가미온담탕 용약 방법을 정리하고, 가미온담탕의 활용에서 기본
구조가 되는 가미온담탕 가당귀(加當歸), 산조인(酸棗仁), 소엽(蘇葉), 신
곡(神麯), 치자(梔子)를 '향산온담탕(香山溫膽湯)'으로 명명하고, 향산온
담탕의 기미(氣味) 및 효능 주치증(主治症)을 도출하고자 하였다.

2. 연구 방법

1) 연구 대상

2021년 6월 30일까지 '한글워드(hwp)'로 작성된 573건의 차트 중

---

10 공원호·김원일, 「두근거림에 대한 加味溫膽湯의 치험 14례」, 『대한한방내과학회지』
    42(5), 대한한방내과학회, 2021, 1160~1172쪽.
11 정현진·전상윤, 「加味溫膽湯 加減으로 호전된 胸痛, 不眠, 呼吸困難을 동반한 不安定
    狹心症 환자 1례」, 『대한한방내과학회지』 40(3), 대한한방내과학회, 2019, 525~533쪽.
12 강탁림, 「加味溫膽湯이 스트레스성 腦神經傳達物質 變化에 미치는 影響」, 『대한예방한
    의학회지』 5(2), 대한예방한의학회, 2001, 114~121쪽.
13 김경수·전상윤·안정조·홍석·정수미, 「加味溫膽湯의 항고지혈 작용에 대한 연구」, 『대
    한한의학방제학회지』 13(1), 대한한의학방제학회, 2005, 85~101쪽.
14 김형철·정대규, 「歸脾湯, 加味溫膽湯 및 歸脾溫膽湯의 抗 Stress 效能 比較研究」, 『동
    의신경정신과학회지』 4(1), 동의신경정신과학회, 1993, 99~119쪽.
15 엄수훈·홍무창·심민규·김완희, 「加味溫膽湯의 투여가 수면 시간에 미치는 영향에 대
    한 실험적 연구」, 『동서의학』 8(2), 제한동의학술원, 1983, 1~11쪽.

가미온담탕이 활용된 차트를 대상으로 하였다. 573건의 진료 기간은 재진 포함 2006.7.11.~2021.5.14.까지였으며, 가장 최근의 초진은 2012년 11월 26일이었다. 573건 중 가미온담탕이 처방된 차트는 218건 (전체 차트의 38.05%; 218/573)이었으며, 가미온담탕의 처방 건수는 325회로 가미온담탕은 가미온담탕이 처방된 환자당 평균적으로 1.49회 (325/218) 처방되었다.

2) 자료의 선별

218건의 가미온담탕에 대한 자료 분석을 위하여, 증상 또는 병명이 기재되지 않은 경우, 다른 방제(方劑)와 병용한 경우, 처방의 내용을 파악하기 어려운 경우는 아래와 같은 사유로 배제하였다.

〈표 1〉 가미온담탕이 처방된 218차트에서의 배제기준

배제기준	사유
증상 또는 병명이 기재되지 않은 경우	加味溫膽湯이 처방되었으나, 증상 또는 병명이 기재되지 않은 경우는 증상분석이 불가능하므로 배제하였다.
다른 방제와 병용한 경우	加味溫膽湯을 처방함과 동시에 和中散 또는 一診散, 五痰丸, 淸肺瀉肝丸, 淸肺丸, 白殭蠶散 등을 같이 처방한 경우는 加味溫膽湯만으로 분석하기에는 변수가 많아 배제하였다.
처방의 내용을 파악하기 어려운 경우	예로서 동일 차트 내에서 1월 13의 加味溫膽湯 1劑라고 처방되었으나, 1월 13일의 加味溫膽湯을 찾을 수 없는 경우는 배제하였다.

위의 배제 조건을 적용한 후 차트, 218건은 117건이 제외되어 차트 101건, 가미온담탕 처방 수 325회는 176회가 제외되어 처방 수 149건

으로 요약되었으며, 차트당 가미온담탕은 평균적으로 1.48회(149/101) 처방되었다.

〈표 2〉 배제기준 적용후의 최종 연구차트 및 처방

3) 주치증 분석

101건의 차트, 149건의 처방 건수를 대상으로 주요 치료대상을 파악하기 위하여, 〈표 3〉의 조건에 해당하는 경우는 치료증상 분석에서 배제하였으며, 〈표 4〉의 조건으로 용어를 통제하였다.

〈표 3〉 149처방에서의 치료증상 배제기준

배제기준	사유
重複記載	同一患者의 同一日字에 반복 기재된 증상은 배제하였다.
過去病歷	과거병력 및 수술기록 등이 주 치료 증상에 어떻게 영향을 미치는 지를 정확히 판단할 수 없으므로 배제하였다.
罹患其間	이환기간은 증상의 정도(급성/만성 또는 실증/허증)로 분류되어 처방의 변수가 될 수 있으므로 배제하였다.
左/右	左血右氣이론이 있으나, 香山溫膽湯의 方劑 구성을 고정시켰으므로 배제하였다.
病變位置만 기록된 경우	關節, 손목, 氣管支, 手心, 心臟, 扁桃腺, 皮膚 등으로만 기재된 경우 부분적 추론은 가능하지만 100% 추론이 불가능하여 변수로 작용될 수 있으므로 배제하였다.
양약복용경력	다양한 양약복용의 기록이 있었으나, 아직 加味溫膽湯과 洋藥 간의 藥物相互作用(drug interaction)은 밝혀진 바가 많지 않기 때문에 배제하였다.

| 통증발생의 조건 | 변수를 최소화하기 위해 조건에 해당되는 경우, 즉 久立則左膝痛은 膝痛으로, 午後肩背痛은 肩背痛으로 통증발생의 조건을 배제하였다. |
| 습관 | 습관은 인체의 생리 병리에 직간접적으로 영향을 미칠 수 있지만 case가 1건으로 배제하였다. |

또한 증상명칭은 아래의 조건으로 용어를 통일하였다.

〈표 4〉 149처방에서의 치료증상 통일기준

항목	처리 결과
症狀/證/病名	따로 구분하지 않았다.
高脂血, 高脂血症, 고콜레스테롤	高脂血로 통일하였다.
痰, 痰飮, 痰出	痰飮으로 통일하였다.
多夢, 多夢無憶	多夢으로 통일하였다.
倒飽, 倒飽如滯	倒飽로 통일하였다.
無力, 無氣力	無力으로 통일하였다.
疲困, 疲勞, 疲勞感, 疲勞甚	疲勞로 통일하였다.
不能眠, 不眠, 不眠症	不眠으로 통일하였다.
焦燥, 不安, 不安焦燥	不安焦燥로 통일하였다.
鼻炎, 鼻腔炎	鼻炎으로 통일하였다.
夜尿, 夜尿數	夜尿로 통일하였다.
耳鳴, 耳鳴感	耳鳴으로 통일하였다.
胃炎, 慢性胃炎	胃炎으로 통일하였다.

4) 용약의 분석

전체 149건의 처방에 사용된 약재의 빈도를 분석하기 위하여 가미온담탕의 구성 약재(香附子, 橘紅, 半夏, 枳實, 竹茹, 人蔘, 白茯苓, 柴胡, 麥門冬, 桔梗, 甘草, 生薑, 大棗)[16]는 제외하고 가미된 약재를 분석하였다. 단 가미된 약재의 수치는 많은 변수를 유도할 수 있어 배제하였다.

3. 연구 결과

1) 성별 및 연령에 따른 환자의 분포

〈표 2〉에서 도출된 101개 차트 중 성별 기록은 101건 모두 기재되었
으며, 여성 1건에서 연령이 기록되어 있지 않아 성별은 101건, 연령별
은 100건을 대상으로 하였다.

환자의 성별은 남성 24명, 여성 77명으로 각각 23.8%, 76.2%로 분
포되어 있었다[그림 1-A].

연령별로는 총 100명 중 10대, 20대, 30대, 40대, 50대, 60대, 70대,
80대가 각각 4, 7, 14, 14, 23, 27, 9, 2(명, %)이었다[그림 1-B].

남성은 총 24명 중 10대, 20대, 30대, 40대, 50대, 60대, 70대가
각각 3, 2, 4, 1, 7, 6, 1(명)이었으며, 비율은 각각 12.5, 8.3, 16.7,
4.2, 29.2, 25.0, 4.2(%)이었으며[그림 1-C], 여성은 총 76명 중 10대,
20대, 30대, 40대, 50대, 60대, 70대, 80대가 각각 1, 5, 10, 13, 16,
21, 8, 2(명)이었으며, 비율은 각각 1.3, 6.6, 13.2, 17.1, 21.1, 27.6,
10.5, 2.6(%)이었다[그림 1-D].

---

16 黃度淵, 『方藥合編』, 南山堂, 1985, 205~206쪽.

본 진료차트에서는 여성이 남성 환자에 비교해 약 3.21배 정도 많았
었는데, 이는 『동의보감(東醫寶鑑)』의 "정전왈, 남자속양, 득기이산. 여
인속음, 우기다울. 시이남자지기병상소, 여인지기병상다(正傳曰, 男子
屬陽, 得氣易散. 女人屬陰, 遇氣多鬱. 是以男子之氣病常少, 女人之氣病常多;
남자는 양에 속하여, 기를 만나더라도 쉽게 풀어지지만, 여인은 음에 속하여 기
를 만나면 울체되는 경우가 많다. 이런 까닭에 남자에게는 기병이 항상 적고,
여인에게는 기병(氣病)이 항상 많다)"[17]와 연관성이 있는 것인지 아니면,
남성들이 여성들에 대해 내원하여 진료받을 시간이 상대적으로 부족했
었는지 또는 다른 원인에 의한 것인지에 대해서는 정확히 알 수 없었으
나, 여성들에게 가미온담탕증이 많았음을 알 수 있다.

[그림 1] 환자의 성별 연령별 분포

A)
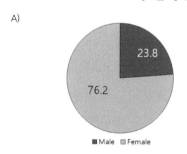

B)
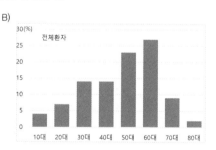

C)
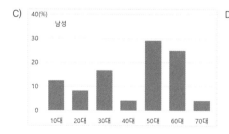

D)
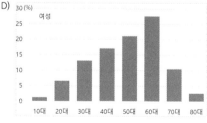

---

17 許浚, 『東醫寶鑑』, 南山堂, 1983, 92쪽.

2) 치료증상의 분석

〈표 3〉과 〈표 4〉에서의 치료증상 분류기준에 따라, 149처방에서 치료증상을 분석하였다.

도출된 치료증상은 두통(頭痛), 면랭(面冷), 다몽(多夢) 등을 포함하여 195종이었으며, 이 중 각 처방의 치료증상으로 제시된 합계가 3% 미만에 해당하는 4건 이하의 경우는 생략하였다. 생략한 증상은 당뇨병(糖尿病 3건), 목피로(目疲勞 1건), 피부건조(皮膚乾燥 1건) 등 165종이었다. 5건 이상 제시된 증상을 빈도에 따라 정리하였으며 불면(不眠), 목현(目眩), 불숙면(不熟眠), 구갈(口渴), 다몽(多夢) 등을 포함하여 30종이었다〈표 5〉.

〈표 5〉 149처방에서의 치료증상의 빈도

번호	症狀	頻度	處方件對比(%)	번호	症狀	頻度	處方件對比(%)
1	不眠	69	46.31	16	疲勞	9	6.04
2	目眩	36	24.16	17	感冒	8	5.37
3	不熟眠	28	18.79	18	倒飽	8	5.37
4	口渴	25	16.78	19	鼻炎	8	5.37
5	多夢	21	14.09	20	上氣	8	5.37
6	頭痛	18	12.08	21	自汗	8	5.37
7	胃炎	15	10.07	22	産後風	7	4.7
8	喉痺	13	8.72	23	心煩	7	4.7
9	痰飮	12	8.05	24	不安焦燥	6	4.03
10	腰痛	11	7.38	25	流産風	6	4.03
11	項强	11	7.38	26	耳鳴	6	4.03
12	月經不順	10	6.71	27	足痛	6	4.03
13	眩暈	10	6.71	28	氣短	5	3.36
14	肩痛	9	6.04	29	心悸	5	3.36
15	便秘	9	6.04	30	足痺	5	3.36

이 중 불면, 불숙면, 다몽을 포함한 수면 장애는 합계 118건으로 이
는 가미온담탕의 활투(活套)에 불면가당귀산조인(不眠加當歸酸棗仁)이
기록되어[18,19] 가미온담탕의 증상에 불면이 발생할 수 있는 것과, 가미
온담탕이 심담허겁(心膽虛怯)하여 촉사이경(觸事易驚)하고, 또한 이로
인하여 발생하는 불면, 다몽, 경계(驚悸), 정충(怔忡), 불안, 우울 등의
신경증을 치료할 수 있는 것과[20,21] 매우 많은 공통점을 가진다.

3) 가미온담탕에 가미된 약재의 분석

(1) 가미온담탕의 구성 약재

가미온담탕의 구성 약재인 반하(半夏), 귤홍(橘紅 또는 진피(陳皮)), 복
령(茯苓), 감초(甘草), 지실(枳實), 죽여(竹茹), 생강(生薑), 대조(大棗), 인
삼(人蔘), 맥문동(麥門冬), 길경(桔梗), 시호(柴胡), 향부자(香附子) 외에
가미된 약재를 연구 방법에서 제시한 '용약의 분석'에 따라 정리하였다.

149처방에서 가미온담탕에 추가된 약재는 산조인(酸棗仁), 신곡(神
麯), 오약(烏藥) 등을 포함하여 총 47종이었으며, 길경(桔梗)을 포함한
19종의 약재는 1회 활용되었으며, 감국(甘菊)을 포함한 8종의 약재는
2회, 갈근을 포함한 5종의 약재는 3회, 만형자(蔓荊子)를 포함한 3종의
약재는 4회, 금은화(金銀花)를 포함한 3종의 약재는 5회, 도인(桃仁)은
6회, 유향(乳香)은 9회, 결명자(決明子)는 11회, 황련(黃連)은 21회, 신곡

---

18 黃度淵, 앞의 책, 205~206쪽.
19 香山溫膽湯에는 當歸, 酸棗仁이 配合되어 있다.
20 申載鏞, 『方藥合編解說』, 成輔社, 1989, 147~148쪽.
21 이종대, 『새로 보는 方藥合編 中統』, 청홍, 2012, 516쪽.

은 136회, 치자(梔子)는 139회, 소엽(蘇葉)은 140회, 당귀(당귀신 포함)는 141회, 산조인은 145회 활용되었다〈표 6〉.

〈표 6〉 149처방에서의 가미된 약재의 종류 및 빈도

번호	藥材	處方頻度	處方件對比(%)	번호	藥材	處方頻度	處方件對比(%)
1	酸棗仁	145	97.32	25	薏苡仁	2	1.34
2	當歸	141	94.63	26	草豆蔲	2	1.34
3	蘇葉	140	93.96	27	杏仁	2	1.34
4	梔子	139	93.29	28	玄蔘	2	1.34
5	神麯	136	91.28	29	桔梗	1	0.67
6	黃連	21	14.09	30	麥門冬	1	0.67
7	決明子	11	7.38	31	木瓜	1	0.67
8	乳香	9	6.04	32	薄荷	1	0.67
9	桃仁	6	4.03	33	白豆蔲	1	0.67
10	金銀花	5	3.36	34	山査	1	0.67
11	沒藥	5	3.36	35	山藥	1	0.67
12	紅花	5	3.36	36	蟬蛻	1	0.67
13	蔓荊子	4	2.68	37	蘇子	1	0.67
14	防風	4	2.68	38	柴胡	1	0.67
15	釣鉤藤	4	2.68	39	五味子	1	0.67
16	葛根	3	2.01	40	牛膝	1	0.67
17	鹿茸	3	2.01	41	秦艽	1	0.67
18	大黃	3	2.01	42	車前子	1	0.67
19	白芥子	3	2.01	43	天麻	1	0.67
20	蓮子肉	3	2.01	44	破古紙	1	0.67
21	甘菊	2	1.34	45	荊芥	1	0.67
22	羌活	2	1.34	46	黃芩	1	0.67
23	白扁豆	2	1.34	47	黃柏	1	0.67
24	烏藥	2	1.34				

3처방의 case에서 1처방은 가미온담탕의 구성 약재인 맥문동이 추

가되었고, 또 다른 1처방은 가미온담탕의 구성 약재인 시호가 추가되
었으며, 나머지 1처방에서는 가미온담탕의 구성 약재인 길경이 추가되
었으나, 이는 장중경(張仲景) 선생이 계지탕(桂枝湯; 桂枝, 芍藥, 甘草, 生
薑, 大棗)에서 작약(芍藥)의 역할을 제고하기 위하여 작약을 더 추가한
'계지가작약탕(桂枝加芍藥湯)'²²을 만든 것처럼 가미온담탕에서 맥문동
및 시호, 길경을 증량하여 각 약재들의 약효를 강화하고자 한 것으로
생각된다.

(2) 가미온담탕의 구성 약재의 분량

향산 선생의 가미온담탕 처방 149건에 있어서 90% 이상 다수 가미된
약재는 〈표 6〉에서처럼 산조인 145건(97.32%), 당귀 141건(94.63%), 소
엽 140건(93.96%), 치자 139건(93.29%), 신곡 136건(91.28%)이었다.

가미된 약재의 용량을 살펴보면, 당귀는 141건 중, 1.0전(錢)을 사용
한 것이 3건(2.13%), 1.5전을 사용한 것이 1건(0.71%), 2.0전을 사용한
것이 21건(14.89%), 3.0전을 사용한 것이 115건(81.56%), 5.0전을 사용
한 것이 1건(0.71%)이었으며, 2.0~3.0전을 사용한 것이 136건으로
96.43%를 차지하였으며, 평균적으로 2.81전이 가미되었다〈표 7〉/[그
림 2-A]. 산조인은 145건 중, 1.0전을 사용한 것이 1건(0.69%), 1.5전을
사용한 것이 28건(19.31%), 2.0전을 사용한 것이 110건(75.86%), 2.5전
을 사용한 것이 5건(3.45%), 3.0전을 사용한 것이 1건(0.69%)이었으며,
1.5전~2전을 사용한 것이 138건으로 95.17%를 차지하였으며, 평균적

---

22 全國韓醫科大學 方劑學敎授 編著, 『方劑學』, 永林社, 1999, 73쪽.

으로 1.92전이 가미되었다〈표 7〉/[그림 2-B]. 소엽은 140건 중, 0.7전을 사용한 것이 6건(4.29%), 0.8전을 사용한 것이 133건(95.00%), 2전을 사용한 것이 1건(0.71%)으로 평균적으로 0.80전이 가미되었다〈표 7〉/[그림 2-C]. 신곡은 136건 중, 0.8전을 사용한 것이 2건(1.47%), 1전을 사용한 것이 133건(97.79%), 2전을 사용한 것이 1건(0.74%)으로 평균 1.00전이 가미되었다〈표 7〉/[그림 2-D]. 치자는 139건 중 0.8전을 사용한 것이 2건(1.44%), 1.0전을 사용한 것이 136건(97.84%), 2전을 사용한 것이 1건(0.72%)으로 평균적으로 1.00전이 가미되었다〈표 7〉/[그림 2-E].

149처방 전반적으로 보면, 당귀는 2.66±0.80전, 산조인은 1.87±0.40전, 소엽은 0.76±0.22전, 신곡은 0.92±0.30전, 치자는 0.94±0.27전이 가미되었음을 알 수 있으며, 또한 149처방에서 5종 약재외 가미된 약재의 수는 0.86±1.03종이었으며, 용량은 1.03±1.92전이었다〈표 7〉.

가미된 약재의 수를 살펴보면, 149처방 중 5종 약재(산조인, 당귀, 소엽, 치자, 신곡)가 모두 가미된 경우는 129건(86.58%)이었으며, 5종 약재 중 4종이 가미된 경우 10건(6.71%; 차트번호 10, 28, 37, 46, 54, 78, 79, 91, 97, 124), 5종 약재 중 3종이 가미된 경우 4건(2.68%; 차트번호 66, 95, 110, 113), 5종 약재 중 2종이 가미된 경우 2건(1.34%; 차트번호 1, 147), 5종 약재 중 1종이 가미된 경우 1건(0.67%; 차트번호 21)이었으며, 5종 약재 중 어느 약재도 가미되지 않은, 즉 가미온담탕으로만 처방된 경우는 3건(2.01%; 차트번호 5, 73, 109)이었다. 전반적으로 보면, 4~5종 약재를 가미한 경우는 139건으로 93.29%를 차지하였으므로 대부분의 경우 4-5종을 가미하여 처방하였음을 알 수 있다〈표 7〉/[그림 2-F].

〈표 7〉 149처방에서의 가미된 약재 및 용량

차트번호	當歸	棗仁	蘇葉	神麴	梔子	A	B
1	3	2.5				1	1.5
2	3	2	0.8	1	1	0	0
3	3	2	0.8	1	1	0	0
4	3	2	0.8	1	1	0	0
5						1	1
6	3	2	0.8	1	1	0	0
7	3	1.5	0.8	1	1	0	0
8	3	2	0.8	1	1	0	0
9	3	2	0.8	1	1	0	0
10	1	1		1	1	2	2.5
11	3		0.8	1	1	0	0
12	3	2	0.8	1	1	0	0
13	3	2	0.8	1	1	0	0
14	3	2	0.8	1	1	0	0
15	2	2	0.8	1	1	0	0
16	2	2	0.8	1	1	0	0
17	3	2.5	0.8	1	1	0	0
18	3	2.5	0.8	1	1	0	0
19	3	2	0.8	2	2	0	0
20	3	2	0.7	1	1	1	1.5
21			0.8			4	6
22	3	2	0.8	1	1	0	0
23	3	2	0.8	1	1	0	0
24	3	2	0.8	1	1	1	1
25	3	2	0.8	1	1	0	0
26	3	2	0.8	1	1	0	0
27	3	2	0.8	1	1	1	0.5
28	3	2		1	1	1	0.5
29	3	1.5	0.8	1	1	0	0
30	3	2	0.8	1	1	2	1.5
31	3	2	0.8	1	1	3	2.3
32	2	1.5	0.8	1	1	0	0
33	3	2	0.8	1	1	2	1.3
34	2	2	0.8	1	1	2	0.8
35	2	2	0.8	1	1	2	0.8
36	2	2	0.8	1	1	2	0.8
37	3	1.5	0.8		1	1	0.3
38	5	2	0.8	1	1	0	0
39	3	2	0.8	1	1	2	1.3
40	3	2	0.8	1	1	3	3.6

차트번호	當歸	棗仁	蘇葉	神麴	梔子	A	B
52	2	2	0.8	0.8	0.8	0	0
53	3	2	0.8	1	1	1	0.5
54	3	3		1	1	1	5
55	3	1.5	0.8	1	1	0	0
56	3	2	0.8	1	1	2	3.5
57	3	1.5	2	1	1	2	3
58	1	2	0.8	1	1	1	2
59	2	1.5	0.8	1	1	0	0
60	3	2	0.8	1	1	1	2
61	3	2	0.8	1	1	2	1.5
62	3	2	0.8	1	1	1	0.5
63	3	2	0.8	1	1	0	0
64	3	2	0.8	1	1	1	0.3
65	2	2.5	0.8	1	1	0	0
66	3	2	0.8			2	2
67	3	2	0.7	1	1	0	0
68	3	2	0.8	1	1	0	0
69	3	2	0.8	1	1	2	2
70	3	2	0.8	1	1	0	0
71	3	2	0.8	1	1	2	2.5
72	1.5	1.5	0.8	1	1	0	0
73						5	7.5
74	3	2	0.8	1	1	2	3.3
75		1.5	0.8	1	1	1	1
76	3	2	0.7	1	1	1	1
77	3	2	0.8	1	1	0	0
78	3	2	0.8		1	3	4.5
79	3	2	0.8		1	3	4.5
80	3	2	0.8	1	1	0	0
81	3	2	0.8	1	1	1	0.5
82	3	2	0.8	1	1	1	0.5
83	3	2	0.8	1	1	1	0.8
84	3	2	0.8		1	0	0
85	3	2	0.8	1	1	0	0
86	3	2	0.8	1	1	3	5
87	3	2	0.8	1	1	0	0
88	3	2	0.8	1	1	0	0
89	3	2	0.8	1	1	1	2
90	3	2	0.8	1	1	0	0
91		1.5	0.7	1	1	3	4

차트번호	當歸	棗仁	蘇葉	神麴	梔子	A	B
103	3	2	0.8	1	1	2	
104	3	2	0.8	1	1	2	
105	3	2	0.8	1	1	0	
106	3	2	0.8	1	1	0	
107	3	2	0.8	1	1	1	0.
108	3	2	0.8	1	1	1	0.
109						2	1.
110	3	2	0.8			2	2.
111	3	2	0.8	1	1	0	
112	2	1.5	0.8	1	1	0	
113	3	2.5	0.8			0	
114	3	2	0.8	1	1	0	
115	3	1.5	0.8	1	1	0	
116	3	2	0.8	1	1	2	
117	3	2	0.7	1	1	3	2.
118	3	1.5	0.8	1	1	1	
119	3	2	0.8	1	1	0	
120	3	2	0.8	1	1	1	0.
121	3	1.5	0.8	1	1	1	1.
122	3	2	0.8	1	1	0	
123	3	2	0.8	1	1	0	
124		1.5	0.8	1	1	0	
125	2	2	0.8	1	1	0	
126	3	2	0.8	1	1	0	
127	3	2	0.8	1	1	2	1.
128	3	2	0.8	1	1	0	
129	3	1.5	0.8	1	1	0	
130	3	2	0.8	1	1	0	
131	3	2	0.8	1	1	2	1.
132	3	1.5	0.7	1	1	0	
133	3	2	0.8	1	1	0	
134	3	2	0.8	1	1	2	1.
135	3	2	0.8	1	1	0	
136	3	2	0.8	1	1	0	
137	3	1.5	0.8	1	1	2	3
138	3	2	0.8	1	1	0	
139	3	2	0.8	1	1	0	
140	3	2	0.8	1	1	2	1.
141	3	2	0.8	1	1	0	
142	3	2	0.8	1	1	0	

3	2	0.8	1	1	2	1.1
3	2	0.8	1	1	2	1.1
3	1.5	0.8	1	1	0	0
3	2	0.8	1	1	1	1
2	2	0.8	1	1	1	1.5
3	2		1	1	1	1.5
3	2	0.8	1	1	2	5
3	1.5	0.8	1	1	0	0
2	1.5	0.8	1	1	0	0
2	1.5	0.8	1	1	0	0
2	2	0.8	0.8	0.8	0	0

92	3	2	0.8	1	1	1	0.3
93	3	1.5	0.8	1	1	2	2.3
94	2	2	0.8	1	1	0	0
95	2	1.5	0.8			2	2.5
96	3	2	0.8	1	1	1	0.7
97	3	2		1	1	2	0.8
98	3	2	0.8	1	1	0	0
99	2	1.5	0.8	1	1	0	0
100	2	1.5	0.8	1	1	0	0
101	2	1.5	0.8	1	1	0	0
102	2	2	0.8	1	1	0	0

143	3	2	0.8	1	1	1	0.5
144	3	2	0.8	1	1	1	0.2
145	3	2	0.8	1	1	0	0
146	3	2	0.8	1	1	1	1
147		2	0.8			1	1.5
148	3	2	0.8	1	1	2	17
149	1	1.5	0.8	1	1	0	0
건수	141	145	140	136	139	72	72
합계*	396.5	278.5	112.6	136.6	139.6	128	154.1
평균*	2.66	1.87	0.76	0.92	0.94	0.86	1.03
SD*	0.80	0.40	0.22	0.30	0.27	1.03	1.92

當歸, 棗仁, 蘇葉, 神麴, 梔子 외 가미된 약재 수 (단위; 種)
當歸, 棗仁, 蘇葉, 神麴, 梔子 외 가미된 약재의 분량 합계 (단위; 錢)
계, 평균 및 SD는 149건 전체에 대한 통계임.

[그림 2] 5종 약재의 가미 용량 및 빈도

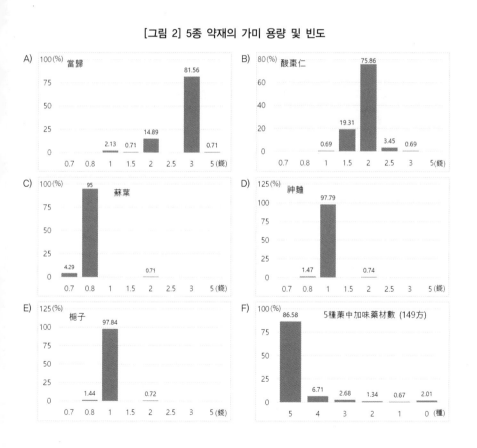

앞의 5종 약재(산조인, 당귀, 소엽, 치자, 신곡) 외 어떠한 가미도 없는 처방은 74건(49.7%; 74/149)이었으며, 2건(2.70%; 차트번호. 113, 124)의 경우 113번 차트에서는 신곡과 치자를 추가하지 않았고, 124번 차트에서는 당귀를 추가하지 않았다. 그러므로 가미온담탕에 당귀, 산조인, 소엽, 신곡, 치자 5미(味)를 모두 가미한 경우는 총 72건(97.3%; 72/74)이었으며, 4미를 가미한 경우는 총 1건(1.35%; 1/74), 3미를 가미한 경우도 총 1건(1.35%; 1/74)이었다〈표 8〉/[그림 3-A].

앞의 5종 약재만을 가미하여 처방한 경우 분량은 평균적으로 당귀는 2.72±0.64전, 산조인은 1.90±0.26전, 소엽은 0.80±0.02전, 신곡은 1.00±0.17전, 치자는 1.00±0.17전이 가미되었음을 알 수 있다〈표 8〉.

〈표 8〉 149처방에서의 다른 약재의 가미 없이 5종 약재만 활용된 경우

일련번호	차트번호	當歸	棗仁	蘇葉	神麴	梔子	일련번호	차트번호	當歸	棗仁	蘇葉	神麴	梔子	일련번호	차트번호	當歸	棗仁	蘇葉	神麴	梔子
1	2	3	2	0.8	1	1	27	50	2	1.5	0.8	1	1	53	112	2	1.5	0.8	1	1
2	3	3	2	0.8	1	1	28	51	2	2	0.8	0.8	0.8	54	113	3	2.5	0.8		
3	4	3	2	0.8	1	1	29	52	2	2	0.8	0.8	0.8	55	114	3	2	0.8	1	1
4	6	3	2	0.8	1	1	30	55	3	1.5	0.8	1	1	56	115	3	1.5	0.8	1	1
5	7	3	1.5	0.8	1	1	31	59	2	1.5	0.8	1	1	57	119	3	2	0.8	1	1
6	8	3	2	0.8	1	1	32	63	3	2	0.8	1	1	58	122	3	2	0.8	1	1
7	9	3	2	0.8	1	1	33	65	2	2.5	0.8	1	1	59	123	3	2	0.8	1	1
8	11	3	2	0.8	1	1	34	67	3	2	0.7	1	1	60	124		1.5	0.8	1	1
9	12	3	2	0.8	1	1	35	68	3	2	0.8	1	1	61	125	2	2	0.8	1	1
10	13	3	2	0.8	1	1	36	70	3	2	0.8	1	1	62	126	3	2	0.8	1	1
11	14	3	2	0.8	1	1	37	72	1.5	1.5	0.8	1	1	63	128	3	2	0.8	1	1
12	15	2	2	0.8	1	1	38	77	3	2	0.8	1	1	64	129	3	1.5	0.8	1	1
13	16	2	2	0.8	1	1	39	80	2	2	0.8	1	1	65	130	3	2	0.8	1	1
14	17	3	2.5	0.8	1	1	40	84	3	2	0.8	1	1	66	132	3	1.5	0.7	1	1
15	18	3	2.5	0.8	1	1	41	87	3	2	0.8	1	1	67	133	3	2	0.8	1	1
16	19	3	2	0.8	2	2	42	88	3	2	0.8	1	1	68	135	3	2	0.8	1	1

17	22	3	2	0.8	1	1
18	23	3	2	0.8	1	1
19	25	3	2	0.8	1	1
20	26	3	2	0.8	1	1
21	29	3	1.5	0.8	1	1
22	32	2	1.5	0.8	1	1
23	38	5	2	0.8	1	1
24	43	3	1.5	0.8	1	1
25	48	3	1.5	0.8	1	1
26	49	2	1.5	0.8	1	1

43	90	3	2	0.8	1	1
44	94	2	2	0.8	1	1
45	98	3	2	0.8	1	1
46	99	2	1.5	0.8	1	1
47	100	2	1.5	0.8	1	1
48	101	2	1.5	0.8	1	1
49	102	3	2	0.8	1	1
50	105	3	2	0.8	1	1
51	106	3	2	0.8	1	1
52	111	3	2	0.8	1	1

69	138	3	2	0.8	1	1
70	139	3	2	0.8	1	1
71	141	3	2	0.8	1	1
72	142	3	2	0.8	1	1
73	145	3	2	0.8	1	1
74	149	1	1.5	0.8	1	1
건수		73	74	74	73	73
합계*		201.5	140.5	59	73.6	73.6
평균*		2.72	1.90	0.80	1.00	1.00
SD*		0.64	0.26	0.02	0.17	0.17

* 합계, 평균 및 SD는 74건 전체에 대한 통계임.

　위의 5종 약재(산조인, 당귀, 소엽, 치자, 신곡)를 포함하고 여기에 또한 다른 약재의 가미가 있는 경우는 72건(48.32%; 72/149)이었으며, 이 중 5종 약재가 모두 배합된 경우는 56건(74.67%; 56/72)이었으며, 4종이 가미된 경우 10건(13.33%; 차트번호 10, 28, 37, 46, 54, 75, 78, 79, 91, 97), 3종이 가미된 경우 3건(4.00%; 차트번호 66, 95, 110), 2종이 가미된 경우 2건(2.67%; 차트번호 1, 147), 1종이 가미된 경우는 1건(1.33%; 차트번호 21)이었다. 그리고 3건의 경우(4.00%; 차트번호 5, 73, 109)에서는 위의 5종 약재(산조인, 당귀, 소엽, 치자, 신곡)의 어떠한 가미도 없이 사용되었다〈표 9〉/[그림 3-B].

　즉 149 처방 중, 5종 약재만을 가미하여 활용한 경우(74건)와 여기에 또 다른 약재를 가미한 경우(72건)는 모두 146건으로, 97.99%(146/149)의 경우 5종 약재를 활용하였다.

　또한 위의 5종 약재를 포함하고 약재를 가미하여 처방한 경우 5종 약재의 분량은 평균적으로 당귀는 2.71±0.78전, 산조인은 1.92±0.34전, 소엽은 0.74±0.27전, 신곡은 0.88±0.33전, 치자는 0.92±0.28전이 가미되었음을 알 수 있다〈표 9〉.

〈표 9〉 149처방에서의 다른 약재의 가미가 있는 경우

일련번호	차트번호	當歸	棗仁	蘇葉	神麯	梔子	A	B
1	1	3	2.5				1	1.5
2	10	1	1		1	1	2	2.5
3	20	3	2	0.7	1	1	1	1.5
4	21			0.8			4	6
5	24	3	2	0.8	1	1	1	1
6	27	3	2	0.8	1	1	1	0.5
7	28	3	2		1	1	1	0.5
8	30	3	2	0.8	1	1	2	1.5
9	31	3	2	0.8	1	1	3	2.3
10	33	3	2	0.8	1	1	2	1.3
11	34	2	2	0.8	1	1	2	0.8
12	35	2	2	0.8	1	1	2	0.8
13	36	2	2	0.8	1	1	2	0.8
14	37	3	1.5	0.8		1	1	0.3
15	39	3	2	0.8	1	1	2	1.3
16	40	3	2	0.8	1	1	3	3.6
17	41	3	2	0.8	1	1	2	1.1
18	42	3	2	0.8	1	1	2	1.1
19	44	3	2	0.8	1	1	1	1
20	45	2	2	0.8	1	1	1	1.5
21	46	3	2		1	1	1	1.5
22	47	3	2	0.8	1	1	2	5
23	53	3	2	0.8	1	1	1	0.5
24	54	3	3		1	1	1	5
25	56	3	2	0.8	1	1	2	3.5
26	57	3	1.5	2	1	1	2	3
27	58	1	2	0.8	1	1	1	2

일련번호	차트번호	當歸	棗仁	蘇葉	神麯	梔子	A	B
28	60	3	2	0.8	1	1	1	2
29	61	3	2	0.8	1	1	2	1.5
30	62	3	2	0.8	1	1	1	0.5
31	64	3	2	0.8	1	1	1	0.3
32	66	3	2	0.8			2	2
33	69	3	2	0.8	1	1	2	2
34	71	3	2	0.8	1	1	2	2.5
35	74	3	2	0.8	1	1	2	3.3
36	75		1.5	0.8	1	1	1	1
37	76	3	2	0.7	1	1	1	1
38	78	3	2	0.8		1	3	4.5
39	79	3	2	0.8		1	3	4.5
40	81	3	2	0.8	1	1	1	0.5
41	82	3	2	0.8	1	1	1	0.5
42	83	3	2	0.8	1	1	1	0.8
43	85	3	2	0.8	1	1	1	0.3
44	86	3	2	0.8	1	1	3	5
45	89	3	2	0.8	1	1	1	1
46	91		1.5	0.7	1	1	3	4
47	92	3	2	0.8	1	1	1	0.3
48	93	3	1.5	0.8	1	1	2	2.3
49	95	2	1.5	0.8			2	2.5
50	96	3	2	0.8	1	1	1	0.7
51	97	3	2			1	2	0.8
52	103	3	2	0.8	1	1	2	3
53	104	3	2	0.8	1	1	2	3
54	107	3	2	0.8	1	1	1	0.3

일련번호	차트번호	當歸	棗仁	蘇葉	神麯	梔子	A
55	108	3	2	0.8	1	1	1
56	110	3	2	0.8			2
57	116	3	2	0.8	1	1	2
58	117	3	2	0.7	1	1	3
59	118	3	1.5	0.8	1	1	1
60	120	3	2	0.8	1	1	1
61	121	3	1.5	0.8	1	1	1
62	127	3	2	0.8	1	1	2
63	131	3	2	0.8	1	1	2
64	134	3	2	0.8	1	1	1
65	136	3	2	0.8	1	1	1
66	137	3	1.5	0.8	1	1	2
67	140	3	2	0.8	1	1	1
68	143	3	2	0.8	1	1	1
69	144	3	2	0.8	1	1	1
70	146	3	2	0.8	1	1	1
71	147		2	0.8			1
72	148	3	2	0.8	1	1	2
건수		68	71	66	63	66	72
합계*		195	138	53.6	63	66	120
평균*		2.71	1.92	0.74	0.88	0.92	1.67
SD*		0.78	0.34	0.27	0.33	0.28	0.71
1#	5						5
2#	73						2
3#	109						2

* 합계, 평균 및 SD는 72건에 대한 통계임.
# 차트번호 5, 73, 109의 경우에는 五味(當歸, 棗仁, 蘇葉, 神麯, 梔子)의 가미 없이 가미온담탕에서 가미되었음.

[그림 3] 5종 약재만 가미되었을 경우 (A) 및 5종 약재 외 다른 약재의
가미가 있는 경우 (B)에 대한 5종 약재의 사용빈도

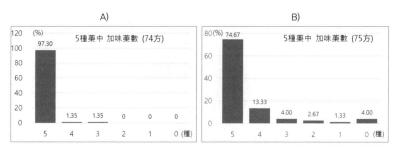

〈표 9〉에서처럼 5종의 약재 중 최소 1건 이상 가미된 경우에서, 다른 약재가 추가된 경우는 72건이었으며, 1종의 약재가 추가된 경우는 33건, 2종이 추가된 경우는 31건, 3종이 추가된 경우는 7건, 4종이 추가된 경우는 1건으로, 평균 1.67±0.71종이 가미되었다〈표 9〉/[그림 4-A].

이 경우 약재가 추가된 용량은 0.2전이 추가된 경우 1건, 0.3전이 추가된 경우 6건, 0.5전이 추가된 경우 8건, 0.7전이 추가된 경우 1건, 0.8전이 추가된 경우 5건, 1.0전이 추가된 경우 6건, 1.1전이 추가된 경우 2건, 1.3전이 추가된 경우 2건, 1.5전이 추가된 경우 10건, 1.6전이 추가된 경우 1건, 1.8전이 추가된 경우 1건, 2.0전이 추가된 경우 7건, 2.2전이 추가된 경우 1건, 2.3전이 추가된 경우 2건, 2.5전이 추가된 경우 4건, 3.0전이 추가된 경우 4건, 3.3전이 추가된 경우 1건, 3.5전이 추가된 경우 1건, 3.6전이 추가된 경우 1건, 4.0전이 추가된 경우 1건, 4.5전이 추가된 경우 2건, 5.0전이 추가된 경우 3건, 6.0전이 추가된 경우 1건, 17.0전이 추가된 경우는 1건으로 평균 2.00±2.24전이 추가되었다〈표 9〉/[그림 4-B].

[그림 4] 5종 약재 외 가미 약재의 수 및 용량

A)

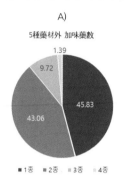

B)

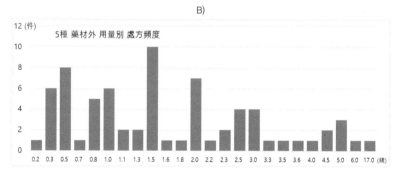

전반적으로 보면, 149차트에서는 당귀는 2.66±0.80전, 산조인은 1.87±0.40전, 소엽은 0.76±0.22전, 신곡은 0.92±0.30전, 치자는 0.94±0.27전이 가미되었으며〈표 7〉, 5종 약재만을 가미하여 처방한 경우 분량은 평균적으로 당귀는 2.72±0.64전, 산조인은 1.90±0.26전, 소엽은 0.80±0.02전, 신곡은 1.00±0.17전, 치자는 1.00±0.17전이 가미되었으며〈표 8〉, 5종 약재를 포함하고 여기에 약재를 가미하여 처방한 경우 5종 약재의 분량은 평균적으로 당귀는 2.71±0.78전, 산조인은 1.92±0.34전, 소엽은 0.74±0.27전, 신곡은 0.88±0.33전, 치자는 0.92±0.28전이 가미되었음을 알 수 있다〈표 9〉/[그림 5].

[그림 5] 5종 약재의 가미 분량

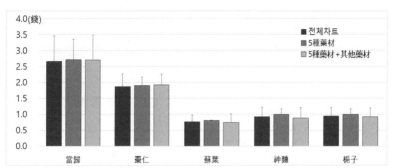

4. 본론 및 고찰

'향산온담탕(香山溫膽湯; 가미온담탕 가(加) 산조인, 당귀, 소엽, 치자, 신곡)'을 고찰하기 위하여 먼저, 온담탕 및 가미온담탕에 대한 내용을 먼저 살펴보면 다음과 같다.

1) 온담탕에 대한 고찰

(1) 약재 구성 차원에서 온담탕의 원류

온담탕은 반하(半夏), 죽여(竹茹), 지실(枳實), 진피(陳皮), 감초(甘草), 복령(茯苓), 생강(生薑), 대조(大棗)로 구성되어 이기화담(理氣化痰), 청담화위(淸膽和胃)하는 효능으로 담위불화(膽胃不和) 담열내요증(痰熱內擾證)을 치료하는데, 심번불매(心煩不寐), 촉사이경(觸事易驚), 혹야다이몽(或夜多異夢), 현계구오(眩悸嘔惡), 혹전간(或癲癎) 등의 증상을 치료한다.[23]

방제의 출현 연도를 고려하지 않고 방제의 구성 약재면에서만 볼 때 온담탕은 이진탕(二陳湯)에 죽여, 지실을 가한 것이며, 이진탕은 조습화담(燥濕化痰) 이기화중(理氣和中)하는 방제로 이는 소반하가복령탕(小半夏加茯苓湯)에 진피, 감초를 가한 것이다. 소반하가복령탕은 화음지구(化飮止嘔)하는 방제로 소반하탕(小半夏湯)에 복령을 가한 방제이며, 소반하탕은 반하와 생강으로 구성된 화담지구(化痰止嘔)하는 방제이다.

즉 소반하탕은 화담지구하는 효능으로 담음(痰飮)으로 인한 구토(嘔吐)를 치료하기 위해 반하를 선택하였고, 반하의 거담지구(祛痰止嘔) 효능을 증가시키고 반하의 독성을 감약(減弱)시키기 위해 생강을 추가한 것이다.[24] 여기에 건비삼습(健脾滲濕)하여 담의 생성을 미연에 방지하기 위해 복령[25]을 가하여 소반하가복령탕이 되었으며, 또한 담의 치료에 있어서는 '순기위선(順氣爲先) 분도차지(分導次之)'[26]라는 관점에서 이기(理氣)하는 진피를 가하였으며, 또한 거담(祛痰), 제습(除濕), 이기(理氣)하는 약재에 대한 반좌(反佐) 및 조화제약(調和諸藥)의 의미로 감초(甘草)를 추가하여[27] 이진탕이 되었으며, 여기에 담습담열(痰濕膽熱) 또는 담열(痰熱)을 치료하기 위해 죽여를 가하였으며, 여기에 또 지실을 가하여 순기작용(順氣作用)을 강화하여 파기소담(破氣消痰)하게 하여, 온담탕이 구성되었다.[28]

23 韓醫方劑學 共同敎材編纂委員會, 『韓醫方劑學』, 군자출판사, 2020, 1379쪽.
24 全國韓醫科大學 方劑學敎授 編著, 앞의 책, 400쪽.
25 위의 책, 528~529쪽.
26 許浚, 앞의 책, 133쪽.
27 全國韓醫科大學 方劑學敎授 編著, 앞의 책, 528~529쪽.

약재 구성 차원에서 온담탕은 반하에서 소반하탕, 소반하가복령탕, 이진탕, 온담탕으로 확대된 것이다[그림 6].

[그림 6] 약재 구성상 온담탕의 원류[29]

(2)『동의보감』온담탕의 기원

온담탕은『동의보감』및『방약합편(方藥合編)』중통 94에 기재된 방제로, 반하, 진피, 복령, 지실 각 2전, 죽여 1전, 감초 5푼, 생강 5편, 대조 2매로 구성되어 심담허겁(心膽虛怯), 몽매불상(夢寐不祥), 허번불면(虛煩不眠)을 치료하는 방제이다. 적응증으로는 불면증, 신경쇠약, 노이로제(neurosis), 정신불안, 건망증, 악몽, 심계항진이 제시되어 있으며, 활투(活套)에서는 혈허(血虛)의 경우에는 귀비탕(歸脾湯)을 합방하는 방법이 제시되어 있다.[30]

『동의보감』의 온담탕 구성과 정확히 일치하지는 않지만, 일찍이 손사막(孫思邈)은 652년에 출간한『비급천금요방(備急千金要方)』권12담허한편(卷十二膽虛寒篇)에서 "치대병후허번부득면 차담한고야 의복온담탕방 반하 죽여 지실 각 2량 귤피 3량 생강 4량 감초 1량 우6미부저 이수8승 자취2승 분3복(治大病後虛煩不得眠 此膽寒故也 宜服溫膽湯方 半夏

---

28 위의 책, 531~533쪽.
29 方劑의 出現年度를 고려하지 않고 方劑의 構成藥材面에서만 볼 때.
30 黃度淵, 앞의 책, 208~209쪽.

竹茹 枳實 各二兩 橘皮三兩 生薑四兩 甘草一兩 右六味吹咀 以水八升 煮取二升 分三服)"[31]이라고 기록하였다. 『동의보감』의 온담탕은 『비급천금요방』 의 온담탕에 가(加) 복령 대조하여 조성된 것으로 볼 수도 있다.

『동의보감』[32]에서 온담탕을 인용한 내용을 보면, '허번불수(虛煩不 睡)'에서 온담탕을 2종의 서적에서 인용하였는데, 먼저 『의학입문(醫學 入門)』[33]을 인용하여서는 "대병후 허번불수 온담탕주지 심자익원산(방 견서문)가주사우황복지 『입문』(大病後 虛煩不睡 溫膽湯主之[34] 甚者益元散 (方見暑門)加朱砂牛黃服之; 대병 후 허번불수한 자는 온담탕으로 치료하고 심한 자는 익원산(처방의 내용은 서문에 있음)에 주사 우황을 가하여 복용한다 『의학 입문』)으로 기록되어 있고, 두 번째로는 『고금의감』[35]을 인용하여서는 "불매유이종 대병후허약 급년고인양쇠불매자 육군자탕(방견담문) 가초 산조인황기 여담재담경 신불귀사이불매자 온담탕 가남성산조인초 『의 감』(不寐有二種 大病後虛弱 及年高人陽衰不寐者 六君子湯(方見痰門) 加炒酸 棗仁黃芪 如痰在膽經 神不歸舍而不寐者 溫膽湯 加南星酸棗仁炒; 불매에는 2종 이 있는데 대병후허약 및 연고인이 양쇠하여 불매한 자는 육군자탕(처방 내용은

---

31 孫思邈, 『備急千金要方』, 大星文化社, 1984, 217쪽.
32 許浚, 앞의 책, 116쪽.
33 李梴, 『醫學入門』, 南山堂, 1985. 1288쪽.
34 『醫學入門』, 〈傷寒用藥賦〉에서는 溫膽湯에 대하여 "半夏 枳實 各一錢 陳皮 一錢 茯苓 五分半 甘草 四分 竹茹 一團 薑七片 棗一枚 水煎熱服 治傷寒瘥後 一切虛煩不得眠 氣脈 不和 心膽虛怯 及食復勞役 病證如初 如頭眩身搖加白朮 咽痛加桔梗 百般加減由人(傷 寒이 나은 후, 일체의 虛煩하여 不眠하는 것과, 氣와 脈이 조화되지 않는 것, 心膽이 虛怯한 것, 飮食 또는 과도한 勞動으로 재발되어 병증이 처음과 같은 것을 치료한다. 頭眩하고 身搖하면 白朮을 加하고, 咽痛하면 桔梗을 加한다. 모든 경우에 사람의 증상에 근거하여 가감한다.)"라고 기록되어 있다.
35 龔信 編輯, 龔廷賢 續編, 王立等 校注, 『古今醫鑑』, 江西科學技術出版社, 1990, 71쪽, 201~202쪽.

담문에 있음)에 초산조인 황기를 가하고, 담이 담경에 있어 신이 제자리로 돌아
가지 못하여 불매한 자는 온담탕에 남성 산조인초를 가한다)라고 기록되어 있
다. 온담탕의 주치는 "치심담허겁 촉사이경 몽매불상 허번부득수(治心
膽虛怯 觸事易驚 夢寐不祥 虛煩不得睡)"로 구성은 "반하 진피 백복령 지실
각 2전 청죽여 1전 감초 5푼 우좌작일첩 강5편 조2매 수전복『의감』(半
夏 陳皮 白茯苓 枳實 各二錢 靑竹茹 一錢 甘草 五分 右剉作一貼 薑五片棗二枚
水煎服)"으로 제시되어 있으며, 또한 "경계정충실지불매 개시담연옥심
의리담기차약주지 『의감』(驚悸怔忡失志不寐 皆是痰涎沃心 宜理痰氣此藥
主之; 경계, 정충 및 실지로 불매한 자는 모두 담연이 심에 넘쳐난 것으로 마땅히
담기를 리(理)해야 하는데 본방을 쓴다)로 되어 있다.

즉『동의보감』에서는 거의 동시대에 출간된『의학입문』과『고금의
감』[36]에서 온담탕을 인용하였는데,『의학입문』에서는 약재의 구성이
반하·지실 각 1전, 진피 1전, 복령 5푼반, 감초 4푼, 죽여 1단, 강7편
조1매로 되어 있다. 또한『고금의감』[37]에서는 온담탕이 2종류 제시되었
는데, 첫 번째 권3 '상한(傷寒)'에서의 온담탕은 "안차방치불면지제 치
허번부득면 진피 반하 복령 지실 각 2전 죽여 1전 감초 5푼 가산조인초
2전 상좌일제 생강 3편 수전온복 여심담허겁 촉사이경 가맥문동 시호
인삼 길경(按此方治不眠之劑 治虛煩不得眠 陳皮 半夏 茯苓 枳實 各二錢 竹茹
一錢 甘草 五分 加酸棗仁炒 二錢 上剉一劑 生薑 三片 水煎溫服 如心膽虛怯 觸
事易驚 加麥門冬 柴胡 人蔘 桔梗)"으로 되어 있으며, 두 번째는 권8 '허번'

---

36 『醫學入門』은 1575년에 刊行되었으며,『古今醫鑑』은 龔信이 1576년 初刊하였고, 그의
아들 龔廷賢이 1589년에 續編하였으며, 이후에 王肯堂이 訂補하였다.

37 龔信 編輯, 龔廷賢 續編, 王立等 校注, 앞의 책, 201~202쪽.

에서 온담탕은 "치병후허번부득와 급심담허겁 촉사이경 단기계핍 혹부
자한 병치 반하 7전 죽여 지실 각 3전 진피 4전반 백복령 감초 2전2푼반
상좌작일제 강조복 일방 가산조인 원지 오미자 숙지황 인삼(治病後虛煩
不得臥 及心膽虛怯 觸事易驚 短氣悸乏 或復自汗 幷治 半夏 七錢 竹茹 枳實 各三
錢 陳皮 四錢半 白茯苓 甘草 二錢二分半 上銼作一劑 薑棗服 一方 加酸棗仁
遠志 五味子 熟地黃 人蔘; 병후에 허번부득와하고 심담허겁하여 촉사이경하며
단기계핍 또는 자한을 모두 치료한다. 반하 죽여 지실 진피 백복령 감초를 일제로
하여 강조로 전복한다. 일방에는 산조인 원지 오미자 숙지황 인삼을 가한 방제가
있다)으로 되어 있다.

즉, 『동의보감』 온담탕의 분량은 약간의 차이가 있으나, 약재 구성
은 『의학입문』 '상한용약부'와 『고금의감』 '허번'의 온담탕과 같다. 그
러나 1174년 간행된 진무택(陳無擇)의 『삼인극일병증방론(三因極一病證
方論)』 권지9 '허번증치(虛煩證治)'에서는 "온담탕 치대병후 허번부득
면 차담한고야 차약주지 우치경계 반하 죽여 지실 각 2량 진피 3량
감초 1량 복령 1량반 우위좌산 매복사대전 수일잔반 강5편 조1매 전칠
푼 거재 식전복(溫膽湯 治大病後 虛煩不得眠 此膽寒故也 此藥主之 又治驚悸
半夏 竹茹 枳實 各二兩 陳皮 三兩 甘草 一兩 茯苓 一兩半 右爲挫散 每服四大
錢 水一盞半 薑五片 棗一枚 煎七分 祛滓 食前服)"으로 분량은 다르지만 약
재 구성이 동일한 온담탕이 기재되어 있고,[38] 『의학입문』이 1575년에
간행되었으며, 『고금의감』은 공신(龔信)이 1576년 초간한 것을 고려
하면 온담탕은 약재 구성상 『삼인극일병증방론』의 온담탕과 유사도
가 가장 높으며, 구성 약재의 분량을 고려하면 『고금의감』 '상한'의 온

---

38 陳無擇, 『三因極一病證方論』, 人民衛生出版社, 1983, 111쪽.

담탕과 유사도가 높다. 즉,『동의보감』에 기재된 온담탕과 약재 구성
및 약재의 분량이 동일한 처방은 없다.『동의보감』,『삼인극일병증방
론』,『의학입문』,『고금의감』의 온담탕의 구성을 비교하면 〈표 10〉과
같다.

〈표 10〉『동의보감』,『삼인극일병증방론』,『의학입문』,『고금의감』의
온담탕의 구성 비교

出典		半夏	陳皮	茯苓	枳實	竹茹	甘草	生薑	大棗	棗仁
『東醫寶鑑』		2*	2	2	2	1	0.5	5片	2枚	
『三因極一病證方論』		2	3	1.5	2	2	1	O**	O	
『醫學入門』		1	1	0.55	1	1團	0.4	7片	1枚	
『古今醫鑑』	傷寒	2	2	2	2	1	0.5	3片		2
	虛煩	7	4.5	2.25	3	3	2.25	O	O	

* 『東醫寶鑑』,『醫學入門』,『古今醫鑑』에서의 단위는 錢,『三因極一病證方論』에서는 兩
** 용량기록이 없는 경우에는 "O"으로 표시

(3) 온담탕의 종류

위에서 언급한 것처럼『동의보감』온담탕의 약재 구성은『삼인극일
병증방론』과『의학입문』,『고금의감』의 온담탕과 같지만 분량은 모두
다르다. 이를 제외하고 온담탕의 방명으로 되어 있는 방제들을 추가적
으로『중의방제대사전(中醫方劑大辭典)』[39]에서 찾아본 결과 12개의 방제
를 찾았으며, 12방 모두 구성은『동의보감』온담탕과 약재 구성 및 분
량에서 상이한 부분이 있다. 이러한 경우는 일부분 방제에서 동명이방
(同名異方)이 다수 존재하는데 본 경우도 동명이방이 다수 존재하는 경

---

39 彭懷仁,『中醫方劑大辭典(第十冊)』, 人民衛生出版社, 1997, 579~580쪽.

우이다.

　출전은『고금의철(古今醫徹)』,『직지소아(直指小兒)』,『필화의경(筆花醫鏡)』,『명의잡저(明醫雜著)』,『의방유취(醫方類聚)』,『외대비요(外臺秘要)』,『삼인극일병증방론』,『보제방(普濟方)』,『진소암부과보해(陳素庵婦科補解)』,『만병회춘(萬病回春)』,『활인방(活人方)』,『잡병원류서촉(雜病源類犀燭)』등으로 다양하였으며, 기본적으로 온담탕의 기본방이 되는 이진탕을 기본으로 하는 경우는『고금의철』,『직지소아』,『필화의경』,『명의잡저』,『의방류취』,『진소암부과보해』의 온담탕이었다.

　『고금의철』의 온담탕은 이진탕(반하, 진피, 복령, 감초), 지실, 죽여, 생강, 대조, 조구등으로 구성되어 온담탕에 조구등이 더 추가되어 있어 상한협경을 치료하고,『직지소아』의 온담탕은 이진탕에 지실 산조인이 배합되어 있어 소아경계완담(小兒驚悸頑痰)을 치료하고,『필화의경』의 온담탕은『직지소아』의 온담탕에 원지 인삼 숙지황 오미자가 배합되어 있어 담기허한(膽氣虛寒) 몽유활정(夢遺滑精)을 치료하고,『명의잡저』의 온담탕은 이진탕에 지실만 추가되어 담기겁약(膽氣怯弱), 경계소매(驚悸少寐), 발열구담(發熱嘔痰), 음식소사(飲食少思)를 치료한다.『의방유취』의 온담탕은 이진탕에 산조인 원지가 추가되어 정심지(定心志)하는 효능을 가진다.『진소암부과보해』의 온담탕은『의방유취』의 온담탕에 지실 생강 복신 당귀 천궁 조구등 향부자를 넣어 부녀경행(婦女經行) 졸우경공(卒遇驚恐) 인이담겁(因而膽怯) 신지실수(神志失守) 경혈홀폐(經血忽閉) 면청근축(面靑筋搐) 구토연말(口吐涎沫)을 치료한다. 동명이방 온담탕의 약재 구성 및 주치증을 정리하면〈표 11〉과 같다.

〈표 11〉 온담탕(동명이방)의 종류[40,41]

出典	구성 1								구성 2		服用量[*3] 및 主治
	半夏	陳皮	茯苓	甘草	枳實	竹茹	生薑	大棗	棗仁	遠志	
『東醫寶鑑』	2	2	2	0.5	2	1	5片	2枚			治心膽虛怯 觸事易驚 夢寐不祥 虛煩不得睡
『古今醫徹』 卷一	1	1	1	0.3	1	1	1片	1枚	釣鉤藤2		傷寒挾驚
『直指小兒』 卷一	2.5	1.5	5	1.5	2.5				2.5		每服一錢 小兒驚悸頑痰
『筆花醫鏡』 卷二	1.5	1.5	1.5	0.5	0.8				3	1	膽氣虛寒 夢遺滑精 (人蔘1 熟地黃3 五味子1)
『明醫雜著』 卷六	10	15	7.5	4	10	O[*2]	O				每服一二錢 膽氣怯弱 驚悸少寐 發熱嘔痰 飲食少思
『醫方類聚』 卷二十三引 『經驗祕方』	1.5	2	1	0.5	0.5		7片		0.5	1	定心志
『陳素庵婦科補解』 卷一	O	O	O	O					O	O	婦女經行 卒遇驚恐 因而膽怯 神志失守 經血忽閉 面青筋搐 口吐涎沫 此緣驚則氣亂 恐則氣結故耳 (茯神 當歸 川芎 釣鉤藤 香附子)
『外臺』 卷十七引 『集驗方』[*1]	2	3		1	2枚	2	4				分三服 大病後 虛煩不得眠 此膽寒也
『三因方』 卷八[*1]	1.5		2	1					3	1	每服四大錢 膽虛寒 眩厥 足痿 指不能搖 塞不能起 僵仆 目黃 失精 虛勞煩擾 因驚膽懾 奔氣在胸 喘滿 浮腫 不睡 (麥門冬1.5 桂心1 黃芩1 草蘚1 人蔘1)
『普濟方』 卷三十四[*1]	3		4	2		2	2升	2	麥門冬3 桂心2 黃芩2 草蘚2 人蔘1	秫米1升	煎藥後 取二升半 分三服 虛煩不得眠

40　彭懷仁, 『中醫方劑大辭典(第一冊)』, 人民衛生出版社, 1997, 1041~1042쪽.
41　『中醫方劑大辭典(第十冊)』, 579~580쪽.

『回春』 卷四	等分		0.3	等分	等分	1片	1枚	等分	人蔘 白朮 茯神 當歸 生地黃 門冬 黃連 梔子 等分 辰砂0.5 烏梅1枚 竹瀝	內有痰火 驚惕不安
『活人方』 卷六	3	1.5			1	1	汁5匙		黃連1 天麻2 蘇子1.5 厚朴1 黃芩1	痰氣火并結于中宮 在上則眩暈乾嘔作酸 在下則腹痛便燥
『雜病源類 犀燭』 卷六			○				○	○	人蔘 茯神 朱砂 金石斛 生地黃 麥門冬 五味子 柏子仁	怔忡 包絡動者

*1 단위는 兩이며, 다른 方劑의 단위는 錢; *2 용량기록이 없는 경우에는 "○"으로 표시 ; *3 일부 복용량이 기재된 것은 인용하여 기록함.

2) 가미온담탕에 대한 고찰

(1) 『동의보감』에서 가미온담탕의 기록

『동의보감』에서 가미온담탕에 대한 기록은 2차례 제시되어 있다.

첫 번째는 '경계(驚悸)'에서 "삼인왈 경계 인사유소대경이성자 명왈 심경담섭 병재심담경 기맥대동 의주사안신환 진심단 가미온담탕(三因曰 驚悸 因事有所大驚而成者 名曰心驚膽懾 病在心膽經 其脈大動 宜朱砂安神丸 鎭心丹 加味溫膽湯)"[42]으로 기록되어 있으며, 처방의 주치, 구성 및 출전에 대하여서는 "가미온담탕 치심담허겁 촉사이경 연여기박 변생제증 향부자 2전4푼 귤홍 1전2푼 반하 지실 죽여 각 8푼 인삼 백복령 시호 맥문동 길경 각 6푼 감초 4푼 우좌작일첩 강3편 조2매 수전복 『경험방』○입문명삼호온담탕(加味溫膽湯 治心膽虛怯 觸事易驚 涎與氣搏 變生諸證 香附子二錢四分 橘紅一錢二分 半夏 枳實 竹茹 各八分 人蔘 白茯苓

---

42 許浚, 앞의 책, 96쪽.

柴胡 麥門冬 桔梗 各六分 甘草 四分 右剉作一貼 薑三片 棗二枚 水煎服『經驗方』
○入門名蔘胡溫膽湯)”으로 기록되어 있다.[43,44]

　『동의보감』에서 “삼인왈(三因曰)”이라 하였으나, 『삼인극일병증방
론』에서는 ‘경계증치(驚悸證治)’에서 경계(驚悸)와 종계(怔悸)를 비교하
면서 “부경계여종계 이증부동 경계 즉인사유소대경 혹문허향 혹견이상
등고섭험 몽매불상 경오심신 기여연울 수사경계 명왈심경담한 재심담
경 속불내외인 기맥필동 종계 즉인급급부귀 척척빈천 구사소애 거실소
중 촉사불의 기울연취 수치종계 재심비경 의사소주 속내소인 …… 경계
치방비열어후(夫驚悸與怔悸 二證不同 驚悸 則因事有所大驚 或聞虛響 或見異
相 登高涉險 夢寐不祥 驚忤心神 氣與涎鬱 遂使驚悸 名曰心驚膽寒 在心膽經 屬
不內外因 其脈必動 怔悸 則因汲汲富貴 戚戚貧賤 久思所愛 遽失所重 觸事不意
氣鬱涎聚 遂致怔悸 在心脾經 意思所主 屬內所因 …… 驚悸治方備列於後)”[45]로
만 기록되어 있고, 가미온담탕은 기재되어 있지 않으므로, 『동의보감』
에서는 경계의 일반적인 원인만을 인용한 것으로 보인다.

　또한 “입문명삼호온담탕”이라고 기록되어 있으나, 실제『의학입문』
에서의 삼호온담탕 구성 약재는 “진피 반하 복령 지실 인삼 각 1전 죽여
향부자 맥문동 시호 길경 각 8푼 감초 3푼 강3편 조2매”로서『동의보

43　『醫學入門』, 蔘胡溫膽湯의 구성은 “陳皮 半夏 茯苓 枳實 人蔘 各一錢 竹茹 香附子 麥門
　　冬 柴胡 桔梗 各八分 甘草 三分 薑三片 棗二枚”로서『東醫寶鑑』과『方藥合編』의 加味溫
　　膽湯과는 藥의 分量이 다르다.

44　『醫學入門』, 〈傷寒用藥賦〉에서는 加味溫膽湯에 대하여 “水煎溫服 治心膽虛怯 觸事易
　　驚 夢寢不安 氣鬱生痰 變生諸證 或短氣悸乏 或復自汗 四肢浮腫 飮食無味 煩躁不安(물
　　로 달여 溫服한다. 心膽이 虛怯하여 무슨 일에나 잘 놀라고 꿈으로 잠자리가 不安하며,
　　氣鬱하여 生痰하므로 諸證을 生한다. 或은 短氣悸乏하고 或은 다시 自汗하며 四肢浮腫
　　하고 飮食無味하며 煩躁不安한 것을 치료한다.)”라고 기록되어 있다.

45　陳無擇, 앞의 책, 134~135쪽.

감』의 '경계' 및 『방약합편』에서 제시하는 가미온담탕과는 약의 분량이 다르다. 두 방제 간의 약재 구성을 비교하면 〈표 12〉와 같다. 두 방제의 총용량은 11.4전과 11.3전으로 유사하나, 『동의보감』의 가미온담탕은 향부자의 비율이 1/5 이상으로 삼호온담탕 향부자의 3배이다. 약재 구성의 비율은 전체 용량에서의 각 약재의 %를 구하였으며, 생강 3편, 대조 2매는 각각 1전으로 환산하였다.

〈표 12〉『동의보감』 경계의 가미온담탕과 『의학입문』 삼호온담탕의 약재 구성 비교

方劑 및 用量		香附	陳皮	半夏	枳實	竹茹	人蔘	茯苓	柴胡	麥冬	桔梗	甘草	生薑	大棗	계
『東醫寶鑑』	用量(錢)	2.4	1.2	0.8	0.8	0.8	0.6	0.6	0.6	0.6	0.6	0.4	1	1	11.4
	%	21.05	10.53	7.02	7.02	7.02	5.26	5.26	5.26	5.26	5.26	3.51	8.77	8.77	100
『醫學入門』	用量(錢)	0.8	1	1	1	0.8	1	1	0.8	0.8	0.8	0.3	1	1	11.3
	%	7.08	8.85	8.85	8.85	7.08	8.85	8.85	7.08	7.08	7.08	2.65	8.85	8.85	100

또한 『동의보감』 경계에서 가미온담탕 약재 구성 아래에 『경험방』으로 기록되어 있으나, 약재의 구성과 분량이 매우 유사한 방제는 『수진방』의 가미온담탕이다. 『수진방』의 가미온담탕은 "향부자 1근반, 귤홍 11량3전, 지실(부초), 반하(탕포칠차), 죽여 각 8량4전, 백복령, 인삼, 시호, 맥문동, 길경 각 6량3전, 감초(자) 4량1전, 매복 1량 생강 5편 대조 1개"로 구성되어 "심담허겁 촉사이경 몽매불상 이상감감 수치심 경담섭 기울생연 연여기박 변생제증 혹기단계핍 혹부자한 사지부종 음식무미 심허번민 좌와불안(心膽虛怯 觸事易驚 夢寐不祥 異象感感 遂致心 驚膽慴 氣鬱生涎 涎與氣搏 變生諸症 或氣短悸乏 或復自汗 四肢浮腫 飮食無味 心虛煩悶 坐臥不安)"을 치료하는 것으로 되어 있다.[46] 『수진방』에서는 "매복 1량 생강 5편 대조 1개"로 되어 있으므로, 강조를 제외하고 약재

간의 분량을 비교하면 〈표 13〉과 같다. 약재의 구성은 동일하고, 분량
은 진피에서 약 1%, 향부자에서 0.56%의 차이가 있으며, 다른 약재는
모두 0.2% 내외의 차이가 존재한다. 그러나 약재의 비율은 매우 유사
하지만 복용량에서『동의보감』의 가미온담탕은 9.4전이며,[47]『수진방』
에서는 "매복 1량(每服一兩)"(10전)으로서(2方 모두 생강, 대조 제외)『수진
방』의 복용량이『동의보감』의 복용량보다 1.06배 많다〈표 14〉. 또한
전약시 사용되는 강조를 비교하면 동의보감은 강3조2이며, 수진방은
강5조1로서 또한 어느 정도의 차이가 있다.

〈표 13〉『동의보감』경계의 가미온담탕과『수진방』가미온담탕의 약재 구성 비교

出典 및 用量		香附	陳皮	半夏	枳實	竹茹	人蔘	茯苓	柴胡	麥冬	桔梗	甘草
『東醫寶鑑』	用量(錢)	2.4	1.2	0.8	0.8	0.8	0.6	0.6	0.6	0.6	0.6	0.4
	%	25.53	12.77	8.51	8.51	8.51	6.38	6.38	6.38	6.38	6.38	4.26
『袖珍方』	用量(錢)*	240	113	84	84	84	63	63	63	63	63	41
	%	24.97	11.76	8.74	8.74	8.74	6.56	6.56	6.56	6.56	6.56	4.27
% 차이		0.56	1.01	0.23	0.23	0.23	0.18	0.18	0.18	0.18	0.18	0.01

* 1斤은 16兩, 1兩은 10錢으로 환산함.

『동의보감』에서 가미온담탕의 출전을『경험방』이라고 한 것과,『동
의보감』발간 이후 청대 1773년에 간행된『잡병원류서촉』[48]의 치정충
방(治怔忡方), 치비방(治悲方), 치불매방(治不寐方)에서는『동의보감』경
계의 가미온담탕과 약재 구성 및 분량이 동일한 가미온담탕이 기재되

---

46 彭懷仁,『中醫方劑大辭典(第三冊)』, 人民衛生出版社, 1997, 1180~1182쪽.
47 『東醫寶鑑』, 加味溫膽湯의 藥材 무게를 모두 더한 것.
48 沈金鰲,『雜病源流犀燭』, 中國中醫藥出版社, 1996, 83~93쪽.

어[49] 있는 것으로 보아[그림 7], 『동의보감』 출판 전후 시기에 본 방제가 임상적으로 다용되었던 것으로 추측된다.

〈표 14〉『동의보감』 경계의 가미온담탕과 『수진방』 가미온담탕의 복용량 비교

出典 및 用量		香附	陳皮	半夏	枳實	竹茹	人蔘	茯苓	柴胡	麥冬	桔梗	甘草	服用量
『東醫寶鑑』	用量(錢)	2.4	1.2	0.8	0.8	0.8	0.6	0.6	0.6	0.6	0.6	0.4	9.4
『袖珍方』	用量(錢)	2.50	1.18	0.87	0.87	0.87	0.66	0.66	0.66	0.66	0.66	0.43	10.0
용량차이(fold)*		1.04	0.98	1.09	1.09	1.09	1.10	1.10	1.10	1.10	1.10	1.08	1.06

* Fold = 袖珍方/東醫寶鑑

[그림 7] 『잡병원류서촉』에서의 가미온담탕(『동의보감』과 『약재구성』 및 분량이 동일함)

治怔忡方	治悲方	治不寐方
參胡溫胆湯 〔痰火〕 香附二钱四分 橘紅钱二分 半夏 枳实 竹茹各八分 人参 茯苓 柴胡 麦冬 桔梗各六分 甘草四分 姜三 枣三 此即加味溫胆湯 能治心胆虚怯 触事易惊 涎与气搏 变生诸症	加味溫胆湯 〔总治〕 半夏 枳实 竹茹各八分 香附二钱四分 陳皮一钱二分 人参 茯苓 柴胡 麦冬 桔梗各六分 甘草四分 姜三片 枣二枚 此即参胡溫胆湯	加味溫胆湯 〔失志〕 香附二钱四分 橘紅一钱二分 半夏 竹茹 枳实各八分 人参 茯苓 柴胡 麦冬 桔梗各六分 甘草四分 姜三片 枣二枚

　　두 번째는 '허번불수(虛煩不睡)'에서 "노심담랭 야와불수 정지원(방견신문) 가산조인초백자인초주사유향위의 조탕가50환 가미온담탕역주지 『의감』(勞心膽冷 夜臥不睡 定志元(方見神門) 加酸棗仁炒栢子仁炒朱砂乳香爲衣 棗湯可五十丸 加味溫膽湯亦主之)"[50]으로 기록되어 있으며, 처방의

49　『雜病源流犀燭』의 治怔忡方二十二에서 14번째 方劑로 蔘胡溫膽湯, 治悲方二에서 1번째 方劑로 加味溫膽湯, 治不寐方二十五에서 21번째 方劑로 加味溫膽湯을 제시하였는데, 3方劑 모두 『東醫寶鑑』 驚悸의 加味溫膽湯과 藥材 구성 및 分量, 生薑 大棗의 용량까지 모두 같다.

50　許浚, 앞의 책, 116쪽.

주치, 구성 및 출전에 대하여서는 "치법동상 반하 3전반 진피 2전2푼
죽여 지실 각 1전반 산조인초 원지 오미자 인삼 숙지황 백복령 감초
각 1전 우좌분작이첩 강5편 조2매 수전복 『회춘』(治法同上 半夏 三錢半
陳皮 二錢二分 竹茹 枳實 各一錢半 酸棗仁炒 遠志 五味子 人蔘 熟地黃 白茯苓
甘草 各一錢 右剉分作二貼 薑五片 棗二枚 水煎服)[51,52,53] ○전방가산조인 오
미자 원지 인삼 숙지황야 심간기혈허자 우의복지(○前方可酸棗仁 五味子
遠志 人蔘 熟地黃也 心肝氣血虛者 尤宜服之)"[54]로 기록되어 있다. '허번불
수'에서의 가미온담탕은 『만병회춘』에서 인용하였으며, 『만병회춘』에
서는 방제의 약재 구성으로 "반하 3전반 죽여 지실 각 1전반 진피 1전2
푼 복령 감초 각 1전1푼 산조인 원지 오미자 인삼 숙지황 각 1전 우좌일
제 강조전복"[55]을 제시하여, 『동의보감』의 '허번불수'에서 제시하는 가
미온담탕과는 약의 분량이 조금 다르다. 두 방제 간의 약재 구성을 비
교하면 〈표 15〉와 같다. 약재 구성의 비율은 전체 용량에서의 각 약재
의 %를 구하였으며, 『동의보감』에서는 강5편 조2매로 『만병회춘』에
서는 용량 없이 강조전복으로 되어 있어 강조는 분량 비교에서 제외하

---

51 龔廷賢, 『萬病回春(上册)』, 大中國圖書公司, 1981, 233쪽.

52 『萬病回春』의 〈虛煩〉에서는 "巢氏病源曰 心煩不得眠者心熱也 但虛煩不得眠者膽寒也
     虛煩者 心胸煩擾而不寧也"로 心煩不得眠과 虛煩不得眠을 구분한 후 加味溫膽湯을 제
     시하여 주치증으로 "治病後虛煩不得臥及心膽虛怯 觸事易驚 短氣悸乏"을 제시하였다.

53 『藥局製劑 漢方212方の使い方(改訂4版)』에서 日本 藥局製劑用 加味溫膽湯은 『萬病回
     春』의 加味溫膽湯에서 五味子 대신 玄蔘을 넣은 加味溫膽湯을 사용하고 있으며, 구성은
     半夏 5, 茯苓 4, 陳皮, 竹茹 각 3, 酸棗仁, 玄蔘, 遠志, 人蔘, 地黃, 大棗, 枳實, 生薑,
     甘草 각 2g이며, 胃腸이 虛弱한 患者의 神經症 不眠症 등에 이용된다. 권오규·김상찬
     ·변성희·이동언 공역, 『한방 212방의 사용법』, 전파과학사, 2006, 45쪽.

54 許浚, 앞의 책, 116쪽.

55 龔廷賢, 앞의 책, 233쪽.

였다.

두 방제의 총용량은 15.7전과 14.9전으로『동의보감』의 용량이 1.05
배 많으며, 또한『동의보감』에서는 진피의 분량이 상대적으로 많고(약
1.83배),『만병회춘』에서는 복령과 감초의 분량이 상대적으로 많다(1.1
배). 그러나 진피, 복령, 감초 외에는 모두 분량이 같으므로, 두 방제는
매우 유사도가 높은 방제로 판단된다. 두 방제의 분량이 매우 비슷하지
만『동의보감』에서의 약재 기록순서는 "반하 3전반 진피 2전2푼 죽여
지실 각 1전반 ……"으로 되어 있고,『만병회춘』에서는 "반하 3전반 죽
여 지실 각 1전반 진피 1전2푼 ……"으로 되어 있어 전사(傳寫)의 오류로
보기는 어렵다.

〈표 15〉『동의보감』허번불수의 가미온담탕과『만병회춘』가미온담탕의 약재 구성 비교

出典 및 用量		半夏	陳皮	枳實	竹茹	棗仁	遠志	五味	人蔘	熟芐	茯苓	甘草	生薑	大棗	계
『東醫寶鑑』	用量(錢)	3.5	2.2	1.5	1.5	1	1	1	1	1	1	1	–	–	15.7
	%	22.29	14.01	9.55	9.55	6.37	6.37	6.37	6.37	6.37	6.37	6.37	–	–	100
『萬病回春』	用量(錢)	3.5	1.2	1.5	1.5	1	1	1	1	1	1.1	1.1	–	–	14.9
	%	23.49	8.05	10.07	10.07	6.71	6.71	6.71	6.71	6.71	7.38	7.38	–	–	100

본고에서 다루고 있는 가미온담탕은 〈표 12〉에서처럼,『의학입문』
의 삼호온담탕과는 다른 방제이며, 역시 〈표 15〉에서 제시한『동의보
감』'허번불수',『만병회춘』의 두 방제와도 다른 방제이다.『동의보감』
의 '경계'와 '허번불수'에서 제시된 가미온담탕의 약재 구성을 비교하
면 〈표 16〉 및 [그림 8]과 같다. 약재 구성의 비율은 전체 용량에서의
각 약재의 %를 구하였으며, 생강 3편, 대조 2매는 각각 1전으로 환산하
였다.

〈표 16〉『동의보감』의 2개 가미온담탕의 약재 구성

出典 및 用量		구성 1								구성 2			
		半夏	陳皮	茯苓	甘草	枳實	竹茹	生薑	大棗	人蔘			
『東醫寶鑑』	驚悸 用量	0.8	1.2	0.6	0.4	0.8	0.8	1	1	0.6	香附 2.4	柴胡 0.6	麥冬 0.6	桔梗 0.6
	驚悸 %	7.02	10.53	5.26	3.51	7.02	7.02	8.77	8.77	5.26	21.05	5.26	5.26	5.26
	虛煩 不睡 用量	3.5	2.2	1.0	1.0	1.5	1.5	1.67	1	1.0	棗仁 1.0	遠志 1.0	五味 1.0	熟芐 1.0
	虛煩 不睡 %	19.05	11.98	5.44	5.44	8.17	8.17	9.09	5.44	5.44	5.44	5.44	5.44	5.44

[그림 8] 동의보감의 2개 가미온담탕의 약재 분량 비교

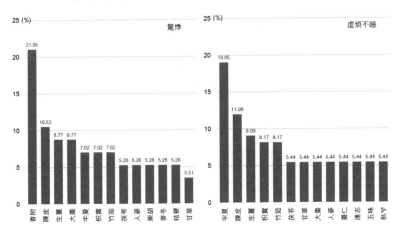

『황제내경, 소문(黃帝內經, 素問)』 지진요대론(至眞要大論)에서 "제왈 선 방제군신 하위야 기백왈 주병지위군 좌군지위신 응신지위좌 비상하 삼품지위야(帝曰 善 方制君臣 何謂也 岐伯曰 主病之爲君 佐君之爲臣 應臣之 爲佐 非上下三品之謂也)"[56]라 한 것처럼 방제의 구성 원칙은 군신좌사(君

56 楊維傑,『黃帝內經素問譯釋』, 台聯國風出版社, 1981, 668쪽.

臣佐使)이다. 군약은 약량의 경중이나 약력의 대소에 따라 양다자위군
(量多者爲君),[57],[58] 역대자위군(力大者爲君)[59]이라는 이론이 있기도 하지
만, 본고에서는 약재의 분량으로 경계와 허번불수의 가미온담탕 두 방
제를 비교하였다.

두 방제의 공통 약재는 반하, 진피, 복령, 감초, 지실, 죽여, 생강,
대조, 인삼이며, 경계에서는 여기에 향부자, 시호, 맥문동, 길경이 추
가되어 이기해울(理氣解鬱)을 강화하였으며, 허번불수에서는 산조인,
원지, 오미, 숙지황이 추가되어 보혈안신(補血安神)을 강화하였다. 또
한 경계에서는 향부자를, 허번불수에서는 반하를 약재 전체용량의 1/5
내외로 구성하였다. 이는 소승기탕(小承氣湯)과 후박삼물탕(厚朴三物湯)
처럼 구성 약재의 용량변화가 어느 정도 효능을 변화시킨다라는[60] 면을
고려할 때, 경계의 가미온담탕은 이기위주(理氣爲主)이고, 허번불수의
가미온담탕은 거담위주(祛痰爲主)이다.

(2) 제의서에 기록된 가미온담탕의 종류 및 분석

위에서 언급한 것처럼『동의보감』경계의 가미온담탕의 약재 구성
은『수진방』의 가미온담탕과 유사도가 높다.

이를 제외하고 가미온담탕의 방명으로 되어 있는 방제들을 추가적

---

57 李東垣 撰, 丁光迪, 文魁 編校,『東垣醫集』, 人民衛生出版社, 1996, 70쪽.
58 "君藥分量最多 臣藥次之 佐藥又次之 不可令臣過于君 君臣有序 相與宣攝 則可以禦邪
　除病矣".「脾胃論」.
59 "一法 力大者爲君".「脾胃論」.
60 小承氣湯과 厚朴三物湯은 모두 大黃 枳實 厚朴으로 구성되어 있으나, 小承氣湯은 大黃
　四兩 枳實 三枚 厚朴 二兩으로 구성되어 瀉熱通便하고, 厚朴三物湯은 大黃 四兩 枳實
　五枚 厚朴 八兩으로 구성되어 行氣通便한다.

으로『중의방제대사전』[61]에서 찾아본 결과 8개의 방제를 찾았으며, 출전은『수진방』,『상한전생집』,『만병회춘』,『한온조변』,『의종금감』,『증치준승』이었으며, 기본적으로 대부분 강조(薑棗)를 제외한 온담탕의 구성 약재를 포괄하고 있다. 그러나『수진방』을 제외한 7방 모두 약재 구성에 있어서는『동의보감』가미온담탕의 약재에서 5~6종이 빠져 있거나, 1~6종의 약재가 추가되어『동의보감』가미온담탕과는 차이가 크다. 동명이방(同名異方) 가미온담탕의 약재 구성 및 주치증을 정리하면 〈표 17〉과 같다.

〈표 17〉 가미온담탕(동명이방)의 종류[62]

出典	구성 1													구성 2		服用量[*4] 및 主治
	半夏	陳皮	茯苓	甘草	枳實	竹茹	香附	人蔘	柴胡	麥冬	桔梗	生薑	大棗	棗仁	遠志	
『東醫寶鑑』	0.8	1.2	0.6	0.4	0.8	0.8	2.4	0.6	0.6	0.6	0.6	3片	2枚			治心膽虛怯 觸事易驚 涎與氣搏 變生諸證
『袖珍方』[*1]	8.4	11.3	6.3	4.1	8.4	8.4	24	6.3	6.3	6.3	6.3	5片	1枚			每服一兩 心膽虛怯 觸事易驚 夢寐不祥 異象感惑 遂致心驚膽懾 氣鬱生涎 涎與氣搏 變生諸症 或氣短悸乏 或復自汗 四肢浮腫 飲食無味 心虛煩悶 坐臥不安
『傷寒全生集』[*2]	O[*3]	O	O	O	O		O	黃連 川芎 生地黃 梔子 當歸身 芍藥 辰砂 烏梅				O	O	O	O	汗吐下後 虛煩不得眠者
『傷寒全生集』	O	O	神	O	O	O		O				O	O			傷寒陰挾陽 驚悸昏沈

61 『中醫方劑大辭典(第三册)』, 1180~1182쪽.
62 위의 책, 1180~1182쪽.

													加味		主治
『萬病回春』	3.5	2.2	1.1	1.1	1.5	1.5	1			O	O	1	1	熟地黃1 五味子1		病後虛煩不得臥 及心膽虛怯 觸事易驚 短氣悸乏
『寒溫條辨』	1	1	1	1	1		1		1錢			1	1	熟地黃1 五味子0.5		汗下後不解 嘔而痞悶 或虛煩不眠 肉瞤筋惕者
『醫宗金鑑』卷四十六	1	1	1	0.5	1	1			O	O				麥門冬2 黃連0.8	蘆根1 黃芩1	姙娠惡阻因于胃熱者 嘔吐 心中熱煩憒悶 喜飲凉漿
『醫宗金鑑』卷五十二	O	O	O	O	O	O								麥門冬 黃連	燈心	小兒熱積胃中 食入則 口渴飲冷 嘔吐酸涎 身熱脣紅 小便赤色
『證治準繩』	0.7	1	1	0.5		1團		2.5	1		3片		1	黃連1 當歸1 川芎1 芍藥1 生地黃1		虛煩身振不得眠

*1 단위는 兩이며, 다른 方劑의 단위는 錢; *2 〈傷寒全生集〉卷四에는 2種類의 加味溫膽湯이 제시되어 있음;
*3 용량기록이 없는 경우에는 "O"으로 표시; *4 일부 복용량이 기재된 것은 인용하여 기록함.

3) 향산온담탕에 대한 고찰

(1) 가미온담탕의 기원

온담탕은『동의보감』에 기재된 방제로, 반하, 진피, 복령, 지실 각 2전, 죽여 1전, 감초 5푼, 생강 5편, 대조 2매로 구성되어 심담허겁, 몽매불상, 허번불면을 치료하는 방제이다. 약재 구성 차원에서 온담탕은 반하에서 소반하탕, 소반하가복령탕, 이진탕, 온담탕으로 확대된 것이다.『동의보감』의 온담탕은 약재 구성상『삼인극일병증방론』과 유사도가 높으며, 구성 약재의 분량을 고려하면『고금의감』'상한'의 온담탕과 유사도가 높다. 즉,『동의보감』에 기재된 온담탕과 약재 구성 및 약재의 분량이 동일한 처방은 없다.

가미온담탕은『동의보감』에서 '경계' 및 '허번불수'에서 각 1방씩 모두 2개의 방제가 제시되었으나, 본고에서 다루고자 하는 것은 경계의 가미온담탕으로 "치심담허겁 촉사이경 연여기박 변생제증 향부자 2전 4푼 귤홍 1전2푼 반하 지실 죽여 각 8푼 인삼 백복령 시호 맥문동 길경 각 6푼 감초 4푼 우좌작일첩 강3편 조2매 수전복『경험방』○입문명삼 호온담탕(治心膽虛怯 觸事易驚 涎與氣搏 變生諸證 香附子二錢四分 橘紅一錢 二分 半夏 枳實 竹茹 各八分 人蔘 白茯苓 柴胡 麥門冬 桔梗 各六分 甘草 四分 右剉作一貼 薑三片 棗二枚 水煎服『經驗方』○入門名蔘胡溫膽湯)"으로 기록 되어 있다.[63,64] 그러나『삼인극일병증방론』에서는 가미온담탕이 기재 되어 있지 않고, 또한 "입문명삼호온담탕(入門名蔘胡溫膽湯)"이라고 기 록되어 있으나, 실제『의학입문』에서의 삼호온담탕 구성 약재는『동의 보감』의 가미온담탕과는 약재의 분량이 다르다. 약재의 구성과 분량에 서 유사도가 높은 방제는『수진방』의 가미온담탕으로,『수진방』의 가 미온담탕은『동의보감』의 가미온담탕과 비교하여 약재의 분량에서 0.01~1.01%의 차이가 있다. 그리고 복용량에서도 약 1.06배의 차이가 있으므로『동의보감』의 가미온담탕과 완전히 일치하지는 않는다. 그 러므로『동의보감』에서 가미온담탕의 출전을『경험방』이라고 한 것은 서적의 명이 아니라 실제 경험방인 것으로 추측된다.

---

63 『醫學入門』蔘胡溫膽湯의 구성은 "陳皮 半夏 茯苓 枳實 人蔘 各一錢 竹茹 香附子 麥門 冬 柴胡 桔梗 各八分 甘草 三分 薑三片 棗二枚"로서『東醫寶鑑』과『方藥合編』의 加味溫 膽湯과는 藥의 分量이 다르다.

64 『醫學入門』,「傷寒用藥賦」에서는 加味溫膽湯에 대하여 "水煎溫服 治心膽虛怯 觸事易 驚 夢寢不安 氣鬱生痰 變生諸證 或短氣悸乏 或復自汗 四肢浮腫 飲食無味 煩躁不安(물 로 달여 溫服한다. 心膽이 虛怯하여 무슨 일에나 잘 놀라고 꿈으로 잠자리가 不安하며, 氣鬱하여 生痰하므로 諸證을 生한다. 或은 短氣悸乏하고 或은 다시 自汗하며 四肢浮腫 하고 飲食無味하며 煩躁不安한 것을 치료한다.)"라고 기록되어 있다.

(2) 가미온담탕의 활용

가미온담탕은 임상에서 빈용되는 방제이다. 그러나 가미온담탕이 다른 방제와 비교하여 활용 빈도가 높다는 근거는 불충분하다. 다만 『방약합편해설』[65]에서는 임상의 활용 빈도를 ※의 개수로 표시하였는데, 가미온담탕은 ※※로 임상 활용 빈도가 매우 높은 편이다. 가미온담탕은 『방약합편』의 중통에 기재되어 있다. 중통의 총 181개 방제 중 ※※※에 해당하는 방제는 인삼패독산과 사칠탕의 2개 방제였으며, ※※에 해당하는 방제는 가미온담탕, 소시호탕, 소청룡탕을 포함한 25개 방제였으며, ※에 해당하는 방제는 향소산, 자음강화탕, 이기거풍산을 포함한 30개 방제였으며, 나머지 124개 방제에서는 ※의 표시가 없다 〈표 18〉. 즉 가미온담탕은 중통의 방제 중 활용도 측면에서 최소 상위 15%(1.7~15%; 3/181~27/181) 이내의 방제에 해당한다.

〈표 18〉『방약합편』 중통 181개 방제의 활용 빈도

활용 빈도	方劑數	方劑名
※※※	2方	人蔘敗毒散, 四七湯.
※※	25方	小續命湯, 疎風活血湯, 牛黃淸心元, 烏藥順氣散, 九味羌活湯, 五積散, 藿香正氣散, 人蔘養胃湯, 小柴胡湯, 蔘蘇飮, 小靑龍湯, 香砂養胃湯, 淸心蓮子飮, 蘇合香元, 加味溫膽湯, 溫膽湯, 二陳湯, 半夏白朮天麻湯, 淸上蠲痛湯, 當歸四逆湯, 逍遙散, 小兒淸心元, 抱龍丸, 牛黃抱龍丸, 燒針丸.
※	30方	疎風湯, 羌活愈風湯, 星香正氣散, 靈仙除痛飮, 理氣祛風散, 葛根解肌湯, 不換金正氣散, 香蘇散, 十神湯, 芎蘇散, 升麻葛根湯, 陶氏升陽散火湯, 麥門冬湯, 滋陰降火湯, 橘皮竹茹湯, 補中治濕湯, 中滿分消湯, 茵陳四逆湯, 柴陳湯, 七氣湯, 分心氣飮, 蘇子降氣湯, 交感丹, 四物安神湯, 茯苓補心湯, 玉屛風散, 消風散, 赤茯苓湯, 肥兒丸, 人蔘羌活散.
-	124方	犀角升麻湯, 香葛湯, 香薷散, 三子養親湯, 定喘湯, 實脾散, 柴平湯 等.

---

65 申載鏞, 앞의 책, 95~203쪽.

　가미온담탕은 임상에서 활용 빈도가 높지만, 가미온담탕의 가감법
에 대해서는 자료가 많지 않다. 『상한전생집』에서 2개의 가미온담탕에
대하여 가감법이 일부 기재되어[66] 있으나, 본고에서 다루고 있는 가미
온담탕과는 처방의 구성이 달라서 큰 의미가 없다. 『방약합편』과 『방
약합편해설』에서 가미온담탕의 가감법이 일부 기재되어 있는데 『방약
합편』의 활투에서는 기울가소엽(氣鬱加蘇葉) 불면가당귀산조인(不眠加
當歸酸棗仁)[67]으로 기록되어 있고, 『방약합편해설』에서는 기울(氣鬱)에
는 가소엽, 불면에는 가당귀, 산조인, 유열(有熱)에는 가천황련(加川黃
連)[68]으로 기록되어, 『방약합편』의 가감법에 유열가천황련(有熱加川黃
連)을 추가하였다. 이 외에 『방약합편해설』에서는 임상가의 경험방을
위주로 가감법 20종을 제시하였다〈표 19〉.

<표 19> 『방약합편해설』의 가감법 20종

症狀	加減	症狀	加減
怔忡으로 痰在下 火在上	加 黃連 梔子 貝母 當歸	七情勞役으로 怔忡 少睡 頭痛 目赤 便閉 尿澁	去 人蔘 加 當歸 川芎 芍藥 大黃(酒蒸) 梔子(炒)
痰迷	加 竹瀝 薑汁 各1匙 兼用 牛黃淸心丸	胸膈塞	加 木香
食不消	加 神麯(炒) 麥芽(炒)	咽膈不利	加 玄蔘
心悸 怔忡	加 石菖蒲 遠志	胃脘痞滿	加 連翹 神麯(炒)
心悸 怔忡이 甚	調服 鏡面朱砂 5分	不眠	加 酸棗仁 龍眼肉
痰多便燥	加 當歸 瓜蔞仁	陰虛不眠	加 熟地黃

---

66 『中醫方劑大辭典(第三冊)』, 1180~1182쪽.
67 黃度淵, 앞의 책, 205~206쪽.
68 申載鏞, 앞의 책, 147~148쪽.

面浮尿少	加 澤瀉 車前子 燈心	頭痛不忍	加 天麻 酸棗仁(炒)
肝膽火	增量 柴胡 加 梔子(炒)	氣鬱頭痛	加 黃芩 梔子(炒)
血虛	合 四物湯	陰虛火動	合 滋陰降火湯
氣虛自汗	合 補中益氣湯	自汗 虛弱	合 歸脾湯

(3) 향산온담탕의 약재 및 효능 분석

〈표 19〉에서처럼 가미온담탕의 가감법을 살펴보았으나, '향산온담
탕(香山溫膽湯)'의 약재구성과 일치하는 것은 없다. '향산온담탕'은 가미
온담탕 가산조인, 당귀, 소엽, 치자, 신곡으로『방약합편』활투의 산조
인, 당귀, 소엽을 가하고, 여기에 치자와 신곡을 가한 방제이다. '향산
온담탕'은 〈표 8〉에서처럼 당귀는 2.72±0.64전, 산조인은 1.90±0.26
전, 소엽은 0.80±0.02전, 신곡은 1.00±0.17전, 치자는 1.00±0.17전
이 가미된 방제로서, 대체적으로는 당귀는 3전, 산조인은 2전, 소엽은
0.8전, 신곡은 1전, 치자는 1전을 가한 방제이다.

[그림 9] 향산 선생의 친필 처방전

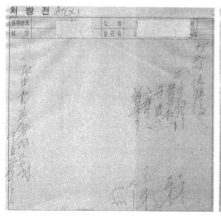 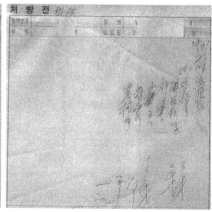

'향산온담탕'을 분석하기 위하여 먼저 가미온담탕을 분석하고, 여기에 산조인, 당귀, 소엽, 치자, 신곡의 역할을 고찰하여 '향산온담탕'을 분석하였다.

먼저, 온담탕과 가미온담탕의 약재 구성을 살펴보면, 가미온담탕은 온담탕에 인삼, 맥문동, 길경, 시호, 향부자를 가한 것이다.

온담탕은 반하 진피 백복령 지실 각 2전, 죽여 1전 감초 5푼, 생강 5편 대조 2매로 구성되어 강조를 제외하면 9.5전이 되고, 가미온담탕은 향부자 2전4푼, 귤홍 1전2푼, 반하 지실 죽여 각 8푼, 인삼 백복령 시호 맥문동 길경 각 6푼, 감초 4푼, 생강 3편, 대조 2매로 구성되어 강조를 제외하면 9.4전이 되어 약의 전체 용량은 큰 차이가 없다. 그러나 온담탕은 9.5전 중 6.5전이 이진탕으로 구성되어 전체 약재의 68.41%를 차지하며, 가미온담탕은 9.4전 중 이진탕의 분량이 3전으로 전체 구성 약재의 31.92%로 온담탕보다는 이진탕의 분량이 50% 이하로 줄어들었다. 또한 가미온담탕에서는 향부자가 2.4전으로 전체 구성 약재의 25.53%를 차지하여, 이기작용을 강화하였는데, 여기에 다시 진피, 시호, 길경, 지실이 배합되어(전체 약재의 약 60%) 이기해울의 작용이 크게 강화되었다〈표 20〉.

〈표 20〉 온담탕과 가미온담탕의 약재 구성 비교

方劑 및 用量		半夏	橘紅	茯苓	甘草	枳實	竹茹	人蔘	麥多	桔梗	柴胡	香附	계
溫膽湯	用量(錢)	2	2	2	0.5	2	1						9.5
	%	21.05	21.05	21.05	5.26	21.05	10.53						100
加味溫膽湯	用量(錢)	0.8	1.2	0.6	0.4	0.8	0.8	0.6	0.6	0.6	0.6	2.4	9.4
	%	8.51	12.77	6.38	4.26	8.51	8.51	6.38	6.38	6.38	6.38	25.53	100

* 溫膽湯에서 二陳湯의 합계는 68.41%, 加味溫膽湯에서 二陳湯의 합계는 31.92%.

약재의 분량 차이 이외에 가미온담탕에는 인삼이 배합되어 보기건
비(補氣健脾) 화위강역(和胃降逆) 이기화담(理氣化痰)하는 육군자탕(六君
子湯)[69]의 의미가 있으며, 또한 인삼이 추가됨으로 인해 강역지애(降逆
止呃) 익기청열(益氣淸熱)하는 귤피죽여탕(橘皮竹茹湯)[70,71]의 의미가 포
함되어 있고, 비록 황금(黃芩)은 없지만 소시호탕(小柴胡湯)[72]의 의미도
포함되어 있다. 또한 인삼과 맥문동은 인삼맥동탕으로서,[73] 서사(暑邪)
로 기음량허(氣陰兩虛)하여 심신실양(心神失養)함으로 인한 망견망언(妄
見妄言) 등의 정신활동 불리를 치료하는데, 인삼의 대보원기와 맥문동
의 양음생진이 합해지면 기음복득(氣陰復得)하여 심신득양(心神得養)하
게 되어 제반 증상이 소실된다.[74] 본방에서는 인삼과 맥문동이 0.6전씩
배합되어 기음의 허손을 보완하거나, 거담리기(祛痰理氣) 약재의 과조
성(過燥性)을 예방하는 의미도 있으며, 인삼의 독성을 맥문동이 감약하
는 의미[75]도 있다. 그리고 가미온담탕에는 길경이 추가됨으로써 온담
탕의 지실, 감초와 더불어 비기(痞氣), 흉만불리(胸滿不利), 번민욕사(煩
悶欲死)를 치료하며, 한열을 물론하고 통용하는 길경지각탕(桔梗枳殼
湯)[76,77]의 의미가 있으며, 또한 향부자가 추가되어 온담탕의 복령과 더

69 許浚, 앞의 책, 134쪽.
70 全國韓醫科大學 方劑學敎授 編著, 앞의 책, 401쪽.
71 許浚, 앞의 책, 483쪽.
72 위의 책, 382쪽.
73 柳長化, 『陳士鐸醫學全書(辨證錄)』, 中國中醫藥出版社, 2013, 829쪽.
74 田代華, 『實用中醫對藥方』, 人民衛生出版社, 2000, 57쪽.
75 李尙仁, 『本草學』, 修書院, 1981, 53쪽.
76 黃度淵, 앞의 책, 245쪽.
77 許浚, 앞의 책, 267쪽.

불어 치제기울체(治諸氣鬱滯) 능수승화강(能水升火降)하는 교감단(交感
丹)[78,79]의 의미가 있으며, 여기에 감초가 배합되면 강기탕(降氣湯)[80]의
의미가 있다. 또한 가미온담탕에는 시호가 추가되어 있어 온담탕의 지
실 감초와 더불어 투사해울(透邪解鬱) 소간리비(疏肝理脾)하는 사역산
(四逆散)[81,82]의 의미를 포함하고 있다〈표 21〉.

〈표 21〉 가미온담탕이 포괄하는 방제

	半夏	橘紅	茯苓	甘草	枳實	竹茹	生薑	大棗	人蔘	麥冬	桔梗	柴胡	香附	不足藥材
溫膽湯	2	2	2	0.5	2	1	5片	2枚						
加味溫膽湯	0.8	1.2	0.6	0.4	0.8	0.8	3片	2枚	0.6	0.6	0.6	0.6	2.4	
人蔘麥冬湯*									2	3				
六君子湯	1.5	1	1	0.5			3片	2枚	1					白朮1.5
橘皮竹茹湯		3		1		4	5片	2枚	2					
小柴胡湯	1			0.5			3片	2枚	1			3		黃芩2
桔梗枳殼湯				1	殼2						2			
交感丹*		神4											16	
四逆散			等分	等分							等分			芍藥等分

* 단위는 兩이며, 다른 方劑의 단위는 錢.

이상의 내용과 〈표 20〉, 〈표 21〉을 종합하여 보면, 온담탕은 이진탕
에 가지실 죽여하여 이기화담 청담화위[83]하는 것에 중점이 있고, 가미

78 위의 책, 92쪽.
79 吳澄, 『不居集』, 人民衛生出版社, 1998, 489쪽.
80 黃度淵, 앞의 책, 203쪽.
81 全國韓醫科大學 方劑學敎授 編著, 앞의 책, 154쪽.
82 許浚, 앞의 책, 384쪽.
83 全國韓醫科大學 方劑學敎授 編著, 앞의 책, 531쪽.

온담탕은 소간해울 이기화담 건비화위에 중점이 있는 것으로 요약할 수 있다〈표 22〉.

〈표 22〉 온담탕과 가미온담탕의 효능 비교

方劑	共通藥材	藥材差異	효능
溫膽湯	二陳湯 + 枳實 竹茹	–	理氣化痰 淸膽和胃
加味溫膽湯		人蔘 麥冬 桔梗 柴胡 香附	疏肝解鬱 理氣化痰 健脾和胃

다음으로는 '향산온담탕'의 가미약재(산조인, 당귀, 소엽, 치자, 신곡)에 대하여 살펴보았다.

먼저 산조인은 가미온담탕의 인삼, 백복령과 합하여『동의보감』의 산조인탕이 되는데, 산조인탕은 "치불수급다수 산조인미초 인삼 백복령 각등분 우위말 매일전 수일잔 전지칠푼 여요수즉랭복 여불요수즉열복(治不睡及多睡 酸棗仁微炒 人蔘 白茯苓 各等分 右爲末 每一錢 水一盞 煎至七分 如要睡卽冷服 如不要睡卽熱服)『의감』"[84],[85]으로 불수 또는 다수를 치료한다. 또한『시금묵선생 임상약대론(施今墨先生 臨床藥對論)』[86]에서는 산조인은 양심안신(養心安神) 청열제번(淸熱除煩) 익음렴한(益陰斂汗)하고, 치자는 청열사화(淸熱瀉火) 양혈해독(凉血解毒) 청심제번(淸心除煩)하므로 이 두 약이 배합되면 청심량간(淸心凉肝) 청열제번(淸熱除煩) 안

---

84 許浚, 앞의 책, 116쪽.

85 『東醫寶鑑』'夢'에는 본 酸棗仁湯이 제시되어 있고(許浚, 앞의 책, 116쪽), '寒'에는 "傷寒差後虛煩不得眠宜酸棗仁湯烏梅湯「活人」", "治傷寒後虛煩不得眠 酸棗仁炒 二錢 麥門冬 知母 各一錢半 茯苓 川芎 各一錢 乾薑 甘草灸 各二分半 右剉作一服 水煎服「活人」"(같은 책, 401쪽)으로 되어 있어 方名은 같으나 내용은 다르다.

86 이승혁 편역, 『施今墨先生 臨床藥對論』, 醫聖堂, 2003, 187쪽.

심신(安心神) 치실면(治失眠)의 효능이 증강되어, 심화과성(心火過盛)으로 인한 번조불녕(煩躁不寧) 실면다몽(失眠多夢) 등의 신경쇠약제증을 치료한다고 기록되어 있다. 이러한 가미법은『방약합편』의 활투에서 불면가산조인(不眠加酸棗仁)으로[87] 기재된 내용과 일치한다.

당귀는 인삼과 합하여『경악전서』의 국방인삼탕(局方人蔘湯) 또는 삼귀탕이 되며,[88] 인삼은 대보원기(大補元氣)하고, 당귀는 자양음혈(滋養陰血)하여, 두 약이 합용되면 감온으로 제열하게 되어 음혈폭허(陰血暴虛) 양무소부(陽無所附)하여 발생하는 양부우외이발열(陽浮于外而發熱)하는 것을 치료하며,[89] 또한 당귀와 인삼은 기혈상호생화의 의미로 기득혈이생(氣得血而生) 혈득기이화(血得氣而化)하여 기혈허약증을 치료한다.[90] 그러나 당귀와 인삼의 비율은 5:1로서 양생음장(陽生陰長)[91]의 의미로 볼 수도 있다. 당귀는 또한 향부자와 합하여『행원생춘(杏苑生春)』의 귀부환(歸附丸)이 되며[92] 향부자는 신향주찬(辛香走竄) 선우리기(善于理氣)하여 조경(調經)의 성약(聖藥)이 되고, 당귀는 선우이혈(善于理血)하여 역시 조경의 가품(佳品)이 된다. 이 두 약을 배합하면 기체혈어(氣滯血瘀)하여 나타나는 경수부조(經水不調)를 치료하는 요방이 된다. 또한 당귀는 가미온담탕의 진피와 합하여『주씨집험방(朱氏集驗方)』의 귤귀환(橘歸丸)이 되며,[93] 귤피는 소간리기(疏肝理氣)하고, 당귀와 배합되면

87 黃度淵, 앞의 책, 205~206쪽.
88 김영남,『國譯景岳全書(7권)』, 一中社, 1992, 783쪽.
89 田代華, 앞의 책, 583쪽.
90 王府,『經方藥對』, 學苑出版社, 2005, 69쪽.
91 楊維傑, 앞의 책, 43쪽.
92 田代華, 앞의 책, 516쪽.
93 위의 책, 598쪽.

화혈통경(和血通經)하여 기혈을 병조(幷調)시키므로 노기상간(怒氣傷肝)
으로 간실소설(肝失疏泄)하여 기혈역행(氣血逆行)하는 것을 치료한다.
이는 〈표 21〉에서 제시한 사역산과 합하여 소간리기의 작용을 강화할
수 있다. 그러므로 『방약합편』의 활투 불면가당귀와[94] 합하여 고려하면
기울체에 의한 불면을 치료할 수 있을 것으로 생각된다.

소엽은 향부자, 진피, 감초와 합하여 『태평혜민화제국방(太平惠民和
劑局方)』의 향소산이 되어, 사시온역(四時溫疫), 상한(傷寒)을 치료하
며,[95,96] 또한, 『의방집해』의 향소음에서는 "자소소표기이산외한 향부
행리기이소내옹 귤홍능겸행표리이좌지 기행즉산한이식역소 감초화중
(紫蘇疏表氣而散外寒 香附行裡氣而消內壅 橘紅能兼行表裡以佐之 氣行則散寒
而食亦消 甘草和中)"으로[97] 되어 있어 소산(疏散) 소간(疏肝) 이기(理氣) 화
중(和中)[98,99]의 작용을 한다. 이것 역시 〈표 21〉에서 제시한 사역산과
합하여 소간 이기 화중의 작용을 강화할 수 있으므로, 『방약합편』 활투
의 기울가소엽과[100] 합하여 고려하면 기울의 양상을 적극적으로 고려하
기 위한 가미로 생각된다.

치자는 귤피와 합하여 『성제총록』의 귤피탕이 되며[101] 귤피는 강역화
위하고 치자는 청열조습하여 습열의 사기가 이변(二便)을 따라 제거되

---

94 黃度淵, 앞의 책, 205~206쪽.
95 太平惠民和劑局, 『太平惠民和劑局方』, 中國中醫藥出版社, 1996, 42쪽.
96 『東醫寶鑑』의 '風'(許浚, 앞의 책, 386쪽)과 '溫疫'(같은 책, 526쪽)에 기재된 香蘇散에
    는 蒼朮이 추가되어 있다.
97 汪訒庵, 『醫方集解』, 文光圖書有限公司, 1986, 107쪽.
98 全國韓醫科大學 方劑學敎授 編著, 앞의 책, 76쪽.
99 韓醫方劑學 共同敎材編纂委員會, 앞의 책, 46~50쪽.
100 黃度淵, 앞의 책, 205~206쪽.
101 田代華, 앞의 책, 291~292쪽.

므로 중초의 승강이 회복되어 구해부지(嘔噦不止)한 것을 치료한다. 또한 치자는 향부자 황련 귤홍 반하와 합하여『잡병원류서촉』치애기조잡탄산토산오심방구(治噯氣嘈雜吞酸吐酸惡心方九)의 첫 번째 방제인 향부환이 된다.[102] '향산온담탕'에는 황련은 없지만, 치자, 향부자, 귤홍, 반하로서도 향부환보다 열성이 약한 경우의 기울 및 위기상역의 증상을 개선할 수 있을 것으로 보이며, 또한 〈표 6〉에서처럼 황련은 6번째로 많이 활용된(21회; 처방건 대비 14.09%) 것으로 보아 향후 '향산온담탕'의 가감법으로 활용이 가능할 것으로 보인다. 또한 시호소간산은 시호, 진피, 천궁, 작약, 지각, 향부자, 감초, 치자로 구성되어 소간리기(疏肝理氣) 활혈지통(活血止痛)하는 효능으로 노화상간(怒火傷肝)을 치료한다.[103] 본방에서는 천궁, 작약 없이 사용되었지만 사역산 향소산 및 시호소간산(柴胡疏肝散; 거천궁 작약)이 내재된 것으로 보아 소간리기(疏肝理氣)의 효능을 강화한 것으로 생각된다.

신곡은 반하 생강 대조와 합하여『백일선방(百一選方)』의 이곡환이 되며,[104] 반하는 조습화담(燥濕化痰)의 주약이며, 신곡은 소식개위(消食開胃)의 가품으로 이 두 약을 배합하면 상보상성으로 담소습화(痰消濕化)하고, 비건위화(脾健胃和)하여 음식자진하게 되어 비허담성(脾虛痰盛)으로 인한 불입식(不入食)을 치료한다. 또한, 신곡은 치자, 향부자와 합하여 창출, 천궁은 없지만『동의보감』월국환[105]의 주요 구성 약재로서 간실조달(肝失條達)하여 발생하는 기울과 화울, 간실조달하여 비실

102 沈金鰲, 앞의 책, 283쪽.
103 黃度淵, 앞의 책, 205~206쪽.
104 田代華, 앞의 책, 193쪽.
105 許浚, 앞의 책, 487쪽.

건운하여 발생하는 식울을 치료할 수 있으며,[106] 월국환보다 육울의 치료를 강화한 육울탕[107]에서는 신곡 치자 향부자 외에 진피 복령 지각 소엽 감초 생강이 더 들어가 있으므로, '향산온담탕'에서는 어느 정도 육울탕(거 창출 연교 천궁 패모)의 의미도 내포되어 있다.

치자는 번열로 인한 흉중질색(胸中窒塞), 신황(身黃), 심중결통(心中結痛) 부득면(不得眠) 소변단적(小便短赤)을 치료하고[108] 또한, 치자는 온담탕의 지실과 배합되어, 치자는 청심제번(淸心除煩), 청위강역(淸胃降逆)하고 지실은 이기관흉(理氣寬胸), 조리기기(調理氣機)하여 두 약이 배합되면 청열리기(淸熱理氣)하여 사열내결(邪熱內結) 기기울체(氣機鬱滯)를 치료한다.[109] 또 치자는 죽여, 진피, 생강과 더불어『잡병원류서촉』[110]의 치자죽여탕이 되며, 또한 사역산료, 향부자, 진피, 길경과 더불어 시호소간산(柴胡疏肝散)[111]의 의미도 있다. 죽여는[112] 담열해수(痰熱咳嗽) 심번불면(心煩不眠) 위열구토(胃熱嘔吐) 등을 치료하므로, 치자죽여탕(梔子竹茹湯)은 위열구역(胃熱嘔逆)이나, 허번불면(虛煩不眠)을 치료한다 〈표 23〉.

---

106 全國韓醫科大學 方劑學敎授 編著, 앞의 책, 379쪽.

107 黃度淵, 앞의 책, 157~158쪽.

108 黃煌, 『張仲景五十味藥證』, 人民衛生出版社, 1998, 111쪽.

109 王府, 앞의 책, 127쪽.

110 沈金鰲, 앞의 책, 58쪽.

111 張璐, 『張氏醫通』, 中國中醫藥出版社, 1995, 363쪽.

112 高學敏·鍾贛生, 『臨床常用方藥應用鑑別(中藥分冊)』, 人民衛生出版社, 2003, 577쪽.

<표 23> '향산온담탕'이 포괄하는 방제

	半夏	橘紅	茯苓	甘草	枳實	竹茹	生薑	大棗	人蔘	麥冬	桔梗	柴胡	香附	活套內容 當歸	活套內容 棗仁	活套內容 蘇葉	神麴	梔子	不足藥材
溫膽湯	2	2	2	0.5	2	1	5片	2枚											
加味溫膽湯	0.8	1.2	0.6	0.4	0.8	0.8	3片	2枚	0.6	0.6	0.6	0.6	2.4						
香山溫膽湯	0.8	1.2	0.6	0.4	0.8	0.8	3片	2枚	0.6	0.6	0.6	0.6	2.4	3	2	0.8	1	1	
¹人蔘麥冬湯*									2	3									
²六君子湯	1.5	1	1	0.5			3片	2枚	1										白朮1.5
³橘皮竹茹湯		3		1		4	5片	2枚	2										
⁴小柴胡湯	1			0.5			3片	2枚	1			3							黃芩2
⁵桔梗枳殼湯				1	殼2						2								
⁶交感丹*			神4										16						
⁷四逆散				等分	等分							等分							芍藥等分
⁸酸棗仁湯			等分						等分			等分							
⁹香蘇散*	2			1									4			4			
¹⁰越鞠丸													等分				等分	等分	蒼朮川芎等分
¹¹梔子竹茹湯		2				1.5	薑汁											3	
¹²柴胡疏肝散		2		0.5	殼1.5		1片					2	1.5					1	芍藥川芎1.5

1-7은 加味溫膽湯 및 '香山溫膽湯'이 모두 내포하는 方劑, 8-12는 香山溫膽湯에만 내포된 方劑임.
* 단위는 兩이며, 다른 方劑의 단위는 錢.

한편 가미온담탕과 '향산온담탕'의 약재 구성 분량을 살펴보면, 가미온담탕은 향부자 2전4푼, 귤홍 1전2푼, 반하, 지실, 죽여 각 8푼, 인삼, 백복령, 시호, 맥문동, 길경 각 6푼, 감초 4푼, 생강 3편, 대조 2매로 구성되어 강조를 제외하면 9.4전이 되며, '향산온담탕'은 가미온담탕에 당귀 3전, 산조인(초) 2전, 신곡(초), 산치자(초) 각 1전, 소엽 8푼이 추가되어 강조를 제외하면 17.2전이 되어 가미온담탕보다 약의 용량이 1.83배 많다. 이미 〈표 20〉에서 가미온담탕은 온담탕에 비해 거담작용(祛痰作用)은 감약되었고, 이기해울(理氣解鬱)의 작용은 크게

강화되었음을 살펴보았다. '향산온담탕'은 여기에 다시 소엽을 가하여
이기작용을 강화시켰고, 또한 신곡을 가하여 비위의 승청강탁을 도와
주며, 치자로서 열울을 치료하거나, 기허 또는 음허로 인한 허열을 배
려하였다. 또한 당귀를 3전(전체 약재의 약 17.4%) 가하여 간기울결(肝氣
鬱結) 및 목불소토(木不疏土)로 인한 영혈화생(榮血化生)의 부족을 고려
하였고, 산조인을 가하여 간기울결로 인한 정신활동 방면의 불량 및
간심의 음부족을 같이 고려하였다. 전체적으로 보면 '향산온담탕'은 가
미온담탕의 약재 용량을 온전히 포함하고 있기 때문에 가미온담탕의
이기해울을 강화하고, 안심신, 보음액하며, 허열상을 같이 고려한 방
제이다〈표 24〉.

〈표 24〉 가미온담탕과 향산온담탕의 약재 구성 비교

方劑 및 用量		半夏	橘紅	茯苓	甘草	枳實	竹茹	人蔘	麥冬	桔梗	柴胡	香附	當歸	棗仁	蘇葉	神麯	梔子	계
加味溫膽湯	用量(錢)	0.8	1.2	0.6	0.4	0.8	0.8	0.6	0.6	0.6	0.6	2.4						9.4
	%	8.51	12.77	6.38	4.26	8.51	8.51	6.38	6.38	6.38	6.38	25.53						100
香山溫膽湯	用量(錢)	0.8	1.2	0.6	0.4	0.8	0.8	0.6	0.6	0.6	0.6	2.4	3	2	0.8	1	1	17.2
	%	4.65	6.98	3.49	2.33	4.65	4.65	3.49	3.49	3.49	3.49	13.95	17.44	11.63	4.65	5.81	5.81	100

위의 내용을 고려하면, 전반적으로 가미온담탕에서 가미된 '향산온
담탕'의 약재(산조인, 당귀, 소엽, 치자, 신곡)는 양심안신 소간해울, 이혈
리기를 강화하는 방향에서 가미되었으며, 이를 가미온담탕과 합하여
보면 소간해울, 이기화담, 양심안신, 건비화위의 작용을 할 것으로 추
측되며〈표 25〉, 이를 도식화하면 [그림 10]과 같다.

〈표 25〉 온담탕과 가미온담탕, 향산온담탕의 효능 비교

方劑	共通藥材	藥材差異		효능
溫膽湯	溫膽湯	–	–	理氣化痰 淸膽和胃
加味溫膽湯		人蔘 麥冬 桔梗 柴胡 香附子	–	疏肝解鬱 理氣化痰 健脾和胃
香山溫膽湯			酸棗仁 當歸 蘇葉 梔子 神麴	疏肝解鬱 理氣化痰 養心安神 健脾和胃

[그림 10] '향산온담탕'의 병리기전 및 약재 배합

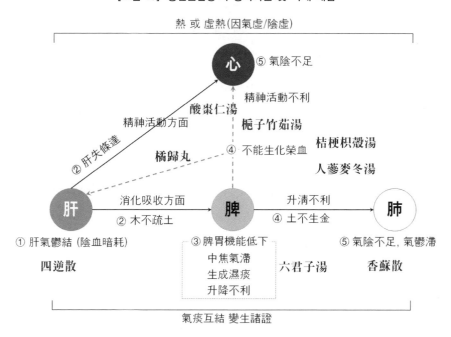

①간의 소설기능은 서전(舒展)·통창(通暢)의 의미로 간은 항상 희조달(喜條達)한다. 그러나 음혈부족(陰血不足)한 사람이 어떠한 원인으로 간실조달(肝失條達)하거나, 간실조달하여 간기울체가 오래되면 음혈이

암모(暗耗)될 수 있다. 이러한 경우에는 사역산과 향부자가 소간리기(疏肝理氣)할 수 있고, 당귀, 산조인이 보음혈할 수 있다. ② 간실조달에는 크게 정신활동적인 면과, 음식물의 소화·흡수 방면으로 나누어진다.[113] 먼저 정신활동면에서 보면, 간의 소설기능(疏泄機能)이 정상적인 경우에는 기혈이 화평해지고, 심정이 평안해질 수 있으나, 간실조달하면 기기부조(氣機不調)로 우울, 조급이노(躁急易怒), 실면다몽(失眠多夢) 등의 증상이 나타난다. 여기에도 역시 사역산, 향부자, 당귀, 산조인이 서간안신(舒肝安神)할 수 있다. 또한 소화·흡수 방면에서 보면, 간의 소설기능은 비위의 정상적인 소화·흡수를 유지하나, 간실조달하면 비위의 소화·흡수, 담즙분비(膽汁分泌) 등에 영향을 주어 소화불량, 비기허, 비허생담이 발생하게 된다. ③ 비위기능이 저하되면 소화·흡수의 불량으로 기혈을 생성하기가 어렵고, 병리적 산물인 습담을 생성하기도 한다. 또한, 비승청위강탁에도 영향을 미치게 되어 복창 구토 설사 등을 유발할 수 있다. 이러한 경우에는 육군자탕과 향부자가 건비거담리기지통(健脾祛痰理氣止痛)할 수 있다. ④ 기의 생성이 불리하면 기허 및 기체의 양상을 유도할 수 있고, 영혈의 생성이 불리하면 다시 간, 심, 폐의 음부족을 유발할 수 있다. ⑤ 기체의 경우에는 향소산, 길경지각탕 등이 이기관흉할 수 있으며, 간, 심, 폐의 음혈부족의 경우에는 당귀, 산조인, 맥문동이 보음, 보혈할 수 있다.

---

113 金完熙·崔達永 共編, 『臟腑辨證論治』, 成輔社, 2004, 141~142쪽.

(4) 방제학을 기반으로 한 향산온담탕의 가미법

본 가미법은 임상적 평가를 받은 것이 아니라, 방제학적으로 1-2종의 약재가 추가되면 합방(合方)의 의미가 있는 것을 요약하였으므로, 향후 임상적 평가가 있어야 할 것으로 생각된다.

① '향산온담탕'은 기울, 열울, 식울을 해울할 수 있으나, 전반적으로 습울, 혈울 등을 포함한 다양한 울체의 양상이 나타나면 합 월국환의 의미로 가창출 천궁하여, 육울을 제거하여 기기(氣機)를 선창한다.[114] ② 흉격부(胸膈部)의 기울체(氣鬱滯)가 심하면 지실을 지각으로 바꾸어 합 길경지각탕(桔梗枳殼湯)의 의미로 흉격불리를 치료한다.[115] ③ 간기 울체에 음부족으로 유간(柔肝)의 필요성이 있으면 가작약(加芍藥)하여 합 사역산의 의미로 간울비체 양기불신을 치료하며,[116] 또한 여기에 가 천궁하면 『장씨의통』 권14의 시호소간산의 의미가 있어 노화상간(怒火傷肝) 혈완우상(血菀于上)을 치료한다.[117] ④ 비기허(脾氣虛)가 뚜렷하면 합 사군자탕 또는 육군자탕의 의미로 가백출(加白朮)하여 비위의 기허를 보익하고,[118] 또한 여기에 중양부진(中陽不振)한 경우는 생강을 건강으로 바꾸거나, 가건강(加乾薑)하여 합 이중탕(理中湯)의 의미를 부가하여 중양을 보하며, 여기에는 합 이중화담환(理中化痰丸)의 의미도 내포되어 있다.[119] ⑤ 기허에 고섭작용(固攝作用)이 약한 경우 가백출 황기하

114 全國韓醫科大學 方劑學教授 編著, 앞의 책, 379쪽.
115 黃度淵, 앞의 책, 245쪽.
116 全國韓醫科大學 方劑學教授 編著, 앞의 책, 154쪽.
117 張璐, 앞의 책, 363쪽.
118 全國韓醫科大學 方劑學教授 編著, 앞의 책, 275~276쪽.

면 합 대사군자탕[120]으로 익기고섭작용(益氣固攝作用)을 강화한다. ⑥ 상중초(上中焦) 진액(津液)의 부족이 심할 경우 합 맥문동탕의 의미로 맥문동을 다량 증량하고 가갱미(加粳米)하여 자양폐위(滋養肺胃) 화중강역(和中降逆)하는 효능을 강화한다.[121] ⑦ 심신불교(心腎不交)의 경우는 복령을 복신으로 바꾸어 합 교감단(交感丹)의 의미로 수승화강(水升火降)을 회복한다.[122] ⑧ 불면의 증상에 허번이 심하면 합 산조인탕(酸棗仁湯)[123]의 의미로, 가지모(加知母) 천궁하여 양혈안신(養血安神) 청열제번(淸熱除煩)한다.[124] ⑨ 울열과 번조가 심한 경우 가향시(加香豉)하면, 합 치자시탕 또는 치자감초시탕, 치자생강시탕, 지실치자시탕이 되어 각각 청선해울제번(淸宣解鬱除煩), 청열제번 익기화중(淸熱除煩 益氣和中), 청열제번 강역지구(淸熱除煩 降逆止嘔), 청열제번 관중행기(淸熱除煩 寬中行氣)한다.[125,126] ⑩ 소시호탕증(小柴胡湯證; 한열왕래(寒熱往來) 흉협고만(胸脇苦滿) 심번희구(心煩喜嘔) 묵묵불욕음식(默默不欲飮食))이 나타날 경우 시호를 증량하고 가황금(加黃芩)하면 합 소시호탕의 의미가 있다.[127]

119 위의 책, 232~235쪽.
120 森雄材, 『圖說 漢方處方の構成と適用』, 醫齒藥出版株式會社, 1998, 20~21쪽.
121 全國韓醫科大學 方劑學敎授 編著, 앞의 책, 477쪽.
122 黃度淵, 앞의 책, 203쪽.
123 〈표 23〉의 酸棗仁湯은 『東醫寶鑑』의 方劑로 酸棗仁 茯苓 人蔘으로 구성되고, 여기서의 酸棗仁湯은 『金匱要略』의 方劑로 酸棗仁·茯苓·甘草·川芎·知母로 구성되어 있다.
124 全國韓醫科大學 方劑學敎授 編著, 앞의 책, 327~328쪽.
125 변성희·김상찬 공역, 『圖說 傷寒論』, 전파과학사, 2006, 277~279쪽.
126 鄭全雄·丁曉剛·賀紅莉, 『張仲景方方族』, 中國醫藥科技出版社, 2005, 152~155쪽.
127 全國韓醫科大學 方劑學敎授 編著, 앞의 책, 143쪽.

(5) '향산온담탕'의 기미 분석

본초에 대한 사기오미(四氣五味) 및 귀경(歸經)은 대부분의 본초서적에 기록되어 있으나, 방제의 사기오미 귀경에 대한 분석은 현재까지 극히 미흡하다. 그러나 다양한 약재가 배합된 방제에 있어서도 전체적으로 사기오미 및 주된 귀경이 어떠한지를 평가하는 것은 환자의 치료 방법 설정에 유용하게 사용될 수 있다. 그러므로 본고에서는 최초로 아래의 방법으로 방제의 사기오미 및 귀경의 계량화를 시도하였다. 각 약재의 사기오미 및 귀경은『본초학』[128]을 참고하였으며,『본초학』에는 죽여가 기재되어 있지 않아, 죽여는『임상한방본초학』[129]을 참고하였다.

먼저 기의 분석에는 계량화된 지표가 없어 두 가지 사항을 전제하였다. 첫째, 기를 단순히 사시기후변화(四時氣候變化)[130,131]를 바탕으로 평(平)을 기준으로 하여, 열은 +2, 온은 +1, 평은 0, 량(凉)은 -1, 한(寒)은 -2로 분석하였고, 미온, 미한 등 약의 사기(한열온량(寒熱溫凉)) 앞에 있는 미는 ±0.5로 간주하였다. 둘째는, 동일한 온이라 하더라도 온의 강도는 약재마다 동일한가인데, 여기에 대하서는 아직 논의된 바가 없으므로 온한 성질을 가진 약재의 온성은 모두 동일한 것으로 간주하였다. 즉, 온, 한은 각각 +1, -2이므로, 미온, 미한은 각각 +0.5, -1.5로 계산하였다.

---

128 李尚仁, 앞의 책, 1981, 52·59·87·101·121·175·194·199·203·282·330·345·349·355·370·383·495쪽.

129 徐富一·崔湖榮,『臨床韓方本草學』, 永林社, 2004, 662쪽.

130 全國韓醫科大學 本草學敎授 編著,『本草學』, 永林社, 1992, 60~63쪽.

131 高曉山 主編,『中藥藥性論』, 人民衛生出版社, 1992, 181쪽.

또한 방제에는 약재의 분량이 다른 경우가 많으므로, 약재의 분량을 반영하기 위하여 계량화된 사기에 용량을 곱하여 최종적으로 약의 사기를 구하고, 각 사기의 합을 다시 약재의 용량으로 나누어 최종 방제의 사기를 도출하였다.

향산온담탕의 18종 약재를 위의 방법으로 계량화한 결과, 반하는 +0.8, 귤홍은 +1.2, 복령과 감초는 0 등으로 방제 합계 +5.6이 도출되었으며, 이를 약재의 총 용량(19.2전)로 나누어 평균 +0.29를 도출하였다. 이 결과는 '향산온담탕' 전체의 기는 평과 미온의 중간 정도에 해당할 것으로 보인다〈표 26〉.

약재의 기는 논리적으로 최대한 분류하더라도 대한, 한, 미한, 량, 미량, 평, 미온, 온, 미열, 열, 대열 등의 11종으로 분류할 수 있다. 그러나 방제에 있어서는 '향산온담탕'의 +0.29처럼 매우 세분화될 수 있다. 그러므로 통증평가지수에 활용하는 VAS(Visual Analog Scale) 또는 NRS(Numeral Rating Scale) 개념을 도입하여야 방제의 한열온량을 정확하게 지점할 수 있다. 한과 열을 각각 −2.0, +2.0으로 두고 VAS를 작성하여 '향산온담탕'의 기를 나타내면 [그림 11]과 같다.

〈표 26〉 '향산온담탕'의 사기 분석

	半夏	橘紅	茯苓	甘草	枳實	竹茹	薑三	棗二	人蔘	麥冬	桔梗	柴胡	香附	當歸	棗仁	蘇葉	神麯	梔子	계	평균
用量	0.8	1.2	0.6	0.4	0.8	0.8	1	1	0.6	0.6	0.6	0.6	2.4	3	2	0.8	1	1	19.2	
四氣	溫	溫	平	平	微寒	微寒	溫	溫	微溫	微溫	微溫	微寒	溫	溫	平	溫	溫	寒		
寒熱溫凉	+1	+1	0	0	−1.5	−1.5	+1	+1	+0.5	−1.5	+0.5	−1.5	+1	+1	0	+1	+1	−2		
用量反映	+0.8	+1.2	0	0	−1.2	−1.2	+1	+1	+0.3	−0.9	+0.3	−0.9	+2.4	+3	0	+0.8	+1	−2	+5.6	+0.29

[그림 11] '향산온담탕' 사기의 위치

오미의 분석에서도 계량화된 지표가 없어 다음과 같이 분석하였다.
먼저, 본초서에 기록된 오미의 순서, 즉 신고(辛苦)와 고신(苦辛)의 경우
순서가 앞서는 미가 얼마만큼 더 중요한지 어떠한지에 대해서는 정보
가 극히 미흡하므로 오미의 순서는 무시하고 오미를 분석하였다.[132] 즉,
약재에 약미가 다수 존재하더라도 산, 고, 감, 신, 함을 모두 1로 평가하
고 미고(微苦), 미신(微辛) 등 약의 오미 앞에 있는 미는 50%로 간주하였
다. 즉, 고, 신은 각각 1이므로, 미고, 미신은 각각 0.5로 계산하였다.
여기에 또한 사기분석과 마찬가지로 계량화된 오미에 약재의 용량을
곱하여 최종적으로 방의 오미를 %로 구하였다.

먼저 각 미를 모두 1로 평가한 경우 '향산온담탕'은 신미 34.4%, 감미
33.2%, 고미 23.4%, 산미 7.1%, 담미 1.8%로 도출되었으며 〈표 27〉
[그림 12], 두 번째로 각각의 미를 1/n로 환산한 경우, 신미 33.6%,
감미 34.4%, 고미 24.4%, 산미 6.0%, 담미 1.6%로 도출되어 〈표 28〉
[그림 12] 전반적으로 신감고할 것으로 판단된다.

---

132 鄒澍의 『本經疏證』에서는 일부 藥材, 예를 들면 桔梗에서 "桔梗色白 得肺金之質 味辛
得肺金之用 而苦勝於辛 苦先於辛 辛者主升 苦者主降 已降而還升 是開內之滯(桔梗의
色白은 肺金之質을 得한 것이고, 味辛은 肺金之用을 得한 것이다. 그런데 苦味가 辛味
보다 나으므로 苦味가 辛味보다 우선 작용한다. 辛者는 主升하고 苦者는 主降한다.
그러므로 下降하였다가 다시 上升하여 內의 滯를 開한다.)"라고 기록되어 味의 强度를
제시하고 있으나, 이러한 경우는 매우 극소수이며, 또한 이 경우 苦味와 辛味의 强度比
率이 어떻게 되는지는 전혀 제시되지 않았다.

〈표 27〉 '향산온담탕'의 오미 분석 (각 味別 1)

		半夏	橘紅	茯苓	甘草	枳實	竹茹	薑三	棗二	人蔘	麥冬	桔梗	柴胡	香附	當歸	棗仁	蘇葉	神麯	梔子	계	(%)
	用量	0.8	1.2	0.6	0.4	0.8	0.8	1	1	0.6	0.6	0.6	0.6	2.4	3	2	0.8	1	1	19.2	
味	酸					0.5										1				1.5	
	苦	0.5	1			1				0.5	0.5	1	1	0.5	0.5			1		7.5	
	甘			1	1		1		1	1	1			0.5	1	1			1	9.5	
	辛	1	1			1		1				1	1	1		1	1		9	
	鹹																			0	
	淡			1																1	
味*	酸					0.4										2				2.4	7.1
	苦	0.4	1.2			0.8				0.3	0.3	0.6	0.6	1.2	1.5			1		7.9	23.4
	甘			0.6	0.4		0.8		1	0.6	0.6			1.2	3	2			1	11.2	33.2
	辛	0.8	1.2			0.8		1				0.6	2.4	3		0.8	1		11.6	34.4
	鹹																			0	0
	淡			0.6																0.6	1.8

* 五味에 용량을 곱한 수치임.

〈표 28〉 '향산온담탕'의 오미 분석 (각 味別 1/n)

		半夏	橘紅	茯苓	甘草	枳實	竹茹	薑三	棗二	人蔘	麥冬	桔梗	柴胡	香附	當歸	棗仁	蘇葉	神麯	梔子	계	(%)
	用量	0.8	1.2	0.6	0.4	0.8	0.8	1	1	0.6	0.6	0.6	0.6	2.4	3	2	0.8	1	1	19.2	
味	酸					0.2										0.5				0.7	
	苦	0.333	0.5			0.4				0.333	0.333	0.5	1	0.25	0.2			1		4.85	
	甘			0.5	1		1		1	0.667	0.667			0.25	0.4	0.5			0.5	6.48	
	辛	0.667	0.5			0.4		1					0.5	0.5	0.4		1	0.5		5.47	
	鹹																			0	
	淡			0.5																0.5	
味*	酸					0.16										1				1.16	6.04
	苦	0.266	0.6			0.32				0.2	0.2	0.3	0.6	0.6	0.6			1		4.69	24.41
	甘			0.3	0.4		0.8		1	0.4	0.4			0.6	1.2	1			0.5	6.6	34.38
	辛	0.534	0.6			0.32		1					0.3	1.2	1.2		0.8	0.5		6.45	33.61
	鹹																			0	0
	淡			0.3																0.3	1.56

* 五味에 용량을 곱한 수치임.

[그림 12] '향산온담탕'의 오미 분석

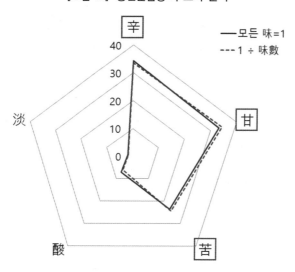

한편 『평성약증론(平成藥證論)』[133]의 '중요한약의 약미(藥味)·약성(藥性)과 한열비(寒熱比)'에서는 사기와 오미를 합하여 120종의 본초에 대하여 한열을 계량화하였는데, 『평성약증론』에서 제시한 120종의 한열비 결과를 분석해 보면, 먼저 사기에서는 열(+3), 온(+1), 미온(+0.5), 평(0), 미한(-0.5), 한(-1)으로 설정하였음을 알 수 있고, 오미에서는 산(-0.5),[134] 고(-1), 감(0), 신(+1), 함(+0.5)로 설정하였음을 알 수 있다. 그리고 최종적으로는 사기와 오미의 한열 수치를 합하여 한열비를 구하였음을 알 수 있다. 예를 들면, 아교는 감미온한데, 감은 0, 미온은 +0.5로 아교의 한열비는 +0.5이며, 건강의 경우 신열한데, 신은 +1,

---

133 渡邊武, 『原典に據る重要漢藥 平成藥證論』, メディカルユーコン, 1995, 791~794쪽.
134 高曉山 主編, 앞의 책, 170쪽에서는 '酸味藥中平性較多'로 되어 있어 어느 정도의 차이가 있다.

열은 +3으로 최종 한열비는 +4 등의 방식이다. 위의『평성약증론』의 본초 한열비 형식을 기반으로 하고, 여기에 약재의 분량을 반영하고, 한열비의 합을 다시 약재의 총용량으로 나누어 가미온담탕의 한열비를 도출하여 보았다.

'향산온담탕'의 사기의 합은 +9.4이었으며, 이를 약재의 용량으로 나누어(9.4/19.2) 최종적으로 사기의 한열비는 +0.49로 나타났으며, 오미의 합은 +2.5이었으며, 이를 약재의 용량으로 나누어(2.5/19.2) 최종적으로 오미의 한열비는 +0.13으로 나타났다.

사기오미의 합은 +11.9(사기9.4+오미2.5)이었으며, 이를 약재의 용량으로 나누어(11.9/19.2) 최종적으로 사기오미의 한열비는 +0.62이었다〈표 29〉. 이러한 결과는 〈표 26〉에서 사기만으로 한열을 살펴본 +0.29(평과 미온의 중간 정도)와 어느 정도의 차이는 있지만, 두 경우 모두 '향산온담탕'은 한량한 방제가 아니고 미온~온한 방제로서 온열의 성질이 그다지 강하지 않고 완만하다는 것은 일치한다.

그러나 사기(寒熱溫凉)를 춘온, 하열, 추량, 동한의 기후변화와 연관시켜볼[135,136] 때, 『평성약증론』의 약물비 분석의 문제점은 온(+1), 열(+3), 미온(+0.5), 평(0), 미한(-0.5), 한(-1)으로 설정하여 열은 +3으로, 한은 -1로 가정한 것에 대한 논리가 부재하고, 또한 여기에 오미의 한열비를 추가하여 최종 한열비를 구하였는데, 반드시 사기와 오미의 한열비를 승하여 한열비를 도출해야 하는 논리도 부족하다. 또한 일부 약재들에 적용할 경우 한열비가 상치되는 약재들도 있다. 예를 들면

135 全國韓醫科大學 本草學敎授 編著, 앞의 책, 60~63쪽.
136 高曉山 主編, 앞의 책, 181쪽.

〈표 29〉 '향산온담탕'의 사기오미를 통한 한열 분석

四氣	半夏	橘紅	茯苓	甘草	枳實	竹茹	薑三	棗二	人蔘	麥冬	桔梗	柴胡	香附	當歸	棗仁	蘇葉	神麴	梔子	계	평균
用量	0.8	1.2	0.6	0.4	0.8	0.8	1	1	0.6	0.6	0.6	0.6	2.4	3	2	0.8	1	1	19.2	
四氣	溫	溫	平	平	微寒	微寒	溫	溫	微溫	微寒	微溫	微寒	溫	溫	平	溫	溫	寒		
熱溫凉	+1	+1	0	0	-0.5	-0.5	+1	+1	+0.5	-0.5	+0.5	-0.5	+1	+1	0	+1	+1	-1	+6	
量反映	+0.8	+1.2	0	0	-0.4	-0.4	+1	+1	+0.3	-0.3	+0.3	-0.3	+2.4	+3	0	+0.8	+1	-1	+9.4	+0.49

五味	半夏	橘紅	茯苓	甘草	枳實	竹茹	薑三	棗二	人蔘	麥冬	桔梗	柴胡	香附	當歸	棗仁	蘇葉	神麴	梔子	계	평균
用量	0.8	1.2	0.6	0.4	0.8	0.8	1	1	0.6	0.6	0.6	0.6	2.4	3	2	0.8	1	1	19.2	
酸					-0.25										-0.5		0		-0.75	
苦	-0.5	-1			-1				-0.5	-0.5	-1	-1	-0.5	-0.5				-1	-7.5	
甘			0	0					0				0	0		0	0		0	
辛	+1	+1			+1		+1				+1		+1	+1		+1	+1		+9	
鹹																	0		0	
淡			0														0		0	
味小計	+0.5	0	0	0	-0.25	0	+1		-0.5	-0.5	0	-1	0.5	0.5	-0.5	1	1	-1	+0.75	
量反映	+0.4	0	0	0	-0.2	0	+1	0	-0.3	-0.3	0	-0.6	+1.2	+1.5	-1	+0.8	+1	-1	+2.5	+0.13
合計*	+1.2	+1.2	0	0	-0.6	-0.4	+2	+1	0	-0.6	+0.3	-0.9	+3.6	+4.5	-1	+1.6	+2	-2	+11.9	+0.62

합계는 氣의 寒熱比와 味의 寒熱比를 합한 수치임.

발산풍열약(發散風熱藥)인 승마(升麻)는 미한(微寒) 신미감(辛微甘)으로[137] 미한은 -0.5, 신은 +1, 미감은 0으로 최종적으로는 한열비가 +0.5가 되며, 청열사화약(淸熱瀉火藥)인 한수석(寒水石)은 한(寒) 신함(辛鹹)으로[138] 한은 -1, 신은 +1, 함은 +0.5로 최종적으로는 한열비가 +0.5가 되며, 곡정초(穀精草)는 평 신감으로[139] 평은 0, 신은 +1, 감은 0으로

---

137 全國韓醫科大學 本草學敎授 編著, 앞의 책, 151쪽.
138 위의 책, 172쪽.

최종적으로는 한열비가 +1이 되며, 청열해독약(淸熱解毒藥)인 어성초
는 미한 신으로[140] 미한은 -0.5, 신은 +1로 최종적으로는 한열비가
+0.5가 되므로 일반적인 약재의 효능별 분류와 한열비가 맞지 않다.

이러한 면에서 본 저자들이 사시기후변화와 맞게 제시한 온(春, 춘분;
+1), 열(夏, 하지; +2), 평(0), 량(秋, 추분; -1), 한(冬, 동지; -2)이 더 합리적
이다. 그러므로 향산온담탕의 기는 『평성약증론』의 방법으로 계산한
+0.49(미온), 기와 미를 합한 +0.62보다 본 저자들이 제시한 결과인
+0.29(평과 미온의 중간정도)로 보는 것이 더 타당하다.

또한, 이를 지지할 수 있는 이론으로 '인체흑상이론(人體黑箱理論)'[141]
이 있다. 즉 동양전통의학에서는 인체를 하나하나 분리 및 해부하기보
다, 인체라는 흑상(黑箱)에 입력값을 주고, 출력값을 입력값과 비교하
여 흑상내부의 인자를 판단하는 것이며, 이것은 한의학의 변증론치개
념(辨證論治槪念)과 일치하는 면이 많다. 또한 약재의 기미 및 효능도
인체라는 흑상에 약재로 입력값을 주고 그 결과로 약재흑상을 분석하
는 것이다. 이러한 면에서 약재는 본고에서 논의하고 있는 '기와 미가
모두 입력값'이 되고, 그 결과 약재의 사기가 도출되는 것이므로 『평성
약증론』에서처럼 미의 한열을 따로 추가하는 것은 본초에서든 방제에
서든 전혀 필요성이 없는 것이다. 이러한 내용은 '약재의 기는 작용의
결과에 근거한다'[142]라는 면을 볼 때 더욱 명확해진다.

---

139 위의 책, 174쪽.

140 위의 책, 213쪽.

141 김관도·유청봉 엮음, 김수중·박동헌·유원준 옮김. 『중국문화의 시스템론적 해석(사이
   버네틱스를 통해 본 한의학의 현대적 이해)』, 天池, 1994, 205~213쪽.

142 高曉山 主編, 앞의 책, 182쪽.

(6) '향산온담탕'의 귀경 분석

약재에 대한 귀경학설(歸經學說)은 장원소(張元素)가 창안(創案)하였는데,[143] 장원소는 『장부표본허실한열용약식(臟腑標本虛實寒熱用藥式)』에서 각 장부별 생리, 병리, 용약을 제시하였고,[144] 『결고로인진주낭(潔古老人珍珠囊)』에서 113종 약재의 음양, 한열, 성능, 주치, 귀경, 금기 등을 제시하였으나,[145] 진주낭(珍珠囊)의 원본은 산실되었다. 그러나 그의 학풍을 이어받은 이동원(李東垣)의 『용약진주낭(用藥珍珠囊)』 '십이경약상소입도(十二經藥象所入圖)'[146]에서는 각 경락에 입하는 약재의 사기오미를 명확히 제시하였으며, 현대의 본초학 서적에는 기본적으로 약재의 기미와 귀경이 제시되어있다. 그러나 방제에 대한 귀경의 내용은 『의방집해(醫方集解)』[147]에서 이진탕의 경우 '차족태음양명약야(此足太陰陽明藥也)'라고 기록된 것이 전부이며, 방제에 있어서는 현대 본초학의 귀경처럼 명확히 제시된 내용은 어디에도 없다. 그러므로 본 연구에서는 방제, 특히 '향산온담탕'의 귀경을 다음과 같이 분석하였다.

귀경의 분석에서도 기미의 분석과 마찬가지로 계량화된 지표가 없어 다음과 같이 분석하였다. 먼저, 본초서에 기록된 귀경의 순서, 즉 심간신(心肝腎)과 간신심(肝腎心)의 경우 순서가 앞서는 귀경이 얼마만

---

143 金南一, 「歷代 傳統藥理學說의 變遷」, 『한국의사학회지』 18(2), 2005, 3~14쪽.

144 김은하·변성희 공역, 『臟腑標本虛實寒熱用藥式校釋』, 一中社, 2001, 3~5쪽.

145 한의학대사전편찬위원회, 『한의학대사전』(醫史文獻編), 東洋醫學硏究院出版部, 1985, 6쪽.

146 李東垣, 『用藥珍珠囊』, 中國醫藥科技出版社, 1998, 1~12쪽.

147 汪訒庵, 앞의 책, 314쪽.

큼 더 중요한지 어떠한지에 대해서는 전혀 정보가 없으므로 귀경의 기재순서는 무시하고 귀경을 분석하였다.

귀경 분석의 경우는 다음과 같이 두 가지의 경우로 분석하였다. 첫째는 한 가지 약재에 귀경이 다수 존재하더라도 각 귀경을 모두 1로 평가하였으며 〈표 30〉, 두 번째는 한 가지 약재에 n개의 귀경이 존재하면 각각의 귀경을 1/n으로 환산하였다〈표 31〉. 여기에 또한 사기오미의 분석과 마찬가지로 약재의 용량을 곱하고, 귀경별 합을 구하여 최종적으로 향산온담탕의 귀경을 평가하였다.

먼저 각 귀경을 모두 1로 평가한 경우 '향산온담탕'의 귀경은 심, 폐 각각 17.3%, 위, 비 각각 17%, 15.6%, 간 14%로 약 82%가 심폐위비간으로 귀경함을 나타내었다〈표 30〉. 두 번째로 각각의 귀경을 1/n로 환산한 경우, 위 19.3%, 폐 17.7%, 비 17.2%, 심 15.6%, 간 13.8%로 약 83.6%가 위폐비심간으로 귀경함을 나타내었다〈표 31〉. 두 가지 분석법의 경우 심포(心包)가 모두 6%로 나타났었는데, 심포가 심의 기능을 대행한다는 측면에서 볼 때 광의적으로 심에 귀경하는 경우는 각각 26.3%, 21.3%로서 가장 높은 비율을 차지한다.

위의 두 가지 분석법의 경우 귀경의 순서 및 %에서 어느 정도의 차이는 있으나, 전체적으로 볼 때는 큰 차이가 없이 간심비위폐에 귀경함을 알 수 있다[그림 13].

〈표 30〉 '향산온담탕'의 귀경 분석 (각 歸經別 1)

		半夏	橘紅	茯苓	甘草	枳實	竹茹	薑三	棗二	人蔘	麥冬	桔梗	柴胡	香附	當歸	棗仁	蘇葉	神麴	梔子	계	(%)
	用量	0.8	1.2	0.6	0.4	0.8	0.8	1	1	0.6	0.6	0.6	0.6	2.4	3	2	0.8	1	1	19.2	
歸經	肝				1								1	1	1	1				5	
	膽	1											1			1				3	
	心	1		1			1				1	1			1	1	1		1	9	
	小腸																			0	
	心包												1		1					2	
	三焦												1	1						2	
	脾	1	1	1	1	1		1	1	1						1		1		10	
	胃	1	1	1		1	1	1	1		1	1					1	1	1	12	
	肺	1	1	1			1	1		1	1	1		1			1		1	11	
	大腸	1																		1	
	腎			1																1	
	膀胱																			0	
歸經 *	肝				0.4								0.6	2.4	3	2				8.4	14.0
	膽	0.8											0.6			2				3.4	5.7
	心	0.8		0.6			1				0.6	0.6			3	2	0.8		1	10.4	17.3
	小腸																			0	0
	心包												0.6		3					3.6	6.0
	三焦												0.6	2.4						3.0	5.0
	脾	0.8	1.2	0.6	0.4	0.8		1	1	0.6						2		1		9.4	15.6
	胃	0.8	1.2	0.6		0.8	0.8	1	1		0.6	0.6					0.8	1	1	10.2	17.0
	肺	0.8	1.2	0.6			0.8	1		0.6	0.6	0.6		2.4			0.8		1	10.4	17.3
	大腸	0.8																		0.8	1.3
	腎			0.6																0.6	1.0
	膀胱																			0	0

* 위의 歸經에 용량을 곱한 수치임.

〈표 31〉 '향산온담탕'의 귀경 분석 (각 귀경별 1/n)

		半夏	橘紅	茯苓	甘草	枳實	竹茹	薑三	棗二	人蔘	麥冬	桔梗	柴胡	香附	當歸	棗仁	蘇葉	神麯	梔子	계	(%)
	用量	0.8	1.2	0.6	0.4	0.8	0.8	1	1	0.6	0.6	0.6	0.6	2.4	3	2	0.8	1	1	19.2	
歸經	肝				0.5								0.25	0.33	0.33	0.25				1.66	
	膽	0.17											0.25			0.25				0.67	
	心	0.17		0.2				0.25			0.33	0.33			0.33	0.25	0.33		0.33	2.52	
	小腸																			0	
	心包												0.25		0.33					0.58	
	三焦												0.25	0.33						0.58	
	脾	0.17	0.33	0.2	0.5	0.5		0.25	0.5	0.5						0.25		0.5		3.70	
	胃	0.17	0.33	0.2		0.5	0.5	0.25	0.5		0.33	0.33					0.33	0.5	0.33	4.27	
	肺	0.17	0.33	0.2			0.5	0.25		0.5	0.33	0.33		0.33			0.33		0.33	3.60	
	大腸	0.17																		0.17	
	腎			0.2																0.2	
	膀胱																			0	
歸經 *	肝				0.2								0.15	0.8	1	0.5				2.65	13.8
	膽	0.13											0.15			0.5				0.78	4.1
	心	0.13		0.12				0.25			0.2	0.2			1	0.5	0.27		0.33	3.00	15.6
	小腸																			0	0
	心包												0.15		1					1.15	6.0
	三焦												0.15	0.8						0.95	5.0
	脾	0.13	0.4	0.12	0.2	0.4		0.25	0.5	0.3						0.5		0.5		3.30	17.2
	胃	0.13	0.4	0.12		0.4	0.4	0.25	0.5		0.2	0.2					0.27	0.5	0.33	3.70	19.3
	肺	0.13	0.4	0.12			0.4	0.25		0.3	0.2	0.2		0.8			0.27		0.33	3.40	17.7
	大腸	0.13																		0.13	0.7
	腎			0.12																0.12	0.6
	膀胱																			0	0

*위의 歸經에 용량을 곱한 수치임.

[그림 13] '향산온담탕'의 귀경

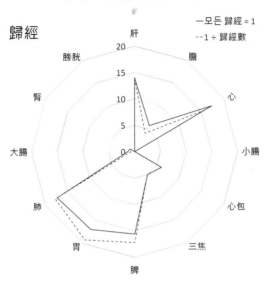

5. 결론 및 제언

이상의 '향산온담탕'에 대한 연구내용을 요약하면 다음과 같다.

1. '향산온담탕'의 약재 구성은 당귀 3전, 향부자 2전4푼, 산조인(초) 2전, 진피 1전2푼, 신곡(초) 산치자(초) 각 1전, 반하, 지실, 죽여, 소엽 각 8푼, 인삼, 백복령, 시호, 맥문동, 길경 각 6푼, 감초 4푼, 생강 3편, 대조 2매이다.
2. '향산온담탕'의 기는 +0.29(평과 미온의 중간), 미는 신감미고이다.
3. '향산온담탕'의 귀경은 주로 심비위폐간이다.
4. '향산온담탕'의 효능은 소간해울(疏肝解鬱) 이기화담(理氣化痰) 양

심안신(養心安神) 건비화위(健脾和胃)이다.

5. '향산온담탕'의 주치증상은 간기울체(肝氣鬱滯) 비실건운(脾失健運) 불양심신(不養心神)하여 나타나는 불면, 목현, 다몽, 불안, 심번, 구갈 등의 제반 증상이다.

6. 기본 방제를 합방하는 의미의 가미법은 다음과 같다.

① 혈울 등을 포함한 다양한 울체의 양상이 나타나면 가창출 천궁(加蒼朮 川芎)한다.

② 흉격부의 기울체가 심하면 지실을 지각으로 교체한다.

③ 간음이 부족하면 가작약한다.

④ 비기허가 현저하면 가백출하고, 중양부진(中陽不振)한 경우는 생강을 건강으로 교체한다.

⑤ 기허하여 고섭작용이 약한 경우 가백출 황기한다.

⑥ 상중초진액이 부족하면 맥문동을 증량하고 가갱미한다.

⑦ 심신불교의 경우는 복령을 복신으로 교체한다.

⑧ 허번불면이 심하면 가지모 천궁한다.

⑨ 울열과 번조가 심한 경우 가향시한다.

⑩ 반표반리증(半表半裏證)이 있으면 시호를 증량하고 가황금한다.

본 연구에서는 '한글워드(hwp)'로 작성된 573건의 진료 차트를 이용하여 '향산온담탕'을 분석하고, '향산온담탕'의 구성 및 기미, 귀경, 효능, 주치증을 도출하고자 하였다. 그러나 본 연구는 한글워드 파일을 기반으로 작업하였으므로 일일이 수작업으로 확인하여야 했고, 수치에 대한 연구에서는 제한적인 면이 많아 배제하였다. 향후 좀 더 충실한 의안분석을 위해서는 적합한 통제언어를 사용한 DB를 구축하고,

이를 기반으로 선생의 다양한 방제활용에 대하여 체계적 연구를 진행
할 필요가 있을 것으로 사료된다.

참고문헌

서적

高學敏·鐘贛生, 『臨床常用方藥應用鑑別(中藥分册)』, 人民衛生出版社:北京, 2003.

高曉山 主編, 『中藥藥性論』, 人民衛生出版社:北京, 1992.

龔信 編輯, 龔廷賢 續編, 王立等 校注, 『古今醫鑑』, 江西科學技術出版社:南昌, 1990.

龔廷賢, 『萬病回春(上册)』, 大中國圖書公司:台北, 1981.

권오규·김상찬·변성희·이동언 공역, 『한방 212방의 사용법』, 전파과학사, 2006.

김관도·유청봉 엮음, 김수중·박동헌·유원준 옮김, 『중국문화의 시스템론적 해석(사이
　　　버네틱스를 통해 본 한의학의 현대적 이해)』, 天池:서울, 1994.

김영남, 『國譯景岳全書(7권)』, 일중사:서울, 1992.

金完熙·崔達永 共編, 『臟腑辨證論治』, 成輔社:서울, 2004.

김은하·변성희 공역, 『臟腑標本虛實寒熱用藥式校釋』, 一中社:서울, 2001.

渡邊武, 『原典に據る重要漢藥 平成藥證論』, メディカルユーコン:京都, 1995.

변성희·김상찬 공역, 『圖說 傷寒論』, 전파과학사:서울, 2006.

卞廷煥 講義, 慶山大學校 韓醫科大學 同窓會 編集, 『香山 卞廷煥 總長 臨床特講講義
　　　錄』, 慶山大學校 韓醫科大學 同窓會, 1996.

森雄材, 『圖說 漢方處方の構成と適用』, 醫齒藥出版株式會社:東京, 1998.

徐富一·崔湖榮, 『臨床韓方本草學』, 永林社:서울, 2004.

孫思邈, 『備急千金要方』, 大星文化社:서울, 1984.

申載鏞, 『方藥合編解說』, 成輔社:서울, 1989.

沈金鰲, 『雜病源流犀燭』, 中國中醫藥出版社:北京, 1996.

楊維傑, 『黃帝內經素問譯釋』, 台聯國風出版社:台北, 1981.

吳澄, 『不居集』, 人民衛生出版社:北京, 1998.

王府, 『經方藥對』, 學苑出版社:北京, 2005.

汪訒庵, 『醫方集解』, 文光圖書有限公司:台北, 1986.

柳長化, 『陳士鐸醫學全書』(辨證錄), 中國中醫藥出版社:北京, 2013.

李東垣 撰, 丁光迪·文魁 編校, 『東垣醫集』, 人民衛生出版社:北京, 1996.

李東垣, 『用藥珍珠囊』, 中國醫藥科技出版社:北京, 1998.

李尙仁, 『本草學』, 修書院:서울, 1981.

이승혁 편역, 『施今墨先生 臨床藥對論』, 醫聖堂:서울, 2003.

이종대, 『새로보는 方藥合編 中統』, 청홍:서울, 2012.

李梴, 『醫學入門』, 南山堂:서울, 1985.

張璐, 『張氏醫通』, 中國中醫藥出版社:北京, 1995.

全國韓醫科大學 方劑學教授 編著, 『方劑學』, 永林社:서울, 1999.

全國韓醫科大學 本草學教授 編著, 『本草學』, 永林社:서울, 1992.

田代華, 『實用中醫對藥方』, 人民衛生出版社:北京, 2000.

鄭全雄·丁曉剛·賀紅莉, 『張仲景方方族』, 中國醫藥科技出版社:北京, 2005.

陳無擇, 『三因極一病證方論』, 人民衛生出版社:北京, 1983.

鄒澍, 『本經疏證』, 上海科學技術出版社:上海, 1991.

太平惠民和劑局, 『太平惠民和劑局方』, 中國中醫藥出版社:北京, 1996.

彭懷仁, 『中醫方劑大辭典(第一冊)』, 人民衛生出版社:北京, 1997.

彭懷仁, 『中醫方劑大辭典(第三冊)』, 人民衛生出版社:北京, 1997.

彭懷仁, 『中醫方劑大辭典(第十冊)』, 人民衛生出版社:北京, 1997.

韓醫方劑學 共同教材編纂委員會, 『韓醫方劑學』, 군자출판사:서울, 2020.

한의학대사전편찬위원회, 『한의학대사전』[醫史文獻編], 東洋醫學硏究院出版部:서울,
         1985.

許浚, 『東醫寶鑑』, 南山堂:서울, 1983.

黃度淵, 『方藥合編』, 南山堂:서울, 1985.

黃煌, 『張仲景五十味藥證』, 人民衛生出版社:北京, 1998.

논문 및 논문집

강석범·김영준·우창훈, 「교통사고 후 불면증 환자에 대한 加味溫膽湯의 임상례 연구」,
         『東西醫學』 45(2), 제한동의학술원, 2020.

강탁림, 「加味溫膽湯이 스트레스성 腦神經傳達物質 變化에 미치는 影響」, 『대한예방한
         의학회지』 5(2), 대한예방한의학회, 2001.

공원호·김원일, 「두근거림에 대한 加味溫膽湯의 치험 14례」, 『대한한방내과학회지』
         42(5), 대한한방내과학회, 2021.

김경수·전상윤·안정조·홍석·정수미, 「加味溫膽湯의 항고지혈 작용에 대한 연구」, 『대
         한한의학방제학회지』 13(1), 대한한의학방제학회, 2005.

金南一, 「歷代 傳統藥理學說의 變遷」, 『한국의사학회지』 18(2), 한국의사학회, 2005.
김형철·정대규, 「歸脾湯, 加味溫膽湯 및 歸脾溫膽湯의 抗 Stress 效能 比較硏究」, 『동의신경정신과학회지』 4(1), 동의신경정신과학회, 1993.
대구한의대학교 향산교양교육연구소, 『香山 卞廷煥博士의 학문세계와 시대적 위상』, 2022.
엄수훈·홍무창·심민규·김완희, 「加味溫膽湯의 투여가 수면 시간에 미치는 영향에 대한 실험적 연구」, 『동서의학』 8(2), 제한동의학술원, 1983.
이동기, 「香山 卞廷煥의 '敎育輔國'에 관한 旅程」, 대구한의대학교 향산교양교육연구소, 2022.
정현진·전상윤, 「加味溫膽湯 加減으로 호전된 胸痛, 不眠, 呼吸困難을 동반한 不安定狹心症 환자 1례」, 『대한한방내과학회지』 40(3), 대한한방내과학회, 2019.

인터넷자료
國際東洋醫學會: https://www.isom.or.kr/bbs/content.php?co_id=c1_menu01
　　　　　초대 국제동양의학회장(검색일 : 2022.11.11.)
大韓韓醫師協會: https://www.akom.org/Home/Company/2?sub=10
　　　　　제17대 대한한의사협회장(검색일 : 2022.11.11.)
世界鍼灸學術大會長: http://weekly.khan.co.kr/khnm.html?mode=view&art_id=17534(검색일 : 2022.11.28.)

향산 변정환 선생의 신념과
가치 추구를 통해 본 세계관

하유미*

1. 서론

지도자 한 사람의 신념은 개인의 성취를 넘어 우리 사회와 국가, 나아가 인류의 미래에 지대한 영향을 미친다. 우리 역사 속에서 그 같은 업적을 남긴 대표적 지도자로 거론되는 인물이 조선 제22대 왕인 정조(正祖)다.

정조는 탕평책(蕩平策), 신해통공(辛亥通共), 초계문신제(抄啓文臣制) 등 수많은 혁신 제도를 실시하며 대통합을 추진하였다. 그리고 이 같은 개혁정치의 산실이 된 것은 '규장각(奎章閣)' 설치였다. 이미 승정원(承政院)과 홍문관(弘文館)이 설치돼 있었으나 정조는 승정원이나 홍문관은 관료 선임법이 해이해져 종래의 타성을 조속히 지양할 수 없으므로, 왕이 의도하는 혁신정치의 중추로서 규장각을 수건(首建)하였다'고 밝혔다.

* 방송작가

규장각은 왕실도서관에서 출발했지만, 정조는 이곳을 차츰 학술 및 정책 연구기관으로 변화시키며, 역대의 도서들을 수집하고 연구하는 학문 연구의 중심기관이자, 정조의 개혁정책을 뒷받침하는 핵심 정치 기관으로 거듭 태어나게 하였다. 가장 주목할 점은 당파나 신분에 구애 없이 젊고 능력 있는 참신한 인재들을 규장각에 모았다는 점이다. 이덕무(李德懋)·박제가(朴齊家)·유득공(柳得恭)·서이수(徐理修) 등 네 명의 서얼(庶孼)을 규장각 검서관(檢書官)으로 전격 임명한 것은, 고식(古式)에 젖은 조선 사상계에 큰 충격을 주었다. 정조는 이들이 책을 읽고 토론하는 과정을 통해 기존 사고의 틀을 깨도록 하였고, 이를 개혁의 동력으로 삼았다.

서얼의 등용만이 아니라, 그들에게 부여하는 학문의 자유를 보장함에 있어서도 놀랍도록 혁신적이었다. 정조가 규장각에 내린 현판 중 '수대관문형 비선생무득승당(雖大官文衡 非先生毋得升堂)' 즉 '비록 고관대신일지라도 각신(閣臣)이 아니면 당 위에 올라오지 못한다'라는 문구에서 드러나듯이, 외부의 정치적 간섭을 철저히 배제하도록 한 것이다.

향산(香山) 변정환(卞廷煥)이 추구해온 가치와 세계관을 논하기에 앞서 정조를 떠올리는 것은 '혁신'과 '신념'이라는 일맥상통하는 지점이 있기 때문이다. 23세이던 대학시절 품었던 '한방종합병원' 설립의 꿈을 10년 만에 실현시켜, 1970년 '세계 최초의 한방종합병원' 설립을 이룬 것은 신념의 결정체라 할만하다. 그 당시는 한의학이 아직 학문적 체계를 갖추지 못한 때였지만, 그는 '의료관계법' 개정에 앞장서고 의료계를 선점한 양의학계의 반대에 부딪히면서도 정면 돌파로 문제들을 해결해 나갔다. 한의학의 과학화와 세계화를 위해 끝없이 매진해온 그는, 지금도 국내외의 국제행사와 강의 활동을 활발하게 이어가는 현역 한의사이다.

또한 인술(仁術)을 펼치는 한의사에서 한 발 나아가 생명 존중의 사상
으로 자연과 인간의 공존 실현에 앞장서온 모습은 가치관의 혁신이라
할만하다. 2011년에는 '대자연사랑실천본부'의 법인 발족에 주도적 역
할을 하며 환경과 자연, 생명 존중 사상을 사회운동화하고 있다. 환자
한 사람을 치료하는 의사에 머물지 않고, 병들어 가는 세상을 구하는
대의치국(大醫治國)의 삶을 온전히 실천하고 있는 것이다.

그가 내어놓는 '인류의 과거와 현재 그리고 미래를 관통하는 화두'는
많은 문제의 해결책인 동시에 과제처럼 여겨지기도 한다. 본 연구는
현재의 문제를 해결하고 미래로 나아가기 위해, 향산이 추구해온 가치
의 바탕이 된 신념이 무엇이며 그 가치가 투영된 세계관은 어떤 것인지
살펴보고자 한다.

2. 향산이 추구해온 절대 가치

1) 생명 존중 사상과 절제

향산 변정환은 오래전부터 '특별한 신념을 지닌 별난 의사'라는 세간
의 평을 받아왔다. 육식을 금하고 참선에 몰두하며 극도로 절제하는
생활을 하는 그의 모습은 '수도자의 삶'에 가깝다고 해도 과언이 아니다.
호사스러운 음식이 넘쳐나는 세상에, 경제적으로 아쉬울 것이 없는 처
지에서 육식과 산해진미를 멀리하고 산사의 밥상에나 오를듯한 정갈한
음식만 고집한다는 것은 대단히 독특한 습관이라 할만하다. 그러나 향
산의 이 같은 특별한 습관은 단순히 신체의 건강과 관련된 것이 아니라

정신세계의 근간을 이루는 것이므로, 그 배경을 살펴볼 필요가 있다.

그는 육식을 금하는 것은 물론 '삼염오훈(三厭五葷)'을 완전히 금하는 순도 높은 경지의 채식을 행하고 있다. 삼염오훈이란 들짐승·날짐승·어패류 및 파·마늘·부추·달래·양파 등 향과 맛에 있어 자극성 있는 채소를 이른다. 향산의 저서나 그에 관한 기록들을 보면 그가 애당초 소식주의자는 아니었던 것으로 보인다.

젊은 시절부터 병원과 대학을 이끌며 외부 활동이 잦았던 그에게 육식을 금하는 일상은 상당한 제약이었을 것이다. 그의 식생활 습관을 알지 못하는 사람들로부터 숱한 오해를 받기도 하고, 다른 사람들과 어울려 식사해야 하는 경우 어려움을 겪으면서도 그는 철저하게 소식 하는 습관을 지켰다. 그는 소식에 대한 신념을 자신의 저서에서 여러 차례 밝힌 바 있다. 그 첫 번째 이유는 한의사로서 섭생과 병의 치료를 보는 관점으로부터 비롯된 것으로 나타난다.

> 현대인의 음식 문화에서 가장 문제가 되는 것이 과도한 육식이다. 한국인의 경우는 더욱 문제가 된다. 사람의 체질은 당대에 형성된 것이 아니라 몇 대(代)를 내려오면서 형성된 결과다. 그것을 하루아침에 바꾸게 되면 당연히 문제가 따른다. … 빈도로 보자면 과거의 부자보다 오늘의 가난한 사람들이 훨씬 더 고기를 먹는다. 그러다 보니 당연히 문제가 따른다. 골다공증 같은 경우도 채식 체질을 물려받은 사람이 육식을 할 경우의 부작용이다. 채식 체질은 육식 소화에 불리하다. 그래서 뼛속에 있는 칼슘이 나와서 육식 소화를 돕게 된다. 골다공증이 생길 수밖에 없는 것이다.[1]

1 변정환, 『자연의 길 사람의 길』, 도솔, 2005, 110~111쪽.

체질에 상반된 음식문화가 병을 부르고 병의 회복을 더디게 한다. 한국인에게 있어 지나친 육식은 송충이가 뽕잎을 먹고 누에가 솔잎을 먹는 것과 같다. 최근의 암 발병 상황이 그것을 말한다. 십이지장암과 같이 육식을 주로 하는 서구인에게나 걸리던 암에 걸리는 사람이 적지 않다.[2]

육식에 대한 향산의 경계는 과학적으로도 증명이 되고 있다. 과다한 육식 섭취는 각종 성인병의 원인이 되고, 육류의 지방은 혈관을 노화시키며 세포 역시 사멸시킨다는 사실은 의학계의 정설로 자리 잡았다. 지난 2015년 10월 세계보건기구(WHO) 산하 국제암연구소(IARC)는 소시지·햄·핫도그 등 가공육을 담배나 석면처럼 발암 위험성이 큰 1군 발암물질(Group 1 carcinogen)로 분류하고, 적색육은 2등급 발암물질(Group 2A carcinogen)로 규정하며 경각심을 일깨우기도 했다. 소고기·돼지고기·양고기 등 붉은 고기를 과다 섭취할 경우 암에 걸릴 확률이 높아진다는 뜻이다. 이 같은 경고에도 불구하고, 한국인의 식습관에서 채소 섭취는 줄어들고 육류 섭취는 지속적으로 증가하는 추세를 유지하고 있다. 그 결과 국내 1인당 연간 육류 소비량은 지난 20년간 31.9kg에서 54.3kg으로 약 71% 증가한 것으로 나타났다.[3]

자연의 순리대로 섭생하고 병의 치료 역시 자연의 순리에 따라야 한다는 지론을 펼쳐온 향산의 관점에서, '과다한 육식'은 곧 자연의 순리를 역행하는 행위나 다름없는 것이다. 그가 육식을 금지하는 두 번째 이유는 살생을 거부하는 생명 존중의 사상이 밑바탕 된 까닭이다. 또

---

2 앞의 책, 111쪽.
3 한국농촌경제연구원, '육류 소비구조의 변화와 전망' 보고서, 2021.

다른 저서에서 그는 다음과 같은 견해를 피력하고 있다.

> 예부터 소나 돼지 따위를 잡는 사람을 백정으로 부르며 천민으로 여기고, 그것을 먹는 사람은 양반 행세를 했으니 이보다 더한 모순은 없다고 생각되었다. 사 먹는 자가 없으면 죽이는 자도 없으리라.[4]

채식을 하느냐 육식을 하느냐는 '먹는 사람의 선택' 문제다. 그러나 향산은 그 선택을, 단지 먹을거리의 선택 차원이 아니라 생활방식과 가치관의 관점에서 보고 있다. 단지 입맛을 만족시키는 음식 섭취가 아니라 인간의 도리와 자연의 섭리까지 확장해서 생각하는 것이다. 소나 돼지를 잡는 행위는 '천민'의 역할로 낮잡아 보면서, 그 고기를 먹는 행위에는 거리낌이 없음을 '모순'으로 인식하는 것은, 인간의 도리와 인(仁)의 사상을 중시하기 때문이다.

향산의 가치체계를 세우는 중심이랄 수 있는 '유교(儒敎)'에서 인(仁)의 개념은 중심이자 핵(核)이라 할 수 있다. 맹자 양혜왕상(梁惠王上) 7장 맹자와 '제선왕(齊宣王)'[5]의 대화에는 '살생(殺生)'에 대한 관점을 논하는 부분이 담겨 있다.

선왕은 맹자에게 자신이 '백성을 보호하는 왕이 될 수 있을 것인가?'를 묻는다. 맹자는 '그렇다'고 답하며, 선왕이 일전에 흔종(釁鍾)[6]을 하기 위해 끌려가던 소를 보고 '나는 벌벌 떨며 죄 없이 사지로 끌려가는

---

4 변정환, 『시련을 딛고 밝은 세계로』, 북랜드, 2007, 295쪽.
5 중국 전국시대 제나라의 제4대 왕(재위 B.C.319~B.C.301). 중국 동부 제국 중에서 최강국이 되었고 학술·문화의 융성에 박차를 가했다. 또 인문의 애호자로 많은 자유사상가를 보호하여 그 학설을 토론시켰다.
6 새로 종을 만들 때 희생(犧牲)을 잡아 그 피를 종에 바르고 제사 지냄을 이름.

것을 차마 볼 수 없구나'라며, 끌려가는 소를 가엽게 여겼던 일을 그
근거로 제시한다. 죽임을 당하기 위해 끌려가는 소를 불쌍히 여기는
마음, 즉 사람의 선한 본성 가운데 가장 근본이 되는 측은지심(惻隱之心)
을 가졌다면 충분히 왕 노릇을 할 수 있다고 답한 것이다. 맹자는 군자
의 도리에 대해 다음과 같이 설명한다.

> 그것이 바로 인(仁)을 행하는 방법입니다. 군자는 살아 있는 금수(禽
> 獸)를 보았다면 그것이 죽는 것은 차마 보지 못합니다. 또한 그것이
> 죽어가며 내는 소리를 들었다면 그 고기를 차마 먹지 못하니 그러므로
> 군자는 푸줏간을 멀리하는 것입니다.[7]

향산은 '야생동물을 죽이는 것은 범죄로 간주하면서 식용 동물을 대
량으로 도축하는 데 대해서는 아무런 회의도 가지지 않는다는 것은
편의적'이라고 지적한다.[8] 살생을 금기시하면서도 내 손으로 직접 하지
않으니 도축에 회의를 갖지 않는다면, 도덕적 의구심을 제기하지 않을
수 없다는 것이다. 그는 스스로 군자의 도리를 지켜 살생과 육식을 금
하고 소식을 지킴으로써 오랜 세월 인(仁)을 몸소 실천해 왔다. 육식을
금하는 것에 더해 맛과 향이 강한 삼염오훈(三厭五葷)을 일절 금하는
것은, 자극성 있는 음식을 날것으로 먹을 경우 식재료의 속성상 화를
돋우는 것조차 금하겠다는 의지다. 그런 의미에서 향산에게 '음식'이란
단순히 풍미를 만끽하고 영양을 보충하기 위한 것이 아니라, 마음을

---

7 『孟子』, 「梁惠王上」. "是乃仁術也, 見牛未見羊也. 君子之於禽獸也, 見其生, 不忍見其
死. 聞其聲, 不忍食其肉. 是以君子遠庖廚也".
8 변정환, 앞의 책, 2005, 114쪽.

닦기 위해 필요한 기(氣)를 보충하는 개념에 가깝게 보인다.

먹는 행위는 삶의 방식이며 그 사람의 세계를 드러내 보인다. 입에서 당긴다고 양껏 먹지 않으며, 신체의 건강 못지않게 정신을 맑게 하는 음식을 가리는 것을 중시하는 향산의 식습관은 곧 절제의 철학이다. 그리고 그 절제를 통해서 불필요한 살생을 조금이라도 덜고자 하는 군자의 덕목을 실천하는 것이다.

2) 자연의 순리에 따르는 조화로운 삶

향산은 자연의 순리에 따르는 삶을 중시하며 평생을 그 이념에 충실했다. '사람은 땅을 본받고[人法地], 땅은 하늘을 본받고[地法天], 하늘은 도(道)를 본받는다[天法道]'는 도법자연(道法自然)에 따라, 자연을 본받아 살기를 실천한 것이다.

> 자연을 따른다는 것은 우주의 흐름을 따르는 것이다. 몸과 마음의 움직임을 우주의 리듬에 맞추기만 해도 삶에 장애가 생기지 않는다. … 지금 이 순간 자신을 둘러싸고 있는 것들, 자신의 삶을 가능하게 하는 상황과 불화하지 않으면 된다.[9]

인간의 삶도 계절의 변화와 함께하면 된다는 것이 그의 지론이다. 그래서 만물이 소생하는 봄에는 몸과 마음의 생동감을 만끽하고, 성장의 계절인 여름에는 마음껏 받아들이고 배출하며 왕성하게 활동할 것

---

9 앞의 책, 72쪽.

을 권한다. 가을은 거두어들이는 계절이므로 몸과 마음을 잘 단속하여
야 하며, 나무와 동물도 잠드는 겨울에는 푹 쉬는 것이 자연의 순리다.
그리고 이런 계절의 변화에 몸과 마음의 움직임을 맞추는 것이 바로
우주의 기운을 받는 길이라는 것이다. 있는 그대로의 자연, 자연에 순
응하는 무위자연(無爲自然)의 삶이 그 지향점이다.

　향산은 '모든 현대 문명의 비극은 자연을 역행하는 데서 오는 것'[10]이
라고 지적한 바 있다. 특히 '인류 문명의 발달사'로 포장된 자연 파괴가
인류의 생존과 미래를 위협하는 상황에 대해 지속적으로 문제를 제기
해 왔다.

　첫째, 인간의 경제이득을 위한 대자연의 파괴 문제다. 그 대표적인
예가 지금도 진행되고 있는 아마존 열대우림의 파괴다. 최근 언론을
통해 알려진 바에 따르면, 2020년 8월부터 2021년 7월까지 1년 동안
아마존 열대우림 면적 1만 3,235㎢가 사라진 것으로 나타났다.[11] 이는
2006년 이래 가장 큰 면적의 파괴이며, 15년 만에 최대치를 기록한
것이다. 지구 산소의 20% 이상을 생성하며 '지구의 허파'로 불리는 아
마존의 파괴는, 인간 스스로 지구의 수명을 단축시키는 자살행위라 해
도 과언이 아니다.

　인간의 경제적 이득을 위해 베어버린 열대림에 대한 대가는, 향후
인류가 지불해야 할 부채로 남았다. 최근에는 코로나19 여파로 경제활
동이 위축되면서 전 세계 이산화탄소 배출량이 감소할 것으로 전망되
지만, 브라질의 경우 아마존 열대우림의 대대적 파괴로 오히려 지난해

---

10 앞의 책, 101쪽.
11 브라질의 국립우주연구원(INPE)이 위성영상을 분석한 결과. 2021년 11월 19일 AFP보도.

보다 이산화탄소 배출량이 10~20% 늘어날 것으로 추산된다는 보고서
가 발표되었다.[12] 전문가들 사이에서는 현재와 같은 상태로 열대우림이
피폐해질 경우 코로나19와 같은 전염병이 아마존에서 발생할 수 있다
는 경고까지 등장하고 있다. 동식물 바이러스의 거름망 역할을 해주던
숲의 대대적 파괴는, 향후 발생할 문제의 심각성을 예측하기 힘들다는
점에서 더욱 두려운 것이다.

둘째, 자연의 순리를 거스르는 '유전자 조작 식품' 문제다. 향산은
'21세기에는 유전학적 건강이 중요한 과제로 떠오를 것'[13]이라고 예견
한 바 있다. 유전자 조작 식품이 윤리적·종교적 문제뿐만 아니라 경제
적 불평등과 문화적 정체성까지 왜곡할 가능성을 염두에 둔 것이다.

유전자 변형 작물을 향후 식량 부족을 해결해 줄 희망의 열쇠로 보는
일부 시각도 있지만, 이는 명백히 과학의 기술을 빌린 생명 조작이다.
대표적인 유전자 변형 농산물인 콩과 옥수수는, 이를 이용한 기름이나
빵 생산 등 유전자 재조합 식품의 생산에 다시 이용된다. 하지만 유전
자 변형 농산물의 안전성에 대해서는 여전히 명확한 답을 얻지 못하고
있다. 실제 동물 실험에서는 유전자 변형 농산물 섭취가 건강에 문제를
일으킨다는 결과가 나오기도 했으며, 과학자들조차 유전자 변형 농산
물이 인류의 재앙이 될 수 있음을 경고하고 있다.

가장 우려가 되는 점은, 유전자 변형 농산물 재배에 쓰이는 슈퍼농약
의 잔류와 체내 흡수 문제다. 옥수수 같은 유전자 변형 작물의 경우
대량 생산이 최고의 목표고, 이를 위해서는 강력한 농약을 사용할 수밖

---

12 브라질 환경단체들의 연합체 '브라질 기후관측소' 보고서, 2012년 11월.
13 변정환, 앞의 책, 2005, 104쪽.

에 없다. 이런 슈퍼농약에 내성을 가진 유전자 변형 작물이 체내로 흡수될 경우, 인간의 몸에서 벌어질 일들은 상상을 초월하는 지경에 이르리라는 예측이 나오고 있다.

원론적인 답으로 보일 수도 있지만, 향산은 이런 미래의 불안을 최소화시키기 위한 방법은 기본으로 돌아가 '자연의 순리에 따르는 것'이라고 강조한다. 자연의 순리를 따르는 것은 현대 문명에 대한 거부가 아니다. 낮에는 일하고 밤에는 자고, 인간의 인위적인 간섭을 최소화한 방법으로 가꾼 먹을거리로 몸을 튼튼하게 하는 것처럼 '순리'를 따르라는 것이다.

이 같은 자연의 순리는 음식 섭취의 '양'을 정할 때도 적용이 된다. 향산은 건강 유지를 위해서는 음식 섭취량을 연령과 활동량에 따라 조절하기를 권한다. 에너지가 많이 필요한 성장기에는 과식을 피하면서 자주 음식을 섭취하고, 중·장년기에는 하루 한두 끼, 노년기에는 하루 한 끼 식사로도 충분하다는 것이다. 노년기에 지나친 영양분의 섭취는 오히려 영양과잉으로 탈이 날 수 있으므로, 간격을 멀리하여 적당히 먹는 게 건강에 이롭다는 이론이다. 향산 자신이 60세부터 1일 1식을 적용한 건강관리로 그 이론을 입증하고 있다.

『명심보감(明心寶鑑)』에 이르기를 '우환은 욕심이 많은 데서 생기고 화는 탐욕이 많은 데서 생긴다'[14]고 했다. 끊임없는 자연의 파괴는 인간의 욕심으로부터 비롯된 재앙이다. 그래서 향산은 개개인이 삶에서 '덜어내려는 노력'으로 멀어진 자연과의 거리를 좁혀야 한다고 설파한다.

---

[14] 『明心寶鑑』, 「正己篇」. "紫虛元君誠諭心文, 患生於多慾 禍生於多貪".

나 한 사람만이라도 조금 덜 먹고 덜 쓰고 덜 버리면 그만큼 세상은 좋아질 것이다. 조금이라도 불필요한 생산을 막을 수 있을 것이고, 그런 노력들이 쌓이면 배분의 왜곡도 조금씩 해소될 것이다. 악을 쓰며 더 가져야 할 이유도 조금씩 줄어들 것이다.[15]

3. 향산의 신념과 가치추구에 영향을 미친 세 가지

1) 유교적 영향

생명을 존중하며 절제하고 자연의 순리에 따라 살고자 하는 향산의 신념과 가치는, '하늘의 이치를 보존하고 인간의 욕심을 버리라[存天理 去人欲]'는 유교의 핵심 주제와 맞닿아 있다. 성리학(性理學)을 집대성한 주희(朱熹)가 말했듯이, 하늘의 이치(天理)와 인간의 욕망(人欲)은 병립하기 어렵다. 그래서 성리학에서는 천리를 보존하는 구체적인 방법으로, 거경궁리(居敬窮理)와 존양성찰(存養省察)을 제시하고 있다. 천리의 본성을 지키며 사물의 이치를 탐구하고, 양심을 보존하고 나쁜 마음이 들지 않도록 반성하여 살피라는 뜻이다. 결국 진정한 '존천리 거인욕(存天理 去人欲)'을 이루기 위해서는 끊임없는 자기 수양이 필요한 것이다.

향산은 젊은 시절부터 '정좌(靜坐) 수련'을 통해 자기 수양에 매진했다. 그는 정좌를 일컬어 '모든 운동과 수양의 바탕이며 시작이고 종점'이라고 규정한다. 그저 가만히 앉은 모습이 운동처럼 보이지 않지만, 금계(禁戒)·권계(權戒)·좌법(坐法)·조식(調息)·판감(判感)·집지(執持)·

선정(禪定)·삼매(三昧)의 8단계에 의한 수행이며, 감관(感官)의 통어(統御)·선정·정신통일·사고(思考)·삼매에 의해 초자연적 힘을 얻게 된다고 피력했다.[16]

이황(李滉)의 『언행록(言行錄)』을 보면 이황 역시 정좌 수련을 매우 즐겨 했으며, 또 다른 문인들에게도 적극 권유했다는 사실을 알 수 있다. 이황이 정좌 수련을 강조한 이유는 그것이 거경궁리의 실천을 지속적으로 담보해 줄 핵심적인 방법이라고 확신했기 때문이다. 한마디로 '도문학(道問學)을 중시하는 거경궁리의 정좌관(靜坐觀)'이라고 할 수 있다.

이황과 향산이 정좌 수련에 매진한 이유는 동일하다. 정좌 수련은 심신(心身)을 수렴(收斂)하고 의식을 각성하게 해 집중력을 배양시킨다. 이렇게 배양된 집중력은 거경과 궁리의 원활한 상보적 작용을 뒷받침할 뿐만 아니라, 성인(聖人)이 되고자 하는 의지와 집념 곧 원력(願力)을 강화시킨다. 하늘의 이치는 보존하고 인욕(人慾)은 제거해 유교의 인간관에서 중시하는 '이상적인 인간'의 합치에 이르고자 하는 노력인 것이다.

대표적인 유교사상인 '자강불식(自强不息)'이나 '궁당익견(窮當益堅)' '함여유신(咸與惟新)' 등은 인간의 자기 개혁적 측면을 강조한 덕목들이다. 즉 끊임없는 노력을 요구한다는 사실이다. 부모에 대한 '효'도 마음만으로 이루어지는 것은 아니라 노력이 필요하다.

향산은 유년기부터 청년기까지 어려운 환경 속에서도 고군분투하며 자신의 목표를 향해 전진했다. 고등학교 시절에는 백 리나 되는 등굣길

---

16 변정환, 『脈』, 현수사, 1984, 53쪽.

을 위해 새벽 3시에 집을 나서고 밤 10시가 넘어 집에 돌아오면서도 배움에 대한 의지를 버리지 않았다. 스스로 자취방 구할 자금을 마련하기 위해 하룻밤에 벽보 안내문 3백 50장을 쓰는 필경 일을 맡아 하며 코피를 쏟기도 했다. 대학에 입학해서는 셋방을 구할 처지가 안 돼 산기슭에 천막을 치고 생활하면서도 학업을 게을리하지 않았다. 향산의 성장 과정 자체가 스스로 힘쓰고 쉬지 않는 '자강불식'이며, 곤궁함에도 더욱 굳세고 단단한 지조를 지닌 '궁당익견'의 실행이었던 셈이다.

2) 조부와 선친의 교육

향산은 다섯 살에 조부로부터 직접 한문을 배우기 시작해 반년 만에 동몽선습(童蒙先習)과 계몽편(啓蒙篇)을 떼었다. 한의사이면서 한학에 조예가 깊었던 조부는, 향산이 유년기에 가장 큰 영향을 받은 사람으로 꼽는 인물이다. 엄격한 조부 밑에서 한 자 한 자 익힌 하늘의 이치와 인간의 도리는 어린 시절부터 가치관의 뼈대가 되었다. 조부는 한학을 우선으로 하면서도 손자가 천자문을 뗀 뒤에는 공립보통학교 입학을 권했다. 우리말과 우리글을 빼앗긴 일제치하에서, 조부는 '일본을 이기기 위해서는 신학문을 배워야 한다'는 뚜렷한 소신을 지니고 있었다. 이 지점이 향산의 인생 진로에 큰 영향을 미친 것으로 보인다. 한학으로 전통의 가치와 인간의 도리를 배우며 신문물과 새로운 사고를 접하게 함으로써, 보다 폭넓은 관점에서 세상을 조망할 수 있는 미래지향적인 인재의 틀을 만든 것이다.

진로 선택에서도 조부의 가르침은 큰 영향을 미쳤다. '불위양상(不爲良相)이면 영위양의(寧爲良醫)' 즉 '어진 정치가가 되어 세상을 바로잡을 능력이 없으면 차라리 훌륭한 의사가 되어 병든 사람들을 고쳐주는 게 보람된 일'이라는 조부의 가르침은 그의 인생 진로를 향한 표지판이 된 셈이다.

조부가 글을 통해 인간의 도리와 윤리를 가르쳤다면, 선친은 그 덕목들을 실천에 옮기는 생활로 본보기가 되었다. 향산은 선친이 조부의 곁에서 조석으로 봉양하며 효(孝)를 행하는 것을 보고 성장했다. 선친은 고향 청도군에서 소문이 자자할 정도로 효자였다. 향산이 보통학교 6학년이던 해 조부가 돌아가시자 선친은 낮에는 일하고 밤에는 산소에서 밤을 보내며 3년간 시묘(侍墓)를 하였다. 해방 후 조부의 묘를 선산으로 이장한 후에도 3년간 시묘를 했을 만큼 남다른 효심이었다.

> 겨울이라 들일이 없어서 집에 계시다가도 눈발이 흩날린다 싶으면 싸리비를 들고 산소로 달려가 봉분 위를 계속 쓸어 눈이 쌓이지 못하게 했다. 비록 이승에 살아계시지는 않았지만 부모님의 시신을 눈 속에 두고 자식 된 자가 방 안에 편안히 있어서는 안 된다는 것이 아버지의 생각이셨다.[17]

부모의 사후에도 한결같은 정성을 바치는 선친의 효심은, 대(代)를 건너 향산에게 그대로 이어졌다. 향산은 훗날 자신이 육식을 금하게 된 이유 중 하나가 '선고(先考)에 대한 죄스러움 때문'[18]이라고 밝힌 바 있다. 자신이 세상에 나와 성장하게 된 것은 부모님의 하늘과 같이 넓고 높은 은덕인데, 부모님 생전에 좋은 음식으로 더욱 극진히 봉양하지

---

17 변정환, 『오늘도 삼성산 돌층계를 오르며』, 경산대학교 출판부, 1995, 262쪽.
18 위의 책, 2007, 295쪽.

못했다는 죄스러움이 앞선다는 이유에서였다.

　한편 조부와 선친은 검약하고 절제하는 생활을 매우 중시하는 분이었다. 선친은 아들이 한의사로서 기반을 잡아 살림이 나아진 뒤에도, 늘 검약하기를 강조하셨다. 효심 깊은 아들이 여러 가지 반찬을 내어 진짓상을 마련하도록 하면, 그것을 반기기는커녕 못마땅해 하셨다고 한다. '사람이 지위가 높아지거나 돈을 좀 벌었다고 해서 자신의 근본을 잊어서는 안 된다'는 선친의 당부를 '계율'처럼 따르며 살았다고 밝힌 바 있다.[19]

　선친은 본격적인 한의학을 공부하지는 않았지만, 한약을 조제하는 할아버지 곁에서 얻은 고약 제조의 비방을 가지고 있었다. 그래서 해마다 밭에 약초를 심고 고약을 만들어 필요로 하는 마을 사람들에게 나눠 주곤 했다. 그런 선친을 보면서 향산 역시 자신이 펼치는 인술을 보다 많은 사람에게 나누고 베풀어야 한다는 당위성을 느끼게 되었고, 젊은 시절부터 봉사활동을 통해 '타인에 대한 배려와 공존'에 관심을 가지게 된 것이다.

　향산이 최고의 덕목으로 삼는 검소함과 절제는 성현군자의 글 이전에 조부와 선친으로부터 습득된 것이었다고 봐도 무방하다. 선대(先代)의 가르침이 뼈대를 이루고 그 위에 성현군자의 사상으로 살을 붙여, 향산 만의 도덕관과 가치체계를 확립한 것이다. 또한 선대의 뜻에 완벽하게 부합하며 더 큰 정진을 이뤄냄으로써, 물질적인 효[養體]보다 더욱 값진 정신적인 효[養志]의 본보기가 되었다는 점 역시 높이 평가할 만하다.

---

19 변정환, 『아직은 쉼표를 찍을 수 없다』, 행림출판, 1992, 259~260쪽.

3) 도의 사상

향산의 이념과 가치에 영향을 준 또 하나의 요인은 1959년 '대한도덕회(大韓道德會)' 입회라고 할 수 있다. 향산은 도덕회에 들어간 것을 일컬어 '도덕적 재무장'의 시작으로 규정한 바 있다.[20]

향산이 처음 사회 봉사활동을 시작한 시기이기도 하다. 1964년 7월 대구 '라이온스클럽' 가입이 그 시작이었다. 그는 성공의 기준을 부(富)의 축적에 두지 않고 남을 위해 베푸는 데 두었다. 그리고 그것을 실천하려면 더 많은 사람의 힘이 모여야 한다는 생각에 라이온스클럽 가입을 결심했다. 라이온스클럽에서 벌이는 무의촌 진료 봉사활동, 고향의 장학회, 인권연맹, 노인회, 경찰서, 한시연구회 등 각 사회단체의 요청이 있으면 근로봉사와 재정지원에 앞장서며 봉사활동을 벌였다.

개업 한의사로서 기반이 잡히기 시작하면서 자칫 현실에 안주하거나 더 큰 성공에 욕심을 낼 수 있었음에도, 향산은 오히려 사회봉사를 시작하며 '함께 살아가야 할 세상'으로 눈을 돌렸다. 그리고 같은 해 9월 도덕회에 입회하게 되었다.

'대한도덕회'는 전통적인 유·불·선(儒佛仙) 3교를 통합한 이념 아래 미래지향적 사상운동을 전개하는 도교(道敎)의 한 종파[21]로 알려져 있다. 도덕회의 강령[22]을 살펴보면 경천지(敬天地), 예신명(禮神明), 효부모(孝父母), 중사존(重師尊), 신붕우(信朋友), 화향린(和鄕隣), 근언신행(謹言愼行), 개악향선(改惡向善) 등 8개 항목으로 이루어져 있다. 생활은

---

20 변정환, 앞의 책, 2007, 300쪽.
21 위의 책, 300쪽.
22 대한도덕회, 『道理簡言』, 1975, 1쪽.

유교에 바탕을 두며, 자기 수양과 인격 연마는 불교를 따르고, 이념은 도교적인 사상에 근거를 둔 것이다.

도덕회의 사상은 도(道)와 덕(德)을 만물의 근본으로 보며, '도의 목적은 덕을 쌓는 데 있다'고 밝히고 있다. 이는 어린 시절부터 유교와 도교사상을 깊이 공부하고 실천해온 향산의 정신세계와 부합해, 향산의 사상을 더욱 심화·확장시키는 동력이 되었을 것으로 보인다. 이 무렵의 기록들을 보면 향산은 도덕회에 나가 『논어(論語)』나 『맹자(孟子)』 등을 강의하고 고전을 읽으며, 사람들과 토론하는 데 많은 시간을 할애했다.

> 두 단체에 참여하게 되면서부터 나는 술과 담배는 물론 삼염오훈(三厭五葷)을 금하게 되었다. …… 술과 담배는 예찬론자가 아니더라도 그것의 효용성을 무시할 수는 없을 것이다. 그러나 내가 먼저 먹고 마시고 쓰고 즐긴 뒤에 남는 돈으로 사회에 봉사한다는 것은 바람직하지 못하며 또 올바른 봉사가 아니다. 그러므로 어디까지나 내 생활을 최대한 절약하고 검소하게 하면서 봉사하는 것이 참된 봉사라고 생각한다.[23]

오훈채와 술, 담배를 완전히 끊어버리는 '자기 욕구 억제'의 노력은, 자신이 추구하는 가치에 대한 강력한 의지의 실현으로 보인다. 또 일종의 '극기(克己)를 위한 수행'이라고 할 수도 있을 것이다. 그는 저서에서 '사람은 우주의 주인이요 만물의 영장이라면서 여전히 동물의 한 종류임을 부인하지 못한다'고 지적하며 '동물적인 욕심, 지나친 소유욕, 성취욕 등 인륜에서 어긋나는 것들로부터 벗어나고자 하는 노력이 극기

---

23 변정환, 앞의 책, 2007, 300쪽.

요 수행'이라고 정의하고 있다.[24]

도덕회를 통한 수행은 여러 가지 변화로 나타났다. 대표적인 것은 '육식의 완전한 금지'였다. 생명 존중을 군자의 도리로 여기던 관점에서, 자연의 한 부분인 다른 생명체를 존중하고 공존을 도모하는 단계로 한 발 더 나아간 것이다. 또 한편으로는 인간의 큰 욕구 중 하나인 음식을 통한 절제의 극치에 다다르고자 함으로 볼 수도 있다. 스스로 '먹지 않을 음식'을 정함으로써 오관(五官)의 구속으로부터 벗어나고 인간으로서의 자유 의지를 완성하고자 하는 의지의 실현으로 보인다.

노자(老子)는 인간도 우주 속 하나의 자연 현상으로 파악했다. 사람도 산천초목과 같이 생하고 멸하는 자연의 한 요소로 본 것이다. 따라서 사람이 나서 자라고 늙어 다시 죽는 것은 '근본으로 되돌아가는 도의 변화' 속의 한 가지 현상으로서 존재하는 것일 따름이다. 그럼에도 불구하고 사람들은 자기 존재가 자연의 한 가지 현상에 불과하며 자기의 욕망이나 가치판단이 모두 헛되고 그릇됨을 깨닫지 못한다. 여기에서 혼란이 일어나고 사람들의 불행이 생겨난다고 본 것이다.

그렇다면 극기의 수행은 왜 중시되는가? 향산이 추구하는 바는 공자의 『중용(中庸)』 제1장에서 답을 얻을 수 있다.

天命之謂性 하늘이 부여한 품성을 성(性)이라 하고
率性之謂道 타고난 품성을 다스리는 것을 도(道)라 하고
修道之謂敎 도에 이르기 위해 노력하는 것을 교(敎)라 한다.

---

24 변정환, 앞의 책, 1992, 294쪽.

사람에게는 누구나 선한 마음과 악한 마음이 있고, 이성과 욕망도 공존한다. 향산은 이런 본성을 다스려 마땅히 지켜야 할 도리에서 벗어나지 않도록 하려면, 끝없이 극기의 노력을 해야 한다는 결론에 이른 것이다. 요는 처음부터 도에 맞게 생각하고 행동하도록 태어나는 사람은 없으며, 반드시 도에 이르고자 하는 노력, 곧 배움이 있어야 한다는 사실이다.

극도의 절제와 수행은 스스로 욕구를 절제하며 중용에서 이르는 '본연의 품성'에 다가가고자 하는 노력이라 할 수 있다. 이 지점은 또한 '도는 덕을 쌓는 것이고 덕은 실천하는 것'이라는 도덕회의 사상과도 맞닿아 있다. 향산은 그 가치와 사상을 바탕으로 '본성을 다스려 도리를 지키는 삶'의 실현에 완전히 다가선 것이다.

4. 신념과 가치 실현 - 세계관

1) 도덕성의 회복

향산은 한의사이면서 교육자로서 우리 사회의 여러 가지 문제에 큰 화두(話頭)를 던져왔다. 그중 '우리 사회의 도덕성 회복'은 그가 중시하는 '인간의 근본'에 대한 문제이기도 하다. 향산은 전통의 윤리가 붕괴되고, 지나친 물질주의와 이기주의가 팽배한 현대를 '가치 상실의 시대'로 규정하고 지속적으로 문제를 제기해왔다. 가치가 상실된 시대에는 물질만능주의로 빠질 수밖에 없고, 물질만능주의는 곧 이기주의와 쾌락주의를 낳게 되며, 이는 필연적으로 수단과 방법을 가리지 않고 욕구를 채우려는 그릇된 투쟁의 논리로 이어질 것이라 진단한 것이다.[25]

그 같은 현실적 문제와 극복의 방법을 다음과 같이 제시하고 있다.

(1) 도덕적 황폐화 현상에 대한 우려

향산이 진단하는 우리 사회의 '도덕적 황폐화 현상'[26]은 다음과 같다.

첫째, 전통적인 관습의 파괴 현상. 전통적인 삶의 방식을 무시하고 편의주의로 흐르며 '예의'를 간과하는 문제.

둘째, 심성의 황폐화로 인한 파괴적인 범죄 현상. 극악하고 파렴치한 범죄로 인한 공동체적 삶의 파괴와 사회문제.

셋째, 공동체 의식의 결여에서 오는 극단적 개인주의와 사회병리 현상. 개인주의로 인한 인간관계의 단절과 소외감. 자연환경 파괴와 공해물질 배출 등 공동의 삶을 해치는 행위.

넷째, 고도의 사회 발달 과정에서 생기는 극단적 물질만능주의 및 이로 인한 가치관 파괴 현상. 지나친 성취욕과 과시욕으로 인한 갈등.

이 밖에도 극심한 종교적 갈등, 정치적 갈등 등을 사회·도덕적 문제로 꼽고 있다. 그리고 이 같은 문제의 원인을 '도덕성의 결여'에서 찾고 있다.

도덕성은 선천적 요인이 아니다. 그래서 중국의 『삼자경(三字經)』에서는 '사람이 갓 태어나서는 모두 선한 본성을 가지고 있다. 착한 본성은 서로 비슷하지만 가르침과 길들이기에 따라 서로 성품이 멀어지고 다르게 된다'고 이른다.[27] 성품은 교육에 의해 좌우된다고 보는 것이다.

---

25 변정환 외 共著, 『民族正氣論』, 경산대학교 출판부, 1995, 501쪽.
26 위의 책, 504쪽.
27 『三字經』. "人之初, 性本善. 性相近, 習相遠".

급격한 산업화와 경제적 발전을 이루면서 인성보다 능력을 우선하며 경쟁을 부추기는 우리 사회 전반의 분위기는 반성의 여지가 있다. 이 같은 인식은 일차적으로 예절과 인성을 교육해야 할 가정에서도 만연되고 있고, '내 자식 우선'이라는 부모들의 이기주의적 사고는 '머리만 성장하고 마음이 자라지 못하는' 불균형한 젊은이들을 만든다.

향산은 이런 '성품 교육'의 부재를 '전통사상'의 붕괴에서 찾고 있다. 또 삼강오륜(三綱五倫)과 같은 전통사상을 시대에 맞지 않는 낡은 관념으로 배척하는 것은 유교문화에 대한 잘못된 인식이라고 지적한다. 삼강의 군위신강(君爲臣綱)·부위자강(父爲子綱)·부위부강(夫爲婦綱)의 본래 의미는 임금과 신하 사이, 부모와 자식 사이, 부부 사이에는 지켜야 할 '도리'가 있음을 뜻한다. 그런데 이를 신하는 임금에게 충성해야 하고, 아들은 아비에게 복종해야 하며, 아내는 남편을 무조건 받들어야 하는 것으로 편향되게 인식하는 데 문제가 있음을 지적하는 것이다.

> 흔히 유교문화를 경직된 수직의 문화로 잘못 인식하고 있는데, 여기에서도 철저한 상호주의에 의한 수평문화가 있음을 보게 된다. 아버지라고 자식 앞에 군림할 것이 아니라 서로 가까이 사랑하고 존경해서 위함이 있어야 하며, 늙은이라고 젊은이에게 무조건 대접 받기를 강요할 것이 아니라 나아가고 물러섬에 순서가 있어야 한다는 것이니, 이것보다 더 인간적인 윤리와 질서가 어디 있겠는가.[28]

향산은 '전통사상'에서 강조하는 인간관계의 도리는, 일방적 복종이 아니라 상호 간의 존중임을 강조하고 있다. 전통사상은 시대에 뒤떨어

---

28 변정환 외 共著, 앞의 책, 1995, 508쪽.

진 낡은 관념이 아니라 시대를 이끌어 가야 할 기본 덕목이자 도덕성의
근본이라고 보는 것이다.

'도덕성'이란 용어는 예의범절, 관습, 태도를 뜻하는 라틴어 'mora-
lis'에 그 어원을 두고 있다. 도덕성이란 자신과 다른 사람과의 관계
속에서 나타날 수 있는 감정, 판단, 태도, 행동을 그 사회에서 바람직하
고 가치 있다고 인정한 규범과 규칙에 맞추는 것이다. 따라서 도덕성은
사회성과 그 맥락을 같이하는 것이며, 도덕성이 없이는 사회성도 기대
할 수 없다.

(2) 도덕성 회복은 인간성의 회복

한 사회의 '도덕성'이란 여러 세대에 걸쳐 공들여 쌓은 '탑'과 같다.
그만큼 오랜 세월이 걸리고, 파괴되면 다시 쌓아 올리는 데도 더 많은
시간과 노력이 필요하다.

향산은 도덕성 회복을 위해서는 '어떻게 살 것인가?'에 대한 고민이
전제되어야 한다고 말한다. '사람은 늘 열려있는 존재이며, 스스로 자
유로운 결단과 역사적이고 사회적인 얼(정신)에 의해서 자신을 새롭게
하고자 노력해야 한다'[29]는 것이다. 그 과정에서 다음 세 가지를 염두에
둘 것을 당부한다.

첫째, '나'라는 존재에 대한 인식의 확립.

국가와 민족 구성원으로서의 '나', 즉 사회적·역사적 존재로서의 자
신을 인식하는 것이 중요하다. 운동선수가 가슴에 태극기를 달고 대회

---

29 앞의 책, 511쪽.

에 출전할 때, 그는 한 개인이 아니라 국가를 대표하는 상징성 있는 사람이 된다. 개인도 마찬가지다. 한 집안의 자식, 누군가의 남편 또는 아내, 우리 사회와 국가의 일원이란 사실이다. '나'는 개인인 동시에 가정·사회·역사에 책임과 도리가 있는 존재다. 또 그런 자신이 중요하듯이 다른 사람도 중요한 존재임을 잊지 말아야 한다.

둘째, 타인에 대한 배려.

역설적일 수 있지만, 타인에 대한 배려는 곧 자신을 위한 일이다. 자신이 상대에게 보인 행동과 언어가 다시 되돌아오기 때문이다. 내가 싫어하는 일은 다른 사람도 싫어한다. 내가 하고 싶지 않은 일을 타인에게 미루지 않는 것은 작은 배려의 시작이다.

인간관계에서 존중과 배려의 첫 번째 조건은 '언어'다. 말은 어떤 순간에, 어떤 내용으로 하느냐가 중요하다. 향산은 언어생활에서 '세 가지 허물'을 경계하라고 조언한다.

ㄱ. 말을 해야 할 때 안 하는 것은 허물이다.
ㄴ. 말을 하지 말아야 할 때 하는 것 역시 허물이다.
ㄷ. 타인의 입장을 생각하지 않고 말하는 것은 가장 큰 허물이다.

말은 생각을 전달하는 수단인 동시에 상호 교감의 도구다. 타인의 마음을 헤아릴 줄 알아야 그 도구가 제대로 쓰일 수 있다. 향산은 언어 사용에도 '도덕적 잣대'가 있다고 말한다. 소인배의 말은 오직 자신만을 앞세우기 때문에 상대에 대한 배려가 없다. 그러나 도덕적인 사람일수록 남 탓을 하지 않고 남의 허물을 들추지 않는 격을 갖춘다는 것이다.

셋째, 한민족(韓民族) 공동체 의식.

과거에는 '아이 하나를 제대로 키우기 위해서는 온 마을 어른의 지혜가 필요하다'고 했다. 그만큼 마을과 이웃은 하나의 견고한 공동체였다. 그러나 오늘날 그 같은 방식은 '참견'이나 '사적 영역의 침범' 등으로 비난을 받을지 모른다. 전통의 공동체는 사라지고 이익을 중심으로 한 세(勢)의 결집이 주를 이룬다. 심지어 '민족주의(民族主義)'를 논하면 '국수주의(國粹主義)'라는 비난을 받기도 한다.

향산은 우리 사회의 파괴된 도덕성을 되살릴 필수 조건으로 '공동체 의식'을 꼽는다. '도덕'의 기준과 가치는 그 사회 구성원의 절대적 동의 하에 오랜 세월에 걸쳐 만들어진다. 따라서 그 구성원 간의 소통과 합의가 없으면 도덕성의 회복도 바랄 수 없는 것이다. 또 구성원 간에 도덕의 기준에 합의하기 위해서는, 편협한 생각을 버리고 다른 사람의 생각을 존중해야 한다.

향산은 이 공동체 의식이 민족정기(民族正氣)의 회복으로 이어져야 한다고 주장한다. 정치·경제는 물론 정보와 문화가 실시간으로 국경을 넘나드는 '세계화시대'의 주류가 되기 위해서는 주체성을 잃지 않아야 한다고 여기기 때문이다. '민족정기가 회복될 때 민족의 위대한 힘이 발휘되고 역사의 전기가 마련된다'[30]는 것이 향산의 지론이다.

향산이 주창하는 '도덕성의 회복'은 단순히 과거의 전통을 되찾자는 의미가 아니다. 물질만능주의에 피폐해지고 치열한 경쟁주의에 지쳐가는 이 사회에, '공존(共存)의 방법'을 제시하는 것이다. 확실한 자아의

---

30 변정환, 앞의 책, 1992, 311쪽.

정립, 함께 살아가는 사람들에 대한 배려, 그리고 도덕성의 재정립이 그 공존의 조건이다. 이는 우리 삶이 추구하는 '근본으로 돌아가자'는 것이며, 잃었던 인간성 회복의 추구이기도 하다. 현대인이 넘치는 물질적 풍요로움 속에 살면서도 정신적으로 공허한 것은 그 근본이 상실됐기 때문이다.

향산의 도덕성 회복을 한 문장으로 정리하면 회사후소(繪事後素)[31]라 할 수 있다. 흰 바탕에 그림을 그려야 채색이 선명하듯이, 인간도 본성을 바르게 한 뒤에야 어떤 일을 제대로 할 수 있다. 그런 의미에서 향산은 우리 사회 역시 도덕성의 근본을 먼저 찾아야 이상향의 미래로 나아갈 수 있음을 강조하고 있는 것이다.

2) 자연과의 공존 - 인류의 미래는 대자연에 답이 있다

향산은 줄곧 '자연과 공존하는 인간의 삶'과 '생명 존중'에 대해 설파해 왔다. 이 역시 도덕성의 회복과 마찬가지로 인간이 살아가는 세상의 근본으로부터 인류의 미래에 대한 답을 찾고자 함이다.

무위자연(無爲自然)의 세상에서는 만물이 평등한 속에 상생의 원리대로 흘러간다. 인간도 그 자연의 일부분으로 살아가는 것이다. 그러나 어느 순간부터 인간은 자신이 그 주인인 것처럼 착각하며, 자연을 함부로 쓰고 파괴하기 시작했다. 그 결과 생태계가 파괴되고 환경이 오염되며 그 피해는 인간에게로 고스란히 돌아오고 있다.

---

31 『論語』, 「八佾編」. 그림 그리는 일은 흰 바탕이 있은 이후에 한다는 뜻으로 본질이 있은 연후에 꾸밈이 있음을 비유하여 이르는 말.

향산은 2000년대 초반의 저술들에서 이 같은 문제를 '땅에 대한 약탈의 역사이며 심각한 인류 생존의 위협'[32]이라고 경고한 바 있다. 그리고 이 같은 경고는 곧바로 현실이 되었다.

2006년 11월 미국 플로리다의 한 농장에서 꿀벌들이 한꺼번에 실종된 일이 발생했다. 이른바 군집붕괴현상(CCD, Colony Collapse Disorder)이 일어난 것이다. 벌들은 1억 5천만 년간 꽃을 피우는 식물들이 짝짓기를 할 수 있도록 돕는 매개 역할을 해왔다. 인간의 주요 먹을거리인 과일·채소류 대부분이 꿀벌을 매개로 수분(受粉)을 하고, 인류 식량의 3분의 1은 꿀벌이 있어야 생산된다. 꿀벌이 소, 돼지에 이어 세 번째로 중요한 가축으로 꼽히는 이유다. 꿀벌의 실종은 곧 농업과 식량 위기로 이어지는 중대한 위기 신호였다.

꿀벌의 실종 사건은 미국과 유럽을 중심으로 점점 확대되었고, 2007년 미국 내 양봉가의 벌 개체 수 가운데 3분의 1(3백억 마리)이 원인 모르게 감소하는 비상사태가 벌어졌다. 꿀벌의 실종사태는 얼마 지나지 않아 국내에서도 문제가 되었다. 세계적으로 피해가 속출하자 과학자와 양봉가들은 원인 규명에 나섰고, 그 결과 '전자파'·'살충제'·'기후 변화'·'바이러스'·'유전자 변형 작물' 등이 꿀벌 실종의 추정 요인으로 꼽혔다.

'전자파'와 '살충제'가 꿀벌의 실종에 미치는 영향은, 인간이 생태계를 어떻게 피폐화시키고 있는지를 단적으로 설명한다. 전자파에 노출되지 않은 벌들은 평균 1~2분 안에 돌아오는 반면, 전자파에 노출된 벌들은 8~9분 이상 걸리거나 영영 돌아오지 못하는 것으로 나타났다.

---

[32] 변정환, 앞의 책, 2005, 101쪽.

또 살충제에 네오니코티노이드(Neonicotinoid)[33]가 극소량으로 존재하더라도 꿀벌은 방향감각을 잃어 집을 찾지 못하거나 끝없이 비행하다가 죽는가 하면, 다른 벌통에 들어가 공격을 받기도 한다는 사실이 밝혀지기도 했다.[34]

이 여러 가지 문제 중, 향산이 가장 주목하고 경계한 것은 '유전자 변형 작물'이다. 현재 미국에서 경작하고 있는 옥수수의 40%는 유전자 변형 작물인 것으로 알려져 있다. 이 같은 유전자 조작 작물은 꿀벌이 사라지는 데 영향을 미칠 뿐 아니라, 축산 농가의 사료로 쓰이며 인간의 건강과 환경에까지 악영향을 미치고 있다.

앞서 2) '자연의 순리에 따르는 조화로운 삶'에서도 살펴봤듯이, 향산은 유전자 변형 작물 문제를 '21세기의 재앙'으로 간주할 만큼 심각성을 강조하고 있다. 그래서 유전자 조작 식품들이 등장하던 초창기부터 저서 등을 통해 그 문제점들을 지속적으로 경고해왔다. 유전자 조작이 된 옥수수를 사료로 쓰면서 병드는 것을 막기 위해 소에게 항생제를 주입하고, 그 결과 인간은 항생제를 먹은 아픈 동물을 음식으로 섭취하게 된다. 향산은 그런 가축이 먹을거리로서 부적절함을 지적하는 동시에, 환경문제의 심각성에 대해서도 우려를 표명한 것이다.

육류를 생산하기 위해서는 그보다 몇 배의 곡물을 사료로 써야 한다. 또한 이 사료들은 생산과 유통에 있어서 대량의 화학 비료와 농약에

---

33 네오니코티노이드(Neonicotinoid)는 니코틴계의 신경 자극성 살충제이다. 2013년 3월 American bird conservancy는 네오니코티노이드의 성분이 무척추동물과 조류에게 큰 영향을 미친다는 주장을 제시하였으며 사용 중지를 요구했다.

34 2016년 독일 요하네스 구텐베르크대 의대, 레겐스부르크대 병리학연구소, 괴테대 공동 연구진의 연구 결과, 2016년 6월 미국 공공과학도서관이 발행하는 기초과학 분야 국제학술지 『PLOS ONE』에 연구 내용 게재.

의존한다. 그래서 '육류 생산을 위한 축산 폐수와 수질 오염은 주요
자원인 지하수에도 악영향을 미친다'[35]는 점을 지적하는 것이다.

우리나라 축산 농가는 외국에서 수입된 사료에 의존하고 있다. 그리
고 그 수입 곡물들은 농약과 화학비료에 의존하는 관행농업(慣行農業)
으로 지어진 경우가 대부분이다. 관행농업의 문제는 비료부터 영농장
비, 제초제와 살충제, 급수시설, 유통시스템에 이르기까지 전 과정에
석유가 필요하다는 사실이다. 통계에 따르면 관행용 곡물 재배 시 1에
이커의 면적에 302리터의 석유가 필요한 것으로 나타났다. 교통수단의
온실가스 배출이 전체의 13% 수준인 반면, 축산업을 통한 온실가스
배출은 16.5%에 이를 정도로 심각한 상태에 이른다는 보고[36]만 보더라
도, 축산업의 환경오염 폐해가 어느 정도인지를 가늠할 수 있다. 그럼
에도 우리나라 국민 1인당 연평균 육류소비량은 1980년 11.3kg에서
2018년에는 53.9kg으로 5배 가까이 증가한 것으로 나타났다. 더 많은
육식을 하겠다는 욕구가, 결국은 우리의 삶을 위협하고 있는 것이다.

향산은 2000년대 초부터 저술 활동과 강의 등을 통해 자연생태계
파괴의 심각성을 공론화하는 데 앞장섰다. 그리고 2011년 3월, 이런
신념들을 현실에서 행동으로 실천하는 단계로 진입한다. 이미 2008년
창립 발기인대회로 첫발을 내디딘 '대자연사랑실천본부'의 정식 발족
에 앞장선 것이다. 이 법인은 '국제 대자연사랑실천본부'의 한국지부로
'인간과 자연이 조화되는 세상'이라는 설립 취지하에, 대자연사랑을 주

---

35 변정환, 앞의 책, 2005, 114쪽.(2003년 초판본에서 이미 유전자 조작의 폐해를 지적하
였다.)

36 유엔식량농업기구(FAO) 발표, 2021.

제로 녹색환경교실, 생태체험프로그램, 도서 및 음악 제작, 행복체조
와 노래 보급, 지역 환경보호 사업과 친환경 채식문화 홍보 등 교육,
문화사업, 캠페인, 정책 연구 각 분야에 걸쳐 다양한 활동을 하고 있다.
2014년에는 대구 엑스코에서 '세계청년대자연사랑축제'를 실시한 바
있다. 세계 16개국에서 약 1천 명이 참가한 대규모 축제는, 다양한 율동
과 음악 등으로 자연사랑과 생명존중에 대한 메시지를 우리 사회에
전달했다는 평가를 받는다.

'대자연사랑실천본부'의 메시지와 활동 내용은 구체적이고 생활 실
천적이라는 점에서 더 큰 확장성을 지닌다고 할 수 있다. 2017년부터
1년에 한 차례씩 진행하고 있는 '채식문화활성화 포럼'은 채식에 대한
일반인들의 인식 변화는 물론 다양한 채식 요리법 보급에 앞장섬으로
써 채식의 생활화에 앞장서고 있다. 이 같은 채식 보급 활동은 꾸준히
일반 인식에 영향을 주었고, 몇 년 전부터는 각계각층의 유명 인사나
운동선수들이 채식을 통한 신체 변화와 건강을 직접 경험하고 더 폭넓
게 알림으로써, 더욱 큰 반향을 일으키기도 했다.

그 밖에도 동절기 '연탄 나눔'이나 '농촌지역 한방 봉사', 또 지역의
환경정화 운동을 통한 환경보호 활동 등을 통해 '공존하는 삶'의 실천
본보기를 제시하고 있다는 점에서 유의미한 결과를 만들고 있다.

결국 향산이 지속적으로 인간의 자연 파괴에 대해 문제를 제기하고,
이를 조금이라도 지체시키거나 막기 위한 사회운동을 벌이는 것은 '자
연과 인간의 공존'으로 귀결된다. 인류의 지속 가능한 생존과 미래세대
의 안녕을 보장하기 위해 자연과 인간의 공존은 필수 조건이라 해도
과언이 아닐 것이다. 그 사실을 망각한 세상을 향해 향산은 '끝없이
다 가지려는 인간의 욕망'을 질타하며 '인간의 생태적 지위는 거미나

개미보다 우월할 게 없다'[37]고 일갈한다. 자연이라는 울타리 안에서 모든 생명체는 동등하다고 보는 것이다. 그래서 살아있는 생명체에게 고통을 주는 폭력적인 방식의 사육과 그 생명체를 희생시키는 먹을거리가 윤리적으로 합당한가를 반문한다.

자연을 인간이 누릴 것에서 지켜야 할 것으로, 육식을 단지 먹을거리에 대한 '선택이나 취향의 문제가 아니라 윤리와 가치관의 영역'으로 확대한 점에서, 향산은 현재와 미래세대에게 또 다른 가치 기준을 제시하고 있다.

3) 질병 치료를 통한 구세제민(救世濟民)

향산이 전염병에 관심을 가진 것은 이미 1980년대의 일이었다. 1985년 서울대학교 보건대학원에서 「조선시대의 역병에 관련된 질병관과 구료시책에 관한 연구」로 박사학위를 취득한 것이 전염병 연구의 출발이었다. 전염병 연구는 인류의 과거와 현재 그리고 미래로 이어지는 질병의 역사에 대한 탐구라는 점에서 큰 의미를 지닌다.

향산의 연구에 의하면 조선시대의 역병은 국초인 1390년대부터 왕조가 끝나는 1910년까지 계속 또는 간헐적으로 발생해온 것으로 파악된다. 그 피해는 전쟁의 참화보다 컸으며 인구감소의 가장 큰 요인이기도 했다.

이조실록에는 정조 23년(1799)에 전국적으로 12만 8천 명이 병으로 사망한 것을 비롯하여, 영조 19년(1743)에는 6만~7만 명, 영조 26년

---

37 변정환, 앞의 책, 2005, 136쪽.

(1750)에는 9월에만 6만 7천8백9명이 사망한 것으로 기록하고 있다. 또 숙종 25년(1699)의 호구조사에서 전국 인구는 5백77만 2천3백 명으로 6년 전에 비해 1백41만 6천2백74명이나 줄어들었는데 그 대부분이 기근과 전염병 때문이었던 것으로 기록하고 있다. 지속적으로 발생하는 이 같은 질병은 역대 제왕의 가장 큰 관심사였으며, 보건정책도 초기의 경신(敬神) 내지 미신적인 데서 점차 합리적이고 준 과학적인 면으로 옮겨왔다는 분석이 흥미롭다.

향산이 연구 논문에서 밝힌 당시의 구료시책[38]은 다음과 같다.

① 악병(惡病)의 원인은 기한(飢寒)과 피로이니 민가의 굶주린 자들을 사전에 구호한다.
② 치료 약재를 중앙에서 지급하고 용약(用藥)의 허실을 점검한다.
③ 향약(鄕藥)을 쓰도록 하며 지방마다 그곳에서 산출되는 향약을 채취하여 충당한다.
④ 민간요법을 숙지시켜 자가 치료를 돕는다.
⑤ 구료 종사자의 근태(勤怠)를 규찰한다.
⑥ 나병이 극심한 곳은 이읍(移邑) 또는 환자를 절도(絶島)에 격리시킨다.
⑦ 환자의 집단수용이 전염의 가속을 가져오므로 병막소(病幕所)를 분산하여 운영한다.
⑧ 전국 온천지역에 요양시설을 두어 운영한다.
⑨ 피해자에 대하여 신포(身布)·환곡(還穀)·잡역(雜役)·조세(租稅) 등을 감면한다.

---

38 변정환, 「朝鮮時代의 疫病에 關聯된 疾病觀과 救療施策에 관한 硏究」, 『대한보건연구』 11, 1985, 65~66쪽.

⑩ 벽온서(辟瘟書)를 간행 반포하여 일반에서 의료시책을 보급한다.
⑪ 여제(厲祭)를 여행(勵行)하며 경우에 따라 수륙재(水陸齋)도 시행한다.

조정은 역병에 대한 대책을 세우기 위해 많은 고심을 했고, 때로는 왕이 직접 회의에 참석해 구료대책을 논하기도 했다는 기록이 전해진다. '조선시대의 대표적 정치 또는 사회적 난제가 바로 이 역질(疫疾)에 대처해 나가는 것이었다'는 연구 분석을 보면, 전염병이 국가와 사회에 미치는 영향은 오늘날과 다름이 없다는 것을 알 수 있다.

전염병 연구자이자 오랜 세월 환자를 치료해온 한의사로서, 향산은 코로나바이러스감염증(COVID19)으로 전 세계가 고통받는 상황에 대해 누구보다 해결 의지가 컸다. 그간의 연구와 임상을 통해 한의학적인 진단 방법과 치료법에도 자신할 만한 근거를 가지고 있기 때문이었다.

향산의 한의학적 이론에 따르면, 사람의 체내에 들어온 바이러스는 기혈이 순환하는 통로를 따라 이동한다. 한방에서는 감염경로를 태양경(太陽經)에서 소양경(少陽經) 또는 양명경(陽明經)으로 전파되는 것으로 보고 있으며, 다시 양명경에서 소양경, 그리고 궐음경(厥陰經)으로 전이되는 것으로 본다.[39] 이 과정에서 바이러스의 변형이 생기면 그 전이 경로가 달라지는 것이다. 최종 단계인 궐음경까지 바이러스의 이동 시간은 약 1주일이 기준이며, 임상 결과를 통해 거기에서 소멸하던지 다시 변형되어 악화됨을 알 수 있다. 양방에서와 마찬가지로 이 경로에 대한 예측이 정확해야 치료 효과를 높일 수 있다.

---

39 변정환, 2020년 10월, COVID19의 예방과 치료에 대한 제안(미발표 원고).

향산은 이 같은 한방 이론과 처방을 소개하며 코로나19 치료에 한방의 참여를 요청했으나, 정부의 답변은 '코로나19 치료에 한방과 한의사가 제외되었기에 반영할 수 없다'는 것이었다. 이미 2009년 '신종플루'가 유행하던 당시에도 같은 일을 경험한 상태였다. 코로나19의 공식적인 치료활동은 할 수 없었지만, 향산은 도움을 요청하는 환자들에게 무상유상으로 약을 처방하며 치료를 지원했다. 그런 노력은 코로나19 초기 대구 지역의 코로나 사태가 잦아드는 데 보탬이 되었다는 평가를 받고 있다.

향산은 '한방을 비과학적인 것으로 보는 편견'에 '무엇이 과학적인가?' 반문한다. 과학적이라 함은 사물의 현상을 관찰하고 왜 그 현상이 일어나는지 원인에 접근하는 과정이다. 한방의 처방은 오랜 세월에 거친 그 관찰로부터 얻어진 것들이다. 한 예로 '도라지를 먹으면 목이 아프지 않다'는 처방은, 3~4천 년간 도라지를 먹어서 얻은 결론이다. 반면 양약(洋藥)은 불과 몇십 명의 실험 대상에서 얻어진 결과를 70억 인구에게 적용한다. 이런 결과들이 '과학적'이란 기준에 공평한가 하는 점이다.

향산은 한방을 향한 부당한 편견을 깨고 세계화를 향해 한 걸음 더 나아가기 위해 지금도 중국을 비롯한 각국의 한의학 연구자들과 교류하며 연구와 저술 활동을 이어가고 있다. 코로나19 발생 2년을 넘기는 사이 바이러스는 몇 번이나 변형을 거듭하며 백신을 무력화시켰고, 중국에서는 '인수(人獸) 공통의 전염병'인 '브루셀라병'이 발생하기도 했다. 동물에서 인간으로 감염이 되는 이 같은 전염병은 확산의 범위를 예측하기조차 어렵다.

향산은 질병 치료와 인간 삶의 질에 있어 현재를 넘어 미래를 주시하고 있다. 목전에 닥친 코로나19의 종식에 힘쓰는 것 못지않게, 향후 다가올 또 다른 '전염병의 시대'를 예방해야 하는 중요성을 직시하는 것이다. 그래서 '현재 진행형이며 미래에 다가올 예측 불가능의 전염병 공포를 미리 차단하기 위해서는, 양방과 한방의 경계를 허물고 예방과 치료에 대해 함께 논의해야 한다'고 주장한다.[40]

향산을 비롯한 많은 과학자들은 코로나19와 같은 바이러스 전염병이 주기적으로 반복되며 인간의 건강과 생존을 위협할 것을 경고하고 있다. 인류의 위기 앞에 진정한 구세제민(救世濟民)을 어떻게 실현시킬 것인가? 특정 집단의 이익이 아닌 대국적(大局的) 결단을 촉구하는 향산의 목소리에 귀 기울일 필요가 있다.

5. 결론 및 요약

향산이 추구하는 삶의 가치들은 몇 가지 단어로 압축된다. 대표적인 것이 '절제(節制)'와 '순리(順理)'다.

향산의 삶은 엄격하다는 표현이 부족할 만큼 절제로 일관한다. 참선과 마음 수양을 통해 정신적으로 절제하고, 소식을 하며 먹는 것을 절제한다. 육식과 오훈채를 금하는 먹을거리에 대한 절제는 건강을 위하는 동시에 생명 존중의 신념 실천이기도 하다.

이런 절제는 궁극적으로 끝없이 자신을 비우려는 의지로 읽힌다. '도덕경' 4장의 글귀를 빌리면 '도충이용지불혹영(道沖而用之或不盈)'

---

40 위의 글.

즉, 도의 본체는 텅 비어 있지만 그 작용은 다함이 없다'고 했다. 군자의 도리대로 살고자 하는 향산에게는 채우는 것보다 비우는 것이 중요한 이치다. '비워야 채워진다'는 진리를 따라, 몸을 비움으로써 마음을 비우고 현실적 욕망에 얽매인 삶에서 자유로울 수 있다고 믿는 것이다.

'순리'는 이 같은 절제와 동반되는 개념이다. 향산이 강조하는 도법자연(道法自然)은 거창한 개념이 아니다. 말 그대로 자연을 본받아 사는 것이다. 계절의 흐름에 맞춰 자연이 주는 음식을 먹으며, 인간에게 주어진 환경을 소중히 여기는 마음으로 사는 게 바로 순리인 동시에 절제의 삶이라고 할 수 있다. 순리에 따르는 삶은 주변과 불화가 없으니 이상향의 세상이라 할 수 있다. 향산은 학문적 탐구를 통해, 또 가정에서의 교육과 종교적·개인적 신념하에 오랜 세월에 걸쳐 그런 가치들을 구축하고 지켜왔다.

향산을 혁신적 인물로 조명하는 이유는 낡은 유교적 관념으로 치부되며 우리로부터 멀어질 법한 전통의 가치들을, 적극적으로 재조명하려는 노력을 이어왔다는 점이다. 향산은 도덕성의 회복을 주장하며, 삼강(三綱)의 군위신강(君爲臣綱)·부위자강(父爲子綱)·부위부강(夫爲婦綱)의 본래 의미는 '복종'이 아니라 그 관계에서의 '도리'임을 해석해준다. 육식을 금하는 자신의 신념에 대해서는 그것이 건강상 그리고 사회윤리적으로 어떤 의미를 가지는가를 구체적으로 설명한다. 대가(大家)들이 흔히 보이는 '자기 가치나 논리의 강요'가 아니라 '설득을 통한 공감'이라는 점에서 더 귀 기울이게 하는 힘이 있다.

『동의보감(東醫寶鑑)』 내경편(內景篇)에는 '소의치병 중의치인 대의치국(小醫治病 中醫治人 大醫治國)'이라는 가르침이 있다. 작은 의사는 병을 고치고, 중간 의사는 사람을 고치며, 큰 의사는 나라를 고친다는

뜻이다. 향산의 삶의 궤적에서 드러나는 선구자적 혹은 혁신자적 모습
은, 신념을 가진 한 사람이 이 사회에 미치는 영향과 그 결과로 나타나
는 변화를 그대로 보여준다.

자신과 우리나라의 주체성을 살리기 위해 '한나라 한' 자를 쓰던 '漢
醫'를 '한국 한'의 '韓醫'로 고쳐 쓰자는 주장을 오랜 세월 펼친 끝에
결국 관철시킨 일이나, 세계 최초의 한방종합병원을 설립하고 간호사
들에게까지 가운을 입게 해 전문직이라는 인식을 확고하게 한 일, 진료
실에서 환자를 치료하는 영역에만 머물지 않고, '자연과 인간' '인류의
미래'라는 화두를 끊임없이 던져온 점 등은, 그 같은 문제에 대해 무관
심했던 이 사회에 적지 않은 영향을 미쳤다고 할 수 있다.

더욱 높이 평가되어야 할 점은, 자신의 신념을 적극적으로 행동에
옮겨 실현시켰다는 사실이다. 생명 존중·자연과의 공존이라는 거대한
주제를 이념에 머물지 않고, 사회운동 영역으로 확대시킨 것은 의미
있는 행보였다. 인간과 자연의 공존은 인간이 실천하지 않는 한 요원한
문제다. '대자연사랑실천본부'를 통한 환경보호활동과 생명 존중 사상
의 전파는 우리 사회 안팎에 이미 선한 영향을 미치며 그 결과를 보여주
고 있다.

마지막으로 향산의 혁신적 면모 중 가장 높이 평가할 점은, '미래에
대한 통찰(洞察)'이다. 향산의 시선은 우리 사회나 국가를 넘어 더 큰
인류의 삶을 바라보며 늘 한발 앞서 사회적 의제(擬制)들을 제시했다.
유전자 조작 작물이 생산되기 훨씬 이전부터 '육식의 과다 섭취로 인해
생길 건강과 환경 문제'를 경고했고, 21세기에는 '유전학적 건강이 중
요한 과제로 떠오를 것'이라는 예견을 하기도 했다. 또, 2009년 신종플
루가 유행했을 당시부터 주기적으로 새로운 전염병이 발생하고 사회문

제가 될 것이라는 경고와 함께 대책 마련을 촉구해왔다.

향산은 자신의 신념을 바탕으로 '인간이 지켜야 할 도리'라는 가치를 추구하며, '생명 존중'과 '인류의 공존'이라는 큰 세계관을 만들어냈다. 그리고 자신의 전문 분야인 한의학은 물론, 공유해야 할 사회적 가치와 인류의 미래에 대해 많은 조언과 문제들을 제시했다. 이처럼 미래 사회의 화두를 앞서 읽는 능력은, 깊은 학문적 연구와 오랜 세월에 걸쳐 쌓인 통찰력이 더해진 결과일 것이다.

37년 전 향산은 박사학위논문의 결론을 맺으며 "조상으로부터 물려받은 것이 있거든 그것을 얻되 네 것이 되게 하라(Was Du ererbt von deinen Vaetern hast, erwirb es, um es zu besitzen)"는 괴테의 말을 인용했다. 역사를 통해 얻은 지식이 오늘의 문제를 해결하는 데에 값어치 있게 쓰여야 함을 강조한 것이다. 향산이 남긴 제언(提言) 역시 현재를 사는 사람들이 풀어야 할 많은 문제에 대한 열쇠이자 숙제가 될 것이다.

참고문헌

『論語』, 『孟子』, 『明心寶鑑』, 『三字經』.

대한도덕회, 『道理簡言』, 1975.

변정환, 『脈』, 현수사, 1984.

변정환, 『아직은 쉼표를 찍을 수 없다』, 행림출판, 1992.

변정환, 『오늘도 삼성산 돌층계를 오르며』, 경산대학교 출판부, 1995.

변정환, 『자연의 길 사람의 길』, 도솔, 2005.

변정환, 『시련을 딛고 밝은 세계로』, 북랜드, 2007.

변정환, 「朝鮮時代의 疫病에 關聯된 疾病觀과 救療施策에 관한 硏究」, 『대한보건연구』 11, 1985.

변정환 외 共著, 『民族正氣論』, 경산대학교 출판부, 1995.

향산 변정환 선생의 유학정신

박홍식*

1. 들어가는 글

인물을 평가하는 기준은 여러 가지가 있을 수 있다. 종교적 업적, 정치적 치적, 학문적 성과, 사회적 공헌, 개인의 성향 등 다양한 평가척도를 동원하여 인물 평전을 써내려갈 수 있다. 또한 인물에 대한 폄하는 평가자의 시각에 따라 천차만별의 양상으로 나타나는 것이 일반적이다.

더구나 현존하는 인물평은 섣부른 결론을 내릴 수 있어 조심스럽고 신중할 수밖에 없다. 그럼에도 불구하고 향산(香山) 변정환(卞廷煥) 대구한의대학교 명예총장(1932~)의 유학정신에 대한 글을 부탁받고 선뜻 승낙한 것은 필자가 30년 동안 대구한의대학교에 봉직하면서 때로는 근거리에서 때로는 멀리서 모신 시간들이 있었기 때문에 할 수 있는 이야기가 있다고 생각하였기 때문이다.

유학 전공자인 필자는 향산 변정환 명예총장(이하 향산)의 삶을 객관적 자료에 기초하여 유학적 관점에서 조망해 보고자 한다.

___
* 전통문화연구회장

2. 향산 유학정신의 세계

향산은 1932년 청도군 이서면 흥선리에서 3남 2녀의 둘째 아들로
태어났다. 한학자이며 한의사였던 할아버지에게 크나큰 위안이 되는
셋째 손자였다. 향산의 한학 공부는 조부의 가르침에서 출발하였다고
한다. 다음은 향산의 회고담이다.

> 할아버지 무릎에서 한문을 배웠습니다. '어진 재상이 되지 못하겠으
> 면 차라리 훌륭한 의사가 되라'며 한의사의 꿈을 심어준 것도 할아버지
> 였습니다.[1]

향산은 어린 시절부터 한학 공부와 더불어 유학정신의 습득이 자연
스럽게 이루어졌다고 볼 수 있다.

1) 한문 공부를 통한 유교 경전의 습득

향산은 조부로부터 한문을 배우기 시작하여 13세부터는 경북 청도
에 있던 고성 이씨 문중의 재실 흥인당에서 한문 공부를 하여 사서삼경
유교 경전을 습득하였다. 다음은 향산의 회고담이다.

> 다행히 저는 조부님 덕택에 한문을 잘했어요. 한의사를 하라는 팔자
> 겠죠. 어릴 적 흥인당이라는 서당에서 한문을 배웠는데 한 번은 이웃
> 자계서원에서 한문강독회가 열렸습니다. 일종의 서당 학동들 간의 경연
> 대회인 셈이지요. 저를 포함해 두 명이 우리 서당을 대표해 나갔는데

---

1 『매일신문』, [매일 파워 인터뷰] '변정환 대구한의대 설립자', 2018.1.5.

제가 거기서 장원을 했습니다. 그때 장원상품으로 한지 한 축은 받았지
요. 3년이 넘는 서당 생활이 지금 생각해 보니까 가장 행복한 시절이었
습니다. 그 후 한문 덕에 면사무소에서도 근무했고 그때 대학에 진학해
야 되겠구나 하는 결심도 했습니다. 대학에서도 어려운 고비마다 한문
실력이 큰 힘이 돼주었습니다.[2]

　　향산의 한학 공부를 통한 유학정신의 형성은 10대에 이미 시작되었음
을 확인할 수 있다. 이후 한학 공부와 유학정신은 향산의 평생의 정신적
지주가 되었다.

2) 청명 임창순의 제자가 되어 영남 유학정신을 계승

　　향산은 경희대학교(동양의약대학) 재학 시 한학자 청명(淸溟) 임창순
(任昌淳, 1914~1999)의 제자가 되어 한학 공부에 더욱 정진할 수 있는
기회를 가졌다. 당시 이미 일정한 수준의 한학 실력이 있었던 향산은
청명 임창순의『당시정해(唐詩精解)』번역 작업에 직접 참여하기도 하
였다. 이 책은 1957년『당시정해』(任昌淳 著)로 출간되었다.

　　한학자 청명 임창순은 당대 대표적인 한학자이다. 경북중학교·경북
여중의 교사와 대구사범 동양의약대학 교수를 거쳐 1954년 성균관대학
교 사학과 교수가 되었다. 성균관대학교 재직 중에 일어난 4.19혁명
때에는 '4.25 교수 데모'를 주도해 성명서에 "대통령은 책임지고 물러
나라"는 문구를 넣고, "학생의 피에 보답하라"는 플래카드 글씨를 직접
쓴 사실은 널리 알려져 있다. 청명은 금석학 저서인『한국금석집성(韓
國金石集成)』, 서예와 서예사에 관한『한국의 서예』등의 저술을 남긴

---

2 『주간경향』, [초대석] '한방의 세계화에 평생을 바치다', 뉴스메이커 775호, 2008.5.20.

학자와 서예가로도 유명하다. 또한 1963년 '태동고전연구소'를 창설하
여 한문 강좌를 개설하여 수많은 일반 대중들에게 한문을 교육하였다.
청명의 문하에서 한문을 배운 제자들 가운데 20여 명의 대학교수가
배출되었다.

본래 청명은 충북 옥천 출신으로 14세 때 충북 보은에 있는 관선정서
숙(觀善亭書塾)[3]에서 겸산 홍치유(兼山 洪致裕, 1879~1946)의 제자가 되어
한학을 배웠다. 겸산의 학맥은 다음 설명이 상세하다.

홍치유 선생은 관향은 남양(南陽)이며, 자는 응원(應遠), 호는 겸산(兼
山)이다. 병자호란 이후 태백산에 은거한 두곡(杜谷) 홍우정(洪宇定)의
9세손이며, 만우(晚愚) 홍철후(洪哲厚)와 안동 권씨의 둘째 아들로, 1879
년 경북 봉화현 두곡리에서 태어났다. 어려서는 족숙 돈녕(敦寧) 홍만후
(洪晩厚)에게서 한학을 공부하였고, 13세부터 성재(省齋) 권상익(權相翊)
문하에서 수학하였으며, 면우(俛宇) 곽종석(郭鍾錫)의 집을 드나들며 의
심나는 곳을 물었는데 경술(經術)과 문장(文章)이 노성(老成)하다고 인정
을 받았으며, 20세 전후에 학술과 문장이 대가의 경지에 이르렀다.

1921년 충북 보은으로 이주하여 삼가리(三街里)·봉비리(鳳飛里)·누
저리(樓底里, 현 누청리) 등지에서 후진을 양성하였고, 1927년부터는 선

---

3 觀善亭書塾은 남헌 선정훈(1888~1963)이 오직 교육만이 구국의 길이라고 결심하여 사
  재를 내어 1929년에 건립한 서숙이다. '觀善'이라는 용어는 『禮記』「學記」 편에 나오는
  "(벗들이) 서로 (장점을) 보면서 선해지는 것을 '연마'라 한다"라는 말에서 가져온 것이다.
  관선정은 당시 일제의 식민교육에 맞서 전통한학을 가르치며 민족정신을 이은 곳으로써,
  1944년 일제의 탄압으로 강제 철거되기까지 약 200여 명의 학생이 관선정을 거쳐 갔다.
  이후 1945년 경북 문경 농암면 서령으로 옮기고, 또 경북 상주군 화북면 동관리로 옮겨
  1951년까지 명맥을 유지하였다고 한다. 觀善亭과 이하 겸산 홍치유와 청명 임창순과의
  사제 관계에 대한 내용은 홍치유, 전병수 역주, 『관선정에서 들리는 공부를 권하는 노
  래』, 도서출판 수류화개, 2020, 7~10쪽을 참조 인용하였음.

정훈 선생이 설립한 관선정에 교수로 초빙되어 12년 동안 강단을 주재
하였으며, 전후로 배출한 학자가 200여 명에 달하였다. 과목으로는
유학(儒學)의 경전(經典) 외에 국사(國史)와 예학(禮學)은 물론 시문(詩文)
까지 아울러 익히도록 하였으며, 특히 국사에 중점을 두어 민족정신을
고취하게 하였다.

　홍치유 선생의 학문은 학통에 얽매이지 않고 퇴계(退溪) 이황(李滉)
학설의 대체를 따르면서도 율곡(栗谷) 이이(李珥)의 이통기국론(理通氣
局論)을 이기설(理氣說)의 요체로 인정하였다. 저서로는 시문집 외에
『국사집요(國史輯要)』,『예의작의(禮儀酌宜)』및 학문하는 강령(綱領)을
논한 『입본(立本)』, 가사인 「영언(永言)」이 있다.[4] 겸산 홍치유의 학맥을
간략하게 도표화 해보면 다음과 같다.[5]

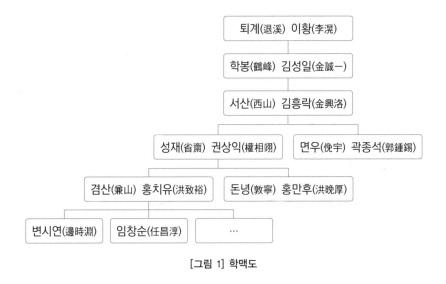

[그림 1] 학맥도

---

4 앞의 책, 10~11쪽.
5 겸산 학맥 도표는 위의 책, 10쪽에서 인용하였음.

앞의 학맥도에서 보이듯이 청명의 학맥을 보면 퇴계 이황에게까지 이어진다. 이렇게 볼 때 향산 유학정신의 학맥을 살펴본다면 청명과 겸산을 거쳐 퇴계까지 거슬러 올라갈 수 있다고 하여도 큰 무리가 아닐 것이다. 더불어 향산의 유학정신은 영남 유학정신을 이어받은 것으로 볼 수 있다. 향산은 은사인 청명 임창순을 스승의 예로써 평생을 받들었으며 청명을 대구한의대학교 제7, 제8대 이사장(1991.3.25.~1999.2.17.)으로 모시기도 하였다.

3) 유자적 삶의 자세

영남 유학 전통을 이어받은 향산의 정신세계 중심축은 유학정신이다. 유학에서 가장 중요한 도덕적 가치로 간주하는 것은 효(孝)이다. 효는 인(仁)을 실천하는 근본이라고[6] 『논어』에서 말하고 있다. 향산의 효심은 지극하다. 이 점에서 볼 때에도 향산은 유학정신의 근본을 실천한 유자(儒者)라고 할 수 있다. 향산의 효심은 가풍을 이어받은 것으로 보인다. 향산 선친의 효심은 고향 마을에서도 널리 칭송을 받았다. 선친의 휘는 수참(秀參)이요 자는 삼득(三得)이요 호는 청은(靑隱)이다. 다음 글에 향산 선친의 효심이 사실적으로 잘 나타나 있다.

　　근래에 嶠南땅 淸道 鼓鳴里에 篤實한 孝道로써 稱頌되어 온 분이 계셨으니 靑隱 卞公이 그분이시다.
　　공이 돌아가시어 장례를 치른 지 십년이 되었는데 둘째 아드님 廷煥

---

6 『論語』, 「學而」제2장. "君子務本 本立而道生 孝弟也者 其爲仁之本與".

이 고인께서 편안치 못하실까 염려하여 다시 영일현 구룡포 訥台의 壬坐에 옮기어 安葬하고 이어서 墓表를 세우려고 공의 行狀을 품고 千里를 달려서 不足한 나에게 銘文을 付託하였다.

아! 나 스스로를 돌아보건대 궁벽한 산골의 畸人이라 내 어찌 족히 사람의 不朽함을 이룩할 수 있으리오. 이를 감당할 수 없어 굳이 辭讓하였으나 끝내 그 要請을 거두지 아니하므로 마침내 그 行狀을 살펴서 글을 짓게 되었다.

공의 휘는 秀參이요 字는 三得이요 號는 靑隱이시다. 公은 人物됨이 人情이 많고 너그럽고 高尙하고 조심성 있고 儉素하시고 스스로를 지키시어 실속 없이 겉만 華麗한 것을 崇尙하지 않으셨다. 性品이 孝誠스러워 兩親을 至極한 精誠으로 섬기시니 즐거운 모습으로 조심하고 삼가하시어 혹여라도 父母님의 뜻을 거스르는 일이 없으셨다. 재주가 보통사람보다 뛰어나시어 겨우 五六歲에 능히 배운 것을 깨달아 아시니 사람들이 기이하게 여겼다.

弱冠의 나이에 公의 父親이신 鼓山公께서 司果公의 산소를 모시는 일로 인하여 日帝를 상대로 訴訟을 일으키시어 그 때문에 家勢가 기울어 生計마저 어렵게 되자, 이에 公이 책 읽는 일을 거두시고 몸소 밭을 갈아서 藥草을 심고 菜根을 캐어서 아침저녁 부지런히 노력하여 糧食을 마련하셨다. 二十二歲에 母親喪을 당하시자 슬픔으로 몸을 상하여 거의 위태로운 지경에 이르렀고 鼓山公을 모시는 데에 더욱 그 精誠을 다하셨다. 父親을 위하여 小室을 두실 것을 請하셨으나 許諾하지 않으시자 부드러운 태도로 命을 받들어 奉養하시고 이같이 하시면서도 오히려 정성이 미치지 못할까 염려하셨다. 鼓山公께서 間或 夜半에 주무시지 않으시고 담뱃대로 火爐를 두드리는 소리가 나게 되면 문득 놀라서 곧바로 달려가 곁에서 모시고 기쁘게 해드린 다음에야 비로소 잠자리에 드셨으니 이와 같이 하기를 일과처럼 하시면서 二十餘年동안 조금도 게을리하지 않으셨다. 父親의 病患을 看護하실 때는 밤낮으로 곁을 떠나지 않으시고 病勢를 살피기 위하여 嘗糞을 하시고 하늘에 祈禱드리는 등 지극한 精誠을 다하지 않으신 바가 없으셨다.

鼓山公의 喪을 當하시어서는 附身과 附棺의 資料와 物品을 미리 能力을 다하여 갖추어 놓으시어 혹여라도 마음에 遺憾이 없게 애쓰셨다. 그러나 葬禮는 夷政의 酷毒한 彈壓을 이기지 못하여 우선 임시로 共同墓地에 모시고는 罔極한 마음이 더욱 懇切하여 每日 밤마다 반드시 담요를 갖고 산소에 가서 지켜 侍墓하시면서, 혹 눈이 오는 밤이면 비를 들고 눈을 쓸어내려 산소에 한점의 눈도 없게 하신 다음에야 마치셨다. 이같은 정성이 三年을 하루같이 지내시고 三年喪을 다 마치고서도 또한 반드시 날마다 산소에 가시는 일을 日課처럼 생각하셨다. 제삿날에는 반드시 兩親께서 살아 계시는 듯이 精誠을 다하시며 哀痛해 하시기를 初喪 때와 같이 하시고 나이 들어 늙도록 그 精誠이 衰하지 않아서 돌아가실 때까지 敬慕함을 極盡히 하셨으니 이 어찌 篤實한 孝誠이 아니고서야 능히 할 수 있는 일이랴.

故鄕 사람들이 異口同聲으로 그 孝行을 稱頌하였으며 몸을 감수하고 집안을 다스리는 일에 이르러서는 부지런하고 儉素하고 삼가하여 조심하는 것을 한결같이 하는 것으로 根本을 삼으셨다. 또한 父親의 遺業을 이어서 醫術에 뜻을 두어 간직했던 藥으로 어려운 사람들에게 베풀었기 때문에 그 仁聞이 鄕坊에 널리 퍼졌다.[7]

향산도 선친을 본받아 효심이 지극하다. 향산의 효심에 대해서는 「청은공묘표(靑隱公墓表)」에서 다음과 같이 기술하였다.

廷煥君도 또한 兩親께 孝道를 至極히 하여 老萊子의 氣風이 있었고

또 그 遺業을 이어받아서 醫術을 더욱 깊이 硏究하고 事業을 더욱 擴張하였으며 博士學位를 取得하고서 育英 事業에 뜻을 두어 濟韓東醫學術院을 大邱에 開設하고 또 韓醫科大學을 慶山에 設立하여 數千名의 英才를 培養하고 있으니 가히 家業과 仁術을 잘 繼承하였다고 이를 수 있겠다.

어찌 詩經의 이른바 「孝子의 繼述이 다함 없으니 길이길이 福을 내려 주시리라!」와 같은 境遇가 아니겠는가! 하늘이 어진 사람에게 갚아 베푼다는 것을 여기에서 가이 徵驗할 수 있으리라.

'노래자(老萊子)[8]의 기풍(氣風)'이라고 표현될 정도의 향산의 효심은 집안의 가풍을 그대로 이어 받은 것임을 알 수 있다.

한편 향산의 유자(儒者)로서의 인간적 면모를 전 성균관 관장인 최근덕 관장은 『고산세고(鼓山世稿)』 서문에서 다음과 같이 기술하였다.

香山 卞廷煥 總長을 옆에서 지켜보면 저절로 배울 바를 얻게 된다.

첫째는 勤勉性이다. 항상 일을 찾아 움직인다. 總長室에서 講義室에서, 診療室에서 쉴 새 없이 생각하고 판단하고 결재하는가 하면 강의에 열중하고 진료에 골몰한다. 海外 여행이 잦지만 모두 學事며 業務 진료를 위한 나들이다. 그야말로 일 속에 파묻혀 늙음이 찾아오는 줄도 모르는 경지다.

둘째는 學究熱이다. 한 時도 배움의 자세를 잃지 않는다. 종합대학의 設立者로 총장에 이르렀고 전공 분야에서는 名醫의 일컬음을 받지만 지금도 공부하고 그리고 끊임없이 글을 쓴다. 思索하고 배우는 자세다.

셋째는 主體性 追求다. 國學에 대해 식을 줄 모르는 情熱을 갖고 있

8 중국 춘추시대의 초나라 사람. 중국 24효자(孝子)의 한 사람으로 일컫는다.

다. 韓醫學에 대한 愛着과 執念에서 미루어 짐작할 수 있지만 우리 것에 관한 한 하나도 놓칠 수 없고 버릴 수 없다는 생각을 갖고 있는 것 같다. 이런 맥락에서 爲先事業에도 敦篤하고 先賢의 顯彰事業에도 늘 앞장을 선다.

이번에 『鼓山世稿』를 刊行하게 되었다는 소식을 듣고 문득 그의 人間的 面貌부터 떠올린 것은 十年 가까이 옆에서 지켜보고 또 배운 바가 있었기 때문이다. 『鼓山世稿』를 上·下 兩卷 一册으로 편찬하면서 上卷에는 文肅公(春亭 卞季良 先生)을 비롯한 先代의 碑文·祭文·壽辰詩帖 등을 收錄하고 下卷에는 香山 總長의 文藻들을 採錄할 모양이다. 이는 한 家門의 文華가 한 자리에서 영롱한 빛을 發하는 盛事가 아닐 수 없다.

우리가 사는 오늘의 이 時代는 傳統의 斷絶 主體性의 喪失로 해서 倫理的 危機가 極에 達하고 그에 따라 民族正氣가 날로 스러져 가고 있는가 하면, 機械化·科學化에 쓸려 未來社會는 不確實性의 안개 속에 잠겨 있다. 香山總長께서 近來에 와서 大學敎材로 『民族正氣論』을 펴내는 등 力動的으로 펼치는 여러 事業들이 부디 오늘의 道德性을 恢復하는 데 큰 寄與를 하고 來日의 새로운 民族文化 創出에 活力素가 되길 빌어 마지않는다.

成均館長 崔根德 識之

위의 서문에 나타나 있는 것처럼 향산의 삶에는

○ 勤勉性 곧 삶에 대한 진지한 정진
○ 學究熱 곧 『논어』에서 말하는 '배움을 즐거움'으로 삼는 자세
○ 主體性 追求 곧 『논어』의 爲己之學의 학문 중시
○ 道德性 곧 유학의 도덕적 가치의 존숭
○ 先賢에 대한 顯彰事業 곧 유교의 崇祖精神의 실천

등이 자연스럽게 녹아 있다고 할 수 있다. 향산의 이러한 삶의 태도는
유학정신이 지향하는 가치체계와 부합한다고 할 수 있다.

3. 교육적 실천에 나타난 향산의 유학정신

향산은 대구한의대학교를 설립하여 교육 현장에서 다방면에 걸쳐
유학정신을 실천하였다.

1) 대구한의대학교 교훈에 반영된 유학정신

영남 유학정신을 이어받은 향산은 대구한의대학교를 설립하면서 교
훈에 유학정신을 반영하였다. 대구한의대학교의 교훈은 '지지(知止)',
'인도(仁道)', '역행(力行)'이다. 대구한의대 교훈 설정 배경에 대해『대
구한의대학교건학60년사』에서 다음과 같이 밝히고 있다.

이러한 교훈은 1983년 3월 1일 설립인 변정환 이사장이 학장으로
취임하면서 종래의 교훈 내용을 보완하여 '지지', '인도', '역행'으로 변
경하였다. 설립인은 애초의 건학이념과 교육목표를 구현시킬 수 있는
보다 적절한 내용을 나타내기 위해 고심했다. 그 결과로 설립인의 교육
취지를 더 정확하게 반영하고, 건학이념을 명확히 하였다. 이것은 대구
한의과대학 교육의 삼강령(三綱領)이며 이념이 되었다. 그리고 미래지
향의 철학 그 자체였다는 점에서 교훈이 가지는 의미는 매우 큰 것이다.
대학의 교훈이 된 '지지', '인도', '역행'은 대구한의대학교를 거쳐 간
모든 학생들의 가슴속에 남아 있으며, 현재에도 삶의 목적과 목표에

대한 지침 역할을 하고 있다.[9]

다음은 대구한의대학교 홈페이지에 등재되어 있는 '교훈' 설명이다.

우리 대학의 교육(教育)의 삼강령(三綱領)이자, 이념(理念)이며, 미래지향(未來志向)의 철학(哲學)으로 교훈(校訓)이자 교훈(教訓)입니다.

지지(知止)는 "알고 머무르다"는 뜻으로, 우리 대학의 교육목적 중 "창의적 지성인" 양성과 궤를 같이하며, 더 힘차게 날기 위한 준비 과정을 의미합니다.

'지(知)'는 대학(大學) 팔조목(八條目) 중 1강령 2강령의 중심으로 모든 교육(教育)의 첫 목표이고, '지(止)'는 대학 3강령의 최상위 목표인 지어지선(止於至善)을 요약한 글입니다.

인도(仁道)는 "어질게 봉사한다"는 뜻으로 우리 대학의 교육목적 중 "건강한 인격인" 양성과 궤를 같이하며, 모든 학구(學究)의 지표(指標)이며 핵(核)이요 목적(目的)이요 대상(對象)을 완수함을 의미합니다.

'인(仁)'은 사랑, 의술, 자비를 뜻하며, 인성(人性)의 강령(鋼領)으로 모든 교육(教育)의 첫 목표이고, '도(道)'는 진리(眞理)요, 길이요, 지표와 선(線)을 의미합니다.

역행(力行)은 "배움을 힘써 실천한다"는 뜻으로 우리 대학 교육목적 중 "선도적 실천인" 양성과 궤를 같이하며, 배움 자체도 중요하지만 실천에 옮김으로써 지(知)·인(仁)·행(行)의 균형을 이룬다는 의미입니다.

'역(力)'은 지(知)의 결론으로, 배움을 행동으로 옮긴다는 의미이며,

---

9 대구한의대학교60년사편찬위원회, 『대구한의대학교건학60년사』, 매일신문사, 2019, 136쪽.

'행(行)'은 "도(道)를 알아 행(行)한다"는 뜻으로 일관된 길을 택하여 매진한다는 의미입니다.

이상 대구한의대학교 교훈 세 조목은 유학 경전인 사서의 하나인 『대학』에서 언명한 '삼강령(三綱領)'과 맥을 같이하는 것으로 볼 수 있다. 교훈에 사서의 하나인 『대학』 정신의 구현 곧 유학의 교육목표가 그대로 반영되어 있는 것이다.

2) 대구한의대학교 학과 개설과 교육과정 편성에 반영된 유학정신

향산은 대구한의대학교를 설립 운영하면서 학과 개설과 교육과정 편성에도 유학정신을 반영하였다.

먼저 유학정신이 반영된 학과 개설의 예를 보자. 대구한의대학교는 1988년(당시 교명은 경산대학이었다)에 동양철학과를 신설하였다. 당시 전국에서 동양철학과가 독립적으로 개설되어 있었던 대학교는 성균관대학교와 안동대학교뿐이었다. 대구한의대학교에 동양철학과가 신설되면서 전국에 세 개의 동양철학과가 개설된 것이다. 학부 동양철학과는 야간강좌까지 개설하여 많은 인재를 배출하였으나 이후 대내외의 교육환경이 변하면서 지금은 폐과되었다. 1993년 일반대학원에 동양철학과 석사 박사과정이 개설되어 현재까지 동양철학 연구자들을 배출하고 있으나 2011년부터 신입생을 모집하지 않게 되어 향산이 영남유학의 정신을 이어받아 교육 현장에서 터전을 닦아놓은 대구한의대학교 특성화의 한 모서리가 사라지게 되었다.

다음으로는 유학정신이 반영된 교육과정 편성을 살펴보기로 하자.

대구한의대학교는 1998년 1학년 전교생을 대상으로 한 교양필수 과목
으로 유학 경전인 '사서(四書)'를 개설하고 교재도 발간하였다. 교재는
『사서의 이해』(사서교재편찬위원회, 경산대학교 출판부, 1998)이다. 당시
대학에서 유학 관련 과목을 더욱이 유학경전을 텍스트로 채택하여 전
교생에게 교육한 대학은 찾아보기 어렵다. 현재는 '사서' 과목이 개설
되어 있지 않다.

한편 대구한의대학교 한의과대학 한의예과에는 현재도 전공필수 과
목으로서 〈사서강독(1)〉〈사서강독(2)〉〈동양철학〉 과목이 개설되어
향산의 유학정신과 의철학(醫哲學)의 명맥을 이어가고 있다.

3) 대구한의대학교 교육 건물에 투영된 유학정신

대구한의대학교를 방문하는 사람들은 다른 대학에서 찾아보기 힘든
장면에 깊은 인상을 받는다. 곧 본관 건물을 들어서면 바로 왼쪽 벽을

[그림 2] 향산 친필의 『중용』 전문

장식하고 있는 장문의 한문 앞에 마주 서게 된다. 다름 아닌 붓글씨로
쓴 유교의 사서 가운데 두 책인『대학』『중용』전문이다. 그 가운데
『중용』의 글은 향산의 친필이다.

4. 사회적 실천에 나타난 향산의 유학정신

향산은 1989년 성균관 문묘에서 행하는 공자 석전제의 헌관을 맡았
으며 2004년 2월 28일 대구향교 대강당에서 석전제 특강을 하였으며,
2010년 1월 15일에는 대구향교 대강당에서 박약회 유림 200여 명을
대상으로 '대자연과 건강'이라는 주제로 특별강연을 갖는 등 수많은
대중강연과 다양한 활동으로 유학정신의 사회적 실천을 하였다.

1) 한국유교학회장으로서 유학정신의 실현

1990년 1월 한국유교학회 회장직을 맡았다. 한국유교학회[10]는 한국
의 유학계를 대표하는 학회이다. 향산은 회장직을 맡으면서 꼭 하고

---

10 한국유교학회(韓國儒敎學會)는 유교를 학문적으로 연구하고 사상적으로 계승 발전시켜
유교의 체계화·현대화·대중화에 기여함을 목적으로 설립하였다. 1985년 1월 31일 유교
학회로 창립되어 성균관대학교 안병주 교수가 초대 회장으로 취임하였다. 1994년 10월
5일 중국 북경에서 유학의 인문주의 정신과 현대적 의의(意義)의 고양, 미래 사회의
윤리 건설, 참된 과학 문명에 기여함을 목적으로 한국의 유교학회, 일본사문회(日本斯文
會), 미국 국제중국철학회(國際中國哲學會), 독일 아데나워재단, 싱가포르 국립대학 한
학연구중심(漢學硏究中心), 홍콩 인문과학학회, 월남의 단체 등이 발기인으로 참여한
국제유학연합회(國際儒學聯合會, International Confucian Association)가 성립되자
한국유교학회로 이름을 변경하였다.

싶은 일이 한 가지 있었다고 한다. '통일기원 제천의례'였다. 해마다
백두산에서 거행되었던 이 의례가 어느 날 그 맥이 끊겨 유림회원들의
숙원사업이기도 했다. 93년 만에 치르는 제천의식에 공교롭게도 93명
의 회원이 참석했다. 의례는 고증에 편찬된 대한예전을 기준으로 현대
의식을 가미해 경건하게 치렀다. 제천의례는 우리 민족의 자존을 알리
는 것이요 우리의 주권을 하늘로부터 인정받는 행사였다. 어렵사리 의
례를 마친 그는 호를 향산(香山)으로 고쳤다고 한다.[11]

2) 유학의 숭조정신, 경천정신 실천

향산의 유학정신이 사회적 실천으로 나타난 예를 또 찾아보면 백두
산(白頭山) 제천의례(祭天儀禮)에 참여하여 남긴 「의례단 참례기」이다.
다음은 향산이 쓴 「의례단 참례기」[12] 전문이다.

천제(天祭)를 봉행하는 것이 제천(祭天)이니, 제천의례는 하늘을 숭
배하고 제사하는 의례이다. 이 의례는 비록 유교적 절차로 치렀지만
그 의식(儀式)보다도 내포된 민족적 의의가 매우 다대(多大)하다. 곧
제천의례는 우리 민족의 천신신앙(天神信仰)과 국숭앙(國崇仰) 그리고
각 가정·각 개인의 정신사(精神史)의 저류(低流)를 이루는 중요한 물줄
기로서 한국인의 충효사상과 도덕사상이 다 이에 근원했다고 하겠다.
제천의례는 특히 우리 민족의 건국과 더불어 민족사의 변천과 함께 중
대한 변형을 겪어 온 것은 주지하는 바이다.

---

11 『주간경향』, [초대석] 한방의 세계화에 평생을 바치다, 뉴스메이커 775호, 2008.5.20.
12 변정환 경산대 총장, 成均館 儒敎儀禮團, 白頭山 祭天儀禮, 1995.8.9.~8.16.

지금에 와서 돌이켜 보면 민족의 주체 의식이 왕성하고 자주적 노력
이 왕성했던 시대에는 천사상(天思想)이 고조되었으며, 그 노력이 부족
했던 때에는 천사상이 수난과 퇴조를 면치 못했다. 바꾸어 말하면 민족
의 주체성이 희박할 때일수록 수난을 받고 천제의 봉행의의가 망각되었
고, 주체 의식이 왕성한 때일수록 천사상 또한 왕성했던 것을 알 수
있다. 이로 볼 때 제천의례는 바로 민족의 역사와 긍지며 우리들의 자랑
이라 하지 않을 수 없다.

곧 부족사회의 전통에 따라 다양한 차이를 보이는데, 삼국시대 초기
에 해당되는 고대국가의 형성기에 접어들면서 유교문화와 유교질서가
광범위하게 수용되고 삼국시대 후반기 이래로 고려와 조선왕조에서 우
리의 의례 체계에 중요한 영향을 미치게 되었던 것이다.

중국 고대 사회의 봉건계급 기반 위에서 천자의 의례로서 확인되었던
제천의례는 진(秦)나라 때에 재정립되면서 천자의례로서의 권위를 더
욱 강화하였다. 이에 따라 제천의례가 초기에는 우리 고유의 제천의례
로서 국가의례, 민족의례로 봉행되던 것이 중요한 변화를 일으킨 것뿐
만 아니라 시대가 흘러감에 따라 중국의 간섭으로 우리 민족의 제천의
례를 거행할 수 있는 정당성마저 억제됨으로써 소위 중화주의(中華主
義) 천하관(天下觀) 아래서 우리의 국가적 위치를 규정하는 상징적 의
례를 제지당하였던 것이다.

『삼국유사』의 고조선 초 기록에는 천신(天神)인 환인(桓因)과 환웅
(桓雄)이 하강하여 나라를 세워 인간을 다스리는 건국신화의 내용을
담고 있다. 여기에 천신이 하강한 태백산 신단수(神檀樹) 아래서 신시
(神市)는 천신이 정사(政事)를 보는 도읍이면서 동시에 천신에게 기도
하고 제사 드리는 제장(祭場)으로서의 역할을 했다고 파악할 수 있다.
현재 전하고 있는 강화도 마니산 꼭대기에 있는 참성단(塹星壇)은 단군
께서 하늘에 제사지내던 곳으로 알려져 있다.

『후한서(後漢書)』동이전(東夷傳)과『삼국지』위지(魏志) 동이전에

는 고대 우리나라의 제천의식에 대한 기록이 있어 그 면모를 알 수 있다. 고구려는 동맹(東盟)이라 하여 매년 10월에 제사지내면서 천신에 감사하고 또한 풍년을 기원하는 뜻으로 제천례(祭天禮)를 거행했다. 수도의 동쪽 대혈(大穴) 속에 있는 나무로 된 수혈신(隧穴神)을 맞아다가 이를 수도에 연(沿)한 하천의 동쪽 높은 곳에 설치한 신좌(神座)에 모셔 놓고 국왕이 직접 제사를 지냈다. 예(濊)에서는 10월에 제사지내는 무천(舞天), 부여(夫餘)에서는 12월에 제사지내는 영고(迎鼓)라는 제천의례를, 삼한(三韓)에서는 5월과 10월에 천군(天君)이 솟대를 세워놓고 제사를 지냈다. 이 솟대는 고조선의 신단수와 유사한 성격을 지니고 있었다고 볼 수 있다. 그리고 이 제천의례의 시기와 양식은 다양하지만 뚜렷한 공통성은 부족전체가 모여 경건한 마음으로 천신과 일월성신(日月星辰) 산천악해독(山川嶽海瀆) 조상 선현 어느 신도 빠뜨리지 않고 모두에게 제사를 드렸던 것이다. 제사를 지낸 다음은 음주와 가무를 즐기면서 민족의 화합을 도모했던 민족적 대행사로 전승되었다.

신라에서도 하늘에 제사하던 곳이 영일(迎日)에 있는데, 이곳을 일월지(日月池)라 부르고 있으며, 많은 기록에서 신라가 신궁(神宮)에서 수시로 하늘뿐만 아니라 해와 달, 별에 제사지낸 것을 확인할 수 있다. 백제는 사중월(四仲月)에 하늘과 땅, 산천, 천신(天神), 지(地) 등 오제지신(五帝之神)에게 제사지냈다.

고려시대는 유교문화적 국가기반이 확고해짐과 병행하여 원구단(圜丘壇)을 설치하여 왕이 직접 이곳에서 제사를 지냈고, 중국 당(唐)대에 성행하던 도교적 요소를 국가 의례에 받아들이는 한편 불교신앙이 가장 융성한 시기에는 불교의례로써 제천의례를 거행하였다.

조선시대에도 조선 초기에는 원구단에서 왕이 제천의례를 거행한 적이 있었으나 몇 차례 지내지 않아 중국의 영향으로 중단되었다. 조선중기 이후는 도교적인 제(祭)까지 억제받았으며, 중화주의(中華主義)의 봉건적 명분과 질시 속에서 제천의례가 극도로 위축되어 외면되고 말았다. 그러다가 약 100년 전인 1897년에 대한제국(大韓帝國)이 수립되어 중국으로부터 명문적으로 독립을 확인함으로써 유교적 제천의례가 독립국가의 의례적 상징으로서 다시 공식화되었다. 이도 잠시 후 일제(日帝)에게 국권을 상실 당함에 따라 제천의례는 다시 단절되었고 그로부터 지금에 이르게 된 것이다. 이러던 것을 최근덕 성균관장께서 발의하여 1991년 7월 21일 유교학회를 중심으로 한 전국의 학자 93명이 고종황제이후 93년 만에 백두산 소천지(小天池)에서 남북한 민족을 대표해서 천제를 거행하였고, 이 제천의례의 전 과정이 동년 10월 3일 개천절 아침 9시 MBC TV에서 방영되었다. 한 세기만에 다시 이루어진 이 제천의례 후 일주일 만에 남북총리회담이 전격적으로 성사되었다.

1995년 8월 11일 다시 성균관에서 천제 봉행이 논의되어 천제와 단군제(檀君祭)를 함께 지내게 되었다. 『주역』에 말하기를 "자천우지길무불리(自天祐之吉無不利)"라는 말과 같이 천우신조(天佑神助)를 여실히 증험한 바 있었다. 91년 다시 천제를 지내려고 준비했던 그때, 한 달여간 계속되던 비가 천제 올리기 5분 전까지 계속되었으나 천제가 시작되는 그 순간부터 딱 그치고 말았다.

금번 8월 11일 아침, 천제를 거행하기 위하여 천지에 올라갔을 때 전고미문(前古未聞)의 쾌청한 날씨로 천지의 물이 거울같이 맑았으며 바람이나 구름 한 점도 없는 천기가 우리를 반겨주는 듯한 변화를 보여주었다. 장마 뒤에 흘러내리는 홍수로 교통이 두절된 상태에서 우리들 일행은 아무런 사고도 없이 다녀올 수 있었던 것도 결코 우연이라고만 말할 수 없는 일이었다. 신묘하고도 기이할 정도라는 것을 함께 갔던 일행들은 모두 느꼈다.

이러한 경험들에서 천제의 의의를 다시 한번 되새기면서 남북분단의 민족적 고통을 하루빨리 해소하기를 바라는 마음 간절하며 이 역시 이번 천제 거행 이후 그 경험으로 이러한 민족적 소망이 꼭 이루어질 것을 믿어 의심치 않는 바이다.

향산은 위의 글에서 제천의례는 하늘을 숭배하고 제사하는 의례로서 천제(天祭)가 유교적 절차로 진행되었음을 밝히고 있다. 이어서 제천의례는 우리 민족의 천신신앙(天神信仰)과 국숭앙(國崇仰) 그리고 각 가정·각 개인의 정신사(精神史)의 저류(低流)를 이루는 중요한 물줄기로서 한국인의 충효사상과 도덕사상이 다 이에 근원했다고 하였다. 이로써 볼 때 향산의 정신세계에는 유학정신, 숭조정신, 경천정신이 모두 융합되어 있음을 알 수 있다.

3) 유학 관련 사회공헌과 저술

향산의 유교 관련 단체를 통한 사회공헌과 논문만을 살펴보면 다음과 같다.

　　　○ 한국유교학회 회장

　　　○ 군자정 원장(청도)

　　　○ 한국유교학회 고문

　　　○ 한천서원 원장(대구)

　　　○ 추원제 원장(청도)

　　　○ 성균관 자문위원장

　　　○ 낙동서원 원장(대구)

　　　○ 대구유림회 원로위원회 회장

　　　○ 성균관 석전제 헌관

　　　○ 서계서원 원장(대구)

　　　○「춘정 변계량 선생의 생애와 배경」(유교학회)

5. 맺는말

『춘추좌씨전(春秋左氏傳)』 '양공(襄公) 24년 조'에 다음과 같이 '삼불후(三不朽)'에 대한 말이 나온다.

"옛사람의 말에 '죽은 뒤에도 없어지지 않고 영원히 전해진다[死而不朽]'라고 하였으니 이것은 무엇을 이른 것인가" …… "가장 뛰어난 것은 덕을 세우는 일이고[太上有立德], 그 다음은 공을 이루는 일이며[其次有立功], 그 다음으로는 말을 세우는 것이다[其次有立言]. 비록 오래되어도 없어지지 않아 이것을 썩지 않는다고 말한다[雖久不廢 此之謂不朽]."

향산은 유학의 근본정신인 효를 독실하게 행하였으며 한의(韓醫)로서 많은 사람에게 인술(仁術)을 베풀었으니 일정한 덕을 세웠다[立德]고 할 수 있다. 향산은 대구한의대학교를 설립하여 수많은 인재를 양성하여 사회에 배출하였고, 유학정신을 다방면에 걸쳐서 사회에 실천하였으니 상당한 공을 이루었다[立功]고 할 수 있다. 또한 향산은 적지 않은 좋은 글을 남겼다[立言]. 이렇게 볼 때 향산의 유학정신 구현은 후세 사람들의 기억에 남아 좋은 귀감이 될 것이다.

참고문헌

『鼓山世稿』, 『論語』, 『春秋左氏傳』.
대구한의대학교60년사편찬위원회, 『대구한의대학교건학60년사』, 매일신문사, 2019.
『주간경향』, [초대석] 한방의 세계화에 평생을 바치다, 뉴스메이커 775호, 2008.5.20.
변정환 경산대 총장, 成均館 儒教儀禮團, 白頭山 祭天儀禮, 1995.8.9.~8.16.
홍치유 저, 전병수 역주, 『관선정에서 들리는 공부를 권하는 노래』, 수류화개, 2020.

향산 변정환 선생의 문(文)의 세계에 관한 일고

김권동*

수많은 친구와 옛 제자들
스승의 90회 생신을 경축하러 모였다.
잔치가 끝나기 전에 스승이 일어나 말했다.
"사람이 일생을 평가하는 것은 삶의 질이지
살아온 날 수가 아닙니다.[1]

1. 들머리

천(天)·지(地)·인(人)은 우주의 중요한 요소로, 이 세 가지를 삼재(三才)라 한다. 글말이 생기기 전, 고대인들은 입말을 그려서 소통했고, 그런 동굴벽화와 같은 상징성을 갖추면서 '원방각(圓方角, ○□△)'이 생겨났다. 원(圓)은 매일 보는 하늘(天)을, 방(方)은 방정한 땅(地)을, 각(角)은 두 발 디딘 사람(人)을 각각 표상한다. 우리 삶은 삼간(三間), 즉 시간(時間)과 공간(空間), 그리고 인간(人間) 속에서 이루어진다. 다시 말해 인간은 영원한 시간과 무한한 공간에서 잠시 머물다 사라지는

* 대구한의대학교 기초교양대학 교수

1 앤소니 드 멜로(Anthony de Mello), 정한교 옮김, 『일분 헛소리 - 스승 이야기 삼백마흔 자리』, 분도출판사, 1994, 188쪽.

존재인 것이다.

사람이 인간이 되기 위해서는 사람과 사람 사이의 간격이 있어야한다. 여기서 '간(間)'은 '틈이나 사이, 또는 간격'을 뜻한다. 이를테면인간은 시간의 틈을 지내면서 공간의 틈을 만들고, 사람 사이의 틈에서, 그 무늬를 채우면서 살아가는 존재이다. 그러기에 역사(歷史)는 '시공(時空)의 간(間)'에 아로새겨진 사람 무늬의 연속이라 할 수 있다. 그무늬를 어떻게 읽을 것인가 하는 것이 인문학적 해석이다.

옛사람들은 종교의식을 행할 때, 신체의 일부 또는 전체에 꽃무늬를비롯한 자연물의 모양을 몸에 새기는 풍습이 있었다. 이러한 풍습은후대로 내려오면서 가슴 부분에 자신의 집안을 나타내는 무늬를 새겨서 다녔다. '문(文)'은 본디 가슴에 새겨진 문신(文身) 또는 무늬를 나타내는 것이다.[2] 오늘날 옷의 무늬나 배지(badge)는 일종의 문신풍습으로볼 수가 있다. 문신과 무늬는 정신적 표상을 드러내는 상징이다. 따라서 '문(文)'은 "무늬이자 문학이자 문명으로, 우리 모두의 가슴팍 심연에자리하는 '고매한 인격과 삶과 문명(집합적 삶)에의 지향', 그 오래된지향의 흔적"[3]이라 할 수 있다.

우리 조상들은 자연현상을 보고 관찰하여, 여기서 일어나는 조짐을통해 우주의 운행을 추측하고 기술했다. 즉 천문(天文)을 읽고 지리(地理)를 파악한 것이다. 천문은 인간 세상 밖에 있는 우주의 운행이기에,인간이 관여할 수도 거부할 수도 없는 자연의 이치다. 이를테면 해와달의 운행으로 밤낮이 반복되고 계절이 순환하는 자연현상 배후에는

---

2 시라카와 시즈카, 고인덕 옮김, 『한자의 세계』, 솔, 2005, 42~43쪽.
3 우석영, 「文 : 글 또는 문학의 가치」, 『낱말의 우주』, 궁리, 2011, 558쪽.

수많은 별이 움직이고 있다. 서로 파장을 보내면서 그 영향을 주고받는
것이다. 오늘날 과학의 발달로 우주를 망원경으로 관찰하는 것이 가능
하게 되었고, 다른 천체에 인공위성을 보내 탐사함으로써 우주의 기원
을 파악하려 한다.

이처럼 천문(天文)을 살펴서 그것을 인간이 이용한 구체적 사례로,
달력을 들 수 있다. 옛사람들이 때를 알기 위해 기준으로 삼았던 것은
해와 달이다. 천체 중에서 가장 뚜렷한 것은 해지만, 매일매일 그 크기
와 나타나는 위치나 시각이 변하는 것이 달이다. 그래서 차고 이지러
지는 달의 모양을 관찰함으로써 달력을 발명했다. 천문에 바탕을 둔
인문(人文), 그것은 인간이 만든 언어를 비롯한 학문과 문화, 예술 등
일련의 무늬인 것이다.

한의학도 마찬가지다. 한의학은 한국에서 기원하고,[4] 꾸준한 교류를
통해 발전한 인체 구조 및 기능을 탐구하고, 이를 토대로 보건 증진과
질병 예방, 그리고 치료에 대한 방법을 연구하는 의학의 일종이다. 무
엇보다 한의학이 서양의학과 다른 점은 사람의 몸을 또 다른 우주라고
하여 하나의 유기체로 보기 때문에, 거시적 차원에서 인체를 바라본다
는 점이다. 그래서 다양한 진단을 통해 질병을 전체적으로 이해하고,
전통적으로 내려오는 한의학 방법을 기초로, 환자를 치료하게 된다.

이 논문은 현 대구한의대학교 명예총장인 향산(香山) 변정환(卞廷煥)
선생의 구순(九旬)을 맞이하여, 그의 문(文)의 세계를 살펴보는 것을 목

---

4 본래 '漢醫學'이라고 표기했던 것을 1986년 대한한의사협회에서 '漢'을 '韓'으로 바꿀
것을 제안해, 보건사회부의 채택과 법령개정을 거쳐 '韓醫學'으로 결정되었다. 이와 관
련해서는 변정환, 「한의(漢醫)냐 한의(韓醫)냐」, 『아직은 쉼표를 찍을 수 없다』, 행림출
판, 1992, 172~183쪽을 참고할 수 있다.

적으로 한다. 그는 한의사이자 대구한의대학교 설립자이며, 서예가이기도 하다. 무엇보다 그는 한의학 발전을 위해 한의사 육영사업을 하였고, 한의학으로 국민건강과 복지정책에 힘썼으며, 한의학으로 세계 인류복지 향상을 위해 지금도 끊임없이 노력하는 생활인이다. 이에 그가 남긴 몇 권의 저서와 서예전에 쓴 글귀를 바탕으로, 향산 변정환 선생의 문(文)의 세계를 살펴보고자 한다.

2. 삶의 궤적을 그리는 사람의 무늬

자연현상의 작용을 관찰하고 이에 따른 기술이 천문(天文)이라면, 인문(人文)은 천문에 따른 인간의 삶의 궤적을 기술한 것이다. 앞서 예를 들었던 달력은 1년을 주기로 날짜와 계절을 알려준다. 이는 일반적으로 해와 달의 움직임을 바탕으로 만드는데, 해와 달의 움직임이 주기적으로 반복되기 때문이다. 예전에는 달의 변화를 바탕으로 한 음력을 사용하다가 오늘날에는 해를 주기로 바뀌는 양력을 사용한다. 양력도 율리우스력에서 그레고리력으로 바뀌었고, 이후 불규칙성을 제거한 합리적 개선안으로서 세계력(世界曆)이 나왔지만 실용화되지는 못했다.[5] 천문을 바탕으로 한 인문의 용례는 다음과 같다.

---

5 현재 사용하는 그레고리력은 율리우스력을 계절에 맞도록 고친 것이지만 그 자체에도 결함이 있다. 즉 한 달의 길이가 28일부터 31일까지 불규칙하게 되어 있고 또 7월과 8월은 연달아 크며, 역일(曆日)과 요일이 매년 달라서 불편하고, 연초(年初)가 천문학적으로 의미가 없으며, 평년이 7년이나 계속되는 수가 있어 1년력의 길이가 고르지 않고, 윤일(閏日)을 연말에 두지 않고 2월 말에 두었으며, 영어권의 9월(September) 이후의 월 이름이 실제와 부합되지 않는다는 것이다. 이를 수정·보완한 세계력의 경우, 매년

하늘의 모습[天文]을 잘 관찰하여 때의 변화를 살피고, 사람의 모습
[人文]을 잘 관찰하고서 천하의 교화를 이룩한다.[6]

인문의 시원은 태극에서 비롯된다. 자연의 도에 대한 깊은 통찰은
역경의 괘상(卦象)을 최초로 삼는다.[7]

이처럼 인간은 천문의 위력에 굴복하면서 천문의 법칙이나 이치를
살펴 천문과의 조화를 이루고자 했다. 특히 원시시대보다는 정착 생활
을 하던 농경시대에 천문과의 조화를 이루고자 하는 일이 본격화된다.
천문(天文)에 바탕을 둔 인문(人文)을 '도(道)'라 하였고, 이후 '도(道)'는
사람이 마땅히 지켜야 하는 '도리(道理)'라는 의미가 강해졌다. 도(道)에
서도 체용(體用)에 대한 논의가 있는데, 일반적으로 형이상학적인 본체
적 존재를 '체(體)'라 하고 형이하학적인 세계에서 오감으로 느낄 수
있는 현상을 '용(用)'이라고 한다.[8] 즉 도(道)에서 체(體)가 변하지 않는
것이라면, 도(道)에서 용(用)은 변할 수 있는 것으로 시대마다 도의 내용
이 달라지는 이유라고 할 수 있다. 향산은 천문을 바탕으로 인문을 찾
고 이에 따른 깨달음을 다음과 같이 기술하고 있다.

道와 德은 人間의 生命力이며, 天地의 草木과도 같다. 그중에서도

요일이 일정하므로 달력이 바뀌지 않으며, 각 사분기의 일 수가 같아져 각종 통계지표
비교에 유리하며, 일요일이 31일인 달은 5주, 30일인 달은 4주가 되므로 각 달의 근무
일수가 26일로 일정하다.

6 『周易』, 「賁卦」. "觀乎天文 以察時變 觀乎人文 以化成天下".
7 『文心雕龍』, 「原道」. "人文之元 肇自太極 幽贊神明 易象惟先".
8 이것은 근대사에서 우리가 내세운 東道西器論이나 중국이 내세운 中體西用論, 그리고
일본의 和魂洋才論과 궤를 같이한다.

道는 길이요, 中이요, 眞理다. 눈에 보이는 길과 보이지 않는 길이 있다. 눈에 보이는 길이 道路요, 보이지 않는 길이 곧 眞理다. 이 길은 천 갈래 만 갈래로 나눠진다. 그러나 어느 길이 가장 가깝고 빠르고 큰 길일까? 곧은 길을 가면 굽은 길보다 빠르다. 그러나 아무리 빠른 길이라도 스스로 가지 않으면 안 된다. 그 가는 程度를 德이요, 和요, 功績이라 한다. 道의 목적은 德을 쌓는 데 있고, 德은 實踐하는 데 있다. 가는 데도 걸어서 가는 수도 있고, 車나 배, 飛行機 등을 이용해서 빨리 갈 수도 있고, 늦게 갈 수도 있다. 選擇은 自由다. 환경과 여건에 따라 알맞게 느리고 빠름을 조정하는 目標地를 향해 달리는 것이 生活哲學의 뜻이요, 功德을 쌓는 業績이라 하겠다. 끝까지 終着地까지, 빨리 그리고 곧고 바르게 金字塔을 향해 쉬지 않고 달리는 데 있는 것이다.[9]

농경문화를 기반으로 한 우리 사회는 하늘과 땅, 그리고 인간이 합일하려는 정신이 발달하였다. 그래서 하늘과 땅과 인간이 하나로 되는 길을 찾고, 그 길을 충실히 가는 '도덕'을 확립하고자 한 것이다. 다시 말해 천지인(天地人)이 하나로 이르는 길을 찾아 성실하게 가는 것이 '도(道)'이고, 그 길로 가기 위해 힘과 역량을 기르는 것이 '덕(德)'이다. 아울러 도(道)와 덕(德)을 몸과 맘, 그리고 삶에 체화하여 살뜰하게 살 수 있다면, 이야말로 이상적인 생활인이라 할 수 있다. 향산의 "무엇을 얻었느냐가 중요한 것이 아니라, 어떻게 살았느냐가 중요한 것이, 인생이 아닌가"[10]라는 깨침에는 바로 함께하고자 하는 공동체적 생명관이 자리하고 있다.

---

9 변정환, 「道와 德은 人間生命力」, 『韓醫의 脈搏』, 玄水社, 1980, 7~8쪽.
10 변정환, 「어떻게 살아 왔느냐」, 위의 책, 21쪽.

나는 늘 우물에 대해서 향수를 느끼고 있다. 꼭지만 틀면 주루룩 쏟아지는 수도(水道)물을 마시면서, 오히려 초라한 우물에 대한 미련을 저버리지 못하는 것은 단순한 회고의 취향만이 아니다.

우리네 조상들은 아득한 옛적부터 양지바른 남향바지에 마을을 이루고 동구 밖 들녘에 우물을 파 두고, 아침저녁 낯익은 얼굴들이 이마를 맞대고 맑은 물을 길어다 먹고 살아왔다.

한 우물물을 먹으면서 한마음으로 살아온 것이다. 아무리 퍼먹어도 샘물은 좀처럼 줄지 않는다. 언제나 제 높이만큼 맑은 물을 안고 있는 것이다. 지나가는 나그네가 잠시 걸음을 멈추고 갈증 나는 목을 축여도 아무도 이상하게 생각지 않는다.

그러기 때문에 아무리 세도 있는 사람이라도 우물물을 독점해서 들이킬 수도 없으려니와 그런 사람도 없었다.

언제나 제 높이를 지키는 우물에서 우리는 인생(人生)을 배우는 것이다. 언제나 주기만 하고, 베풀기만 하면서도 좀처럼 불평이 없고 변덕이 없는 우물이야말로 군자(君子)의 유덕(裕德)을 보이는 것이다. 부족하지도 않고, 남지도 않고, 장마철이나 가뭄이나 가리지 않고 제 직분을 다하는 우물 같은 우정(友情)을 기다리는 것이다.

늘 같은 모양이로되, 늘 새로운 것이 우물이다. 항상 물을 길어내어 옛 물일 수도 없고, 또 그렇다고 옛 물이 아니라고 하여 조금도 다르지 않는 우물이야말로 우리가 목마르게 갈망하는 진실한 우인(友人)의 얼굴이 아니던가?

흔히 도회에서 자란 사람과 시골에서 자란 사람은 심성에서 차이가 있다고 한다. 푸르고 윤택한 풀밭을 딛고 자란 사람과 딱딱한 콘크리트 바닥을 딛고 쇠줄 그네에 매달려 자란 사람의 심성이 다를 것은 당연하다. 그러나 나는 그 차이를 수돗물과 우물물을 마신 차이라고 하고 싶은 것이다. 한 사람을 위하여 꼭지 하나만 내밀고 있는 수도꼭지의 이기주의보다, 열 사람을 위하여 하늘을 열고 있는 우물의 여유와 인정미(人情

味)는 근본이 다르기 때문이다.[11]

　개인의 삶이 중요시되는 이 시대에, '우물'은 공동체 삶의 표본이자 잃어버린 향수이다. 한 우물의 물을 같이 먹던 동네 사람들은 말할 것도 없거니와 지나가는 나그네에게도 갈증을 해결해주던 우물. 우물이 생명수였다면, 우물터는 우리가 함께 더불어 사는 관계를 엮어주는 공간이었다. 마음을 터놓고 이야기할 수 있는 우물터는 열린 공간이었고, 퍼내고 퍼내도 그 높이를 유지하는 우물에서 욕심을 가질 수는 없는 것이다. 향산의 "나 한 사람만이라도 조금 덜 먹고, 덜 쓰고, 덜 버리면 그만큼 세상은 좋아질 것"이라는 신념은, 하루 4시간 이상을 자지 않고 소식(素食)을 하는 생활습관을 바탕으로 한다.[12] 인류의 생존뿐만 아니라 지구상의 모든 생명 사이의 평화로운 공존을 위해서는 인간의 욕심을 줄이는 수밖에 없다. 그리고 그것이 생활화되어야 한다.

　　나이를 더할수록 '도(道)'와 '덕(德)'의 중요성을 절감하게 됩니다. 도와 덕은 사람이 마땅히 지켜야 할 도리로 쉽게 이해할 수도 있겠지만, 그 깊고 넓은 뜻은 범인이 함부로 헤아릴 바가 못 됩니다. 하지만 애써 그 뜻을 궁구하지 않을 수 없음은, 인간의 근원이 '도'이고 사람다움의 지극함이 곧 '덕'이기 때문입니다. …(중략)…
　　좋은 의사는 '병 없음을 병으로 삼는다[無病之病]' 했습니다. 한 사람한 사람 환자의 병을 돌보는 것도 의사에게는 중요한 일입니다만 그것

11　변정환, 「우물의 鄕愁」, 『脈』, 玄水社, 1984, 21~22쪽. 이 책은 隨想·斷想 그리고 국제
　　대회 기행문, 의학 관계 등의 글을 모아 펴낸 『韓醫의 脈搏』의 재판에 해당하는 것으로,
　　李瑄根 博士의 서문이 수록되어 있고, 국제대회 기행문의 글을 삭제했다.
12　변정환, 「나의 습관」, 『시련을 딛고 밝은 세계로』, 북랜드, 2007, 294~296쪽.

으로는 한계가 있습니다. 세상이 병들어 있고 마음이 병들어 있는데
몸 건강하기를 바란다는 건 억지입니다. 우리가 함께 도를 궁구하지
않으면 안 될 까닭이 거기에 있습니다.[13]

　우리 문화에서는 대체로 음양(陰陽)적 세계관에 기초하여 세상의 모
든 것이 음양의 조화를 이루어서 존재하므로, 이 조화와 균형이 일그러
지면 불화와 불편이 생기고 인간을 비롯한 모든 생명체가 위협을 받는
다고 믿었다. 향산은 자연의 순리를 따르는 것이 도를 체현하는 길이요
몸과 마음의 건강도 이 길을 떠나지 않음을 강조한다. 자연의 순리를
역행하는 것은 바로 도덕적 파탄의 근원이 되기에, 만병(萬病)과 만악
(萬惡)은 여기서 비롯함을 역설한 것이다. 향산은 사람을 '작은 우주'로
보기 때문에, 한의학과 한방은 '도덕'이며, 침을 놓을 때도 인(仁)한 마
음이 함께 들어갈 것을 강조한다. 한의학에서는 건강하지 못한 상태를
불인(不仁)이라고 하는데, 개인이나 사회가 건강해지기 위해서는 우리
가 반드시 갖추어야 할 덕목이 인(仁)인 것이다. 그래서 "인하면 건강하
게 오래 산다는 말은, 오랫동안 전해오는 동양의 정신이자 한의학적
표현"[14]이라고 한다.
　한 사람이 살아온 삶의 궤적은 얼굴에 나타나기 마련이다. 철학자
데카르트는 인간의 얼굴에 주름살이 생기는 이유는 '남을 증오하는 감
정이 있기 때문이며 자신의 얼굴이 점점 추악해지는 원인은 남을 원망
하는 마음 때문'이라고 했고, 발자크는 사람의 얼굴은 그 사람의 됨됨

13　변정환, 「'도'를 따르면 '덕'이 자란다」, 위의 책, 8~9쪽.
14　동아닷컴, 2010. 2. 3일 자, [대구/경북] 이 사람/'50년 침술' 변정환 대구한의대 총장,
　　https://www.donga.com/news/Society/article/all/20100203/25908118/1 참조.

이를 보여주는 '하나의 풍경'이며 그 사람의 인생사를 보여주는 '한 권의 책'과도 같아 '얼굴은 결코 거짓말을 하지 않는다'라고 강조했다.[15] 나이가 들면 몸과 마음은 병들기 쉽다. 향산은 그의 단상(斷想)에서 "얼굴의 주름살보다, 마음의 주름살이 더 많은 게 노인이다."[16]라고 했다. 어진 마음을 가질 때, 마음의 주름살은 줄어들 수밖에 없다. 몸이 좋지 않으면 그것이 얼굴에서 드러나듯이, 마음이 불편하면 자비로움을 가질 수 없다. 개개인이 모인 사회도 이와 마찬가지다. 사회가 건강하지 못하면 인정이 고갈되어 삭막하기 마련이다. 이에 대해 향산은, "병든 세상에서는 우리 모두가 환자이자 의사여야 한다."[17]라고 처방한다. 개개인이 인자한 얼굴로 세상 사람들을 대할 때, 세상은 밝아지고 건강할 수 있는 것이다. 향산도 이러한 가치관을 가졌기에, 대구한의대학교 기업에서 개발한 한방화장품의 이름도 '자안(慈顔)'이었으리라.

먼저 인간은 자연의 일부라는 인식을 투철히 해야 한다. 그래야만 최소한 섭생만큼이라도 자연에 역행하지 않을 수 있다. 추울 땐 춥고 더울 땐 덥게 살며 제철 음식을 먹어야 한다. 방만한 몸 살림에 조금의 절제만 따라도 세상은 좀 더 건강해질 수 있다.

그다음은 일상의 생활에서 군더더기를 덜어내는 일이다. 자신의 삶에서 소모적인 오락이나 무의미한 소비만 줄여도 사람끼리 벌이는 경쟁은 줄어들 것이다. 생명을 해치는 일을 취미로 삼고, 그 취미에 쏟아부을 시간과 돈을 벌기 위해 충혈 된 눈으로 악착을 떠는 일은 누구에게

---

15 김형수, 『긍정의 생각』, 함께북스, 2010, 52쪽.
16 변정환, 「마음의 주름살」, 『韓醫의 脈搏』, 玄水社, 1980, 122쪽.
17 변정환, 「병든 세상에서는 모두가 의사여야 한다」, 『자연의 길 사람의 길』, 도솔, 2003, 93쪽.

도 도움이 되지 않는다.

도는 삶의 기쁨이 가슴에 고일 때, 과욕을 부리지 않고도 건강하게 살아갈 수 있다는 믿음은 뿌리를 내릴 수 있을 것이다. '도'는 지금 이곳에서의 삶 가운데 있다.[18]

최초 북극을 정복했다고 알려진 로버트 피어리(Robert Edwin Peary, 1856~1920)가 그의 일기 첫 줄에 쓴 것으로 알려진 구절이, "I shall find a way or make one." 즉 "나는 길을 찾거나 하나 만들 것이다."라고 한다. 서양의 자연관은 자연과 인간이 분리된 것으로 인식하여, 자연을 규칙적이고 합리적인 것으로 바라보기에, 입자론이나 기계론적 관점을 취한다. 그러기에 서양 자연관의 특징은 자연을 규칙성을 지닌 존재로 보고, 인간 중심에서 자연을 바라보고자 한다. 그래서 사물의 구성요소가 되는 원자나 입자들 사이의 관계를 규명하고 인과율의 법칙을 찾아 자연 규칙을 밝혀내고자 한다.[19] 반면에 우리의 자연관은, 인간과 자연의 조화와 합일을 추구하는 유기체적 자연관이다. 유교의 천인합일(天人合一) 사상(思想)이나 도교의 물아일체(物我一體) 사상, 그리고 불교의 자타불이(自他不二) 사상 등과 같이 조화론적 자연관이다. 즉 자연을 스스로 역할을 하는 생명체로 여기고, 자연의 모든 현상은 상호의존적이라고 보는 것이다.

이러한 자연관의 차이는 서양의학과 한의학에서도 그 맥을 같이한다. 서양의학과 한의학은 모든 질병의 예방과 회복 유지를 위한 의학이

---

18 변정환, 「'도'는 단순한 삶에 있다」, 위의 책, 203쪽.
19 이유미·손연아, 「동아시아·서양의 자연의 의미와 자연관 비교 분석」, 『한국과학교육학회지』 36(3), 한국과학교육학회, 2016, 485~498쪽 참조.

라는 점에서 공통된다. 하지만 서양의학은 인체를 수많은 세포 조직의 집합체로 봄으로써 분석적, 국소적으로 보려는 경향이 강하다. 반면에 한의학에서는 우리 몸을 세포로만 보는 것이 아니라 정신적인 부분, 기와 관련된 요소로 봄으로써 종합적·전체적으로 보려는 경향이 강하다. 특히 동양의학은 수리학적 상상력을 바탕으로 하는데, 수리학은 하천이나 지류의 흐름을 연구하는 학문이다. 이를테면 치수 사업의 목적은 기본적으로 막힌 곳을 뚫어서 물의 흐름을 조절하여 물이 자신의 길로 다니게 해서 인간에게 주는 피해를 최소화하는 데 있다. 이처럼 신체에서 하천이나 그 지류 같은 일을 하는 것이 바로 경락, 즉 맥이라 생각했다.[20] 서양의학이 미시적으로 눈에 보이는 세계에 대한 고찰이라면, 한의학은 거시적으로 눈에 보이지 않는 세계에 대한 고찰이다.

요즘 사람은 참으로 철이 없다는 말을 말이 듣는데, 왜 그런가 하고 지금은 작고하신 은사께 여쭤본 적이 있다. 이에 대한 답은 "요즘 사람들은 철없는 음식을 먹으니까 철이 없어."라고 말씀하셨다. 참으로 우문현답(愚問賢答), 인문학적인 답이 아닐 수 없다. 제철 음식을 먹어야 어느 철에는 어느 것이 나는지를 아는데, 제철 음식을 먹지 않으니 철이 없는 것이다. "추울 땐 춥고 더울 땐 덥게 살며 제철 음식을 먹"는 단순한 삶에서 건강을 찾을 수 있다. 오늘날 과학 기술을 바탕으로 겨울에는 따뜻한 생활, 여름에는 시원한 생활에 길들어지면 여기서 빠져나오기가 쉽지 않다. 아울러 오늘날 쓰는 것보다 버리는 것이 많은 생활, 그것을 강요하는 문명이 바로 산업 문명이다. 산업 문명은 끊임없

---

20 강신주, 「편작의 의술, 혹은 동양적 몸의 발견」, 『철학의 시대-춘추전국시대와 제자백가-』, 사계절, 2011, 89~98쪽 참조.

이 가짜 욕망을 부추긴다. 가짜 욕망을 분별하지 못할 때, 인류는 위기에 직면한다. 참살이를 위해 모든 생명 있는 것들은 공생 관계를 유지해야 한다. 그러기 위해서는 생활 속의 혁신이 필요하다. 생활은 습관의 연속이다. 자연으로부터 스스로가 몸에 배게 길들인 생활이 바로 교양 있는 사람이 아니겠는가.

3. 향산 변정환의 문(文)의 세계

당나라 때 관리 선발의 네 가지 기준을 가리키는 말로 "신언서판(身言書判)"이 있다. 즉 풍채와 용모, 언변, 필적, 그리고 사물에 대한 바른 판단으로, 그 사람됨을 평가한다는 의미다. 이 네 가지 덕목 중에서 글씨에는 그 글을 쓴 사람의 인격을 비롯하여 기질과 학문, 경험이나 취향, 그리고 욕구 등 모든 것이 담긴다. 그래서 청(淸)나라 학자 유희재(劉熙載)는 "글씨라는 것은 같은 것이다. 바로 그 사람의 학문과 같고, 재주와 같고, 뜻과 같은 것이다. 이것을 종합하여 말하면 바로 그 사람과 같은 것일 따름이다."[21]라고 했다. 글씨엔 그 사람의 혼과 체온이 배 있다. 고스란히 자아와 성품이 담겨 있다. 그래서 볼테르는 글씨를 "목소리의 그림"이라고 했다. 육성처럼 생생하다는 뜻이다.

향산은 붓을 친구로 삼고 살아온 지 여든일곱 해인 2019년 대구한의대학교 건학 60주년을 기념하여 발전기금을 조성하기 위해 첫 개인전을 열었고, 이에 대한 도록(圖錄)을 만들었다.[22] 향산은 자신도 밝히다

---

21 『藝槪』. "書, 如也. 如其學, 如其才, 總之曰 如其人而已".

시피 한시작(漢詩作)이나 진료의 임상 처방을 위해 써왔던 붓을 서예가
들의 필묵 작업으로 다시 시작한 것은 초정(艸丁) 권창륜(權昌倫)의 권유
때문이다. 초정 권창륜은 "향산 선생의 서품(書品)에서 느껴지는 풍격
(風格)은 어느 누가 보아도 유가(儒家)의 중화미학(中和美學)에 근저(根
柢)를 두고 있는 온유순후(溫柔淳厚)한 절제미(節制美)의 품조(品藻)로 가
늠된다."[23]라고 평한다. 향산의 글씨에서 활기찬 힘을 느끼는 것은, 욕
심을 버리고 자연에 순응하는 삶의 자세로부터 비롯한 것이리라.

> 붓은 마음이 가벼울수록 자유롭게 마음을 따라 움직인다. 마음이 무
> 거우면 무거울수록 붓은 무겁게 움직인다. 그래서 마음이 무거우면 붓
> 도 무겁다. 마음이 무거운 것은 이성의 짐 때문이다. 머리로 생각하는
> 그림은 붓이 무거우나 마음으로 그리면서 붓이 자유롭고 가볍다. …(중
> 략)… 작가에게는 스스로 존중할 기질과 성향이 있고 경험이 있으나 이
> 러한 것들이 스스로의 자유를 얽매이게 하므로 지질과 성향이 억압당하
> 고 있다.[24]

장생(長生)하는 학(鶴)의 밥통을 갈라보면 언제나 7부를 넘지 않는다
고 한다. 그래서 선비의 삶을 학에 비유한다. 가는 다리에 얹힌 학의
몸은 언제나 자유롭게 유유히 날아갈 수 있다. 그런데 배를 채우려는
욕심, 그 욕심으로 살면 욕심의 짐만큼 무겁게 산다. 오늘날은 이성으
로 자유를 구속하기에, 자신의 표현을 스스로 설명하기 위해 '그러므로'

---

22 변창훈, 『香山卞廷煥書展』, 대구한의대학교 건학60주년기념사업단, 2019, 5~7쪽.
23 위의 책, 15쪽.
24 김영기, 「깊음의 미」, 『한국미의 이해』, 이화여자대학교출판부, 1998, 247쪽.

나 '왜냐하면'과 같은 말에 얽매이게 된다. 글씨도 자유로워질 때, 땅을 차고 오르는 학처럼 자유로워질 수 있다. 이 장에서는 글씨에 대한 논의가 아닌, 향산이 좋아했던 글의 내용에 대해서 논의하고자 한다.

도록 첫 면의 글씨가 '자(慈)'이다.[25] 한 글자로 구성된 작품이기에 맨 앞에 넣은 것이 그 구성으로 타당하지 않겠는가라는 생각하면서도 한편으로는, 향산 자신이 인류가 다 함께 살 수 있는 대안으로 제시한 글씨가 '자(慈)'가 아닐까 생각해본다. 타인에 대한 배려, 약자에 대한 연민, 다음 세대를 위한 절제를 전제로 한 사랑의 방식, 그것이 바로 '자(慈)'이다.

천하의 모든 사람이 말하기를 나의 도는 크지만 [도와] 같지 않다고 한다. 오직 같지 않으니 클 수 있다. 만약 같았으면 벌써 하찮은 것이 된 지 오래될 것이다.

나는 보배 셋이 있어 그것을 지니고 보존한다.

첫째는 자애이고, 둘째는 검소함이고, 셋째는 천하에 앞서려 하지 않음이다. 자애로우니 용기를 낼 수 있고, 검소하니 너그러울 수 있고, 천하에 앞서려 하지 않으니 영도자가 될 수 있다.

자애를 버리고 용기를 내거나, 검소함을 버리고 너그럽거나, 뒤에 섬을 버리고 앞서면 죽음이다. 무릇 자애란 그것으로 싸우면 이기고, 그것으로 지키면 견고하다. 천이 구하려 하면 자애심으로 호위한다.

「老子道德經」 제67장[26]

---

25 변창훈, 앞의 책, 17쪽.
26 김하풍 역해, 『빈 마음으로 읽는 노자 도덕경』, 문예출판사, 2003, 241~242쪽.

노자가 긍정하는 '자(慈)'는, 유가에서 강조하는 인(仁)과 같이 인간 전유의 도덕의식이 아니라 모든 동물에게도 영향이 미치는 생(生)으로 서의 감정이다. 흔히 용기는 남성적인 것으로, 자애는 여성적인 것으로 생각하기 쉽다. 이럴 경우, "자애로우니 용기를 낼 수 있다."라는 말은 좀처럼 이해가 되지 않는다. 그런데 매나 수리와 같은 맹금류에 대항해 까치와 까마귀가 포식자를 공격하는 경우를 어떻게 볼 것인가. 일대일 로 만나면 먹이가 될 작은 새들이 위험을 무릅쓰고 큰 포식자를 집단으 로 괴롭히는 까닭은 무엇보다 자신의 새끼들을 보호하기 위해서다. 아 울러 비록 자신은 굶을지라도 새끼 먹이를 구하기 위해 동분서주하는 어미 새의 본능과도 같은 일련의 행동, 이것이야말로 자애이고 용기가 아니겠는가. 여기서 용기는 "불의에 싸워 죽는 것이 아니라, 재화를 서로 나누어 쓰는 것이다."[27]라는 말과도 상통한다.

자(慈), 다음으로 도록에 있는 글귀가 "교학상장(敎學相長)"이다. 우 리 토박이말에는 교육의 두 뿌리를 뜻하는 낱말로 '배움'과 '가르침'이 있다. 인간은 배움이 앞서고 여기에 따르는 것이 가르침이다. 배움이 하나의 지식을 다른 지식과 연결하는 과정이라면, 가르침은 자신의 앎 을 다른 이에게 전달하는 과정이다. 그래서 배우는 사람과 가르치는 사람은 동등한 지적 능력을 전제로 한다. 만약 사람들 사이에 지적 능 력이 불평등하다면, 그가 아무리 지식을 많이 가질지라도 그는 자신에 게 부여된 만큼만 알 수밖에 없는 한계가 있을 수밖에 없다. 필자는 교학상장의 자세에 대해 한때 "배우고 가르치는 삶에서, 제자와 스승은 함께 자랄 수 있다."라는 생각을 다음과 같이 정리한 적이 있다.

---

27 『左傳』. "死而不義, 非勇也. 共用之爲勇".

늘 배우는 삶을 살고 싶다. 말하기보다는 듣기를, 읽기보다는 익히기를, 내세우기보다는 함께 느낄 수 있는, 그런 하루를 살고 싶다.

언제나 가르칠 수 있는 삶을 살고 싶다. '말하기'보다는 '보여주기'를, '지니기'보다는 '나눠주기'를, 그래서 '놀람'보다는 '가슴 울컥하게' 다가설 수 있는 마음을, 더불어 기꺼이 내줄 수 있는 삶을 살고 싶다.

인간은 천부적으로 현명한 사람이나 어리석은 사람이 되는 것이 아니라 교육의 힘으로 현자(賢者)나 우자(愚者)의 차별이 생기는 것이다. 그래서 페스탈로치(Johann Heinrich Pestalozzi)는 모든 사람에게 천부적으로 주어진 인간성 계발(人間性 啓發)이야말로 교육의 목적이어야 한다고 보았다. 그래서 교육의 임무는 자아를 발견하고 성취시키는 일에 국한될 것이 아니라, 이를 초월하여 자아보다 높은 것, 높은 것에 자아를 결부시키고 이와 일체의식(一體意識)을 갖도록 노력해야 한다.[28] 스승과 제자는 일방적인 관계가 아닌 가르치면서 성장하고 배움으로써 함께 나아가는 관계이다. 학문이 아무리 깊다고 하더라도 막상 가르쳐보면 자신이 미처 알지 못하는 부분이 적지 않다는 것을 알 수 있다. 그렇게 되면 스승은 자신의 부족한 부분을 더 공부하여 제자에게 익히게 하며, 제자는 스승의 가르침을 받아 훌륭한 인재로 성장할 수 있다. 그래서 제자가 있으므로 스승은 자신의 위치를 확인할 수가 있고, 제자는 스승이 없으면 성장해나갈 수 없다.

향산은 세 살 때부터 한의사이신 조부 고산공(鼓山公)으로부터 한문 공부를 하면서 "불위양상(不爲良相)이면 영위양의(寧爲良醫)"라는 유지

---

28 오천석, 『(개정판)스승』, 교육과학사, 1998, 99쪽 참고.

를 받들어 한의사가 되었다. 향산이 한의학도의 길로 걷게 된 것은 전적
으로 조부의 가르침에서 비롯한다.[29] 아울러 "좋은 의사는 항상 병이
아닌 병을 치료하기에 병이 없고, 성인은 항상 근심이 없는 근심을 다스
리기에 근심이 없다."[30]라는 가르침을 한의사의 자세로 삼았다.[31] 이에
따른 그의 실천으로 말미암아 그는 세계 최초 한방종합병원을 설립할
수 있었고 후진 양성을 위한 대구한의대학교를 세울 수 있었을 것이다.

  향산은 대학을 설립하고 대학신문의 필요성과 중대성에 비추어 그
발간을 서두르다가 1983년 9월에 창간기념호를 내게 된다. 당시 설립
자(設立者)이자 이사장(理事長)이었던 향산은, 그의 격려사에서 자신이
내세운 3대 교육목표를 거듭 확인하고, "대학신문이 대학 내의 기능으
로만 국한되지 말고 지역사회 나아가서는 대학사회 전체 문화를 계승
발전시키는 큰 안목에서 발간되기를"[32] 기원하였다. 비판이 없는 사회
는 이미 병든 사회이거나 죽은 사회다. 비판을 두려워하여 수용하지
않거나 비판을 겸허히 받아들이지 않는다면 함께 나아갈 수가 없기
때문이다. 배우고 가르치는 사이에서는 질문과 대답이 있을 수밖에 없
다. 이를 해소할 수 있는 소통의 장이 마련될 때, 배우고 가르치는 관계
는 지속할 수 있다. "소통에 문제가 있는 집단은 대체로 리더에게 문제
가" 있어서, 리더는 높은 곳에서 낮은 곳으로 물을 흘려보내듯이, 각자
의 능력에 합당한 구실을 줌으로써 구성원들 간의 우열을 살려낸다고

---

29 변정환, 「조부는 나의 스승」, 앞의 책, 2007, 82~151쪽 참조.

30 『淮南子』, 「說山訓」. "良醫者, 常治無病之病, 故無病, 聖人者, 常治無患之患, 故無患也".

31 대구한의대학교60년사편찬위원회, 『대구한의대학교건학60년사』, 매일신문사, 2019,
    92~93쪽 참조.

32 변정환, 「大學言論 暢達, 그 등불을 밝히다」, 『창간 11주년 기념 경산대신문 축쇄본』
    제1권, 경산대신문사, 1994, 37쪽.

했다.[33] 훌륭한 리더는 하지 않는 듯하면서도 하는 사람으로, 침의 원리를 아는 사람이라 했다. 향산의 "교학상장(敎學相長)"이라는 글귀는 이런 점에서 다양한 의미를 함축한 것이다.

교학상장 다음으로 도록에 있는 글은 "각병십법(却病十法)"과 그 내용이다. '각병십법'은 명나라 진계유(陳繼儒)가 『복수전서(福壽全書)』에 적어놓은 "병을 물리치는 열 가지 방법이다." 향산의 서예전 작품을 싣고 있는 이 도록은, 대체로 향산의 글씨와 혹 그것을 서각(書刻)한 작품이 있다면, 그것을 한눈에 볼 수 있게 배치되었다. 그런데 "각병십법"은 향산의 글씨와 이에 따른 서각 작품이 따로 배열되어 있다. 같은 내용으로 서체가 다른, 즉 해서와 행서를 감상하려면 이 두 작품을 참고할 수 있다.[34] 그 내용은 다음과 같다.

> 가만히 앉아 허공을 보며 몸뚱이가 원래 잠시 합쳐진 것을 깨닫는 것
> 번뇌가 눈앞에 나타나면 죽음과 견주는 것
> 늘 나만 못한 사람을 떠올려 굳이 느긋한 마음을 갖는 것
> 조물주가 먹고살기 위해 나를 힘들게 하더니 병 때문에 조금 여유가 생겼으니 도리어 경사라 다행이라 여기는 것
> 묵은 업보를 현세에서 만나더라도 달아나 피하려 들지 말고 기쁘게 받아들이라는 것
> 집안을 화목하게 하여 서로 꾸짖는 말을 하지 않는 것
> 중생은 저마다 병의 뿌리를 지니고 있으니 언제나 스스로 관찰해서 이겨내야 한다는 것

---

33 변정환, 「소통이 조화로우면 탈이 없다」, 앞의 책, 2003, 106~109쪽 참조.
34 그리고 참고로 같은 내용의 글이지만 해서체의 다른 글씨는 「醫家十要」를 통해 감상할 수 있다. 변창훈, 앞의 책, 92쪽과 103쪽 및 21쪽과 185쪽 참조.

바람과 이슬을 조심해서 맞고 기욕(嗜慾)은 담박하게 하는 것

음식은 절제해서 많이 먹지 말고, 기거는 편안히 할 뿐 욕심부리지 않는 것

고명한 벗을 찾아가 흉금을 열어 세속을 벗어난 얘기를 주고받는 것[35]

건강은 몸만 다스리는 것이 아니라 마음도 다스릴 줄 알아야 한다. 모든 병은 마음으로부터 오는 것이기에, 마음을 다스리지 못하면 균형과 조화를 깨뜨려 몸이 망가지는 것이다. 향산이 "일체유심조(一切唯心造)"를 비롯하여 "세심(洗心)"이나 "심위만사지주(心爲萬事之主) 동이무절즉란(動而無節則亂)"을 쓴 것, 그리고 상당 부분 『명심보감(明心寶鑑)』의 글을 쓴 것도 이와 맥락을 같이한다. 무심코 던진 한마디가 모든 사단의 계기가 될 수 있다. 이처럼 말을 아껴야 하듯이 절제를 잃으면 건강도 잃기 쉽다. 병을 물리치는 열 가지 방법 중에서 네 번째를 주목할 필요가 있다. 즉 병을 만나 조금 여유가 생겼으니 도리어 경사나 다행이라 여긴다는 말씀은, 역설적으로 "병이 없으면 오만이 하늘을 찌른다."[36]라는 깨달음으로 이어진다. 즉 감사와 절제, 겸손과 인내의 미덕은 고스란히 자만과 방종의 자세로 바뀔 수 있으므로, 이를 경계하는 것이다.

인간은 본래 병을 낫게 하는 힘을 갖추고 있어서 병이 나더라도 스스로 치유할 능력을 갖추고 있다. 그러기 위해서는 먼저 자연을 알아야 한다. 예전과 달리 생활의 변화를 많이 가져온 오늘날은, 건조한 환경과 급격한 온도 변화의 차이, 그리고 맵거나 달고 자극적인 기름진 음

---

35 정민, 『옛사람이 건넨 네 글자』, 휴머니스트, 2016, 266~267쪽 참조.

36 변정환, 「병이 없으면 오만이 하늘을 찌른다」, 앞의 책, 2003, 146~150쪽.

식으로 말미암아, 몸은 자연스럽게 치유되는 자연의 힘을 잃어가고 있다. 감기에 가장 빠른 치유법 중 하나가 금식이라고 한다. 그만큼 비워야 건강해지는데, 이것도 자연의 이치에서 비롯한 것이다. 한의학에서 말하는 보약(補藥)은 우리 몸에 필요한 성분을 공급하는 것이 아니라 몸이 그러한 성분을 만들어내도록 기능을 촉진할 뿐이다. 각병십법(却病十法) 외에 "맥결(脈訣)"과 병을 치료하는 비결에 대한 "수법치병결(手法治病訣)", 침의 비결을 논의한 비결을 "신침대요(神鍼大要)"와 "신침대요사결(神鍼大要四訣)", 그리고 경혈에 대한 여덟 폭 병풍으로 만든 글씨 "십사경혈(十四經穴)"이 있다. 아울러 의사가 지녀야 할 필수적인 도리로 "의가십요(醫家十要)"가 있고, 병을 고치기 위한 근원적인 방법에 대한 "수도치병근(修道治病根)"이란 글씨가 있다. 이 작품의 내용은 다음과 같다.

　　무릇 백성을 다스리고 자신을 닦는 일과 타인을 다스리고 자신을 닦는 일, 작은 일을 처리하여 중대한 문제를 해결하는 일, 나라를 다스리고 집안을 바로잡는 일은 모두 그 본질에서 같은 일이다. 한쪽을 어기고 다른 한쪽을 성취할 수 있는 것이 아니기에, 오직 이치를 따라야 한다. 그 근본원리는 음양 맥을 아는 데 그치지 않고, 기의 역과 순을 따라야 한다. 백성들은 자기 뜻에 따르고자 한다. 나라에 들어갈 때는 그 나라의 풍습을 물어야 하고 집안을 방문할 때는 그 집안에서 꺼리는 일을 물어서 알아야 하며 실내에 들어갈 때는 그 예절을 물어 따를 필요가 있다. 이와 마찬가지로 병에게 임했을 때는 타당한 방편을 물어 따라야 한다.[37]

37 『黃帝內經』, 「師傳第二十九」의 내용을 일부 변용하여 작품화하였다. 변창훈, 앞의 책,

향산은 "사무사(思無邪)"를 비롯한『논어(論語)』의 명구(名句)나 "삼락
(三樂)"을 비롯한『맹자(孟子)』의 명구, "蓬生麻中不扶自直 白沙在泥與
之皆黑"(봉생마중불부자직 백사재니여지개흑; 쑥이 삼 밭 가운데서 자라면 붙
들어주지 않아도 스스로 곧아지고, 흰 모래가 진흙 속에 있으면 더불어 모두
검어진다)는 구절을 넉 자씩 대를 이룬『사자소학(四子小學)』의 글을 작
품화했다. 그리고 "積善之家에 必有餘慶"(적선지가 필유여경; 선을 쌓은
집은 반드시 경사가 있다)과 같은『역경(易經)』[38]에서의 유명한 구절을 작
품화한다. 이뿐만이 아니다.『노자(老子)』의 "上善若水"(상선약수; 최고
의 선은 물과 같다)와 같은 도가(道家) 표현과 "慈光普照"(자광보조; 자애로
운 빛을 두루 비친다)를 비롯한「반야심경(般若心經)」과 같은 불교 경전,
심지어 "當常喜樂 祈禱不已 凡事感謝"(당상희락 기도불이 범사감사; 항상
기뻐하라 쉬지 말고 기도하라 범사에 감사하라)라는 성경 구절까지 한문화하
여 작품화한다. 공자나 석가나 예수의 말씀이 어디 따로 있겠는가. 치
우침 없이 자연을 따르는 것이 곧 도(道)가 아니겠는가.

이외에도 향산은 굴원(屈原)의「어부사(漁父辭)」에 나오는 구절을 비
롯하여 맹호연(孟浩然)의「춘효(春曉)」와「산중답속인(山中答俗人)」을
비롯한 이백(李白)의 몇 편의 시, 그리고 을지문덕(乙支文德)의「여수장
우중문시(與隋將于仲文詩)」와 포은(圃隱) 정몽주(鄭夢周)의「춘흥(春興)」
을 글씨로 작품화했다. 그리고 퇴계(退溪) 이황(李滉)과 율곡(栗谷) 이이
(李珥)의 시와 글을 비롯하여 야부도천(冶父道川)의 선시(禪詩) "竹影掃

157쪽.
38 이 글의 出典이『周易』으로 되어 있는 경우가 있는데,『周易』은 시기적으로 먼저 완성된
『易經』과 그 해설서인『易傳』이 합쳐져서 완성된 것이라 할 수 있다.

階塵不動 月輪穿沼水無痕"(죽영소계진부동 월륜천소수무흔; 대나무 그림자
가 섬돌을 쓸어도 티끌이 일지 않고 달빛이 연못을 꿰뚫어도 물에는 흔적이 없다)
과 백범(白凡) 김구(金九)가 즐겨 쓴 것으로 알려진 서산대사(西山大師)
의 선시 "踏雪野中去 不須胡亂行 今日我行跡 遂作後人程"(답설야중거
불수호란행 금일아행적 수작후인정; 눈 덮인 광야를 지나갈 때에는 함부로 걷지
말라. 오늘 내 발자국이 후세인에게 길이 될 것이니), 심지어 『님의 침묵(沈
默)』으로 알려진 시인 만해(萬海) 한용운(韓龍雲)의 한시 「추우(秋雨)」에
이르기까지 실로 그 범위가 넓다. 특히 춘정(春亭) 변계량(卞季良)의 후
손으로서 춘정의 시를 작품화한 것도 빼놓을 수 없다. 아울러 춘정의
시대정신과 문학세계를 면밀하게 살펴보기 위해 학술제를 개최한 것도
이와 같은 맥락에서 비롯한 것이다.[39]

단지 어린 시절부터 한시작(漢詩作)을 했다는 그의 고백으로 미루어
보아 상당수 향산 자신의 한시 작품이 있으리라 생각하는데, 여기에
실리지 않은 것이 아쉬울 따름이다. 향산은 "글씨보다는 글의 내용이
귀하기에 열심히 봉사심으로 준비"하였다고 스스로가 밝히듯이 글의
내용에 따른 실천, 즉 생활인으로서의 자세를 중시했을 것으로 사료
된다.

나는 글을 좀처럼 쓰지 않는다. 우선 바쁘다는 핑계지만 실은 뜻대로
잘 쓰여지지 않기 때문이다. 그러니 안 쓰는 것이 아니라, 못 쓰는 것이
다. 나는 말도 訥辯에 가깝지만 쓴 글은 말만도 못하니, 어찌 한탄스럽
지 않으랴. 말만해도 그렇다. 내 마음이나 감정의 十分의 一도 표현이

---

39 2020년 12월 18일 대구한의대학교 향산교육연구소와 밀양문화원의 주최로, 『춘정 변계
량의 시대정신과 문학세계』에 대해서 탐구하였다.

되지 않는다. 이것을 다시 글로 쓰면 그 십분의 일도 되지 않으니 어찌 글을 쓸 수 있으랴.

그런데 더욱 딱한 것은 이처럼 서툰 필력으로나마 자꾸 무엇인가 쓰고 싶어지는 것이다. 뜻대로 되지는 않고 자꾸 쓰고 싶으니, 벙어리 냉가슴앓이가 될 수밖에 없다. 혹시 남의 잘된 글을 읽어 보고 배우고자 한다. 한 가지 신기한 일은, 나는 좀처럼 잘 쓸 수 없는데도 불구하고 남이 쓴 글은 잘되고 못된 것을 어지간히 분별할 수 있다는 것이다.[40]

향산은 자신이 글을 잘 쓰지는 못하지만 잘된 글을 분별할 수 있다는 진술은, 스스로가 본받을만한 글의 내용을 몸으로 체화하여 그것을 실행함으로써 가능한 일이다. 생각을 행동으로 옮기는 일은 좀처럼 쉽지가 않다. 올바른 생각을 지니고 행동의 주인이 되어 그것을 생활화할 때, 그 행동은 습관이 되고 결국에 그 습관은 한 사람의 인생을 바꾸는 것이다. 선인들이 남긴 글을 바탕으로 스스로가 말이나 글을 앞세우기보다 묵묵히 행동으로 실천하는 자세, 이것이야말로 우리가 본받아야 할 덕목이 아닐까. 향산이 "정사역천(精思力踐)"을 쓴 것도 이 같은 삶의 태도를 반영한 것이리라. 일찍이 그리스 철학자 헤게시아스(Hegesias)와 디오니게스(Diogenes)의 사이에 이런 일화가 있다.

헤게시아스가 그(디오니게스)에게 그의 책 한 권을 빌려달라고 부탁해왔을 때 '그대도 얼빠진 사람이군, 헤게시아스. 마른 무화과라면 그림에 그린 것이 아니라 진짜를 택하는 주제에 공부에 대해서는 진짜는 거들떠보지도 않고 쓰인 쪽으로 향하다니' 이같이 그는 말했다.[41]

---

40 변정환, 「내가 쓰는 글」, 앞의 책, 1980, 12~13쪽.

이 일화는 현실에서 온몸으로 부딪치며 열정적으로 살아감으로써 생활을 통해 지혜를 얻는 방식보다 책을 통해 관념으로 세상의 이치를 얻고자 하는 현대인에게 일침을 가한다. 물론 책을 통해 우리는 상당 부분의 지식과 삶을 살아가는데 필요한 양식을 얻는다. 많은 사람이 책에서 안정된 마음을 가지며 자신의 길을 찾기도 한다. 그런데 사람이 남긴 무늬는 굳이 책에만 있는 것이 아니다. 한 사람이 살아가는 동안 우리는 수많은 관계에서 자아를 확장하고 그러면서 '참나'를 찾는다. 그 과정에서 주고받는 영향 관계가 모두 무늬이고, 그것은 어디엔가 남기 마련이다.

4. 마무리

앤드류 매튜스(Andrew Matthews)는 "자신이 좋아하는 일을 하는 것이 행복이 아니라, 자신이 하는 일을 좋아하는 것이 행복의 비결이다."[42] 라고 했다. 향산은 일찍이 "어진 재상이 되지 못하면 차라리 훌륭한 의사가 돼라."는 조부의 뜻에 따라, 오직 좋은 의사가 되고자 노력하였다고 자술한다. 한의학의 학문적 위치를 바로 세우고, 국민 건강증진을 도모하여 한국 한의학이 세계 인류복지 향상에 도움이 될 것을 염원했던 향산은, 세계 최초의 한방종합병원을 설립하고 대구한의대학교를 세워 후진 양성을 위한 초석을 다졌다.

---

41 디오게네스 라에르티오스, 전양범 옮김, 『그리스철학자열전』, 동서문화사, 2008, 365쪽.
42 알투스 편집부 편저, 『심장이 쿵하는 철학자의 말』, 알투스, 2016, 60~61쪽.

이 논문에서는 향산의 몇 권의 저서와 서예전에 쓴 글귀를 바탕으로 그의 문(文)의 세계를 살펴보았다. '문(文)'이란 글자는 원래 '무늬'라는 뜻이기에, '인문(人文)'이란 '사람이 그리는 무늬'이다. 더 나아가 사람과 사람, 그 사이를 관계하면서 맺어지는 무늬가 곧 인간이 그리는 무늬다. 우리는 저마다 처한 환경에 따라 생각의 틀이 다르다. 여기서 생각의 틀이란 곧 세계관이요, 가치관이다.

향산은 자연의 순리를 따르는 것이 곧 도(道)를 체현하는 길임을 강조한다. 즉 아무런 조작 없이, 저절로 그러하고, 조금의 억지도 부리지 않는 것이 자연이기에, 그 원리를 따르는 것이 도이다. 이러한 도(道)는 우리 일상 밖에 존재하는 것이 아닌, 우리 일상에 뿌리가 되어 늘 함께한다. 따라서 이러한 도를 발견하고 그것을 생활화하는 것이 건강을 찾는 길임을 역설한다. 이를 바탕으로 "나 한 사람만이라도 조금 덜먹고, 덜 쓰고, 덜 버리면 그만큼 세상은 좋아질 것"이라는 신념은, 공동체적 삶을 지향하는 그의 세계관과도 맥을 같이한다.

글씨 또한 향산이 그려놓는 '문(文)'의 일환이다. 향산은 붓을 친구로 삼고 살아온 지 여든여덟 해에 처음으로 서예 개인전을 열었다고 한다. 한시작(漢詩作)이나 진료의 임상 처방을 위해 사용되던 글씨에서 본격적으로 서예가들의 필묵 작업으로 들어선 것이 그리 오래되지 않음을 고백한다. 이에 첫 서예전을 기념한 도록(圖錄)의 글을 중심으로 그가 좋아했던 글의 내용을 살펴보았다. 향산 스스로가 밝히다시피 "글씨보다 글의 내용을 더 귀하게" 여기고 "온고이지신(溫故而知新)"한 그의 생활 자세가 고스란히 반영된 것이라 할 수 있다.

일찍이 시조 시인 이호우는 "차라리 절망을 배워 / 바위 앞에 섰습니다 // 무수한 주름살 위에 / 비가 오고 바람이 붑니다 // 바위도 세월이 아픈가 / 또 하나의 금이 갑니다"라는 「금」이라는 시조를 지었다.[43] 여기서 시인은 현실을 피하고자 하는 나약한 삶의 모습을 벗어나 지나간 역사적 경험이 그러했듯이 절망과 체념을 숙명적으로 안고 비와 바람을 이기고자 하는 의지를 드러냈다. 세상에 변하지 않는 것은 없다. 한 사람의 업적을 기리어 사람들은 오래도록 변하지 않으리라고 생각하여 철비(鐵碑)나 석비(石碑)를 세우지만, 그것 역시 세월의 풍수를 이기지는 못한다. 그렇지만 그나마 가장 오래 남는 비(碑)가 있다면 그것은 '구비(口碑)'가 아닐까 한다. 선업(善業)을 쌓아서 입에 오르내리는 일이 최고의 비가 될 것이다. 그리고 그 무늬에 대해서는 또 후대가 평가하리라.

참고문헌

『周易』, 『文心雕龍』, 『淮南子』, 『左傳』, 『藝槪』, 『黃帝內經』.
대구한의대학교60년사편찬위원회, 『대구한의대학교건학60년사』, 매일신문사, 2019.
변정환, 『韓醫의 脈搏』, 玄水社, 1984.
변정환, 『卞廷煥 隨想集 脈』, 玄水社, 1984.
변정환, 『아직은 쉼표를 찍을 수 없다』, 행림출판, 1992.
변정환, 『오늘도 삼성산 돌층계를 오르며』, 경산대학교 출판부, 1995.
변정환, 『자연의 길 사람의 길』, 도솔, 2003.
변정환, 『시련을 딛고 밝은 세계로』, 북랜드, 2007.
변정환, 『창간 11주년 기념 경산대신문 축쇄본』 제1권, 경산대신문사, 1994.
변창훈, 『香山卞廷煥書展』, 대구한의대학교 건학60주년기념사업단, 2019.

---

43 1955년 李鎬雨의 첫 시집 『爾豪愚時調集』(英雄出版社, 1955)에서는 이 작품의 제목이 「바위 앞에서」로 발표되었지만, 1968년 『休火山』(中央出版社)에서는 「금」으로 바뀌고, 배행도 3행에서 6행으로 분절되었다.

강신주, 『철학의 시대-춘추전국시대와 제자백가-』, 사계절, 2011.

김영기, 『한국미의 이해』, 이화여자대학교출판부, 1998.

김하풍 역해, 『빈 마음으로 읽는 노자 도덕경』, 문예출판사, 2003.

김형수, 『긍정의 생각』, 함께북스, 2010.

박동희, 『작가 박동희가 쓰는 현존 인물전 할아버지 침은 약침』, 2008.

알투스 편집부 편저, 『심장이 쿵하는 철학자의 말』, 알투스, 2016.

오천석, 『(개정판)스승』, 교육과학사, 1998.

우석영, 『낱말의 우주』, 궁리, 2011.

이유미·손연아, 「동아시아·서양의 자연의 의미와 자연관 비교 분석」, 『한국과학교육학회지』 36-3, 한국과학교육학회, 2016.

정민, 『옛사람이 건넨 네 글자』, 휴머니스트, 2016.

디오게네스 라에르티오스, 전양범 옮김, 『그리스철학자열전』, 동서문화사, 2008.

시라카와 시즈카, 고인덕 옮김, 『한자의 세계』, 솔, 2005.

앤소니 드 멜로(Anthony de Mello), 정한교 옮김, 『일분 헛소리-스승 이야기 삼백마흔 자리』, 분도출판사, 1994.

향산 변정환 선생의
서도(書道)에 관한 일고

정태수*

1. 들어가는 말

향산(香山) 변정환(卞廷煥) 명예총장(이하 향산)은 밀양 변문(卞門)의 후예로 1932년 탄생하여 졸수(卒壽)에 이르기까지 필묵(筆墨)을 가까이 한 서도가(書道家)이다. 오늘날 향산은 한국 한의학의 태두(泰斗)로 칭송받고 있고, 3대에 거쳐 한의(韓醫)의 가업을 일구었으며, 백미(白眉)와 우렁찬 음성, 후덕한 용안으로 외모는 선인(仙人)과 같으며, 감수성 풍부한 시정(詩情)과 학덕(學德) 높은 도학자(道學者)라는 세평(世評)을 받고 있다.

향산은 일생 동안 필묵을 곁에 두고 약방문(藥方文)과 경전(經典), 한시(漢詩) 등을 필사하며 서(書)를 수련해왔다. 그는 시(詩)·서(書)·문(文)·시조창(時調唱)·태극권(太極拳)·경학(經學)·한의(韓醫)·교육(敎育) 등 다방면에 출중하여 팔능명사(八能名師)로 불린다.

---

* 한국서예사연구소 소장

오늘날 한국·중국·일본 등 동양 삼국에서 부르는 서(書)에 대한 명칭은 각각 다르다. 한국에서 서예(書藝)라고 불린 것은 대한민국 정부가 수립되고, 정부에서 실시하는 미술전람회가 처음 열려 글씨 부문이 다른 미술품과 함께 참여하게 되었을 때 독자적인 명칭으로 부르기 위해 붙여졌다. 중국에서는 글씨를 쓰는 법식을 중요시하여 서법(書法)이라고 하고, 일본에서는 글씨의 명가는 예를 뛰어넘는 도의 경지라고 여겨서 서도(書道)라고 한다. 따라서 현재 한국에서는 '서예', 중국에서는 '서법', 일본에서는 '서도'라고 부르고 있다. 현재 우리가 부르는 서예라는 용어는 조형적인 정서가 담기거나 강조된 것으로 광복 이후에 서예라는 명칭으로 보편화되었다.

향산의 서(書)는 기능 위주의 능서가(能書家)나 조형을 중시하는 서예와 다르다. 그것은 유가(儒家)의 경학(經學)과 한의학(韓醫學) 등 학문과 시(詩)와 서(書)가 일체가 된 학예일치(學藝一致)의 서도(書道)이기 때문이다. 따라서 향산의 서(書)는 예술을 초월한 도(道)라고 할 수 있으며, 도(道) 안에 예(藝)와 법(法)이 녹아있기에 조형 중심의 서예적인 잣대로 평가하기보다 서를 통해서 도를 담아낸[書以載道] 서도가(書道家)로 보아야 타당하다고 판단된다.

그리하여 본고에서 향산의 작품세계를 논함에 있어서 서예라는 용어 대신에 '서(書)'라고 부르고자 하며, 학예일치를 이룬 작품세계는 서도(書道)라고 명명하고자 한다. 따라서 향산의 서도 분야에 집중하여 작품의 품격과 미학적 함의(含意)에 대해 살펴보려고 한다. 다만, 입문기나 중년기의 작품은 남아있는 자료가 부족하여 근작 위주로 논의를 전개한다. 이를 통해 그의 심미의식과 서(書) 품격과의 관련성을 가늠할 수 있을 것이며, 그가 추구해온 서도의 면모를 이해하는 데 작은 도움이 될 것으로 사료된다.

논의의 순서는 향산의 학서 과정을 살펴보고, 작품창작의 미학적 근거를 제시한 뒤 서(書)의 특징을 탐색하여 서도세계의 한 부분이라도 드러내는 데 초점을 두려고 한다.

2. 80년 서도의 길

향산의 서(書) 공부는 한의계에서 명성을 얻었던 조부의 슬하(膝下)에서 시작되었다. 그는 5세 때 조부의 가르침으로 『천자문(千字文)』과 『동몽선습(童蒙先習)』을 익히면서 처음 붓을 잡았다. 그 시절 조부는 매일 학습량을 점검하고 자획해정(字劃楷正)의 자세로 글씨를 바르게 쓰도록 훈도(訓導)하였다. 유년기 붓글씨에 대한 자세와 인식은 예술로서의 서예가 아니라 인격도야와 실용을 위한 목적이 우위에 있었다. 훗날 조부는 "훌륭한 정치가가 못 되거든 차라리 인술을 베푸는 의사가 되라"는 유언을 남길 정도로 손자에게 각별한 사랑을 베풀었다고 한다.

10대 시절 한문 공부와 서(書) 공부를 병진(竝進)하기 위해 지역에서 유명한 서예 명가들을 역방(歷訪)하면서 공부의 끈을 놓지 않았다. 어느 날 서를 지도해주던 선생이 "학문을 완성한 뒤 서(書)에 최선을 다하라."고 불호령을 내렸다. 그 순간 향산은 두 손에 떡을 들고는 어느 것도 제대로 먹을 수 없다는 것을 깨닫고 잠시 서(書) 공부를 미뤄두고 사서삼경(四書三經)을 익히기 위해 형설지공(螢雪之功)으로 공부에 매진하였

---

1 이 글은 2021년 10월 11일 향산 선생과 대면하여 선생의 구술을 정리한 것이다.

다. 그 결과 18세까지 사서삼경을 완독하게 되었다. 그렇지만 그 시절에도 사서삼경을 익히기 위해 세필(細筆)로 필사(筆寫)를 능숙하게 하게 되었다. 그 당시는 책이 귀한 때라 다른 사람이 필사한 책을 빌려오면 밤을 새워 세필로 필사하고 반환해야만 하였기에 세필로 글씨를 쓰는 능력은 향상될 수 있었다.

그 시절 청도 이서의 자계서원에서 사서(四書) 강송대회가 있었는데 어느 부분부터 어디까지 강송하라고 하여 강송하였는데 장원으로 뽑혀 장원상으로 백지 한 축을 받아 둘러메고 서당에 갔더니 동학들이 하룻밤 사이에 모두 나누어 가져갔다고 한다.

이렇게 사서삼경을 독파한 뒤 경희대학교 동양의학대학을 졸업한 20대 시절에도 공부에 쫓겨 서를 연마할 시간이 절대적으로 부족하였지만 모필 대신 경필로 종이 위에 한자쓰기는 습관적으로 이어졌다.

26세 때 청명(靑溟) 임창순(任昌淳, 1914~1999)과 『당시정해(唐詩精解)』 번역 작업에 참여하였다. 이때에도 세필로 원고를 필사하면서 청명 선생의 서도에 대한 높은 식견과 필법을 사숙(私淑)할 기회를 가졌다. 28세 때 한의사국가고시 합격으로 제한의원을 개설하여 임상과 공부에 매진하였다. 이렇듯이 청년 시절, 서(書) 공부는 본격적으로 붓글씨에 매달릴 수는 없었지만 늘 관심을 두고 있었다.

38세 때 경상북도한의사회 회장에 취임하여 중임(重任)하면서 소헌(素軒) 김만호(金萬湖, 1908~1992)와 교유하며 그의 서예를 간접적으로 접할 기회가 있었다. 진료가 끝난 밤 시간을 활용하여 서재에서 법첩(法帖)을 펼쳐두고 임서(臨書)를 하면서 묵향에 젖어들곤 하였다.

중년기에도 마찬가지로 여가를 활용하여 서(書) 연찬(研鑽)은 이어졌다. 41세 때 한국한시연구원 이사장에 취임하면서 한시와 서에 대한 관심은 여전히 지근의 거리에 있었다. 42세 때 소헌 김만호가 주재하던 제6회 봉강서도회 서예전에 관원(觀園)이란 아호로 〈삼하도식(三河徒殖)〉이란 작품을 출품할 정도로 시간을 아껴서 필묵을 가까이 하였던 것으로 확인된다. 44세 때 제8회 봉강서도회 서예전에도 역시 관원이란 아호로 작품 〈구룡(龜龍)〉을 출품하였다.

향산은 높은 학구열로 39세 때 경희대학교 한의학 석사학위를 취득하고, 54세 때 서울대학교 보건학 박사학위를 취득하였으며, 57세 때 경희대학교 한의학 박사학위를 취득하는 등 중장년기에도 임상(臨床)과 교육 및 공부에 박차를 가하였다. 직접 붓글씨를 쓸 시간이 없으면 법첩(法帖)을 독첩(讀帖)하거나 여가 시간에 경필(硬筆)로 문자를 써보곤 하였다.

49세 때 대구한의과대학 설립을 인가받으면서 학교 일에 쫓겨서 공부에 시간을 할애하기가 쉽지 않았다. 61세 때는 경산대학교 초대 학장으로 부임하면서 학교의 초석을 다지기 위해 영일(寧日)이 없었던 시기였다.

현재 대구한의대학교 본관 1층 로비에 들어서면 정면에는 『주역(周易)』「계사(繫辭)」[그림 1, 2]가 왼쪽 벽면에는 『중용(中庸)』[그림 3, 4] 작품이 걸려 있다.

[그림 1] 주역 계사

[그림 2] 주역 계사 부분

[그림 3] 중용 전경

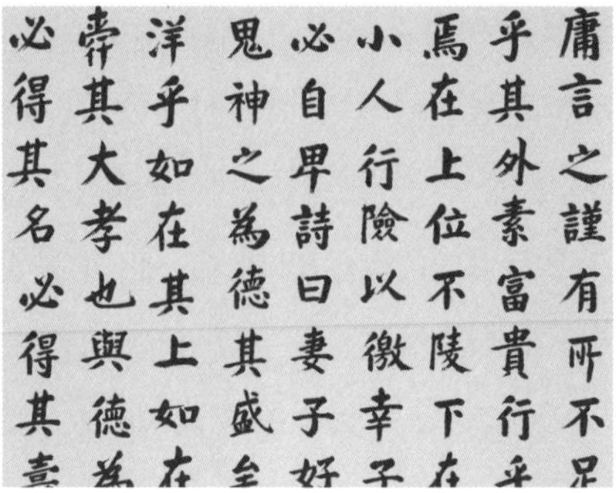

庸言之謹有所不足
乎其外素富貴行乎
焉在上位不陵下在
小人行險以儌幸子好
必自卑詩曰妻子好
鬼神之為德其盛乎
洋乎如在其上如在
壽其大孝也與德為
必得其名必得其壽

[그림 4] 중용 부분

　두 작품의 낙관(落款)을 보면 을해(乙亥)년이라고 쓰여 있으니 향산이 64세(1995) 가을에 경산대학 초대 총장으로 재임할 때 주역 계사를 해서(楷書)로 휘호한 것으로 살펴진다. 왼쪽 벽 전면에는 중용 전문을 해서로 휘호한 대형작품이 걸려 있다. 당시 60대 중반에 심혈을 기울여 쓴 해서 대작으로 지금도 학문을 숭상하는 학교의 상징물로 걸려 있다.

　79세 때 대구한의대학교 명예총장으로 일선에서 물러나면서 제한한의원 원장으로 취임하자 진료시간 외에 평소 마음에 두었던 수필, 시조창 및 서(書) 공부에 시간을 투자할 수 있게 된다.

　80세 이후 본격적으로 해서(楷書)와 행초서(行草書) 등을 연찬하여 두드러진 성과를 보여준다. 중국이나 대만에 가면 국빈으로 영빈관에서 즉석 휘호를 하여 서(書) 실력을 인정받기도 하였다.

　무엇보다 다양한 서예공모전에 출품하여 입상함으로써 객관적인 평가를 받게 되었다. 84세 때 제19회 세계서법문화예술대전 삼체상, 대한민국 향토미술대전 금상, 제3회 대한민국 삼봉서화대전 입선, 제1회 정선 아리랑서화대전 입선, 제1회 여초선생추모 전국휘호대회 입선, 제3회 조선 4대 명필 자암 김구 전국서예대전 입선 등 전국의 서예대전에 출품하여 실력을 인정받는다.

같은 해(2015) 대한민국 새하얀 미술대전에서 행서 「회남자시(淮南子詩)」[그림 5]로 종합대상을 수상하면서 초대작가로 등단하였다.

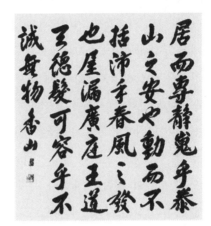

[그림 5] 회남자시   [그림 6] 유시중이 탁(濯)에게 지어준 성재명

85세 때 대한민국향토문화미술협회 한문 부문 은상을 수상하였고, 제9회 대한민국친환경미술서예문화대전 은상을 수상하는 등 젊은이보다 더 정열적으로 공모전에 참가하였다.

한편, 87세 이후 봉강연서회전에 49회부터 54회까지 매년 출품하고 있다. 제49회 봉강연서회전에는 「청명시(靑溟詩)」를 출품하였고, 제50회 봉강연서회 묵연60년전에는 목은 이색 선생의 목은집에 나오는 「유시중(柳侍中)이 탁(濯)에게 지어준 성재명(誠齋銘)」[그림 6]을 행서를 출품하였다.[2]

───
2 유시중(柳侍中) 탁(濯)에게 지어 준 성재명(誠齋銘).

86세 때 대한민국영남미술대전 초대작가 및 초대작가회 회장으로 선임되었고, 87세 때 계명대학교 극재미술관에서 대한민국문화예술 새하얀포럼 초대개인전을 개최하였다.

88세 미수(米壽) 때 대구문화예술회관에서 〈향산 변정환 서전〉을 통해 그동안 연찬해온 서예술의 진면목을 펼쳐 보였다. 이러한 성과가 인정되어 제39회 대한민국영남서예대전에서 대구경북서예가협회로부터 원로작가상을 수상하였고, 89세 때 대구경북서예가협회의 고문과 초대작가로 위촉되었다.

현재 향산은 한의원에서 진료가 없는 시간이면 백지 위에 손에 잡히는 필기구로 작품구상에 여념이 없다. 이와 같이 80년 세월을 서에 대한 갈망으로 시간이 허락할 때마다 묵향을 가까이 하려고 노력한 선생의 서에 대한 열정은 지금도 불타오르고 있다. 우리는 앞으로 그가 어떤 작품을 선보이게 될지 궁금증을 갖게 된다.

3. 향산 서(書)의 체(體)와 용(用)

서예는 서정(抒情) 표현을 위주로 하는 동양의 전통예술이다. 즉 문

들어앉아서는 고요함이 전일하여 / 居而靜專
높이 솟은 태산처럼 동요됨이 없고 / 巍乎泰山之安也
나아가 움직일 땐 구애됨이 없어 / 動而不括
봄바람 불어와 흠뻑 적셔 주는 듯 / 沛乎春風之發也
사람이 안 보는 곳과 사람이 모인 그곳에서 / 屋漏廣庭
하늘의 덕을 기르고 왕도정치를 행할지니 / 王道天德
털끝만큼이라도 차질을 빚을 수 있겠는가 / 髮可容乎
어떤 물건도 성 아니면 존재할 수 없는걸 / 不誠無物

자의 형체를 빌어 작가의 내면사상과 미의식을 전달하는 예술이다. 서예는 탄력성이 좋은 붓으로 문자의 결구(結構)와 장법(章法)의 자유로움을 통하여 작가가 지닌 특정한 정감을 표출하여 자신만의 예술경지를 만든다.

따라서 서예 작품에서 어떤 작가의 정신이나 철학을 문자 형태로 전하는 방식은 두 가지 방식에 의해서 이루어진다. 하나는, 한 글자의 짜임새인 결구(結構)나 한 작품의 전체적인 구성인 장법(章法)을 통해 작가의 조형세계를 묘사하는데 문자의 조형미를 보고 사람들은 기세와 신운을 전달받을 수 있다. 다른 하나는, 문자가 지닌 내용이나 그 작품 속에 담긴 철학적 배경을 통하여 대응적인 정감을 불러일으켜서 어떤 예술 경지를 창조한다고 할 수 있다.

이러한 서예의 특질을 두고 왕승건(王僧虔)은 "글씨의 오묘한 도는 신채(神采)를 위주로 하고 형질(形質)을 다음으로 한다."[3]라고 하였고, 당나라 장회관(張懷瓘)은 "풍채와 정신, 골격과 기운이 위에 있고 아름답고 효험이 있는 것이 아래에 있다."[4]라고 하였다. 청나라 유희재(劉熙載)는 "정신을 단련하는 것이 최상이고, 기운을 단련하는 것이 다음이고, 형태를 단련하는 것이 또한 그 다음이다."[5]라고 하였다. 서예에 대한 이런 논리를 종합하면 시(詩)에서 말하고 있는 형상 밖의 형상[象外之象], 경물 밖의 경물[景外之景]이라는 말과 유사한 의미를 지닌다고 할 수 있다. 즉 문자의 외형적인 형태미도 중요하지만 더 본질적인 것은

---

3 王僧虔, 『筆意贊』. "書之妙道, 神采爲上, 形質次之".
4 張懷瓘, 『書議』. "風神骨氣者居上, 姸美功用者居下".
5 劉熙載, 『藝槪』. "煉神最上, 煉氣次之, 煉形又次之".

작품을 제작한 작가의 정신이나 그 작가가 지닌 예술철학의 의미가 전통적으로 중시되었다는 것을 알 수 있다.

이러한 맥락에서 시(詩)·서(書)·학문(學文)·한의학(韓醫學)의 학예일치를 이룬 향산의 서도(書道) 정체성을 밝혀내는 작업은 요즘 유행하는 조형 위주의 작품 경향이나 과거 유행했던 작품 경향으로 규정짓기에는 편협성이 있다고 여겨진다. 따라서 서체의 기교위주로 서품(書品)을 평하기보다 향산의 작품 정체성을 탐구하는 방법에 있어서 두 방면에서 고구(考究)해 보려고 한다. 하나는 작가의 사상이나 철학을 체(體)로 보고, 다른 하나는 작품에 나타난 미적 형태미를 용(用)으로 보아 두 갈래로 구분하여 그의 작품세계를 규명해 보려고 한다.[6]

1) 역경과 중용이 체(體)를 이룬 서도미학

향산의 창작배경에는 평생 공부한 사서삼경이 근저를 이루고 있다. 그렇기에 우리는 유가(儒家)의 예술관 혹은 서도미학의 관점에서 이 문제에 접근해 보고자 한다.

현재, 대구한의대학교 본관 로비에 향산이 『중용』과 『주역』의 글귀를 거대한 작품으로 제작하여 걸어놓은 데에는 작가의 분명한 철학과 창작정신이 스며들어 있기 때문으로 판단된다. 아무 까닭 없이 본관 입구 정면과 좌측 가장 잘 보이는 곳에 동양의 고전인 『중용』과 『주역』

---

6 體와 用은 중국의 宋·明學에서 사용되는 철학용어이다. 체는 본체적 존재로 형이상적(形而上的) 세계에 속하고, 용은 그것의 자기 한정적인 작용 및 현상으로 형이하적(形而下的) 세계에 속한다. 그러나 양자는 표리일체(表裏一體)의 불가분의 관계에 있어 체를 떠나 용이 있을 수 없고, 용이 없다면 체는 생각할 수 없다.

의 글귀를 작품으로 제작하여 걸어놓지는 않았을 것으로 생각되기 때문이다. 따라서 향산의 예술창작정신이나 이 작품이 산생된 철학적 배경을 체(體)로 보고, 이에 대해 고찰해 보려고 한다. 특히 『주역』과 『중용』의 서도미학에 대해 중점적으로 살펴보기로 한다.

주지하듯이 「역경」은 '변역(變易)', '불역(不易)', '간이(簡易)'의 원리로 집약된다. 인사(人事)는 천변만화하여 변하지 않음이 없음을 밝힌 것이 '변역' 원리이며, 따라서 이 방법은 간이 명백하기에 '간역'인 것이다.

또한 『중용』은 '중화(中和)'로 대체할 수 있는데 '용(庸)'에 '행(行)'과 '상(常)'의 의미가 담겨있음을 인식하게 된다. 따라서 유가(儒家)의 중핵사상인 '중(中)'을 논리적으로 체계화시킨 것을 『역경』과 『중용』이라고 할 때 이를 향산의 서도미학정신의 근원을 이루는 철학적 배경으로 볼 수 있다고 생각한다.

우리는 향산이 평소 작품에 임하는 자세나 작품의 내용으로 미루어 볼 때 『주역』과 『중용』에 나오는 '성(誠)'에 대한 진지한 철학적 고뇌를 통해 작품창작에 임하는 자세는 일반적으로 필묵의 기교만을 추구하는 작가들과는 다른 차원이라고 할 수 있다.

예컨대 『중용』에서는 도(道)의 대표적인 것은 덕(德)으로서 지(知)·인(仁)·용(勇)을 들고 이를 요약해 '성(誠)' 한 글자에 귀일시키고 있다.

성(誠)이란 하늘의 도(道)요 성(誠)되려고 하는 것은 사람의 도다. …… 성(誠)이란 물(物)의 처음과 끝이니 성(誠) 아니면 물(物)이 없다.[7]

---
7 『中庸』20章. "誠者 天之道也 誠之者 人之道也… 25章. 誠者 物之終始 不誠無物".

또한 『주역』, 「계사전」에서는

> 역(易)은 성인이 그것을 본받아 덕을 높이고 업적을 넓히게 할 수
> 있는 방법이다. 그리하여 지성은 높이고 예의는 몸을 낮춘다. 높은 지성
> 은 하늘을 본받고 자신의 몸을 낮추는 겸허는 땅을 본받는 것이다.[8]

라고 하고 있는데 이는 모두 '역(易)'과 '중용(中庸)'이 같은 사상임을
말한 것이다. 좀 더 구체적으로 중(中)에 대한 사상적 맥락을 짚어보자.

> 중(中)은 공간적으로 종·횡의 가운데로서의 중앙, 중점 등을 나타내
> 는 '십(十)' 자를 의미하며, 시간적으로 '감[가다]'과 '옴[오다]'의 가운데
> 로서의 중간을 의미한다. 또한 물질의 사용에서 꼭 알맞게 쓴다는 의미
> 로서 용(用)은 원래 복중(卜中) 즉 적중(適中), 명중(命中)의 뜻이 내포
> 되어 있었으나, 후에 정현(鄭玄)은 용(庸)을 용(用)이라 하였고, 정자(程
> 子)는 용(庸)을 변치 않음[不易]으로 해석하여 천하의 정리(定理)로 이
> 해하였으며 주자(朱子)는 용(庸)을 평상(平常)으로 이해하였다. 용(用)
> 은 행위에 있어서는 지나침[過]과 미치지 못함[不及]이 없는 꼭 알맞은
> 적중한 행위로서 중행자(中行者) 및 중용(中庸)의 덕을 함의하고 있다.
> 중(中)은 중앙, 중심, 중점 등을 나타내는 자연적, 원시적 개념으로부터
> 행위의 기준, 표준, 척도 등의 의미로 발전하였다.[9]

라는 설명처럼 동아시아에서 환경과 역사, 사회적 여건 등으로 인하여
여러 가지 개념으로 전개되었다.

---

8 『周易』, 「繫辭 上」, "夫易 聖人所以崇德而廣業也 知崇禮卑 崇效天 卑法地".
9 金京一, 「'易經'과 '中庸'의 人間學的 探究」, 성균관대학교 박사학위논문, 1992, 24쪽.

이러한 '중(中)'은 역중(易中)에서 '중정(中正)'이 가장 많이 사용되었다. 주자가 성인의 중정인의(中正仁義)를 강조한 것도 그런 의미라고 여겨진다.

요순시대 성인들이 천하를 수수(授受)함에 있어서 경계한 것은 다름 아닌 중용사상이었고, 그 후 성현들이 전승한 통도(通道)의 본지(本旨)도 바로 이것이었다. 아울러 과불급(過不及)을 경계하는 중용사상의 구체적인 실천내용이 『주역』의 '변역(變易)' 이론에 그대로 담기게 되었다. 다시 말하면 『주역』은 중용사상을 다양하게 전개시켰다고 할 수 있고, 철학적 해명을 하고 있다고 할 수 있다. 그러므로 『주역』과 『중용』을 분리해서 생각할 수 없으며 두 경전은 밀접한 표리(表裏)의 관계라고 할 수 있다.

그렇다면, 좀 더 구체적으로 『중용』의 미학적 함의를 살펴보자. 『중용』에서는 "성(誠)으로 말미암아 밝아짐을 성(性)이라 하고, 명(明)으로 말미암아 성(誠)해짐을 교(敎)라 한다"고 하였다.[10] 인간의 '성(誠)'으로의 노력은 '교(敎)'에서 출발한다고 할 수 있다. '성(誠)'해지려는 자는 '선(善)'을 택하여 흐트러짐 없이 단단하게 잡고 있는 마음가짐[擇善固執]을 가져야 한다. 즉 예술의 시각에서 보면, 작가는 무엇이 '선'인가를 택한 연후에 그것을 고집하면서 자기 것으로 형상화시켜야 한다는 의미로 해석할 수 있을 것이다.

향산이 예술을 통하여 추구하고자 하는 목표는 주자(朱子)의 가르침대로 사람들이 자기 몸에 '성(性)'이 있다는 것을 알고 있지만 하늘에서 나왔다는 사실은 모르는 것을 알게 해주고, 일에 '도(道)'가 있다는 것을

---

10 『中庸』 21章. "自誠明 謂之性 自明誠 謂之敎".

알지만, '성(性)'에 근거하여 나왔다는 것을 알게 해주고, 성인의 가르침
이 있음을 알되 나의 고유한 것에 근거하여 만들어졌음을 알지 못하는
것을 알려주기 위함에서 '중용'의 의미와 가치를 서(書)를 통해 전하려
고 하는 목적과 이유가 있었음을 유추할 수 있다.

이를 정주(程朱)의 입장에서 보면 성즉리(性卽理)를 표현하는 데 목적
이 있고, 양명학의 입장에서 보면 심즉리(心卽理)를 표현하는 데 목적이
있다고 하겠다.

『중용』에 보이는 이러한 예술관은 『주역』「계사전」에서 보이는 아
래 내용과 긴밀한 연관이 있다.

> 음과 양 두 기가 소장교착(消長交錯)하여 활동 변화하는 것이 천의
> 도이다. 이 천의 도를 계승해 그것을 계속 발전시켜 가는 것이 인도(人
> 道)의 선(善)이다. 그리고 이 천의 도를 성취하여 완성하는 것은 선한
> 인간 본성에 기인한다.[11]

이처럼 유가사상에 바탕한 바람직한 예술 작품은 위에서 말한 일음
일양에 의해 나의 마음이 발현된 '계지자선'의 내용을 궁구하고 형상화
시킨 것이라 할 수 있다. 나의 마음의 이치로서의 '성지자성'도 마찬가
지다. '성지자성'은 인의예지(仁義禮智)가 이루어지는 근거가 된다는 점
에서 그 내용이 좀 더 구체적이라고 할 수 있다. 왜냐하면 유가에서는
인의예지를 표현하는 예술작품이 바람직하다고 주장하기 때문이다.
송대 이학자(理學者)들에게 주로 나타난 극기복례(克己復禮)에 바탕을

---

11 『周易』, 「繫辭傳上」 5章, "一陰一陽之謂道 繼之者 善也 成之者 性也".

둔 문예미학이나 문(文)은 그 내용이 도를 담고 있어야 한다[文以載道]는 주장은 바로 이런 점과 무관하지 않다.[12]

이와 같이 일음일양하는 음양의 무궁한 변화를 통하여 '인(仁)'에서 만물이 운행하는 궤적(軌跡)과 생육(生育)의 공을 볼 수 있고, 쓰임(用)에서 신묘무방(神妙無方)하고 변화무적(變化無跡)한 조화의 이치, 자연의 이치를 볼 수 있다. 이렇게 천지가 만물을 끊임없이 낳는 이치[生生之理]는 형이상학적인 인의 미학으로 나타난다. 동중서가 "인(仁)이 아름다운 것은 천(天)에 있다. 천의 본질은 인이다."[13]라고 말한 것이 좋은 예라고 할 수 있다. 또한 주자는 '인설(仁說)'에서 다음과 같이 말하였다.

> 천지는 사물을 낳는 것으로 마음을 삼는다. 사람과 사물이 생겨남에 또한 각각 이 천지의 마음을 얻어 마음으로 삼는다. 그러므로 마음의 덕을 말한다면 비록 그것이 모든 것을 관통하여 갖추지 않음이 없더라도 한마디로 가름한다면 인(仁)일 뿐이다. 이 마음이 무슨 마음인가. 천지에서는 널리 사물을 낳는 마음이다. 사람에게 따스하게 타인을 사랑하고 사물을 이롭게 하는 마음으로서 사덕(四德)을 포괄하고 사단(四端)을 관통하는 것이다.[14]

주자는 '원(元)'으로서의 '인(仁)'을 '사물을 낳는 마음'과 '사물을 이롭게 하는 마음'으로 규정하였다. 이는 천지자연이나 우주를 하나의 초감

---

12 曺玟煥, 『중국철학과 예술정신』, 예문서원, 1997, 51쪽.
13 董仲舒, 『春秋繁露』, 「王道通三」, "仁之美者 在于天 天 仁也 天覆育萬物".
14 『朱子大全』 권67, 「雜著·仁說」, "天地以生物爲心者也 而人物之生又各得夫天地之心 以爲心者也 故語心之德 雖其摠攝貫通 無所不備 然一言以弊之 則曰仁而矣 此心何心也 在天地則块然生物之心 在人則溫然愛人利物之心 包四德而貫四端者也".

성체로 파악한 것으로 보인다. 이를 정리하면, 유가에서 바라보는 올바른 예술은 '사물을 사랑하는 마음'과 '사물을 이롭게 하는 마음'을 형상화시켜야 한다고 보는 입장이다. 결국 유가의 미학은 생생의 미학이고, 항상 살아 있음을 표현하는 미학이다. 따라서 예술가는 '인(仁)'과 어긋나는 내용이나 행위를 표현하는 것은 제한당한다고 할 수 있다.

지금까지의 논의를 요약하면, 『주역』'일음일양지위도(一陰一陽之謂道)'에서의 도는 천지가 만물을 낳고 낳는 원리인데 그 원리는 천지가 만물을 생성하는 마음인 형이상학적인 '인(仁)'으로 해석된다. 그러므로 유가의 바람직한 예술은 이 생생의 원리에 뿌리를 둔 천지의 마음을 자신의 마음으로 하여 형상화시킨 것이라고 할 수 있다. 다시 말하면 우주론적이며 형이상학적인 '인(仁)'에 바탕을 둔 성선의 내용을 형상화시킨 것이라고 할 수 있다.

따라서 이러한 유가의 예술관은 매우 도덕적이고 교육적이며 인문학적이라고 할 수 있다. 그러므로 향산이 『중용』과 『주역』의 글귀를 서제로 삼은 것은 도덕, 교육, 인문학적인 측면까지 심사숙고하였다고 살펴진다.

2) 해서와 행초서가 용(用)을 이룬 서도미학

향산의 서도작품은 해서(楷書)와 행초서(行草書)가 대부분이다. 서체별로 각각의 미학적 특징이 있지만 우선 공통적으로 관통하는 미학적 함의를 살펴보기로 한다.

고대 서예술 미학에서 '중화(中和)'의 미는 양강의 미와 음유의 미라는 두 종류의 형태로 표현되고 있다. 고대 시기 서예술 미학은 『주역』

의 영향을 많이 받고 있다. '강유(剛柔)'와 '음양(陰陽)'의 개념은 서예술
미학의 이론 및 비평에 상당히 많이 운용되고 있다. 따라서 고대 미학
가운데 양강의 미와 음유의 미라는 미학의식은 서예술의 미학 가운데
서도 비교적 많은 영향을 미치고 있다. 이러한 영향 아래에서 서예술
미학에서는 양강의 미를 숭상함에 있어서 골(骨)·힘[力]·형세[勢] 등을
강조하고 있으며, 음유의 미를 숭상함에 있어서는 운치[韻]·맛[味]·정
취[趣] 등을 강조하고 있다. 전자는 장사가 칼을 차고 있는 듯한 기세이
며, 후자는 평담하고 소산하면서도 고요한 경지를 추구하는 것으로 마
치 부인의 섬세하고 아름다운 자태를 연상시킨다.[15]

고대 서예술 미학에서 양강의 미를 추구하는 것은 위에서 말한 골
·힘·형세 등의 이론에 집중되어 있다. 이러한 내용은 필력을 말하는
것으로, 왕희지의 서예 선생이었던 위부인(衛夫人)은 다음과 같이 말하
였다.

필력이 좋은 자는 골력이 많고, 필력이 좋지 못한 자는 획에 살점이
많다. 골력이 많고 획에 살점이 적은 것은 근서(筋書)라 하고, 획에 살점
이 많고 골력이 적은 것을 묵저(墨猪)라고 부른다. 힘이 많고 근력이
풍부한 것은 좋은 글씨이고, 힘이 없고 근력도 없는 것은 좋지 못하다.[16]

위부인은 좋은 획은 골력이 많고 살점이 적은 획으로 근력이 풍부해
야 하며, 이와 반대로 살점이 많고 골력이 적은 획은 먹돼지로 불리니

15 宋民 著, 郭魯鳳 譯, 『中國書藝美學』, 東文選, 1988, 21쪽 참조.
16 衛夫人, 『筆陣圖』. "善筆力者多骨 不善筆力者多肉 多骨微肉者謂之筋書 多肉微骨者謂
之墨猪 多力豊筋者聖 無力無筋者病".

권장할 수 없는 획이라고 말한다. 이 말을 이어서 서성(書聖)으로 불리는 왕희지는 다음과 같이 정리한다.

> 방종을 하여도 마땅히 기력이 존재되어 필력을 보고 형세를 취하여야 한다.[17]

그러므로 골력이나 기운이 부족하거나 결핍된 작품은 좋지 않은 것으로 평가절하되었다는 것을 알 수 있다. 글씨에는 오로지 기운이나 골력이 있어야 된다는 것을 강조한 것을 알 수 있다.

향산은 해서든 행초서든 일차적으로 필력을 문자에 담아내야만 된다는 창작정신을 견지하고 있다. 한 점, 한 획에도 반드시 필력과 기세가 수반된 운필이 필요하다는 입장이다.

필력의 중요성에 이어서 위·진시대 사람들은 정감과 이성의 통일을 강조하면서 일종의 강하고 부드러운 것이 섞이고 골력과 살집이 고르게 조화와 통일미를 이루는 '중화(中和)'의 미를 추구했다. 특히 진나라 사람들의 글씨는 '중화'의 미가 최고봉에 이르렀다. 그 시대를 대표하는 작가가 왕희지(王羲之)이다. 왕희지는 다음과 같이 말한다.

> 대저 글씨를 씀에 있어서 평정하고 안온함을 귀히 여겨야 한다.[18]

이를 통해 당시 사람들의 글씨에 대한 생각을 보면, 방자하고 미친

---

17 王羲之, 『筆勢論十二章』, "放縱宜存氣力 視筆取勢".
18 王羲之, 『書論』, "夫書字貴平安安穩".

듯이 쓰는 필세에 대해서는 반대적인 입장에 있었음을 알 수 있다. 위
·진 시기에는 일종의 골력을 위주로 하면서 골력이 풍부하고 살집이
윤택하여 강하고 부드러운 것이 조화를 이루는 예술미를 발휘함으로써
양강의 미와 음유의 미를 통일적으로 조화시켰음을 알 수 있다.

이와 관련하여 향산의 해서를 보면, 방자하고 미친 듯이 쓰는 필세에
대해서는 반대적인 입장이 드러나 보이고, 골력이 풍부하고 살집이 윤
택하여 강하고 부드러운 조화를 이루는 예술미가 발휘되고 있음을 확
인할 수 있다.

물론 위·진 시대 숭상하였던 골은 뒤에 당나라에서 강조하였던 준엄
하고 거칠면서 강한 골과는 다른 것으로, 이는 일종의 소쇄하고 표일한
골을 말하는 것으로 이른바 풍류의 기골이라고 할 수 있다. 따라서 위
·진 시대의 골이라는 것은 정신과 형태, 또는 의미와 법 등을 의미한다.
여기서 외재적인 골법의 용필과 내재적인 기운이 서로 융합되고 결합
되어서 정신과 형태, 즉 내용과 형식 또는 의미와 법도의 완전한 통일
체를 이루고 있다. 그러므로 서예술의 창작은 골력과 살집이 조화를
이루고 강하고 부드러운 것이 겸비되어 골력도 있으면서 운치도 있는
예술의 경지를 창조한 것으로 살펴진다.

향산의 서예술에 대한 견해도 이와 다르지 않다. 필자와의 대화에서
다음과 같이 의견을 말하였다.

글씨에는 골과 힘이 있어야 하고 연약하고 힘이 없는 글씨는 볼품이
없다. 그러나 억지로 강함을 보이는 것도 좋지 않다.[19]

___
19 2021년 10월 11일 향산 선생과의 대화에서 선생은 중국 서예의 고봉에 이른 왕희지의

이러한 향산의 서예술에 대한 분명한 생각은 위·진 시대 사람들이 골력이 풍부하고 살집이 윤택하면서 강하고 부드러운 것이 결합되고, 손과 마음이 서로 유창하면서 자유로운 창작을 선호한 것과 일맥상통한다고 볼 수 있다. 이와 같이 위·진 시대 확립된 의법론(意法論)은 중국 고대 서예술 창작에 많은 영향을 주었고, 후대에도 하나의 표준이 되었다.

향산의 서예술에 가장 영향을 많이 끼친 인물은 당나라의 명필인 안진경(顔眞卿, 709~785)이다. 당나라의 서화이론가인 장회관(張懷瓘)은 서예 작품에서 풍신(風神)과 골기(骨氣)가 있는 것을 으뜸으로 여기고 있었다. 이러한 풍신과 골기의 중요한 특색은 바로 건장하고 분방한 정신을 말한다. 이는 송나라 때의 광견(狂狷)의 아름다움과는 다른 것이다. 그는 당나라 글씨를 장엄하다고 평하였고, 장엄한 아름다움은 송나라 광견과 같이 미친 듯한 것이 아니라 힘이 있으면서도 모서리가 드러나지 않는 것이고, 또한 형식미의 규율에 부합하는 '양강의 미'라고 말하였다.

당나라에서 이렇게 장엄미의 이상을 예술의 형태에서 실현한 대표적인 인물이 안진경과 초서의 명가 장욱이다. 안진경의 웅장하고 강함과 장욱의 생동감 나는 서예는 서로 다른 풍격을 지니면서 양강의 미를 대표하고 있다. 초당 시기 구양순, 우세남, 저수량, 설직 등이 왕희지와 왕헌지의 서체를 계승한 사람이라면 성당(盛唐)의 안진경은 옛날의 법을 새로운 뜻의 가운데에 받아들이고, 새로운 법을 옛날 뜻의 밖에서 나오게 하면서 모든 장점을 포괄하여 당나라를 대표하는 글씨가 되었

글씨에 대해 토론하면서 위·진 시대 글씨에 대한 자신의 견해를 밝혔다.

다고 볼 수 있다.

향산은 안진경의 장엄미를 자신의 작품에 수용하면서 해서와 행초
서에서 웅장하고 강한 양강의 미를 보여주고 있다. 향산 서의 아우라는
바로 안진경의 장엄미를 발전적으로 계승하고 있는 것으로 살펴진다.

이와 같이 고대 중국의 서예에 대한 서예미학은 시대별로 기운이나
형세에 대한 시각이 조금씩 달랐다. 중국의 경우 왕희지가 살았던 진나
라 글씨의 기운 형세는 운(韻)에 중점을 두고서 함축적인 의미를 포함하
고 있었기에 행초서가 두각을 나타냈다. 당나라의 기운 형세는 법(法)에
초점이 있었기 때문에 법도가 매우 삼엄하였기에 해서가 돋보였다. 그
러나 송나라의 기운 형세는 개인의 정취에 역점을 두었기 때문에 오직
정감을 펴내고 흥취를 구하는 것을 존중하였기에 행초가 두드러졌다.

즉 송나라에서는 개인의 '의(意)'에 핵심을 두었기에 이를 표현함에
있어서 '의측(欹側)'뿐만 아니라 '노장(怒張)'도 강하게 나타난다. 그렇
기 때문에 송나라 글씨의 특징인 이른바 '의측노장(欹側怒張)'과 '의무방
종(欹氂放縱)'이라는 기세는 당나라의 호방하고 생동감이 있는 장엄미
와는 서로 다르다.

당나라의 웅건하고 생동감이 있는 기세는 형식미의 규범에서 엄격
히 통제를 받아서 나온 것이지만, 송나라의 '의측노장'의 형세는 이러
한 형식미의 규범에서 벗어나 오히려 추한 요소의 형식을 함유하면서
어느 정도의 '광견(狂狷)'적인 아름다움을 표현하고 있다. 송나라 사람
들의 이러한 개성의 발로는 추하고 괴이한 경향을 거리끼지 않음으로
써 추함을 숭상하는 명나라의 낭만적인 사조의 문을 열어주게 된 계기
를 마련했다고 할 수 있다.

향산의 행초서는 바로 위에서 거론한 당나라의 호방하고 생동감 있

는 장엄미를 밖에 두고, 안으로는 송나라 사람들이 광견적 서정을 펴내
는 데 중점을 두고 글씨의 공교함과 졸함을 따지지 않았기 때문에 송나
라 서예술의 특징으로 불리는 '의측노장'을 수용하고, 거리낌 없이 자
신의 개성과 강렬한 정감을 작품에 드러낸 것으로 살펴진다.

4. 향산 서(書)의 풍격 특징

서예의 풍격을 형성하는 가장 근원적 요인은 개인의 기질, 사상, 감
정, 교양 등의 결합으로 형성된다. 곧 인격적 특성이다. 같은 작가라도
연령과 시기가 다르면 다른 풍격을 표현하게 된다. 비첩을 임서하고
스승으로부터 지도를 받는 것이 풍격을 형성하는 요인이 된다. 스승을
바꾸거나 의욕을 가지고 넓게 많은 것을 배우고 기간이 경과하면 풍격
도 변화한다.

고대 시기 서예에 대한 평가의 방법은 등급으로 나누었다. '상(上)',
'중(中)', '하(下)'라든지 '신(神)', '묘(妙)', '능(能)' 등으로 나누기도 했
다. 이렇게 나누는 것은 분류 방법 등의 차이가 있어 정확하지 않고
모호하다.

따라서 향산의 서(書)의 풍격을 아래와 같이 나누어 살펴보려고 한
다. 즉, '강(剛)'과 '유(柔)', '정(正)'과 '기(奇)', '아(雅)'와 '속(俗)'의 대립
적인 여섯 종류로 나누고[20] 역대 작가들과 비교하여 특징을 추출해 보
고자 한다.

---

20 이렇게 분류한 방식은 다음 책을 참고하였다(陳廷祐 著, 金鐘源 譯, 『書藝 그 美學과
　　鑑賞』, 도서출판 불휘, 1995).

1) 강(剛)과 유(柔)

『역경(易經)』에서는 '강(剛)'과 '유(柔)', 혹은 '양강(陽剛)'과 '음유(陰柔)'를 만사만물이 성립하는 근본이라고 생각하고 있다. '양강'은 '확산', '광명', '신전(伸展)', '향상(向上)' 등을 포함하는 개념이고 '음유'는 '굴축(屈縮)', '응취(凝聚)', '향하(向下)' 등의 현상을 포함하는 개념이다. 우주의 기(氣)를 음(陰)과 양(陽)으로 양분한 『주역』이 밝힐 수 있는 미학적 개념은 단지 '장미(壯美)'와 '우미(優美)'로 나눠지기도 하는데, '장미'는 강한 남성미에 해당되는 '양강'의 미로 '골(骨)', '힘', '형세' 등을 강조하고, '모나고[方]', '곧고[直]', '급하고[急]', '마르고[枯]' 등으로 표현되기도 한다. '우미'는 유연한 여성미에 해당되는 '음유'의 미로 '운치', '맛', '정취' 등으로 '평담', '소산'하면서도 고요한 경지를 추구하는 것으로 '둥글고[圓]', '감추고[藏]', '굽고[曲]', '윤택[潤]'이 있는 것 등을 추구한다. 덧붙이자면 유가는 '양강'의 미를 선호하는 편이고, 도가는 '음유'의 미를 선호했던 결과로 나타나기도 했다.

서예에 있어 '양강'의 미는 '웅강', '호방', '통쾌' 등이다. '음유'의 미는 '섬유(纖柔)', '연수(娟秀)', '표일(飄逸)' 등이다. '양강'과 '음유'의 대비가 가장 강렬하게 나타나는 서체 가운데 하나가 해서와 예서이다.

해서체에 있어 '양강'의 미를 드러낸 작품을 예로 들면 당의 유공권이 쓴 〈현비탑비(玄秘塔卑)〉이다. 현재 섬서성 박물관에 있는 이 비석은 웅위, 엄격한 풍격이 있고, 필봉이 예리하다. 필획은 횡획(橫劃)이 가볍고 수획(竪劃)이 무겁다. 자형의 구조는 필획이 마치 철골을 내장한 것처럼 강하고 흔들림이 없다[그림 7].

이에 반해 '음유'의 미는 초당 사대가의 한 사람인 저수량의 〈삼장성교서(三藏聖敎序)〉가 대표작이라 할 수 있다. 이 비석은 서안의 서남쪽 안탑(雁塔)에 세워져 있기 때문에 흔히 〈안탑성교서(雁塔聖敎序)〉라고 도 부른다[그림 8].

[그림 7] 현비탑비   [그림 8] 안탑성교서

점획이 가늘면서도 경쾌하고 해서지만 행서의 자세를 견지하고 있다. 향산의 해서 〈약선제세(藥饍濟世)〉는 굵은 획에 가로획은 아래를 덮고 있고 좌우의 균형이 맞춰져 있다. 〈현비탑비〉에 비하면 획이 두텁고 〈안탑성교서〉보다는 대단히 풍만하고 당당한 형태미를 보여준다. 전반 적으로 풍부한 살집과 후중(厚重)하고 균형 잡힌 필획으로 부체(富體)의 느낌을 자아내고 있다[그림 9].

[그림 9] 약선제세

2) 정(正)과 기(奇)

'정(正)'은 상식적이며 규범을 잘 지키고, '기(奇)'는 상식에 반하며 규범으로부터 멀어진다. 서풍에 있어 '정(正)'이란 필법과 결구에서 '평정', '균칭'을 중시한다. 이런 글자를 보는 사람의 인상은 친밀감이 있다. 이에 반해, 서풍상 '기(奇)'는 그 용필과 결구가 '신기(新奇)'를 추구하고, 인상은 모두 다르다. 서예는 자연으로부터 '기'를 얻는다. 글자의 본질을 연구해 '기'를 얻고 옛사람들의 굳은 틀을 부수어 독자적인 '기'를 개척한다.

예컨대 단정한 것을 중시하는 해서에서도 '정'과 '기'가 섞여 있다. '정(正)'의 전형으로 보여지는 법첩으로 〈황자원해서구십이법(黃自元楷書九十二法)〉[그림 10]이 절대적인 '정(正)'이라면, 원대 조맹부의 작품에는 '정(正)'에 '기(奇)'의 의도가 있다. 그의 〈복신관기(福神觀記)〉[그림 11]에는 숙련된 기교가 나타난다. 법칙에 합치하고 운율을 갖추고 있으나 역시 '기(奇)'도 구하고 있다.

[그림 10] 황자원해서구십이법

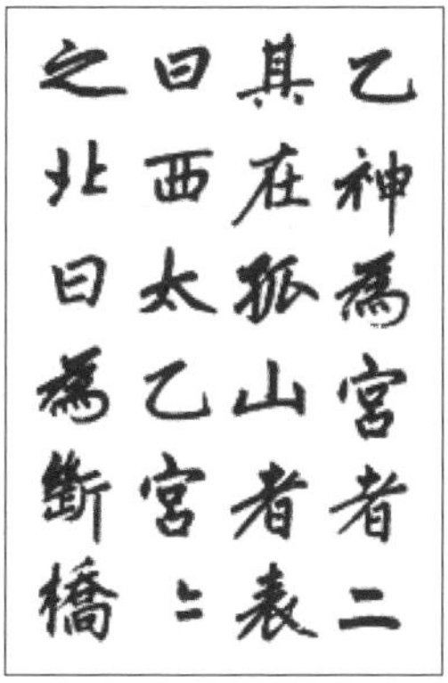

[그림 11] 복신관기

[그림 12] 조고도창신

　향산의 해서작품 〈조고도창신(照古道創新)〉[그림 12]은 황자원의 딱딱하고 모가 난 방필(方筆)에 비해 부드럽고 원만한 원필(圓筆)로 보는 사람에게 넉넉한 정감을 불러일으킨다. 그리고 조맹부의 방종한 분위기보다 정제되고 안정감 있는 균형감을 유지하고 있어 심정필정(心正筆正)의 도학자(道學者)의 분위기가 감지된다. 그러므로 전형적으로 '정(正)'을 추구한다는 것을 볼 수 있다.

　행초서에서 '정'과 '기'를 살펴보면, 왕헌지의 〈중추첩〉은 '기(奇)'의 대표작이다.[21] 당나라 장회관(張懷瓘)은 『서단(書斷)』에서 〈중추첩〉에 대해 이르길 "글자는 세력을 이어서 일필로 이루어졌다. 우연하게 이어지지 않은 곳도 있지만 맥은 끊어지지 않았고 그 이어진 것은 기운이 그 막혀진 행간까지도 통한다."[22]라고 하였다. 송나라의 미불은 〈중추첩〉에 대하여 '일필서(一筆書)'라고 하고 "천하에서 자경(子敬; 왕헌지)의 첫 번째 가는 첩이다"라고 하였다[그림 13].

　이와 반대로 왕희지의 작품인 〈쾌설시청첩(快雪時晴帖)〉은 '정(正)'에 속하는 행서이다. 현존하는 첩은 당대 모본으로 의심된다. 그 내용은

---

21 王獻之, 〈中秋帖〉의 원문은 "中秋不復不得相, 還爲卽甚省如, 何然勝人何慶, 等大軍"이다.

22 張懷瓘, 『書斷』. "字之連勢, 一筆而成, 偶有不連, 而脈不斷, 及其連者, 氣候通其隔行".

[그림 13] 중추첩   [그림 14] 쾌설시청첩

왕희지가 대설이 내린 뒤 날씨가 화창하게 개자 오랫동안 만나지 못한
친구 산음장후(山陰張侯)의 안부가 궁금해 그 심정을 전하고자 쓴 한
장의 서한문이다. 끝의 산음의 장후는 받는 사람의 이름이다.[23] 청나라
건륭제가 가장 애지중지한 것은 단연 〈쾌설시청첩〉이다. 이것은 재질
이 마(麻)이고, 가로 14.8cm, 세로 23cm의 작은 지면 4행의 행서 28자
다. 그런데도 건륭제는 이를 보고는 '신기(神技)'라며 극찬했다. 실제로
건륭제는 서첩 옆에다 '神'이란 글자를 써넣기까지 했다. 그것도 모자
랐는지 '천하무쌍 고금선대(天下無雙 古今鮮對)'라는 대구를 덧붙였으
며, '삼희당'이란 인(印)을 세 개씩이나 찍었다. 이것만 봐도 그가 얼마
나 이 서첩에 매료됐는지 짐작이 간다[그림 14].
　향산 선생의 행초서 작품 〈적선지가 필유여경(積善之家 必有餘慶)〉[그

23　王羲之, 〈快雪時晴帖〉의 원문은 "義之頓首. 快雪時晴, 佳想安善. 未果爲結. 力不次.
　　王羲之頓首. 山陰張侯"이다.

림 15]을 보자.

이 말은 '건괘(乾卦)'와 '곤괘(坤卦)'에 대한 해설을 담은 『주역(周易)』, 「문언전(文言傳)」 중 '곤괘'를 해설하는 글의 한 구절이다. '여경(餘慶)'은 선한 일을 많이 행한 보답으로서 그의 자손들이 받는 경사를 말한다. '적선지가 필유여경'은 줄여서 '적선여경(積善餘慶)'이라고도 한다.

> 선을 쌓은 집안은 반드시 남는 경사가 있고, 불선을 쌓은 집안에는 반드시 남는 재앙이 있다. 신하가 그 임금을 죽이고 자식이 그 아비를 죽이는 일이 벌어진 것은 하루아침과 하루저녁에 그렇게 된 것이 아니다. 그 유래는 점차적으로 이루어진 것이다.[24]

[그림 15] 적선지가 필유여경

선한 일을 많이 쌓아가는 집안은 언젠가 반드시 경사스러운 일이 있을 것이라는 가르침을 전하려는 선생의 선문(選文)을 통해 '문자향(文字香) 서권기(書卷氣)'를 느낄 수 있다.

물론 서체로 보면, 초서는 가장 '기(奇)'를 추구하는 서체이다. 운필은 다른 서체에 비해 자유롭고 속도는 대체로 빠르다. 선의 형태는 풍부 다채롭고, '기(奇)'와 '변(變)'을 쉽게 드러낼 수 있다.

---

24 『周易』, 「文言傳」. "積善之家 必有餘慶 積不善之家 必有餘殃 臣弑其君 子弑其父 非一朝一夕之故 其所由來者漸矣".

향산의 행초서를 보면, '정(正)'과 '기(奇)'의 풍격의 대비가 역시 다른 서체보다는 선명하다. 초서는 일반적으로 원필의 '기세(奇勢)'를 주체로 하고, 방필의 '정세(正勢)'로 보조로 삼는다. 그러나 선생의 서(書)는 원필의 '정세'가 주가 되고 원필의 '기세'가 조연이 되는 것으로 살펴진다.

3) 아(雅)와 속(俗)

일반적으로 서예는 '아(雅; 우아함)'의 예술이다. 그 이유는 두 가지이다. 첫째, 문자를 소재로 하는 서예 작품은 문학, 그림, 음악 등 '아(雅)'의 활동과 결합한다. 둘째, 대개 서예를 하는 사람은 독서인이고 따라서 학자적, 학문적 분위기를 띄고 있기 때문에 이것도 '아(雅)'의 맛을 가지고 있다.

서예에서 '아(雅)'를 추구하는 의식은 진대(晉代)에서 일어났다. 진대 사람들은 '고아자연(古雅自然)'과 '표일탈속(飄逸脫俗)'을 중시했다. 그로부터 700년이 지난 송대 사람들도 '아(雅)'를 추구했다. 황정견과 미불이 그 사람이다. 미불은 선인의 서예를 평가할 때 '아(雅)'를 중요한 표준으로 삼았다. 예를 들면 서예의 새로운 형식을 추구한 안진경이나 유공권에 대해서는 비판적이었다. 이 두 사람에 대해서는 속품(俗品)이라고 단정하고, 추하고 괴이한 악필(惡筆)의 시조라고 꾸짖었다. 그러나 '속(俗, 속됨)'은 '아(雅)'의 변화이고 상호 대립과 공존의 보조인자가 된다. 현대 미국에서 팝아트가 유행한 것도 이와 무관하지 않다.

서성(書聖) 왕희지의 행서는 '아(雅)'의 극점에 도달했다. 천하제일 행서로 불리는 〈난정서(蘭亭序)〉[그림 16]는 '극아(極雅)'의 풍격을 보여

주는 대표작이다. 그의 아들인 왕헌지는 왕희지에게 "서예는 원래 정해
진 것이 없습니다. 아버지의 서체는 기세가 부족하고 자유스럽지 못합
니다. 전통에만 집착해 완고해지면 서예는 죽습니다"라고 말했다. 즉,
왕헌지는 속(俗)으로 '아(雅)'를 엷게 하여 새로운 '아'를 한층 강조하고
새로운 서체를 만들어 내려고 하였다.

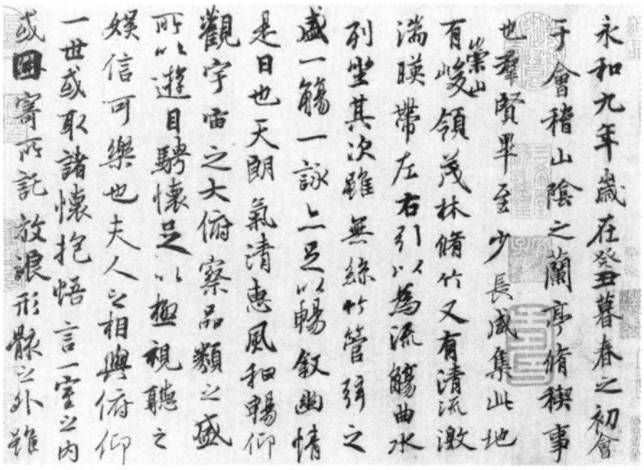

[그림 16] 난정서

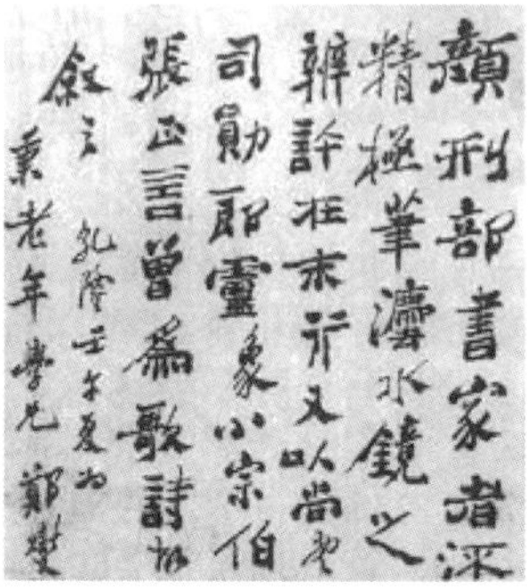

[그림 17] 회소자서첩

그 후 청대 중기 '아'에서 '속'으로 가는 풍조가 생겨났다. 양주팔괴의
정판교(鄭板橋)는 추속(醜俗; 추하고 속됨)이라도 대담한 필묵의 재미에
의해 '아'를 타파했다. 정판교는 한 편의 작품 속에 몇 종의 서체를 혼용
하여 새로운 묘미를 구하고 새로운 풍격의 강렬한 특색을 보여주었다.
그의 행초작품 〈회소자서첩(懷素自叙帖)〉[그림 17]은 행서를 위주로 하
여, '사(斜, 기울어짐)'가 있고, 소밀(疏密)의 배치도 절묘하여 폭 전체를
통일체로 하여 교묘히 조화시키고 있다. 사람들은 이런 서예를 어지럽
게 돌을 깔아서 만든 거리와 같다고 말했다.
  송대 이후 금석학(金石學)이 성행하면서 오랜 문자 자료인 청동기
명문(갑골문이 발견되기 전)이나 비석의 문자가 높이 평가되면서 남북조

시대 비문을 많이 배우게 되었다. 청대 강유위(康有爲)는 『광예주쌍즙(廣藝舟雙楫)』에서 법첩을 낮게 평가하고, 석비(石碑)의 진가를 호소하며 세련되지 못하고 통속적인 서풍이 농후한 용문의 〈조상기(造像記)〉[그림 18] 등을 "웅강준초(雄强峻峭; 굳세고 높이 깎아지른 듯함)하고 치졸박실(稚拙朴實; 유치하고 졸렬하며 소박하고 실함)"하다고 상찬하고 최고의 지위에 올렸다. 예컨대 501년 북위의 정장유(鄭長猷)가 부모를 위해 만든 불상 옆에 새긴 기록을 보고 "필력(筆力; 사실은 각공의 기술)이 횡절(橫絶; 뛰어나다)하다고 절찬"한다. '속(俗)'의 분위기가 농후한 이 작품에는 당시 서예가가 추속 가운데 변혁을 구한 자세가 반영되어 있다.

그러나 현재 한국 서단에서 '속'을 구해 경망스럽게 되어 저속함에 떨어지면 당연히 그것은 실패이다. '속'을 억지로 만들어서는 안 되는 것이다.

[그림 18] 조상기   [그림 19] 일체유심조

향산의 작품세계는 기본적으로 '아'를 추구하고 있다. 행서작품 〈일

체유심조(一切唯心造)〉[그림 19]는 『화엄경(華嚴經)』의 중심 사상으로, 일
체의 제법(諸法)은 그것을 인식하는 마음의 나타남이고, 존재의 본체는
오직 마음이 지어내는 것일 뿐이라는 뜻이다. 곧 일체의 모든 것은 오로
지 마음에 있다는 것을 일컫는다. 실차난타[實叉難陀]가 번역한 『80화엄
경』 보살설게품(菩薩說偈品)에 다음과 같은 4구의 게송이 나온다.

> 만일 어떤 사람이 삼세 일체의 부처를 알고자 한다면[若人欲了知三
> 世一切佛], 마땅히 법계의 본성을 관하라[應觀法界性]. 모든 것은 오로
> 지 마음이 지어내는 것이다[一切唯心造].[25]

향산은 유가, 도가, 불가의 사상까지 융회관통(融會貫通)한다는 것을
이 작품을 통해 알 수 있다. 이 작품에서는 필획의 연관 맥락이 순조롭
게 이어져 있고, 획의 태세(太細)가 선명하게 드러나기에 감상자들에게
음악적 리듬감을 제시하고 있다. 전체 분위기는 '아'의 느낌을 제공하
고 있다.

4) 결구(結構)의 미

서예에서 글자는 점과 선을 기본적 요소로서 집합한 것이다. 한 글자
는 여러 개의 점과 선을 조합해 만들어진다. 이처럼 한 글자의 짜임새
를 결구라고 한다. 결구에서는 단순한 점과 선에서 헤아릴 수 있을 정
도의 다양한 형식의 선으로 질적 변화를 가지고 온 것이다. 글자가 요
구하는 것은 점과 선에 의한 가장 아름다운 구조의 공간이다. 방촌(方

---

25 네이버 지식백과 참조.

寸)의 공간에 수천수만 종이 넘는 점과 선의 배열형식이 존재 가능하고, 또 그 하나하나의 배열형식이 모두 상당히 큰 예술적 매력을 생성할 수 있는 것이다.

(1) 평정(平正)

서예에서 안정감 있는 단정한 느낌을 '평정(平正)'이라고 한다. 작가는 글자를 쓸 때 선의 좌우 높이가 같지 않고, 기울기도 하지만 글자의 평정을 강조하고 있다. 해서의 경우는 평정을 더욱 중시한다[正者偏之]. 비동하는 초서의 경우도 한 글자만 보면 평정을 잃는 듯이 보이지만 이어진 다른 글자를 통해 보면 작품 전체에 평정을 유지한다[偏者正之]. 18세기 영국 철학자 흄은 『인생론』에서 "건축은 위는 가늘게, 아래는 굵게 하는 원칙을 요구한다. 이 형상만이 '안전'이라는 인상을 주기 때문이다"라고 말했다. 바로 평정의 원칙을 강조한 말이다.

우리는 향산의 서(書) 〈약선제세(藥饍濟世)〉[그림 20]를 통해 평정의 묘미를 느끼게 된다. 좌우의 균형이 맞지 않은듯하나 전체를 조망해 보면 평정한 느낌을 얻게 된다. 글자의 짜임새는 하루아침에 이루어지지 않는다. 오랜 시간 숙련되도록 평정감각을 신장시켜야 미적인 안정감을 준다는 것을 이 작품을 통해 알 수 있다.

[그림 20] 약선제세

(2) 균형(均衡)

기울거나 치우치지 않고 고른 상태를 '균형(均衡)'이라고 한다. 한자
의 필획은 글자에 따라 각각 많고 적거나 길고 짧거나 혹은 성기고[疏]
빽빽한[密] 차이가 있다. 이를 소밀장단(疏密長短)이라고 한다. 해서와
예서를 쓸 때는 필획의 배열은 균등하고 경중
도 한 쪽으로 기울지 않게 하며, 백(白)과 흑(黑)
의 배합도 어지럽지 않게 한다. 필획이 많은 글
자는 장단과 소밀에 주의하여 긴밀히 겹쳐지도
록 한다. 필획이 적은 글자는 선을 조금씩 굵고
풍부하게 하고, 주위도 조금 늘려 잡는다. 그렇
게 하면 필획이 많은 글자와 균형이 맞아진다.

향산의 작품 〈자강불식(自强不息)〉[그림 21]
을 보면, 작가의 균형감각을 엿볼 수 있다. 이
말은 『역경(易經)』 「건괘(乾卦)」·상전(象傳)에
나오는 다음 구절에서 유래한다.

[그림 21] 자강불식

> 하늘의 운행이 굳세니, 군자가 이것을 응용하여 스스로 힘쓰고 쉬지
> 않는다.[26]

위 글은 '봄이 가면 여름이 오고 해가 지면 달이 뜨는 것처럼 우주의
운행과 대자연의 순환은 끊임없이 움직이고 변함없이 굳건한데, 학식
(學識)과 덕행(德行)이 훌륭한 군자와 같은 사람은 이것을 본받아 자신

---

26 『易經』, 「乾卦」. "天行健 君子以自强不息".

의 몸을 단련하고 정신을 수양하는 데 최선을 다하고 게을리하지 않는다'는 의미로 해석할 수 있다. 즉, 자강불식은 스스로를 단련하여 어떤 시련이나 위기가 닥쳐도 굴복하거나 흔들리지 않고 최선을 다하는 굳은 의지를 비유하는 말이다.

이 작품에서 향산은 글자의 소밀장단을 적절하게 하여 균등하고 치우치지 않아 균형의 절대적 쾌감을 보여준다. 세 번째 글자 불(不) 자는 획수가 적지만 좌우의 점획을 크고 당당하게 처리하여 다른 글자에 비해 왜소하지 않아 보인다.

(3) 참치(參差)

길고 짧고 들쭉날쭉하여 같지 않음을 '참치(參差)'라고 한다. 규칙이 엄격한 예서와 해서조차도 필획불일치의 미를 강조한다. 글자를 쓸 때 평정과 균칭만을 추구해서는 단조로운 평판(平板)이 되어 버리기 때문이다. 글자는 변화가 필요하기 때문에 필획의 사이, 글자의 각 부분의 사이가 맞지 않도록 해 참치의 미가 있게 해야 한다. 예컨대, 상하가 같은 대전(大篆)의 '효(爻)' 자가 소전(小篆)이 되면 약간의 차이가 있고, 해

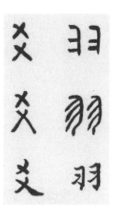

[그림 22] 爻자와 羽자

서에 이르면, 같은 부분이 거의 없어진다. '우(羽)' 자의 경우도 대전에서는 좌우가 완전히 같은 형태이지만 소전이 되면 조금 차이가 있게 되고, 해서가 되면 더욱 차이가 커진다[그림 22].

'참치'는 앞에서 설명한 평정과 균칭의 반대가 될 수 있는 듯하나 평정과 균칭은 상법(常法)이고, 결구의 기본적 요구이다. 그런데 '참치'

가 의미한 것은 '변(變)'이고, '기(奇)'이다. 즉 지나친 정돈[整正]을 피하고자 하는 것이다.

향산의 작품 〈안빈낙도(安貧樂道)〉[그림 23]에서는 정돈을 피한 자유분방한 변법과 '기(奇)'의 운치를 엿보게 된다. 이 말은 『논어(論語)』에 나온다. "나물 먹고 물 마시고 팔을 베고 누웠어도 즐거움이 그 안에 있고 의롭지 않게 부귀를 누림은 나에게는 뜬구름과 같을 뿐이다." 즉 빈곤 속에서도 뜻을 굽히지 않고 도를 찾고 배우며 얻는 것이야말로 최대의 즐거움임을 비유하는 말이다.

이 작품에서 호학하는 자세를 견지하며 마음을 비운 '허정'의 세계를 느낄 수 있다. 추사 김정희가 절필작으로 쓴 서울 봉은사의 〈판전(板殿)〉[그림 24]이 연상되듯이 서법을 배우지 않은 동자가 무심하게 휘호한 듯 결구의 묘미가 엿 보인다. '안(安)' 자는 윗부분 갓머리를 크게 하고 아랫부분 '여(女)' 자를 작게 하여 불안정해 보이나 여운이 있고, '낙(樂)' 자는 왼쪽 위의 '요(幺)' 자를 오른쪽보다 크게 하여 변화의 맛을 보여준다.

[그림 23] 안빈낙도

[그림 24] 판전

(4) 연관(連貫)과 비동(飛動)

서예에 있어서 점획의 맥락이 이어진 것을 '연관(連貫)'이라고 한다. 필획의 '연관'은 필순에 따라야 하고, 또 '자세(字勢)'도 고려해야 한다. '연관'에는 직접적인 유형과 간접적인 유형이 있다. 직접적인 '연관'은 초서, 행서에 많이 사용된다. 간접적인 '연관'은 필획이 직접 연결되지 않더라도 뜻이 연결된 '의연(意連)' 혹은 '인대(引帶)'라고도 하고, 전후의 필획의 사이가 서로 호응하고 기운이 연속된 경우이나 선은 직접 연결되지는 않는다.

'비동(飛動)'이란 활발히 움직여 정취를 내는 것, 변화하여 기이함[奇]을 만들어 내는 것, 생명이라고도 말할 수 있다. '비동'에 의해 작품은 고요함[靜] 중에 움직임[動]이 있고, 정적 속에 소리가 울리고, 무기물 속에서 정신이 나타나는 것과 같다.

'연관'과 '비동'의 운치가 두드러진 향산의 작품을 예로 들면 〈자(慈)〉[그림 25]에서 그 맛을 충분히 느낄 수 있다. 맨 위의 초(艹) 두 점에서 시작하여 아랫부분 마음 심(心)까지 일필로 휘호하여 필맥이 연관되어 있고, 날아서 움직이듯 용솟음치는 필획의 기운에서 역발산기개세(力拔山氣蓋世)가 느껴진다.

[그림 25] 자(慈)

(5) 부체(富體)에 대한 인식

향산은 안진경의 글씨에서 득력하였다. 그의 근작에서는 부체(富體)에 대한 자신만의 미의식을 보여주고 있고, 작품창작에서 일관되게 부체론을 강조하고 있다. 이는 오랜 철학적, 의학적 사고체계 속에서 배태(胚胎)된 것으로 보인다.

예컨대 안진경의 글씨는 왕희지의 글씨와는 다르게 '웅강', '후중', '무밀' 등 '양강'의 미를 지니고 있다.

그러나 왕희지의 필획은 섬세하고 결구에 있어서는 왼쪽이 조밀하고 오른쪽 어깨가 조금 들린다. 또한 글자의 형세는 조금 기울어지게 하고, 포치에 있어서는 행간과 자간이 비교적 넓어서 가볍고 수려하면서도 신령스럽고 소쇄하고 한가한 자태가 드러나게 하였다.

이에 비하여 안진경은 전서와 예서의 필법을 해서에 융해시킴으로써, 점과 세로획, 삐침과 파임을 살찌고 장엄하게 하는 형세를 취하였기 때문에 대략 활을 당겼을 때 나타나는 둥근 형태로 대칭이 되게 세로획을 하여, 안으로 기운을 모아들이는 형태를 하고 있다. 그렇게 하면서 결구는 더욱 둥글고 조밀하게 하면서 두터우며, 포치는 착실하고 무성하며 조밀하게 하여 전체의 작품이 넓고 커다란 기세를 나타나게 하고 있다. 부체에 대한 선생의 인식은 다음의 설명에서 분명해진다.

> 글씨를 쓰는 사람의 마음이 부자여야 글씨도 부체가 된다. 그러기 위해 글씨 내부의 여백이 적어야 하고 붓도 커야 한다. 소자(小字)도 중필(中筆) 이상 되는 붓으로 휘호해야 웅장함을 살릴 수 있다. 글씨에 모가 나면 살벌한 기운을 주기 때문에 둥글게 살집이 있는 획으로 결구를 해야 하고, 지나칠 정도로 뼈[骨]만 있는 글씨는 빈체(貧體)로 볼품이 없다.[27]

---

[27] 부체와 빈체에 대한 향산 선생의 독특한 서체인식은 2021년 10월 11일 직접 대화하면서 채록(採錄)하였다.

이와 같이 향산 선생의 글씨에 관한 미학적 관점은 분명하고 뚜렷하다. 근작 〈세심(洗心)〉[그림 26], 〈진어무경(振於無竟)〉[그림 27]과 같이 활달하고 풍부한 살집을 지닌 서(書)가 부체라고 할 수 있다.

[그림 26] 세심

[그림 27] 진어무경

당나라 손과정이 글씨와 사람은 시간이 지날수록 함께 노숙해진다고 말한 바 있다.

> 처음 포치하는 것을 배울 때 다만 평정함을 구하여야 한다. 이미 평정함을 알았으면 힘써 험절함을 추구하여야 한다. 이미 험절할 수 있으면 다시 평정함에 돌아와야 한다. 처음에는 아직 미치지 못하고, 중간에는 이미 지나치고, 나중에는 마침내 통하고 깨닫게 된다. 통하고 깨닫게 되는 사이에 사람과 글씨는 함께 노숙해진다.[28]

---

28 孫過庭, 『書譜』. "初學分布 但求平正 旣知平正 務追險絶 旣能險絶 復歸平正 初謂未及

이러한 손과정의 '인서구로론'은 선생의 근작에서 보인다. 즉, 선생이 강조하는 부체(富體)를 바탕으로 기예를 뛰어넘고, 서법을 초월하여 인서구로(人書俱老)의 경지에 이르러 장식과 기예를 초월한 궁극의 서도세계를 펼치고 있다고 판단된다.

총결하면, 향산은 진인사대천명(盡人事待天命)의 좌우명과 유가의 덕목인 인의예지신(仁義禮智信)을 생활신조로 삼아 일생 동안 수신(修身)하여 왔고, 전국 시대 맹자가 설파한 군자삼락을 실천하면서 교육자로서 소명의식을 갖고 후학양성에 온몸을 바쳤다.

> 군자에게는 세 가지 즐거움이 있는데, 부모가 모두 생존해 계시며 형제가 무고함이 첫 번째 즐거움이요. 하늘을 우러러 부끄럽지 않고 구부려 사람에게도 부끄럽지 않은 삶이 두 번째 즐거움이요. 천하에 영재를 얻어 가르침을 세 번째 즐거움이다. 군자에게는 세 가지 즐거움이 있으나 천하에 왕이 되는 것은 여기에 속하지 않는다.[29]

이러한 군자삼락의 철학으로 상아탑(象牙塔)을 조성하여 국가의 동량을 육성하는데 앞장서왔다. 또한 세상의 아픈 사람을 구제하기 위해 인술로 인명을 구한 한의사로서의 소명의식을 실천하였다.

우리는 무엇보다 시와 학문과 예술이 학예일치를 이룬 그의 서도세계(書道世界)는 그만의 독특한 아우라를 이루고 있음을 살펴보았다. 서(書)를 필생의 도(道)로 여기고 붓과 함께 일생을 보내면서 서도(書道)에

中則過之 後乃通會 通會之際 人書俱老".

29 『孟子』,「盡心篇」. "君子有三樂. 父母俱存 兄弟無故 一樂也. 仰不愧於天 俯不怍於人 二樂也. 得天下英才 而敎育之 三樂也. 君子有三樂 而王天下不與存焉".

천착(穿鑿)하여 일가를 이룬 서도가(書道家)로서 평가받게 될 것으로 사료된다.

5. 나오는 말

향산은 일제강점기, 한국전쟁, 산업화 시대, 민주화 시대를 온몸으로 부딪치며 졸수에 이르기까지 학예일치를 위한 일념으로 관통해 오면서 붓으로 도를 실천한 서도가이다. 한의학과 서를 일체로 여겼고 대우주와 소우주인 인간의 몸과 서를 정과 성으로 통찰하였고, 이를 도의 차원에서 실천하고 있다.

이런 경지가 조형 위주의 외형을 추구하는 동시대 일반적인 서예가와 다른 점이다. 무엇보다 서구 미술을 추종하여 조형을 중시하여 문자의 형태미를 추구하고 있는 현재 서예가와는 다르게 문자의 내용과 정신 및 철학 그리고 조형이 하나가 된 삼위일체를 실천하고 있는 지점이 향산 서도의 본질이자 독특한 경지라고 할 수 있다.

로봇에 인간성을 부여하는 이 시대 물질문명이 발전할수록 인간답게 살면서 자연성을 회복하려는 향산의 서는 인간의 본성과 기운을 찾는 필묵의 온기로 세상을 구하는 도가 되는 이유이다.

본고에서는 연구자의 식견부족과 자료부족으로 시와 학문이 바탕을 이루고 서예술이 접목되어 꽃을 피운 향산 서도의 표피적 고찰에 머문 점이 없지 않다. 앞으로 더 넓고 깊은 연구가 이어져 향산예술의 진면목이 세상에 제대로 알려지길 기대한다.

과거 전통문화의 정화였던 서가 지금 정보화 시대라는 미명 아래 어디로 가고 있는가. 우리 예술의 고유성이 시들게 되면 문화의 본질은 엷어지게 된다. 민족문화의 부흥을 위해서 문자예술인 서도가 무형의 철학적 의미와 유형의 조형적 본질을 찾아나갈 때 전통은 계승되고 세계로 뻗어 나갈 것이다.

참고문헌

『論語』, 『孟子』, 『朱子大全』, 『周易』, 『中庸』.

董仲舒, 『春秋繁露』.

孫過庭, 『書譜』.

王僧虔, 『筆意贊』.

王羲之, 『書論』.

劉熙載, 『藝槪』.

衛夫人, 『筆陣圖』.

金京一, 「'易經'과 '中庸'의 人間學的 探究」, 성균관대학교 박사학위논문, 1992.

宋民 著, 郭魯鳳 譯, 『中國書藝美學』, 東文選, 1988.

張懷瓘, 『書斷』, 上海出版社, 1997.

曺玟煥, 『중국철학과 예술정신』, 예문서원, 1997.

陳廷祐 著, 金鐘源 譯, 『書藝 그 美學과 鑑賞』, 도서출판 불휘, 1995.

王獻之, 〈中秋帖〉, 〈快雪時晴帖〉, 〈蘭亭敍〉.

제50회 봉강연서회원전 도록.

2015년 새하얀미술대전 도록.

2019년 향산 변정환 서전 도록.

제3부

향산 변정환 선생의
위인적 풍모

'중국어반'에서

곽문자

대덕문화복지회관 '중국어반' 수강생

내가 변정환(卞廷煥) 총장님을 처음 뵌 것은 대덕문화전당 '중국어반'에서 중국어를 공부할 때였다. 중후한 풍채와 온화한 인상이 지금도 새롭다. 뵐 때마다 인사를 드리면 늘 "참 예뻐요!"라고 말씀해주셨다. 정말로 예쁜 건 아니었겠지만 듣는 사람으로서는 하루 종일 기분이 좋아지는 인사가 아닐 수 없었다.

여러 번 한의원 옆 빵집에서 맛있는 빵을 몇 상자씩 가지고 오셔서 우리 회원들에게 먹어보라 권하였다. 그 빵 맛이 정말 좋았다. 또한 대구한의대 행사가 있는 날이면 우리들을 초대해주셨다. 학교 구경도 시켜주시고, 맛있는 식사 대접도 여러 번 해주셨다.

총장님은 연세에 비해 체력이 남다르시다. 2013년 3월에 '중국어반'에서 중국 황산(黃山)으로 여행을 간 적이 있다. 모두가 함께 출발해도 십 년 혹은 이십 년 뒤에 태어난 사람들보다 훨씬 앞장서서 높은 봉우리에 올라갔다 내려오시는 모습에 역시 좋은 한약을 많이 드셔서 그런가 하며 농담을 하기도 했다. 실상은 평소 자기 관리가 얼마나 철저하신지 저절로 상상되어 우리는 모두 감탄을 금치 못하였다.

대덕문화복지관에서 태극권반이 개설되었을 때도 총장님과 함께 배우게 되었다. 열정적으로 어려운 동작도 잘 따라 하시고 특히 명칭도 모두 외우시는 걸 보면서 그저 감탄스러울 뿐이었다.

이러한 추억을 주신 변정환 총장님의 기념 출판물에 제가 함께할 수 있어서 영광이다. 그간의 인연에 정(情)을 담아 총장님의 이름자로 삼행시를 지어보았다.

'변'함 없는 총장님의 학구열에 박수를 보냅니다.

'정'말 놀라지 않을 수 없습니다.

'환'갑을 지나서 칠순, 팔순, 구순, 백 세까지도 건강하시어 우리들의 영원한 본보기가 되어 주십시오.

감사합니다.

제가 뵈옵던 변정환 총장님

곽형식
대구한의대학교 명예교수

1983년 계해년 2월. 대구한의대학교 한의과대학 직원 선발 면접에서 변정환 총장님을 처음 뵈었습니다. 면접을 보기 위하여 변 총장님을 처음 뵈었을 때, 그 중후한 체구(體軀)와 위엄(威嚴), 그리고 안정(安定)과 정결(淨潔)을 함께 갖춘 좌정(坐定)의 자세, 수려(秀麗)한 미화(眉畵)에 정혜(淨慧)로운 동안(瞳眼)으로 자애(慈愛)로운 서기(瑞氣)가 충만하셨으며, 이목구비(耳目口鼻)와 보알함액(䩆頰頷額)이 헌헌장부(軒軒丈夫)이시고 위풍당당(威風堂堂)하셨습니다.

면접을 위한 질문을 하실 때의 그 음성은 고정(鼓鉦) 소리가 함께 어울린 듯 우아하고 청아하였으며, 후덕한 심정(心情)과 박애로운 정기(精氣)가 녹수청산(綠水靑山) 같이 느껴지므로 박학다식(博學多識)하시고 격물치지(格物致知)하신 비범한 인품임을 직감하였습니다.

그해 3월 공개채용을 통하여 입교(入校)하니 개교 3년 차로 다양한 업무로 총장님을 자주 뵈옵고 가까이서 모실 수 있는 기회가 빈번하였으며, 총장님 가정을 방문하는 기회도 자연스러워졌으므로 저는 총장님의 근황과 일상을 가장 잘 아는 한 사람이 되었습니다.

당시 총장님은 국제라이온스 총재로서 국제적 행사가 빈번하였고, 행사에는 국제관례로서 부부가 동반하는 것이 상례(常禮)였으므로 총장님 내외의 동반은 한 쌍의 봉황(鳳凰) 같은 원앙(鴛鴦) 자웅(雌雄)이었음을 고백합니다. 총장 사모님은 현대의 서구적 미인으로 한복을 차려입은 자세는 모든 회중(會衆)에서 특별하게 뛰어났음을 사진 기록이 증명합니다.

총장님의 청소년 시절은 등화가친(燈火可親) 형설지공(螢雪之功)으로 겸인지용(兼人之勇)과 백절불굴(百折不屈)로 궁일지학(窮日之學)하시므로 극기복례(克己復禮)하시고 능소능대(能小能大)하시며 군계일학(群鷄一鶴)이 되시어 박람강기(博覽强記)와 상풍고절(霜風高節)로 백년대계(百年大計)를 위한 한의학의 선구자가 되시고, 세계 최초 한방병원을 창설하셨으며 경천애인(敬天愛人), 홍익인간(弘益人間) 사상으로 대구한의대학교를 설립하셨으니 호연지기(浩然之氣)로 태산북두(泰山北斗)가 되셨습니다.

가정에서는 사모님의 거안제미(擧案齊眉)함으로 금슬지락(琴瑟之樂)을 누리시고 부모자녀 간 자애효도(慈愛孝道)함으로써 은혜평강화락(恩惠平康和樂)하시고 거가대족(巨家大族)을 이루었으며, 조부님과 엄친(嚴親) 그리고 형님에 대한 그리운 정은 은인개세(隱忍蓋世)하셨고, 골육지친(骨肉之親) 모두 아울러 보살피되 선공후사(先公後私), 과실상규(過失相規)하셨습니다.

붕우지간(朋友之間) 우정은 금란지의(金蘭之誼)하시되 공평무사(公平無私), 권선징악(勸善懲惡)하시면서 만경창파(萬頃蒼波), 명경지수(明鏡止水)의 성품으로 수불석권(手不釋卷)하심으로 무불통지(無不通知)하시고 인자요산(仁者樂山)하심으로 아호(雅號)를 향산(香山)이라 하셨습니다.

인심애의(仁心愛醫)하는 정성으로 한의학 발전을 성취하시고, 성심애교(誠心愛敎)하는 열정으로 온고지신(溫故知新)과 교학상장 만만인재

(萬萬人才)를 양성하셨습니다. 경심애학(敬心愛學)의 숭고한 성심(聖心)
으로 청소년 시기 청운(靑雲)의 꿈을 모두 이루시고, 대구한의대학교
대경달관(大慶達觀)과 무궁발전(無窮發展)을 위한 반석(磐石)의 토대 만
드셨으니, 교육만년대계(敎育萬年大計) 대한민국 세계만방 성취하셨습
니다.

향산 선생님이 예쁘다 하시는 제자

권미정

전 영천역사박물관 고문헌연구팀장

향산 선생님을 처음 뵈었던 날을 더듬어 보면 2006년쯤이었다. 이십 년 지기의 아버님이시기도 한 선생님께서 총장님으로 재임 중이시던 때였다. 나는 대구한의대학교의 '국제교류팀'으로 이름이 바뀐 옛 '어학교육원'에서 조교로 근무하며 전체 직원회의에서 처음 뵈었다. 그때 고전을 인용하여 훈화하실 때 눈을 반짝이며 들었던 기억이 생생하다. 총장님의 말씀이 재미있고 인용이 적절하여 본받고 싶은 분으로 뇌리에 각인되었다. 친구의 말에 의하면, 어릴 적 새벽마다『맹자』를 읽으시던 목소리가 생생하다고 하였는데 글 읽으시는 분의 남다른 훌륭함이 분명하다.

특히 향산 선생님께서는 글만 읽는 샌님이 아닌 넓은 국량으로 군자의 세 번째 즐거움을 몸소 실천하셨다. 맹자의 군자삼락 중 가장 절실한 즐거움은 '득천하영재이교육(得天下英才而敎育)'인데 대구한의대학교의 학생 중 영재가 아닌 사람이 있을까? 선생님께서는 하나를 들으면 열을 알게 되는 '문일지십(聞一知十)'의 영재를 교육하는 그 즐거움을 만끽하신 군자임에 틀림없다.

향산 선생님을 다시 뵙게 된 것은 2021년이다. 제한한의원에서 그간 진료하신 기록을 데이터베이스화하기 위한 작업을 도와드리기 위해서였다. 선생님께서 기록하신 글자들을 해독하는 것은 쉽지 않은 작업이었다. 선생님 고유의 독특한 필체와 약자들을 판독해 내어야 했기 때문이다. 그래도 탈초 공부를 계속 이어온 것이 많은 도움이 되었다.

이 작업을 위해 제한한의원에서 다시 뵈었을 때가 생각난다. 처음 대구한의대학교 교직원들 사이에 끼어 눈을 빛내며 말씀을 듣던 때로부터 15년이나 지난 때였다. 다시 뵙게 되었을 때 15년 전보다 머리에 내려앉은 서리 외엔 변함없으신 모습에 혼자 반가움으로 가슴 설레었다. 향산 선생님께서 대중 틈에 있던 나를 알지 못하시는 것이 당연하였다.

선생님의 글자를 컴퓨터에 입력할 사람이라고 소개받고 인사를 드렸더니 '도대체 이 조그만 여인네가 무얼 어떻게 하겠다는 말인가?' 하는 미심쩍은 표정을 숨기지 않으셨다. 이어 선생님의 자작시 두루마리인 시권(詩卷)을 주시며 번역해 오라 하셨다. 여러 편의 시였다. 그날 저녁 집으로 돌아가 한 장 한 장 입력하고 번역하며 알맞은 주석도 달았다. 그간 대학원에서 과제하고 석사 논문을 썼던 경험이 있어 크게 어려운 일은 아니었다. 다음날 시권과 번역물을 출력하여 보여드렸더니 '어! 제법이군!' 하는 표정이었다. '아! 이제 인정해 주시는구나' 하고 안심하였다.

이후 매일 들러 작업을 하니 차츰 인정하시는 모습에 급기야 '예쁘다!'라고 하셔서 마음속에서 기쁨이 피어올랐다. 나이 60에 '예쁘다!'는 얘기는 좀처럼 듣기 어려운 말임이 틀림없다. 친구에게 자랑하였더니 아주 많이 인정해 주시는 말씀이라고 하여 더욱더 기뻤다.

뵐 때마다 '예쁘다'는 칭찬이 쑥스러워 사서인 『대학(大學)』에 나오는 '덕이 몸을 윤택하게 한다.'는 말을 인용하여 '덕윤신(德潤身)인가

봅니다.'라며 덕이라곤 없는 사람이 덕이 있어 이쁠 거라 빗대어 농담
하며 웃었더니 알아들으시곤 함께 껄껄 웃어 주셨다.

　선생님께서는 어느 날 나를 보시며 '내 제자가 되거라'라고 하셨다.
공자께서 행단(杏壇)에서 3천 제자를 기르실 때 당시의 풍속으로 제자
가 되기 위해서는 예물을 바쳤다고 하는데 가난한 제자는 육포 한 묶음
으로도 제자로 받아들이셨다는 이야기가 있다. 정성 들여 하얀 털실로
뜨개 목도리를 하나 떠서 예물로 바치고 제자가 되었다.

　선생님께서는 『맹자』를 삼천 번 읽으셨다고 하셨다. 서당에서 공부
할 때 들기로 '맹자를 삼천 번 읽으면 문리(文理)가 저절로 난다'는 말씀
이었는데 그때는 그것이 과연 실행할 수 있는 일인가 의심했다. 수년을
이어가는 끈기와 소리 내어 읽으실 시간 역시 필요한 일이기 때문이다.
항상 바쁘신 가운데도 이를 실행하신 분을 만나 뵙게 되다니 영광스럽
고 더더욱 존경하는 마음을 감출 수 없었다. 향산 선생님은 뭇사람을
초월하는 거장(巨匠)이심을 다시 한번 깨닫고 감탄하는 계기가 되었다.

　대구한의대학교 본관 계단을 차근차근 밟아 문을 열고 들어가 고개
를 살짝 들어 올리면 전면을 가득 채운 『주역계사전(周易繫辭傳)』, 왼쪽
으로는 『중용(中庸)』, 오른쪽은 『대학(大學)』 원문이 가득 채워져 있다.
그 한 자 한 자 친히 써내려간 향산 선생님의 가슴 속을 감히 헤아려
보면, 인문학을 기반으로 삼고 한의학을 필두하여 자연과학, 나아가
응용과학으로까지 발전시켜 나갈 대학의 미래를 기원하심은 아닐까?

　향산 선생님께서 베풀어주신 대구한의대학교라는 커다란 배움터에
서 선생님의 가르침이 끊임없이 이어나갈 것임을 믿어 의심치 않는다.

존경하옵는 변정환 전인(前人)

권중흡

재단법인 미륵대도 이사장

천은사덕(天恩師德)을 입고 펜을 들었습니다. 돌아보니 후학은 이제 백 세를 바라보는 나이가 되었고 전인(前人)께서는 구순이시네요. 지난 세월을 돌아보니 참 감회가 무량합니다. 한국은 일제강점기와 전쟁을 겪었고 산업화의 물결 속에서 눈부신 경제성장을 이루었습니다. 전인과 후학은 인연이 다르지만, 한국에 개황(開荒)오신 노전인(老前人)들과 함께 도무반사를 봤습니다. 걸어왔던 발자취를 뒤돌아보니 천은사덕과 여러 노전인의 은덕 속에 성업을 다하지 못한 부끄러움이 있고, 이제는 기력과 정신이 쇠하여 더 많은 일들을 해내지 못하는 아쉬움이 남아 있습니다. 그 시간들 속에 후학은 전인을 보며 늘 제 자신을 돌아보곤 했습니다.

그 어려운 시절 대구한의대학교와 대학부속병원을 세우시고, 불당의 도무(道務)까지 돌보시며 후천(後天)과 선천(先天)을 두루 하시니 한편으론 '어떻게 저렇게 많은 일을 하며 살아가실까, 역시 큰 어른이시긴 큰 어른이시다'라고 생각했습니다. 그리고 사단법인 대자연사랑실천본부를 창립하여 자연사랑과 환경운동에 참여하시고, 2014년도에는 전 세계의 청년들이 참여하는 세계청년대자연사랑축제를 개최하여 한국의 드높은 기상과 열정을 보여주셨습니다. 이 얼마나 큰 업적입니까?

그리고 도반전인(道盤前人)이셨던 왕호덕 전인의 주치의로 다년간 병을 돌보며 치료하고 아낌없이 힘을 다하셨습니다. 변 전인의 그런 고구파심(苦口婆心)이 있었기에 우리는 더 많은 시간 동안 귀공(歸空)하신 왕 전인의 지도편달과 가르침을 받을 수 있었습니다. 생각건대 전 세계 모든 미륵제자들은 이 점을 잊지 못할 것입니다. 이 얼마나 감사한 일이겠습니까?

그에 비해 후학은 곤도(坤道)의 몸으로 큰 대업을 짊어지고 여기까지 걸어왔습니다. 건강하게 백 세를 바라보는 나이까지 온 것도 모두 천은사덕입니다. 어찌 혼자만의 걸음으로 여기까지 왔겠습니까? 많은 전현(前賢)분들의 힘과 노력이 있었고, 애써주신 고마운 마음이 있었기에 지금 이 자리에 서 있다고 생각합니다. 특히 전인에 대한 저의 감사함은 이루 말할 수 없습니다. 때때로 대도불당을 방문해주시고, 많은 관심과 사랑을 저희 후학들에게 베풀어 주셨습니다. 애써주신 그 마음 늘 고맙고 감사하게 생각합니다.

후학은 지금의 왕 전인께서 해주신 "우리가 가야 할 길은 아직 멀었고 나이가 많다고 뒤로 물러나지 말라!"라는 말씀을 기억합니다. 천은사덕에 보답하기 위해선 120세까지 살아도 부족하다고 했습니다. 전인이 하실 큰 성업은 아직 뒤에 있습니다. 더더욱 자신의 건강을 돌보시고 오래오래 일을 해주셔야 합니다. 그리고 노모대도장 운성을 하루속히 완공하여 많은 후학들이 발판 삼아 올라설 수 있도록 밑거름이 되어주는 것! 아마도 그 성업이 저희들의 마지막 원력(願力)이 아닐까 생각합니다.

항상 건강하세요. 감사합니다.

향산 선생의 큰 업적을 돌아보며

기우항
학교법인 제한학원 이사장

향산(香山) 변정환 선생의 학문세계와 그 위상을 조명하기 위한 학술 대회와 기념집 봉정식을 갖게 됨을 진심으로 축하드립니다.

금번 학술대회와 기념집 봉정식은 대구한의대학교 설립자인 향산 변정환 박사님의 학문세계 조명을 통해 건학이념 재정립의 토대를 마련하고, 생애와 사상에 대한 심오한 분석을 통해 올바른 인간상을 정립하며, 교육사업과 철학의 조명을 통해 대학교육의 올바른 방향을 도출하기 위한 취지로 진행되고 있습니다.

향산 변정환 선생께서 그동안 우리나라 학계에서 이루어 놓은 업적은 이루 열거할 수 없을 정도로 많습니다. 그중에서도 대구한의대학교의 기원이 되는 1959년 제한의원 개원과 1970년 세계 최초의 한방병원인 제한한방병원 개원, 그리고 1981년 대구한의과대학의 설립은 변정환 선생의 후학 양성의 예지와 철학 그리고 지치지 않는 열정 없이는 불가능한 일로 자타가 인정하는 사실입니다.

또한, 1980년 출간한 선생의 저서 『한의(韓醫)의 맥박(脈搏)』에서 일제의 잔재에 따라 중국을 통칭하는 한의(漢醫)로 표기하던 기존의 관행을 한국을 통칭하는 한의(韓醫)로 표기함으로써 우리나라에서 펼쳐지는 우리의 의학으로서의 한의학을 제시하였습니다. 이는 민족 정체성에 맞게 한의학(韓醫學)의 표기를 정립하신 것으로 한의학계에서 길이 인정받아야 할 업적입니다.

구순(九旬)의 연세에도 불구하고 청년의 기백과 열정으로 새로운 일에 계속 도전하고 계신 향산 변정환 박사님의 학술대회와 기념집 봉정식을 통해 우리 제한학원 임직원 일동은 심심한 축하와 감사의 말씀을 드리며, 선생의 건강과 만수무병을 축원드립니다.

총장님, 음양탕 참 고맙습니다

김경룡

전 DGB금융지주 부사장

　제가 총장님을 처음 뵙던 자리에서 총장님께서 "물을 하루에 2리터 정도 마시되, 가급적 따뜻한 물을 마시고 아침에 일어나서는 음양탕을 마셔라."라고 말씀하셨습니다. 음양탕은 뜨거운 물을 먼저 넣고 찬물을 나중에 넣어 섞은 물로 그 비율은 3 : 2 정도입니다. 사람이 아침에 일어나 몸의 모든 기운이 상승세인 시점에 찬물을 바로 마시면 그 기운이 꺾이게 되니 찬물보다는 음양탕을 마셔야 한다고 일러주셨습니다. 그날 이후 저는 아침에 일어나면 가장 먼저 음양탕을 마시는 습관을 키웠고 주변 사람들에게 추천하곤 합니다.

　음양탕 이외에도 저는 첫 만남 이후로 총장님을 만날 때마다 크고 작은 가르침을 받았습니다. 『명심보감』 「순명편」의 "만사분이정 부생공자망(萬事分已定 浮生空自忙); 모든 일이 분수에 맞게 이미 정해져 있는데 덧없는 인생 부질없이 바쁘게 살더라."라는 글귀를 설명해 주신 기억이 납니다. 여기서 분수는 스스로 만드는 것이며 개척해 나가는 것이라고 강조하셨습니다. 이렇게 대화 중에 알게 되는 특이한 단어마다 그 출처와 시사하는 바를 알려주셔서 한학 과외수업을 받는 기분이 들기도 했습니다.

　어느 날에는 말 때문에 어느 고관대작이 낙마했다는 뉴스를 보시며 말은 세 가지를 조심해야 한다고 하셨습니다. 첫째는 말을 해야 할 때 안 하는 것, 둘째는 말을 하지 말아야 할 때 하는 것이며, 셋째는 상대의 입장을 생각하지 않고 말하는 것으로, 사람의 말은 그 사람 인격의 잣대이니 많은 사람들을 상대하는 일을 할 때 특히 조심하라고 하셨습니다. 저는 이 말씀을 적어서 사무실의 책상 위에 두고 늘 새겼습니다.

총장님께서는 2011년에 국제대자연사랑실천본부를 창립하시어 자연 사랑과 생명 존중의 중요성을 실천하셨습니다. 특히 3년 후에는 대구 엑스코에서 16개국 1천여 명이 참가한 세계청소년 대자연사랑축제를 개최하시어 참으로 대단한 열정을 보여주셨습니다. 그때 총장님께서 육식을 멀리하고 이른 새벽마다 참선에 몰두하시며 절제된 삶을 살고 계신다는 것을 알게 되었습니다. 여러 사람들과 관계하면서 채식 위주의 식사를 해나가는 것의 어려움을 알기에 더욱더 대단해 보였습니다. 저 역시 대자연사랑실천본부의 일원으로서 채식과 아침 기도에 도전해 보았으나 부끄럽게도 오래하지 못했습니다.

2015년에는 대한민국 새하얀 미술대전에서 행서로 종합대상을 수상하셨는데 그 작품의 뜻을 설명해주셨습니다.

春貸秋賦民皆欣 春賦秋貸衆皆怨 得失同喜怒別爲 其時異也
봄에 곡식을 빌려주고 가을에 세금을 거두어들이면 모두 좋아하고 가을에 곡식을 빌려주고 봄에 세금을 거두어들이면 모두 원망한다. 얻고 잃음의 결과는 같지만 기뻐하고 분노하는 것이 다른 것은 그 실행의 시기가 다르기 때문이다.

세상의 모든 일에는 때가 있다. 꽃이 필 때가 있으면 질 때가 있고,

해가 뜰 때가 있으면 질 때가 있고, 씨앗을 뿌릴 때와 곡식을 거둘 때가 있다. 이를 천시(天時)라 하며 때의 중요성을 강조하시면서 그것보다 더 중요한 것이 있다며 『맹자』에 "天時不如地利 地利不如人和"라는 문장이 있는데 "하늘의 때는 땅의 이로움보다 못하고, 땅의 이득은 사람의 화합만 못하다."라는 뜻이라고 하시면서 조직의 간부로서 화합의 중요성을 인식해야 함을 가르쳐 주셨습니다.

"知足不辱 知止不殆 可以長久"라는 『도덕경』 말씀으로 "만족함을 알면 욕되지 않고, 머물 줄 알면 위태롭지 않아 오래갈 수 있다."라고 하시면서 『주역』에도 "나아갈 때를 알고 나아가니 기미(幾微)를 알 수 있고, 마칠 줄을 알고 그치니 의를 보존할 수 있다."고 말씀하셨습니다. "군자는 윗자리에 있어도 교만하지 않고 아랫자리에 있어도 근심하지 않는다."라는 큰 가르침 역시 지금까지 생생합니다.

벌써 몇 년째 우리의 일상을 괴롭히는 코로나19 바이러스가 처음 퍼지기 시작했을 때 총장님께서는 상황이 금방 해결되지 않을 것이니 개인위생을 철저히 해야 한다고 하시면서 한의학계의 역할을 강조하셨습니다. 그뿐만 아니라 세상은 감당하기 어려울 정도로 변화하며 변화에 적응하지 못하면 살아가지 못할 것이니 동양학의 최고봉인 주역 공부를 하라고 권하셨습니다. 주역은 대자연과 인간을 일관하는 진리를 밝히고, 때를 알고 변할 줄 알며[知時識變] 흉한 일을 피하고 좋은 일에 나아가[避凶趣吉] 진퇴와 동정을 분명히 하는 학문이라고 하셨습니다. 환갑 넘어 배우고 터득하여 강의, 번역 출간은 물론 일상의 심오함과 사회 흐름의 이해에 적용하고 있다고 하셨습니다.

이렇게 총장님과 2011년부터 이어온 만남의 장소는 주로 봉산동 진료실이었습니다. 늘 환자가 대기 중이어서 긴 시간을 할애받지 못했습니다. 그래서 환자 신분으로 뵌 적이 있습니다. 그때 총장님께서는 '약이 필요 없으니 운동 열심히 하고 마음을 편하게 하라.'고 말씀하셨습니다.

여전히 병고에 시달리는 많은 분들을 위해 의술을 펼치시는 현역 한의사이며, 다양한 분야에서 왕성한 활동을 하시는 총장님은 졸수 (卒壽)가 넘었지만 나이는 정말 숫자에 불과합니다. 총장님을 뵐 때마다 '노인 한 분이 도서관 하나'라는 말이 딱 맞는다는 생각이 들었습니다. 그것도 보통 도서관이 아니라 한방병원을 겸한 힐링형 도서관 말입니다.

최근에 총장님과 함께 식사를 했는데 식탁에 올라온 음식을 모두 비우시면서 "이 음식은 수많은 사람들의 수고 덕분에 여기까지 왔는데 감사한 마음으로 깨끗하게 비워야 한다."라고 하셨습니다. 자연을 사랑하고 생명을 존중하는 대자연사랑실천본부의 이사장 직책에 걸맞은 말씀이었습니다.

저는 총장님 덕분에 음양탕으로 몸을 보하고 금과옥조와 같은 말씀으로 마음을 잘 다스리고 있습니다. 이제까지 총장님께 치료는 물론 마음의 안정을 찾은 사람들이 엄청나게 많을 것이니 참으로 많은 복을 지으셨으리라 짐작합니다. 또 대구한의대학교라는 대학을 설립하여 3만여 명의 인재를 사회로 진출시켜 다양한 분야에서 큰 역할을 할 수 있게 하셨고, 한의학 발전은 물론 수많은 한의사를 양성하여 그들로 하여금 많은 사람들의 병을 치료하게 하셨으니 그 복은 무량무변(無量無邊)합니다. 그런데 총장님께서는 절제와 순리의 삶으로 석복(惜福)하시니 그 복이 복리(複利)로 저축되고 있겠지요.

제게 주신 수많은 가르침 외에 총장님의 인상이 저의 선고(先考)와 비슷하여 저는 40년 전 추억을 총장님을 통해 누리는 기쁨도 있었습니다. 그리고 많은 사람들에게 건강한 몸과 편안한 마음으로 행복한 삶을 누릴 수 있게 강건하신 모습 오래오래 보여주시길 기원합니다.

총장님, 고맙습니다.

격동의 시대를 살아온 위대한 거인

김관용

민주평화통일자문회의 수석부의장

향산을 가까이서 뵌 지 20여 년이 흘렀다. 향산의 처음 모습은 백미와 우렁찬 음성, 후덕한 외모로 사람을 편하게 했으며, 보이지 않는 기운이 나를 압도하는 것과 같아 절로 도학자의 위엄을 느끼게 했다. 지금도 환한 맑은 기운으로 무언가 곧 이루어질 것 같은 가능성을 엿보게 된다.

혼란의 시대를 살아온 향산은 해방과 분단, 전쟁과 폐허, 그 지독한 가난을 온몸으로 부딪치며 극복한 참으로 대단한 어른이시다. 향산은 한의사이자 교육자, 한 시대를 이끄는 정신적 지도자로서 질곡마다 큰 화두를 던졌고, 대구한의대학교의 창학과 세계 최초의 한방종합병원 건립 등으로 당신의 화두를 실현하셨다. 그의 매 순간 정열과 헌신이 함께 했다. 향산은 자신이 좋아하는 일을 하는 것에 머무는 것이 아니고 늘 자신이 하는 일을 사랑하는 진정한 삶의 표상이라는 생각이 든다.

가끔 제한한의원에 들러 침도 맞고 이런저런 말씀을 듣는 것이 각박한 세상살이를 하는 내겐 큰 행운이다. 향산이 계신 곳이 배움의 현장이고 나라를 세계를 보는 중심이기도 했으며, 따끔따끔한 침의 효력과 함께 크나큰 기운을 함께 받기도 한다.

항상 우려하는 마음으로 한민족의 공동체 의식이 민족정기의 회복으로 이어져 그 위대한 힘이 세계화 전선에 새로운 지평을 열어가야 한다는 말씀, 또한 자연사랑 실천의 선구자로서 자연파괴에 끝없는 문제 제기, 자연과 공존으로 인류의 미래를, 대자연의 순리에서 답을 구하고자 하는 혜안, 더해서 평생을 헌신해온 질병 치료를 통한 구세제민, 질병에 대한 실험 연구와 발전을 위한 지속적인 투자, 더 나아가서 유학자로서의 향산은 도덕성의 황폐화로 우리가 처한 현실을 가치의 왜곡과 상실의 시대로 보고 도덕성 회복으로 인간의 근본 문제에 접근하고자 하는 주장과 때를 놓치지 않는 실천, 언제나 중용적 삶으로 균형감각을 잃지 않았으며 엄격한 자기 관리를 함으로써 얽매인 삶으로부터 마음이 자유로운 향산, 흐르는 세월을 잊고 사는 향산의 큰 모습, 헤아릴 수 없는 깊이에 나도 모르게 머리가 숙여진다.

언제나 찾아뵙고 편하게 말씀을 들을 수 있는 행운이 있기를 기대하는 것은 나만의 욕심일까. 격동의 시대를 살아오신 위대한 거인 향산을 향해 힘찬 박수를 보낸다.

본받고 싶은 선비정신

김광수
대구한의대학교 교직원

향산 변정환 명예총장님을 처음으로 뵌 후 삼십여 년이 지났다. 세월이 언제 이렇게 지나갔는지 놀랄 따름이다. 강산이 세 번이나 바뀌는 시간 동안 겪었던 많은 일들이 주마등처럼 스쳐 지나간다. 젊은 시절 그분을 처음 뵈었을 때에는 두 눈에서 내뿜는 광채와 당당한 기품 때문에 주눅이 들 정도였다. '강인하다'는 말로는 당시의 느낌을 다 전달할 수가 없다. 연세 아흔을 넘기신 요즘에도 그분의 열정은 식을 줄 모르는 채 간단없이 매진해 나가신다.

1970년, 의료법 종별에도 없었고, 누구도 생각하지 않던 세계 최초의 한방병원이 탄생했다. 명예총장님께서는 '제한한방병원'을 모태로 1980년에는 한의학의 과학화, 전문화, 세계화를 위해 대구한의대학교를 설립하셨고, 지금까지 한의사 후진 양성과 한의학의 발전을 위해 학문 연구에 힘쓰고 계신다. 의료인으로서도 유명했지만, 교육자로서, 경영자로서도 탁월하셨다.

실상 '변정환'이란 함자 석 자는 한의계에서는 살아있는 화타라 불릴 만큼 탁월한 의술의 경지에 오르신 분으로, 그 명성은 국내뿐만 아니라 세계 곳곳에 널리 알려져 인도네시아 메가와티 대통령의 주치의도 역임하실 정도였다. 또한 한의학자, 한학자, 유학자, 교육자, 성직자, 동양철학자, 예술인, 문학인으로서 다양한 분야에서 박식하셨고 그 깊이는 감히 누구도 흉내 내기 힘들 정도로 깊었다.

그러한 명예총장님의 활약상을 곁에서 지켜본 필자는 그 큰 뜻과 삶의 자취를 후대에 남길 수 있는 좋은 방안을 찾고자 노력했다. 그 일환으로 2017년과 2020년에는 두 차례에 걸쳐서 대구한의대학교 이래종 교수와 함께 "춘정 변계량 선생 재조명 학술대회"를 기획하고 진행했다. 이때 깨달은 것은 한 시대를 선도하던 현자의 위대한 삶은 후대 사람들에게 꿈과 용기를 가르쳐준다는 사실과, 시대에 맞는 언어로 연구를 진행하면 그 어떤 것보다 아름답고 보배로운 정신문화를 선양할 수 있겠다는 것이었다. 그래서 명예총장님의 다양한 분야의 학문 연구와 삶의 업적을 재조명하는 학술대회를 개최한다면, 그것이 오랜 세월 필자가 받은 은혜에 보답할 수 있는 길이라 생각하고 이 사업을 추진해야겠다고 다짐하게 되었다.

2019년에는 미수를 맞이하여 향산 서예전을 개최하셨다. 그때 개인의 서전 행사로 끝내지 않고 "대구한의대학교 건학 60주년 기념 발전기금 조성 향산 변정환 서전"으로 개최하면서 수익금 전액을 대구한의대학교 발전기금으로 기부하셨다. 대학 발전을 위해 누구보다도 봉사하고 희사하는 마음을 보여주신 사례 중 하나였다. 이런 일련의 사업을 통해 다시금 명예총장님의 업적을 기록으로 남기는 작업이 필요하다고 생각하게 되었다. 그런데『대구한의대학교 건학 60년사』출간 준비를 위해 자료를 편집하는 과정 중에 알게 된 사실은 대학의 설립 이후에 관한 기록은 어느 정도 보존되고 정리되었으나, 대학 설립 이전의 기록물은 그 내용이 통일되지 않거나 자료가 제대로 정리되어 있지 않다는 것이었다. 그 때문에 당연히 명예총장님의 업적과 학문세계를 다룬

연구가 제대로 되어 있을 리 없었다. 심각한 문제라 판단하였다. 지금
이라도 대책을 세우지 않는다면 차후에는 더 큰 어려움에 봉착할 수밖
에 없지 않겠는가.

그날부터 향산 변정환 명예총장님의 창학 정신과 설립 이념을 연구
정리하여 후대에 알려야겠다는 생각으로 나름 방법을 모색했다. 마침
내 그분의 큰 업적과 정신을 연구 대상으로 하여 학술대회를 열고, 그
것을 토대로 문집을 발간해야겠다는 데 생각이 미쳐 주위에 도움을
요청했다. 명예총장님과 오랜 인연을 맺고 함께 동고동락해 오셨던 시
나리오 작가인 박동희 선생님, 김문섭 교수님께서 지지 의사를 보내주
셨다. 어려운 일이지만 지금이 아니면 나중에는 더 힘이 들 것이라면서
적극적으로 동의해 주신 것이다. 천군만마를 얻은 기분이 들었다. 용기
백배하여 변창훈 총장님께 그동안 준비해 왔던 학술대회 행사 관련
내용을 간략히 보고드렸고, 향산교양교육연구소의 주관으로 추진위원
회를 구성하고 사업에 착수하였다.

그러나 일이 마냥 일사천리로 흐르지는 않았다. 우선 각 분야의 연구
자 선정이 쉽지 않았다. 아직 생존해 계시는 분의 연구라 부담스러운지
쉽게 연구자를 구할 수 없었다. 우여곡절 끝에 자료수집조차 쉽지 않은
상황에서도 10여 명의 연구자를 섭외하여 2022년 1월에는 교육 외 9개
분야의 발표로 채워진 학술대회를 열 수 있었다. 2023년 전반기에는
한의학 외 3개 분야의 연구를 더하고 교정과 윤문 작업을 거쳐서 논문
집의 발간을 위해 전력투구하고 있다.

명예총장님의 배포가 큰 것은 다 아는 사실이지만 사상 또한 남다르
다는 사실은 그다지 널리 알려지지 않았다. 명예총장님께서는 2011년
생명존중, 대자연사랑실천운동을 통해 인간과 자연이 조화되는 세상

을 구현하기 위해 사회운동을 시작하셨다. 이후 국제동양의학회 학술대회, 국제라이온스협회 이사회 등 대규모 세계대회를 한국에 유치하여 큰 국제행사를 개최한 경험으로 국제대자연사랑실천본부가 주최하는 '2014년 제7회 세계청년대자연사랑축제'를 유치하셨다. 범인으로 할 수 있는 규모가 아니었다. 명예총장님께서는 이의 대회장을 맡아 전 세계 11개국 1천6백여 명의 외국 청년 및 관계 귀빈들과 내국인 5천여 명의 회원, 그리고 시민들이 함께하는 명실상부한 축제로 만드셨다. 대자연사랑실천운동은 누구나 다 생각하는 수준의 그런 운동은 분명 아니었다. 대구 엑스코에서 1박 2일 동안 대구광역시와 공동 개최한 대규모 대회를 성공적으로 마무리하여 세계인의 주목을 받았다. 이때 축제를 도와드리면서 동분서주했던 경험은 힘들었지만 인생에 두 번 다시 없을 기회이자 행운이었다. 명예총장님께서는 언제나 세상을 넓게 경험해 봐야 성장할 수 있다고 말씀하셨고, 늘 글로벌 시대를 외치셨는데, 그 대업을 짊어지고 한 걸음 한 걸음 나아가는 길에 동참했다는 생각이 들었기 때문이다. 이때의 경험과 기억은 내내 자부심으로 남을 것이다.

명예총장님과 함께 하면서 많은 것을 경험하고 배웠다. 특히 개인적으로 그분을 더욱 존경하게 된 것은 '효심' 때문이었다. 지극정성이란 말이 부족할 정도로 효심은 남달랐다. 지금도 매주 조상 묘소를 참배하고 묘역을 둘러보시고 관리하고 계신다.

매사에 부지런하고 끊임없이 도전하는 정신, 그리고 실천하시는 정신 또한 그분에게서만 느낄 수 있는 나만의 자산으로 자리 잡았다. 인류의 영원한 생존과 공존을 위해 잘못된 가치관과 인생관을 올바르게 확립하고자 노력하시는 삶에서 크고 작은 일들을 겪으면서 자애로운 보살핌을 받으며 오랜 세월을 모셨다. 이제는 부모님처럼 깊은 정을 가슴에 담고 그분의 큰 삶을 배우려 한다.

선비정신의 실천과 지혜와 혜안으로 이룩한 명예총장님의 수많은 업적, 후세의 등불이 될 사상과 학문 등이 온전하게 밝혀지기 바란다.

오늘도 120세 장수를 준비하시며 하루도 빠짐없이 일기를 쓰고, 붓을 놓지 않으시며, 책을 읽으시는 변정환 명예총장님. 만 보 이상 걷기 운동과 생명을 존중하시며 채식을 택하신 변정환 명예총장님. 이분의 모습을 보며 만수무강하시길 기원한다.

그동안 『아직은 쉼표를 찍을 수 없다』며 훌륭하고 위대한 많은 일을 하루도 쉬지 않고 해오셨다. 이제는 그간의 업적들을 돌아보시고 쉬엄쉬엄 마무리하시면서 이웃집 할아버지처럼 온화하고 자상하며 원만한 모습으로 우리와 오랫동안 함께 지내시길 기원한다.

평소 향산 변정환 회장님을 곁에서 뵈면서

김규백

영남미술대전 초대작가회 부회장

향산 변정환 회장님은 대한민국영남미술대전 초대작가회에서 초대 작가회장으로 처음 뵈었습니다. 영남고등학교의 대선배이자 저희 부친과 연세가 같으셔서 늘 아버지처럼 여겨 왔습니다. 자주 뵙지는 못했지만 늘 그분에 대해서는 인생의 멘토로 삼고 싶을 만큼 세상을 잘 살아오신 분이라 생각합니다. 이 자리를 빌려 제가 왜 그분을 멘토로 삼으려 했는가에 대해 말하고자 합니다.

첫째, 회장님께서는 까마득한 후배인 저에게 한 번도 말씀을 낮추신적이 없었습니다. 편히 말씀하시라 여러 번 말씀드렸지만 수년이 지난지금도 여전히 존칭을 쓰십니다. 제가 대단한 사람도 아닌데 말입니다. 이토록 상대방을 존중하시는데 존경하지 않을 수 없겠지요. 살아 보니참 어려운 행동입니다. 저도 진심으로 닮고 싶은데 참 어렵습니다. 그런 점에서 그분이 참 존경스럽습니다.

둘째, 학문적 깊이와 자신감이 있으십니다. 그분의 학문 깊이는 가늠할 수가 없습니다. 회장님께서는 아주 깊은 우물처럼 돌을 던져 봐야깊이를 알 수 있듯 드러내지 않으시고, 드러낼 때는 깊은 내공의 학식으로 주위 사람들을 놀라게 하십니다. 그것은 학문의 깊이와 자신감에서 나오지 않을까 생각합니다. 상대에 맞는 학문의 변을 펼친다는 뜻입니다. 박사에게는 박사에 맞는, 고등학생에게는 고등학생에 맞는, 초등학생에게는 초등학생에 맞는 눈높이를 충분히 조정하시는 그분의 능력은 학문에 자신과 깊이가 있어 가능하리라 생각합니다. 이런 회장님의 모습을 뵐 때마다 '나는 아직도 늦지 않았으니 더 배워야 한다'는 의욕이 생깁니다.

셋째, 목표를 세우고 실천하시는 모습입니다. 초대작가회에서는 매년 지역에서 작가회원전을 개최해 왔습니다. 언젠가 회장님께서 작가라면 한 번은 뉴욕에서 전시해야 한다시면서 뉴욕 전시회 개최를 제안하셨습니다. 사실 뉴욕에서의 전시회는 여러 가지 어려움이 많습니다. 전시장 임대, 작품 운송, 오프닝 참가, 전시장 운영, 여행 경비 등… 이처럼 경비가 많이 드는 프로젝트인지라 선뜻 계획을 세울 수 없었습니다. 그때 회장님께서 경비의 일부와 뉴욕 전시 진행을 도와줄 현지 담당자 지원 등을 약속하셨습니다. 결국 뉴욕 전시는 회원들의 여러 사정 등으로 성사되지 못했습니다. 그러나 높은 연세에도 눈을 빛내시며 꿈을 말씀하시고, 계획을 이루고자 다독이셨던 그날의 회장님은 저를 비롯한 회원들에게 귀감이 되기에 충분했습니다.

넷째, 인생의 발자취를 남기고자 하시는 모습입니다. 2019년 적지 않은 연세에 평생을 학습하신 서예 개인전을 하셨습니다. 작품도 작품이지만 오프닝에 참가한 수많은 제자, 동료, 지인 등 그동안 맺어 오신 인연을 보면서 감탄했습니다. 그 많은 인연을 오랜 세월 동안 이어온다는 것이 힘드실 텐데 용케도 잘 이어 오셨다는 생각이 들었습니다. 본받을 만한 일이지요. 또 현재는 대구한의대학교 향산학술림을 계획하시고 진행하십니다. 그 취지 또한 한의학에 인생을 바치신 회장님의 마지막 발자취일지도 모르지만 후대가 영원히 그 발자취를 따라 회장님의 뜻을 이루어 주길 바라는 마음이겠지요.

　회장님을 보면 '답설야중거(踏雪野中去)'라는 글이 절로 생각납니다. 저는 서각 작가로서 후진을 양성하고 있지만 과연 후학들이 바르게 작가의 길을 걷도록 발자취를 남기고 있는가에 대해 반문하고 또 반성도 해 봅니다.

　마지막으로 건강입니다. 의사이시니 누구보다도 건강은 잘 챙기리라 생각하지만 의사라고 다 건강한 것은 아닙니다. 회장님께서는 철저한 식단관리와 운동을 하시면서 체력을 유지하십니다. 젊은 저로서도 참 부럽기만 합니다. '나도 저 연세에 저 정도의 체력을 유지할 수 있을까' 하는 의문마저 생깁니다. 저의 작품 중에 〈백년시계〉가 있습니다. 긴 바늘은 생의 목표 나이를 짧은 바늘은 현재의 나이를 표현하는 이 작품은 두 바늘의 간격을 보면서 남은 인생을 가늠해보라는 작가 의도가 깃들어 있습니다. 저는 생의 목표를 85세로 정하였으니 인생이 20년 남았네요. 회장님을 보면서 이제 생의 목표를 좀 더 늘려 볼까 합니다. 많은 노력과 인내가 필요하겠지요. 회장님께서는 생의 목표를 얼마로 계획하셨는지는 모르지만 꼭 닮고 싶은 모습입니다.

　회장님을 오랫동안 모시진 못했지만 짧은 시간에 많은 것을 가르쳐주시며 인생의 멘토가 되어주신 회장님께서 삶의 목표로 삼으신 모든 일들이 꼭 이루어지길 바랍니다. 그리고 제가 회장님 연세에 또 다른 누군가가 나를 멘토로 삼을 수 있는 삶을 살 수 있도록 다짐해 봅니다.

　앞으로도 건강하게 좋은 발자국을 많이 남겨 주시기 바랍니다.

한의학의 세계화를 위해 매진하신
변정환 명예총장님

김미림

대구한의대학교 교수

삶의 길은 본인의 마음대로 순탄하게 펼쳐지는 게 아니다. 지구의 날씨가 동일하게 반복하지 않는 것처럼, 사람살이 역시 덥고 춥고 비바람에 구름 끼는 날이 다반사다. 그러나 태풍의 먹구름 속에서도 언뜻언뜻 햇살은 비치고, 지루한 장마를 견디면 쨍쨍한 날씨가 찾아오는 법이다. 때문에 중요한 것은 태도일 것이다. 누구는 하늘 탓하며 주저앉아 있을 때, 누구는 험한 환경에도 싹을 틔우려 애쓴다. 인생은 개인의 노력과 재능이라는 씨줄과 시대의 흐름과 운이라는 날줄이 합쳐서 직조되는 것이다.

대구한의대학교 설립자 변정환 명예총장님은 시련을 딛고 밝은 세계로 나가기 위해 평생을 매진하신 분이다. 어린 시절에 조부님께서 일러주신 기대와 당부를 평생 지니고 계셨다. '불위양상(不爲良相)이면 영위양의(寧爲良醫)라', 어진 재상이 되지 못하면 차라리 훌륭한 의사가 되라는 당부를 이루기 위해 고난의 길에서도 좌절하지 않고 다시 일어섰다. 아니, 좌절이라는 것을 할 만큼의 여유도 없었다. 고민하고 한숨을 쉴 동안 일을 했고 공부를 했다. 그 무렵의 명예총장님께서는 생각과 동시에 행동하셨고, 행동으로써 생각하셨다.

　명예총장님의 조부님은 스승이자 지주셨다. 조부님 다음으로 임창순 선생님의 은공을 잊을 수 없다고 하셨다. 학문의 길은 혼자 외롭게 가는 길이며, 일가견을 이루어 독립하게 되면 비로소 참다운 자신만의 학문이 되고 연구의 꽃이 핀다는 깨우침을 주셨다.

　누가 소원이 무어냐고 물으면 "나의 소원은 한의학 발전이오, 한의학을 위하는 일이오, 한의학을 세계화하는 일이오."라는 대답을 하셨다고 하셨다. 숨이 끊어지는 순간까지 그 소원을 간직할 것이라는 변 총장님의 각오에 경의를 표하는 바이다.

　명예총장님은 우리나라 주체성을 찾기 위해 '한(韓)' 자를 주장하셨다. 그리고 관철하셨다. 그 예가 '한(韓)의사'로 지칭한 것이다. 조부님의 유지를 받들고 집안의 가업을 잇기 위해 한의사가 되셨으며, 한(韓)의학 발전에 평생을 바치셨다. 세계 최초로 한방종합병원을 개설하고 종합대학을 설립한 것은 우리나라 역사에 큰 획을 긋는 일이었다.

　허허벌판 위에 솟아있던 야산이 대학캠퍼스가 되기까지의 경제적 난관을 어찌 다 말할 수 있을까. 타인의 시기와 옥중 생활로 휘청거리셨을 때에도 오뚝이처럼 일어나는 불굴의 뚝심과 배짱이 있으셨다. 힘들 때마다 위로를 건네준 분들과 가족에게 고마움을 잊지 못한다는 총장님의 마음 한편에 따스한 촛불 한 자루가 빛나고 있음을 본다.

　명예총장님의 삶은 항상 진행형이라고 하셨다. 삶의 강물이 얼마쯤 더 흘러야 바다에 닿을지 모르겠으나, 지금까지 오면서 늘 강의 '이쪽과 저쪽' 같은, '이상과 현실' 사이에서 긴장을 늦추지 않았다. 해야 할 일과 해서는 안 될 일의 분별력을 기르라고 늘 메시지를 보냈다.

　명예총장님은 확실히 별난 분이시다. 생각이 별나시고 일의 추진력도 그러하시다. 그 별난 성격은 대의를 위하고 정의를 위한 것이셨다.

별남으로 인해 대한민국의 한의학 발전을 이루어 놓은 것이다. 또한, 음식 습성 역시 별나시다고 소문이 났다. 술과 담배는 물론 불가에서 금하는 날짐승, 들짐승, 물고기와 파, 마늘, 양파, 부추, 달래 등 자극성 있는 삼염오훈(三厭五葷)을 금하고 계신다. 자극성이 강한 오훈채는 본인은 물론 타인에게 불쾌감을 줄 수 있고, 채식은 정서를 순화하기 때문이다. 사람이 섭취할 수 있는 식물을 먹으면 마음 또한 순화된다는 믿음을 가지고 계신다.

지난 2021년 5월 3일, 대구한의대학교 한빛관 8층에 약선 전문 식당 하니메디키친(Haany Medi-Kitchen)이 문을 열었다. 약선(Medi-Kitchen)과 지중해(Mediterranean)와 세계적 건강식의 메카라는 의미와 대구한의대학교의 이념인 건강을 담은 상호였다. '학생이 건강한 대학'을 실현하고자 했으며, 전국 유일무이한 건강지향 모던 약선 레스카페가 문을 연 것이다.

사업장은 학생 현장실습장으로 연계하여 사용하고 있다. 약선 전공 학생들의 메뉴 개발과 아이디어를 학과 교수진과 전문가들이 검토하여 현대인의 니즈(Needs)와 선호도에 맞춰 약선으로 탄생시켰다. MZ세대의 입맛에 거리감이 없는 지중해식 메뉴를 개발하고, 약선으로 구성된 메뉴는 청열(음)과 활혈(양) 음식으로 구분해 놓았다. 그뿐만 아니라 비건 식품도 마련되어 있어 본인의 체질에 맞춰 먹도록 했다. 실내 인테리어 역시 남녀노소 전 세대를 아우를 수 있도록 심플하게 꾸몄다. 입구에는 키오스크를 마련하고, 포토존을 만들어 방문객의 감성을 자극하도록 했다. 길쭉한 통창을 통해 북쪽으로는 경산시 전역이, 남쪽으로는 아름다운 대학 정경이 한눈에 들어온다. 신선함과 건강과 힐링의 여유를 주는 배려의 공간이다.

사람살이에 먹는 것만큼 중요한 것은 없다. 명예총장님의 뜻과 대구한의대학교의 정성, 그리고 정성과 맛이 깃든 음식이 있는 하니메디키친은 몸과 마음의 만족으로 이끌어 줄 것이다.

"구름은 용을 따르고/ 바람은 범을 따르며/ 하늘에 근본한 것은 올라가고/ 땅에 근본한 것은 내려가니/ 각기 그 유를 따른다."

명예총장님의 주머니에 항상 넣고 다니는 책이『주역』이라고 한다. 사람살이는 역사책에서 배울 수 있고, 현재는 뉴스와 상황을 접하면 알 수 있다. 그러나 역학은 과거와 현재의 함수에서 미래를 역산한다는 게 명예총장님의 주장이다. "성공의 기준은 많이 가진 데 있는 것이 아니다. 남을 위해 많이 베푸는 데 있다. 돈의 많고 적음의 문제보다도 돕겠다는 마음가짐이 더 중요하다."라는 말씀으로 자신을 다스리고 이웃을 바라보신다.

변정환 명예총장님은 우리의 전통의학인 '한의학의 세계화'를 이루는 것이 마지막 소원이라고 하셨다. 꿈은 꿈꾸는 사람에게로 온다. 지속해서 내딛는 한 걸음, 한 걸음이 꿈을 이루는 길로 인도한다. 대구한의대학교는 설립자이신 변정환 명예총장님의 뜻을 받들어 나아가고 있다.

총장님 침은 신침(神鍼)

김미송
기당 풍수인테리어 연구원

언제부터인가 엄지가 오른쪽에서 왼쪽으로 오가며 아프다가 뻣뻣해지고 굽어지지 않는 증상을 반복하였다. 병원, 한의원을 팔방으로 다녔지만 백약이 무효였다.

오른쪽 엄지가 뻣뻣한 상태에서 호주에 살고 있는 친지 집을 방문하게 되었다. "아니 손가락이 왜 그래? 돌아가면 바로 대구 '변 총장님'께 가 봐." 귀국하자마자 대구 변정환 총장님을 찾아보았다.

친구가 말한 '변 총장님'은 대구 반월당에서 한의원을 운영하고 계셨다. '변 총장님'은 이야기로 알고 있기는 했다. 20대 말 한의사 자격증을 받는 동시에 개업 준비를 위해 간판을 달고 있을 때의 일화가 생각난다. 큰 도로 가운데 사람들이 모여 웅성거렸다. 그때 젊은 의사가 침통을 들고 뛰어가 보니 10대 여자아이가 쓰러져 벌벌 떨고 있었다. 얼른 침을 놓자 소녀가 바로 일어나 툴툴 털면서 인도로 향해 뛰어갔다고 한다. 이분이 바로 지금의 변정환 명예총장님이다.

이 광경을 본 주민들은 '신침이다'라며 소문을 냈고, 이 소문의 기운이 퍼져 나가자 환자들이 몰렸다. 급기야 환자들이 근처에서 잠까지 자며 줄을 서자 뒷집까지 매입해 한의원을 넓혔다. 그럼에도 역시 북새통을 이뤄 수요를 채울 수가 없자 수성구 신천 냇가 우측의 수천 평

땅을 구입해 세계 최초로 한방병원을 설립했다. 그 후 경산, 오성 세 개의 캠퍼스를 설립하게 되었다는 이야기는 대구와 경산, 청도 일대에 도 상당히 오랫동안 유명했다.

나는 이야기로만 들었던 '변 총장님'의 치료를 받게 되었다. 초기에 는 일주일에 두 번 침 맞고, 약을 받았다. 다음은 일주일에 한 번으로 횟수가 줄었고 그다음에는 약만으로 치료했다.

두 달쯤 됐을까? 손가락은 씻은 듯 낳았으며 20년이 지난 지금도 손가락 기능은 변함없이 만점이다. 좌우 엄지손가락을 보면 신침의 위 력이 떠오르고 동시에 총장님의 덕(德) 많고 인자한 얼굴도 함께 어른거 린다. 지인들 중 신침을 경험한 이들은 신침이 옆에 계시니 걱정 없다 고 한다.

'변 총장님'께서는 학문에도 신학(神學)이다. 서예의 대가로서 중국 에서 더 알려져 있으며, 『주역』과 『도덕경』을 번역해 무료로 배부하신 다. 일주일에 한 번씩 진료 중 살짝 틈을 타 주역 강의하러 달려오신다. 길고 긴 시간 동안 지속되는 일들이다. 2,500년 전에 써진 『주역』에 지금 일어나는 일이 다 예견되어 있음을 척척 해석해 주신다. 우리가 살아가면서 지켜야 할 기본적 덕목을 직접적으로 전하기보단 알맹이를 넣고 재미를 붙여 간접적으로 전한다.

황학루 곁에 있는 주막 이야기가 그 예 중 하나다. 중국 우한에는 황학산이 앉아 있으며, 황학산을 지키는 황학루가 서 있고, 누각 곁에 는 주막집이 있어 누의 기운을 받고 있다. 어느 날 노승이 지나가다 목이 컬컬해서 "여보게 주모 안에 있는가?" 하고 불렀다. 주모는 반갑 게 노승을 맞았다. 노승이 "나는 돈이 없는데 공술을 줄 수 있겠나?"라 고 물었고 주인은 좋다며 술을 주었다. 이날부터 노승은 무려 석 달

동안 공술을 마셨지만 주인은 얼굴색 하나 바꾸지 않고 처음 만났을 때처럼 친절했다. 노승이 떠나며 술값으로 그림 하나를 그려 줄 테니 주막 벽에 붙이라고 일러주었다. 그 후 그림을 보고 사람들이 모여들어 노래를 부르며 학이 춤추듯 움직였고, 좋은 그림이 있다는 소문이 나면서 손님이 계속 모여들어 주모는 큰 부자가 되었다. 어느 날 다시 스님이 나타나 돈 벌었으니 간다며 학을 타고 가 버렸다. 주모의 진정한 마음에 노승이 감동해 은혜를 갚은 것이리라.

총장님은 『주역』을 재미나는 학문으로 이어가기 위해 여러 가지 지혜와 덕목, 흥미를 덧붙이고 거리를 만들어 내는 요술주머니를 차고 있다. 그 요술의 재미는 무한하다.

총장님은 20대 후반부터 지금 90대 초반까지 반월당 한자리에서 손수 진료하고 계신다. 60년 이상을 한자리에서 교육, 진료에 전념하는 총장님은 "인생은 기회를 포착해야 하는데 기회는 활 쏘는 연습을 하는 것과 같아서 목표물과 시간이 맞아야 한다."고 강조하신다. '새가 날아왔을 때 쏘아 맞힐 수 있으니까.'

미성숙한 우리들을 위해 성숙의 계단으로 올리려 무한한 노력을 하고 계신다. 강의 시간 하나하나를 새겨듣고 실천하려 노력하고 있다. 나의 연구실엔 '125세까지'라는 몇 학생의 사인이 있다. 즉 '125세까지 일한다'라는 의미다. 총장님 뒤를 따르기 위해서다.

압독벌에 발을 내디디고
지금까지 여기 있게 한 한마디

김석완
대구한의대학교 교수

지금 생각하면 경산에 온 것이 하나의 정해져 있었던 길처럼 느껴지기도 한다. 1997년 12월, 우리 대학 교수초빙 면접을 보러 지금의 삼성캠퍼스에 첫발을 디뎠다. 처음에는 길을 잘못 들어왔나 생각했다. 마을 입구로 되돌아가서 대학교 표지판을 확인하고야 다시 들어왔다. 면접장인 본관에 가기 전 교정을 살펴보니 공사 중인 곳도 있고, 전체 건물이 8동 정도인 대학이었다. 지금 생각해 보면 대학으로서는 작은 규모였다.

교수초빙 면접장에는 당시 총장이셨던 향산(香山) 변정환 설립자와 몇몇 심사위원이 계셨다. 여러 가지 질문과 답변이 이어지는데, 마지막으로 총장께서 하신 질문과 이야기가 아직도 기억에 생생하다.

"대학교수로서 제일 중요한 게 뭐지요?" "교육과 연구, 사회봉사라고 생각하는데 교육이 제일 중요하다고 생각합니다." "네…. 그럼 학생들 가르칠 때 1시간 수업하는 데 대학교수는 얼마나 준비해야 할까요?"

박사학위 후 대기업 중앙연구소에 있으면서 대학원 모교인 KAIST 석박사과정 교과목 1개를 맡아서 강의하고 있었고, 매번 준비하는 데 고생하고 있었던 터라 준비 과정에서 강의 시간의 두 배 이상 소요되고 있었다. 그래서 "학부 수업의 경우에는 1시간 수업하는데 최소 1시간의 준비와 대학원인 경우에는 그 2배 이상 준비해야 한다고 생각합니다."라고 답변했다. 총장님께서는 "대학은 교육이 제일 중요합니다. 좋은 생각이지만 강의가 1시간이면 3시간 이상은 준비해야 학생들을 잘 가르칠 수 있습니다. 만약 오신다면 그리 노력해 주세요."라고 말씀하셨다.

면접을 마치고 돌아오는 길에 응답한 내용이 머릿속에 맴돌았다. 그 시절, 여러 곳에서 면접을 봤는데, 교육과 강의에 대한 질의는 거의 없었다. 내가 학생을 대상으로 강의하려면 더 많은 준비와 노력이 필요하다고 생각했다. 지금도 반복되는 강의 자료라도 사전에 다시 한번 검토하는데 많은 시간을 사용한다. 새로 맡은 교과목일 경우에는 두세 배의 시간을 사용하고 있다. 총장님이 명예총장님이 되시고, 면접을 보던 내가 교수로 자리매김하는 동안의 많은 시간이 흐른 지금에도 말이다. 우리 학생들에게 교과목에서 교수가 가르쳐야 할 내용을 교육하는 것도 맞지만 학생들이 배우고 싶어 하는 것을 준비해서 함께 좋은 강의를 만들어 가야 할 것이다.

어느 날, 갑자기 온 연락이 계기가 되어 향산 변정환 총장님을 가까운 거리에서 모시게 되었다. 차량에 동승해서 외부 일정을 소화하던 중에 총장님께 여쭈었다. "지금도 주역 강의를 계속하시는데…"

물음이 끝나기도 전에 "마음에 와닿는 글을 통해 지혜 등을 나누면 좋지요. 어떤 글귀 좋아합니까?" 하고 하문하시기에, "반구저신(反求諸身)과 하심공경(下心恭敬)을 좋아합니다." 하고, 늘 마음에 두고 있는 두 가지 글귀가 있어 말씀드렸다. 여러 말씀을 해주시면서 "아마 그런 마음과 행동으로 생활하면 좋은 일만 보게 될 겁니다." 하셨다.

돌이켜보면, 친구나 동료, 선후배, 가족 등 수많은 사람과 수많은 담소를 나누면서 교수로서 그리고 오늘을 살아가는 한 사람으로서 늘 머릿속에 남는 그 말이 있어 좋았다.

대구한의대학교의 명소 향산한학촌

김세기

대구한의대학교 명예교수

Ⅰ

경산을 상징하는 원효, 설총, 일연 삼성현. 이 땅을 기리는 삼성산 줄기가 용틀임하면서 북쪽으로 내려오다가 삼성캠퍼스 본관 동편에서 숨을 고르고 잠시 멈추어 평지를 이룬다. 그 산줄기는 머리를 들어 대각산 정상에서 경산 들판을 굽어보며 끝난다. 이 산줄기가 평지를 이루기 전 북사면에 향산한학촌이 자리 잡고 있다. 이곳은 한국 전통서원 형식으로 지은 한옥으로 각종 행사와 한학촌 카페를 운영하여 대구와 경산의 시민들은 물론 전국적으로 대구한의대학교의 명소로 각광을 받고 있다.

향산한학촌의 시작은 성인의 학문을 본받고 미래의 학문을 열기 위해 대구한의대학교를 창립한 향산 변정환 박사(명예총장)의 의지로 세워졌다. 삼성현의 정신을 구현할 시설을 세우려는 향산의 굳은 의지와 노력으로 완성한 상징적 건축물이 바로 향산한학촌인 것이다.

향산한학촌은 2007년 3월 주식회사 한국유리의 벽송(碧松) 이근후(李根厚) 회장이 김천시 부항면 지좌리에 있던 '일심서당(一心書堂)'과 '한계정사(寒溪精舍)'를 학교에 기증하면서 시작되었다. '일심서당'은 성균관 부관장을 역임한 이근후 박사가 자신의 돌아가신 부친의 학덕을 기리기 위해 지은 서당이며, '한계정사'는 돌아가신 할아버지의 학문과 정신을 기리기 위해 지은 정사이다. 우리 명예총장님도 성균관부관장을 역임 하였고, 유학에 대한 깊은 애정과 교육에 대한 철학을 잘 이해하고 있던 이근후 회장은 부항댐의 건설로 수몰될 위기에 처한 일심서당과 한계정 사를 그 뜻을 훼손하지 않고 이어갈 것 같은 대구한의대학에 기증한 것으로 생각된다. 그리하여 2008년 5월 두 건물을 현재의 자리에 이전 복원하게 되었다.

'일심서당'과 '한계정사'는 정면 5칸, 측면 3칸의 팔작지붕으로 되어 있다. 두 한옥은 쌍둥이 건물처럼 똑같은 규모의 건물로 공포는 익공식 이며 양단에는 방을 배치하고 가운데는 마루를 놓아 강학을 하거나 행사를 진행할 수 있도록 구성하였다. '일심서당'의 현판은 영남대학교 명예교수인 일헌(一軒) 이완재(李完裁) 교수가 예서체로 썼고, '한계정 사'의 현판은 영남대 명예교수였던 고(故) 수촌(壽村) 서경보(徐鏡普) 교 수가 해서체로 썼다. 두 건물의 넓이는 각각 66.20㎡(20.03평)이다.

이 건물을 복원할 때 명예총장님은 전통 학문에 대한 신념을 실현하 는 시설을 만들겠다는 염원을 담아 100년 뒤에 문화재가 될 수 있도록 제대로 만들겠다는 포부를 밝히고, '2009년 6월 한옥촌(당시 명칭) 활용 방안 정책연구 과제'를 수행했다. 당시 학생처장을 수행하던 필자는 훗날 문화재가 될 한옥을 지으려면 전통 한옥의 규격을 따르고 제대로 된 재료 등을 사용해야 한다는 생각에 고건축 전문가의 자문이 필요할 것이라고 말씀드렸다.

난관은 다른데 있었다. 한학촌 공사에 수십억 원의 공사비가 소요될 것이라는 예상이 나오자 학내에서 반대 의견들이 제기되기 시작하였 다. 이러한 학내 분위기를 보고하자 명예총장님께서는 교무회의에서

504

한학촌 건립은 우리의 전통 학문을 계승하고 젊은 세대에게 올바른 가치관을 심어주는 교육을 위한 시설이므로 어떠한 어려움이 있더라도 이룩해야 할 과제라고 천명하셨다. 이러한 말씀에 힘입어 강한 의지를 갖고 공사를 추진하였다.

공사의 시작은 남에서 북으로 뻗어 내린 경사면을 4단으로 절취하고 맨 아랫단인 4단은 기단 역할을 하면서 한학촌으로 들어가는 2층의 누각(樓閣)을 설치하는 것이었다. 1층은 화강암 돌기둥을 가로 6줄 세로 3줄씩 배치하여 총 18개의 석주(石柱) 위에 정면 5칸, 측면 3칸의 목조 누각을 세워 1층 건물이나 2층처럼 보이는 '현통각(玄通閣)'을 세워 입구로 하였다. 한학촌으로 들어가는 전입누각인 '현통각'은 '하늘로 통하는 문이 있는 큰집'이란 뜻으로, 하늘은 크고 넓으므로 최고 최대의 목표와 이상 실현을 향하여 학문하는 한학촌으로 들어가는 곳이란 의미를 담고 있다. 해서체인 현판은 명예총장님이 직접 쓰셨다.

그 위 3단은 한학촌의 상징 건물이자 서원의 강당에 해당하는 '삼성전(三聖殿)'을 건축하였다. '삼성전'은 경산의 대표적 인물인 원효대사, 설총, 일연의 삼성현을 생각하는 학문의 전당이란 의미로 한학촌 중 가장 크고 중요한 건물이다. '삼성전'은 정면 5칸, 측면 3칸의 목조 건물로 팔작지붕에 익공식공포 구조이며, 전체 규모는 128.70㎡(38.93평) 대형건물이다. 양 끝에 방을 들이고, 가운데는 나무마루를 깔아 강당으로 쓰도록 건축되었으나 현재는 전기온돌 패널을 설치하여 겨울에도 강의나 체험활동에 이용하고 있다.

이 '삼성전'의 특징은 웅장한 모습과 굵은 기둥과 대들보인데, 직경 1m 가까운 굵은 나무를 국내에서 구하기 어려워 북미 캐나다산 원목을 수입하여 가공하여 사용하였다. 강당에 창호를 달아 공간을 구분하고,

이 문을 열면 바로 마루와 연결하여 공간을 넓게 쓰는 들어 올리는 창호인 '들문'을 설치하여 먼 후일 문화재적 가치가 있도록 건축하였다. 해서체(楷書體)의 현판 글씨는 명예총장님이 직접 쓰셨다.

2010년 11월 22일 '삼성전'의 상량식(上梁式)을 거행하였다. 이 건물에서 가장 굵은 대들보를 파고 명예총장님이 직접 짓고 쓴 상량문을 넣고 봉하였고, 2011년 6월 13일 경산시로부터 사용승인이 남으로서 그 모습을 완성하였다.

이 '삼성전' 동쪽 옆에는 '계왕계래창학지심상(繼往啓來創學之心像)'의 뜻을 품은 설립자가 지나간 성인의 학문을 본받고 미래의 학문을 열기 위해 대학을 창립한 정신과 마음을 표현한 동상이 세워져 있다. 동상의 글씨는 서예가인 석암(石庵) 김영숙(金榮淑) 한문학과 명예교수가 썼다.

바로 그 옆 공간에는 2014년 8월 4일에 매설한 대구한의대학교 타임캡슐을 묻었다. 이 타임캡슐에는 대학의 연혁, 현황, 각종 홍보물, 학생들의 편지 등을 넣어 개교 100주년이 되는 2080년 9월 16일에 개봉하도록 하였다.

중단에는 이전 복원한 '일심서당'과 '한계정사'가 세워져 있고, 가장 넓은 3단인 하단에는 동서재(東西齋)인 '자강사(自彊舍)'와 '후덕당(厚德堂)'이 마주 보며 서 있다. 자강사에는 주역의 건괘 "하늘의 운행이 굳세니 군자가 보고서 스스로 힘쓰고 쉬지 않는다."란 말에서 따온 것으로, 학문하는 사람은 하늘의 운행처럼 굳세게 잠시도 쉬지 않고 하는 일에 매진해야 한다는 의미를 담고 있다. '후덕당'은 『주역』의 곤괘에 "지세가 곤(땅)이니 군자가 후한 덕으로 물건을 실어준다."는 말에서 따온 것이다. 학문을 함에 덕을 두텁게 해서 모든 사물을 용납한다는 의미를

506

지녔다. 행서체의 현판 글씨는 고(故) 김영숙 명예교수가 쓴 것이다.

위의 '삼성전'과 '현통각', '자강사'와 '후덕당'의 당호는 모두 명예총장님이 제명(題名)하여 한학촌에 대한 애틋하고 아끼는 마음을 표현하고 있다.

한편, 한학촌은 조경에도 많은 신경을 썼다. 배롱나무(목백일홍)와 같은 선비정신이 있는 나무를 심었다. 특히 '자강사' 단벽 쪽과 평지 주차장 끝에는 강원도 양양, 원주, 경북 봉화군 춘양면 등에서 아름다운 소나무 등을 구해다 심었고, '후덕당' 앞에는 감나무를 심어 낭만과 운치를 더하였다. 특히 강원도 양양에서 운송해온 낙락장송(落落長松)은 설악산 줄기 바닷가 근처에 서 있어서 강한 바닷바람을 맞아 가지가 한쪽으로 기울면서도 꿋꿋하게 서서 절개를 지킨 형상을 하고 있어, 한학촌의 정서에 잘 맞는다. 그리고 '현통각' 동쪽 절벽에는 인공 폭포를 설치하고 연못에는 잉어 등 물고기를 길러 물의 흐름을 통해 천지의 기운을 받는 모습을 연출하고 있다.

Ⅱ

오늘날 한학촌에서는 '후덕당'에 한학촌 카페를 차리고 '자강사', '현통각'을 차 마시는 공간으로 시민들에게 개방하여 박물관 체험프로그램과 함께 많은 사람들이 이용함으로써 한옥의 보존과 활용의 효과를 높이고 있다. 처음 한학촌 운영과 관리를 맡은 박물관이 카페를 연다고 하니 전통 한옥에 현대식 카페가 웬 말이냐고 우려하는 의견이 있었다. 한옥의 좋은 보존관리 방법은 사람이 왕래하고 생생한 기운을 받게 해야 한다고 설득하여 시작된 이 방법은 사람이 살지 않고 방치해 퇴락해가는 많은 종가와 전통 한옥의 보존에 대한 방법을 제시한다.

한학촌 카페는 커피를 비롯한 전통발효차, 한방차 등 전통음료와 현대화된 커피와 어울리는 많은 시민들의 입소문을 통해 힐링과 대화의 장소로 애용되고 있다. 이러한 소문으로 전국의 운치 있는 찻집을 소개하는 책자에 게재되어 전국적으로 유명해졌다.*

그리고 강당인 '삼성전'과 '현통각'에서는 지역 화가들의 작품전시회를 열고, 카페 앞 데크에서는 시낭송회, 음악회, 색소폰 연주발표회 등의 공연을 열어 많은 호응을 얻고 있다. 카페 맞은편 '자강사' 아래층에도 뮤지엄 샵을 운영하여 대구한의대학교 생산품인 자안화장품을 비롯해 기념품, 미술작가의 소품, 도자기 등 아기자기한 기념품을 판매하고 있다.

한학촌 카페에서 담장 넘어 북쪽으로 보이는 작은 언덕인 대각산 정상에는 1층 목조의 8각 건물인 '대각정(大覺亭)'이 세워져 있고, '대각종(大覺鐘)'이 걸려 있다. '대각종'의 크기는 높이 225cm, 직경 140cm, 무게 3,750kg(1,000관)이며 종에는 비천상과 '대구한의대학교' 일곱 글자가 주조되어 있다. '대각정'의 맑은 종소리는 삼성현의 위업을 기리고 대구한의대학교의 무궁한 발전을 기원하며 나아가 세계에 이바지하는 인재가 배출되기를 바라는 염원을 담고 있다. '대각정'에서는 매년 1월 1일 시민들과 더불어 해맞이 행사를 개최하여 큰 인기를 얻고 있다. 이 행사에서는 여러 가지 프로그램을 진행하는데, 특히 새해 소망을 담은 타종행사가 학생은 물론 시민들에게 가장 높은 인기를 얻고 있다. 타종을 원하는 시민은 누구나 타종을 할 수 있어, 가족의 소원을 빌고,

---

* 류정호, 「대구한의대학교 한학촌 후덕당찻집」, 『여행길에 찻집』, 도서출판 인문선택, 2014, 294~305쪽.

희망을 타종하려는 시민들로 대기 줄이 길어지고 있다.

2013년 1월 1일부터 시작한 해맞이 행사는 처음에는 대구한의대학교 학생과 교직원을 위한 행사로 시작하였으나 점차 입소문을 통해 알려지면서 4,000명 이상이 참가하는 대규모 행사가 되었고, 2016년부터는 대구한의대학교와 경산시가 합동으로 진행하게 되었다. 경산시는 경산문화원이 대구한의대학교는 박물관이 주관하고 있다.

해맞이 행사는 6시 30분 경산보인농악대가 길놀이와 축하공연으로 막을 열고, 7시 36분 경산의 해 뜨는 시간에 맞춰 공식행사로 시립합창단의 새해합창, 시장, 총장님의 새해인사 등을 듣고 떠오르는 해를 맞이한다. 해맞이가 끝나면 희망하는 시민 누구나 가족단위 혹은 개인적으로 새해 소망을 비는 '타종행사'를 실시한다. 누구나 할 수 있는 소망 타종은 대구한의대학교 박물관만의 특색 있는 행사가 되고 있다.

이와 같이 대구한의대학교의 명소가 된 향산한학촌은 변정환 명예총장님의 학문과 사상이 녹아 있고, 열정과 실천력이 없었으면 이룩할 수 없는 대구한의대의 자랑스러운 명소로 학생들과 시민들의 자랑거리가 되고 있다.

명예총장님과의 인연

김수민

대구한의대학교 교수

명예총장님은 제가 학교에 온 1991년에 총장님이셨습니다. 당시만 해도 대학의 입시 걱정은 상상도 못할 때였고, 개설된 학과는 보통 10대 1을 넘겨 대학교에 들어오려는 학생 수가 입학 정원보다 훨씬 많았습니다. 지금 생각해 보면 참 행복한 시기였다는 생각이 듭니다.

연구에 매진하고자 1995년 미국에 연구교수로 1년간 다녀오고, 연구 실적으로 논문을 국제학회지에 발표하며, 연구비를 수주하여 제대로 된 연구를 시작할 무렵이었습니다. 연구비의 단위가 커 대학원생도 연구실에 들어오고 협동으로 인근 대학과의 산학연협력시스템을 구축할 수 있었고, 외국 대학의 연구 상황을 파악할 수 있게 되어 대학의 연구 기능이 중요하다는 것을 깨달았습니다.

이처럼 국내외적으로 활발히 연구 활동을 하던 때에 본부로부터 사무처장이라는 보직을 발령받게 되었고, 명예총장님과의 인연을 쌓기 시작했습니다.

연구의 중요성을 익히 알던바, 학교의 혁신과 인재를 모으기 위해서 좀 더 폭넓은 인재를 영입할 수 있는 제도적 장치를 마련하기 위해서 노력하고자 하였습니다. 당시만 해도 교원 인사와 직원 인사는 사무처장의 소관이어서 어떻게 보면 막강한 권한을 가졌다고 말할 수 있습니다. 저는 교무처장과 구체적인 안을 마련하여 명예총장님께 보고드렸습니다. 적극적으로 추진하라는 지침을 받아 인재 영입에 최선을 다한 그때의 기억이 새롭습니다. 지금으로부터 23년 전 쯤. 그때 영입한 인재는 지금 우리 학교의 보배로서 발전의 기틀을 마련했고, 절반 정도는 지금도 학교에서 발전에 최선을 다하고 있습니다.

명예총장님께서 제한학원 이사님으로 계실 때 두 번째 인연을 맺었습니다. 명예총장님께서는 교무처장으로서 교무를 담당해야 함에도 경험이 부족했던 저를 믿어주셨고 열심히 응원해 주시면서 고생이 많다는 따뜻한 격려를 해 주셨습니다. 그때마다 청량수를 마신 것과 같이 힘이 솟구치는 느낌을 받았습니다.

명예총장님의 음양의 조화론과 식습관에 대한 조언은 지금도 제 건강을 위해서 실천하고 있습니다. 항상 건강해야 연구도 하고 학생들도 잘 가르칠 수 있다는 말씀은 모토가 되기에 충분합니다.

명예총장님은 누구보다도 강한 추진력과 포용력을 지녔다고 생각합니다. 그동안 총장님께서는 많은 것을 이루셨습니다. 그 성과를 후학들이 이어받아 빛내고자 합니다. 그러니 편안한 마음과 몸으로 해피에이징(Happy ageing)을 체험하시면서 만수무강하시기를 기원드립니다.

우리 시대의 스승 변정환 선생님

김숙자
국조단군성전 시봉

20년 전, 나는 삶의 귀로에서 하늘로부터 소리를 들었다.

"너 인간에게 졌잖아."

"세상을 살리거라."

더 이상 여자이지 말라는 소리에 가슴이 멨다. 더 이상 인간이지도 말라는 소리에 눈물을 참지 못했다. 소리를 듣고 하늘의 계시에 따라 미륵불 지장도량이라는 사찰을 운영하게 되었다. 10년 후에 다시 하늘의 소리를 들었다.

"세상이 나를 찾는 사람이 되어라."

'홍익인간 재세이화(弘益人間 在世理化)'인 단군 할아버지의 정신을 가르치라는 계시를 받은 것이다. 수성구 법이산 자락에 위치한 국조단군성전에서 시봉(받들어 모심)이란 이름으로 활동을 시작했다. 세월이 지날수록 한민족의 시조인 단군에 대한 관심이 멀어져 운영하는 데 재정적으로 어려움이 있었다. 그러나 하늘의 소리에 응답하며 하늘의 명으로 살아가는 자이기에 단군의 고매한 정신을 사람들에게 알리고 하늘을 뜻을 알게 하여 밝은 빛으로 살아가기를 소망했다.

어느 날 하늘의 소리가 또 들렸다. 들은 적도, 뵌 적도 없는 대구한의대학교 총장 변정환 씨를 찾아가라는 하늘의 소리를 들은 것이다. 나는

무작정 찾아가선 단군을 모시는 사람이라 전하고 개천절 행사에 초헌
관(종묘나 제향 때에 첫 번째 잔을 올리는 일을 맡아 보던 제관)을 부탁드렸다.
그러자 초면임에도 흔쾌히 허락해 주셨고, 열악한 국조단군성전을 둘
러보시고는 큰돈을 아낌없이 기부해 주셨다.

사람의 속성으로 볼 때 아무런 연고나 명예, 득을 따지지 않고 아낌
없이 나눈다는 것은 결코 쉽지 않다. 사심 없이 진심으로 돈을 내놓는
것은 용기가 필요한 행동이며, 소신과 철학이 없으면 실천으로 옮기기
가 쉽지 않다. 그러나 변정환 선생님께서는 하늘과 세상을 알며 인간의
삶과 도리를 아시는 분이기에 거룩한 행동을 할 수 있다고 생각한다.
개인의 삶보다 이웃의 삶을, 더 나아가 대한민국의 미래를 걱정하시는
선생님은 당신께서 걸어오신 인생길이 힘들고 고단했기에 삶의 의미와
가치를 나눔과 실천으로 보여주시는 분이다.

선생님은 젊은 시절 가난하고 힘든 세월 속에서도 스스로 삶을 개척
하고 열어 주체적인 삶의 주인공으로 살아오신 분이다. 특히 혼탁하고
혼란스런 시대의 흐름에서 한의학에 대한 저평가로 한의대학을 없애자
는 정부의 정책에 온 몸으로 맞서며 더욱더 한의학을 우리 사회에 굳건
하게 세웠다. 평생을 한의학을 연구하시고, 아픈 사람들을 살피며 헤아
려 오신 선생님의 삶 전부가 봉사의 삶이요 감사의 삶이었기에 후학들
에게도 감사하고 봉사하라는 말씀을 강조하고 당부한다. 봉사하는 삶
은 인생의 의미가 새롭게 보이며, 그 의미와 가치는 종교의 깊이보다도
깊고 뜻깊음을 실천으로 보여주신다. 변정환 선생님이야말로 우리 민
족의 뿌리이자 건국의 이념인 '홍익인간'을 누구보다 깊이 이해하고
전하며 살아가신다고 말해도 부족함이 없는 분이다.

1932년생 91살의 연세에도 한결같은 부지런함으로 의술을 펼치고

대구의 경제까지 걱정을 하신다. 죽어가는 경제 상황을 안타까워하시며 서울의 강물이 인천으로 의미 없이 빠져나가게 두지 말고 둑을 세우고, 물길을 돌려 대구로 물이 흘러 들어오게 하면 대구 경제가 살아날 것이라는 생각을 갖고 계신다. 수많은 경제인이 있고 정치인들이 있지만 나이와 무관하게 빛나는 지혜의 눈으로 세상을 보시고 길을 열어 주신다. 멀리 생각하지 않으면 가까운 곳 근심에 사로잡혀 일을 그르칠 수 있음을 강조하시며, 어렵고 힘든 일도 사고의 전환을 통해 단순하고 간단하게 처리해 나갈 수 있는 지략을 잊어서는 안 된다고 강조하신다.

한편, 인구문제를 깊이 고민하시며 인구 저변 확대를 위한 대구한의대 가족 기숙사를 마련하여 대학 혁신과 인구 증가 번영에 기여를 설계하고 계신다. 가족이 한 공간에서 함께 살면서 공부하면 가족의 공동체가 단단해지고 아울러 인구 확대에 기여할 수 있다는 강한 믿음과 의지로 가족 기숙사라는 캠퍼스의 꿈을 그리고 계신다. 가족이 함께 모여 살아야 가정이 편안하고 더 나아가 사회와 국가가 존립할 수 있다는 '수신제가치국평천하(修身齊家治國平天下)'의 의미를 실천으로 이어지도록 후학들에게 도움과 조언을 아끼지 않으시는 진정한 교육자이다. 국가가 책임지고 해야 할 사명 같은 대한민국의 경제 및 인구 문제를 90의 노익장 변정환 선생님께서 먼저 걱정하고 행동으로 묵묵히 실천하시는 모습에서 '홍익인간(弘益人間)'의 뜻과 정신을 다시금 가슴에 새기게 된다.

혼란한 시절에 이토록 훌륭한 우리 시대의 스승 변정환 선생님께서 우리와 함께 계심을 단군을 모시는 나, 시봉 김숙자가 하늘을 대신하여 고개 숙여 깊은 감사를 드린다.

큰 나무 같은 분의 이야기

김영길

전 대구한의대학교 교직원

우리 대학의 구성원으로 인연을 같이하게 된 시기는 남들보다 조금 늦었다. 다른 기업에서 다년간 근무하다가 인연이 닿아 우리 대학에 입사하여 총무팀장으로 근무하고 있기 때문이다. 복기해 보면 입사 초기에는 명예총장님께서 총장님으로 계시던 시기였다.

한의학에 대해서는 전문 지식이 없었거니와 생활에서도 많이 접하지 않은 터라 대학의 건학이념을 굳이 생각하지 않았다. 그러나 1년, 2년이 지나면서 명예총장님께서 우리 대학을 운영하면서 중시하시던 한의학이 민족의학으로서의 가치, 가치를 드높이기 위한 교육, 교육을 바탕으로 한의학의 세계화, 과학화를 도모하시는 등의 열정을 보고 느끼면서 나도 모르게 생활에서도 한의를 접하는 기회가 많아졌다.

이미 명예총장님께서는 '남한에서 가장 침을 잘 놓으시는 명의'라는 칭송을 받고 계셨다는 사실도 중요했다. 어깨 결림이나 감기몸살 등으로 몸이 안 좋을 때 우리 대학 한방병원에서 맞은 침으로 몸이 거뜬해지는 걸 몸소 체험하게 되었다. 자식의 공부에 열정을 가지고 장래 지도를 해주고 있었던 때였기 때문이다. 시간 날 때마다 큰아들에게 한의학에 대한 이치와 한의 침술에 대한 신기한 경험 등을 얘기해 주게 된 것도 이 무렵이다.

다행히 큰아들은 한의학에 대한 관심과 호기심이 있어 우리 대학 한의학과에 진학했다. 적성에 맞고 재능도 있는지 현재는 공중보건의를 거쳐 침술로 유명한 병원에 부원장으로 근무하고 있다. 우리 대학에 근무하게 됨에 따라 이루어진 일이라는 생각이 들어 대학에 대한 애교심과 더불어 부모로서 자식의 진로를 잘 이끌었다는 자부심도 생기는 것 같다.

나는 우리 대학이 설립된 초기부터 함께한 건 아니다. 그러나 대학의 구성원으로서 명예총장님께서 추구하시고 중요하게 생각하시는 대학 발전 방향에 대해서 말씀하신 것을 자주 들었다. 명예총장님께서는 대학 발전의 중요한 요건은 우리 대학을 상징할 만한 학문적 업적을 쌓는 것이고, 그 대학의 학문적 업적은 어느 한 개인에 의해서가 아닌 대학인 전체에 의해 이루어지며 그 대학인 전체의 학문에 대한 정열과 끊임없는 노력으로 응결된 새로운 업적을 두고 평가하는 것이라고 강조하셨다. 또, 대학은 이러한 학문 활동을 통하여 인격을 연마하는 곳이며, 지와 덕을 겸비한 민주시민의 지도자를 양성하는 곳이라고 강조하셨다. 그렇기 때문에 대학 구성원 모두의 한결같은 마음으로 우리 대학의 특수성 있는 분위기가 형성되어 대학 발전의 방향성을 공유하는 계기가 됨으로써 대학의 기본적인 틀과 방향이 정립되었다고 생각한다.

지금 우리 대학의 발전상을 보면 교육, 학생지원, 산학협력, 연구 분야 등 전 분야에 괄목할 만한 성과를 창출하고 있다. 각종 정부지원 사업에 선정되어 '10관왕'이라는 우수한 결과를 도출하고 있으니 명예총장님의 열정과 혜안을 이어받아 우리 대학의 역사가 계속 만들어진다는 생각이 든다.

향산 변정환 박사의
대작 서예 작품에 투영된 정신세계

김영숙
전 대구한의대학교 명예교수

필자는 1984년부터 30년간 대구한의대학교 교수로 근무하면서, 향산 변정환 박사를 이사장, 학장, 총장, 명예총장으로 모시며 주로 보직할 때, 공적으로 여러 가지 업무를 협의하고 처리하였다.

한편 교수로서 공사간의 일 등으로 가까이서 멀리서 고락을 함께하며 학교 발전과 학생 교도(敎導)에 주력했다. 2013년 8월 정년퇴직 후에도 서예전 등으로 여러 차례 근엄한 옥안(玉顏)을 뵙고 후덕한 옛정을 느끼곤 했다.

이 글에서는 향산 변정환 박사를 나름의 고민 끝에 '향산 선생'이라 하기로 한다. 향산 선생은 서예 개인전 인사말에서 "붓을 친구로 삼고 살아온 지 벌써 여든일곱 해"라 했다. 전통적인 한문 공부를 한 사람들은 쉽게 이해되지만 젊은이들은 이해가 안 될 수도 있다. 학문을 숭상한 우리의 전통 풍속에는 아기 돌잔치에서 붓과 서책을 주었다. 돌 지나 말만 하면 붓과 서책을 벗 삼게 하여 이후 줄곧 읽기와 쓰기를 일삼았으니 틀린 말이 아니다.

어려서부터 붓글씨를 시작하여 가정형편이 어려워 서당을 다닐 즈음엔 사서오경을 붓글씨로 필사[寫經(사경)]하여 수학하였다고 했다. 사실은 사서(四書) 오경(五經) 공부 전에, 대부분 천자문, 동몽선습, 소학 등의 동몽교재를 익힌 사실이 생략된 것이다. 과거에는 교재 구하기가 너무 어려워 대부분 사경한 교재로 공부를 했다. 천자문도 필사한 것이 대부분이었는데, 부유한 집에서는 『한석봉 천자문』으로 자훈(字訓)과 글씨를 함께 공부하고, 형편이 어려운 가정에서는 글씨를 잘 쓴 필사본을 다시 베껴서 사용했다. 베껴 쓰는 과정이 힘들고 어렵기에, 이 과정을 겪은 사람들은 해서(楷書)의 필법을 자득하였다고 볼 수 있다. 오늘날 인쇄가 잘 된 구양순(歐陽詢), 저수량(褚遂良), 안진경(顔眞卿) 해서 법첩으로 기초 공부를 한 서예가들과는 다른 면이 있다. 하지만 사경을 많이 경험한 선비들은 명필의 저명한 법첩보다는 우리나라 유가들이 많이 쓰고 향유한 조맹부(趙孟頫; 원), 안평대군(安平大君), 한석봉(韓石峯)의 서풍이 깃든 수많은 글씨를 경험했다는 점에서 서체별 특징이나 미세한 점획부분엔 정확하지 못하더라도 쉽게 빨리 써서 전체가 잘 어울리게 한다. 반대로 명필의 법첩을 보거나 스승을 찾아 배운 서예가들은 부분적으로는 정확하고 서체별 특징을 잘 나타내나, 사경작가들처럼 많은 글씨를 경험하지 못했기에, 해서 경험이 적어 써보지 못한 글자에 약하고, 많은 글자를 쓸 경우 종횡이 잘 맞지 않을 수 있다.

향산 선생은 자타가 공인하는 명의이고 한의학의 대가이다. 어려서부터 글씨를 잘 쓰는 재주를 지녔지만, "진정 명필의 길은 학문 탐구를 먼저하고 서예로 나가는 것이 바람직하다."라는 스승의 가르침에 따라 한문, 한의학, 한시, 주역 등 동양학을 전공하고 탁마하느라 젊은 시절에는 예술적 서예는 구사하지 못하고 한시 쓰기, 임상처방문 쓰기, 편지쓰기 등 주로 일상의 실용적인의 서예를 했다. 그렇다 하더라도 글씨는 정성을 다해 해정(楷正)하게 써야 한다는 조부의 가르침과 서당에서 배운 것을 실천했기에 하루도 붓을 놓을 수는 없었을 것이다.

　향산 선생과 서예로 인한 만남은 주로 교내에서였다. 첫 만남은 1986
년으로 기억된다. 필자가 대구한의대학교 서예동아리 '연묵회(硏墨會)'
지도교수로서, 교내 작품 전시회의 격려사를 앙청하니 쾌히 허락한 후
개전일에 직접 오시어 테이프 절단은 물론 우렁찬 목소리로 연묵회
회원들에게 "글씨 쓰기에 앞서 먼저 사람이 되어야 한다."는 내용의
훈화와 칭찬과 격려를 하신 후 방명록에 『논어』에 나오는 〈회사후소(繪
事後素)〉를 쓰셨다. 교내 전시장을 돌아보며 글씨 쓴 학생들과 이야기
를 나누며 칭찬의 평을 덧붙였다. 이런 행사는 매년 정기적으로 이루어
졌으며, 동아리 회원 수도 많이 불어, 학내에서는 대표 동아리로 인식
될 정도로 발전하였다. 향산 선생의 격려와 서예 사랑이 밑바탕이 되었
다고 생각된다.

　당시 서예는 예술 분야에서도 크게 붐을 일으켜 대구 시내 대학교
서예 동아리 연합회가 결성되었고, 대구한의대학교도 연합전시회에
참가해 기량을 겨루었다. 이 전시회는 대학별로 돌아가며 주관했다.
연묵회가 주관할 때는 마침 향산 선생이 총장이어서 약간의 지원을
받아 열심히 준비하여 오픈하는 날, 향산 총장이 직접 참석하여 격려사
를 하고 각 대학 지도교수들을 후의로 대접했다. 대구시민회관 전체
전시장을 메울 정도로 많은 작품이 전시되어 기성 작가들로부터 좋은
평을 받았다. 향산 선생도 격려 작품으로 소동파의 시구 〈독서만권시
통신(讀書萬卷始通神)〉의 액서를 출품하여 각 대학 지도교수들을 놀라
게 했다. 이 액서는 필자가 출품한 〈독서삼도(讀書三到)〉와 함께 대구한
의대학교 도서관에 기증했다.

대구한의대학교 본관 현관에는 대형 서예 작품 3점이 게시되어 있다. 왼편엔 향산 선생이 쓰신 『중용』 절록, 가운데도 향산 선생이 쓰신 『주역』 계사전, 오른쪽엔 필자가 쓴 『대학』 전문이다. 이 작품들은 모두 향산 선생의 학문과 건학 정신이 배경이 되어 탄생한 것이다. 필자가 향산 선생과 함께 작품의 기획과 제작을 했기에 숨은 이야기를 소개한다.

1995년 이른 봄으로 기억한다. 비서실에서 향산 선생이 필자를 찾는다고 했다. 뭔가 또 일을 시키려는 모양이라고 생각했다. 주로 붓글씨 쓸 일, 한시, 한문 등에 관한 일을 했기에 본관으로 향하면서 어떤 일인지를 먼저 생각해 보았다. 총장실에 들어서니 반갑게 맞아 주셨다. 차를 시키기에 오랫동안 말씀하실 것으로 짐작했다. 이윽고 본론을 말씀하셨다.

"올해가 우리 대학 개교 15주년이 됩니다. 15주년 기념으로 대학 본관 입구 오른편에 사서 중 하나인 『대학』 전문을 붓글씨로 써서 붙였으면 합니다. 김 교수가 연묵회 학생들을 동원해 연습시켜 한 사람당 몇십 자씩 쓰게 한 후 줄을 치고 표구해서 붙이는 것이 어떻겠습니까?"

"왜 그런 생각을 하십니까?"

"김 교수도 알다시피 사서의 『대학』에 대학의 도(道)와 도(道)를 이루는 과정이 있고 실천하는 목표가 있지 않습니까? 또 우리 대학의 건학 이념을 구현하기 위해서 대학 전문을 붙이려 합니다. 외국에 가보니 역사와 전통이 있는 유명 대학에는 본관 입구에 조형물이나 상징물이 있어 인상 깊었습니다."

"학생들의 실력이 그렇게 안 되고, 실력이 된다 해도 그렇게 하면 모자이크가 되어 조잡하고 종이공예같이 되어 경전의 격이 떨어져 좋지 않습니다. 저도 그렇게 많은 글자의 대작을 써보지 않았습니다. 전문 서예가에게 맡기는 게 어떻겠습니까?"

"남에게 맡기는 게 쉽지 않고 남이 하면 의의가 없습니다. 우리 대학인이 해야 의의가 있습니다. 김 교수가 써주면 아주 좋겠습니다."

"그런데 저의 졸필로 쓴 대학 전문은 중요하지 않고 의의가 없습니다. 글씨 자랑하기 위한 것으로 오해받을 소지도 있습니다. 저는 안해도 좋습니다. 설립자이신 총장님의 글씨도 함께 게시되어야 '건학이념', '설립자의 정신'이 투영되어 있어 큰 의의가 있습니다."

향산 총장은

"나는 한문, 한의학을 공부하느라 작품 글씨를 많이 안 썼고 대작을 해본 경험이 없습니다. 김 교수의 권유는 좋으나 업무가 많아 어렵습니다. 일단 김 교수가 한번 수고해서 가져오면 보고 내가 쓰는 것은 그때 정하도록 하지요."

"그러면 제가 졸필로 작업을 한번 해보겠습니다. 기대하지 마십시오. 한 달 안에는 끝낼 테니 보시고 마음에 들지 않고 교내 구성원들이 환영하지 않을 것 같으면 서예 대가에게 의뢰하십시오."

향산 선생은 기쁜 얼굴로 격려하며 배웅해 주셨다.

경리과에 지필묵을 신청하고 관리과에는 연묵회 연습실 난로 연료 지급을 요청했다. 아직 신학기 개강이 1개월 정도 남아 불철주야 작업을 하면 가능할 것 같았다. 관리과에 현관 우측 벽면 좌우의 크기를 정확히 측정하도록 했다. 크기는 6×5.4m였다. 대학 전문의 글자를 계산해 각 글자 크기를 정했다. 당시만 해도 화선지 길이가 전지 1장 반 정도가 가장 길었기에 이를 두 장 이상 붙이니 세로가 긴 큰 한 장이 되었다. 이것을 세로로 7장으로 붙여야 전체 크기가 되었다. 정성을 들여 20여 일 걸려 작품을 완성했다.

2일간의 확인과 대조를 거쳐 총장실로 향했다. 향산 총장은 만면에 기쁨을 띠고 바닥에 펴보자고 하여 붉은 카펫에 몇 장만 펴 보이니 노고를 치하하고 격려를 아끼지 않았다.

"저는 임무를 완수했으니 총장님도 글씨를 쓰셔야 합니다. 『대학』이 완성되었으니 『중용』을 절록(節錄)하는 것이 좋겠습니다."

필자의 작업한 과정을 설명한 후 모든 준비는 비서실에 이야기해서 도와드리도록 했다. 그 후 비서실에 연락해 보니 업무가 많아 여름방학은 되어야 시간이 날 것 같다고 했다. 잊고 있다가 방학이 되어 알아보니 벌써 다 쓰셨다고 했다. 비서실에서 총장님이 도시락을 싸와서 전화 사절하고 온종일 작업하여 3일 만에 완성했다고 전했다. 그 집념과 열정은 당할 사람이 없었다.

작품이 워낙 커서 표구도 현장에서 했다. 표구사에서 배접해서 말린 것을 가져와 밑판을 짜서 붙이고 높은 사다리를 설치하여 기술자 세 명이 낱장으로 된 7장을 붙이는 작업을 지켜보며 줄이 맞지 않을까? 찢어지지 않을까? 마음을 졸였다. 『대학』에 이어 『중용』과 『주역』 계사전도 완성되어 본관 현관 전체가 글씨로 가득 차게 되었다. 대구한의 대학교의 명품이 된 셈이다. 당시까지는 국내 최대의 서예 작품이라는 사실도 고무적이었다.

필자는 2013년 5월에, 8월의 정년퇴직을 앞두고, 30년간 봉직한 기념으로 『중용』 전문을 써서 24곡 병풍으로 제작, 대구한의대학교 박물관에 기증할 뜻을 밝혔다. 박물관장은 감사함과 고마움으로 화답하며 잘 보존하겠다고 했다. 작품을 구상하고 글씨 크기를 정해 몇 장을 써 보다가 향산 선생을 만나는 자리에서 구상을 말씀드리니 역시 감사함

522

과 고마움으로 화답하시며『대학』과『중용』은 자웅(雌雄)이 되는 것이
기에 본인은 대학 전문을 써서 병풍으로 제작 대학박물관에 비치토록
하겠다고 하셨다.

2013년 7월 말경 필자의 작품인『중용』전문 병풍이, 그 후에 향산
선생의 작품『대학』전문 병풍이 박물관에 차례로 도착되었다.

향산 선생께서는 만년에 서예를 전공하여 건학 60주년 기념 발전기
금을 위한 개인전도 선보였다. 따라서 여러 형태의 서예 작품을 남겼
다. 필자는 앞에서 말한 작품에 가치를 크게 두며 투영된 정신세계를
살펴보기로 한다.

제일 먼저 완성한 작품은『중용』절록이다. 중용은 장문이기에 부분
을 끊어서 쓴 것이다. 주지하다시피 중용은 공자의 손자 자사가 도학이
전해지지 못할까 봐 걱정하여 지은 것이다. 수장(首章)이 제일 중요하
다. 천명(天命), 솔성(率性), 수도(修道)로 성(性), 도(道), 교(敎)를 설명하
며 중(中), 화(和)의 중요성과 이에 도달하는 요체를 제시한 것이 핵심이
라 하겠다. 향산 선생은 이를 중요시 다루어 서사에 정성을 다하였다.

다음의 대작이『주역』'계사전'(繫辭傳)이다. 계사전은 주역의 개론
이며 철학론이다. 천지인(天地人) 삼재의 도와 자연의 원리를 결부시켜
인생을 논한 것이다. 향산 선생은 이 부분을 가장 중요하게 여겨 현관
정면에 써 붙인 것이다.

향산 선생의 주역 공부는 소문이 났다. 젊은 시절 지역의 주역 대가들
의 강의를 수강함은 물론 절차탁마로 자득의 경지를 이루기 위해 노력
했다. 수진본(손에 들고 다니는 작은 책자)을 만들어 서울과 대구를 왕래하
는 차중에서 관서탐리(觀書探理)를 실천한 일은 널리 알려져 있다.

2013년에 쓴 '대학 전문' 병풍은 박물관에 소장되어 있다. 대학의 학문을 통해 명명덕, 신민, 지선에 이르는 최고의 교육목표를 인정하여, 건학의 이념으로 승화시키고, 지지, 인도, 역행의 교훈을 설정하여 대학경영을 실천하는 일에 반생을 바쳤다고 보아진다. 사서 가운데 논어와 맹자가 빠진 것은 어맹(語孟)이 장문이고 수사문답(隨事問答)으로 성격이 다르기 때문이었다고 생각된다.

세 편의 대작은 수천 자에 이르는 장문이자, 한 획 한 획에 정신과 심혈을 기울인 노작이다. 사경할 때처럼 옷깃을 여미고 성현 앞에서 들은 말씀을 받아 적듯 쓰시는 경건한 모습을 작품을 통해 엿볼 수 있다. 이렇게 볼 때 향산 선생의 대작 서예 작품에 투영된 정신은 일반 서예가들이 지향하는 예술정신이 아니라 동양 전통사상인 유학의 학문 정신이라 하겠다.

앞날을 내다보신 선각자(先覺者)

김영태
대구한의대학교 교직원

때때로 배우고 익히면 이 또한 기쁘지 아니한가?[學而時習之 不亦說乎]
명예총장님은 평생 손에서 책을 놓는 법이 없으신 분이다. 양복 주머니
에 포켓 사이즈의 책을 넣고 다니시면서 항상 책을 읽으셨다. 이러한
평생 동안의 배움과 학문에 대한 열정이 대구한의대학교를 설립하게
된 원동력이 되지 않았겠는가.

1970년대 우리나라 한의계는 조그마한 한의원을 개원하거나 한약방
만 있던 시절이었는데, 명예총장님께서 수천 평의 넓은 대지 위에 세계
최초의 제한한방병원을 설립하신 것이나 설립과 동시에 제한동의학술
원을 개설하여 한의학의 과학화와 세계화를 위해 헌신하시던 모습을
어릴 적부터 봐왔다. 선각자(先覺者)로서 앞날의 혜안(慧眼)을 가지신
분이 아니셨다면 이러한 준비를 어떻게 하실 수 있었을까.

명예총장님께서는 1978년도 전국한의사협회 회장을 역임하시면서
사비를 들여 세계동양의학 학술대회를 개최하여 한의학의 세계화에
앞장서시던 모습, 영어로 세계 학술대회 개최 환영사 하시던 모습에서
한의학의 세계화와 학문에 대한 열정이 남다르셨다는 것을 느낄 수
있었다. 학문에 있어 한 분야를 연구하여 박사학위를 취득하는 것이
쉬운 일은 아니다. 그런데 총장님께서는 한의학(韓醫學)과 보건학(保健

學) 두 분야의 학문을 연구하여 두 개의 박사학위를 취득하셨으니 학문에 대한 열정이 어떠하신가를 능히 알 수 있다.

나는 대구한의대학교를 1982년도에 입학하여 1회로 졸업하였다. 입학 당시의 대학은 삼성산 기슭에 자리한 벽지처럼 보였지만, 지금은 상전벽해(桑田碧海)를 이루었다. 대구한의대학교가 지금의 외양과 내실을 갖추는 데에는 명예총장님의 불굴의 의지와 혜안에 빚진 바가 크다. 명예총장님의 덕이 없었다면 이렇게 발전할 수 있었을까?

과거와는 달리 지금 대학은 시민과 지방자치단체가 상생하고 발전하는 공간으로 기능할 것을 요구받고 있다. 명예총장님은 이러한 시대의 흐름을 내다보시고는 교내에 한학촌(韓學村)을 건립하여 지역 명소로, 또 해맞이 장소로 대구한의대학을 시민들의 힐링 공간으로 제공해주고 있다. 참으로 놀라운 혜안이고 선각이다.

저에게 명예총장님의 일생을 한마디로 요약해보라고 한다면 집념(執念)이라는 단어로밖에 정의할 수 없다고 본다. 이러한 집념의 완성체가 개인의 사사로운 사익(私益)을 버리고 사비를 들여 대구한의대학교를 설립하신 것이라 생각한다. 명예총장님은 이를 통해 한의학의 과학화와 세계화, 후학양성, 사회봉사, 사회환원으로 이어지는 집념의 삶을 살고 계신다고 본다.

이렇게 앞날을 내다보고 준비하는 혜안이 없으셨다면 대구한의대학교가 태어나고 발전할 수 있었을까? 선각자로서 한 시대를 이끌어 오신 분이기에 후학인 우리들은 늘 본받고 배워야 할 것이다. 올해 구순(九旬)을 맞이하는 명예총장님은 아직 청년의 열정으로 환자 진료와 사회봉사 활동을 하고 계신다. 늘 건강하셔서 우리 후학들의 등불이 되어주시길 바라는 마음 간절하다. 명예총장님! 만수무강하십시오.

변정환 총장님의 인생길을 생각하며

김종대

전 국민건강보험공단 이사장

저는 총장님을 생각할 때면 '입지전적 인물'이라는 상투적 언사로밖에 표현하지 못하는 것이 못내 안타깝습니다. 우리의 언어는 내용의 한 측면만 표현하지 반대되는 측면의 내용까지는 함께 표현할 수 없습니다. 게다가 총장님께서는 동양의학을 포함해서 서양학문인 보건학, 서예, 음악, 미술, 동양경전 등 동서양을 넘나들고 예술의 분야까지 조예가 깊으십니다. 그리고 한평생 사회봉사와 다양한 식견을 바탕으로 사회 각계에 헌신해 오셨습니다. 우리의 언어가 이처럼 흠결 많고, 총장님의 뜻과 업적이 높으니 상투적 언사도 모자라기 쉽습니다. 마치 앞 못 보는 사람이 코끼리의 다리, 엉덩이 등 부분 부분을 만져보고는 자기가 만진 부분이 코끼리의 전부인 것으로 알고 코끼리 전모를 그려내지 못하는 것처럼 말입니다. 그래서 저는 이 글에서 한방, 양방 등 제가 정부에서 일을 해왔던 의료 분야와 관련한 한 측면에 대해서만 총장님과의 인연을 생각하고 지난 일을 회상해 봅니다.

제가 총장님을 처음 만났을 때가 1980년 5~6월경이니 지금으로부터 40년이 지났습니다. 아마 당시 저의 나이는 33세였고 총장님은 48세 정도였던 것으로 기억합니다. 강산도 네 번 변했을 긴 세월이었습니다.

527

총장님은 당시 대구에서 명성이 자자했던 제한한의원을 운영하시면서 (사)대한한의사협회장을 맡아 한의계 전반의 일을 보셨고, 저는 보건사회부에서 청와대 정무2수석비서관실 보사노동담당 행정관으로 파견 근무했던 때로 기억합니다.

저는 1977년 7월 보건사회부 보험관리과장으로 의료보험제도 도입 실시에 참여한 이후 1980년 1월 청와대로 파견돼 근무했습니다. 제 기억이 이렇게 생생한 것은 당시 총장님과의 잊을 수 없는 업무에 얽힌 사연 때문입니다. 오늘은 그 한 가지 내용만 소개하고자 합니다. 이 사연을 공개적인 글로 남기는 것은 이번이 처음입니다.

전두환 정권이 갓 들어서고 계엄령도 해제되지 않은 때였습니다. 김대중 전 대통령(당시 야당 대표)의 비서실장이었던 천명기 씨가 신군부 정권에 참여해 초대 보건사회부 장관이 되었습니다. 천명기 장관은 신군부의 적극적 지원으로 동양의학인 한의사제도를 폐지하고 서양의학에 통합시킨다는 정책을 강하게 추진했습니다. 한의사제도 폐지 정책은 내각에서 절차를 거의 마무리하고 최종적으로 보건사회부 장관이 대통령께 업무보고만 끝내면 모든 절차와 과정이 종결되는 사안이었던 것으로 기억합니다. 내각에서 각부장관이 대통령에게 보고하는 모든 중요한 정책에 대해서는 해당 비서관실에서의 사전 검토보고가 있어야 했습니다. 박정희 대통령 시절 이래의 청와대의 업무 관행이기도 했지요. 저는 청와대의 보건사회 분야 업무의 실무 담당 행정관이었습니다. 보건사회부로부터 천명기 장관의 대통령께 한의사제도 폐지보고 계획을 접하고 어떻게 검토보고서를 작성해야 하나 많은 고민을 하고 있었던 때이기도 하지요.

그 시점에 보건사회부에서 보건의료 분야에 근무하던 한 공무원의 소개로 총장님을 처음 뵙게 되었습니다. 소공동의 한 호텔 로비라운지에서 뵈었는데 동서의학에 관한 설명이 얼마나 열정적이셨는지 주변의 손님들이 듣지 않을까 마음속으로 걱정도 했던 기억이 납니다. 동양의학의 역사와 철학, 한방치료의 기본원리, 일본과 중국에서의 한의사제도 폐지 경과 등에 많은 말씀을 해 주셨습니다. 감명적이었습니다.

저는 그 후 보건사회부 장관의 한의사제도 폐지 문제에 대한 검토보고서를 작성하기 위해 한방과 양방 분야의 전문가를 만나 이 문제를 집중적으로 공부했습니다.

이를 토대로 대통령께 올릴 검토보고서 작성 준비에 들어갔습니다. 보고서 전반은 기억나지 않습니다만, 변 총장님께 배운 내용을 많이 참고하였음은 물론입니다. 변 총장님께서 양방과 한방은 인체에 대한 접근이 아래 몇 가지 점에서 기본적으로 다르기 때문에 양방과 함께 한의사제도를 상호 특징을 가진 고유한 의료제도로 유지 발전시킬 경우 세계 어떤 나라도 우리를 따라올 수 없다는 점을 강조하신 것이 특히 감동적이었습니다.

첫째, 한방은 귀납적이나 양방은 연역적이라는 것.

둘째, 한방은 경험적이나 양방은 해부 실험 등 분석적이라는 것.

셋째, 한방은 인체의 총체적 접근이 강점이고 양방은 분야적 접근에 강점이라는 것.

끝으로 양방이나 한방이나 모두 과학임이 분명한데 권력이 어느 한 시점에서 과학을 바탕으로 인간 생명에 관한 제도를 단칼에 일도양단할 수는 없기 때문에 과학의 발전과정에 맡겨서 통합되거나 분화되거나 지켜보는 것이 순리라는 점 등이 검토보고서의 핵심 요지였던 것으로 기억됩니다. 검토보고서에 대통령의 승인을 받아 한의사제도의 폐지는 없었던 일이 되었습니다. 이때의 인연을 지금까지 이어오고 있습니다.

2005년 저도 참여해서 대구가톨릭대학교와 대구한의대학교 간 협력으로 우리나라에서 처음으로 '양한방 통합의료'가 탄생하게 된 것도 변 총장님이 그 주춧돌 역할을 하셨습니다. 통합의료는 아직 제도적 장치도 갖추지 못한 초보 상태이지만 미래 인간 생명 보호와 국가 발전에 지대한 역할을 할 수 있을 것으로 기대합니다.

아무쪼록 더욱 건강하시고 후대와 나라를 위해 더 많은 일을 해주시길 기원합니다.

향산 변정환 명예총장님에 대한 단상(短想)

김종웅
대구한의대학교 교수

향산 변정환 명예총장님의 기념논문집에 수록할 원고를 요청받았을
때 흔쾌히 그러겠다고 했습니다. 한의과대학을 설립함으로써 한의학
과 고등교육발전을 위해서 기여하시는 등 다양한 분야에서 우리 사회
의 발전을 위해서 기여하신 분에 대한 기록을 정리하는 과정에 참여할
수 있음에 대한 감사함을 느끼면서요.

그러나 이후에 경제학이라는 전공 분야는 있지만 근본적인 진리를
추구하는 학자의 입장에서 어떤 한 분에 대해서 내가 가지고 있는 그분
과의 인연, 보다 정확하게 표현하면 그분과의 직접 또는 간접적인 만남
의 경험을 통해서 그분에 대한 글을 쓴다는 것이 많이 부족하다는 생각
이 들었습니다. 개인의 인생은 각자가 지닌 마음의 크기와 그 작용에
따라서 유형, 무형의 흔적을 남기게 됩니다. 개인이 지향하는 바에 따
라서 다른 사람들이 인식할 수 있는 활동의 흔적에는 상당한 차이가
있으므로 다른 사람이 쓰면 제대로 된 글이 될 수 없다는 한계가 있습니
다. 누구나 쉽게 인식할 수 있는 외형적인 형상이나 직책이 아니라,
정신문화 등 무형의 흐름을 개선하는 활동을 하신 분의 경우에는 더욱
어렵다고 할 수 있습니다.

짧은 원고임에도 불구하고 이러한 언급을 하는 것은 필자의 글이

향산 명예총장님의 활동을 제대로 보여주지 못한다는 한계가 있고, 외형적인 업적이 향산 명예총장님이 가지고 계시는 마음의 크기와 깊이를 보여주기에는 더 미흡하기 때문입니다.

향산 명예총장님과의 만남을 통해서 언급하고자 하는 분야는 제가 학자로서보다 의미를 두고 있는 사회발전과 관련된 몇 가지 활동이 될 것입니다.

먼저 개인의 수양과 관련된 활동입니다. 인간이면 누구나 자신의 존재로 인해서 인간사회가 보다 나아지기를 희망하면서 의식적 또는 무의식적으로 그러한 활동을 하게 됩니다. 그러나 그러한 활동의 기초가 되는 자신의 관리 즉 '수신(修身)'에는 관심이 없거나 소홀함으로써 대부분의 활동을 자신의 신체를 유지하는 건강 및 경제 관련 활동에 사용하는 경우가 있습니다. 이는 사회발전에는 별로 기여하지 못하는 결과를 가져오게 됩니다.

수신(修身)의 가장 중요한 요소는 신체적인 건강과 정신적인 건강관리라고 할 수 있습니다. 신체적인 건강관리와 관련해서는 음식과 운동이, 정신적인 건강관리와 관련해서는 명상이나 신앙생활 등이 중요합니다. 향산 명예총장님은 채식과 열정적인 활동으로 신체적 건강을 돌보시고 정신적인 건강은 집안에 마련한 별도의 공간에서 신앙을 수행하시며 관리하시는 등 수신생활을 한결같이 실천하고 계십니다.

채식만으로도 인간이 필요로 하는 영양분을 보충할 수 있을 뿐만 아니라 생명존중과 인류가 당면하고 있는 기후위기의 해결에도 상당한 기여를 할 수 있다는 주장이 힘을 발휘하면서 채식에 대한 공감대가 증가하고 있습니다. 향산 명예총장님이 채식을 시작하신 수십 년 전만 하더라도 채식식당을 비롯한 사회적인 인프라와 영양섭취 방법에 대한 정보가 절대적으로 부족했습니다. 그럼에도 채식을 시작하셔서 오늘날까지 꾸준하게 이어오신 것은 향산 명예총장님의 수신(修身)에 대한 시대를 앞서가는 남다른 철학과 실천력의 결과라고 할 수 있습니다.

한편 대부분의 가정에서는 외부에서 이루어지는 사회활동으로 인한 스트레스를 해소하기 위해서 집 안의 공간구성을 편안하고 안락한 분위기로 구성하고자 합니다. 그런데 향산 명예총장님께서는 집 안에서 신앙생활을 정기적으로 하심으로써 마음을 건강하게 유지하십니다.

향산 명예총장님의 채식활동과 가정에서의 수행 공간 마련을 통한 관련 활동은 수신(修身)을 통해서 자신을 건강하게 관리할 수 있을 뿐만 아니라, 우리 사회의 유지 및 발전을 위해서도 필요한 아주 소중한 활동이므로 후배 학자들이 향산 명예총장님의 이러한 수신활동들을 본받아서 활용할 수 있기를 기원합니다.

다른 한 가지는 전통의학인 한의학을 현대적인 교육과정을 통해서 양의학과 경쟁할 수 있는 기반인 한의과대학을 설립하신 것입니다. 이는 전통의학의 현대화와 과학화를 통해서 한의학의 우수성을 계승하고 우리 사회에 보다 높은 수준의 의료서비스를 제공할 수 있는 기반을 마련하신 것입니다. 더욱이 대학 설립을 준비하던 당시 상황이 부족한 재정여건과 대학 설립에 대한 비우호적인 정부정책 등으로 어려운 상황이었음에도 향산 명예총장님의 의지로 수많은 난관을 극복하시고 오늘날 지역사회의 명문사학으로 성장하고 있는 대구한의대학교의 기반을 마련하셨습니다. 이는 한의학 분야에 종사하거나 사회발전에 관심을 가지고 계시는 모든 분들에게 참고가 되는 우수한 실천사례라고 할 수 있습니다.

특히 고용 없는 성장과 코로나19 등으로 줄어드는 일자리와 심화되는 경쟁으로 어려움을 겪고 있는 청년세대들의 경우는 향산 명예총장님의 도전정신을, 개인적인 이해관계에만 집착함으로써 사회발전에는 무관심한 대부분의 전문가들의 경우에는 한의학이라는 자신의 전문 분야의 발전을 위해서 한의과대학을 설립하신 향산 명예총장님의 사회적 책임정신을 본받아서 자신과 사회발전을 위해서 기여할 수 있기를 기원합니다.

끝으로 향산 명예총장님이 수신(修身)을 기반으로 전공 분야인 한의학을 중심으로 실천하신 사회적 기여에 감사드리며 그러한 정신적인 자산이 가깝게는 가족들에게, 크게는 우리 사회에 널리 공유되고 발전적으로 이어져서 우리 사회가 보다 행복한 사회가 되기를 기원합니다.

신의(神醫)의 경지로 천의(天意)를 베풀다

김종철
대구한의대학교 교수

향산(香山) 큰 선생님의 삶과 인품을 표현할 수 있는 적절한 말을 생각하던 중에 서예가 죽파(竹坡) 선생님의 '신수천심(神手天心)'이란 휘호를 보고 무릎을 쳤다. 글의 연원은 찾을 수 없었으나 향산 큰 선생님을 표현하기에 이보다 더 적절한 언어는 없다는 생각이 들었다.

사람의 생명을 살피는 인술(仁術)을 베풀고 인재를 양성하는 교육사업은 그 어떤 일보다 가치 있는 일로서 평생의 과업으로 그중 하나만 이루어도 이 사회에 공헌한 큰 인물로 추앙받는다. 향산 큰 선생님은 일생에서 하나도 이루어내기 힘들다는 두 분야에서 뚜렷한 족적을 남기셨다. 세계 최고의 한의사로서 신의(神醫)의 경지를 이루셨고 대구한의대학교 설립자요, 총장으로서 천의(天意)를 펼치셨다. 일생을 사회의 아픔을 보듬고 백년지계의 대업을 펼치며 헌신하신 이 사회의 큰 선생님이다.

향산 큰 선생님의 일상은 검소하고 성실하며 엄격하다. 하루 4시간 정도만 주무시고 새벽 3시면 일어나신다. 도인과 다름없이 간을 하지 않는 채식으로 일일일식(一日一食)의 소식(小食)과 정기적인 단식을 해오셨다. 개인적인 복록과 별개로 평생 개인의 안락함을 누리지 않는 극도의 절제와 청빈의 생활을 추구한 것이다.

뜻을 품으면 반드시 이루어내는 의지는 범인(凡人)으로서는 상상하기 힘든 삶의 성과를 이루어내었다. 서울대 보건학 박사, 경희대 한의학 박사, 중화민국문화대학 명예철학 박사, 국제동양의학회 초대와 2대 회장, 세계침구학술대회 의장, 한국유교학회 회장, 대한한의사협회 회장, 대구한의대학교 총장 등으로 활동하여 학술적 입지를 구축하셨음은 널리 알려진 바다. 또한, 예술에 대한 탁월한 식견으로 서예에 일가를 이루어 영남미술대전 초대작가회 회장, 한국한시연구원 이사장을 지내셨다. 국가원로회의 공동의장, 국제라이온스협회 한국복합지구 총재협의회 의장, 제한장학회 회장 등을 역임하시며 사회적 책무도 감당하셨다. 이러한 성과들은 정부 국민포장 등을 비롯한 사회의 다양한 포상으로 인정받았다. 현재도 태극권과 경상도의 시조창인 영제시조를 즐기며 대자연사랑실천본부 이사장, 대구한의대학교 명예총장 등으로 활발하게 활동하신다.

이러한 큰 업적 중에서도 대구한의대학의 건학과 설립, 세계 최초의 한방종합병원을 건립한 것은 거의 신화처럼 이야기 되곤 한다. 선생님께서는 5살 때부터 할아버지께 한의학의 기초를 배웠다. 이후 1969년 세계 최초로 한방종합병원을 건립하고, 대구한의대학교를 설립하였으며, 현재도 현직에서 몸과 마음이 아픈 이들을 돌보신다. 이처럼 3대에 걸친 한의사의 맥을 이어오며 한의학(韓醫學)의 현대화와 세계화에 앞장선 창학 정신은 이 시대와 사회에 기적의 신화로 불리기에 모자람이 없다.

큰 선생님의 이러한 삶의 철학과 의지는 향산의 호(號)가 함축하여 잘 나타내 주고 있다. '향(香)'은 "차(茶)는 마시고 시간이 흘러도 그 향은 그대로다."라는 "다반향초(茶半香初)"에서 그 의미를 취하여 일생을 한의학 교육과 세계화에 초지일관의 의지로 일생을 헌신하신 큰 선생님의 정신적 '향(香)'을 의미하고 있다고 감히 생각한다.

그 '향'이 이제 "우공이산(愚公移山)"으로 이 사회에 변치 않는 큰 향기로운 '산'이 되셨으니 향산 큰 선생님께 축원드립니다. 천수만수(千壽萬壽) 우천만수(又千萬壽).

역사의 주인 향산 변정환 선생

김종택
(재)한글학회 이사장

향산 변정환 선생의 구순(九旬)을 맞이하여 그 학문세계와 삶, 그리고 시대적 위상을 조감하는 학술대회를 개최하고 그 기념문집을 간행한다 하니, 먼 곳에 떨어져 있는 후학의 마음 기쁘기 한량없습니다.

삼십 년 전 선생이 회갑을 맞았을 때, 가까이 모시고 따르던 몇몇 교수들이 모여 회갑을 축하하는 논문집을 간행하기로 하면서 선생의 학문세계를 논하던 일이 어제 일같이 떠오릅니다. 단순한 한의학자가 아니라 동양철학자, 유학자이면서 국학자인 선생의 학덕을 기리기 위해서는 종합적인 시각에서 한국학 전반을 망라하는 것이 좋겠다 하고 그 제목을 '향산 변정환 박사 회갑기념 한국학 논총'으로 정하고 각 분야 저명 교수들에게 논문을 청탁했던 일이 어제 일처럼 떠오르기 때문입니다.

흔히 인간의 한 생애를 흘러가는 강물에 비유합니다. 한번 흘러가면 지나가고 지나가면 잊힌다는 부질없음을 말합니다. 그러나 강물이 끊임없이 흘러도 강가에 우뚝 솟은 큰 바위는 언제나 제자리를 지키고 있어서 강물의 영원한 주인이 됩니다. 향산 선생의 삶은 큰 바위처럼 길이 남아서 세월이 아무리 흘러도 강물의 주인으로 역사의 주인으로 영원히 남아 후세의 사표가 되고도 남음이 있다 하겠습니다.

　나는 우리 민족이 그 길고 간고한 세월을 딛고 오늘 선진 문화 강국
으로 우뚝 서게 해준 큰 스승이 누구였던가를 깊이 생각하고 글을 쓴
바 있습니다. 가장 먼저 떠오른 분이 우리 민족에게 화엄정토의 길을
깨우쳐 주신 원효대사였습니다. 그다음으로 우리 겨레의 정체성을 깨
우쳐 주신 세종대왕, 그리고 성리태평 이상세계 가는 길을 가르쳐주신
퇴계 이황 선생, 마지막으로 떠오른 분이 세종대왕의 꿈을 몸소 실천하
시고 갈 길을 가르쳐주신 외솔 최현배 선생이셨습니다. 이런 겨레의
큰 스승 역사의 주인들이 있었기 때문에 오늘 우리는 세계 속에 우뚝
선 대한국민으로 살게 된 것을 깨닫게 됩니다.
　여기서 군이 지나간 이야기를 장황하게 하는 것은 향산 변정환 선생
의 삶이야말로 위의 큰 스승의 뒤를 잇고도 남음이 있다고 생각되기
때문입니다.
　아시다시피 향산 선생은 언제 어디서나 만날 수 있는 그런 인물이
아닙니다. 향산 선생은 물론 출중한 명의입니다. 그러나 단순히 병을
잘 고치는 명의에서 나아가 시대의 병, 역사의 병을 고치고자 혼신의
힘을 다한 겨레의 큰 스승이십니다. 전통 의술을 체계화, 과학화하여
세계 속의 한의학(韓醫學)으로 정립하기 위하여 혼신의 힘을 다한 지사
입니다.
　나는 오십여 년간 향산 선생을 곁에서 모시면서 여러 가지를 배울
수 있었습니다만, 가장 놀라운 것은 온갖 부귀를 얻고도 그것을 단 한
푼도 자신의 안락과 영화를 위해서 쓰는 것을 본 적이 없었다는 것입니
다. 같은 사람인데 어찌 그럴 수 있을까요. 맛있는 고기 한 점, 술 한
잔 마시는 것을 본 적이 없습니다. 일찍부터 고승대덕의 절제를 몸으로
실천해 온 분입니다. 따르는 사람마저 배가 고플 정도로 그렇게 절제하

니 가족인들 다르겠습니까. 얼마 전 사모님께서 별세하셨다는 소식을 듣고 가장 먼저 떠오르는 생각이 참 고생 많으셨겠다는 안타까움이었습니다. 그래서인가 향산 선생을 생각하면 언제나 차디찬 겨울 동구 밖에 홀로 우뚝 선 노거수(老巨樹)의 모습이 떠오릅니다. 긴긴 세월 꽃도 주고 열매도 주고 그늘도 주고 풍경도 주고 이제 꾸밈없이 빈 몸으로 남아 동리를 지키고 서 있는 변함없는 모습, 얼마나 숭고합니까.

이런 절제 극기가 있었기에 대구한의과대학교 창립을 비롯한 숱한 사회사업을 성공적으로 성취할 수 있었을 것입니다.

향산 변정환 선생은 명의이고 교육자이고 겨레의 전통과 문화를 지키고자 평생을 애쓰고 사신 지사입니다. 역사가 끝없이 흐르듯 향산 선생의 삶도 끝이 없습니다. 부디 굳건하게 사셔서 겨레의 빛으로 길이 남아 주시기를 바랄 뿐입니다.

540

향산 통유(通儒)의 세계

김진혁
석재 서병오기념사업회 회장

70년대 초로 기억한다. 대구 수성교 방천시장 입구에 자리한 상주한의원 내의 봉강서도회에 다니던 시절이다. 어느 겨울, 단아하고 말쑥하신 40대 젊은 중년 신사를 뵈었다.

소헌(素軒) 김만호(金萬湖) 선생님과 담소를 나누시는 모습이 기품과 예의가 바르시고 다정하셨는데, 한의학에 관한 전문적 내용을 말씀하시던 것이 떠오른다. 그 신사분은 다름 아닌 현재의 향산(香山) 변정환(卞廷煥) 대구한의대학교 명예총장님이시다.

왜 약 50여 년 전의 기억이 소환되어 현전되는가 하면 당시 사교적인 풍모와 기세가 범상치 않으신 한의사로 각인되었기 때문이다. 그 후 봉강연서회 정기 작품전에 출품된 향산 변정환 명예총장님의 서예 작품을 보면서 지역사회와 국가 발전에 많은 기여와 공적에 관한 뉴스를 듣게 되었다.

세월이 흘렀다. 고희를 지나서 구로(耆老)의 인생역정을 알게 되니 대단하신 노력형의 탁월한 선지자 중 한 분이라는 생각이 들었다. 몇 년 전 함께한 자리에서 고견을 들은 적이 있었다. 명예총장님의 청소년 시절에 관한 말씀 중, 청도에서 대구 시내의 고등학교까지 걸어서 다니신 적이 있다고 말씀하시어 놀라움을 가졌다. 현재도 팔조령 너머 청도군에서 대구 남산동까지 걷자면 온종일 걸리지만 새벽에 출발하여 걸었다고 회고하셨다. 어린 시절부터 남다른 기질과 도전이 있었기에 오늘날 이루신 업적과 흔적으로 남은 스토리를 말하고 있는 것이다.

또한 미래를 예견하시는 혜안은 범인들의 추종을 불허하신다. 사서와 주역을 통해 과거와 현재, 미래를 느낄 수 있는 기(氣)와 운(運)을 가지신 것이리라. 동양철학과 관련된 서도와 한의학을 궁구하시면서 그 정수의 요체를 깨달아 선견지명이 밝아지신 것이라 느껴진다.

3년 전 DAC 대구문화예술회관에서 대규모의 개인전을 펼쳐 세인들을 놀라게 하였다. 큰 전시장에 전시된 서예 작품으로 여든여덟의 미수(米壽) 기념전이 청년의 거침없는 골법(骨法)으로 느껴지는 것은 평생을 쌓아온 성정의 내공과 서여기인(書如其人)의 모습인 것이다.

수많은 저서를 남기시고 서울대학교와 경희대학교에서 박사학위를 수여하신 학구열은 보통의 학인들이 상상하기 어려운 과정이었을 것으로 사료된다. 일상에서도 촌음을 아끼시어 한의학, 서예, 시조경창, 태극권, 동양철학 등 다양한 민족 고유의 학맥을 다하시는 초인적 지성을 가지고 계신다고 여겨졌다.

이러한 일생의 과정이 대구한의대학교와 대구한방병원 모든 곳에 스며들어 민족의 자긍과 정기를 세우고 실천하는 명문대학교로 이루어져 나아가고 있다. 옛 현인들처럼 음식은 적게 먹고 말씀은 줄이고 사색의 명상을 가지시고 실천하시면서 민족한의학에 임하시는 모습을 볼 수 있다.

요즈음 봉산동의 제한한의원에서 한의술과 사색으로 일상의 도를 실천하시는 향산 명예총장님은 아호가 나타내는 것처럼 향기 가득한 커다란 산이 되셨다. 그 향기는 우리의 금강산이기도 하고 백두산이기도 하며 우리 지역의 팔공산이기도 할 것이다.

　당나라 시대 이백의 고사에 나오는 마철저(磨鐵杵), 즉 "쇠공이를 갈아서 바늘을 만든다."와 같이 노력하고 또 노력하면 이루지 못할 것이 없다는 것처럼 오늘도 새로움을 모색하시는 삶을 보면서 흠모와 존경의 오마주를 남기고 싶다.

변정환 총장님의
『주역』 강의를 통해 배운 온고지신

김진희
대도회 문하생

제가 태어난 곳은 백두대간 소백산 자락의 상주 화서 상곡리입니다. 어린 시절만 하더라도 초등학교 입학 전에는 선친으로부터 배워 천자문 정도는 읽는 것이 일반적인 일이었습니다. 옆집에서는 문중의 어른께서 서당을 차려 학교에 다닐 형편이 되지 않는 아이들을 모아 한문을 가르치셨습니다. 저는 그런 분위기에서 초등학교와 중학교를 마쳤습니다. 그래서 고등학교 진학을 위해 대구로 나오면서 고향의 다른 아이들처럼 한문을 배우지는 못했습니다. 이후로는 직장 생활을 하며 생활에 쫓겨 살다 보니 한문을 배우고 싶다는 마음만 있었지 제대로 배울 기회가 없었습니다.

그러던 와중에 정년퇴임을 하고 시간적 여유가 생겨 '어떻게 하면 이 시간을 의미 있게 보낼 수 있을까' 생각하던 중에 고향 선배인 송재순 선생에게 변정환 총장님께서 대도회에서 주역강의를 하신다는 이야기를 들었습니다. '온고이지신(溫故而知新)'을 생각하며 바로 주역강의를 수강하였습니다.

향산 변정환 총장님 주역 강의를 처음 들으면서 연세를 가늠하기 어려울 만큼 건강하신 모습과 강의에 열정적인 모습을 뵈며 놀랐습니다. 한문에 대한 학식이 높으셔도 어려운 『주역』을 현대어로 쉽게 풀이해주셨습니다. 다양한 분야의 지식과 삶의 경험을 토대로 낱낱의 구절이 가진 의미를 쉽게 설명하셨고, 때로는 문화의 이해를 도와주시고자 다양한 인간 삶의 모습을 예로 들으시며 상세한 설명을 곁들이셨습니다. 그때마다 같은 글귀를 읽고 어떻게 저렇게 다양하고 심오한 해석을 할 수 있는지 감탄할 따름이었습니다. 공부하며 그간 부족했던 고문(古文)에 대한 지식을 넓히는 기회를 얻은 것이 더 없이 기쁘고 보람찼습니다.

향산 변정환 총장님께서는 여러 분야에서 이룩하신 업적이 대단하시어 그것을 일일이 나열하기 어렵습니다만, 그중에서도 가장 돋보이는 것은 바로 학문에 대한 열정입니다. 아직까지 『논어』의 "학이시습지 불역열호(學而時習之 不亦說乎)"라는 구절을 몸소 실천하시며, 배움에 뜻을 둔 사람들에게 열정을 다해 한문을 가르치십니다. 또 한의학에 대한 깊은 애정으로 학문적 체계를 정립하시고, 그것을 바탕으로 한의 대학교를 설립하시어 한의학 및 한의사의 꿈을 이루고자 하는 많은 인재들을 길러내셨으며, 아픈 사람들의 몸과 마음을 돌봐주셨습니다. 이런 총장님의 삶을 통해 배움의 뜻을 둔 사람에게 큰 가르침을 주시고, 질병으로 고통받는 이들에게 건강을 주심에 깊은 감사의 말씀을 올립니다.

앞으로도 늘 건강하셔서 향산교양교육연구소를 통해 배움에 목마른 이들에게 많은 가르침을 주시기를 간절히 바랍니다.

우리 세대 참스승·인술의 한의사, 변정환 총장

김한규
전 총무처장관

"뜻이 있는 곳에 길이 있습니다."

이 속담으로 우리 세대의 참스승이신 변정환 총장의 일생 일념으로 살아오신 삶을 엿볼 수 있다.

시골에서 태어난 변정환 총장은 가난한 유년 시절을 보내면서 가진 것이라곤 튼튼한 두 다리밖에 없었지만 '유가의 후예'라는 자부심을 안고 후일 인술(仁術)을 펼치는 한의사의 꿈과 의지를 키워왔다. 오늘의 그가 있기까지는 조부인 '고산공 어르신'의 영향이 가장 큰 것으로 알고 있다. 조부의 호가 '고산(鼓山)'인데 뒤에 '공(公)'을 붙여 '고산공 어르신'으로 불린 것이다. 이 어르신께서는 원래 한학에 조예가 깊은 한학자셨다. 조부님은 나라가 망하여 일제의 식민지가 되자 학문을 포기하셨다. 대신 평소 여가로 공부하던 한의학으로 방향을 바꾸어 고명동에 한약국을 열어 아픈 사람을 돌보셨다. 소년이었던 변정환 총장은 조부의 모습을 지척에서 뵈면서 한의사의 꿈을 키웠다. 또, 조부님 면전에서 무릎을 꿇고 외쳐댔던 천자문, 명심보감은 오늘의 그를 있게 한 원동력이 되었다.

특히 '고산공 어르신'께서는 '고약 할아버지'로 불리시기도 하셨다.

제조한 고약이 효력이 좋았던 덕이다. '변고약'은 군내에서만이 아니라 이후 전국적으로 유명세를 타게 되었다. 변정환 한의사의 뛰어난 의술은 이때부터 발아한 것은 아닐까.

인간 승리를 주제로 한 드라마의 주인공과 같은 변정환 선생은 '현대판 허준 선생'으로 불릴 만큼 유별난 한의사의 길을 걸어오기도 했다. 소식의 음식 습성, 어진 마음 인(仁)의 생활화, 살생을 금함, 진료를 하고 있으면서도 금식할 때가 많으며, 1초도 아끼는 근면 성실의 자세를 견지해오고 있는 수도자적 생활습관은 이미 잘 알려진 사실이다. 특히 외출할 때나 해외여행 중에는 양복 주머니 속에 침통과 의서 한 권을 갖고 다녔다.

변정환 한의사의 일생일대 쾌거는 세계 최초의 한방종합병원의 건립을 손꼽을 수 있다. 1969년 3월 3일, 대구시 수성구 상동 165번지 대지 3천여 평에 마침내 세계 최초의 한방종합병원 기공식을 했다.

하지만 고난과 역경이 없었던 것이 아니었다. 설계시간이나 건축비용의 문제가 아니라 '한의원'도 아닌 '종합병원'을 세운다는 자체가 당시 법적으로나 인식이나 상식적인 면에서 불가능한 일이었기에 더욱 그러하다. 한의사 변정환은 주무관청인 보건사회부와 처절한 투쟁을 한 것으로 기억한다.

그리고 이러한 분투는 서울도 아닌 대구에서 세계 최초의 '한방병원'이 문을 여는 쾌거로 이어졌다. 이 한방병원은 서울의 경희의료원이 개원하기 1년 전 일이었던 것이다. 이 때문에 당시 보건사회부에서는 '한방병원'의 요건을 대폭 강화해 법인이 아니면 병원 개설을 할 수 없도록 하자 비영리 의료기관 재단법인 '제한동의학술원'을 만들고 이 사장에 취임했는가 하면 법인 산하에 '동양의학연구소'를 설립 초대

연구소장까지 맡아 한방을 통한 의학발전과 국민건강증진에 크게 기여하였다.

항상 낮은 자·가난한 자·병든 자·장애인들의 고통과 고난에 앞장서온 변정환 총장은 『동의보감』 전질 25권을 펴낼 만큼 동양 의학계의 귀감이 될 만큼 업적을 남겼다.

대구한의과대학교를 설립하여 한의학의 학문적 발전은 물론 인의예지(仁義禮智)를 겸비한 한의학자 양성에도 헌신함으로써 한의학계의 새로운 이정표를 수립하기도 했다. 변정환 한의사의 또 다른 생과 삶의 업적이라면 대구한의과대학교 설립을 들 수 있지만, 그의 최종적인 목표는 아니었다.

한의학의 발전과 한의학 분야의 인재개발을 위해 헌신해오던 변정환 한의사는 대구 지역에 꼭 한의과대학 설립의 필요성을 절감하고 영남대, 계명대, 대구대(한국사회사업대)의 이사장, 총장 등을 차례로 만나 의견을 타진했지만 거절당했다. 그러자 직접 계획을 세우고 대구한의과대학의 설립을 '한의학 운동' 차원에서 시작했다. 대구한의과대학교의 설립은 대구경북한의사회에도 유서 깊은 '약령시 부활운동'과 맥을 같이하면서 대구에서는 유일한 대구한의과대학교를 만드는 계기가 된 것이다. 그리고 이 대학은 여전히 그 유일성을 유지하여 대구한의대학교로 발전했다.

대구한의대학교에는 한의과만 있는 것이 아니다. 재활보건대학에는 보건학과 재활의료공학과, 노인재활치료학과, 미술놀이치료학과, 한방스포츠의학과, 물리치료학과, 시니어스포츠학과, 중등특수교육학과도 있다. 화장품제약대학도 그 명성을 떨치고 있는데 바이오산업융합학학부, 화장품공학부, 제약공학부가 있고 웰니스융합대학에는 아동복지상담에서 뷰티케어학과까지 건강한 복지사회 실현에 꼭 필요한 인재를 양성해오고 있다.

변정환 총장이 또 다른 뜻을 세우고 길을 모색한 것이 있다면 '한의학의 세계화'이다. 우리의 전통의학인 한의학 즉 동양의학의 뿌리를 찾고 근원을 참구하는 성찰에 대단히 큰 역할을 했는데 변 총장이 평소 되새기는 '중용정신'이 "막현호은(莫見乎隱)하고 막현호미(莫見乎微)했다."는 것을 즐겨 주장한다. 또, 항상 무(無)에서 유(有)를 구하는 구도인의 자세를 견지하는 모습에서 그의 삶의 철학을 엿볼 수 있다.

사실 변정환 총장은 존경하는 스승이자, 대구영남중고등학교 5년 선배로서 삶의 뜻과 길을 찾도록 선도해 주었다. 필자가 회장을 맡은 21세기 한중교류협회 창립 이사 및 고문으로서 한국과 중국, 양국의 이해 증진과 교류 협력 증진에도 앞장서실 뿐 아니라 한의학 발전에도 교두보를 마련하기도 했다. 더구나 한평생을 소외되고 작은 자, 장애인을 대상으로 봉사의 삶을 온 몸으로 실천해 오고 있는 분이다. 한의학을 통해 지적장애나 자폐성 장애 등 발달장애인의 치유와 인성개발을 강조하고 있다.

아울러 변정환 총장님은 "고난 속에서 피어난 꽃이 더 아름답다."라는 말씀과 함께 "극복 못할 시련은 없다."라는 어록을 남기신 분이다.

변정환 총장님의 일생의 발자취와 삶의 여정 속에서 인간이 인간에 대한 믿음과 참사랑이 이루어낸 위대한 승리가를 찬양하게 된다.

존경하는 변정환 총장님

김항길

(재)미륵대도 이사

국제대자연사랑실천본부의 한국지부인 (사)대자연사랑실천본부 설립과 더불어 변정환 이사장님께서 실현해 나가는 인류생존(人類生存)의 길은 존경스럽습니다.

대자연을 사랑하고, 지구상의 모든 생명을 존중하며, 대자연사랑을 실천하는 그 모습은 언제 보아도 감탄이 나옵니다. 낡은 문화를 개선하여 대자연을 사랑하는 신문화운동에 앞장서시고, 모든 생명의 존엄성을 존중하는 신문명을 개창하시며, 낡은 가치관을 개선하여 인간 본연의 가치를 존중하는 신가치관의 운동을 쉼 없이 펼치신 의지와 노고, 낡은 도덕관을 개선하여 세계 인류가 한 가족이라는 새로운 도덕관을 개창해 나가는 환경운동가로서 새로운 정신문화 창달에 매진하시는 변 이사장님의 뜻을 존경합니다.

많은 사람이 변 이사장님의 참뜻을 받들어 대자연사랑실천으로 세계를 한 가족으로 이루고 새로운 문화 창달에 더욱더 힘차게 정진해 나가야 할 것입니다. 이렇게 의식이 전환되었을 때 우리 인류는 계속 생존할 수 있음을 깨달을 수 있을 것입니다.

인류 역사의 언저리에는 잘못된 생존관, 생활관, 생명관, 인생관, 가치관의 역사가 있었음을 누구보다도 마음 아파하셨던 변 이사장님.

이사장님께서는 인류의 영원한 생존을 위해 우리 모두가 힘을 모아야 하는 때라고 주의를 환기하시는 한편, 대자연사랑실천본부의 사명감과 그 책임의 무게가 더해 감을 체감하시어 솔선수범하셨습니다. 이러한 모습에 회원들은 큰 감명을 받았습니다.

이사장님께서는 급변해가는 세계 변화에 대자연사랑 문화를 선양하고자 각종의 대자연사랑 문화 행사를 추진하셨습니다. 2014년 대구에서 열린 세계청년 대자연사랑축제, 그린풀합창단의 음색이 돋보였던 서울 대학로 대자연사랑 문화행사, 안산 상록 대자연사랑문화행사, 대구 영남 지역 청소년 율동반 창설, 대자연문화행사 개최……. 하나씩 나열하기 어려울 정도의 국제·국내 문화 행사를 직접 추진하시고 참석하신 덕분에 대자연사랑문화가 오늘날처럼 빛나고 있습니다.

신앙생활로서는 한국천은미륵불원 자은불당 영도 전인으로서 어려운 여건 속에서도 물심양면으로 많은 희생과 봉헌을 하셨습니다. 대중선도 사업의 핵심인 선천대도, 미륵대도는 유구한 역사와 전통을 지니고 있으며, 일맥단전으로 부처와 성인에게만 이심전심해서 전해지던 천명밀법심법으로서 천시가 긴급하여 삼기 말겁에 이르러 미륵불께서 응운하시어 근기와 불연, 조상의 덕이 있는 모두에게도 널리 전해지게 되었습니다. 이러한 천시를 간파하신 변 전인께서는 미륵불의 원력을 진정으로 실현해 내시고자 정진하고 계시며 이러한 변 전인의 큰 뜻에 이제 후학들도 분발하고자 합니다.

미륵불의 넓고 크신 홍자대원(鴻慈大愿)으로 혼란한 세상을 대동세계로, 오탁하고 죄악으로 가득한 세상을 인간정토로, 홍진고해 세상을 미륵불국으로 만들고, 전쟁과 재난 겁살을 종식하여 세간천국을 실현하는 일. 그리하여 지극히 참되고 선하고 아름다운 미륵정토, 대동세계의 구현을 목적으로 한 이상이기 때문입니다. 변 전인께서는 미륵이 출세한다는 21세기는 미륵세기, 양심광명세기가 되어서 전쟁과 재난 겁살이 사라지고, 평화로운 행복의 웃음이 넘쳐나는 미륵정토가 이룩될 것을 일찍부터 아셨습니다. 이 때문에 미륵대도의 사상과 이념을 전파하고 선양하신 변 전인께서는 많은 도친, 후학들의 희망의 눈을 크게 뜨도록 깨우쳐 주셨습니다.

미륵대도 도친 모두가 오랜 수행생활을 통해서 미륵부처님의 심경심법과 선불성현들의 성리심법의 가르침에 따라 일상생활 속에서도 아름다운 수행의 길을 인도하시고 펼쳐나가시는 변 전인의 자비에 끊임없는 경의를 표합니다.

이분

김향교
대자연정가회 회장

이분을 무척 존경한다. 이분의 삶은 내 인생철학의 지표가 되었다. 이분은 한의사로 인술에 명성이 대단하시며, 한학(漢學)의 거인으로 많은 사람들에게 가르침을 주시고 진실로 홍익인간 정신을 실행하신다.

예악에도 범인(凡人)이 아니셨다. 특히 조선의 사대부가 애창했던 정가에 관심이 깊고 즐겨 부르신다. 이분은 필자가 지도하는 정가 수업에 빠짐없이 참석하시는 열성 어른이셨다. 함께 공부할 때 이분의 그 우렁찬 초성에 모두가 놀랐다. 아마도 오랫동안 갖가지 심신 수련으로 다져진 힘이라 믿는다. 이분은 향산 선생이시다.

선생께서는 수업마다 반드시 두 편의 한시(漢詩)를 읊으셨다. 자리에 모인 이들은 귀를 기울이며 저마다 한시의 감성에 젖어 들었다. 그 작품은 〈증용헌관찰사(贈容軒觀察使)〉와 〈창학송(創學頌)〉이다. 그 명시를 소개한다.

〈증용헌관찰사〉는 향산 선생의 선조이신 춘정 변계량(卞季良, 1369~1430)께서 지으신 한시이다. 변계량은 고려 말·조선 초 문신이고 초대 문형이신 학자이셨다.

贈容軒觀察使(관찰사 용헌공께 드리는 시)

춘정(春亭) 변계량(卞季良)

어릴 때부터 사귄 정 더욱 깊어졌는데,

그대는 오동나무요, 나는 느릅나무와 들메나무로 부끄럽다네.

벼슬하는 그대는 삼고초려 제갈량과 같고,

술 한 잔에 취하여 만사 잊은 나는 도연명일세.

봄바람에 버들가지는 노랗게 술 빛이요,

맑은 날씨 강물은 파랗게 쪽빛이네.

부모 모시는 여가에 지은 시가 천수일 테니,

그 시를 들고 나의 초가 찾아주게나.

童穉親情久益添　却慙桐梓映梗楠

九重諸葛承三顧　萬事淵明付一酣

風暖柳條黃似酒　日晴江水綠如藍

省方餘暇詩千首　莫惜携將寄草菴

〈창학송(創學頌)〉은 향산 선생께서 지으신 한시로, 대구한의대학교를 아끼는 마음이 여실히 드러난다.

創學頌(대구한의대학교 예찬)

향산(香山) 변정환(卞廷煥)

열두 채 높은 건물이 압독벌에 세워졌는데,

화기가 찬 봄바람이 눈앞에 펼쳐졌도다.

푸른 파도는 담담하게 떴다가 가라앉고,
백조는 쌍쌍이 갔다가 다시 오는구나.
삼백여 명의 교수들은 군자의 그릇이요,
구천여 명의 학생들은 의사의 자질이라.
동쪽으로 나는 봉황은 나의 뜻을 아는 듯,
주변을 배회하면서 짐짓 재촉하지 않는구나.

十二高樓押督臺　和風春色覺前開
綠波淡淡浮還落　白鳥雙雙去又來
三百慈師君子器　九千醫徒大夫材
東飛鳳凰知吾意　聞道徘徊故不催

향산 선생께서는 정가 수업이 있을 때마다 "문화가 우수해야 강국이
된다."라고 하시며 문화·예술의 중요성을 늘 크게 인식시켜 주셨다.
특히 우리 전통문화의 세계화를 거듭 강조하셨다.

수업을 마친 후에는 여러 가지 좋은 말씀들을 해주셨다. 그때마다
모두 흥미로운 표정으로 경청했다. 무엇보다 건강에 관한 말씀을 많이
해주셨는데 함께한 사람마다 자신의 건강 지킴에 큰 도움이 되었다고
한다.

선생께서는 정가를 부르실 때는 항상 청춘이시다. 노래에 심취하신
모습은 옛 선비와 같고, 직접 지으신 한시는 감동을 자아낸다. 한시창(漢
詩唱)의 명인이셔서 그렇다고 믿는다.

향산 선생의 춘추는 물경(勿驚) 아흔인데, 돋보기 없이 신문과 악보
를 보신다. 놀라지 않을 수 없다. 심신단련법을 몸소 터득하신 보람이
라 여겨진다. 이것은 주위 많은 사람들에게도 좋은 귀감이 되고 있다.

존경심이 절로 나온다.

이러한 선생을 뵙게 된 때를 회고하면서 이만 줄인다. 이분의 고향 청도 본댁 큰 행사에 축하 공연을 할 때다. 주최하신 이분 풍도(風度)에서 예사 분이 아님에 감동되었던 기억은 상금도 잊히지 않는다. 그 후 시내 모 무대에서 함께 출연한 적도 있었다. 그리고 세월이 많이 흐른 뒤 뜻밖에 다시 만나게 되어 지금까지 뵙고 있다.

선생께서는 남다른 열정으로 의료와 교육계에 헌신하신 큰 분이다. 아울러 서예에도 능통하셔서 몇 번의 개인 및 단체전을 가지신 분이다. 이런 분이 우리의 전통 노래인 정가(正歌)의 우수성과 예술성을 높이 격찬하시고 세계화를 주창하심에 또 한 번 숙연해진다. 참으로 고매하시다. 향산 선생이야말로 강한 신념으로 시대를 선도(先導)하는 분이라고 여긴다. 나의 생에서 이분과의 인연으로 배운 것이 하도 많아서 다시없이 감사하다.

너무나 소중하고 존경하여 마지않는 향산 선생. 이분은 바로 대구한의대학교 명예총장이신 '향산 변정환 박사님'이다.

총장님, 부디 만수무강하시옵소서!

향산 명예총장님의 졸수연(卒壽宴)에 즈음하여

나철흠

대구한의대학교 교직원

우리 대학의 설립에 즈음하여 「사학기관재무회계규칙 특례규칙」이 제정되고, 대학의 회계 제도가 단식부기에서 복식부기로 전환되면서 새로운 회계 제도의 정착을 위한 인력채용이 있었다. 나는 을축(乙丑)년 4월 공채로 경리과에 입사하면서 향산 명예총장님과의 인연을 시작하였다.

당시 명예총장님께서는 53세로 제한한방병원장, 대한한의사협회장, 통일주체국민회의 대의원, 라이온스클럽 총재 등과 같은 활동을 전개하시며 사회적 명성이 높으셨다. 처음 뵈었을 때, 후광이 비치듯 빛나는 얼굴과 흉내 내지 못할 넉넉한 웃음과 맑으면서도 굵은 톤의 목소리에서 근엄한 달마대사의 모습이 떠올랐다. 그날이 이토록 생생한데, 벌써 36년이 지나 명예총장님께서 졸수연(卒壽宴)을 맞이하시니 지나간 세월의 무상함이 새삼스럽다.

그동안 나는 여러 총장님을 모셨다. 행정부서의 책임자에게 권한과 책임을 부여했던 관료 출신의 총장님, 직접 권한을 갖고 업무를 챙기시지만 책임에서는 자유로웠던 정계 출신의 총장님도 계셨다. 하지만 명예총장님께서는 모든 조직원에게 권한을 부여하고 책임은 본인이 지셨다.

입사 후 채 몇 년이 지나지 않은 1988년. 박종철 고문 사건과 6.29선언으로 우리나라 전역에 민주화 물결이 일어나고 우리 대학에도 교수협의회와 노동조합이 결성되었다. 이때 명예총장님은 학장으로 계시면서 큰 어려움에 직면하셨다. 나는 명예총장님께서 아끼시고 귀히 여겨 주셨음에도 젊은 혈기에 앞장서서 노동조합을 설립하였다. 전에도 지금에도 말씀하지 않으셨지만 못내 마음에 상처를 받으셨으리라. 분규 해결을 위한 37개 조항을 발표하기 직전에 빈 강의실로 나를 부르신 명예총장님께서는 심하게 꾸짖으셨다. 그렇게 화나신 모습은 이후로 지금까지 다시 뵙지 못했다.

성공하신 분들은 확실히 다른 점이 있다. 지금까지 많은 사람과 많은 일을 했지만 명예총장님만큼 빠른 이해와 정확한 판단과 결정을 하시는 분은 그리 흔치 않았다. 이와 같은 결정 덕분에 나는 36년간 크고 작은 일을 추진할 때마다 조그만 역할을 할 수 있었다. 전국 최고 입시 경쟁률을 자랑한 15,000명 입시전형에 전산화 도입, 포항한방병원 인수, 문경요양병원의 위탁운영과 계약 조건의 변경, 현대자동차의 검진 사업과 한의원 개설, 제한병원 폐쇄, 수성캠퍼스의 기본재산 구분 정리, 오성캠퍼스 인수, 수성캠퍼스의 처분 및 첨복단지 이전 등.

특히 오성캠퍼스 인수는 대학기관평가인증을 앞둔 시점에 BTL 사업의 중단으로 필수조건인 교사(校舍) 면적의 확보가 시간적인 측면에서나 비용적인 측면에서나 불가능한 상황이었다. 그러던 것이 폐교한 아시아대학이 경매에 나오면서 우리에게 기회가 생겼다. 단계마다 수많은 어려움이 있었으나 명예총장님의 신속한 결정으로 문제점들을 하나하나 극복할 수 있었다. 결국에는 캠퍼스 인가를 받음으로써 기간 내에 교사 기준 면적을 충족하여 기관인증평가를 통과하였다. 지금 생각해도 절체절명의 매 순간들이 새롭게 회상된다.

최근 보도된 수성캠퍼스 이전 사업도 그렇다. 수성캠퍼스에는 설립 자이신 명예총장님의 역사와 인생이 담겨있기 때문에 구성원의 절대다수가 절대 매각할 수 없을 것이라고 생각했다. 수성캠퍼스의 문제가 눈에 보여도 감히 누구도 처분에 대한 제안을 할 수 없었다.

그러나 명예총장님께서는 수성캠퍼스의 문제점을 누구보다 명확하고 구체적으로 직시하셨다. 그리고 지난 60년의 발자취보다는 향후 100년을 위해 한의과대학과 부속병원을 이전해야 한다는 뜻을 비치셨다. 당신의 60여 년이 깃든 곳인 수성캠퍼스를 다가올 100년을 위해 한 치의 미련도 두지 않으시고 정리하시는 모습에 절로 고개가 숙여졌다. 선인들의 선공후사란 이런 것이 아닐까. 현재 모든 절차가 순항하고 있다.

향산 명예총장님.

구순을 축하드리고, 앞으로도 지금과 같이 강건하시길 기원드리며 10년 후의 상수연(上壽宴)에도 꼭 찾아뵙겠습니다.

옆에서 지켜본 향산 선생님

류영희

대구경북서예가협회 고문

60여 년간 가까이서 보아온 향산(香山) 선생님에 대하여 말씀드리기에는 저의 짧은 식견과 안목이 걱정스럽습니다. 그러나 용기를 내어 졸견을 적어 보고자 합니다.

선생님을 처음 뵌 것은 제가 갓 스무 살이 된 1961년입니다. 소헌(素軒) 김만호(金萬湖) 선생님의 봉강연서회 자리였는데, 그때 향산 선생님은 체격이 건장하시고 풍김이 인자하시며, 후덕한 모습에 훈훈한 도학자의 성스러운 인상이셨습니다. 세 살 때부터 한의사이며 유학자이신 조부님으로부터 학문을 수련하신 선생님께서는 뛰어난 한학 실력과 동양철학에도 조예가 깊으셨으며 한국유교학회 회장을 맡기도 하였습니다.

1959년 제한한의원을 개원하신 후에도 한의사이자 한학자이시고 서예 대가이신 소헌 김만호 선생님과도 절친한 사이로 지내셨습니다. 소헌 선생님은 자신이 맡고 계시던 한의사 회장직을 향산 선생님에게 넘기시면서 당부했습니다. "자네 한의대학교를 설립해보라."는 비록 부탁조의 말씀이었지만 그 가르침에 힘을 얻어 향산은 대구한의대학교를 설립하셨고, 오늘날 전국 명문 종합대학교로 우뚝 서게 만들었습니다.

선생님은 한의사로서 거목(巨木)일 뿐 아니라 한학자로서도 타의 추종을 불허하는 대인(大人)인데 특히 주역의 대가로서 지금까지도 주역 강의를 하고 계십니다. 평생을 의술과 학문에 전념하시며 보건학박사, 한의학박사, 명예철학박사, 명예경영학박사 등 국내외의 저명한 대학교에서 인정받는 대석학(大碩學)이시기도 합니다.

교육자로서 후학 양성에 남다른 열정을 가지고 교육 입국(立國)에 헌신하고 계실 뿐만 아니라 특히 중국 학자들과도 많은 교류를 통해 국위 선양에도 큰 공헌을 하시는 큰 유학자이십니다.

전통문화 계승에도 많은 관심과 참여를 하고 계십니다. 예컨대 대자연정가회를 설립하여 제한한의원(중구 봉산동) 내에 별도 시조(時調)실을 마련하여 많은 동호인들을 참여케 하여 저변(低邊) 확대에 크게 기여하고 계십니다. 2016년에는 전국남녀 시조창대회에서 장원을 수상하는 등 노익장을 과시하고 계십니다.

특히 서예에는 지대한 관심과 실천에 솔선수범하고 계십니다. 선생님은 일찍부터 붓글씨에 심취하시어 소헌 김만호 선생님과도 붓글씨로 맺어진 인연인 것 같습니다. 평생을 각종 서예 단체와 관계를 맺어 병원 일로 바쁜 중에도 틈만 나면 지필묵(紙筆墨)을 가까이하시어 수많은 작품전에 출품을 하시고 수없이 수상도 하셨습니다.

2019년 향산 선생님 개인전은 2년 계획으로 작품을 160여 점 넘게 준비하셨습니다. 저도 60여 년 가까이 붓을 들지만 지금 생각해도 너무 엄청난 일인 것은 분명합니다. 그럼에도 선생님께서는 연로하신 연배인데도 상상하기 힘든 체력을 보여주셨습니다. 내용면에서도 해서(楷書), 행서(行書) 등 다양한 형으로 심금을 울리는 좋은 글감으로 취사선택하여 구성하셨습니다. 글씨의 흐름은 행서인지라 물 흐르듯 좋았습니다.

지난번 향산 선생님의 서예대전 발표에 더욱더 의의가 큰 것은 대구 한의대학교 건학 60주년 기념전으로 학교 발전기금 조성을 위한 개인 전이라는 것입니다. 수익금은 전액 후학 양성을 위해 학교에 기부했으니 그 뜻이 대단하지 않을 수 없습니다.

향산 선생님은 서예를 기예로 인식하지 않고 서도(書道)를 통해 정신과 품격을 드러내셨습니다. 그것은 동양 고전 숙독(熟讀)으로 명구(名句)를 골라 소재를 삼은 까닭입니다. 병원 일로 심신이 여유롭지 않으심에도 틈틈이 작품 활동을 하시는 그 원동력은 평소 태극권(전국개인전 노인부 1위) 운동과 채식 위주의 식사법, 시조창과 규칙적인 일상생활에 있다고 보여집니다. 매사에 적극적이고 환희심이 넘치시는 모습에 큰 박수를 보내드립니다.

명예총장님과의 남다른 인연

류재술

대구한의대학교 명예교수

향산 변정환 명예총장님과의 남다른 인연 이야기는 거의 40여 년 전으로 거슬러 올라간다.

1980년대 초 어느 가을날! 1남 1녀를 둔 평온하고 행복한 우리 가정에 청천벽력 같은 일이 일어났다. 오랜 중동전쟁으로 1970년대 중반 1차 오일쇼크에 이어 1980년대 초반에 2차 오일쇼크가 추동한 세계적 경기침체 상황은 우리나라에도 영향을 미쳤다. 먼 땅에서 일어난 일의 여파로 극도의 경기불황을 맞이한 우리나라, 그리고 이러한 상황 속에서 섬유산업의 메카인 대구에서 모 기업 임원으로 계시던 아버님께서 갑자기 쓰러지신 것이다. 학생의 신분이었던 나는 앞이 캄캄하다는 말을 실감했다. 사실 처음에는 걱정 반 두려움 반이었다. 그러나 차차 절망감으로 이어졌고 그 절망감은 이루 말로 표현할 수 없을 만큼 컸다.

그 시절에는 양방병원보다는 한방병원에서 치료하는 게 더 낫다는 생각이 보통이어서 나 역시 아버님을 모시고 제한한방병원으로 갔다. 중동에 있었던 제한한방병원은 한강 이남에서는 최고의 한방의료진과 한방의료시설을 갖추었다고 그 명성이 자자했다. 그때 한의 분야에서 최고의 명의이신 향산 변정환 명예총장님께서 극진한 진료와 함께 희망과 용기를 잃지 말라는 말씀으로 우리 가족을 위로해 주셨다.

약 3개월의 긴 입원치료 후 아버님은 퇴원하셨고, 큰 불편 없이 일상 생활을 하실 수 있었다. 그때 의사와 환자 그리고 보호자 간에 무한한 신뢰를 바탕으로 한 치료와 재활 노력이 얼마나 중요한지 알았다. 그리고 향산 변정환 명예총장님께 대한 우리 가족의 감사한 마음도 이루 말할 수 없었다.

우연일까 필연일까? 10여 년이 지난 후 나는 대구한의대학교에 교수로 부임하게 되었다. 40여 년 전 아버님이 입원한 제한한방병원이 대구한의대학교 모체 병원이니 필연에 가깝다고 보아도 무방할 것이다.

학교법인 제한학원의 대구한의대학교 교수로 재직하는 동안 여러 차례 보직교수로 일했다. 그때마다 모든 일을 결정할 때는 항상 불편부당하게 할 것, 일을 할 때는 절대로 월권하지 말 것, 어떤 일이 있어도 남에게 책임을 전가하지 말 것이라는 나름대로의 원칙을 세우고 대구한의대학교의 발전을 위하여 최선을 다하고자 노력했다. 아마도 남다른 인연으로 아버님을 진료해 주신 향산 변정환 명예총장님께 대한 말할 수 없는 고마움이 내 마음속에 있었기 때문인 것 같다.

아버님께서는 쓰러지신 이후 거의 35년 동안을 건강하게 사시다가 돌아가셨다. 아버님이 돌아가시면서 맹자의 군자삼락(君子三樂) 중 첫 번째 즐거움은 잃었다. 아직은 특좌교수로 있으면서 두 번째 즐거움은 잃지 않았지만 이 또한 학교를 떠나는 순간 잃게 될 것이다. 하지만 하늘을 우러러보아 한 점 부끄러움 없고 굽어보아 사람에게 한 점 부끄러움 없는 삶을 살아가는 세 번째 즐거움은 끝까지 잃지 않고 살아가려고 매일 다짐하고 있다.

이 모든 일로 다시 한번 향산 변정환 명예총장님께 감사드립니다.

향산 변정환 선생의 학덕과 인품·서예술관

리홍재

대구봉산서화회 회장

광명개천(光明開天) 이래 태곳적부터 인류는 만물의 영장으로 말과 언어를 사용하고 문자를 발명하여 유구한 역사를 전하고 기록했다. 전통·종교·사상·문화·예술을 계승·발전시켜 문명·문화인의 자긍심을 가지고 세상을 영위하며 현대를 살아가고 있음은 말과 글, 언어 문자의 예술이 있었기 때문일 것이다.

동양에서는 한자를 창제해 인문학을 승화시키는 한편 활자, 인쇄술을 발전시켜 특유의 문자조형예술로, 찬란한 서예문화의 꽃을 피웠다. 현대의 서예가 서법, 서도, 서사, 문자조형예술, 캘리그래피 등 전통을 밑바탕으로 새롭게 창작 표현됨은 문인·묵객들이 근도핵예(根道核藝)의 풍류를 즐기며, 도법자연(道法自然)하고 법고창신(法古創新)하여 개성이 뚜렷한 서풍으로 예술의 멋을 한껏 펼쳐 일가를 이뤄낸 명필대서가(名筆大書家)들의 적공(積功)인 것이다.

글씨가 그 사람이라는 말이 있듯 서예는 심화(心畵)로 학문과 인격이 어우러져 심수상응(心手相應)한 정(精)·기(氣)·신(神)의 조화로 빚어낸 품격이 서품(書品)으로 완성된다. 의가삼세(醫家三世)의 가업을 이루신 향산 변정환 선생의 서(書)는 천부한 자질에다 끊임없는 노력으로 이뤄낸 문자향(文字香)이요, 백련천마(百鍊千磨)한 서권기(書卷氣)가 바로 숙습난당(熟習難當)이다. 향산만의 향기와 매력을 지닌 서풍은 세인으로 하여금 길문(吉文)이 수반된 활기찬 '행복체(幸福體)'라 칭하게 하였다니 학문을 떠난 삶이 있을 수 없고, 한학의 토대 위에 필가묵무(筆歌墨舞)한 향산서예(香山書藝)의 꽃을 활짝 피운 그 자체가 자오자락(自娛自樂)하며 스스로 삶을 즐기는 인생 전부요, "붓이 향산이고, 향산이 붓이다."가 딱 맞는 표현이다.

2019년 5월 대구문화예술회관 11전시실에서 열린 미수전(米壽展)은 향산 선생의 정성과 열정과 호방한 기개를 한껏 펼친 대전시였다. 구십 평생 붓을 잡는다는 것은 가히 상상조차 할 수 없는 삶의 여정에 얼마나 큰 행복이기에 그리 좋아하셨을까? 역시 선생은 철저하게 수행 정진하여 겸허하고 후덕한 인품이 배어있는 선풍도골(仙風道骨)이요, 근엄한 학자의 자태가 용유봉무세락민희(龍遊鳳舞歲樂民喜)라, 현묘지도(玄妙之道)로써 문무겸전(文武兼全)한 향산서품(香山書品)의 진면목이리라.

향산 변정환 선생을 먼발치서나마 알게 된 것은 대구로 유학 왔을 때였다. 선생께서는 이미 제한한의원을 개원하여 인술을 베푸시고, 학교법인 제한학원 대구한의과대학을 설립하여 이사장이 되셨을 때였다. 선생의 명성을 익히 접했던 나는 직접 뵌 후 흠모하는 마음이 한층 커졌고, 사표로 삼기에 이르렀다.

벌써 40여 년의 성상이 훨씬 지난 이 자리에 제 비천(非淺)함으로 설(說)한다는 건 선생께 대한 무례인 줄 안다. 다만 대구봉산서화회 회장의 책무를 외면할 수 없어 졸필로나마 글을 남기는 게 선생께 드리는 진심이자 '문화강국(文化强國) 예술천국(藝術天國)'의 기대를 드러내는 일이라 여기여 삼가 글을 올린다.

향산 변정환 선생은 청도에서 태어나 유년시절 한학을 공부하면서부터 자연스레 문방사우를 가까이 하시었고, 대구로 진학을 해서는 그 먼 거리를 뛰다시피 하며 학교를 다녔다 하시니 집념과 열정은 가히 철인이시다.

조부의 유지를 받들어 인술을 펴시면서도 붓을 벗 삼아 서예에 대한 집념을 놓지 않으시고 다양한 작품을 남기셨다. 또한 한학자로, 한의학 박사로, 명예총장으로 교육자로, 서예가로, 수필가로, 체육인으로 봉사하고 사회활동을 하며, 끊임없이 연구하시어 석·박사 논문을 비롯해 『도덕경』을 번역하는 등 다방면의 저서가 십수 권이 넘는다. 이를 보더라도 곧 지성여신(至誠如神)이시다.

또한, 열정적으로 글을 쓰고 붓을 잡아 임지학서(臨池學書)하시는 집중력은 분명 숙습(熟習)한 영혼을 불살라 뿜어내는 용광로와 같아서 세상 누구도 가히 추종을 불허할 것이다. 수년 전 봉산문화거리에서 활동하는 서화가 십여 명이 모여 모임을 결성한 인연으로 향산 선생을 가까이에서 뵙고 귀한 말씀을 들을 수 있었고, 대구봉산서화회 창립전을 계기로 학덕과 인품과 서품을 직접 느끼게 되었다. 가끔 환담을 나누면서 보이시는 다정다감한 모습은 정녕 진솔하시고, 집필하시는 자리엔 서화의 진귀한 보묵들이 걸려 있어 안복을 누린다. 근대 문신, 서예가 해사(海士) 김성근(金聲根) 선생의 〈산불재고유선즉명(山不在高有仙則名) 수불재심유용즉령(水不在深有龍則靈)〉이라 쓴 명작품이 걸려 있어 향산 선생의 서예사랑과 기품(氣品)을 느낄 수 있었고, 서주(西洲) 문일(文一) 선생의 작품과 여초(如初) 김응현(金膺顯) 선생의 대련의 명작이 어우러져 인향(仁香)과 묵향(墨香)과 덕향(德香)을 함께 누릴 수 있는 행복공간 향산루(香山樓)인지라 덩달아 즐겁고 신이 났다.

우연일까, 대구한의대학교 초기 지난 30여 년 전 서예동아리 '동의연

(東醫研)'을 개설하여 매년 한두 번의 습작전과 작품전을 열고 지도하는 인연으로 처음 학교를 방문했을 때 교정에 걸린 향산 선생의 초대형 작품들을 보고 감탄을 하면서 선생의 서기(書氣)를 가슴에 담았다. 철저한 관리로 체력을 단련하고, 남다른 열정과 노력으로, 수십 년의 정성과 집념으로, 공을 쌓아 격조 높은 작품을 제작하고 절제된 조형미가 품격을 돋보이게 한 근원이였으리라 여기며, 작품을 유심히 읽었다. 하나같이 귀한 글감도 찾기 쉽지 않은 오늘날에 명언명구(名言名句)를 가슴에 품고 거침없이 써 내려간 호방한 붓놀림을 흠뻑 느껴 볼 수 있었다.

서여기인(書如其人)이라 했다. 향산의 서(書)는 향기로운 산이고, 향기 나는 산이 향산이요, 향산 선생이 바로 향기로운 산이다. 향(香)의 으뜸인 묵향이 어우러진 덕향(德香)이 스며든 향산 그대로인 글씨를 쓰는 자유서예인이 바로 향산 선생이다. 향산의 문향(文香)을 느낄 수 있는 행복서체는 어디에도 걸림이 없이 자연스럽고 자유롭다. 한시를 영어로 쓰신 수려한 운필 속에서는 얼마나 많은 세월을 정진하셨는가를 엿볼 수 있다. 말 그대로 다양한 구상을 위해 심사숙고한 흔적들이 돋보인 역작들이다.

노목개화심불로(老木開花心不老)라 했던가. 노목(老木)이 아닌 거목(巨木)으로 감히 흉내 낼 수 없는 개성이 또렷한 글씨는 연륜에 비해 강건한 체력과 몸에 밴 겸손함의 본바탕이요, 배움의 끈을 놓지 않고 주역에 능한 한학자로, 한의학의 태두(泰斗)로, 대학을 설립한 교육자로, 서예인으로 산(山)을 뽑고 세상을 덮을만한 기상은 역시 향산 선생의 진면목이고 진정한 대한국인(大韓國人)이시다.

아울러 향산 선생의 서품(書品)은 단아하면서도 자유스런 필세는 한학과 한의학의 토양 위에 쓰시는 웅혼한 필세와 부드러움을 더해 활달하면서도 생경한 필치와 거침없는 붓놀림 향산만이 가진 개성의 표현으로 세상에 널리 인술을 펼치신 향산일품(香山一品)이 될 것이다.

귀한 자리 짧은 글로 다 표현하지는 못하지만 향산서기(香山書氣)를 간직한 서품(書品)으로 향산 선생의 덕향(德香)과 묵향(墨香)이 후학들의 사표(師表)로 크게 발휘하여 영원히 빛나시기를 바라면서 건안건필하시어 만수무강하옵시기를 두 손 모은다.

죽마고우 향산을 말한다

박권흠
(사)한국차인연합회 회장

향산 변정환 박사는 험난했던 현대사 속에서 90년을 나와 함께한 죽마고우(竹馬故友)다. 향산과의 인연은 1952년 6.25 남침이 일어나기 1년 전이다. 우리는 일제강점기 끝자락에서 시작하여 해방, 6.25 남침, 4.19학생혁명, 5.16군사혁명, 해방 후 좌우익 갈등 등 험난한 파동을 견디며 90까지 살아남았으니 감회가 깊을 수밖에 없다.

6.25가 일어나기 1년 전, 우리는 경북 청도군 이서면 흥선동의 '흥인당'이라는 서당에서 만났다. 나는 중학교에 진학하지 못하고 한문 공부를 했는데 아버지께서 집에서 약 4km 떨어진 '흥인당'에 보내셨다.

어느 날 새벽, 빨치산이 내려와서 우리를 깨웠다. 우리를 마을 앞으로 끌고 가 억지로 "인민공화국 만세"를 외치게 하더니 또 오겠다고 했다. 그냥 있다가는 그들이 우리를 산으로 끌고 갈 것 같았다. 그런데 이런 난리통에도 말없이 열심히 공부만 하던 한 친구가 있었다. 바로 변정환이었다. 20명 정도 되던 생도가 하루아침에 각자의 길을 가게 되고 서당은 폐쇄되었다.

그 후 20여 년 동안 서로 소식도 알지 못하고 지냈다. 나는 부산에서 신문기자를 거쳐 정치에 발을 담갔다.

김영삼 야당 지도자를 만나 김영삼 총재 비서실장을 하고 있던 1972

년 서울 종묘 공원에서 청도군 향우회가 열리는 날 향산을 다시 만났다. 반갑게 인사했는데 막상 누구인지 기억나지 않았다. 낯익은 사람인데 누군지 아느냐고 옆 사람에게 물으니 한의사 변정환이라고 대답했다. 그날, 우리의 인연은 다시 시작되어 오늘까지 동갑내기 죽마고우의 친교를 계속하고 있다. 그 사이 향산 박사는 내가 존경하고 사랑하는 친구가 되었다. 그 험난한 세월을 견디고, 함께 90고개 위에 올라섰으니 우리의 인연이 얼마나 아름다운가.

시간의 흐름 속에서 나는 3선 국회의원이 되었고, 향산은 대구한의과대학을 설립해서 한국의 한의학 위상을 크게 높였다. 내가 국회문공위원장을 하고 있던 1980년, 향산은 학교법인 제한학원을 설립했다.

세월이 흘러 우리가 80이 된 해에 대구한의대학교 총장 향산 변정환 박사를 찾아갔다. 그는 만나자마자 80을 축하하고 기념하자며 말을 꺼냈다. 학교법인 제한학원의 이사를 역임하는 등 대학에 기여한 공로로 명예박사학위를 주고자 하는데 어떠하냐는 이야기였다. 나는 놀랐다. 어떻게 이렇게 내 마음을 알까. 감복하면서 나는 그동안 정치를 했으니까 정치학 박사가 좋겠다고 했다.

나는 평생 동안 잊지 못할 그 순간을 늘 기억한다. 향산의 능력과 업적은 후세에까지 선양되어야 한다. 백세시대 우리 함께 백세로 가는 열차를 타기를 바라면서 나의 죽마고우 향산의 건강을 빈다.

내 인생 최고의 멘토, 변정환 총장님

박동균

대구한의대학교 교수

변정환 총장님을 만난 건 내 인생 최고의 행운이다.

변정환 총장님을 생각하면, 많은 사람들이 떠올리는 단어가 있다. 한의사, 대구한의대, 대학총장, 명의(名醫), 청도, 대구한의대 한방병원, 제한한의원, 대자연사랑운동 등이 그것이다. 맞는 말이다. 실제로 인터넷 검색창에 검색해도 그렇게 나온다. 변정환 총장님은 대한민국 최고의 한의사이시고, 대한민국 최초의 한방병원과 대구한의대를 설립하셨다. 실제로 국내외 많은 난치병 환자가 총장님의 의술로 완치되어 새 삶을 얻었고, 지금도 많은 환자가 제한한의원에서 진료를 받고 있다.

변정환 총장님은 1970년 세계 최초의 한방종합병원인 제한한방병원을 대구시 수성구 상동에 설립했다. 그 당시 한의대학 설립은 대구경북 한의사들의 숙원이었다. 경상북도한의사회 회장(1969~1974)을 맡으면서 지역대학을 찾아다니며 한의과대학 설립을 설득했지만 성공하지 못했다. "천하의 영재를 얻어 교육시키는 것"이 인생의 즐거움 중 하나라는 맹자의 말씀에 따라 당시의 어려운 여건 속에서도 변정환 총장님은 직접 대학을 설립했다. 많은 젊은 인재들이 한의사의 꿈을 이루었고, 지금도 전국에서 왕성하게 활약 중이다.

변정환 대구한의대 총장님의 연세를 물어보는 사람들이 많다. 실제로 뵈면 연세를 가늠하기가 무척 힘들기 때문이다. 늘 쩌렁쩌렁한 큰 목소리, 확실한 발음과 표현, 항상 활짝 웃으시는 밝은 얼굴, 그리고 재밌는 말씀까지.

변정환 총장님은 참모들이 미리 준비한 원고를 그냥 읽으시는 법이 없다. 행사의 성격에 맞게 감동을 주는 즉흥 연설과 축사로 참석자에게 울림 있는 메시지를 전달하신다.

필자는 늘 언론에서만 접하였던 변정환 총장님을 대구한의대 경찰 행정학과 교수로 재직하게 되면서 뵙게 되었다. 대구한의대 경찰행정 학과 학과장부터 대외협력처장까지 맡아 일하면서 총장님께 늘 인생에 서 소중한 지혜와 가르침을 받았다.

변정환 총장님은 "20세기까지는 한 가지만 전공해도 살 수 있었지만 21세기는 토털 전공의 시대이고, 문화의 시대"라고 말씀하신다. 총장 직을 내려두신 후에도 제한한의원에서 환자를 돌보시면서 틈틈이 다 양한 것을 배우신다. 문화예술에 심취하신 덕분에 시조창과 서예 등은 경지에 이르셨다. 총장님의 빼어난 작품을 한자리에서 만날 수 있었던 대구한의대 건학 60주년 기념 특별서예전이 떠오른다. 이 전시에서 총장님의 작품이 많이 판매되었다. 대작도 적지 않았다. 총장님께서는 전시를 마무리하시면서 작품 판매수익을 전액 대학 발전기금으로 기 부하셨다. 감사하다고 말씀드렸더니 오히려 작품이 많지 않아 기부금 액수가 적어 미안하다고 말씀하셨다. 작품이 160여 점이나 되었음을 고려하면 말 그대로 겸손이 몸에 배신 말씀이시다. 2019년 당시 미수 (米壽)의 연세에도 불구하고, 「독립선언서」, 「명심보감」, 「논어」, 「주 역」, 「동의보감」, 「황제내경」 등의 구절을 직접 한 획 한 획 쓰셨고, 이렇게 마련하신 서예 작품뿐만 아니라 병풍과 서각 등 다양한 작품을 기증하셨다.

변정환 총장님은 "세상이 너무 힘들다고 느껴질 때 오히려 봉사를 하라."고 후학들에게 당부한다. 그러면 삶의 의미가 새롭게 보일 것이라는 설명이다. 변 총장님은 "돈이 많으면 사람은 두 가지 중 하나의 문제에 빠집니다. 똑똑하다는 사람은 아무것도 할 의욕이 안 생기고, 어리석은 사람은 못 할 짓만 골라서 하고 그렇게 나쁜 길로 빠지게 됩니다."

변: 변정환 총장님은
정: 정의와 공정, 소통과 혁신의 리더이시고
환: 환상적인 의술로 난치병 환자를 치료하시는 대한민국 최고의 한의사이십니다.

변정환 총장님의 가르침은 울림이 크다. 부디 더욱 건강하시고, 만수무강하세요. 사랑합니다. 존경합니다.

변정환 명예총장님을 모시면서 배운 삶의 자세

박종웅

대구한의대학교 명예교수

대구한의대학교 설립자이신 변정환 명예총장님과의 인연은 1987년 9월 1일 전임강사 발령을 받고서부터다. 돌이켜 생각해 보면 엊그제 같은데 필자도 퇴직하여 명예교수로 있으니 참으로 세월이 빠름을 실감한다. 우리 학교에 재직하는 동안 가까이에서 보직 수행 과정 중 인상적으로 느꼈던 명예총장님의 삶의 자세를 몇 가지 기술하고자 한다.

첫째, 무에서 유를 만들어 가시는 창조적인 삶을 살아오셨다. 명예총장님께서는 끊임없이 학교 발전을 위해 남달리 헌신적인 노력을 하셨다. 1995년 3월 1일 자로 기획실장 보직을 임명받고 처음 추진한 것이 학교 발전을 위해 가장 핵심부서로서의 위상 정립과 역할을 다하기 위해 다각적인 개편을 추진하였다. 국내 유수의 사립대학들이 그래왔듯이 우리 대학도 미래 비전과 새로운 도약을 위해 발전할 수 있도록 1996년 1월 22일에 기획연구처로 확대 개편하였다. 1981년 제정, 시행되던 규정도 대폭 정비하여 기구 확대와 제반 학사 운영에 효율성을 극대화하였다. 교무처 소관인 학제 개편도 기획연구처에서 주관하여 증과 증원업무를 추진할 정도로 학교의 업무를 총괄 기획하였다. 특히 기획연구처 주관으로 1996년 1월 1일에는 그동안 신설된 많은 학과들을 학문적 특성에 따라 국학대학, 인문사회대학, 자연과학대학, 건축

조형대학, 한의과대학 등 5개의 단과대학으로 재편하여 종합대학교 체재로 확대 개편하였다.

거의 불모지 상태인 산학협력 분야의 경우도 1997년 3월에 산학연공동기술개발 컨소시엄센터를 설립하여 초대 센터장을 맡아 이 분야에 새로운 도전을 시작하게 되었다. 중소기업청으로부터 중소기업산학협력센터를 지정받기 위해 총장님의 적극적인 배려와 구성원들의 헌신적인 노력으로 명실상부한 오늘날 산학협력단으로 발전할 수 있는 계기가 되었다. 이와 같이 명예총장님께서는 창조적인 삶 즉 발상의 전환이라는 기존의 틀을 깨고 우리가 가진 형식의 틀을 벗어나 삶의 근본 접근 방식을 새롭게 일깨워 주신 분이다.

둘째, 위기를 슬기롭게 대처하는 법을 보여주셨다. 학교를 경영하다 보면 어려운 사안에 봉착되는 경우가 많다. 어려움에 처할 때마다 총장님은 참고 인내하면서 때를 기다리셨다. 기획연구처장으로 있을 때 학생대표와 등록금조정위원회 회의를 진행할 때 일이다. 타협점을 찾지 못해 총장실이 기습 점령당하고 기획연구처장실의 집기는 현관 앞으로 들려 나왔다. 처장실 출입문에는 X자로 붙인 테이프가 선명했다. 농성과 협상을 연속하면서 29일이 지났다. 심신이 지칠 대로 지쳤다. 총장님께서는 힘들고 지칠 때마다 버팀목이 되어 주시고 용기를 주셨다. 덕분에 그 시기를 견딜 수 있었다.

민간사업자가 시설을 건설한 후 일정 기간 운영하면서 투자금을 회수하는 기숙사 및 강의동 건설도 일 중의 일이었다. 이 무렵, 나는 총장님을 가장 가까이에서 보필해야 하는 교무처장직을 맡고 있었다. 총장님께서는 위기를 기회로 삼는 인내심을 가르쳐 주셨다.

셋째, 철저한 자기관리를 실천하는 삶의 자세다. 총장님의 일상에는 배울 부분이 참으로 많다. 필자는 그런 존경스러운 부분을 실천하려고 노력해 봤지만 쉽지 않았다. 그중 하나가 단식이다. 단식은 1일 200kcal 미만으로 섭취 에너지를 극도로 제한하는 것으로, 음식과 음료의 섭취를 제한하고 물과 체내에 축적된 영양과 에너지를 소비하여 생명을 유지하는 방법이다. 일반적으로 단식 기간에는 공복감과 탈수감 및 피로감을 느껴 일상생활에 어려움을 호소한다. 그러나 총장님께서는 단식하시면서 일상의 업무를 수행하신다. 간헐적 단식이라도 하고 싶은 내게 총장님의 단식은 엄두를 내는 것조차 쉽지 않다. 총장님께서는 단식을 통해 몸과 마음을 비우는 삶을 몸소 실천하시는 분이다.

넷째, 생명존중, 자연사랑을 실천하는 삶이다. 총장님께서는 인간을 하늘, 땅과 같이 그 존재만으로도 존중되고 사랑받아야 할 대상으로 여겨오셨다. 특히 인간과 자연의 공존은 지속가능한 미래를 위한 가장 시급한 과제라고 생각하셔서, 생명존중, 자연사랑을 실천하고자 2011년에 환경부로부터 사단법인 대자연사랑실천본부를 허가받아 운영하셨다.

필자는 환경공학을 전공한 공학도다. 환경문제 해결은 이러한 실천 단체를 통해 예방의학적인 측면에서 선접근이 필요하다. 그래도 해결할 수 없는 문제는 의사가 환자의 상처 부분을 치료하듯 환경공학자가 기술적인 접근을 통해서 해결하는 것이 바람직한 방법이지만 많은 환경실천 단체가 접근방법론에서 어려움을 겪는다. 그러나 대자연실천운동본부는 방향성이 생명존중과 자연사랑이라는 실천목표가 명확하다. 대자연사랑실천본부는 생명존중의 일환으로 채식운동을 실천하고 있다. 채식은 육류를 제외한 곡류, 두류, 견과류, 채소 및 과일류 등의 다양한 식물성 식품으로 구성된 균형 잡힌 식사를 말한다.

총장님께서는 완전 채식만 하시며 생명존중, 자연사랑을 실천하신다. 나는 지금 대자연실천본부에 이사직에 있으면서 채식과 환경문제에 많은 관심을 갖게 되었고 이 분야를 새롭게 정립하고 있다. 나날이 증가하는 육류소비로 공장식 축산을 확대하고 있으며, 이로 인한 사육환경 낙후로 가축질병의 발생과 다량의 온실가스 배출로 기후변화를 초래하고 있기 때문이다. 또한, 비윤리적 동물사육이나 도축 등 동물복지 문제는 생명존중의 관점에서 볼 때 육식보다는 채식의 가치를 부각한다. 우리가 생명존중과 자연사랑을 통해 육류소비가 줄어든다면 가축사육으로 인한 대기, 수질, 폐기물에 의한 오염부하가 줄어들 것이다. 또한 채식인구의 증가는 지구환경보호뿐만 아니라 친환경 문화의 생활화에도 기여할 것이다. 우리는 자연생태계 파괴, 육식문화와 공장식 축산, 기후변화로 인한 동물과 인간의 접촉 증가로 인수 공통전염병이 증가되는 것을 막아야 할 것이다.

전염병 팬데믹과 사회인식의 변화 그리고 지구의 소중함에 대한 공동체 의식의 확산이 중요한 시점이다. 총장님께서는 일찍부터 생명존중, 자연사랑을 실천하는 삶의 자세를 통해 미래 기후변화 대처에 새로운 지표를 제시해 주셨다. 우리에게 많은 부분에서 삶의 자세를 배울 기회를 주신 명예총장님께 진심으로 감사드리며 앞으로도 더욱 건강하시기를 기원한다.

총장님에 대한 소중한 기억들

박종현
대구한의학교 교수

처음 총장님을 뵌 것은 서울 강남구에 있었던 한국한의학연구원에
서였다. 조교 시절 다른 일로 이곳에 들렀다가 우연히 총장님의 특강을
듣게 된 것이다. 그땐 관심이 딴 곳에 있었던지라 내용이 정확히 기억
나지는 않지만 한의학의 기본 바탕이 되는 동양철학과 관련한 것으로
생각된다. 한의학을 전공하면서도 철학에 대한 이해가 부족했던 터라
총장님의 깊이 있는 강의는 강한 인상을 남겼다.

대구한의대에 발령받고 나서 총장님을 다시 뵙게 되었다. 하지만
개인적으로 뵐 기회는 없었다. 그러다 보직을 맡으면서 총장님과 가까
이 일하게 되면서 몰랐던 면모를 볼 수 있었다.

총장님에 대한 많은 기억이 있지만, 누군가 "변정환 총장님은 어떤
분이시냐?"라고 물으면 우선 말하는 몇 가지 있다.

대학본부에서 맡은 역할은 대외협력처장이었다. 주요 업무 중 하나
가 국내외 대학들과의 교류업무였기에 해외교류 차 몽골, 중국 등 해외
방문 시 여러 차례 수행했다. 아침 식사는 7시에 뵙기로 하고 정각에
총장님의 방문을 두드렸다. 두 번 두드릴 필요가 없다. 아무리 이른
시간이어도 미리 준비를 다 하시고 현관에 서 계시다 딱 한 번 노크하면
바로 문을 여신다. 문틈 사이로 보인 방 안 모습은 호텔에 처음 도착했

을 때처럼 깔끔했다. 윗사람을 모시고 해외 방문을 수행하는 일은 마냥 편치는 않지만, 총장님과 함께하는 것은 모시는 것이 아니라 그저 따라 다니면서 배우는 것이라는 생각이 들었다.

외부에서 손님이 방문하면 사전에 그의 성명으로 삼행시를 지어 카드에 손수 붓글씨로 옮기신 후 직접 풀이해주신다. 귀를 기울여 풀이를 들어보면 손님의 앞날이 복되고 만사형통하리라는 좋은 글귀들이다. 이 소박하고 따뜻한 이벤트는 중국 방문에서도 마찬가지였다. 출국하기 전 미리 만나는 사람의 명단을 확보하여 카드를 작성해서 가져가셨고, 명단이 변경되면 호텔에서 다시 작성하셨다. 예정에 없던 사람이 식사 자리에 동석하면 식사하시면서라도 카드를 쓰셨다. 자신의 이름으로 삼행시를 지어 축복이 가득한 풀이까지 해 주시니 받는 이로 하여금 이보다 더 값진 선물이 있을까? 늘 곁에서 지켜보면서 나도 내 이름자로 된 삼행시를 받았으면 좋겠다고 생각했었다. 부탁드리면 기꺼이 써 주시겠지만, 내 성격 탓에 차마 말씀드리지는 못하여 아쉬움이 남는다.

이제 기력이 예전만은 못하시지만 총장님 하시는 일 모두 잘 되시고 늘 건강하시기를 기원드린다.

580

한의학을 세계화로

박춘현
향산학회 회원

명예총장님의 눈에선 불같은 힘이 용솟음치셨고 입매는 한없이 포근한 친정엄마의 품과도 같이 아늑했습니다. 그래서 정치의 길이 아니신 의사의 길을 택하셨을 것이라고 생각했습니다.

그러나 명예총장님의 "한의학을 세계화한다"라는 의지는 굳고 강렬하기 그지없습니다. 과연 명예총장님께서 계시지 않으셨다면 지금의 웅장한 대구한의대학교가 있었겠습니까? 명예총장님께서는 대학의 오늘을 구상하시면서 "젊은 가수도 세계화에 성공했으며 이름을 만방에 떨쳤는데 역사와 전통을 자랑하는 한의학이 세계로 발돋움하는 것은 너무나도 당연한 귀결"이라고 하셨다고 합니다. 글로벌시대의 의미를 생각하면 이 말씀은 날로 그 의미가 또렷해집니다. 92세의 고령에도 한의원을 열어 환자를 돌보시는 것 역시 궤를 함께 한다고 할 수 있습니다.

제가 존경하는 명예총장님께 제자가 되고 싶다고 했고 기꺼이 조복하겠다고 다짐도 했으며 지금도 그 마음은 변함이 없습니다. 특히 명예총장님의 『주역』에 대한 이해는 듣고 뵐 때마다 경이로울 정도입니다. 욕심을 내자면 명예총장님을 스승으로 모시는 몇 명이 아니라, 이름난 정치인이나 기업가도 그 가르침을 마주할 기회를 얻길 바랍니다. 삶과 세상을 바라보는 깊이 있는 눈을 가진다면 우리 사회가 더 나아질 것입니다.

존경하는 향산 스승님!
진정으로 조복하겠습니다.
스승님의 자비가 온 누리를 덮고 우주를 어루만지실 때
땅도 하늘도 한없는 기쁨과 행복의 눈물을 뿌리면서
한 송이 소박한 우담바라가 피어나겠지요.
스승님 아파하고 괴로워하는 영혼에게 빛과 소금이 되어주십시오.

한의학이란 화두로
우리 민족의 미래세계를 열다

배만종
대구한의대학교 명예교수

향산교양교육연구소에서 "향산 변정환의 학문세계와 시대적 위상"이라는 주제로 근현대사에 큰 획을 그으신 인물을 조명하는 뜻깊은 자리를 마련했다. 그리고 역량이 부족한 필자에게 참여할 수 있는 기회를 주셨다. 명예총장님과 20년의 격차를 두고 이 시대를 함께한 연유로 얻은 영광이 아닐 수 없다.

향산 변정환 명예총장님께서는 구순을 맞이하시지만, 당신께서 꿈꾸어 왔던 세상을 구현하기 위해서 대구한의대학교 명예총장, 제한한의원 원장, 사단법인 대자연사랑실천본부 이사장, 주역 강의, 각종 단체에 명사 초청 강사 등 경영과 봉사활동을 왕성하게 하고 계신다. 초인적인 에너지로 열정적으로 살아오신 삶의 무대에서 이 시대에 절실한 화두를 꺼내셔서 설파하고 재정립하신 한의학과 자연사랑 실천에 관한 철학과 가치관은 후세들에게 삶의 질을 높이고 고급문화로 거듭나는 기반과 방향을 제시하는 위대한 인물로 추앙받으실 것으로 확신한다.

향산 변정환 명예총장님과 필자와의 인연은 대구한의대학교 개교 초기에 시작되었다. 필자는 1984년 3월 2일 교수 임용장을 받았고,

2018년 2월 28일에 정년퇴직을 하였다. 재직기간 34년의 시간은 인생의 주 무대는 대구한의대학교였다. 특히 재직하는 동안 행정처장, 교무처장, 산학협력단장, 교학부총장 등으로 명예총장님을 가까이에서 오랜 시간 동안 모신 것은 필자의 인생에서 삶의 시선을 높이고 확장하는데 결정적인 계기가 되었다. 큰 영광이 아닐 수 없다.

3, 40대 때에는 연구와 학문의 길에 더 큰 뜻을 두었다. 이 때문에 집중할 시간과 여력의 부족으로 이어져 마음고생이 많았던 것이 사실이다. 그러나 경륜이 쌓일수록 참 교수상은 인간의 도덕성과 자연의 이치에 벗어남이 없는 과학자의 철학관 바탕 위에 연구자에서 학자로, 과학기술자에서 인문학자로, 전문가에서 예술가의 경지를 추구할 때 높은 시선에 다다를 수 있고, 교수의 주요 역할이라고 할 수 있는 인재 배출과 올바른 연구를 제대로 수행할 수 있음을 깨우치게 되었다. 연구자와 과학기술자 그리고 전문가는 자신의 영역만을 볼 수준이라면, 학자와 인문학자 그리고 예술가의 경지에서는 넓고 높은 시선으로 세상을 볼 수 있고, 창발성의 소유자가 될 수 있다는 신념을 갖게 된 것이다.

이러한 깨우침의 자양분은 명예총장님과 함께한 시간! 대구한의대학교와 함께한 시간! 한의학 분야와 함께한 시간! 내 인생에 영광의 시간이었고 행복한 시간이었다.

향산 변정환 명예총장님의 위대성은 한의대학교의 설립과 한의학의 과학화, 대중화, 세계화를 통한 재정립과 부흥일 것이다. 향산께서 사라질 뻔한 우리의 자랑스러운 전통한의학을 지켜내시고, 한의과대학을 건학하신 역사는 의성(醫聖) 허준 이래 우리 고유의 문화유산인 한의학을 현대사에서 재창학을 해냄으로써 대한민국뿐만 아니라 인류에 참문명을 열게 하는 단초가 되었음이 틀림없다고 해도 과언이 아니다.

584

한의과대학 건학은 의료인을 배출하는 그 이상의 엄청난 목표를 구상하고 계셨던 것이다. 인류사에서 문명의 원류는 한 곳에서 발생해서 확산되는데 환경과 여건 등에 따라 다양한 문화로 변천·발전한다. 한의학 또한 중국 동양문화권에서 출발하였지만 우리만의 독창적인 한의학으로 발전하여 오늘날에 의료 분야뿐만 아니라 타 분야와 통습, 융합을 통해 새로운 분야가 창출할 수 있었던 것은 세계에서 유일한 한의과대학의 교육시스템과 의료 및 연구기관까지 국가적 차원의 시스템을 구축하게 되었기 때문일 것이다. 그 원천은 변정환 명예총장님의 헌신적인 노력의 결과에서 비롯되었다고 해도 지나치지 않을 것이다. 그 활동상과 실체들은 근현대사 곳곳에 자료와 치적들이 존속하고 있다.

대학 설립 목표에 건학이념을 기록한 자료에도 잘 나타나 있지만, 명예총장님의 마음 깊은 곳에서 늘 품고 계시는 하나님의 질문에 대한 답을 잘 보여준다. 당신께서는 만일 하나님이 나에게 소원이 무엇이냐고 물으시면,

첫째 소원은, "한의학의 과학화 현대화의 기수가 되는 것입니다." 두 번째 소원은, "민족의학의 사회화 국제화의 기수가 되는 것입니다." 세 번째 소원은, "교육을 통해 한의학의 전통을 세계 속에 심는 기수가 되는 것입니다."라고 말씀하셨다.

우리 민족 역사 이래 창의적이면서 자랑스러운 우리의 고유한 문화는 무엇일까? 우리의 삶의 질을 높이고 세계에서 우수성을 인정받는 세 가지만 꼽으라면 나는 첫 번째로 한글 창제(세종대왕의 훈민정음 1997년 유네스코 세계기록유산 지정), 두 번째로 한의학(허준의 동의보감 2009년 유네스코 세계기록유산 지정), 세 번째로 우리의 전통발효음식문화를 당당하게 내세울 수 있겠다.

훈민정음 해례본에서 글자의 원리를 설명하고 있는데, 한글의 자음과 모음을 만든 원리와 용법을 자연 질서에서 영감을 얻었던 바, 말소리에도 음양오행으로, 하늘 땅 사람 만물의 변화와 원리가 깃들어 있고, 만물의 한 가지인 사람의 음성에도 음양과 오행의 이치가 들어 있다고 갈파하고 있다. 우리나라가 IT 컴퓨터산업 강국의 배경 중에는 한글의 구조적 형식과 컴퓨터의 자막표현구조가 자연의 이치와 맥을 같이하고 있기 때문이라고 알려져 있는데, 이 또한 우리의 문화가 자연의 질서에 바탕을 두기 때문일 것이다.

한의학 또한 동양전통의학의 성립과정과 사(史)적 흐름을 문헌을 통해 살펴본바, 우주 자연 그리고 인간과 더불어 모든 생명체는 그 출발점은 하나에서 시작되었고, 공히 자연의 질서 범주에 생존하고 있다. 특히 인간도 자연과의 조화와 소통을 통해 생존하고 있지만 만물의 영장의 위치에서 군림하고 있다. 의학적 이론 기반에는 도교의 양생론과 역학(易學)적 기초를 생리 병리 장부나 질병의 역상(易象)적 이해로부터 시작하여 원기를 회복하는 양생의 차원을 역학적으로 이해하고 발전했다는 점을 확인할 수 있다. 도교와 역학이라는 두 축에 그 당시의 시대적 전개와 마주한 생태적 가치관에 따라, 유학의 중용 중화 성리학 등이 의학적 이론 정립까지 영향을 끼쳤음을 알 수 있다.

오늘날의 현실은 현대과학과 의료기술이 고도로 발전하고, 인간의 고유 영역인 스스로 생각하고 사고하는 능력을 갖춘 인간이 아닌 인간이 출현하는 시대, 즉 인공지능(AI) 4차 산업혁명 시대를 맞이하고 있다. 그리고 한편으로는 지구 온난화가 추동한 이상기후가 곳곳에서 징후를 드러내고 있다. 오존층에 구멍이 뚫리고, 빙하가 녹아내리며, 산천과 해양이 오염되어 대자연의 질서가 혼란에 빠져들고 있다. 이런 환경 속에서 현대병과 난치병이 급속하게 확산되고 청년층으로까지 급증하고 있다. 사스와 메르스를 넘어 이제는 증상 없이 전파하는 괴질병 코로나가 지구촌을 강타하고 있다.

여기에 대한 대응책은 대구한의대학교 슬로건에 담겨 있다. 향산께서는 전통한의학과 현대첨단과학의 융합에 답이 있다고 기회 있으실 때마다 주장하셨다. 저도 항산 명예총장님의 학문과 사상에 영향을 받아 퇴임과 동시에 참생명양생발효 아카데미 프로그램을 개발하여 활동하고 있다.

우리의 전통발효음식문화 또한 자연과 인간의 소통과 조화를 잘 보여주고 있는 양상이다. 우리 선조들께서 인체의 건강을 담당하고 있는 눈에 보이지 않는 미생물을 음식문화에 도입하여 건강과 풍류를 즐기는 삶의 지혜를 어떻게 터득했을까? 향산께서는 전통발효식품에도 평소 가치관을 실현 창출해 내셨다. 전통발효식품인 장류를 매 끼니마다 식음하고 계시고 우수성을 언급하셨는데, 심혈을 기울여 행복빵이란 브랜드까지 개발하셨다. 이 빵은 밀가루가 아닌 우리의 주식인 쌀에 한방이론을 바탕으로 한약재료를 첨가한 한방발효빵이다. 개발하신 지 3, 4년 정도 되었는데 소비자에게 많이 알려져 소비층이 확산하였고, 벌써 베이커리 현장에서 쌀빵 관련 제품들이 건강빵 개념의 다양한 형태로 확산되고 있다.

향산께서는 공적, 사적 만남에서나 명절 때 인사드리는 자리에서 덕담하시는 말씀 속에는 인생관 철학관이 고스란히 담겨서, 몸소 실천하시는 이야기들을 들려주셨다. 의사는 질병이 생겼을 때 병을 치료하는 기술보다 병이 생기지 않게 하는 의술 행위가 진정한 의사라고 기회가 있을 때마다 말씀하셨다. 양생법, 한의학, 도덕경, 주역, 논어 등이 바탕이 된 심오한 자연이치와 인문학 이야기, 식습관의 중요성을 강조하시면서 음식으로 고칠 수 없는 병은 약으로도 못 고친다고 말씀하셨다. 또, 야식금기, 1일 1식의 간헐단식, 채식의 중요성, 끼니마다 전통 장류를 더하는 습식 등을 매사 즐거운 마음으로 실천하고 계신다.

필자는 학부와 대학원에서 식품생물공학을 전공했다. 이 때문에 향산 변정환 명예총장님과 한의대학과의 학문적 인연은 재차 강조하지만 행운이자 최고의 인연임을 자부한다. 퇴임 후에도 나의 전문 분야와 한의학 분야를 융합하여 새로운 사회적 트렌드로 자연치유, 식치, 약식동원, 천연면역, 천연발효 등의 식품생명양생의 개념을 품은 창작품을 연구 개발하고 있다. 이것은 향산 변정환 명예총장님의 한의학세계와 자연사상을 접한 덕분으로 무한한 감사를 드린다.

앞에서 제시한 우리 고유의 자랑스러운 문화 세 가지, 즉 한글창제, 한의학, 전통발효음식문화 탄생의 사상적 근저에는 자연 질서에서 통찰을 통해서 세상으로 꺼내 우리의 삶에 절대적인 영향을 미치고 있을 뿐만 아니라 민족의 자긍심을 일깨워 주신 선조들이 계신다. 비록 근현대에 들어오면서 시대를 통찰하지 못한 결과 약소국으로 식민지로 전락하면서 엎친 데 덮친 꼴이 된 전쟁으로 피폐한 상황에 처하면서 우리 고유의 우수한 문화는 단절되고, 유린당하고 왜곡되어 자긍심 상실로 서구문화에 대한 객관적 평가와 주체성 없이 사대주의 의식에 빠져들었던 시간이 있었다고 하더라고 이 자긍심은 사라지지 않는다. 이 불꽃을 지킨 이 중 한 분이 향산 변정환 명예총장님이시다.

명예총장님께서는 공중 분해되어 사라질 뻔한 우리 민족의 반만년 역사의 혼이요 유전자인 한의학이란 화두로 불씨를 살려내셨다. 열악한 환경에서 고난의 과정을 겪으면서 시련을 딛고 밝은 세계로 향하는 여정은 향산의 자서전 다큐멘터리인 『낮이나 밤이나』와 『시련을 딛고 밝은 세계로』에 고스란히 담겨 있다. 앞에서 제시한 창의적이면서 자랑스러운 우리의 고유한 문화 세 가지는 향산의 학문과 사상세계에도 맥을 같이하고 있음이 확인되고 미래 인류문명에까지 영감을 주리라는 생각도 하게 된다. 한의학의 이론체계에 근간이 되는 우주 자연과 인간의 일체성을 바탕으로 해서 인간에게 실용응용학문으로 기여하고, 현대의 한의학 의료는 한방의료, 한·양방협진, 현대병에 대응하는 양생법, 치미법, 자연치유 등이 주목받는 시대를 맞고 있지만, 나아가 4차 산업혁명 인공지능 시대에 향산의 한의학을 바탕으로 하는 사상과 정신세계는 우리나라가 진정한 선진국 반열에 우뚝 서게 하는 자양분으로 발휘될 것으로 확신한다.

세계사적으로 볼 때 현재의 선진국은 1, 2차 산업혁명을 선도한 국가들이 선점했다. 개발도상국이나 후진국이 선진국으로 진입하거나 선진국이 역전된 사례는 없었다. 따라서 산업혁명은 세계의 판도를 재편성하는 그야말로 천지개벽의 의미를 담고 있다고 볼 수 있다. 대한민국은 컴퓨터와 인터넷의 지식정보를 기반으로 하는 3차 산업혁명에 힘입어, 4차 산업혁명의 핵심기술인 IT산업을 기반으로 하는 지능정보기술로 차별화된 선진국, 건강우선 선진국, 자연친화 선진국으로 진입하는 절호의 기회가 되리라고 기대하고 평가되고 있다. 이미 진행되고 있는 4차 산업혁명의 핵심기술 중에 인공지능 분야는 인간의 고유 영역인 사고능력을 인간 아닌 기계가 가지게 된다. 지금은 초기 단계지만 빠른 속도로 진화할 것이며, 인간사회에는 어떤 일들이 벌어질까 궁금하기도 하지만 걱정이 앞선다.

우주 탄생 137억 년, 지구 탄생 45억 년, 최초 생명체 출현 37억

년, 현생인류 호모사피엔스 출현은 길게 잡아서 30만 년 전이었고, 1차 산업혁명 시작이 1760년대인데, 인류문명 산업과학기술 시대가 개막된 지 겨우 300년 정도의 이 짧은 시간에 인간이 아닌 인간의 기능을 가진, 인공지능(AI)을 선도기술로 하는 4차 산업시대를 맞이하고 있다. 인류는 현재보다 편리한 세상 속에서 풍요로움을 누릴 수 있을 것이다.

그러나 한편으로는 인간소외, 인간성 상실, 정체성 혼란, 이상대사로 인한 문명병과 난치병, 코로나보다도 더 강력한 괴질병, 지구 온난화, 생태계 혼란, 자연파괴 등 반문명적 상황이 우려되는 엄청난 반대급부가 예상된다. 여기에 대응할 답은 무엇일까? 답을 알아도 인간이 얼마나 실천할 수 있을까? 향산 변정환 명예총장님께서 펼친 전통한의학의 과학적 실용화, 첨단과학과 한의학의 융합, 대자연사랑 실천사상, 제한제민사상은 현대과학기술과 의학이 생태계와 생명체를 국소적이고, 근시안적 시안으로 보고, 상업성에 우선 치중한 결과로 편협한 접근으로 인해서 발생하는 부조리와 부작용을 극복할 방편으로 큰 힘을 발휘할 것으로 기대된다.

10년 후 향산 명예총장님께서 상수(上壽)를 맞이하실 때에도 항상 그렇게 하셨듯이 늘 건강하시고, 그동안 이룩하시고 펼치신 사상과 정신세계가 집대성되어 우리의 생활 속에서 꽃을 피우기를 성원합니다.

590

내가 기억하는 향산님은

변문환
(주) JS텍 대표이사

내가 기억하는 향산님은 정이 많으시고 봉사를 생활화하시는 지혜로운 분이시죠. 아버지와 같은 분으로, 제가 초등학교 다닐 때 서울에서 한의대를 다니셨습니다. 방학 때면 저희 집에서 오래 머무시면서 면내 중풍환자 등 중증 환자들을 직접 찾아다니며 고쳐 주셨지요. 어느새 시골 동네에 소문이 나서 우리 집은 항상 이웃의 부러움을 샀습니다.

제가 중학교 입학할 때 향산님은 대구시 번화한 중심지에서 한의원을 개원하셨습니다. 지혜롭고 정이 많으신 데다가 미남자였기에 환자가 날로 늘어 근처 중앙로대로변 2층 건물로 옮겨 제2의 개원을 하게 되었으며, 당시 뇌염으로 병원에선 가망 없다는 죽어가는 어린아이를 한의 치료로 낫게 하는 기적 같은 일도 만들었습니다.

제가 고등학교 다닐 때쯤은 하루에 3천여 첩의 약봉지를 싸면서 한의원 일을 도왔는데, 그 바쁜 와중에서도 지쳐 하시지 않고 미래의 꿈인 교육사업의 초석을 만드셨습니다.

당신이 가진 의술을 후학양성에 바치시겠다고, 아끼고 모으고 열심히 준비하여 건학의 꿈을 이루었습니다. 한 우물을 파고 최고가 되겠다는 일념(一念) 하나가 주변의 유혹을 물리치고 오늘을 이룬 것입니다.

늘 곁에서 지켜본 저로서는 장하시고 얼마나 큰일을 이루어 내셨는지 감개가 무량합니다.

향산님!

당신의 곁에서 일생을 같이하면서 국내외 여행도 많이 다녔고, 학문과 종교적인 대화도 많이 나눴습니다. 학교 설립 자금이 쪼들려 학교를 넘기라는 유혹의 어려움도 같이 걱정하면서 이를 악문 적도 있었지요.

향산님, 존경합니다.

일생을 자립하면서 겸손하였고 항상 지혜롭게 일을 처리하셨습니다. 나보다 남을 먼저 걱정하며 봉사하셨고 무엇보다 가문과 집안의 화목에 최선을 다하시는 모습에 고개가 숙여집니다.

일신의 안위는 안중에 두지 않고 건학에 명예를 걸었습니다.

향산님!

당신의 깊은 뜻과 가르침을 가슴에 새기면서 살았습니다.

처음과 끝이 항상 일관되었고 깊은 학문과 지식을 존경합니다. 한 발 한 발 속(俗)의 세계를 멀리하고 성(聖)의 세계로 다가가시는 당신의 모습을 기대해 봅니다.

인생 후반에 접어들면서 당신께 더 많은 가르침을 받고 싶습니다. 당신은 늘 저에게 말씀하셨죠, "천명지위성(天命之謂性)이요 솔성지위도(率性之謂道)요 수도지위교(修道之謂敎)"라고요. 하늘이 명하신 것을 본성이라 하고, 그 본성을 잘 따르는 것을 도이고, 그 도를 잘 닦는 것이 교라고 하셨지요. 향산님은 이 가르침대로 살아오셨잖아요.

향산님은 성(性), 도(道), 교(敎)의 가르침을 늘 말씀하셔서 오늘의 내가 있게 한 식견명(識見明)을 주신 분이십니다. 평생의 가르침으로 당신의 뒤를 따르는 형제의 서열보다 후학으로 남고자 합니다.

당신을 주제로 한 학술대회에 즈음하여 그간 고생 많으셨고, 이러한 연구 성과를 토대로 더욱더 밝은 세상에 공헌되시길 바랍니다.

영원히 존경하고 사랑합니다.

감사의 인사

서관석

대한한의사협회 명예회장

안녕하십니까. 대한한의사협회 명예회장 서관석입니다. 한평생을 한의학을 사랑하시고, 한의학의 미래를 이끌어 갈 훌륭한 인재 양성에 헌신하신 변정환 박사님의 연구 논문집 발간을 진심으로 축하드립니다.

변정환 박사님을 개인적으로 처음 뵌 것은 1976년 대한한의사협회 회장 선거 때로 기억됩니다. 그 1980년 초 박사님께서 대한한의사협회 회장으로 재임하시는 동안 한의학 발전과 관련한 정책 토론 등 여러 계기로 종종 뵈었습니다. 특히 제가 대한한의사협회 회원들의 염원이었던 '한의사회관' 신축을 위한 회관건립추진위원회 위원장으로 활동하면서 박사님의 병원을 방문하여 회관 건립 기금 및 건립 방향 등에 자문을 받고, 도움도 받았습니다. 그게 바로 엊그제 일처럼 또렷하게 기억됩니다.

이후에도 박사님께서 서울에 오시게 되면 가끔 단둘이 만나 한의사협회와 한의학의 발전을 위해 이런저런 이야기를 많이 나누곤 했습니다. 그러던 중 박사님께서는 제게 대학의 운영을 맡아 달라고 말씀하셨습니다. 대학 행정의 경험이 없고, 여러 가지 개인 사정 때문에 정중히 사양하기도 했습니다. 이 모든 것이 많이 부족한 저를 항상 좋게 보아

주시고, 깊이 생각해주신 것이기에 그때나 지금이나 늘 감사한 마음 가득할 뿐입니다.

한의학 교육에 대한 박사님의 열정은 매우 대단하였습니다. 우리 민족의 유구한 역사와 함께해 온 전통의학인 한의학을 폭넓게 연구하시기 위해 한의사로는 최초로 1981년 대구한의대학교 한의과대학을 개교해 오늘날 명문 사학으로 발돋움시켰습니다. 우리나라 한의학의 심오한 이치를 계발하고 체계화하여 민족의학으로 승화 발전시키고자 설립한 대구한의대학교는 매년 우수한 한의학 인재를 배출하고 있습니다. 교수진과 학생들 또한 한의학 육성을 위한 연구개발에 매진하고 있으며, 부속 한방병원은 국민의 건강증진에 크게 기여하고 있습니다.

공사다망하신 중에도 늘 학문에 대한 큰 갈증을 느끼셨던 박사님의 인생과 학문을 조명하는 연구 논문집을 발간하게 된 것은 후학들에게 한의학 발전의 나침반 역할은 물론 미래 한의학이 나아가야 할 방향을 안내하는 이정표가 될 것입니다.

다시 한번 박사님의 큰 성취에 깊은 존경을 표합니다. 박사님께서 지금껏 한의계 발전과 한의학 교육을 위해 힘써주신 평생의 경험과 신념이 이번 연구 논문집에 고스란히 담겨 있어 지속 가능한 한의학의 발전을 염원하는 횃불로 영원토록 타오를 것입니다.

전 한의계를 대표하여 변정환 박사님께 진심으로 존경과 감사의 인사를 드립니다. 앞으로도 한의계의 후학들을 위해 왕성한 활동을 펼쳐 주실 것을 간곡히 부탁드립니다. 감사합니다.

한의학과 졸업선물로 주신
의가십요(醫家十要) 족자

서부일

대구한의대학교 교수

　변정환 명예총장님께서는 한의사로서 명의(名醫)시지만, 미술대전 서예 부문에서 대상을 받으실 만큼 서예가로서도 고명(高名)하십니다. 그래서 명예총장님의 서예 작품을 소장하고 싶어 하는 한의사가 매우 많습니다.

　저는 대구한의대학교 한의학과 6기 졸업생으로 1992년 2월에 졸업을 하였고, 그해에 한의과대학 졸업준비위원회 위원장을 맡게 되었습니다. 한의과대학 졸업준비위원회는 졸업을 앞둔 한의본과 4학년 학생 자치기구입니다. 졸업 예비생들의 취업진로 준비, 국가고시 시험 준비 등을 책임지는 조직이기도 합니다. 이 조직을 맡으면서 졸업선물을 고민하게 마련입니다. 그런데 위원회 회의 결과, 명의시고 서예에 조예가 깊으신 명예총장님의 〈의가십요(醫家十要)〉 글을 받아서 족자로 만들어 동기들에게 졸업 선물로 하자는 의견이 모아졌습니다. 다행히 명예총장님께서는 바쁘신 일정에도 불구하고, 저희의 부탁을 흔쾌히 들어주셨습니다. 동기들은 〈의가십요〉 족자를 선물 받을 수 있었습니다. 그리고 그 내용들을 늘 복기하면서 어질고 훌륭한 한의사의 길을 가고 있습니다.

'의가십요'는 공정현(龔廷賢)이 저술한 『만병회춘(萬病回春)』의 책 말미에 있는 「운림가필(雲林暇筆)」에 기록된 내용입니다. 여기에는 의가십요(醫家十要), 병가십요(病家十要)가 수록되어 있는데, 그중에 의가십요는 의사들이 가져야 할 마음가짐, 진료 방법과 태도, 준비 사항 등을 얘기하고 있습니다. 그 의가십요의 내용은 다음과 같습니다.

일존인심(一存仁心), 이통유도(二通儒道), 삼정맥리(三精脈理), 사식병원(四識病原), 오지기운(五知氣運), 육명경락(六明經絡), 칠식약성(七識藥性), 팔회포제(八會炮製), 구막질투(九莫嫉妬), 십물중리(十勿重利).

한의사로서 질병을 치료할 수 있는 기본 지식을 잘 익힐 것을 지적하면서도, 처음과 끝에 어진 마음과 이익을 중시하지 않는 의사로서의 자세를 강조하고 있습니다.

의가십요를 직접 붓으로 쓰신 서예 작품을 진료에 임하는 제자이자 후배 한의사들에게 기증하시면서, 환자를 성심성의껏 진료하도록 당부하는 명예총장님의 제자 사랑은 그 이후에도 계속되었습니다. 제가 졸업한 다음에도 후배 한의과대학 졸업생에게 계속 진행되었으며, 졸업 20주년과 30주년 행사에서도 〈의가십요〉 족자를 선물하셨습니다.

명예총장님께 다시 한번 감사드립니다.

옆에서 본 향산 변정환 선생님

성낙주

대구유림회 부회장

향산 변정환 총장님을 대구의 큰 선생으로 부르고 싶은 생각으로 아래 글을 써본다. 이분은 인류의 오래된 정신을 추구하는 분이시다. 향산 변 총장님을 대하면 늘 떠오르는 시가 있다.

답설야중거(踏雪野中去) 불수호란행(不須胡亂行)
금일아행적(今日我行跡) 수작후인정(遂作後人程)
눈 내린 들판을 밟아갈 때는 모름지기 그 발걸음을 어지러이 하지 말라. 오늘 걷는 나의 발자국은 반드시 뒷사람의 이정표가 될 것이니라.

서산대사가 지은 시로 알려져 있으며, 백범 김구 선생이 평생 애송하였다고 하는 시이다. 눈 위에 생겨난 자신의 발자국 그것에 자각하고 부끄럽지 않은 삶을 살아야 한다는 뜻이다. 향산 큰 선생님이 그렇다. 5.16이 일어나고 민의를 대변하는 기관으로 국민회의 대의원제라는 것이 있었다. 큰 선생님은 1972년에 통일주체국민회의 초대 대의원에 출마하여 국민들의 뜻에 부응하였다. 그러나 그분은 정치인의 삶을 이어가지 않았다. 방향을 바꾸어 인재 양성하는 학교로 눈을 돌렸다.

실제 큰 선생님께서 사석에서도 종종 하시는 말씀이 있다.

"사람은 떠나갔어도 그가 남긴 학문의 전통과 정신적인 유산은 후학들에 의해 고스란히 남아서 우리의 피와 가슴을 뜨겁게 해주고 있지 아니한가?"

세상을 살아가는 누구나 뜻이 있기를 바라는 그분의 세계관. 그것은 학교를 세워 인재를 키우는 일이고, 몸을 건강하게 만들어 정신을 그 안에 담고 살아갈 수 있도록 이끌어 보겠다는 열정이었다. 그러므로 그분에게는 항상 우리 민족이 지향하며 살아야 하는 정신에 대해 관심이 매우 컸다. 「사서삼경」에 실려 있는 성인의 가르침은 무엇이며 그 가르침을 어떻게 현실에 접목할지 고뇌하면서 한의사의 삶을 사셨고, 그 연장선에서 현대 과학 및 여러 나라의 언어 문자와 율려(律呂) 등에 관심을 보이셨다.

그분에게 중요한 것은 돈이나 명예가 아니었다. 비단으로 지어 입은 옷차림이나 보석으로 새긴 장신구 따위야 아무리 사람을 돋보이게 만들어도 수천 년 인간의 정신에는 비교할 바가 못 되었다. 수천 년 전에도 그와 같았고 수천 년 뒤에도 잊지 않고 기억해야 할 인간의 정신, 그것은 오랫동안 그분의 곁을 맴돌면서 나를 눈뜨게 만들어 준 향산 변정환 큰 선생님의 모든 것이었다. 시간을 아깝게 여길 줄 알아야 한다는 당부는 그래서 후렴구처럼 뒤따르곤 하셨다. "돈은 벌면 된다. 흘러간 시간은 돌이킬 수가 없다." 종종 들려주시곤 하던 큰 선생님의 당부였다.

우리는 어디를 향해 가야 하는가. 또 무엇 때문에 가는가? 총장님의 지론에 의하면 천지자연의 이치에 바탕을 둔 옛 성인의 가르침이었다. 특히 큰 선생님은 주역의 가르침에 매료된 삶을 사시는 분이었다.

하늘의 지성스러움과 때의 후덕한 덕을 유달리 주목하셨다. 그리고 그런 이치를 사람들에게 적용하여 사람들의 몸과 정신을 추스르고자 하시는 노력이 바로 당신이 몸담고 살아가는 한의사였다. 물론 한의사 뿐만이 아니었다. 풍류로서 발휘되는 율려(律呂)의 관례에 대한 관심도 마찬가지였다. 그분에 의하면 율려는 소리로써 반영하는 또 하나의 주역이었다.

변정환 큰 선생님의 곁을 수년 동안 맴돌며 깜짝 놀랄만한 일을 여럿 보았다. 그중 하나가 경창이다. 2016년 9월 5일 한국전통예악총연합회 충청남도 부여지부가 주관하는 전국시조 경창대회가 부여문화회관에서 열렸다. 준비하신 곡은 당나라 때 시인 최호(崔顥)가 지은 7언 율시 우조질음 황학루였다. 시선(詩仙)이라 불리는 이백(李白)은 황학루에 왔다가 최호의 시를 보고 그 이상 좋은 시를 지을 수가 없다면서 황학루에 관한 시 짓기를 포기하였다는 그 이름난 시를 준비하시다니!

그런데 현장에서 발표해야 하는 곡이 바뀌었다. 황학루(黃鶴樓)가 아닌 사설질음의 태백산하(太白山下)라는 작품이었다. 총장님은 미처 익히지도 않은 곡이었다. 하지만 깜짝 놀라운 반전이 일어났다. 곡목이 바뀌었다는 소식을 들은 후부터 1시간 동안 꼼짝 않고 책을 보며, 음정과 박자, 가사, 율려를 완벽하게 익혔던 것이다. 그때의 큰 선생님 연세가 80 중반 때의 일이다. 실로 율려에 반영된 인간의 오래된 정신을 되살려내는 일에 대한 열정이 만들어낸 놀라운 결과가 아닐 수 없다. 곡의 내용과 가사도 가사지만 더욱 어려운 것은 그 곡을 구성하고 있는 율려였다. 옛사람들의 풍류에는 천지자연의 이치가 율려로서 반영되어 있고 그 이치에 주목하면서 자신의 목소리를 거기에 집중하면 된다고 하셨다. 동년 11월 26일에는 대한시조협회 석암시조 대상부에 출전하여 전국대상 1등을 수상하셨다.

우리는 세상을 살아가면서 자신이 어떻게 요긴하게 쓰일 수 있을 것인가 하는 점만을 먼저 생각한다. 그러나 총장님이라면 다를 것이다.

세상에 받아들여지지 않을 것을 걱정할 필요가 없다고 스승을 위로하던 공자의 제자 안회처럼 큰 선생님이라면 자신이 먼저 찾아야 하는 게 인간의 오래된 정신일 것이다. 그러기에 그 정신을 위해 항상 곁에 두고 길잡이로 삼는 학문이 있다. 바로 세상의 변화하는 이치에 대해 설명한 주역(周易)이다. 인류의 성인이신 공자도 가죽으로 제본한 책의 끈이 세 번이나 닳도록 즐겨 읽으셨다고 한다. 그것만으로도 우리는 큰 선생님의 일상적인 내면을 짐작해 볼 만하다.

인류의 오래된 정신, 그것을 자신의 행적 속에 발자취로 남기고 싶으신 것이리라.

인연과 추억

성미향
대구한의대학교 교직원

 향산 변정환 설립자님과의 인연을 얘기하기에 앞서 우리 대학과의 인연을 먼저 얘기할까 합니다. 저는 1981년 대구한의과대학이 한의학과 단일학과로 출범하여 한문학과를 설치한 후에 한문학과 2기로 입학했습니다. 그리고 1987년 졸업과 동시에 1기 학사조교로 임용되어 34년간 모교의 여러 부서를 거쳐 지금은 대학원 행정팀에 봉직하고 있습니다.

 설립자이신 향산 선생님과의 직접적인 인연은 1988학년도 입학전형 업무를 진행할 때 시작되었습니다. 당시 1기 조교들이 학장실에서 중요 입시업무로 밤을 새워 진행했습니다. 학장님이셨던 설립자께서는 같이 꼬박 밤을 지새우시거나 새벽까지 함께하시면서 격려해 주셨습니다.

 설립자님을 바로 옆에서 보필하는 비서실에서 근무하게 되었을 때는 대학원에 진학해서 공부를 지속하도록 독려해주시고, 인생의 중요 가치와 자연의 소중함 등을 몸소 보여주셨습니다. 향산 선생님의 열정은 모두 또렷이 기억하고 있고, 카리스마와 근엄함이 가득한 풍모이시면서도 항상 환한 웃음과 따뜻함으로 대해 주셨던 순간들도 잊지 않고 기억하고 있습니다.

 설립자님을 옆에서 보필하면서 느꼈던 여러 가지가 생각납니다. 항상 바쁘셨고, 1분 1초도 허투루 보내지 않으셨으며, 업무를 보실 때는 허리를 꼿꼿하게 펴시고 한순간도 흐트러진 자세를 뵌 적이 없었습니다. 손에서 책을 놓지 않으셨고, 외부 손님이 방문하셨을 때는 언제나 비서실 문밖까지 배웅하셨지요. 조금의 자투리 시간이라도 있으신 날은 먹을 갈아 붓글씨를 쓰셨고……. 모두 열거할 순 없지만 옆에서 뵈면서 대단하시다고 생각했습니다. 그리고 설립자님의 부지런함과 근면함을 조금이라도 본받아 생활하려고 지금도 노력하고 있습니다.

세상을 살아가면서 허투루 해도 좋은 일은 하나도 없다 하시며 먼 훗날 뒷사람들이 자신을 어떻게 기억해 줄지를 생각하면서 살아간다면 자신을 돌아보면서 최선을 다해 살아갈 수 있다고 하셨습니다. 자신을 돌아보고 또 돌아볼 일이라는 말씀도 해주셨습니다. 시간이 많이 흘렀지만 잔잔히 말씀하시던 모습과 말씀이 담긴 여운들이 고스란히 남아 어제 들은 말씀처럼 생생합니다. 당시 맘속 깊은 감명을 받아 지금까지 제 삶의 지침서로 삼고 있습니다.

무엇보다 더욱 감사드릴 일은 다름 아닌 우리 대학을 설립하신 일입니다. 우리 대학의 초창기 동문으로 모교에 재직하면서 설립자께서 우리 대학을 설립하시기까지의 간절한 열망과 눈물겨운 희생을 동반한 각고의 노력을 조금이나마 알고 있기에 그 숭고한 노고에 졸업생으로서 뜨거운 박수를 보내 드립니다.

그리고 설립자께서 우리 대학을 현재의 위치까지 자리할 수 있도록 수십 년간의 열정과 노력과 추진력으로 이끌어 오셨다는 것은 바로 옆에서 보필하던 비서실에서 근무했기에 누구보다도 잘 알고 있습니다. 이번 지면을 통하여 정말 수고 많으셨다고 감사의 인사를 드리고 싶습니다.

남들은 저문 나이라고 생각할 여든 연세에 '인생의 황금기는 80부터' 라시며 강연을 다니시고, 글을 쓰시며, 평생 외국어를 공부하셔서 7개 나라 말을 자연스럽게 하시는 향산 선생님!

여든 연세에 시작하신 태극권으로 각종 대회에서 어른부문 최우수상을 수상하시기도 하셨고, 전통문화인 시조창까지 전문적으로 배우셔서 공연하실 정도의 실력을 쌓으셨으며 더불어 수백 점의 서예 작품으로 전시회를 여신 향산 선생님! 설립자님을 뵈면 정말 '나이는 숫자에 불과하다'는 말이 실감납니다. 모든 분야에서 가늠할 수 없는 노력으로 최선을 다하여 인생을 살아가시는 걸 보면서 존경심과 숙연함을 동시에 느낍니다.

오로지 한의학의 현대화, 과학화 및 세계화와 국학의 진흥, 전통과 첨단의 융합을 이루시고자 하시는 다각적인 노력을 모두 열거할 순 없습니다. 하지만 우리 대학을 위한 미래 발전적인 방향을 제시하시고, 구체적인 실행으로 우리 대학의 앞길을 밝히고 계신 만큼 앞으로도 설립자께서 지금처럼 건강하셔서 우리 대학의 정신으로 있어주시기를, 승승장구하는 우리 대학을 계속 지켜봐 주시기를 바랍니다. 설립자님의 구순을 진심으로 축하드립니다.

향산 변정환 박사님을 생각하면서

송동준

전 대구한의대학교 교직원

향산 변정환 박사께서는 어려운 가정환경 속에서도 학문에 매진하셨고, 한의사가 되신 후에는 괄목할 만한 성공을 이루셨습니다. 이 때문에 충분히 경제적으로 여유롭게 살 수 있으셨음에도 대학을 설립하셨습니다. 이는 높은 뜻이 없이는 어려운 일이었기에 우리 모두가 깊이 새기고 있습니다. '하면 된다'는 신념을 바탕으로 의술과 교육을 통해 가난한 사람을 돕고 인재 양성과 사회 발전에 기여하고자 했던 변정환 박사님의 정신 그 자체가 당신의 삶의 방향이고 목표였던 것으로 기억합니다. 그리하여 세계 최초로 제한한방병원을 설립하시고 그것을 모태로 하여 대구한의대학교를 탄생시켰던 것입니다. 한의학을 체계적·과학적으로 발전시키고자 꿈꾸고 노력하신 결과가 이제 결실을 맺고 있습니다.

1980년에 대학을 설립한 후 많은 졸업생들이 건학이념을 가슴에 품고 사회로 진출하여 국가 발전에 큰 역할을 하고 있습니다. 특히 한의학의 눈부신 발전은 향산 변정환 박사께서 인생의 목표로 삼으신 한의학의 체계화와 과학화를 이룩함으로써 국민들의 건강증진에 이바지함은 물론이고 세계적인 의학으로서 발돋움하고 있습니다.

변정환 박사께서는 내면 발전에도 일가를 이룩하신 분이라고 여겨집니다. 50년 넘게 금주, 금연 그리고 오로지 채식만 하시는 모습을 대할 때, 우리는 자연스럽게 존경하는 마음을 갖게 됩니다. 채식과 관련한 일화가 많지만 김영삼 대통령 초청으로 열린 전국 대학 총장 만찬회가 청와대에서 개최되었을 때의 일은 특히 유명합니다. 만찬장의 메뉴는 오직 한 가지, 갈비탕이었습니다. 변정환 박사께서는 당신의 뜻을 굽히지 않으시고 채식 비빔밥과 버섯구이를 드셨다고 합니다.

인간은 완벽할 수는 없기에 변정환 박사께서 대학을 경영하시는 동안 쌓은 공처럼 과가 있게 마련입니다. 그러나 높으신 뜻과 실천은 지금의 대구한의대학교와 사회에 기여하신 모든 것을 보면 저와 같은 보통 사람들이 인생을 어떻게 살아가야 하는지에 대한 하나의 이정표가 된다고 사료됩니다. 누구보다 철저한 자기관리를 통해 평소에 교직원들에게 "나는 120세 이상 살기를 희망한다."고 말씀하셨듯이 그렇게 되시기를 진심으로 기원드리면서 지금도 향산 변정환 박사님의 꿈은 진행형이라고 믿습니다.

30년 이상 대구한의대학교 직원으로 근무했던 것을 영광스럽게 생각하면서 미숙한 글을 마칩니다.

경축 향산 변정환 선생 구질 대경기념 송시

양승무

후학

당대귀암	향산총장	경북종육	임신탄강
當代龜巖	香山總長	慶北鐘毓	壬申誕降
전습흥인	진학동양	저작등신	조복아방
傳習興仁	進學東洋	著作等身	造福我邦
한의집업	병원개창	현호제세	광개양방
漢醫執業	病院開創	懸壺濟世	廣開良方
판교육재	대도공양	묘수성심	삼한무쌍
辦校育才	大道孔陽	妙手聖心	三韓無雙

당대의 귀암이신 향산 총장님, 경북의 수려한 고장에서 임신년에 탄생하셨네.

유학을 전수하고 동양의약대학에서 수학하여, 저술은 방대하고 우리나라를 복되게 하시네.

한의로 개업하여 병원을 열고, 의술로 세인을 구제하면서 널리 양방을 펼치시네.

대학 세워 인재 기르고 대도는 아주 선명하며, 뛰어난 의술은 성인의 마음이니 한국에는 둘도 없네.

임인 원월

울울창창한 산과 같은 큰어른, 변정환 명예총장님과의 인연

양언보

제주 카멜리아 힐 회장

30여 년 전의 일입니다. 당시 교육부 고위 관료로부터 본받을 만한 한의사가 계신다는 말을 듣게 되었습니다. 그 자리에서 좋은 이야기를 많이 들었던지라 꼭 뵈어야겠다고 생각했습니다. 주변에서 '누가 좋은 사람이라더라.'라는 말을 들으면 꼭 찾아가 만날 정도로 사람에 대한 욕심이 많기 때문이지요. 그렇게 저는 제주도에서 대구로 향하는 비행기표를 끊었습니다.

명예총장님을 처음 뵙는 자리에서 어떤 분이신지 알고 싶다는 마음이 앞서 당돌한 질문을 드리게 되었습니다.

"총장님은 어떻게 한의사가 되셨습니까?"

명예총장님께서는 당신의 조부께서 하셨다는 '어진 재상이 되지 않을 테면 훌륭한 의사가 돼라.'라는 말씀부터 가난했던 어린 시절, 고학으로 한의학을 공부하던 청년기, 마침내 한의사가 되셨을 때의 이야기를 찬찬히 들려주셨습니다. 저는 그 말씀을 듣고 '이 분을 인생의 스승으로 모셔야겠다.'라고 생각했습니다. 이렇게 시작된 인연은 날로 그 빛을 더하며 소중한 것이 되었습니다.

20대 중반에 맨주먹으로 사업을 시작해 60년에 가까운 시간을 쉬지 않고 달려왔습니다. 꿈을 향해 달리는 시간이었지만 주변의 유혹도 많았고, 고난도 헤아릴 수 없을 정도입니다. 그러나 흔들리지도, 꺾이지도 않을 수 있었던 것은 변정환 명예총장님의 조언에 힘입은 바가 큽니다. 그중에서 가장 기억에 남는 말씀은 제가 종심(從心)에 이르렀을 때였습니다.

새해 첫날 안부를 여쭐 겸, 새해 인사도 드릴 겸 전화를 드렸습니다. 이런저런 말씀을 드리다가 "총장님 제가 이제 70세가 되었습니다. 지금껏 열심히 살아왔으니 이제 조금 쉬며, 제 시간을 가지려고 합니다."라고 말씀드렸습니다. 그러자 명예총장님께서는 "양 회장님. 70세면 이른 새벽인데, 아직 할 일이 많이 남아있으니 그런 소리는 하지 마세요."라고 말씀하셨습니다. 이 말씀을 듣는 순간, '아차! 마음이 약해졌구나.' 하고 마음을 다잡았습니다.

명예총장님께 그 말씀을 들은 지 10년이 훌쩍 지났습니다. 종심이었던 저는 망구(望九)에 이르렀고, 카멜리아 힐은 그 어느 때보다 많은 꽃과 나무가 향기를 내뿜고 있습니다. 세간의 상식대로라면 지칠 만도 하지만 "70세면 이른 새벽"이라는 명예총장님의 말씀이 전에 없던 동력이 된 것이지요. 저는 오늘 아침에도 장갑을 끼고 직접 심고 가꾼 꽃과 나무를 돌보고 있습니다.

팔순에 들면서 몸이 예전 같지 않음을 느낍니다. 젊을 적부터 남들보다 2~3배의 일을 해서 그렇기도 하겠지만, 세월의 흐름 앞에서는 건강하다고 자부했음에도 불편한 곳이 생겼고, 여기저기가 아프기 시작했습니다. 익숙하지 않은 몸의 통증과 불편이 힘들게 할 때마다 대구행 비행기에 제 몸을 싣습니다. 명예총장님을 만나 아픈 몸을 치료함은 물론 마음을 치유하기 위해서요. 실제로 구순이 넘은 연세에도 어깨를 펴고 꼿꼿하게 걸으시고, 환자 옆에 무릎을 꿇고 침을 놓는 모습. 자신감과 힘의 넘치는 목소리와 철저한 식단과 자기관리. 신침으로 고명하시지만, 명예총장님의 이런 모습을 가까이에서 뵙는 것으로도 몸과 마음이 건강해지고, 또 젊어지는 듯합니다.

날로 혼탁해지는 오늘날, 울울창창(鬱鬱蒼蒼)한 산과 같은 변정환 명예총장님!

부족하고 어리석은 저를 담백하게 받아 주시고, 한결같이 존중과 애정으로 대해주셔서 감사합니다. 문득 공항으로 가기 전, 제한한의원 문까지 나오셔서 큰 손님을 만난 듯 고개 숙여 인사하시고, 차가 당신의 시야에서 사라질 때까지 손을 흔들어주시는 그 모습이 떠올라 가슴이 먹먹합니다.

오래 건강하시어 대중 곁에서 산과 같은 큰어른으로 계셔주시기를, 또 따스하게 감싸주시기를 소망합니다.

한의학의 거목 향산 변정환 박사

양윤식
한국시나리오작가협회 자문위원

신문이나 TV를 보면 저절로 한숨이 나온다. 꽃으로라도 때리지 말라는 아동을 학대하고 괴롭히는 것도 모자라 죽이기까지 하는 인면수심의 어른들, 남편을 토막살인한 아내, 돈을 벌기 위해 직업적으로 음란물을 제작하여 공갈협박을 일삼는 젊은이들, 자신의 지위를 이용하여 부하 여직원을 성추행한 상사, 조폭과 결탁하여 부동산으로 돈벌이 장사한 기관장, 이전투구의 정치판… 현기증이 날 정도다. 어쩌다 사회가 이 지경이 되었는가? 어쩌다 인간들이 이렇게 도덕 불감증이 되었는가?

노자의 『도덕경』을 펼쳐본다. 향산 변정환 박사께서 알기 쉽게 번역해 놓으셔서 문외한도 부담 없이 읽을 수 있다.

"천하에는 시초가 있으니 천하의 어머니로 생각한다. 이미 그 어머니를 얻게 되면 그 아들을 알 수 있다. 이미 그 아들을 알고 그 어머니를 지키면 몸이 없어질 때까지 위태롭지 않을 것이다. 정욕의 구멍을 막고 감각의 문을 닫으면 몸이 마치도록 수고롭지 않을 것이다. 정욕의 구멍을 열고 감각을 만족시키는 일을 계속하면 몸이 마치도록 구해지지 못할 것이다. 미세한 것을 볼 수 있는 것은 밝음이라 말하고 부드러움을 지키는 것을 강건함이라 말한다. 지혜의 빛을 사용하고 밝음에게로 돌아간다면, 몸에 재앙을 남기지 않게 될 것이니 이것을 영원함, 불변의 도(道)를 지니는 것이라 한다."

『노자의 도덕경』 제52장 수신편에 나오는 말씀이다. 각종 비리와 부도덕이 판치는 이 사회에 모든 사람들이 꼭 읽어봐야 할 책이 아닌가 한다.

변정환 박사를 처음 뵌 것은, 지금으로부터 15년 전쯤인 것 같다. 내가 사단법인 한국시나리오작가협회 부이사장으로 있을 때인데, 박사께서는 대구한의대학교 설립자로서 총장으로 재직하고 계셨다. 변정환 박사께서는 영화 시나리오 작가들을 초대하여 대구의 곳곳에 스며있는 문화예술을 널리 알리기 위해 몸소 안내하셨다. 그때 변정환 박사께서는 한의학뿐만 아니라 문화예술에도 깊은 조예가 있으시다는 것을 알게 되었다.

처음 대구한의대학교를 방문했을 때 놀란 것은 대학본부에 걸려 있는 액자였다. 10만 자에 달하는 서예 작품이 변 박사님의 작품이라는 것을 알았을 때 더욱 놀라지 않을 수 없었다.

그 후, 나는 대구한의대학교 영상홍보물을 제작하고, 박사님의 일대기를 연출하게 되었다. 어려운 소년 시절을 거쳐 가난과 온갖 시련을 이겨내고 마침내 오늘날의 대구한의대학이라는 종합대학을 이루어 낸 변 박사님의 모든 것을 알았을 때 나는 존경심으로 머리가 절로 숙여졌다.

그리고 변 박사님의 치적을 널리 알려야겠다는 생각에 EBS TV의 〈명의〉라는 프로그램을 기획하여 성공적으로 방영했다. 워낙 특별한 삶을 살아오신 덕분에 프로그램의 시청률이 높았고, 당시 인물 검색 1위에 오를 정도로 화제가 되기도 했다.

그로부터 15년의 세월이 흘렀는데, 논문집을 출간하신다는 연락이 와 또 놀라지 않을 수 없었다. 1980년 3월, 『한의의 맥박』이라는 저서를 시작으로 하여 2019년 1월, 『노자의 도덕경』까지 많은 책을 저술하고 번역하셨다. 이번에 변 박사님에 관한 연구논문을 기념집으로 출간하신다니 축하드리며, 항상 옆에서 지켜본 변 박사님의 열정적인 그 에너지는 도대체 어디서 나오는지 새삼 경탄하지 않을 수 없는 것이다.

'한의학의 거목 변정환 박사님'을 존경해 마지않는다.

연구의 도정(途程)에서 마주친
설립인의 풍모(風貌)

양재하
대구한의대학교 연구교수

저는 1985년 9월에 대구한의대 한의과대학 한의학과 교수로 임용되어 34년 동안 봉직하고 지난 2019년 8월에 정년퇴임을 했습니다. 현재는 대구한의대학교 연구교수로 있습니다. 길다면 긴 시간 교수로 재직하는 동안 여러 가지 보람 있는 기억이 많습니다. 그중에서도 특히 저에게 또렷한 의미를 지닌 일은 산업통상자원부 지원 한방생명자원연구센터를 설립하여 센터장으로 활동하고, 과학기술정보통신부 지원 중독제어연구센터의 책임자가 되었으며, 간질환 한약 융복합 활용 연구센터의 책임연구원으로서 좋은 여건에서 한의학 연구를 지속할 수 있었던 일이라고 생각합니다.

사실 이러한 정부 지원 연구센터의 유치는 규모가 크지 않은 우리 대학으로서는 쉽지 않은 일이었습니다. 그러나 대학 차원의 적극적인 지원과 대학 한의학 연구의 발전에 대한 설립인의 지대한 관심과 열정이 큰 도움이 되어 여러 난관을 극복하고 결국 유치에 성공하였습니다. 연구센터의 유치 결과 한의학 연구를 충실히 수행할 수 있게 하는 훌륭한 연구 장비를 구축하는 큰 기회를 얻게 되었습니다. 우리 대학의 많은 교수님들이 우수한 연구 논문을 다수 발표하게 된 데에는 위의 연구

614

센터와 훌륭한 연구 장비가 큰 힘이 되었음은 누구도 부인하기 어려울 것입니다. 이런 점에서 저의 교수 생활 중의 자랑스러운 기억은 대학 당국과 설립인의 배려가 그 바탕에 깔린 셈입니다.

제가 부임했을 당시의 우리 대학은 '대구한의과대학'이라는 교명을 가진 개교한 지 얼마 되지 않은 작은 규모의 대학이었습니다. 자연히 학교 사정도 그리 넉넉한 형편이 아니었습니다. 젊은 신임 교수였던 저는 침술 연구에 많은 관심이 있어 의욕적으로 연구를 시작했습니다. 그러나 연구기기들이 부족해 어려움을 겪었습니다. 특히 연구를 위해 가장 필요하였던 기기인 폴리그래프가 없어 커다란 난관에 봉착하였습니다. 어떻게 하면 폴리그래프를 확보할 수 있을지 밤낮으로 고민하며 난감해 했습니다. 마지막 방도로 당시 학장님으로 계셨던 설립인을 찾아뵙고 말씀을 드려보기로 작정하였습니다. 설립인께서는 흔쾌히 고가의 폴리그래프를 구입해 주셨습니다. 그때 저는 설립인께서도 한의학의 과학적 연구에 대해 큰 관심을 가지고 계심을 감지하고 상당한 감명을 받았습니다.

그 후로도 설립인께서는 한의학이 글로벌 의학으로 발돋움하기 위해서는 임상연구뿐만 아니라, 과학적인 기초 한의학 연구의 발전이 매우 중요하다는 것을 자주 피력하셨습니다. 우리나라에서는 서양 의학 연구를 통하여 노벨상에 접근하는 것보다는 한의학에서 창의성을 얻어 연구하여 서양 의학 관점에서 새로운 학설을 도출하게 될 때 노벨상을 받는 역사적인 일이 가능하게 될 것이라고 예견하시기도 했습니다. 한의학과 교수들과의 회의나 모임에서도 늘 과학적 연구의 중요성에 대해 말씀하셨습니다. 저에게도 유익하고 가치 있는 연구에 매진하여 열매를 맺기를 기원하는 격려의 말씀을 아끼지 않으셨습니다. 때로는 소두증, 치매와 같은 뇌신경과학 분야와 한약에 대한 연구에 관심을 가지고 한의학자로서 한약의 뇌신경 예상 작용기전에 대해서도 흥미로운 말씀을 해주셨습니다. 임상가로서 늘 한의학 연구에 큰 관심과 애정을 가지고 계심을 느낄 수 있었습니다.

설립인의 한의학 연구 발전에 대한 지대한 관심과 공헌은 위에서 언급한 바와 같이 정부 지원 연구센터 건립과 유치 추진에서 잘 나타납니다. 설립인께서는 연구센터 설립은 체계적이고 지속적인 한의학 연구와 발전에 중요한 기반이 된다고 믿고 계셨습니다. 실제로 정부 지원금, 지자체 및 대학 대응 자금 등이 어우러진 선도연구센터 사업비는 연구개발 발전뿐만 아니라 연구기기 구축, 연구인력 양성 등 연구 역량을 강화하는 데 모두 투입되므로 한의학의 과학적 연구와 발전에는 너무나 소중한 사업입니다. 또 개인적 연구과제의 한계를 극복하는 데 더할 나위 없이 필요한 사업이기도 합니다. 현재 4개의 선도연구센터를 보유한 우리 대학 한의학 분야의 연구의 질과 성과는 괄목할 만한 발전을 보여주고 있습니다. 여기에는 설립인의 공훈이 숨어있습니다.

십여 년 전에 첨단의료복합단지 유치 경쟁으로 뜨거울 때였습니다. 저는 설립인을 모시고 대구 유치단의 일원으로 일본 고베 첨단의료복합단지를 시찰하고 양해각서를 체결하는 자리에 참석하는 기회를 가진 적이 있었습니다. 그때 설립인께서는 고베 첨단의료복합단지의 훌륭한 시설과 인적 인프라 및 연구업적을 꼼꼼히 살피셨습니다. 그날 저녁 유치단의 토론 자리에서 한약재를 이용한 한방제제 및 신약 개발의 중요성 및 필요성을 강조하시는 모습을 보았습니다. 수천 년에 걸친 한방 임상의 결과와 전통을 바탕에 깔면서 한의학의 가치를 엄중하게 역설하는 모습에 저를 비롯한 좌중의 모든 인사들이 크게 감탄했던 기억이 납니다. 그러면서 한의학의 가치를 잘 아시는 설립인께서 한의학 연구가 다른 생명의학 연구 분야에 비하여 연구 규모나 연구비 지원이 크게 미약한 점에 대해 많이 걱정하시던 말씀도 잊을 수 없습니다.

애당초 약학을 전공했던 저는 처음 한의학을 이해하는 데 상당한 어려움을 겪었습니다. 지금에 와서 돌아보니, 그 시절을 넘어서서 한의학을 공부하고 연구를 할 수 있었던 지나간 시간들이 큰 보람과 행운으로 느껴집니다. 주위의 많은 분들의 도움으로 한의학이 가지는 매력을 알게 되었고, 특히 설립인의 한의학에 대한 사랑을 보면서 한의학 연구에 대한 마음을 굳게 다지기도 했습니다.

이런 분위기 속에서 저는 한의학만의 독특한 학문 분야인 경락경혈학에서 경혈과 정신과의 관계 해명을 주된 관심 분야로 삼게 되었습니다. 장차 한의학이 글로벌 의학으로 성장하는 데 있어 이 문제는 중요한 연구 주제 중의 하나가 될 것이라고 믿게 되었습니다. 물론 어려운 연구 분야이지만 저 자신 창의적인 새로운 성과를 제출하여 조금씩 결실을 얻게 되면서, "우리의 것이 세계적인 것이다."라는 상식적인 진리처럼, 한의학 연구도 세계적인 기초생명의학 연구에서 발전을 추동하는 대단한 힘을 가지고 있다고 확신하게 되었습니다.

마지막으로 설립인의 한의학 연구에 지대한 관심과 지원, 그리고 조언들이 저의 연구 목표 설정과 연구의 정진에 큰 힘이 되었음을 잊지 않겠습니다. 지면을 빌려 다시 한번 설립인께 깊은 감사의 말씀을 드립니다.

팔조령의 거인

오동섭

경북대학교 명예교수

향산 선생 변정환 총장님을 만날 때면 즐겁고 힘이 솟는 것 같다. 선생께서는 늘 온화한 얼굴에 웃음을 띠고 생기 가득한 모습으로 격의 없이 대화에 응하신다. 자세가 반듯한 건장한 체구에서는 기운이 넘치고, 걸음걸이는 활기차다. 이런 선생을 보면 누가 졸수(卒壽)의 노령이라고 생각하겠는가. 나는 봉산서화회 모임으로 가끔 향산 선생을 만날 때마다 거인과 같은 모습에 부러움을 느낀다. 나와는 서예로 만나지만 선생은 여러 역할을 동시에 해내신다. 한의사로 진료하시고, 시조창을 하시며, 태극권과 중국어를 공부하신다. 여러 영역에서 다채로운 활동을 전개하시는 한편, 꾸준히 봉사활동도 하시면서 바쁘게 지낸다.

내가 저 나이라면 선생처럼 의욕과 체력, 용기, 관용을 가질 수 있을까. 무엇이 향산 선생을 이처럼 지칠 줄 모르고 움직이도록 만드는가?

향산 선생 바로 옆에 앉아서 오찬을 하던 날이다. 추운 겨울이었는데 약간 올라간 바지자락 사이로 드러난 선생의 장딴지 근육이 마치 축구 선수의 그것처럼 굵고 단단해 보였다. 더욱 놀라운 것은 내복을 입고 있던 나와 달리, 향산 선생은 바지 하나만 입고 있었다는 점이다. 이런 저런 애기를 하다가 청도에서 도보 통학하던 학창 시절의 이야기를 들려주었다.

　스무 살의 늦깎이 고등학생으로 입학하여 청도 이서에서 대구 영남고까지 도보통학이 시작된 것이다. 자전거 한 대가 없었던 탓에 새벽에 일어나 책보자기 메고 팔조령을 헐떡이며 걷고 뛰어 겨우 아홉 시에 학교에 도착하였다고 한다. 수업을 마치면 캄캄한 어둠이 내린 팔조령을 넘어야 했다고 한다. 집에 도착하면 보통 밤 열 시, 자정이 넘을 때도 있었다니 얼마나 고생스러운 통학길이었겠는가. 여기에 더하여 등교하는 길에 가끔 팔조령에서 나무 한 짐 해 놓고 공부 마치고 집에 가는 길에 짊어지고 팔조령을 내려갔다고 한다. 도저히 믿기 어려운, 그래서 전설 같은 이야기였다. 그때가 참 행복했다는 선생의 표정은 그가 얼마나 호학인지를 보여주는 것 같았다.

　청년 향산 선생은 이 팔조령을 넘으면서 산천을, 초목의 변화를, 하늘의 구름을 바라보며 묵묵히 청운의 꿈을 키웠을 것이다. 한학과 한의학의 학문을 이루고, 대학과 병원을 설립 운영하는 데 성공을 이루고, 숱한 사회활동과 문예활동에서 성공을 이루기 위해서는 팔조령처럼 넘어야 할 많은 어려움에 부딪혔을 텐데 이를 극복할 수 있는 인내와 용기, 투지와 체력은 바로 여기 팔조령에서 길러진 것이 아니겠는가. 지금도 저 탄탄한 장딴지 근력은 구순의 향산 선생을 받쳐주고 있고 앞으로 백세 인생까지 든든하게 받쳐주리라 생각한다.

　향산 선생은 대학의 경영에서 물러나신 후부터 서예에 정진하였는데 몇 해 전 대구문화예술회관에서 서예 첫 개인전을 열어 대성황을 이룬 적이 있다. 일찍이 대구의 명필 소헌 김만호 선생을 사사하였고 한문은 청명 임창순 선생을 사사하여 상당히 높은 수준의 한학자 서예가로 활동해 왔다. 전시장에서 작품을 감상하고 있는데 유독 발길을 오래 머물게 하는 작품이 있었다. 범사에 인정을 베풀면 후에 좋은 사

이로 만나게 된다는 뜻을 가진 '범사유인정 후래
호상견(凡事留人情 後來好相見)'이라는 작품이었다.
일상생활에서 누구를 만나든 인자하고 따뜻한 정
으로 대하면 훗날 다시 만나게 되면 친근하고 우
호적인 사이가 된다는 것인데 바로 평소 향산 선
생이 사람들을 만나는 모습이 아닌가. 그동안 팔
조령의 기운으로 성공하였다고 생각하였는데 이
작품을 보는 순간 향산 선생의 성공인생에 또 하
나의 비방(祕方)이 있었구나 하는 생각이 들었다.

언젠가 향산 선생은 돈 안 들이고 베풀 수 있는
'무전칠시(無錢七施)'를 실천한다고 말하였다. 온
화한 눈빛, 웃는 얼굴, 너른 마음, 단정한 몸, 분명
한 말 등 다섯 가지로 베풀고, 양보와 관용을 베풀
면 남을 욕할 일도 없고 부러워할 일도 없으며,
스스로 행복해진다고 일러주었다. 나도 그렇게 따
라 해야겠다는 생각이 든다. 학문을 이루어서 세상
사람들의 사표가 되었고, 베푸는 신조로 인품은
세상의 귀감이 되었으니 구순의 향산 선생의 삶은 참으로 아름답다고
말할 수 있다. 팔조령을 넘으면서 키운 꿈이 이처럼 아름답게 결실을
맺은 것이다. 향산 선생의 팔조령 꿈은 앞으로도 계속되리라 기대한다.

향산을 읽다

오영환

푸른차문화연구원 원장

감히 누가 노 선배를 읽는다고 할까마는 나는 그랬다. 미수가 되던 해, 제한한의원에서 짧은 20분 만남이 첫 대면이다. 대구한의대학교 명예총장님에 대한 이야기는 많이 듣고 있었다. 대구한의대와 함께한 사업도 있었기에 많은 관심을 갖고 있었다. 그러던 중 사단법인 대자연 사랑실천본부에서 실시하는 채식요리지도사 강의를 듣게 되었다. 그 것을 계기로 만남이 이루어졌다. 짧은 시간이 주어진 틈새 한 부분의 대화 속에서 보고 알 수 없으며 속으로 꼼꼼하게 읽으려 했다는 게 옳을 것이다.

채식으로 건강을 유지했다고 믿어지지 않을 만큼 곧은 자세와 정정 한 기운을 느꼈다. 음성에서 깊은 내면의 튼튼한 줄기가 뻗쳐 있음은 마음수양의 향기가 아닐까 싶다.

한 곳을 향하여 한 삽 한 삽 흙을 떠서 태산을 만든다는 것은 쉽지 않다. 그러나 향산이라는 태산을 직접 만든 것이다. 무에서 유를 창조 한 것이다. 흐트러짐 없는 앉은 자세와도 같이 빈틈없는 한 발 한 발을 내딛지 않았을까.

한 삽을 떠 올릴 때마다 행복했을 것이다. 많은 사람들과 한 삽을 나누고자 애태웠을 것이다. 그냥 운이 좋아서 이루어지는 것은 없다.

그래서 이 세상에는 공짜가 없다고 한다. 여기까지 오는 동안 깊은 고뇌와 아픈 시련의 시간도 넘겼으리라 생각된다. 중심을 잃지 않고 자기 극복을 하며 달렸으리라.

스스로 지키며 만든 철학과 신념 없이는 생애를 오롯이 투자하기란 쉬운 것이 아니다. 얼마나 외롭고 고독했을지, 칭찬받기 위해서 걸어온 길이 아닐 것이다. 오히려 많은 사람을 위로하고 이끌어 주고 다독이지 않았을까. 그것은 곧 다른 사람이 아니라 자기 스스로를 다독이고 자신이 위로받는 일임을 깨달았기 때문일 것이다. 고도의 경지에 영적 수준이 아니면 행복한 즐거움으로 행하기 어렵다.

철저하게 채식을 하는 일은, 도를 닦는 일과 다르지 않은 길이다. 많은 식사 자리에서 얼마나 불편한가를 경험하지 않으면 이해할 수가 없다. 그것만으로도 존경스럽다. 실천하며 생활하고 있다는 것은 문자가 아닌 살아 숨 쉬는 삶의 책이다. 누군가 '산책은 곧 살아있는 책'이라고 하였다.

그 많은 산중에서도 향기 나는 산을 만들었다는 것은 대단한 것이다. 자연과 함께 살아가는 동·식물들과도 생명을 함께 유지하며 만물을 나누어 가지는 마음에서 자연사랑이 불어오는 향기는 귀하고 소중한 것이다. 생로병사가 공존하는 자연의 순리를 지키며 사는 것이 윤리며 도덕이다. 인성교육은 따로 하는 것이 아니다. 일상생활 속에서 순간순간 보고, 듣고, 느끼며 학습되는 것이다.

노 선배님의 높은 뜻이 담긴 인생 속에서 문득 떠오르는 한 구절, "무소의 뿔처럼 혼자서 가라."라는 노 선배님의 마음속 큰 뜻을 빙산의 일각이라도 스치듯 냄새라도 맡고 싶어 짧게 훔쳐본 것이다. 내가 보고 싶은 방향에서 마음껏 읽은 것을 주관적으로 표현한 점 대단히 죄송스럽다. 아주 짧은 순간에 느끼는 영감이 더 강한 기운이랄까.

부럽고 부럽다. 노 선배님의 아름다운 생을 바라보며 속으로 내 자신에게 침을 놓는다.

'믿음을 가지고 끝까지 가자'

내 안의 나를 믿고 꿋꿋하게 한 길을 가자고 대침을 놓아본다.

노 선배님의 강녕과 더 큰 덕을 베푸시는 나날이 되시기를 기원하는 차 한 잔 올리고 싶다.

맑고, 밝고, 향기로운 태산을 바라보며.

반백 년의 인연을 회고하며

우광순
전 대구경찰청 녹색어머니회 회장

1965년, 제 인생의 첫 직장 상사로 향산 변정환 박사님을 만나게 되었습니다. 십 년이면 강산도 변한다는 세월이 어느덧 반세기를 훌쩍 넘어 박사님은 구순을 넘기시고 저 또한 70대 중반을 달리고 있습니다.

그간 박사님은 젊은 시절의 꿈인 한의대를 설립하여 수성, 삼성, 오성의 한의학 요람을 반석 위에 올렸으며, 한의학 발전의 거대한 거목으로 후학들의 존경받는 귀감의 표상이 되셨습니다. 저 또한, 박사님의 "사람은 죽을 때까지 배워야 한다."는 지론으로 '대구시 새마을문고'의 초대회장과 2대회장을 역임하고 발전시키며 정신교육의 명맥을 이어오는 '대구시 새마을문고' 이사로 40여 년을 봉사한 덕분에 2019년 '새마을 훈장'을 받는 영광을 누렸습니다.

"큰 나무 옆에는 나무가 자라기 어렵지만, 큰 인물 옆에는 사람이 큰다."는 말이 있습니다. 박사님의 높은 학문이 펼치지는 '대도학회'에서 주역 강의를 들으며 세상 돌아가는 이치를 깨우치고, 박사님을 비롯한 회원들과 대만의 성지순례, 중국의 중앙에 위치한 황산 정상에서의 감격스러운 해맞이, 중국 요녕대학의 귀한 인체표본실 견학, 연길의 독립투사 기념관, 하얼빈의 안중근 의사 기념관, 단동의 끊어진 철교와 압록 강변에서 북한을 바라보며 한국의 현실을 통탄하는 경험을 하였습니다. 경주 불국사, 양산 통도사, 순천 송광사, 강천사, 천안 목천 독립기념관, 전주 한옥마을, 옥천 정지용 생가, 옥천 육영수 생가, 충주 수안보, 충주호 등을 주유천하로 두루 누비며 견문을 넓히기도 했습니다. 박사님의 남다른 선견지명으로 20여 년 전부터 지구촌 환경오염을 염려하여 '자연사랑 생명사랑'이란 주제로 2014년 세계청년대자연사랑축제를 대구컨벤션센터에서 국제대회로 개최하는 큰 행사도 함께 할 수 있었습니다.

　일찍이 박사님과 좋은 인연을 맺은 덕분에 우리 부부와 제 아들 내외 결혼식까지 2대 주례를 맡아 주셔서 행복한 가정을 꾸리도록 후원해 주셨으며, 제 개인적 인생의 갈림길과 역경의 고비마다 길라잡이가 되어 주셨습니다.

　구순이신 요즘도 새벽 신시(03시)에 기상하시어 영어, 중국어, 서예 등 학문을 가까이 하시고 환자를 돌보는 틈틈이 요가, 태극권, 검도, 시조창 등으로 심신을 연마하시는 생활을 옆에서 롤 모델로 본받아가며 제 자신도 사회에 도움이 되는 인생을 살아보도록 노력합니다.

　『향산 변정환 선생의 시대적 위상과 학문세계』라는 논문집 발간을 축하드리며, 어느 책에 "성인은 강한 내면을 가지고 남을 배려하며, 자기 버림이 습관화되어 타인의 모범이 되고 올바른 삶의 길을 제시해 주는 사람"이라고 정의를 내린 분의 글을 읽으며 향산 변정환 박사님이야말로 성인의 반열에 오르신 분이라 말씀드리고 싶습니다.

　아무쪼록 건강 100세까지 누리셔서 무럭무럭 자라 군복무를 마치고 사회생활에 전념하고 있는 저의 손자 3대 주례까지 맡아 주셨으면 하는 바람입니다. 박사님의 건강한 여생을 잘 보필하여 오늘도 행복한 하루가 되시기를 소망합니다.

하늘은 스스로 돕는 사람을 돕는다

이광조

(재)한국천은미륵불원 이사

일상생활예절에 대해 질의응답하는 시간이었다. 신발에 관한 이야기가 나오자 변정환 선생께서는 이렇게 구분해서 설명해 주셨다. "슬리퍼는 집 안에서 신는 신발이지요. 슬리퍼를 신고 외출하는 것은 예가 아닙니다. 운동화를 단정하게 신어야 합니다."

길에서 슬리퍼를 신은 사람을 보면 지금도 탐탁지 않은 시선을 보내는 것은 그때 자리 잡은 것 같다.

고등학교 1학년 때, 또래들과 대구 봉덕동에 있던 불당 '보화단'에서 일관회 대구지부 활동으로 일요일 오전마다 공부를 했다. 『명심보감』 중 몇 구절을 익히고, 일상생활의 예의범절을 배웠다. 그때 우리를 지도하신 분은 40세쯤 된 한의사였는데, 이미 세계여행을 다녀오신 시대를 앞서가는 분이셨다. 변정환 전인은 그렇게 가르침을 받는 자리에서 처음 뵙게 되었다.

70년대 중반 교통편이 자유롭지 않았던 그때, 변 전인께서는 한의원에서 사용하는 승합차로 우리를 청도불당에 데려가시거나, 옥포 용연사로 야유회를 가는데 버스를 마련해 주셨다. 병역을 마치고 다시 대학을 다닐 때는 대학생팀을 구성하여 『맹자』를 배운 일도 있다. 겨울방학 몇 달 동안 아침마다 한 시간씩 원문 해석을 하고 해설하셨다. 그때

책 한 권을 통째로 외우면서 거침없이 풀어내시는 모습에 큰 감명과 자극을 받았었다.

그 당시 전인께서는 한의과대학을 설립하여 정신없이 바쁜 시간을 보내고 계셨다. 신설 대학에 필요한 건물과 확충해야 할 설비가 많아서 재정적으로 큰 고비를 맞았다는 소문도 있었다. 그런 와중에도 서울에서 전국 본부가 될 불당 건물을 짓다가 일이 잘못되어 곤경에 처했다는 소식을 들으셨을 때, 전인께서 그 건물을 인수하셨고, 덕분에 난관을 벗어나게 됐다는 얘기를 어른들로부터 들었다.

도무의 혼란한 시기가 지나간 1980년대 후반, 대만의 본부와 내왕을 하게 되었다. 이 무렵, 변 전인은 도반을 영도하시던 왕호덕(王好德) 전인께 의술로 크게 기여하셨다. 왕 전인의 건강이 극도로 악화되어 위험한 상황이 되자 변 전인은 대구 상동의 한방병원에 그를 모시고 특수한 요법으로 정성을 다해서 건강을 되찾아 드렸다. 왕 전인께서 한국 도무에 관심을 많이 보이셨고 그중에서도 우리 대구 도무의 앞날에 큰 기대를 거신 것은 아마도 변 전인의 탁월한 의술과 한방병원과 대학을 일으키는 사회적 역량을 보신 소회가 그 바탕이었던 것 같다.

변 전인은 1990년대 후반, 서울의 홍제동에 자은불당을 설립하고 서울 지역 도무의 구심점을 이루셨다. 사돈이신 고 안정태 점전사님이 운영하시던 불당을 증축하여 서울 지역 본단으로 개편한 것인데, 장노전인께서 기반을 닦아놓으셨던 도무를 승계하여 큰 부흥을 이루라는 취지로 도반에서 전인으로 임명하여 서울 지역을 아우르게 하셨던 것이다.

전인께서는 1996년에 호자대제의 명으로 『월간 미륵』이라는 잡지를 간행하셨다. 전문인력이 없고 여러 지역의 실무요원이 협력해야 하다

보니 초반 몇 년 동안 고전했지만, 2000년 말에 새로운 편집팀을 만들고 계간으로 개편한 뒤로는 지금까지 꾸준하게 발행해 오고 있다.

전인께서는 자연사랑 생명존중을 실천하는 국제대자연사랑실천본부의 방침을 적극적으로 이해하고 수용하여 2008년부터 환경과 자연을 보호하는 사회활동에 눈을 돌리셨다. 특히 2011년에는 환경부에 대자연사랑실천본부라는 사단법인을 등록하고 각 지역 도시에 지부를 창설하여 다양한 분야에서 활동을 펼치셨다. 그중에서도 2014년 8월 초 대구 엑스코에서 진행된 제7회 세계청년대자연축제는 우리의 기억 속에 오래 남아있다. 재정과 인력이 절대적으로 열악한 상황에서도 대구광역시와 공동으로 주최해서 세계 각국 청년 1,600여 명과 우리나라 대학생 1,000여 명이 참석했고, 이틀 동안 1만여 명의 관객을 동원한 엄청난 행사를 성공적으로 치른 것이었다. 행사가 있기 몇 년 전부터 한국 젊은이들을 인솔하여 여러 차례 다른 나라 행사에 참석하여 익히게 하셨고, 바로 직전 해에는 준비단을 이끌고 중국 심천에서 보다 면밀하게 견문을 쌓기도 했다.

엄두가 나지 않던 행사를 보기 좋게 마무리 지을 수 있었던 주요 요인은 변 전인께서 지닌 인맥이 있었기 때문인 것 같다. 대자연사랑실천본부가 추구하는 궁극의 취지인 자연사랑과 생명존중을 실천하고 있는 전국 각 단체에서 수개월 동안 적극적으로 협력하여 일을 도왔고, 대구시장을 비롯한 수많은 지역유지와 저명인사가 참여하여 행사의 격을 높여 주었다. 오랜 세월 변 전인을 모셔 온 김광수 국장이 몸 바쳐 일하는 모습은 가히 감동적이었는데, '주변에 그런 사람을 두신 변 전인은 참으로 복이 많은 분이다'라는 생각이 자주 들곤 했다.

행사 직전, 해운대 해수욕장이 부유물로 폐장이 되다시피 하였고,

628

행사 전 며칠 동안 비가 내린 것도 우리에게는 예상하지 못한 행운이었다. 휴가를 가지 못한 사람들이 행사장을 찾았던 것이다. 거의 불가능해 보이던 일이 묘한 변수가 모여 성황리에 끝날 수 있었던 것은 대회장으로서 일을 책임지셨던 변 전인의 또 다른 복이라고 하지 않을 수 없다.

그 무렵 전인께서는 대구 시내 한복판에 있는 당신 소유 건물에 '행복커피'라는 커피 전문점을 열어서 건강과 식생활 문화를 접목하고 대자연사랑운동을 실천하였다. 더 공이 들어간 일은 그 다음에 마련한 '행복빵'이다. 카페 옆에 제과점을 두고 제빵사에게 밀가루 대신에 쌀을 이용하고, 화학첨가물 대신에 천연재료와 한약재를 가미한 독특한 빵을 주문, 공급했다. 적지 않은 적자를 보면서도 시민의 건강을 돌보았던 이 빵이야말로 정성과 재력과 열정을 두루 갖추신 변 전인만 하실 수 있는 일이다.

전인의 그런 의지와 노력은 대구시 한가운데 자리 잡은 당신 소유의 노른자위 땅에 채식식당을 운영한 데서도 잘 드러난다. 잘 지어진 기와집에 지인으로 하여금 '보리수'라는 채식 음식점을 운영하도록 하셨고, 2018년부터는 한층 더 전문적인 무오신채 채식전문점 '시목'을 열게 하셨다. 집세를 거의 받지 않는 조건으로 식당을 유치하여 청구소식을 위한 당신의 뜻을 관철시킨 것이다.

변 전인께서는 손꼽히는 명의로 한의학의 현대화를 주도하셨고, 대학을 세워 인재 양성에도 큰 업적을 남기셨으며, 박사학위를 두 개나 받으셨고 한학에도 조예가 깊어 주역, 한시, 서예 등 여러 분야에서 남다른 경지를 이루셨다.

그러나 필자가 가장 의미 있게 여기는 것은 부인 고 이영숙 점전사와 막내 따님 변귀남 교수가 적극적으로 당신의 뜻을 받들며 수도의 길을 가게 하신 점이다. 세상에서 큰 성공을 이룬 사람들도 가족은 마음대로 되지 않는다고 한다. 이미 여러 자녀를 모두 교수와 의사로 성취시키고 손자, 손녀도 여러 명을 두어 다복한 가정을 이루셨지만, 부인과 딸을 당신이 지향하는 수도의 길로 인도하신 노력과 성과는 놀랍고 부럽다. 또한 변귀남 교수가 대자연사랑실천본부 상임이사로 실무를 주도하는 등 부친을 적극 보필하고 있으니, 평생 정열적으로 도무에 임하면서 보여주신 산교육의 열매가 아닐 수 없다.

여러 분야에서 큰 성과를 이루셨지만, 구순(九旬)을 맞으신 지금도 끊임없이 배우고 탐색하며 일을 벌이고 계시니, 일이든 사람이든 그저 생긴 복이 아니라 당신이 직접 만들어 내신 결과로 보인다. 전인이 보여주시는 우공이산(愚公移山)의 투지와 저력이 어쩌면 다른 곳으로 굴러가던 복도 방향을 바꾸어 굴러들게 했을 것 같다.

변 전인께서 걸어오신 수도 반도의 자취를 더듬어 보면서, '하늘은 스스로 돕는 사람을 돕는다.'는 말이 그 어느 때보다 더 진한 공감으로 다가온다.

향산 변정환 명예총장님과
청명 임창순 선생

이래종
대구한의대학교 명예교수

　불민한 나는 청년 시절 남양주의 태동고전연구소에서 청명(靑冥) 임창순(任昌淳) 선생 문하에서 동양 고전을 공부한 후 여러 대학에서 강사 생활을 했다. 대구한의대학교로 부임한 뒤에는 약 30년 가까이 봉직하면서 명예총장님을 모시다가 근년에 교직에서 물러났다. 대학에 근무하던 시절 때로는 과분하게도 보직을 수행하면서 때로는 평교수로 연구실을 지키면서 줄곧 가까운 거리에서 총장님을 뵐 수 있었다.

　돌이켜보니 청명 선생과 총장님 아래서 지낸 세월이 어언 30여 성상을 훌쩍 넘어간다. 정년 이후 고향으로 돌아와 평온하게 지내다가 이제 남쪽 창가에 앉아 지난날을 회상하자니 실로 만감이 교차한다. 개인적으로는 훌륭하신 어른들 아래서 보낸 반평생이 참으로 행복한 시간이었다. 이 같은 홍복이 어디 또 있겠는가. 본 지면에서는 그 긴 세월 동안 두 분을 모시면서 직접 보거나 전하여 들은 사실 중에서 총장님께서 스승 청명 선생을 남다르게 공경하시던 바와 관련된 일화에 한해서 조금 적어보려 한다.

　먼저 내가 대학에 근무하는 동안 총장님을 가까이 모시면서 느낀 바를 한마디로 요약한다면 범인과 다른 위인(偉人)의 풍모를 지닌 분이라는 것이다. 총장님은 많은 면에서 보통 사람과 다르셨다. 몇 가지 예를 들자면, 널리 사람들을 사랑하는 마음, 학문에 대한 끊임없는 정열, 현실에 대한 냉철한 판단력, 일에 대한 과단성 있는 추진력 등을 두루 갖추고 계셨다. 다만, 이러한 점들은 총장님의 특출한 풍모 중에서 나의 좁은 소견에 비친 것에 불과할 따름이다. 나는 이러한 총장님을 모신 덕분에 많은 가르침을 받을 수 있었다. 하지만 나의 천품이 비박하니 어찌 총장님을 온전히 이해하고 본받을 수 있었겠는가? 그 점을 생각하면 송구하고 안타까울 따름이다.

평소 총장님은 청명 임창순 선생을 평생의 스승으로 생각하고 따르셨다. 총장님이 청명 선생을 처음 만난 곳은 학창 시절 대학의 강의실이었다. 총장님은 초년에 한국전쟁을 겪으셨기 때문에 조금 늦은 연세인 23세 때 서울로 올라가 동양의약대학(현 경희대학교)에 진학하여 학업을 닦으셨다. 그 무렵 대학의 교수 중에 눈빛이 형형하고 풍채가 청아한 백학(白鶴) 같은 교수님이 한 분 계셨다. 어느 날 강의실에서 그 교수님이 특유의 유려한 필치로 한시 한 수를 칠판에 적어놓으신 후 학생들에게 그 뜻을 풀이해 보라고 말씀하셨다. 두보의 「객지(客至, 벗이 찾아오다)」라는 시였다. 그런데 선뜻 나서서 물음에 답하는 학생이 없었기에 총장님이 일어나 그 뜻을 설명하셨다. 그러자 선생께서는 흡족한 표정으로 칭찬하시면서 다음 강의를 이어 나가셨다. 강의를 마친 후 청명 선생께서는 총장님을 연구실로 부르신 후 한문 공부를 한 내력과 가정 형편 등에 대해 하나하나 물으셨다. 이에 총장님은 어린 시절 조부 고산공(鼓山公) 슬하에서 글공부를 하다가 다시 인근 서당에 가서 공부를 계속하였다는 것과 아울러 어려운 가정 형편 등에 대해 상세하게 말씀을 드렸다. 그렇게 하여 청명 선생과 총장님과의 남다른 인연이 시작되었다.

그날 이후로 총장님은 교내에서 실력이 뛰어난 학생이라는 소문이 자자하게 퍼져나갔다. 한편 당시는 전쟁 직후라서 대학의 강의 교재조차 쉽게 구할 수 없던 때였다. 따라서 학교에서 필요한 교재를 등사하여 쓰는 일이 많았는데 총장님은 그 일을 도우면서 얼마간의 경제적 도움을 받으실 수 있었다. 한문을 이해하고 필체도 좋으셔서 필경(筆耕) 작업을 하기에 적격이기 때문이었다.

그러던 어느 날 청명 선생께서 총장님을 댁으로 부르셨다. 댁에서 함께 지내면서 원고 정리를 도와달라는 말씀을 하시기 위해서였다. 총장님은 물론 그 말씀에 따라 지체 없이 거처를 옮기셨다. 당시 청명 선생께서는 당시(唐詩)를 주해(註解)하고 계셨는데, 총장님이 도울 일은 그 원고를 원지에 철필로 써서 등사해 내는 것이었다. 그런데 원고를 등사하는 작업은 그 과정이 까다롭기 그지없는 일이었다. 하지만 총장님은 일 년 남짓한 기간 동안 청명 선생을 성심껏 도와드리면서 식객이 아닌 식객 생활을 계속하셨다. 당시 총장님이 등사하셨던 원고는 후에 『당시정해(唐詩精解)』라는 책으로 출간이 이루어졌다. 청명 선생의 저술 가운데 하나로서 학술적으로도 명저인 이 책은 지금도 서점에 나와 있어 누구나 읽어볼 수 있다.

총장님은 청명 선생과 한 집에서 침식을 함께하며 지내던 과정을 통해 더없이 큰 깨우침을 받았다고 술회하신 바 있다. 청명 선생의 고고한 학자적 열정과 청빈한 삶의 모습을 가까이서 손수 바라보면서 나도 장차 저러한 삶을 살아야겠다고 다짐하셨던 것이다. 학창 시절 훌륭한 스승을 만나 감화를 받은 덕분에 학문적으로나 인격적으로 크게 성장한 걸출한 인물들을 우리는 종종 찾아볼 수 있다. 총장님도 역시 그러한 경우에 해당하셨던 셈이다.

서울로 올라가 한의학을 공부하신 총장님은 다시 대구로 내려와 한 의원을 개원하셨다. 조부 고산공께서 생전에 말씀하셨던바 '불위양상 (不爲良相)이면 영위양의(寧爲良醫)하라'는 유지(遺志)를 실현하기 위함 이었다. '어진 재상이 될 수 없다면 차라리 훌륭한 의원이 되라'는 할아 버지의 이 말씀은 총장님의 삶의 목표가 되어 있었기 때문이다. 한의원 을 개원한 이후에도 총장님은 종종 서울로 올라가 청명 선생을 찾아뵈 었다. 그 얼마 후 청명 선생께서 남양주시 수동에 태동고전연구소를 설립하셨다는 전갈을 받으셨다. 총장님이 그 소식을 듣고 연구소를 찾 아가자 청명 선생께서는 연구소 곳곳을 손수 안내하면서 무척이나 기 뻐하셨다. 이후 총장님은 시간이 날 때마다 연구소를 찾아가 청명 선생 을 뵙곤 하셨다.

그로부터 다시 몇 년이 지난 후 총장님은 대구한의대학교를 설립하셨 다. 대학을 설립한 뒤에는 총장님이 청명 선생께 학교 이사장직을 맡아 주십사 하는 말씀을 드렸다. 청명 선생께서는 물론 이 제안을 흔쾌히 받아들이셨다. 그런데 그 당시 청명 선생의 주변에는 '멀리 대구까지 왕래하시면서 대학 이사장직을 맡아 고생하실 까닭이 있겠느냐'고 말하 는 사람이 있었다. 그러자 청명 선생은 '변 총장이 형편이 넉넉하지 못한 가운데 대학을 세워놓고 고생하고 있는데 내가 힘닿는 데까지 도와야 하지 않겠느냐'고 거침없이 말씀하셨다. 제자에 대한 깊은 애정을 담아 그렇게 말씀하시던 청명 선생의 모습이 지금도 나의 눈에 선하다.

청명 선생께서 한의대학 이사장으로 계시던 무렵에 나는 교수로 봉 직하며 대구에 머무르고 있었다. 당시는 우리 대학이 설립된 후 얼마 지나지 않은 때라서 교내외에 일이 많았다. 말 그대로 다사다난했던 것이다. 하지만 청명 선생께서는 크고 작은 일들을 불편부당한 자세로 처결해 나가셨다. 이는 총장님의 전폭적인 믿음이 있었기 때문에 가능한 일이었다. 그 무렵 나는 청명 선생께서 대구로 내려오실 때마다 뵙기 위해 숙소 등으로 찾아갔다. 당시 총장님과 청명 선생께서 함께 말씀을 나누시는 자리를 지켜볼 수 있는 기회가 적지 않았다. 나는 그때마다 스승과 제자 간의 무한한 애정과 신뢰를 엿볼 수 있었다. 청명 선생께서 청아하신 음성으로 정을 담아 말씀하시면 총장님은 공손하고도 온화하신 목소리로 응대하셨다. 특히 총장님은 청명 선생을 모시고 계시다가 저녁 늦은 시간에 작별을 고한 경우에도 그 이튿날 새벽에는 어김없이 숙소로 다시 찾아와 안부를 살피셨다. 이른바 혼정신성(昏定晨省)의 예를 거르시는 것을 나는 한 번도 본 적이 없다.

청명 선생께서는 연로하신 관계로 학교 이사장직에서 물러나 수동연구소에서 수년간 머물다가 마침내 세상을 버리셨다. 부음을 듣고 달려오신 총장님이 수많은 문상객 중에서 누구보다도 애통해하시던 모습을 나는 묵묵히 지켜보았다. 청명 선생께서 별세하신 후에도 이런저런 일로 총장님을 뵙게 되면 그때마다 선생에 대해 말씀하시면서 그리움을 토로하곤 하셨다.

진정한 스승과 제자와의 관계에서 볼 수 있었던 아름다운 광경들이 지금 이 순간 불민한 나의 기억 속에 주마등처럼 하나하나 또렷하게 떠오른다. 청명 선생은 올곧은 삶 속에서 학문과 덕행을 이루시어 널리 스승의 전범을 보이셨다. 총장님은 위인의 풍모를 지니신 헌헌한 장부로서 큰 사업을 이루셨으나 시종 변함없이 어린아이 같은 순수한 마음으로 스승을 공경하셨다. 그러하신 두 분이 자리를 함께하시는 모습을 다시 한번 보고 싶다. 그러나 어찌하겠는가. 돌이킬 수 없는 것이 시간이기에 망연히 먼 하늘만 바라볼 뿐이다.

인연

이상희
대덕문화복지회관 요가강사

우리는 살아가면서 자의든 타의든 다양한 인연을 만들어 나간다. 그중에는 특별한 인연도 있고 스치는 인연도 있을 것이다. 나에게는 생각하면 할수록 입가에 미소가 번지는 아름다운 인연이 있다.

오래전 나는 요가 자격증을 취득하기 위해 인터넷을 검색해 첫 통화가 이루어진 요가 선생님과 만남을 갖고 여러 가지 대화를 나누었다. 선생님은 요가 자격증을 취득하려는 이유를 물었다. 나는 순간의 망설임도 없이 봉사활동을 하기 위함이라고 대답했다. 선생님은 수많은 사람이 자격증 취득을 위해 왔지만, 나처럼 봉사활동을 위해 자격증을 취득한다는 사람은 처음 본다고 하셨다. 나의 젊은 시절의 꿈은 열심히 일해 경제적으로 안정되면 나이 들어 사회에 보탬이 되는 봉사활동을 하며 살아가는 것이 작은 소망이었다.

자격증 취득 후 그동안 하던 일을 정리하고 가장 하고 싶었던 봉사활동을 성당이나 노인대학에서의 요가 수업으로 시작했다. 어르신들과 함께하는 수업은 항상 행복하고 멋진 시간이었다. 지금은 노인복지관과 인연이 되어 요가 수업을 하고 있다. 여러 가지 어려운 점이 많았지만 적응해 갈 무렵이었다.

늦은 오후 시간 볼 일이 있어 복지관에 잠시 들렀다. 사무실을 나오

636

는데 누군가가 어르신 한 분을 택시 타는 곳까지 태워줄 수 있는지 물었다. 나는 흔쾌히 그러겠다고 대답했다.

처음 뵙는 분이지만 간단한 인사를 나누고 뒷좌석에 모시려고 하니 뒷좌석은 예의가 아니라고 하신다. 그래도 뒷좌석에 모시고 룸미러로 보니 인자한 모습이었다. 옷깃만 스쳐도 인연이라고 하는데 차를 같이 타고 있으니 얼마나 대단한 인연인가? 택시탈 수 있는 곳이라면 어디에서든 내려주면 된다고 하시는데 연세가 많으신 분을 아무 곳에나 내려드리는 것이 마음 내키지 않아 자택까지 모셔 드리기로 했다. 자택 도착 후에도 운전석에서 인사하는 것이 예의가 아닌 것 같아 내려서 허리 굽혀 인사드렸다.

신사분은 고맙다는 말씀과 함께 명함을 한 장 건네셨다. 운전 중이라 명함을 운전대 옆에 놓았다가 일과를 끝내고야 명함을 보았다. 아뿔싸! 모시고 온 분은 대단한 분이셨다. 전 대학총장님이셨고, 설립자이시며, 현재는 명예총장님이셨다. 짧은 시간 차 안에서 간단한 대화는 있었으나 전혀 예상하지 못한 일이었다. 막연하게 처음 뵙는 분이지만 멋진 분으로만 생각되었다. 소박한 차림의 노신사에게서 뿜어 나오는 미소 가득한 향기는 오래도록 기억되었다.

그날 차 안에서 이름을 한자로 질문하셔서 아버지가 지어주신 이름이라고 말씀드렸었는데 이름을 넣어 삼행시에, 서화가 담긴 감사의 카드까지 보내주셨다. 스쳐 가는 인연이라 생각했는데 자상하게 카드까지 보내주시니 감사하고 행복했다.

그리고 어느 날, 총장님은 요가반에 등록을 하셨다. 다시 만남이 이루어지리라고는 상상도 못 했는데 인연이라는 것이 참으로 묘한 것 같았다. 훌륭하고 멋진 분을 모시고 수업하는 영광을 얻었으니 얼마나 기쁜 일인가? 아흔이 되신 현재도 한의원을 직접 하시며 일을 하시는 총장님을 모시고 수업을 하며 때로는 조언을 구하기도 한다. '나이는 숫자'에 불과한 것인가. 항상 건강하시고 행복하셨으면 하는 바람으로 소중한 인연을 이어 나갈 수 있기를 기원한다.

변정환 박사님 곁에서

이수덕

(주) 용궁일라이트 회장

변정환 박사님을 처음 뵈었던 것은 55년 전 내가 중학교 3학년 재학 때였다. 건강이 좋지 않은 나를 선친께서 당시 박사님께서 운영하시던 제한한의원으로 인도하시어 박사님으로부터 진료와 처방을 받게 하셨기 때문이다.

박사님과 선친과는 유불선(儒佛仙) 삼교와 동양철학에 대한 연구와 그 실천에 뜻을 같이하셨기 때문에 20년이 넘는 나이 차이에도 가까이 지내셨다. 불면증과 소화불량증에 시달리며 학업을 중단해야 했던 나에게 후덕하시고 잔잔한 미소를 머금고 격려해 주셨던 모습이 매우 인상적이었다. 그 모습을 구순이 넘은 지금도 변함없이 지니고 계신다.

그동안 박사님께서는 제한한방병원을 설립하시고 연이어 대구한의대학교를 개교하시어 총장으로 이사장으로 평생을 바치셨다. 근년에는 '사단법인 대자연사랑실천본부' 이사장으로서 온 삶, 온 세상의 실현을 위하여 땀을 흘리신다.

오랜 세월 박사님을 보며 느낀 것은 극히 그 일부이겠지만 박사님께서 온전한 삶을 추구하고 계시는 것만은 확실하다. 의료봉사를 통한 구세제민(救世濟民)은 물론 풀 한 포기 나뭇가지 하나 소홀히 하시지 않는 일상의 모습은 범인이 할 수 있는 일이 아니다. 더구나 대자연사랑실천본부의 이사장으로서 일체의 살생(殺生)을 금함은 물론 간접적인 살생을 피하시려고 일체의 육식과 유제품을 취하시지 않는다. 모든 살아 있는 동물과 식물 그리고 무정물(無情物)까지도 사랑하고 아끼시는 박사님의 삶이 바로 온전한 삶이 아닌가 여겨진다. 늘 경외의 마음을 금하지 못하고 있다.

박사님께서는 "모든 동식물과 유정(有情)·무정(無情)을 포함한 대자연은 나의 분신이지 나와 분리되어 있지 않다."라고 말씀하시며 "세계는 하나"임을 알아차리라고 계도하신다. 대자연과 '내'가 하나임을 알아차릴 때 우리는 풀 한 포기 미물(微物) 하나라도 아끼고 사랑하지 않을 수 없고, 굳이 '사랑'이라는 말을 쓰기 이전에 이미 '사랑'으로 가득한 세상이 실현된다는 것이 대자연사랑실천본부의 궁극의 취지라고 이해하고 있다. 대자연사랑이 실천되면 종교가 설 자리가 없어지고 이념의 다툼이 부질없음을 알아 세상이 조용해질 것이다. 남과 여, 노와 소, 그리고 계층 간의 괴리(乖離)와 동과 서, 남과 북의 사시(斜視)도 사라질 것이다. 그러면 평화를 추구하지 않아도 평화가 저절로 실현되고 자유를 원하지 않아도 모두 대자유인이 된다. 이것이 무위이위(無爲而爲)의 불가사의한 이치이다.

박사님에 대한 논문 기념집의 발간을 진심으로 경하드립니다. 박사님의 만수무강을 가슴 깊숙한 곳으로부터 기원하며 서툰 글로 몇 말씀 엎드려 올립니다.

향산 변정환 선생의 학문세계와 시대적 위상

이영화

대구한의대학교 교수

향산 변정환 명예총장님은 우리나라 한의학을 민족의학으로 승화 발전시키고 지역사회 발전과 국가번영 및 세계 인류복지 향상에 기여할 수 있는 인재 양성의 건학 이념으로 대구한의대학교를 설립하셨습니다.

건학 62주년을 맞이하는 올해 "향산 변정환의 학문세계와 시대적 위상" 조명 학술대회를 우리 대학 향산교양교육연구소 주최로 개최하게 된 점 매우 의미 있는 일이라 생각합니다. 향산교양교육연구소는 명예총장님의 건학 이념과 전인교육의 중요성을 부각하고 지속하여 유지, 발전하기 위해 대학 내 부설연구소로 설립되었습니다.

향산 명예총장님은 1959년 회춘의학연구소와 제한의원을 개원하시고, 1970년 세계 최초로 한방종합병원의 제한한방병원을 설립하시면서 체계적인 한방진료가 이루어지도록 하였습니다. 또한 한방의 학술적 연구가 활발하게 이루어지도록 제한동의학술원을 1971년 창립하시고 한방진료와 함께 학술적 연구를 병행함으로써 시너지 효과를 이루었습니다.

한의학과의 개설과 인재 양성의 필요성을 인지하시고, 약령도시인 대구에 한의학과 개설을 위한 많은 노력을 하신 끝에 1980년 대구한의과대학을 개교하게 되었습니다. 이후 1992년 종합대학교로 승격하면서 교명 변경과 함께 단과대학에서 종합대학으로의 변화는 대학 건학이념을 더욱 잘 구현하게 되고 한의학의 세계화, 과학화를 실현하고 한방바이오 및 보건웰니스 분야의 한방특성화 대학으로 발전할 수 있는 기틀을 마련하였습니다.

2011년 오성캠퍼스에 산학협력단과 한방산업관련 학과의 이전으로 한방산업 중심의 캠퍼스가 조성됨으로써 삼성캠퍼스, 수성캠퍼스와 함께 우리 대학은 3개의 특화할 캠퍼스를 구축하게 되어 대학의 순기능적 발전의 기틀을 갖추게 되었습니다.

2013년 재정지원 제한 대학으로 위기를 맞았으나 변창훈 총장을 중심으로 모든 구성원이 함께 노력한 결과 재정지원 제한 대학을 탈피하고 연이어 대학기관평가인증을 통과하면서 그 위기를 극복하였습니다. 그 이후 국내 대학 중 유일무이하게 교육부 재정지원 10관왕에 오르는 등 많은 성과를 얻었습니다. 교육부의 대학 기본역량진단평가에서 우수한 평가를 받아 일반재정지원 대학으로 선정됨으로써 학생들의 학습권 보장과 양질의 다양한 교육프로그램 등을 통하여 학생들의 만족도가 향상되고 대학 발전의 원동력을 확보하게 되었습니다.

또한 최근 수성캠퍼스의 대학한방병원과 삼성캠퍼스의 한의과대학이 대경첨복단지로의 이전 계획으로 우리 대학은 또 한번 크게 도약할 수 있는 중요한 전기를 맞이하였습니다. 첨복단지 내 대학한방병원은 대구 동부 권역 의료서비스 개선에 크게 기여할 뿐 아니라, 지역의료산업 발전에도 큰 도움을 줄 것으로 기대됩니다.

이러한 대학 발전의 과정들이 개교 이래 명예총장님의 건학 정신과 모든 구성원들이 대학 발전을 위해 변화와 혁신에 동참하면서 맡은 일들을 수행할 수 있도록 격려해 주시고 뒷받침이 되어 주신 명예총장님이 계셨기에 가능하다고 생각합니다.

오늘의 학술대회를 통해 명예총장님의 그동안의 노고에 대해 경의를 표하며 대학의 전 구성원과 함께 고마운 마음을 전하고자 합니다.

감사합니다.

이 시대의 태의(太醫)요 심의(心醫)다

이영환

변호사

　중국 의학에의 의존을 타파한 민족의학의 보고『동의보감』을 탄생시킨 의성(醫聖) 허준의 일대기를 다룬 이은성의 소설『동의보감』을 읽었다. 소설에서 명의 유의태는 치병용약 의술이나 의료제민의 이상에 앞서 의원이 의원이고자 하는 그 심지와 품성을 중히 여겼다. 그는 영달의 길이 아닌 의원, 치부의 길이 아닌 의원, 병들어 아파하고 앓는 이들의 땀 젖은 돈으로 제 일신의 편안함을 구하지 않는 의원, 세상이 원하는 의원을 그 자신 절절히 소망했다. 그는 이러한 참된 의원의 자질을 자기의 자식에게서 발견되기를 기대하면서 그 자식에게 한 말이 기억난다.

　"이 세상이 진실로 기다리고 바라는 의원은 오로지 한 부류 심의(心醫)뿐이다. 심의란 대하는 사람으로 하여금 늘 마음이 편안케 하는 인격을 지닌 인물로 병자가 그 의원의 눈빛만 보고도 마음의 안정을 느끼는 정도의 경지로서 그건 의원이 병자에 대하여 진실로 긍휼히 여기는 마음가짐이 있고서야 가능한 품격이다."라는 대목을 잊을 수 없다. 나는 문득 이 시대의 심의가 누구일까 곰곰이 짚어보다가 변정환 총장님에 이르게 되었다.

　대학동문회에서 뵙게 된 필자를 학교법인의 이사로 선임하여 배려해 주신 사사로운 인연에서가 아니다. 어떤 병고도 마침내 구원할 만병

통치의 의원이 되기를 빌며, 병든 몸이나마 내주던 스승의 당부에 따라 의원이 되는 길을 괴로워하거나 병든 이를 구하는 데 게을리하거나, 약과 침을 빙자하여 돈이나 명예를 탐하거든 벌해달라던 허준에 못지 않은 사명감을 가진 분이 있다. 자신의 의술과 체험을 글로 남겨 후손들의 병고를 치유할 손잡이가 될 책자를 남긴 허준 못지않은 분이다. 바로 변정환 총장님이시다. 변정환 총장님은 대구한의대학교를 설립하여 한의학의 과학화와 현대화에 기여할 심의 배출의 바탕을 마련하셨다. 이 시대의 태의(太醫)요 심의가 아니고 무엇이랴?

이제 실리에도 신분에도 한눈팔지 않고, 그게 누구의 병이든 오로지 병을 낫게 하는 스스로의 직분, 천분에만 온 정성을 다하는 한의사(韓醫師)가 계속 배출되고 있다. 그와 같은 한의사를 육성할 만한 대학으로 반석에 올리는 것이 총장님의 건학이념을 이어나가야 할 후학들과 가족의 사명일 뿐이다.

다시 한번 변정환 총장님께 심심한 경의를 표한다.

동반자

이원배

(재)한국천은미륵불원 총무원장

　변정환(卞廷煥) 선생과 나는 동향이지만, 출생지 사이의 거리가 6km 나 떨어져 있는 탓에 달리 알지는 못하였다. 그러다 서른을 넘어 갖게 된 믿음 덕분에 대구 중구에 위치한 대한도덕회 보화단에서 첫 만남을 갖게 되었다. 그러나 각자의 생활 근거지가 달라서 자주 보지 못하였 다. 1968년쯤 밤에 잠을 자다 새벽녘부터 갑자기 배가 당기고 아파서 청도에 자리한 병원을 찾았다. 의사 선생님은 급성맹장염 같으니 대구 의 큰 병원으로 가보라면서 의뢰서를 써주었다.

　대구로 향하던 중 문득 몸에 칼을 대고 싶지 않은 생각이 들면서 반월당 근처에 있는 변 선생의 한의원이 떠올라서 기억대로 그를 찾아 갔다. 진료 결과, 만성맹장염으로 진단되었다. 변 선생은 우선 침 치료 를 받고 약을 지어서 달여 먹으면 나을 테니 걱정 말라고 했다. 이후 근처에 있는 불당[현 (재)한국천은미륵불원 전신]으로 갔다. 나를 곧바로 방에서 쉬게 하는 한편 약을 달여 주시었다. 약을 미시자마자 밤새 아 프고 고생하느라 못 잤던 잠이 쏟아졌다. 약 먹으라며 깨우는 소리에 일어나서 그 약을 먹고, 저녁에 집으로 돌아와서 나머지 약까지 다 먹 었다. 신기하게도 멀쩡히 나았다. 이후 같은 병으로 병원에 가본 적이 없을 정도의 효력을 보았다.

그 후에는 동향인, 같은 신앙인이라는 공통점과 한 살 차이의 동년 배로서 더욱 가까운 형제같이 의지하며 지내게 되었다. 1975년에는 나도 대구로 이주해서 더 자주 만나는 사이가 되었다. 당시 변 선생은 상동(上洞)에 한국에서는 처음으로 한방병원을 개설하여 의술로 전국에 명성이 알려질 때였다.

그 무렵 우리 집 막내딸이 설사병을 만나 병원을 수차례 찾았다. 그러나 좀처럼 낫지 않고 점점 악화되기만 하였고 급기야 피골이 상접해져 있었다. 그때 '그래, 한의사인 변 선생이 있었지!' 하는 생각에 상동 한방병원을 찾았다. 간단한 시침(施鍼)과 함께 약을 처방해 주셔서 집으로 와서 얼른 약을 달여 먹였다. 그 후 신기하게 설사도 곧바로 그치면서 차츰 회복이 되었다. 지금은 두 아이의 학부모가 되어 건강하게 살고 있다.

이렇듯 변 선생은 나에게는 벗으로서, 동수자(同修者)로서 함께 세상에 보탬이 되는, 같은 길을 걸으면서 의지할 수 있는 분이다. 또한 동남아시아, 몽골, 미국 등 세계 각지에 의술로써, 또 도덕적 인격 선양에 힘쓰시는 변 선생의 의욕적 활동에 항상 감동하고 감탄할 뿐 아니라 존경하는 마음까지 갖게 된다. 그리고 이렇게 훌륭한 분을 만나게 해주신 천은사덕에 항상 감사를 드린다.

자연사랑 실천의 모범 변정환 이사장님

이의철

LG에너지솔루션 기술연구원 부속의원 원장

변정환 박사님이 이사장으로 계신 대자연사랑실천본부를 처음 알게 된 건 2016년 8월 20일 대구의 한 고등학교에서입니다. 자연식물식 식단이 표준 당뇨병 식단보다 혈당 개선 효과가 더 크다는 강연이 열렸는데, 생각보다 많은 인원이 모였고 모두 큰 관심을 보여 깜짝 놀랐습니다. 강연이 끝난 후, 이 행사에 대자연사랑실천본부 대구지부 회원이 많이 참석했다는 이야기를 들었습니다. 그때 '대자연사랑실천본부'라는 단체가 있다는 사실을 처음 알게 됐습니다.

대자연사랑실천본부의 첫인상은 '신기하다'는 것이었습니다. 채식에 큰 관심이 없을 것 같은 중년 이상의 남성이 많음에도 매우 초롱초롱한 눈빛으로 강연을 듣고, 적극적으로 호응했기 때문입니다. 게다가 강연이 끝난 후 적극적으로 연락처를 건네며 나중에 대구에서 또 볼 수 있으면 좋겠다는 인사말을 나누는 모습에서도 뭔가 예사롭지 않다는 느낌이 들었습니다. 인사말의 내용만 본다면 으레 주고받는 정도의 것이라고 생각할 수 있습니다. 하지만 진정성 있는 태도와 분위기는 자주 볼 수 없는 것이었습니다.

그 후, 대구의 몇몇 지인들을 통해 대자연사랑실천본부에 대해 알게 되면서 자연스럽게 변정환 이사장님에 대해서도 알게 됐습니다.

2014년 대자연사랑실천본부가 경주에서 개최된 경북식품박람회에서 '채식요리 전시경연대회'를 주관하는 등 그간 채식을 홍보하고 보급하기 위해 애써왔다는 사실도 알게 됐습니다. 그날 강연회에서 대자연사랑실천본부 회원들의 눈빛이 왜 그리 빛났는지 뒤늦게 이해할 수 있었습니다. 그리고 이런 단체가 이렇게 채식에 진심으로 관심을 갖게 된 데엔 이사장인 변정환 박사님의 영향이 지대할 것이라 짐작하게 됐습니다.

당시 필자는 채식하는 의사들의 비영리 단체인 '베지닥터' 사무국장으로 있었습니다. 그렇기 때문에 어떻게 하면 전국 각지에 건강한 채식인 자연식물식을 알릴 수 있을지를 고민했습니다. 그러던 차에, 대자연사랑실천본부를 알게 된 것입니다. 우선 대구에서는 대자연사랑실천본부와 협업을 하면 의미 있는 활동을 할 수 있겠다는 생각을 하게 됐습니다. 여러 베지닥터 이사들을 설득해 대자연사랑실천본부와의 공동활동을 모색하게 됐습니다. 그 결과, 1년 후인 2017년 9월에 베지닥터와 대자연사랑실천본부가 공동 주최하는 '채식문화활성화 포럼'을 대구에서 개최하게 됐습니다. 행사는 양 단체 회원 모두를 흥분하게 만들었습니다. 뭔가 할 수 있다는 자신감이 생겼습니다. 그리고 이듬해인 2018년 베지닥터와 대자연사랑실천본부는 채식문화 활성화를 위한 양해각서를 체결하고, 2019년까지 세 차례 채식문화활성화 포럼을 진행하게 됐습니다.

행사를 준비하고 진행하면서 가장 기억에 남는 것은 변정환 이사장님이었습니다. 대구한의대학교를 설립하고, 학교법인 이사장, 대한한의사협회장까지 역임하셨지만, 얼굴 표정과 태도, 분위기 어디에서도 권위를 내세우는 듯한 모습을 볼 수 없었습니다. 그저 환하고 인자하게 웃으며 환대하는 모습만 볼 수 있었습니다. 그런 모습을 보면서 '아, 이것이 한의원 개원을 하면서, 대학을 설립하고, 비영리단체를 설립할 수 있는 비결인가?'라는 생각을 하기도 했습니다.

아쉽게도 이후 코로나로 모든 오프라인 행사들이 금지되고, 필자는 베지닥터를 탈퇴하면서 다시 대자연사랑실천본부와 변정환 이사장님을 뵐 수 없게 됐습니다. 그렇지만 2016년부터 2019년까지 대자연사랑실천본부와 변정환 이사장님과 함께했던 활동들과 기억들은 깊은 인상으로 남아있습니다. 특히 2016년 첫 채식문화활성화 포럼을 준비하는 모임이 기억에 많이 남습니다. 양 단체 모두 서로를 잘 모르는 상황에서 과연 어떤 이유에서 채식에 관심을 갖고 있는 것인지 탐색하는 듯한 대화를 주고받은 시간이었습니다. 그 과정을 통해 대자연사랑실천본부와 변정환 이사장님의 채식에 대한 진정성을 느낄 수 있었습니다.

대자연사랑실천본부의 채식에 대한 진정성은 2018년 채식요리지도사 1, 2급 민간 자격증 개설, 2020년 채식사랑동호회 창립에서도 확인됩니다. 필자는 채식요리지도사 자격증이 개설된 첫해에 건강한 채식에 대한 이론 강의를 대구와 서울에서 진행했고, 2019년 금산에서 진행된 대자연사랑 여름캠프에 초대를 받아 청년들에게 환경과 기후위기 시대에 채식이 필요한 이유와 건강한 채식을 하려면 자연식물식을 해야 하는 이유에 대해 강의했습니다. 작게나마 대자연사랑실천본부의 활동에 기여할 수 있었다는 사실이 지금에 와서는 더욱 가치 있게 느껴집니다.

글을 쓰기 위해 검색하다 보니, 우연히 92세의 변정환 이사장님이 대구에서 다시 개원했다는 기사를 보게 됐습니다. 92세라고는 믿기지 않을 정도로 건강하고 환한 모습을 보는 것만으로도 한의원을 찾는 모든 분들이 기운을 얻고 건강에 대한 확신을 얻게 되지 않을까 생각합니다. 저도 그 환한 얼굴을 뵙고 좋은 기운을 얻게 될 수 있기를 기대합니다. 그때까지 건강하시길 기원합니다.

대 그림자 섬돌을 쓸어도 먼지가 일지 않고

이재수

대구한의대학교 총동창회 회장

2019년 5월 따뜻한 봄날, 대구문화예술회관에서는 대구한의대학교 건학 60주년 기념 발전기금 조성을 위한 '향산(香山) 변정환(卞廷煥) 서전(書展)'이 열렸다. 이날 대구시의원이 인사말을 하면서 "명예총장님! 못하시는 게 뭐예요?" 넌지시 말을 던졌다. 향산 선생의 도전과 열정을 부러운 듯하면서 존경의 예를 보인 것이다. 어느 서예가는 향산 선생을 "서여기인(書如其人)처럼 선생의 자품(資稟), 재지(才智), 인격(人格), 품도(品度), 학양(學養)이 포괄된 인문 예술의 정수로서 글씨의 풍격(風格)은 봄바람같이 온화하다."라고 평가했다. 이처럼 향산 선생님의 도전 정신과 열정은 타의 귀감(龜鑑)이 될 만하다.

향산 선생은 한의사인 조부의 영향을 받아 '어진 재상이 되지 않으면 차라리 어진 의사가 되라'는 뜻의 '불위양상(不爲良相)이면 영위양의(寧爲良醫)'의 유지를 받들어 한의사의 길을 걷게 되었다고 했다. 그의 천직이 된 한의사로서 의업(醫業)을 이루고 교육계에도 헌신하여 후학양성을 위한 밑거름이 될 대구한의과대학을 설립하였다. 이처럼 전통의학인 한의학을 계승·발전하고자 노력한 그의 삶에서 향기가 묻어난다.

지금은 시간이 많이 흘렀지만, 향산 선생이 학교법인 제한학원 이사장으로 계실 때 그분의 자제분이 나와 동기생이 된 특별한 인연을 갖고 있다. 한때 학보사 기자로서 함께 활동한 적이 있는 큰아들은 사회적 모임에서도 연(緣)을 이어갔다. 지금도 학교와 관련된 다양한 행사에 이들과 만남이 여태껏 이루어지니 참으로 묘하다는 생각이다.

졸업 후, 30여 년 전 한의학과 동창회장으로서 향산 선생을 처음으로 모신 식사 자리에서 직접 인사를 하고 만난 것이 까마득한 추억이 되었다. 지금은 한의학과 총동창회장으로서 이태 동안 모교 삼성산에서 '해맞이 행사' 때 향산 선생과 한자리에서 신년 인사를 겸한 덕담을 듣는 행운도 함께했다. 또한 학위 수여식과 건학 60주년을 기념사업으로 '향산 서예전', '대구한의대 건학 60주년 뉴비전 선포식', '교문 및 행복기숙사 기공식', '교문 및 행복기숙사 준공식' 등에 참석한 나에게 격려와 칭찬을 아끼지 않으셨던 향산 선생의 온화한 정(情)을 느꼈다.

최근, 향산 선생께서 내가 운영하는 한의원을 몸소 방문하셨다. 내 이름 세 글자에 삼행으로 직접 지은 한시에 매화를 그려놓은 카드를 보여주시면서 그 뜻을 풀이하시는 게 아닌가! 그의 깜짝 선물에 당혹감을 감출 수가 없었다.

"급히 쓴다고 글자의 끝이 맞지 않아. 그래도 이것도 멋이라고 생각하게."

그리고 『춘정 변계량의 시대정신과 학문세계』라는 학술서적을 비롯한 향산 선생이 번역한 주역 책과 강의 CD본을 전달하면서 "한의사라면 반드시 주역을 꼭 공부해야 한다."라고 말씀하셨다.

이번 내원(來院)을 통해 "한의대 졸업생과의 만남이 오늘처럼 계속 이루어졌으면" 하는 속내를 내비치셨다. 후배 한의사들과 따뜻한 정을 그리워하고 학교와 공감이 되었으면 하는 바람을 읽을 수 있었다. 향산 선생에게 한의원 내부를 소개하면서 차실(茶室)에 걸어 둔 선생의 서예 작품을 보여 드리면서 후일을 기약했다.

  "죽영소계진부동(竹影掃階塵不動), 월륜천소수무흔(月輪穿沼水無痕).

  대나무 그림자의 섬돌을 쓸어도 먼지가 일지 않고, 달빛이 연못을
뚫어도 물에는 흔적이 없네."

명의 중의 명의

이충교

(재) 자광학술원 이사장

참 많은 세월이 흘렀다. 변정환 선생과 내가 처음 만났을 때 20대 중반이었는데, 어느새 90이라는 나이가 되었으니 60년이 훨씬 더 지났다. 당시 나는 경상북도·대구시 한의사협회 사무원으로 일하고 있었는데, 변 선생이 회원 가입을 하러 사무실에 오셨다. 그때 그는 경희대학교 한의대의 전신인 동양의과대학을 졸업하고 대구 반월당 근처에 한의원 개원 준비를 하고 있었다. 한의원 개설계를 처리하는 과정에서 안면을 트게 되었고, 월 회비를 징수하러 한의원에 갈 때마다 개업 초기인데도 환자들이 아주 많았다. 여러 가지를 새로 익혀야 했던 그는 한의원 관리에 관한 이런저런 사안을 물었다. 변 선생은 나보다 두 살이 더 많았지만 그가 허교하자고 해서 말을 편하게 하게 되면서 친구 사이로 발전했다.

밀려드는 환자 때문에 변 원장은 저녁 아홉 시까지 진료를 했다. 늦은 퇴근이 이어졌으나 종종 남산동에서 셋방살이하던 나에게 들렀다. 협회 회원들의 한의원을 드나들며 어깨너머로 배운 게 좀 있었던 나는 그에게 해 줄 말이 더러 있었기에 늦은 밤까지 재미있게 대화했다.

그러나 그렇게 자주 내왕하면서 지내는 일이 오래가지 못했다. 몇 년 뒤 내가 협회 일을 그만두고 의성 도리원에서 한약방을 운영하게 되었기 때문이다. 개업을 준비하면서 변정환 선생의 글씨 솜씨가 예사롭지 않음이 떠올라 개업하는 한약방 약장에 건재약명 써줄 것을 부탁했다. 그는 바쁜 와중에도 정성을 다해서 잘 써 주셨다. 처음에는 살림집과 한약방 모두 세살이를 면할 수 없었지만, 2년 뒤에는 얼마 안 되는 돈으로나마 점포가 딸린 집을 사게 되었다. 그때도 모아놓은 돈이 별로 없어서 쩔쩔매다가 변 원장을 찾아갔다. 전체 집값의 4분의 1에 해당하는 큰돈을 빌려달라고 했더니, 그는 급한 돈 다 갚은 뒤에 여유가 되거든 원금만 돌려달라고 하면서 단번에 해결해 주었다. 고향집에서 농사짓던 소까지 팔아서 보탰던 형편이니 그의 배려는 천군만마나 다름없었다.

그 무렵에는 우리 두 사람뿐만 아니라, 집사람들끼리도 잘 알고 지내는 사이여서 서로 도우며 인정을 나누었다. 김장철이면 변 선생의 부인인 이영숙 여사가 아내와 연락해서 우리 고장의 고추를 구입해 가시기도 했고, 내가 대구에 나가 볼일을 보다가 늦어지면 변 원장 댁에 가서 묵으면서 부인이 해 주시는 밥을 먹고 다니기도 했다.

변 선생과 또 다른 관계는 불당을 통해서 이루어졌다. 한약방을 개업한 이듬해 김성표 점전사를 따라가 봉산동 불당에서 구도했다. 그러나 불당에 정기적으로 다니게 된 것은 불당이 봉덕동으로 옮겨간 뒤였는데, 뜻밖에도 거기서 변 선생을 만나게 되었다. 그는 나보다 훨씬 먼저 입문해서 불당에 다니고 있었고, 내가 불당에 나오자 적극적으로 반기며 여러 가지 안내를 해 주었다. 그때부터는 사적인 친분보다 오히려 불당에 같이 다니는 선후배 도친으로서의 우의를 쌓아가게 되었다.

먼저 입문해서 열심히 불당에 다녔던 그는 이미 순수 사찰음식으로 식생활의 계율을 지키고 있었고, 간간이 나에게도 청구소식할 것을 권

656

했다. 훗날 도리원에 불당을 설립하면서 더 이상 미룰 수 없어서 청구원을 올리고 음식을 바꾸어 먹게 되었지만, 그때 망설임 없이 결단할 수 있었던 것은 그전에 변 점전사로부터 여러 차례 권유를 받으면서 마음의 준비를 했던 덕분이었다.

의성 도리원에 불당을 설립하자 대구에서 점전사님들이 오셔서 대전 일을 이끌어 갔다. 그때마다 변 점전사는 자주 승합차를 내주어서 반사를 도왔고, 눈코 뜰 새 없이 바쁜 중에도 도리원 행사에 직접 참석하여 강도를 해주기도 하였다. 그는 불심이 대단하여 여러 곳에 불당을 차렸다. 본인이 사는 집에 가정불당을 마련하고 아침저녁으로 예불할 뿐만 아니라, 국내외에 새로 집을 마련하는 곳마다 불상을 모시고 주변 사람들에게 예불할 것을 권하셨다. 지금 서울 지역을 영도하는 전인이 되어 자은불당을 이끌고 계시는 것은 그의 이런 불심과 열정이 쌓인 결과일 것이다.

변 원장은 의술이 탁월하여 명의로 소문이 나 있다. 그가 대구한의대학교를 창설하고 국제동양의학회를 창립하여 두 차례나 회장을 역임하는 등 큰일을 해낼 수 있었던 것은 한의사로서 그의 실력과 명성이 뒷받침되었기 때문일 것이다. 불당행사를 위해 변 전인과 같이 외국에 나가보면 가는 곳마다 소문을 들은 외국인들이 그에게 맥진이라도 한 번 받으려고 줄을 서는 걸 목격하게 된다. 세계 도무를 관장하시던 대만의 호자대제께서 위태로운 지경에 이르렀을 때 대구한의대학교 병원으로 모셔 와 고강도 식이요법으로 회생시켜 드린 일이나, 인도네시아 대통령궁에 드나들며 메가와티 대통령의 건강을 보살핀 일 등은 제아무리 의사라 하더라도 쉽게 흉내 낼 수 없는 일이다. 자존심이 강한 일본 사람들도 자기네 나라에서 해결하지 못하는 까다로운 병을 가지고 변 원장을 찾아오는 걸 보면 그의 의술이 정점에 이르렀음을 짐작할 만하다.

한의대를 세워서 숱한 시련을 견디면서 현재의 종합대학으로 발전시킨 것은 변 총장의 앞을 내다보는 안목과 지칠 줄 모르는 열정이 있었기 때문이다. 변 총장 못지않게 돈을 많이 번 한의사는 많겠지만, 명문 한의대를 남긴 사람은 찾아보기 어려우니, 그는 유능한 투자가요, 소신 있는 육영 사업가이기도 하다. 그가 우리 지역에 한의대를 세워준 덕분에 아들과 종손자까지 그 대학을 나와서 한의사가 되었으니 이것 또한 변 총장에게 큰 은혜를 입은 일이다.

내가 평생 변 선생을 부러워하는 것 중의 하나는 나이를 잊은 그의 건강이다. 타고난 건강체이지만, 철저하게 음식을 조절하고 정기적으로 단식을 하면서 태극권으로 몸을 관리해서 90세인 지금도 젊은이 못지않은 체력을 유지하신다. 의사는 보통 남의 건강을 돌보는 사람을 지칭하는데, 남의 병뿐만 아니라 자기 건강을 완벽하게 지켜나가는 변 원장이야말로 진정한 의사요, '명의 중의 명의'라고 부를 만하다. 평소 호언장담하시는 것처럼, 120세를 누리시면서 노모대도장을 비롯한 마음에 둔 일 다 이루고 미륵부처님의 환영을 받으며 회천하시기를 기원한다.

명예총장님!

이혜숙

대구한의대학교 부속 대구한방병원 교직원

세월이 유수같이 흘러 본원에 입사한 지 어언 35년이 가까워 온다. 그 오랜 직장 생활 중 정말 많은 일들이 있었다. 당장 떠오르는 인상 깊은 일들 몇 가지를 언급하자면 4년 가까이 구미병원에서 파견 근무한 것과 이라크로 의료 봉사를 나가면서 처음으로 해외를 경험해본 일, 그리고 명예총장님의 진료실에서 진료보조 업무를 몇 년간 하며 직접 모시게 된 일이 특히 기억에 남는다. 그중 명예총장님을 곁에서 모시면서 근무한 기간 동안 보고 느꼈던 내용을 적어보고자 한다.

처음 진료를 시작하면서 총장님을 뵈었을 때 모두 같은 느낌이겠지만 풍채만으로도 당당함과 강직한 인상에 눌려 말도 제대로 못 하고 눈도 못 마주칠 정도였다. 환자를 안내하고 차트를 정리해 보고드리고 진료 후 오더에 따라 치료 보조를 하는데 손도 떨리고 소리도 들리지 않는 것이 머릿속이 하얗게 되었다. 실수하지 않도록 정신을 바짝 차리고 총장님 말씀에 귀 기울이면서 적응해 나갔다. 처음에는 김 비서님이 옆에서 많이 도와주셨는데 아직까지도 그때를 생각하면 항상 감사한 마음이 앞선다.

그렇게 하루하루가 지나갔고 이후 3년 가까이 모시면서 이른 아침부터 어떤 날은 늦은 밤까지도 빡빡한 일정으로 흐트러짐 없이 진료에 매진하시고 또 빈틈없이 짜인 많은 일정을 소화해 내시는 모습에 모두 혀를 내두르곤 했다. 일단 진료실 내에 다른 사람들은 체력 면에서 총장님을 따라가질 못했다. 환자가 밀려 잠시의 휴식 시간이 없는 상황에도 힘든 내색 한 번 않으시고 환자에게 믿음을 주시면서 친절히 진료해 주셨다. 간혹 잠시의 틈만 생겨도 그 짧은 시간에 영어를 공부하시고 또 어떤 때는 한의학 공부, 또 붓글씨 등에 매진하시는 모습은 학자의 모습 그 자체였다.

그리고 이후 내 머릿속에 총장님의 느낌은 두려움과 조심스러움보다는 온화함과 인자함의 이미지로 가득 차 오랜 시간이 지난 현재에도 가끔 뵙게 되면 일단 달려가서 먼저 반갑게 인사를 드리는 정도가 되었다. 몇 년간 함께 일하면서 큰소리 한 번 내시지 않으시고 다독여주시면서 진정한 의료의 본을 보여주신 명예총장님께 진정으로 감사드리고 싶다.

명예총장님께서 진료하시던 기간에 함께했던 원무과 최영숙 선생님, 그리고 지금은 문경요양병원에서 근무 중인 안선미 간호부장님, 손영숙 여사님 모두모두 감사하고 보고 싶은 분들이다.

변정환 명예총장님 오래 오래 건강하세요!

꿈과 열정의 젊은 청년, 변정환 총장 할아버지

장경선
소헌미술관장

내가 만난 변정환 총장님은 늘 한결같으시다. 언제 보아도 다정한 목소리와 소년 같은 미소로 겸손하게 사람들을 대하신다. 따뜻한 목소리로 사람들을 칭찬해 주시며 주변을 활기차게 만드시는 긍정 기운이 가득하신 분이자, 배려의 달인이란 말이 참 잘 어울리는 분이다. 언제나 적극적인 여유와 온유로 주변을 환하게 밝혀 주신다.

멀고 어렵게만 느껴졌던 변정환 총장님이 이웃집 할아버지처럼 친근하게 다가온 것은 2016년 어느 날의 만남 때문이다. 2016년 6월 25일 토요일 여름날 봉강연서회원들은 제49회 전시회를 마치고 정기총회 겸 야유회를 경북도청 이전 신청사와 예천 초정서예연구원과 초간정, 용문사를 방문할 예정이었다. 아침 9시 30분 동부교회 앞에 모인 회원들 한 분 한 분의 얼굴에는 즐거운 표정이 가득했다.

나는 류영희 회장님과 함께 총장님의 승용차에 배차되어 설레는 마음으로 출발하였다. 11시쯤 되어 안동의 도청 신청사를 도착할 때까지 2시간의 이동 시간이 걸렸는데 나는 그 시간 내내 총장님과 이야기를 나누었다. 그때 총장님의 살아오신 얘기와 지혜를 배우고 싶어 어린아이처럼 신이 나서 묻고 또 물었던 기억이 난다. 오전 안동으로 가는 동안은 건강관리에 대한 물음에 집중됐다. 고령에도 불구하고 건강한 모습을 유지하시는 비결이 궁금해서였다.

신청사에 도착하자 커다란 작품을 마주하며 큰 감동을 받았다. 총장님의 작품인 「기미독립선언문(己未獨立宣言文)」 때문이었다. 작품의 엄청난 크기와 총장님의 애국심이 놀랍기만 했다.

도청 견학 후 예천 용궁면 순댓집에 도착하여 점심을 하게 되었다. 나는 총장님 바로 옆에서 식사하면서 유심히 살폈다. 그분의 건강관리와 식단에 관심이 많았기 때문이다. 그날 총장님의 식사는 밥 한 공기와 집에서 준비해 오신 된장이 전부였다. 맛보라고 주신 된장은 좀처럼 입에 맞지 않았다. 맛이 옅고, 뭐라 표현하기 힘들 정도였다. 총장님이 어려워 맛있는 순대를 먹기가 조심스러웠는데 낯선 된장까지! "다른 식탁에 갈 걸 그랬나?" 하고 잠깐이나마 후회하는 마음이 살짝 들었다. 하지만 총장님의 매 순간순간에 축적되어 있는 철저한 절제의 경이로운 건강관리에 절로 고개가 숙여졌다.

초간정과 용문사를 관람하는 동안 총장님은 자상하고 정확하게 해설하셨고, 이내 계단을 성큼성큼 내려가셨다. 그 뒷모습은 청년 같으셨다. 짧은 순간도 아끼시고, 작고 보잘것없는 한 사람도 소중히 여기심이 피부로 깊게 느껴지는 하루였다. 지금 나는 재밌던 그 순간들로 돌아가 얘기들 사이로 더듬어 반추해본다. 항상 어렵고 멀게만 느껴지던 분이었는데….

그날의 만남 이후 내 마음은 아주 다정하고 가까운 멋쟁이 이웃 할아버지에게 다가가고 있었다. 지나고 보니 나의 조금은 당돌하고 철없는 질문에도 재미있어 하시며, 아주 친절하게 답해주셨던 생각이 들어 미소가 지어진다. 암과의 투병도 "암과 싸우지 말고 상생의 관계로 함께 살아 나가야 한다."는 가르침을 주셨다. 나는 그 말씀을 '세포 하나하나

를 인격으로 생각하시고 지극한 존중을 보내시는 것은 아닐까?' 하고
나름대로 이해했다. 그날 총장님은 물의 음용법 등 건강에 대해서 자상
하게 설명해 주셨다.

대구로 돌아오는 길에서 나는 또 물었다. "총장님 꿈은 무엇인지 궁
금하네요."

총장님은 웃으시면서 "첫째는 우리의 한의학(韓醫學)은 중국 한의학
(漢醫學)과 많이 다르다고 하시며 한국의 한의학을 전 세계에 전파하여
온 인간에게 도움을 주는 것이고, 둘째는 곧 남북통일이 될 터인데 통
일 후 치유가 너무 필요한 북한 사람들에게 그 치유 역할을 하는 것이
내게 남은 일"이라고 말씀하셨다. 북한 사람들에게까지 애정을 가지고
계신 것과 세계를 무대로 한 엄청 큰 꿈에 놀라 나는 듣는 내내 귀를
기울이며 가슴이 뛰었다. '너무나 젊고 힘찬 청년이시구나.' 하는 생각
이 들었다.

총장님의 일생과 삶에 색을 입혀 보고 싶다는 생각에 총장님의 평전
을 다시 읽어보기로 했다. 환갑에 출간하신 자서전 『아직은 마침표를
찍을 수 없다』란 책을 나는 십 년 전쯤 밤새워 읽고 무척 감동했던
지난날이 떠올라 다시 한번 더 글 속의 할배를 만나고 싶었다. 그 뒤에
도 2007년 일흔에 출간하신 『시련을 딛고 밝은 세계로』 안에서 그분은
얘기하셨다. '가난의 시련'은 가장 일어서기 쉽다. '사람과의 시련'은
이해와 진실로 일어설 수 있다. '학문과의 시련'은 책과 씨름하는 것만
이 승리한다고 말해 주시고 있다.

또 총장님은 책 속 여행에서 "일흔, 새로운 일을 하기에 결코 늦지
않는 나이다. 내 삶은 아직 현재 진행형이다. 나는 늘 도전거리를 찾았
고, 나는 늘 꿈을 꾸었다. 어려운 환경이 나에게는 장애가 되지 않았다.

나는 아직도 나이를 의식하지 않고 일에 몰두할 수 있을 만큼 건강을 유지하고 있다는 사실에 감사한다. 내가 가진 모든 것을 내일을 살아갈 세대들에게 고스란히 전해주는 일만 남았다." 바로 옆에서 얘기하시는 듯 생생하게 들려온다.

나도 꿈을 향한 큰 용기를 갖는다. 글 속 얘기와 그 여름날 총장님의 자상한 목소리가 오버랩 되며 다시 한번 더 가슴이 설렌다. 소중한 비밀을 알아낸 기쁨이랄까. 우리 가까이 총장님이 계신다는 것이 큰 선물 같다. 그분이 허락하신다면 가끔 자주 뵙고 배우는 시간을 갖고 싶다. 하얀 스케치북 위에 총장님은 앞으로 또 어떤 꿈을 그려 가실까? 또 얼마나 소중한 그 꿈들을 차곡차곡 채워 가실까? 너무나 기대가 된다.

오래오래 함께하고 싶은 할아버지 총장님.

변정환 명예총장님과의 인연과 추억

정대규

전 대구한의대학교 교수

90세의 현역 원로 한의사!

대구한의대학교를 설립 육성한 원로 교육자이신 변정환 명예총장님과의 첫 만남은 46년 전인 1975년 늦은 봄날이었습니다. 경희대학교 한의과대학 예과 시절, 졸업 여행지로 회의에서 결정한 것이 강릉과 대구에 있는 유명한 선배님들의 한방병원 견학이었습니다. 한의사가 될 우리에게는 미래의 희망과 꿈을 볼 수 있는 현장 방문이기 때문입니다. 그렇게 방문한 3천 평 넓이의 제한한방병원은 예비한의사인 우리 학우의 가슴을 설레게 했습니다.

이렇게 변 명예총장님과의 첫 인연 이후 1983년 대구한의대 부속 한방병원의 창립 멤버로서, 변 명예총장님과 맺어진 인연이 대학교수로 정년퇴직한 2021년 오늘날까지 이어지고 있습니다.

제가 병원장, 의료원장으로 가까이 옆에서 모셔봤던 변 명예총장님은 당신의 맡은 바 소임에 언제나 철저하게 최선을 다하셨습니다. 항상 겸손하시고 근면 성실함을 바탕으로 초기 대학 건립의 고난과 역경을 굳건하게 헤쳐 나오셨습니다. 그런 바쁜 와중에도 환자를 치료하시는 열정과 조금의 흐트러짐도 없이 최선을 다하시는 모습은 선배 한의사로서 귀감이 되시고 존경받을 표상이 되셨습니다. 그중에서도 제 마음

속에 잊히지 않는 것은 명예총장님의 타고난 검소함입니다. 의료원장 시절, 명예총장님을 모시고 비행기로 서울 출장을 몇 번 다녀왔습니다. 대구 공항에서 비행기 트랩을 오르시는데 뒤따라 올라가는 제 눈에 명예총장님의 바지 끝단이 닳아서 하늘거림을 보면서 물려받은 재산을 가지고 사업을 일으키기도 힘든데, 아무것도 없는 '無'에서 대한민국 최초의 한방병원을 세우고, 이제는 탄탄한 중견 대학으로 대구한의대 학교를 육성하신 그 힘은 변 명예총장님의 타고난 검소함을 바탕으로 한 근면 성실 열정이 아닐지, 하는 생각이 들었습니다.

변 명예총장님의 일에 대한 열정의 내면에는 따뜻한 마음 씀씀이가 같이 있습니다. 2000년 초반에 일본 동경에서 국제 동양의학 학술대회 때 일입니다. 학술대회 논문 발표차 일본에 가면서 제 어머님을 모시고 갔습니다. 논문 발표 후 제 어머님과 변 명예총장님이 인사를 하셨는데 알고 보니 두 분이 1932년생 동갑이셨습니다. 그 이후 명예총장님께서 는 제 어머님에 대한 안부 인사를 20년 동안 항상 챙겨주셔서, 어머님 도 한 번 뵌 명예총장님이지만 제가 인사를 전할 때마다 너무나 반갑고 감사함을 늘 표시하십니다. 이러한 따뜻한 명예총장님의 인격은 저에 게 항상 마음의 울림을 주고 있습니다.

의료인들은 각자의 의료지식으로 환자치료를 시행하지만, 정작 본 인의 건강관리는 소홀히 하기 쉬운데, 변 명예총장님이 더 존경받을 점 중 하나가 본인의 건강관리에 모범을 보이시는 것입니다. 본인에게 맞는 단식과 운동법으로 현재의 건강을 유지하는 것은 많은 후배 한의 사들이 닮고 싶어 하는 점입니다. 대학병원 교수 시절에는 명절 때마다 교수들과 명예총장님을 뵙고 명절 인사를 드렸는데, 정년퇴직을 한 올 추석에는 개별적으로 제한한의원으로 명절 인사를 드리러 갔었습니다.

그 자리에서 침 치료를 하면서 환자를 진료하고 계시는 90세의 老 한의사의 모습은 감동적인 모습 그 자체였습니다.

변정환 명예총장님!

오랫동안 건강하게 많은 사람들의 귀감으로 남아주시기를 충심으로 기원드립니다.

회고사

정재천
전 라이온스 대구지구 총재

대구라이온스클럽에 입회한 1991년 당시만 해도 우리 클럽에는 대구 지역에서 샛별 같은 인물들이 포진하고 있었다. 그중 한 분이 바로 변정환 총장님이셨다. 일반적으로 라이온스클럽의 상당수 회원이 기업이나 사업을 통해 크게 성공한 분들인데, 특히 우리 클럽은 1961년 대구·경북 지역에서 최초로 창립되어 역사와 전통을 가지고 있는 명실상부한 종가클럽이고, 당시 권동칠, 김정수, 백준기, 신진욱 그리고 변 총장님까지 이미 다섯 분의 대구·경북 지구 총재를 배출한 상태였다. 다섯 분의 총재 중 김정수 총재님, 백준기 총재님, 그리고 변 총장님 등 세 분이 의사이셨다. 특히 변 총장님은 한의학의 태두로서 살아있는 편작과 화타로 불리며 지역의 불우한 이웃을 위하여 인술을 펼치신 분으로 명성이 자자하셨다.

라이온스 활동을 하는 분들은 대체로 자기 소신이 강한 분이 많고, 그중 총재까지 지낸 분들은 두말할 필요가 없을 정도였다. 그러나 유독 변 총장님만은 남의 처지를 이해하고 동정하며 귀 기울이는 남다른 풍모를 가지고 계셨다.

또한, 변 총장님은 1985년 당시 대구·경북지구 총재뿐 아니라 서울과 부산 등 한국 전체 모든 지구를 아우르는 한국복합지구의장의 중책까지 동시에 맡으셔서 라이온스 역사상 최초로 서울에서 국제이사회가 열리도록 힘쓰시는 등 대한민국 라이온스의 명예를 드높이셨다. 우리 단위클럽에서도 일본 나가사키의 히가시나가사키 클럽과 자매결연을 체결하는 데도 직접 나서시는 등, 당신께서 머물며 관여하고 있는 자리나 직책이 어떠한 것이든 맡은 분야에서 타의 추종을 불허하는 역대 최고의 실적과 성과를 내셨다. 게다가 이러한 혁혁한 성과에도 불구, 변 총장님은 스스로를 높이신 적이 없고 상대가 편안하도록 인자한 미소로 대하는 따뜻한 인품의 소유자로서 모두가 존경할 수밖에 없는 분이셨다.

거기에 더하여 변 총장님께서는 초년의 극빈을 극복한 분으로서 한의학의 저변 확대와 학문적 심화를 위한 후학 양성에 뜻을 두고 1980년 학교법인 제한학원을 설립하셨다. 각고의 노력 끝에 마침내 오늘날 대구한의대학교라는 한국의 명문 사학을 육성하셨고 아흔이 넘은 춘추에도 현직에서 왕성한 활동을 이어가고 계신다.

아! 하늘이 이토록 큰 인물을 내는 데는 분명 뜻이 있을 것이다. 변 총장님께서 부디 앞으로도 계속 강건하시어 우리나라와 세계의 의술과 의학 발전에 더욱 기여해 주시고 봉사의 손길을 필요로 하는 곳에 큰 손으로 영원히 남으실 것을 간절히 염원한다.

변정환 박사님

조수길
사단법인 대한우슈협회 회장

약 10년 전, 대구에서 열린 태극권 행사에 심사 및 지도로 초청받았습니다. 그곳에서 변정환 박사님을 처음 대면하였습니다. 물론 박사님을 뵙기 전에도 존명(尊名)은 익히 들어서 잘 알고 있었습니다. 박사님은 지역 유일의 한의대학을 설립하신 분이고, 한의학뿐만 아니라, 서예(書藝)와 주역(周易) 그리고 태극권(太極拳)에서도 조예가 깊으신 지역의 어르신이시니, 전혀 들어본 적이 없다면 그것이 더 이상할 것입니다.

첫인상부터 범상치 않았습니다. 짙은 눈썹과 청아하면서도 그윽한 깊은 눈빛이 저로 하여금 '예사로운 분이 아니시구나'라는 생각을 단번에 갖게 했습니다. 담소를 나누면서, 그러한 생각은 더욱 확신이 되었습니다. 내공이 느껴지는 말투와 몸에서 충분히 공명된 목소리, 전체적으로 도인(道人) 같은 이미지였습니다. 그 모임 이후에도 박사님의 모습과 목소리가 잔상으로 남았습니다. 그날 이후 저는 박사님과 자주 소통하며 교류하게 되었습니다.

박사님께서 태극권 지도를 청하셨을 때, 저는 흔쾌히 응하였습니다. 태극권으로 누군가를 만나고 인연을 맺는다는 것 자체가 제게는 큰 기쁨이기 때문에 마다할 이유가 없었습니다. 그런데 박사님은 「주역」 등 태극권의 근간이 되는 이론에 있어서는 일반인이 범접하기 힘든 경지셨습니다. 이 때문에 학문적으로나 정신적으로는 오히려 제가 배운 점이 많습니다. 제가 태극권을 지도하였다기보다 태극권으로 교류하였다고 하는 것이 정확한 표현일 것입니다.

박사님의 태극권에 대한 애정과 관심은 실로 존경스럽습니다. 일반인에게 태극권을 알리고, 수련자들에게 많은 동기를 부여하신 점은 태극권 전승자의 한 사람으로서 매우 감사하게 생각합니다. 박사님의 태극권 실력은 2018년 '전국태극권대회'에서 입증되었습니다. '정통태극권' 부문에 출전하셔서 당당히 1등을 하셨습니다. 그 도전과 열정에 많은 태극권수련자들이 존경을 표하였습니다.

박사님은 '나눔'을 항상 실천하셨습니다. 누군가 불편함을 호소하면 거절하시거나 외면하시는 것을 본 적이 없습니다. 많은 사회적 활동과 역할로 많이 바쁘심에도 불구하고, 약이든 침이든 그 치료를 마다하지 않으셨습니다. 평범한 개업 한의사도 하기 어려운 봉사를 망설임 없이 실천하시는 것은, 그 근간에 오랫동안 자리 잡아 왔던 학문적, 정신적 정수(精髓)가 있기 때문일 것입니다.

박사님께서 학창 시절 어려운 환경에서 공부하셨다는 것을 말씀하신 적이 있었습니다. 본인의 그 어두웠던 과거를 빛으로 바꾸시고, 이제 본인의 그 빛으로 다른 이의 어둠을 밝히려는 것은 『주역』과 태극권의 이치 그대로의 삶이라고 할 수 있을 것입니다.

환자에게는 약이나 치료가 필요하겠지만, 건강한 사람이 건강을 유지하는 것이 중요하다고 하셨습니다. 그리고 건강유지에는 먹거리가 중요하다고 하시며, 건강한 먹거리에 관심을 두는 것은 인간애(人間愛)의 또 다른 표현이라고 하셨습니다. 무농약, 유기농 재료만 사용하고 밀가루 대신 쌀을 사용한 건강빵인 '행복빵'과 약선채식식당은 이러한 박사님의 관심과 노력에서 박사님의 인간과 생명에 대한 존중을 느낄 수 있었습니다.

　제가 바라는 것은 박사님께서 건강하게 천수(天壽)를 누리시고, 지역의 어르신으로서 지역사회에 선한 영향력을 발휘하시는 것입니다. 또한, 지금까지와 같이 태극권 수련에 항진(亢進)하셔서서 후배 태극권인들의 존경과 본보기가 되시기를 소망합니다.

지혜가 있는 사람은 미래를 향해 달린다

진수환
(사)대자연사랑실천본부 이사

향산 변정환 선생님을 처음 뵌 것은 1986년으로 기억합니다. 어느새 강산이 세 번 변하는 시간이 흘렀습니다. 그 당시 저는 20대 후반의 청년으로, 변 선생님과의 만남은 말 그대로 신선한 충격이어서 제 삶의 목표를 완전히 바꾸어 놓기에 충분했습니다. 그때는 사회에 나와서 처음 적응하던 때여서 미래에 대한 목표가 확실하지 않았습니다. 그러던 차에 변정환 선생님을 만나면서 꿈과 희망을 가지게 된 것입니다.

변정환 선생님은 여러 가지 특덕을 가지고 계시는데, 바로 지극히 부지런하고 끊임없이 도전하고 노력하는 정신입니다. 어떻게 보면 누구나 다 갖추고 있는 평범한 능력이지만 그것을 실천하느냐 하지 않느냐에 따라 다를 것입니다. 선생님께서는 큰일이든 작은 일이든 몸소 실행하시고, 그것이 현재까지 이룩하신 성공의 비결이 아닐까 생각합니다. 제가 이렇게 확신하는 것은, 지금까지 변정환 선생님을 모시고 해외 8개국을 동행한 다음부터입니다.

1998년도에 중앙아시아 북부에 있는 카자흐스탄에서 두 차례 동행을 하게 되었습니다. 기간이 길지 않아서 촉박한 일정 동안 여러 사람들을 만났는데, 그런 중에도 몸이 불편한 환자를 만나면 어떤 시간과 장소, 신분, 지위를 가리지 않으시고 바로 병환을 치료하고 약을 처방하여 보내셨습니다. 낯선 이국에서 어떠한 대가나 보상을 바라지 않고 한의사의 직분으로 의술을 펼쳐 봉사하시는 모습은 현지인들에게 감동을 주기에 충분하였습니다.

그 기간 동안 고려인 현지 회장의 초청으로 카자흐스탄 남부에 있는 '크질오르다'라는 조그마한 도시를 방문하게 되었습니다. 때마침 1년에 한 번 개최하는 고려인 축제에 참석하게 되었고, 그 자리에서 고려인들의 처절한 이주와 정착에 관한 이야기를 듣고는 공감하시며 안타까워하셨습니다. 뿐만 아니라 오랫동안 단절되어 어려운 환경 속에서도 우리 민족의 전통문화를 계승하기 위하여 노력하는 모습을 보시고 즉시 한복과 전통악기 등을 기증할 것을 약속하셨습니다. 나라의 독립을 위하여 만주와 러시아 등지에서 활발한 운동을 전개하시다 강제 이주되어 중앙아시아 카자흐스탄 크질오르다의 지역에서 외로이 생을 마감한 민족영웅 홍범도 장군의 유해와 동상을 모신 자리에서 거행된 현지인 추모기념사업 행사에 참석하여 축사를 하시고 현지 추모기념사업 회장님과 관계자를 격려하는 등 민족에 대한 사랑 또한 남다르셨습니다.

그렇게 빈틈없이 계획한 일정을 마무리하고 수도로 다시 돌아가기 위해 공항으로 갔습니다. 탑승 수속을 하면서 자세히 보니 공항시설이 매우 낙후되어 보였습니다. 일행이 수속을 마치고 탑승을 기다리다 보니 시간이 지났는데도 아무 반응이 없어서 직원에게 물어보았습니다. 그는 어떠한 이유도 설명하지 않고 오늘 운항이 취소되었다고만 하였습니다. 선생님께서는 어떠한 원망이나 불평을 하지 않으신 채 내일의 중요한 약속을 지키기 위해 현지인에게 부탁하여 자동차를 준비한 뒤 바로 돌아가기로 결정하셨습니다. 비행기로 약 2시간 40분 소요되는 거리를 자동차로, 그것도 쉬지 않고 달려도 14시간이나 걸리는 거리를 이동한다는 것은 쉬운 일이 아닙니다. 하지만 이렇게 예상하지 못한 일들에 대면하여서도 너무나 긍정적으로 받아들이는 모습에 모두들 감화하였습니다. 변 선생님과 저, 그리고 현지 가이드까지 세 사람이 교대로 운전하며 사막을 가로질러 돌아오는 여정은 순조롭지만은 않았습니다. 그러나 사막을 지나는 동안 백야 현상을 보았고, 길가에서 유목민들이 구워서 파는 밀가루 빵과 낙타의 젖을 맛보았습니다. 그리고 거친 음식에도 매우 만족하시는 모습에 순수한 인간미를 느낄 수 있었습니다.

제가 향산 선생님을 존경하는 부분 중 하나는 2011년 3월 2일 사단법인 대자연사랑실천본부를 창립하신 것입니다. 현재 전국 시·도에 6개 지부와 5개 클럽을 두고 있으며, 본부에서는 '대자연사랑과 생명존중'의 일환으로 매년 국제행사에 청년회원들이 참가하여 활동하고 있고, 국내에서도 크고 작은 행사를 주최하는 등 날로 발전해 나가고 있습니다. 특히 2014년 8월에 대자연사랑실천본부와 대구광역시가 공동으로 대구 엑스코에서 세계 10여 개국의 청년들을 초청하여 대자연 사랑에 관한 노래와 율동으로 이루어진 축제를 성대하게 개최하여 성공적으로 마무리하였습니다. 사단법인 대자연사랑실천본부의 정관을 보면 변정환 이사장님의 이상과 포부를 능히 짐작할 수 있습니다.

21세기는 대자연사랑, 생명존중의 세기입니다. 인류의 공동된 문화는 바로 대자연을 사랑하는 문화이고, 인류의 공동된 문명은 모든 생명의 존엄성을 존중하는 문명이며, 인류의 공통된 가치는 자기 자신의 생명 존엄성을 긍정하는 가치이고, 인류의 공동된 생활은 바로 대자연과 조화를 이루는 생활입니다. 우리 인류가 이 '대자연을 사랑하고, 모든 생명의 존엄성을 존중하는 일'을 인류의 공통된 문화, 공통된 문명, 공동된 가치, 공동된 생활로 삼지 못한다면 우리 인류의 내일은 장담할 수 없을 것입니다.

20세기는 인류 역사상 과학기술이 가장 눈부시게 발전하고, 물질생활이 가장 풍성하며 번영을 누렸던 시대였습니다. 그러나 이를 위해 대자연 파괴와 대자연의 무수한 자원 소모라는 가장 값비싼 대가를 치러야만 했습니다. 인류와 다른 무수한 생명이 함께 살아가고 있는 지구가 지금 곳곳에 상처투성이인 채 급속도로 악화하고 있습니다. 오존층의 구멍은 나날이 커져만 가고, 기상이변은 혹한, 폭염, 가뭄, 태풍, 폭우, 해일, 기근, 해충의 습격, 전염병의 창궐을 낳았습니다. 요컨대 인류는 20세기의 눈부시게 발달한 과학기술로 세계를 더욱 평화롭게 하거나, 모든 국가를 더 부유하고 건강하게 하지 못했습니다. 모든 사회를 더 안정되고 화합되게 만들지도, 모든 가정을 더욱 화목하고 즐겁게 만들지도, 모든 사람들을 더 편안하고 행복하게 만들지도 못했습니다. 인류가 그토록 자랑스럽게 생각하는 과학과 물질문명은 오히려 불행으로 가는 페달을 더욱 가속시켜 무수히 많은 사람들로 하여금 날마다 치열하고 무정한 생존경쟁 속에 살도록 했으며, 무수히 많은 사람들로 하여금 공포와 불안 속에 살게 했고, 미래에 대해 불신과 두려움을 갖게 했습니다.

현재 우리 지구는 심각한 병에 걸려 있습니다. 그래서 지구는 자가 치유하고 있으며, 그로 말미암아 뜻하지 않는 천재지변을 맞이하게 될 것입니다. 그리고 이미 많은 사회가 병이 났고 전 세계 많은 사람들이 병을 앓고 있습니다. 더구나 이 병은 상당히 심각한 상태입니다. 그런데 이 병을 치료할 가장 좋은 처방은 바로 '대자연을 사랑하고 생명을 존중하는 일'입니다. 그러므로 자신과 타인의 존엄한 생명의 가치를 인정하고, 자신과 타인, 그리고 기타 생명의 존엄성을 존중할 줄 알아야 함을 여러 번 강조해도 넘치지 않습니다.

변정환 이사장님께서는 사단법인 대자연사랑실천본부를 창립하시고, 우리가 공존 공생하는 이 지구를 지극히 맑고 깨끗하며 아름다운 대자연낙원의 지구촌으로 건설하는 것을 소망하십니다. 존경하는 사단법인 대자연사랑실천본부 변정환 이사장님의 이상과 포부가 하루속히 이룩되기를 기원합니다.

옆에서 지켜본
향산 변정환 대구한의대 명예총장

최병국

대한민국영남미술대전 대표

영남대와 동국대 총장을 역임한 고 이선근 박사가 쓴 글에서 향산 변정환 대구한의대 명예총장을 "성실하고 신의 깊은 인품과 인술에 도통한 진인(眞人)이자 명의"라고 하는 구절을 읽은 적이 있다. 이 글을 읽었을 때 어떻게 '진인'이란 표현을 썼는지 의아했다. 그 의아함을 해소해 준 것은 2016년 향산 선생을 필자가 운영하는 대한민국 영남미술대전 초대작가회 회장으로 모시면서다. 한 달에 한두 차례씩 찾아뵙고 초대작가회의 운영을 여쭙고 상의하면서 나눈 대화와 시간적 여유가 있으실 때 차를 마시면서 살아온 개인사를 비롯해 건강 문제 등을 담담하게 털어놓으시던 모습은 여태껏 내가 만나온 많은 사회적 지도자들과는 다른 점이 많았다. 생각과 언행의 격이 달랐다. 마치 산속에서 오랫동안 수양을 한 도의 경지에 오른 스님처럼 향산 선생은 어떤 상황에서도 얼굴에 잔잔한 웃음을 띠며 상대를 따뜻하게 품는 너그러움이 넘쳐났다. 보통 사람으로서는 여간한 수양을 하지 않고서는 해낼 수 없는 평정심을 몸 전체에서 느낄 수 있었다. 인자무적(仁者無敵)의 표본이라고 해도 과언이 아닐 것이다.

사람은 평생의 목표를 권력, 돈, 명예 등에 두고 일생을 살아가는 경우가 많다. 목표를 좇다 과욕으로 일신을 망치는 경우를 흔히들 본다. 이런 범주와는 달리 평생을 의료인으로 살아오면서 돈보다는 인재 육성과 한의학 발전에 평생을 바쳐온 향산 선생이야말로 '한의학을 위해 태어난 분'이라고 밖에 달리 표현할 수 없을 것 같다.

청도 벽촌의 가난한 선비 집안에서 태어나 각고의 노력으로 한의사가 된 이래 남달리 정성되고 근실한 역량을 꾸준히 발휘하여 영남 지역 유일의 한방종합병원을 설립하고 이를 바탕으로 선생의 평생 소원인 대구한의대라는 종합대학을 설립하는 대업을 이루어냈다. 대내외 폭넓은 신망을 얻어 국제동양의학회 초대회장에 선임되어 우리의 전통인 한방의학을 국제사회에 널리 소개하고 선양하는 데 획기적으로 기여했다.

향산 선생은 오늘이 있기까지를 이렇게 표현했다.

"시골 가난한 유가(儒家)의 후예로 태어나 가진 것이라고는 튼튼한 두 다리밖에 없는 사람이었다. 실은 지금도 그럴는지 모를 일이다. 이런 사람이 종합대학의 설립자가 되고 총장이 된 것은 어쩌면 많은 사람들에게 한갓 흥미로운 이야깃거리가 되는지 모르겠으나 당사자인 내게는 필설로 다 표현하기 어려운 고난의 세월이었음을 솔직히 고백한다."

술과 담배를 하지 않고 하루 한 끼 식사에 한 점의 육식도 스스로 허락하지 않고 채식만으로 평생을 살아온 향산 선생의 일상생활은 구도자의 모습 그 자체다. 환자 진료 외에 시간이 날 때 틈틈이 붓을 잡고 한시를 쓰신 필력은 혈기 왕성한 젊은이의 악력(握力)을 능가하고 있다.

매년 1회씩 개최되는 영남미술대전 초대작가회 전시회에 지금까지

한 차례도 빠지지 않고 서예 작품을 출품해주신 향산 선생의 열의에 40여 회원들은 항상 고마움을 느끼며 상수(上壽) 때까지 함께 전시회를 가졌으면 한다.

지난 2019년 5월 대구문화예술회관 대전시관에서 열린 대구한의대학교 건학 60주년기념 발전기금 조성을 위한 향산 선생 첫 개인전에 출품된 160여 점의 서예 작품 하나하나에 서여기인(書如其人)이란 명언에 걸맞은 선생의 품격과 성품, 재능이 담겨 있음을 볼 수가 있다. 특히 작품 곳곳에 문기(文氣)가 넘치는 격조 높은 운치가 뿜어짐을 느낀다.

향산 선생은 전문 서예인의 길을 걷지 않았다. 유년기부터 유학과 한의학을 공부하면서 경전과 처방전을 자연스럽게 모필로 필사하면서 서예와 벗해온 장구한 세월 축적된 결과물이다. 특히 서예 작품에서 우러나는 필력은 젊은이 못잖은 솟구치는 악력이 관전자를 놀라게 한다.

흔히들 대구가 낳은 근대 서예가 석재 서병오 선생을 팔능거사로 칭한다. 향산 선생도 한국한시연구원 원장을 지낼 정도로 한시에 조예가 깊으며 평생을 함께 해온 붓글씨와 창(唱), 수필, 「사서오경」 등 한학뿐만 아니라 특히 『주역』에서는 영어로 저서를 낼 만큼 역경에 높은 경지를 보여 주고 있다. 가히 팔능명사(八能名士)라고 해도 모자람이 없을 것 같다.

향산 선생은 수필집 『시련을 딛고 밝은 세계로』에서

"나는 철이 든 이래 지난 50여 년간 하루 4시간 이상 잠을 잔 기억이 별로 없다. 사람이 사는 뜻은 일을 하는 것이고 일을 많이 하기 위해서는 잠자는 시간을 줄이는 것이라 생각하고 살아왔다. 시간을 줄인 만큼 값있게 살기 위해서는 시간 낭비는 목숨을 줄이는 것과 같다고 믿고 오직 한 길만을 위해 달려온 것이다."

라고 적었고, 자서전에서

"내가 부끄러움을 무릅쓰고 이 자서전을 쓰는 이유는 혹, 내 자서전을 통해 어려운 길을 걸으며 한 목표를 향해서 뜻을 굽히지 않고 가는 젊은 이들에게 비록 적지만 용기와 희망을 불어넣어 줄 수 있다면 더할 나위 없는 기쁨이 될 것이란 생각 때문이다."

라고 적었다. 이렇게 향산 선생이 밝힌 깊은 뜻은 수많은 제자를 길러 낸 학자로서의 제자 사랑과 주변의 격려에 힘입어 한길만을 외롭게 달려와 평생의 뜻을 이룬 노교육자의 성취감과 한의학 사랑이 말 마디 마디에 새겨져 있음을 느낄 수 있다.

　부디 강건하시고 상수까지 활기찬 활동을 하시길 빕니다.

이 시대 위대한 스승 향산 변정환 명예총장

최용구

대구한의대학교 교수

한의학의 세계화와 대자연 사랑을 추구하고 실천하는 대구한의대학교 설립자 향산 변정환 명예총장께서 우리 대학에서 위탁관리 운영하는 경산동의한방촌에서 2022년 6월 24일을 시작으로 매주 금요일 오전 9시 30분부터 11시 30분까지 두 시간에 걸쳐 한방진료 생애 봉사를 하실 때 가까이에서 모시게 되었다.

매주 금요일이면 어김없이 명예총장님이 오셨다. "명예총장님, 안녕하세요." 인사를 드리면, 언제나 환히 웃으시는 모습으로 오히려 제게 "고생 많으시지요." 하시면서 손을 잡아주시는 인자하신 모습에 말로 형언할 수 없는 따스한 온정을 느끼며 이른 아침 설레는 마음으로 제 삶의 표상이 된 스승을 맞이하는 마음이었다.

명예총장님께서 처음 한방촌으로 오시는 날 평소 잘 알고 지내는 지인 환자 네 분을 특진으로 모시게 되었는데 사실 그분들과 점심을 같이 하기로 한 상태였다. 명예총장님을 배웅하려는데 "촌장님, 점심 같이 하시지요." 하셨다. "명예총장님, 오늘 오신 분들과 미리 약속이 있어 어떻게 하지요."라고 말씀드리는 순간 양복 윗주머니에서 지갑을 꺼내시어 촌지를 주시려 하시기에 황급히 "명예총장님과 같이 식사하겠습니다."라고 말씀드릴 수밖에 없었는데 지금에 와서 생각해 보니

'워런 버핏과의 점심 한 끼' 이상의 오찬 행운을 한의 메디키친에서 얻게 된 것 같아 왠지 자랑스럽다.

한방촌의 아침은 언제나 싱그럽고 고요하다. 한낮에는 사람으로 붐비지만 이 시대의 위대한 스승께서 진료를 오시고 난 이후의 아침은 분주해졌다. 한방촌에 활기가 생기고 직원들도 덩달아 바빠졌다. 특진은 10명으로 제한되어 있는데 왠지 대기하시는 분이 훨씬 많아 보인다. 밝게 아침 인사를 드리면서 '어디에서 오셨느냐'고 물으니 '서울, 부산, 울산, 김해, 창원, 청도 등지에서 오셨다고 한다.' 간호사의 친절한 말 끝에 '오늘은 특진 인원이 모두 마감되어 다음을 예약하셔야 한다'고 하니 "서울서 어제 진료받기 위해 왔는데 좀 도와주면 안 되겠느냐?"고 호소하는 말씀을 듣게 된다. 안타까운 상황을 외면해서는 안 되겠다는 생각에 명예총장님께 조심스레 사정을 말씀드리니 스스럼없이 "그분들 모시도록 해요."라는 말씀을 들려주신다. 안도감이 생기는 기분 좋은 날이다. 한방촌의 이른 아침 사람행렬 줄을 서는 이유는 분명히 있었다. 그런 분을 그리워하게 되는 이유도 바로 여기에 있었다.

대구한의대학교 건학 64주년 2023년 계묘년 4월 9일 일요일 아침 평소와 달리 명예총장님께서 새로이 개원하는 제한한의원으로 향했다. 설레는 마음으로 도착해서 개원 축하 인사를 드렸다. 사실 경산동의한방촌에 오래도록 모시고 싶었는데 일전 명예총장님께서 하신 말씀이 기억난다. "서울, 부산, 울산, 창원, 대전 등 전국 각지와 해외에서 찾아오시는 분들의 불편함을 조금이라도 덜어드리기 위해 동대구역 가까운 곳에 한의원을 재개원하게 되었다."는 명예총장님의 '환자 고객 중심의 인술 의술 실천정신'이야말로 '노블레스 오블리주 실천 그 자체'이며 존경받을 수밖에 없는 이유라 하겠다.

어느 추운 겨울날 문을 열고 내리시는 옷차림이 단출해 보이시기에 "명예총장님, 날씨가 많이 차가운데 춥지 않으십니까?" 건강이 걱정되어 여쭈니 양복바지를 올리시면서 "한겨울에도 내복을 입지 않고 있다."며 걱정하는 저를 오히려 부끄럽게 하시는 분이시다.

그러하신 분이 경산동의한방촌으로 오시지 않은지 꽤 되었으니 문안 인사도 드릴 겸 해서 두어 차례 한의원을 찾았는데 행운이 따르지 않았다. 명예총장님께서 바쁜 일정으로 방금 나가셨다는 직원의 말을 뒤로하며 아쉬운 발길을 돌린다.

지역민과 동반성장하는 대구한의대학교 교육목표 실현을 위해 사은과 보은의 뜻으로 92세의 고령에도 불구하고 한방진료 생애봉사와 대자연사랑 실천운동을 펼치고 계시는 명예총장님은 분명 대한민국 '노블레스 오블리주'의 표상이요, 이 시대 위대한 스승으로 스스로 존경의 마음 금할 길 없다. '나는 누구인가? 우리는 무엇인가?'라는 물음을 되새기며 나를 돌아보고 이 시대를 살아가는 우리를 생각해 본다. 그분의 인술·의술 그리고 '대자연에 대한 사랑, 그 크나큰 가르침'은 우리 모두에게 늘 살아 숨 쉬는 등불이 되리라 확신한다.

이 시대 위대한 스승 향산 변정환 명예총장님을 모신 것은 저의 생애 참으로 소중한 행운이었습니다.

변정환 대한한의사협회 명예회장님의
천수를 기원하며

최환영
전 대구한의대학교 교수

1984년 늦은 가을, 서울대학교 보건대학원 석사과정 2년 차였던 나를 지도교수셨던 허정 교수님(당시 보건대학원장 재임)께서 원장실로 부르셨다. 당시 변정환 전 대한한의사협회장님은 보건대학원 박사학위 수여를 앞둔 마지막 논문심사를 앞두고 있었다. 그의 논문은 조선시대의 한의학 관련 질병관과 구료시책에 관한 내용이 중심이었는데 학위논문 형식상 국문초록과 영문초록을 갖추어야 하니, 번역을 좀 도와드리라는 말씀이셨다.

영어라면 보건대학원 교수님 중에서도 미네소타대학과 하버드대학에서 공부하신 허정 교수님이 최고로 꼽히고 있었던 때여서 적잖게 당황했다. 알고 보니 변정환 회장님의 국문초록을 영역하기에는 음양오행 등 한의학 전문용어가 너무 많았던 탓에 지도 교수님에게는 부담스러우셨던 것이다. 그때 초록의 번역을 맡은 것이 변정환 총장님과의 인연으로 이어졌다.

그 당시 한의과대학 졸업생 배출은 경희대가 유일한 가운데 한의학 한방의료정책 관련 행정당국은 보건사회부의 의사 출신 의정국장과 약사 출신 약정국장이 서양의약 위주 정책일변도로 행정전횡을 하여 한의약 정책은 전담 부서도 없거니와 오히려 한의사제도 폐지와 한의약 말살정책을 추진하던 암울한 시기였다. 의과대학과 같은 6년 한의과대학 과정을 마치고도 한의사 군의관제도도 없어 일반 사병으로 군복무를 마친 나로서는 치밀어 오르는 분노와 혈기로서 한의약 정책개발에 평생 몸 바치기로 작정하고 진로를 바꿔 한의과대학 교수가 꿈이었던 한의학 석박사 학위과정과 임상수련의 과정을 포기하고 한의제도 정책 연구 개발을 위하여 서울대 보건대학원 석박사 학위과정을 선택하였다. 그래서 그때 나는 보건대학원을 선택한 것이 한의과대학 졸업생으로서는 최초일 것이라고 생각했다.

그런데 내 생각은 보기 좋게 틀렸고 그 틀리게 한 당사자이셨던 분이 일찍이 대한한의사협회장도 역임하시고도 49세 늦은 나이로 나보다 먼저 1981년도에 보건대학원 박사과정에 입학하신 변정환 명예회장님이셨다. 이 사건은 지금도 내게는 조용한 충격과 감동으로 남아 있다.

그런데 도대체 무엇 때문에 세계 최초의 한방종합병원을 설립하고 경북한의사회장에 이어 대한한의사협회장도 역임하시고 대구한의과대학 설립은 물론이며 그간에 각종 단체설립과 관련 수많은 공로패와 감사패, 대통령 훈포장을 비롯한 각종 수상 등 화려한 경력을 뒤로하고 무엇이 아쉬워 직접 전공 분야도 아닌 보건대학원의 박사과정까지 노크하셨을까?

한의사단체장을 하시면서 행정당국의 한의계에 대한 소외정책을 몸소 체험하시고 울분을 느껴 직접 내로라한 양방 교수들이 진치고 있던 서울대 보건대학원에 보란 듯이 직접 보건학 전공을 박사학위까지 마치시고 이어 대구한의대에 아예 보건대학원 설립을 주도하신 바는 그만큼 당시의 보건의료 제도 정책분야에 한방전담 분야에 대한 절실함이 있으셨던 게 아닌가 싶다.

이후에도 변정환 회장님은 숨 돌릴 겨를 없이 1982년 경희대학교 대학원 한의학 박사과정에 입학하였고, 1985년에는 서울대학교 대학원에서 보건학 박사학위를, 1986년 경희대학교 대학원 한의학 박사학위를 취득하였다. 1983년부터 1991년까지 대구한의과대학에서 2대, 5대, 7대 학장으로 계셨고, 1990년 대구한의과대학의 경산대학으로 교명 변경, 그리고 1992년 종합대학인 경산대학교로 승격인가 되면서 초대와 2대 총장에 취임하였다. 이어 2003년 대구한의대학교로 교명이 변경되면서 2006년 제5대 총장으로 취임하며 한의학과 후진양성에 대한 열정과 지칠 줄 모르는 에너지를 보이셨다. 이 과정에서 수많은 학술논문 발표와 저서 출간과 각종 학술 및 사회단체 설립과 주도적 참여와 활동이 있었음은 물론이며 그 지경과 역량은 가히 놀랄 만하다.

2007년 75세에 발간하신 자서전『시련을 딛고 밝은 세계로』에서 밝히신 대로 어린 시절 체험하신 지독한 가난과 고학 그리고 가정형편에 따른 만학은 그만큼 시련의 극복과 꿈을 이루기 위한 늦어진 시간에 대한 절박할 정도의 시간을 아까워하심은 하루 4시간 이상 잠을 자지 않는 습관과 절제된 식습관과 참선으로 심신을 단련시켜 지금의 인생과 삶을 스스로 지켜오셨으리라.

구순에 이른 때지만, 그는 한의학이라는 미지의 세계에 대한 학문 탐구와 새로운 분야 개발에 대한 열정은 아직도 식지 않고 끊임없이 할일의 창출과 실천으로 그 열매를 거두어 오고 계신다. 학문의 길은 끝이 없음과 일찍이 그의 60세에 쓰신 자전 책에서도 피력하여 놓으신 대로 아직 "쉼표를 찍을 수 없는 이유"가 30년이 지난 90세인 현재까지도 그것은 여전히 유효한 진행형으로 되어 있다.

우연한 계기로 본인이 대구한의대 의무부총장으로 초빙되어 의료원 직원들과 2년간 꿈같은 시간을 보낸 적이 있다. 무한한 잠재력을 갖고 있는 대구한의대의 발전을 기대하고 변 명예총장님의 쉼표를 찍을 수 없는 인생이 백수를 훨씬 넘어서까지도 계속되기를 간절히 바라며 만수무강을 기원드린다.

가장 존경하는 어른

허남오

전 한국국제대학교 총장

평생 살면서 지우를 얻는 것보다 존경할 수 있는 어른을 뵙는 것이 더 큰 복이라고들 합니다. 저는 운 좋게도 이런 분을 무려 세 번에 걸쳐 모셨습니다.

첫째, 대구한의대학교 총장으로 계실 때의 일입니다. 저는 어느 지역에서 대학 총장직을 수행하고 있었습니다. 일 년에 서너 번 전국대학 총장회의가 있었습니다. 지역별로 앉다 보니 자연히 변 총장님 근방에 제가 있게 됩니다. 첫인상이 참 좋았습니다. 위엄이 있어 보이는 모습이 옛 선비의 위상이었습니다. 말소리도 온화하시어 어릴 때부터 봐왔던 어른의 풍모를 흠뻑 느꼈습니다. 자연 회의 자리나 식사 모임에서 제가 의자를 빼 드리는 일이 자주 있었습니다. 그래서 그런지 회의 때마다 저는 총장님을 보좌하는 일을 마다하지 않았습니다.

두 번째, 대구한의대학교 이사장으로 계실 때입니다. 저는 총장에서 물러나 서울에 있었습니다. 그러다 대구에 갈 일이 있어 한의원을 방문하여 자택에서 점심 식사를 함께 하였습니다. 사적으로는 처음 뵙는 자리였습니다. 저 연세에 경희대 한의학과를 나오셨다니 믿을 수가 없었습니다. 더욱이 전쟁 통에 헐벗은 동대문 야산에서 누더기를 걸친 채 노숙했던 일이며 어느 순간 그런 것마저 다 도둑을 맞아 고생했던 일이 파노라마처럼 들려왔습니다. 그 와중에도 산동네 사람들에게 무료로 침을 놓고 약을 처방하니 신침(神鍼)이라는 칭호도 그때 얻었다고 말입니다. 식사 자리에서 이사장님은 저에게도 자기 대학에서 강의를 해달라는 부탁을 하셨습니다. 덕분에 이태 가량 대구한의대학교에 강의도 했지요.

대학에 갈 때마다 이사장님이 항상 강조하시던 교훈이 대학에서 실천되고 있음을 느꼈습니다. 시간을 소중히 하고, 학문을 익히되 실천하라는 말씀입니다. 어찌 보면 이사장님의 일생이 바로 그런 표본이기도 합니다. 할아버지 때부터 3대에 걸쳐 한의를 하신 일도 그렇고 한의(韓醫)란 우리말을 끝내 주장하여 1986년 의료법 개정을 끌어낸 것도 그런 일입니다. 무엇보다 '차라리 내가 대학을 만들자'라는 오기로 시작한 대학 사업이 그런 실천이었습니다. 그런 기운이 대학 캠퍼스 내에 충만한 것을 느낄 수 있으니 그게 다 이사장님의 그늘입니다.

세 번째, 대자연사랑실천본부 이사장으로 계실 때입니다. 이사장님은 대구에서, 한의원으로 만족하시지 않고 서울로, 세계로 나다니시는 경우가 많았습니다. 저도 서울에서 이사장님을 만나곤 했는데 연결고리가 바로 대자연사랑실천본부였습니다. 성균관의 유도회 회장을 하실 정도로 유학에 정통하신 분이라, 수천년래 중국 및 대만에서 유래하는 대자연사랑이 이상하지 않았습니다. 저는 이 무렵 본부의 상임이사로서 이사장님을 보필하였습니다.

박사학위 청구논문을 환경법의 이념이라는 주제로 썼던지라, 대자연사랑은 지구를 살리는 원대한 포부이기도 합니다. 이 무렵 이사장님은 중국은 물론이고 멀리 남미 페루까지 다녀오시기도 했지요. 우리 한의를 바탕으로 세계를 무대로 수많은 인사들에게 우리 것을 베푸시는 그런 모습이 너무 자랑스러웠습니다.

한의의 바탕인 『황제내경』이나 노자의 『도덕경』을 토대로, 근본을 알아야 완전한 지혜를 얻을 수 있다는 믿음을 강조하시는 이사장님이었습니다. 제철 과일과 채소를 으뜸으로 오신채를 멀리하는 당신의 일상 처신과 마찬가지로 우주를 아우르는 영혼의 마음가짐도 이러한 근본에서 나온다는 것을 몸소 실천하시는 분이었습니다.

마지막으로 한 가지를 덧붙이고 싶은 게 있습니다. 우리 사회에서 가장 존경받을 만한 분을 유교의 성인이나 가톨릭의 수호성인처럼 인정했으면 하는 바람입니다. 화타, 편작처럼 아니면 성 고스마, 성 다마아노처럼 말입니다.

현대는 워낙 다양성이 많고 변화무쌍합니다. 그러다 보니 뿌리 깊은 인격을 갖춘 어른을 보기가 힘든 세상으로 되어갑니다. 이런 세태에 이사장님 같은 어른을 모두가 존경하는 세상은 어떨까요? 대구한의대학교 구내에 있는 삼성전을 볼 때마다 느끼는 저의 소회이기도 합니다.

앞으로도 이사장님께서 더욱더 보람 있는 소신을 실천하면서 후학들에게 모범을 보여주실 것을 기대하며 항상 건강하시기를 기원합니다.

그가 가면 길이 된다

홍성태

(학)영진학원 이사장

　레스토랑에는 피아노곡 〈소녀의 기도〉가 잔잔히 울려 퍼지고 있다. 창가의 테이블에 앉아 바깥 풍경을 내려다보았다. 압량 들판은 가슴을 시원하게 뻥 뚫어 주는 것 같고, 넓은 들판 저 너머로는 팔공산이 수채화처럼 펼쳐진다. 여기는 경산시 한의대로 1이다.

　수십 년 전까지만 해도 여느 시골 야산에 불과했던 이곳에 종합대학 캠퍼스 건물이 조화롭게 건축되면서 이 일대의 지도를 바꾸었다. 누가 이렇게 지도를 바꿔 놓았을까.

　가을 단풍이 곱게 물들고 있던 30여 년 전 어느 날, 목감기로 제한한방병원을 찾았을 때 변정환 이사장님을 처음 뵙게 되었다. 그분의 첫인상에서 진한 눈썹에 탤런트같이 잘생겼다는 느낌을 받았었다.

　그 후 어느 날, TV를 켜니 그분이 아나운서와 마주앉아 인터뷰를 하고 있었다. 그때 어느 의사에게도 들어 본 적이 없는 신기한 이야기를 들었다. 아침에 일어날 때면, 심장이 좌측에 있으니까 원활한 혈액순환을 위해 심장 가까이에 있는 왼발부터 먼저 내려온다고 했다. 다음 날 아침 나는 침대에서 왼발부터 먼저 내려오고 있는 자신을 발견하면서 씩- 웃음을 지었었다. 그는 '한의학의 대가'였다.

　몇 년 전, 변정환 선생의 저서인 『시련을 딛고 밝은 세계로』를 읽으

면서 나는 여러 차례 울컥했다. 특히

> "서울에서 한의과대학을 다닐 때 창신동 산 자갈투성이인 땅바닥을
> 고르고 송판을 깔고 그 위에 다시 가마니를 깔았다. 비록 천막이었지만
> 내 집이 생긴 것이다. 어느 날 천막촌으로 돌아오니 도둑놈이 천막을
> 통째로 걷어가 버린 것이었다."

라는 구절을 읽을 때는 나도 모르게 눈물이 주르륵 흘러내렸다. 그는
이렇게 온갖 시련을 겪으면서 철인같이 강하게 단련되어 왔던 것이다.
나는 한 편의 드라마를 보는 것과 같은 감동과 큰 울림을 느꼈고, 여러
지인에게도 권했다.

자서전 『시련을 딛고 밝은 세계로』는 어려운 길을 걸으며 한 목표를
향해서 뜻을 굽히지 않고 가는 젊은이들에게 용기와 희망을 불어넣어
줄 수 있는 좋은 길잡이가 되는 책이었다.

작년에 아내가 안면신경통으로 고통이 심각했다. 안면근육에 경련
이 잦아지면서 그 부위의 온도까지 차가워졌다. 환자가 겪는 고통도
심했지만 환부가 안면이다 보니 대인관계에까지 지장을 주고 있었다.
그때 아내는 그분을 찾아가서 침을 맞았다. 그리고 거짓말처럼 깨끗이
완치되었다. 아내는 소문대로 역시 '신의 침'이라고 되뇌면서 고마워했
다. 그분은 '한의학의 전설'이었다.

그는 한의학의 과학화와 세계화를 위해 대학의 필요성을 절감했다
고 한다. 학문 연구와 후진 양성을 위한 대학 설립을 위해 수많은 난관
을 뚫고 이 야산에 대구한의대를 태동시켰다. 그가 이곳의 지도를 바꾸
어 놓은 것이다.

한의사가 종합병원을 세운다는 것은 법적으로 불가능했을 무렵, 그는 한의원도 종합병원을 만들 수 있도록 법 개정을 위한 청원 작업을 시작으로 의료관계법 개정을 해냈다. 의사회의 엄청난 반발, 압력 및 방해 공작이 있었으나 그 모든 어려움을 극복하면서 세계 최초로 한방종합병원을 대구시 수성구 상동에 탄생시켰다. '그가 가면 길'이 되었다.

그는 술과 담배는 물론이요, 한 점의 육식도 스스로 허락하지 않는 수도자의 자세를 지켜왔으며, 정녕 인술에 도통한 진인간으로 꾸준히 한 길을 개척해 나왔다. 현재 대자연사랑실천본부 이사장으로서 국민들이 채식을 통해 잃어가는 건강을 회복하고, 동시에 지구환경을 개선하려는 노력을 끊임없이 하고 있다.

채식 인구의 확산을 위해 사재를 털어 채식식당을 지원하고, 시민들의 건강을 위해 현미·한약재를 발효시켜 구운 무설탕 행복빵을 개발하였다. 또한 비건 인구의 확산을 위해 채식요리지도사 민간자격증의 시행, 비건 원데이쿠킹클래스, 베지닥터와 공동으로 채식문화 활성화 포럼 등을 활발히 개최하며 채식의 선구자로 우뚝 섰다.

대구한의대학교 정문에 멋있게 세워진 한빛관 8층의 '하니메디키친'에서 눈 아래 펼쳐지는 아름다운 풍경을 보면서 비건 샐러드를 먹었다. 비건 샐러드를 다 먹었을 무렵 절묘하게 시간을 맞추어 한국 최고의 조리기능장이 요리한 비건 토마토 파스타가 나왔다. 보리로 만든 파스타를 포크로 도로록 말아 한입 넣는다. 입안에서 사르르 녹아드는 파스타 맛에 찰나의 행복이 느껴진다.

이렇게 아름다운 장소에서 비건 음식을 먹을 수 있는 것도 채식인을 위한 그분의 배려가 아닐까. 그분은 한의학의 전설이고, 채식의 선구자이며, 시대의 영원한 스승이라는 생각이 든다.

내가 만난 선지식(善知識)

황영웅

대한불교 원효종 원효불교 보덕사

일흔 넘게 살아오는 동안 수많은 지식인을 두루 만났다. 정치, 경제, 사회, 문화, 종교 등 사회 각 분야의 지도자를 만나 그들의 훌륭한 지식과 철학을 배우면서 참가치가 무엇인지 고구하고, 사상의 텃밭을 일구었다. 감사와 은혜로움을 깨달으면서 지나온 수많은 세월. 부단한 구도의 바른 지혜들을 찾는 동안 수없이 많은 좋은 인연을 만나면서도 깨우침에 대한 목마름은 가시지 않았고, 이를 해갈해 줄 선인연들을 찾는 데 게으름을 피우지 않았다.

그러던 어느 날, 나는 어떤 사회지도자의 부름을 받았다. 인생의 회향 단계에서 마지막 정리를 하고픈 바른 효의 마무리 방안을 의논하는 자리였다. 구순이 넘어가는 세월 동안 쌓고 쌓인 업적들을 이루 다 헤아리기 어려운 훌륭하신 성공 인생의 한 분이셨기에 나는 가슴을 설레며 찾아뵈었다. 무릇 중생들을 질병으로부터 해방시키기 위해 제한한의원을 설립해 운영해 오시면서 제한학원, 제한한방병원, 대구한의대학교 설립 등 각종 사회 봉사직을 맡으시며 국민 안녕과 인류 번영을 인생의 최대 과제로 삼아오신 대구한의대학교 명예총장 변정환 옹!

사회 각 분야에서 그 어른이 남기신 수많은 공적은 시대의 귀감이자 표본이 되시고 남음이 있다. 그러한데도 한 가지 나를 만나 의논하고자 하는 것은 망백(望百)을 넘기시기 전에 손수 조상님들에 대한 자손으로서의 효를 다하기 위함이셨다. 어느 자손이건 조상에 대한 효도의 마음이 다하겠느냐마는 명예총장님의 효성의 깊이는 지금껏 내가 만난 분들과는 너무도 달랐다. 우선 풍수지리 학문에 대한 깊은 지식과 혜안이 계셨다. 선산 마련을 위하여 수많은 산천을 함께 다니면서 지칠 줄 모르는 근력에 놀랐고, 동서양을 넘나드는 철학적 사상과 고금을 함께하는 오묘한 이치를 확연히 꿰뚫고 계심에 탄복했다. 과현미(過現未)를 섭렵하는 천인지의 합일적 종교관은 너무도 섬세하고 투철하여 경이로웠다.

그는 인간적 배려와 겸손함을 삶의 철학으로 삼았고, 국가 사회 인류의 구원자가 되기 위해 진력하는 분이셨다. 이러한 선지식을 만난 것이 내 일생 최대의 수확이고 성취다. 맑고 청정하고 밝고 광명하여 거짓없이 진실하였고 착하고 아름다운 선업장으로 자비와 은혜를 베풀어가시는 언제나 변함없는 선지자, 향산 변정환 선생! 이 선지식과의 만남은 나의 소망이었으므로 향산 선생이라는 선지자를 만난 것은 분명 행복이다.

수행 실천이 빛을 얻어 진정한 평온이 시작된 지금, 천지신명께 감사드리며 나의 선지식 변정환 어른께 깊은 존경을 올린다.

내가 본 변정환 명예총장님

황춘목
대구한의대학교 교직원

변정환 명예총장님을 한 단어로 정의하기는 쉽지 않은 일이다. 그러나 그분을 잘 보여줄 수 있는 어휘를 꼽아 가까이서 뵌 시간을 복기해 보고자 한다.

내가 본 변정환 명예총장님은 근면, 검소, 실천, 일의 확인과 격려, 건강, 온화한 성품의 상징이라고 할 수 있다. 몇 가지만 이야기하면 다음과 같다.

명예총장님은 근면 성실하시다. 지금은 시대의 흐름에 따라 외부 용역업체에서 당직을 서지만 초창기에는 직원이 번갈아 당직을 섰다. 문제는 명예총장님께서는 항상 일찍 출근하셔서 모든 직원이 늘 긴장하고 당직을 섰다는 것이다. 어느 겨울의 일이다. 좀처럼 눈이 오지 않는 경산이지만 그날따라 눈이 왔다. 밖을 보니 차도 올라오지 못할 정도의 상태라 마음을 놓고 자고 있었다. 그런데 새벽에 문을 두드리는 소리가 들려 나가보니 벌써 걸어서 올라오셨다. '낮이나 밤이나' 책의 제목처럼 낮밤이 없을 만큼 항상 부지런히 움직이셨다.

명예총장님이 항상 일찍 나오시니 직원 사이에서는 먼저 도착해서 대기하자는 의견이 나왔다. 그러나 30분 정도 일찍 가도 명예총장님께서는 우리보다 일찍 오셔서 기다리고 계셨다.

명예총장님은 검소하시다. 개교 직후에는 학생 수가 적고 예산도 많지 않았다. 이 때문에 학교의 보도조차 공사업체에 맡기기 쉽지 않았다. 이때 명예총장님께서는 직접 굴착기, 덤프트럭을 사셨고, 운전기사를 채용하여 도로 개설을 진두지휘하셨다.

대학본부에서 1호관으로 가는 도로를 포장할 때에는 바닥이 고르지 않아 공사에 어려움이 많았다. 명예총장님께서는 직접 산에서 돌을 주워 오신 후 움푹 팬 곳을 채우셨다. 이를 본 직원과 인부는 차마 따르지 않을 수 없었다. 요즘 말로 한 땀 한 땀 만든 길을 보면 상전벽해를 실감하게 된다.

지금이야 건물마다 정수기가 설치되어 있지만 개교 직후에는 수돗물이 들어오지 않았다. 지하수를 구하고자 굴착했지만 수맥이 없고 석회질이 많아 음용수나 생활용수로 쓰기에는 적합하지 않았다. 그러다가 1995년 말, 수도가 인입되어 각 건물에 층별로 수도를 놓자고 담당자가 보고했다. 명예총장님께서는 화장실에서는 저수지의 물을 공급하고, 건물마다 수도가량을 설치하라는 지시를 하셨다. 2020년까지 화장실 용수로 저수지 물을 사용한 것을 수도요금으로 환산하면 누적 요금이 약 38억 원에 이른다. 물의 소중함을 아시는 데다, 물 확보에 어려움을 겪으셨으며 근검절약이 몸에 베인 지혜라 하겠다.

명예총장님은 실천력이 뛰어나시다. 우리 팀은 수목을 심거나 토목 등 힘들고 험한 일을 할 때가 많다. 명예총장님께서는 그 험한 일을 그저 보고 계시지 않으셨다. 항상 먼저 나서셔서 직원과 일을 하시니 덥고 추운 날에도 열심히 하지 않을 수가 없다.

사회활동을 많이 하시고 각종 행사와 여행 등으로 견문이 넓으신 명예총장님께서는 무엇을 해야겠다고 마음먹으면 바로 지시를 내려서

698

행하라고 하신다. 좁은 소견의 우리는 말씀대로 하면 될 것 같기도 하고, 안 될 것 같기도 하여 망설인다. 때로는 준비가 되지 않아 당황한 티를 내기도 한다. 그러나 명예총장님께서는 결국엔 일이 성사되도록 끝을 보신다. 어떤 일이건 일의 어려움이 있지만 하면 된다는 신념으로 해보면 일이 된다는 것을 알고 계신 덕분이다. 어느새 우리도 감화한 덕분인지 "해보자"는 말을 자주 하기에 이르렀다.

일을 확인하고 격려하신다. 아침에 어떤 일을 지시하시면 오후에는 반드시 오셔서 직접 확인하신다. 이에 더하여 내일 할 일까지 준비 상태를 확인하시니 일을 하면서 게으름을 피울 수 없고 열심히 하지 않을 수가 없다. 일이 끝났을 때는 일이 크거나 작거나 관계없이 어떤 직원이나 인부에게도 소홀함이 없이 온화한 웃음으로 수고한 인부들에게 격려와 함께 식사라도 하라고 격려금을 주시는데 이 또한 한 번도 어김이 없으니 존경하지 않을 수 없다.

명예총장님은 건강을 잘 유지하신다. 지금도 정정하시니 과거에는 어떠하셨을까! 직원들이 산을 오르다 보면 명예총장님을 따라 잡지 못하는 일이 다반사였다. 식목일에는 젊은 직원보다 빠른 걸음으로 산에 올라가시니 직원 사이에서는 행사를 주관하는 팀장은 사전에 식목 장소에 도착해서 기다리고 있어야 된다는 농담 아닌 농담까지 전하고 있다. 한창 일하실 때는 새벽 4시부터 밤 12시까지 항상 바쁘셨는데 이 또한 건강이 뒷받침되지 않고는 수행할 수가 없으리라.

명예총장님은 언제나 온화하시다. 항상 얼굴에 미소를 품으신 명예총장님! 당신께서는 누구를 만나시더라도 편안한 얼굴로 만면에 미소를 지으면서 맞이해 주셨다. 외부의 귀빈께도 시설관리팀의 직원에게도, 잡일을 하는 인부에게도 한결같이 온유돈후한 웃음으로 대해 주셨던 그 모습을 떠올리면 나도 모르게 그분께 자애가 어떤 의미인지를 생각하게 된다. 그리고 무엇보다 그 온화한 미소가 오랫동안 우리 곁에 감돌기를 빌어 마지않게 된다.

제4부

향산 변정환 선생
평전

향산 변정환 선생의 생애

장호병*

향산 변정환 박사는 한의학 분야에서 전인미답의 의사이자 학자요 교육자다.

그는 일제강점기인 1932년 7월 22일(음 6월 12일) 경북 청도군 이서면 흥선리에서 부 변수삼 님, 모 우소월 님의 3남 2녀 중 둘째 아들로 태어났다. 한의사이자 한학에 조예가 깊었던 조부 고산공 변석영 님에게 한문 공부를 시작하였다.

일제가 우리말과 우리글을 사용하지 못하게 하는 등 민족말살통치가 극에 달하고 있을 때 손자를 당시 제도권 초등학교에 취학을 권해야 할지 말아야 할지 고심이 컸던 조부는 극일을 위해서는 손자가 신문물을 배워야 한다고 결론을 내렸다.

천자문과 동몽선습, 명심보감 등을 떼고 7살 때 청도 이서공립국민학교에 입학한 손자에게 조부는 지속적인 한학 공부를 통하여 하늘의 이치와 인간의 도리에 대하여 엄격히 훈육하였다. 12세 때 정신적 지주

* (사)한국문인협회 부이사장

이자 스승인 조부가 별세하였다.

약재 생산과 채취를 주업으로 하면서 조부를 성심으로 모셨던 선친은 조부가 돌아가시자 낮에는 농사일을 하고 탈상을 할 때까지 산소 근처 움집에서 산소를 돌보고 공양을 올리며 3년 동안 시묘살이를 하였다. 해방 후 조부의 묘를 선산으로 이장하였을 때도 선친은 3년 동안 시묘를 하는 등 생시에 봉양해왔던 효를 그대로 실천하였다.

향산은 후일 채식주의자가 된다. 조부로부터 배운 도(道)와 덕(德)의 사상은 학문적 바탕이 되어 자연의 순리에 따라야 한다는 소신에 따라 대자연 운동을 주도하게 된다. 또한 오늘의 성장 뒤에는 하늘같이 높은 부모의 은덕이 있었음에도 생전에 좋은 음식으로 극진히 부모님을 봉양하지 못한 죄스러움 때문이기도 하다. 대를 이은 효심을 읽을 수 있다.

앎과 삶이 다르지 않은 향산을 두고 사람들은 조부로부터 배운 하늘의 이치와 인간의 도리 그리고 선친으로부터는 몸소 실천하는 삶을 지켜보면서 미덕으로 쌓은 결과라고 말한다.

조부의 별세는 어린 소년에게 매우 큰 충격이었다. 그러나 가르침은 더욱 선명하게 다가왔다.

"불위양상(不爲良相)이면 영위양의(寧爲良醫)라."

조부는 소년에게 어진 재상이 되지 못할 바엔 훌륭한 의사가 되어 사람들에게 인술을 베풀라고 당부하였고, 오늘날 향산이 이룬 성취는 대부분 조부의 유지를 이은 결과이리라.

국내는 물론 세계 최초로 한방병원을 설립하고, 한의학을 체계적으로 연구하고 후진을 양성할 수 있는 한의과대학을 설립하여 한의학을 학문적으로 세계만방에서 인정받기에 이른 성취만 보면 그의 인생행로는 뚝심으로 이루어낸 빛나고 화려한 업적이라 하지 않을 사람이 없다.

그러나 그 과정은 형극의 길이었다.

　누가 소원을 물으면 향산은, "나의 소원은 한의학의 발전이오." 할 것이고, 그다음 두 번째 소원을 물으면 역시, "한의학을 위하는 일이오." 또 세 번째 소원을 물어온다면, "한의학을 세계화하는 일이오."라고 대답한다고 했다. 그 소원은 숨이 끊어지는 순간까지도 변함이 없다고 했다.

　한의학 분야에 몸을 담고 있는 많은 사람들의 답도 이를 크게 벗어나지 않을 수 있다. 다만 소원을 실현하기 위해서는 맨발로 가시밭길을 걸을 용기가 있어야 한다. 그 길은 한순간으로 끝나는 것이 아니라 평생 걸어야 할지도 모른다. 굳센 의지의 각오와 투철한 사명 의식이 없다면 애초에 시작도 할 수 없는 일이다. 많은 사람들이 소원하는 바이나 실행에 옮긴 이는 흔치 않으며 향산뿐이다.

　훌륭한 한의사가 많았으나 향산은 실로 허준이나 이제마를 잇는 한의학의 큰 별이라는 데 동의하지 않을 이가 거의 없다. 일제강점기와 해방 공간에서 신학문의 도입으로 우리 의료계는 서구 의학 체계가 급속히 외연을 넓혀나가고 있었다. 신식 교육을 받은 이들은 서구 의학을 선호하게 되고 한의(漢醫)는 학문적 체계가 미흡하다고 여겨온 게 사실이다.

　서구 의학은 해부 병리학을 기본으로 하여 신체 기관의 위치와 공간의 배치 체제에서 각론적 증상을 파악하고 치료한다는 점에서 분절적이라 하겠다. 효과 또한 즉각적이라 볼 수 있다.

　한의학은 기(氣)를 기본으로 지속을 중시한다. 그렇다고 한의학이 직관에만 의존하는 것은 아니며 분절 체계를 소홀히 하지도 않는다. 한의학의 분절은 기관보다는 상호 관련 기능에, 자리보다는 흐름의 길에 무게 중심을 둔다. 한의학에서 해부도는 조잡해 보일지도 모르지만 경맥의 흐름을 그린 그림은 정교하다. 서양의학이 점/자리를 집요하게 추적하는 자리의 철학이라면 한의학은 길/계열을 집요하게 추적하는 길의 철학이다.[1]

일제강점기 각 분야에서 신학문의 도입이 선풍적 관심사일 때 의료계 역시 서양의학을 눈여겨보게 된다. 보건의료 체계 역시 한의학은 보조 내지 대체 의학으로서 명맥을 이어갈 뿐 서양의학 체계로 급격한 변화가 일어났다. 무엇보다 교육체제가 새로운 변화를 불러왔다.

한의학이 보건진료 체제에서 변방으로 밀려나고 있었다. 이런 와중에 향산은 학문적 체계를 공고히 하고, 보건의료 진료체계의 제도권 진입을 적극적으로 시도하는 한편 후학 양성에 기치를 내걸고 차근차근 실행에 옮겨 나갔다. 그의 이런 불굴의 의지와 도전 정신을 높이 사지 않을 수 없다.

향산은 한의학이 변방으로 밀려나고 있는 절체절명의 위기의식에서 한의학 중흥을 위하여, 첫 번째 한의학의 발전은 훌륭한 한의사를 양성하는 육영사업이고, 두 번째 한의학을 위하는 일은 한의학으로 국민보건에 기여하는 일이며, 세 번째 한의학을 세계화하는 일은 한의학으로 세계 인류복지 향상에 기여하는 일이라고 정의를 내리고 하나하나 실행해 나간다.

허준이나 이제마 시대의 한의학은 다른 대체 수단이 없었다. 오로지 학문적 체계와 진료와 치료를 위해 노력하면 되었지만 향산의 시대에는 서양의학의 협공이라는 거대한 파고를 넘어야 하는 난관을 돌파해

---

1 이정우, 『가로지르기 – 문화적 모순과 반담론』, 민음사, 1997, 72쪽.

나가야 했다.

세계 최초로 한방병원을 설립하여 개원하는 일이나 한의과대학을 설립하여 후진 양성을 도모하는 일은 한의학을 학문적으로 체계화하고 세계화하려는 시대적 소명의식이 없이는 꿈도 꿀 수 없는 일이었다. 향산의 가슴에는 이미 실행으로 옮기려는 열정으로 불타오르고 있었다.

향산은 어느, 누구도 밟아 보지 못한 가시밭길을 스스로 택했다는 점에서 한의학 분야의 전인미답 우뚝한 별이라 할 수 있다.

향산 변정환 박사가 맨주먹으로 세계 최초의 한방병원 제한한방병원과 세계 최대의 한의과대학을 건립하기까지는 단순히 타고난 행운만으로는 불가능한 일이다. 그의 불굴의 의지와 성공에 대해 많은 사람들이 불가사의한 일로 이해하겠지만 필자는 향산 선생에게 갖추어진 필요충분조건의 당연한 결과라 여긴다.

향산의 업적은 학계에서나 한의학계에서 크게 다루어져 왔고, 또 동시대를 살아가는 사람들이 입에 침이 마를 정도로 칭송하고 있다. 본고에서는 그의 경이적인 열정과 에너지는 어디에서 왔는지, 그리고 그의 철학을 관통하는 사상을 살펴보는 것으로 평전을 진행해 나가고자 한다.

1. 나라사랑 정신을 몸소 익히다

향산 변정환 박사의 출생 연도는 대한제국이 일제에 강제 병합되지 않았다면 융희 26년(서기 1932 壬申年)이다. 나라를 빼앗긴 지 22년이 되던 해다. 대한제국이 지도상에서 사라진다고, 나라님이 바뀐다고 민초들의 삶에 무슨 큰 변고가 있을까 생각할 수도 있다. 그러나 사람들에게는 하루하루 삶을 이어가는 일이 말할 수 없는 고통의 나날이었다. 내 땅에서 허리가 휘도록 밤잠 설쳐가며 거둔 것을 두 눈 뻔히 뜨고 일제에 빼앗겼다. 혈육을 빼앗기면서도 팔려 가는 송아지 앞의 어미 소처럼 서러운 눈망울로 삭여야 했다.

일제는 놋그릇, 놋대야, 수저, 농기구와 사찰의 종까지 무기를 만들기 위해 빼앗아갔다. 항공유를 추출하기 위하여 우리 강산의 큰 소나무들은 난도질당했고, 국민학생들조차 관솔을 수집하도록 강요받았다.

총칼로 조선인들을 위협하는 것이 능사가 아님을 깨달은 일제는 조선인도 일본인처럼 황국신민임을 내세우면서 내선일체의 문화정책을 들고 나섰다. 하지만 일본어를 국어로 교육하였고 조선어는 사용할 수조차 없었다.

국민학교 아이들은 '국어 사용표'라는 카드를 열 장씩 나누어 받고 조선말을 사용하다가 들키면 한 장씩 빼앗겼다. 이 카드를 가장 많이 가진 아이의 국어 성적은 '우'가 되었다. 또래 친구들끼리도 감시의 눈을 떼지 못하게 한 것이다. 마침내 성도 빼앗겼다. 향산의 집안에서는 17대조 할아버지의 아호 춘정(春亭)에서 첫 자를 따 춘산으로 성을 바꾸었다. 그의 이름도 하루야마테에칸(春山廷煥)으로 불리어야 했다.

일제는 침략 전쟁을 확대하면서 광산, 군수품 공장, 비행장 건설 등에 강제노역으로 우리의 노동력을 착취하였다. 1945년 향산도 초등학교를 갓 졸업하고 '전시비상대책 소년청년단'으로 징집되어 동촌비행장 격납고와 방공호에 고인 물을 퍼내야 하는 강제 노동에 시달렸다. 소금 뿌린 주먹밥으로 굶주린 배를 채웠다. 일제의 만행이 무자비해질 수록 일본이 머지않아 패망할 거란 말이 입소문으로 나돌았다. 향산도 강제노역이 무의미하게 일제를 돕는 일이라 판단하여 일제의 전쟁 도구가 되느니 탈출해야겠다고 결심했다. 기회를 엿보다가 8월 8일 깊은 밤 보초들의 감시망을 뚫고 배수구를 통해 간신히 탈출하여 청도 본가에 숨어들었다. 순사와 마을 사람들의 눈에 띄지 않게 일주일 동안 다락에서 숨어 지내던 중 광복을 맞았다.

조부는 일제와의 7년간 송사에서 마침내 이겼으나 가산탕진으로 남은 것은 빚뿐이었다. 광복 1년을 앞두고 정신적 스승이었던 할아버지 고산공 변석영 님이 향년 66세로 타계하셨다. 당시 향산은 12살이었다.

이서공립보통학교를 졸업하였으나 가난으로 중학교에 진학하지 못하고 해방 후 '흥인당 서당'에서 3년간 한문공부를 계속하였다. 17살이 되던 1947년 곤궁한 가정 형편으로 중학교가 아닌 화양고등공민학교에 입학하였다. 이듬해 6.25 발발로 형은 보도연맹가입자로 되어 있어 경찰에 끌려가 억울한 죽음을 당했다. 향산은 8월 25일 학도병 1기로 육군에 입대하였으나 몸에 옴이 옮아 의병제대 후 화양고등공민학교에 복학하였다.

"불위양상(不爲良相)이면 영위양의(寧爲良醫)라" 말씀하시던 조부의 교훈을 한시도 잊은 적이 없다. 어린 시절부터 뼈에 사무치게 나라 잃은 설움을 몸소 느꼈기에 향산은 다시는 이 땅에 이런 불행이 와서는 안 된다고 굳게 다짐한다. 그의 애국관은 단순히 누가 가르쳐서라기보다 나라 없는 서럽고도 긴 암흑의 터널을 몸소 뼈저리게 건너오면서 자연스럽게 형성된 것이었다.

나라를 위해, 겨레를 위해 이 한 몸 던진다는 각오를 새롭게 다졌다. 그것은 자신의 분야에서 최선을 다하는 일이라고 결론을 내렸다.

2. 한의학도의 길을 택하다

향산 소년은 화양고등공민학교를 졸업하고 청도군 이서면 면서기로 호적업무를 맡아 근무하다가 중학교 졸업 학력인정 시험을 거쳐 대구 영남고등학교에 입학했다. 나이 20살이었다. 2학년이 되어 자취하기 전까지 1년 동안은 고향 집에서 새벽 3시에 집을 나와 학업을 마치고 귀가하면 밤 10시가 넘었다. 등하굣길 내내 뛰다시피 하였건만 지각을 하거나 자정을 넘기기 일쑤였다. 오늘날까지 튼튼한 체력을 유지할 수 있는 것은 그때 들길과 산길 100여 리를 매일 뛰고 달린 덕분일 것이다.

고학의 고등학교 시절을 끝내고 대학진학을 앞두었다. 지금의 경희대학교 한의대의 전신인 서울 동양의약대학에 관심을 두고 있었으나 집안 형편을 염려한 아버지의 뜻을 거스를 수 없어 대구사범대학의 합격증을 받아둔 상태였다. 할아버지의 "불위양상(不爲良相)이면 영위양의(寧爲良醫)라"는 말씀이 떠올라 고민에 고민을 거듭했다. 마침내 부친에게 동양의약대에 시험이나 한번 쳐보게 해달라고 간청했다. 시험에 떨어지면 사범대에 다니겠지만 합격하여 입학만 시켜주면 2학기부터는 막노동을 해서라도 혼자 해결하겠다고 결심을 밝혀 허락을 받아냈다. 한의사가 되는 것은 숙명이었는지도 모른다.

뜻이 있는 곳에 길이 있다는 말이 있듯이 향산은 당대 최고의 한학자인 청명(靑溟) 임창순(任昌淳) 선생을 은사로 사사할 수 있었고, 한의학도의 길에서 진정한 동지이자 후일 경희대학교 한의과대학장이 된 김완희 선생을 만나게 된다. 그리고 조부에게 배운 한문을 손에 놓은 적이 없기에 청명 선생 문하에서 고문헌을 번역하면서 주역에 심취할 수 있었다.

의료시설과 의사가 턱없이 부족한 시절이어서 친구와 하월곡동에 골방을 세내어 한두 첩의 약재나 침으로 간단히 나을 수 있는 환자를 진료하였다. 뜻밖에도 문전성시를 이루었다. 학업의 단계에서 부족한 임상실험의 기회가 주어졌고, 쉽지 않았던 데이터를 축적할 수 있었다. 그리고 약간의 수익으로 생활비를 해결하는 일거삼득이었다.

한방에서는 1침, 2뜸, 3한약이라는 말이 있듯 침은 한방의 꽃이라 할 수 있다. 향산은 위 복통이 일어났을 때 자기 몸에 스스로 침 시술을 통해 효과와 반응을 확인하였다. 혈자리와 침의 효과와 반응에 대해 가장 정확하게 깨우칠 수 있는 것은 자신에게 직접 시술해보는 것이 지름길이라는 것을 알고 꾸준히 실습 대상을 자신으로 삼았다. 한의사 중에는 드물게 중풍 치료를 위해 환도혈 자리에 길이가 13.5cm나 되는 대침을 사용한다. 70년 지기인 김완희 박사를 비롯하여 그를 아는 많은 한의사들이 신침(神鍼)이라 입을 모은다. 조부가 동의보감 책자에 원문보다 많은 임상경험을 적어 놓은 메모가 큰 도움이 되었다고 향산은 후일 술회한다.

'회춘의학연구소'라는 간판을 내걸고 한의학의 과학화와 세계화의 신호탄을 띄운 셈이다. 한의학 연구와 실험 대상을 자신으로 할 수밖에 없어 한계에 부딪혔을 때 환자와 접할 기회가 생긴 것이 무엇보다 큰 보람이었다. 그 결실은 향산이 한의사로서의 명성을 얻는 데 크게 일조하였다. 이때부터 그의 침술은 효험이 뛰어나 인근으로 소문이 퍼져나갔고 마침내 신침으로 통하기 시작하였다.

한의학을 공부하면서 향산에게 떠나지 않는 의문이 하나 있었다. 공부를 하면 할수록 한의학은 우리 산천에서 나는 생약재로, 우리의 의료지식이 쌓여 수천 년 동안 전승해오는 민족의학이라는 사실을 새삼 깨달았다. 그런데 우리의 의학을 왜 한의학(漢醫學)이라 말하고, 의사는 한의사(漢醫師)라 일컫느냐 하는 점이었다. 굳이 접두어 한(漢)을 써야 할 이유가 없는 일이었다. 중국의 약재를 쓰거나 중국인 의사도 아니요 중국인을 치료하는 것도 아니지 않는가.

일제가 들여온 양의를 의료 표준으로 삼으면서 굴러들어온 돌이 박힌 돌을 뽑아내듯 접두어 한(漢)을 붙여 우리의 민족의학을 변방으로 내몬 것이다.

일제가 물러가고 나서도 제도나 용어는 이미 고착되어 한의학을 의학이라 고집할 수도 없을뿐더러 이미 의료의 표준은 세계적으로 양의로 재편되고 있었다. 이 상태로 나간다면 한의학은 벼랑으로 내몰리고 결국 쇠퇴의 길로 들어설 수밖에 없다는 것을 절실히 깨달은 향산은 이런 상황을 타개하기 위해서는 한의학의 과학화 체계화 세계화뿐이라고 진단한다. 이를 구체적으로 실현하기 위해서는 인재를 모아 체계적으로 교육하고 학문화하기 위한 공적인 네트워크가 필요하다고 느낀다.

3. 한의학의 전문화 과학화 세계화에 매진하다

향산은 한의사국가고시에 합격, 보건사회부장관으로부터 한의사면허를 받아 꿈에도 그리던 한의사가 되었다. 고향 청도에서 신침으로 이름을 얻었던 조부의 유지를 받들어 '회춘의학연구소'의 꿈을 펼쳐보려 했다. 그러나 보다 큰 무대가 필요했다. '회춘의학연구소'를 통해 마련한 자금을 종잣돈으로 1959년 12월 6일 대구 봉산동 152번지 2층집 사글세를 얻어 '제한의원(濟漢醫院)'을 개원했다.

향산은 제한(濟韓)에, 중국의 전통의학이 아니라 대한민국의 전통의학 한의(韓醫)로 우리 국민은 물론 세계인을 진료하고 구제하겠다는 굳은 의지를 담았다. 그리고 이후 일생에서 향산에게 제한은 분리할 수 없는 등식으로 항상 따라다녔다.

늘어나는 외래환자의 수용과 한의학의 과학적 연구를 이어 나가기 위해서는 공간이 너무나 협소하였다. 1961년 10월 개원 2년 만에 봉산동 148번지 대로변으로 확장 이전하였다. 1964년 병원 이름을 '제한한의원(濟韓韓醫院)'으로 바꾸고 현대적 병원경영과 인사관리제도를 도입하는 계기로 삼았다. 새 원명에는 한의학의 전문화 과학화 세계화를 향한 향산의 야심 어린 꿈이 들어 있었고, 그것은 종합병원 설립을 위한 기초를 다지는 신호탄이었다.

17평에서 125평으로 규모가 커졌음에도 여전히 공간은 부족하였다. 더구나 도로 확장으로 현 위치에서는 더 이상 넓힐 수도 없어 큰 꿈을 펼칠 수 없다고 판단한 향산은 도보로 고등학교를 통학하던 시절의 수성못, 신천의 자연경관이라면 의사들의 진료와 환자들의 치유 환경으로는 적격이겠다고 판단하였다.

종합한방병원의 부지를 물색하던 향산은 수성구 상동 165번지 3천 평 규모의 땅을 구입할 수 있는 행운의 기회를 잡았다. 세계 최초의 한방병원 부지로 손색이 없는 땅이었다. 향산도 한의학 연구를 위한 학술적 소양을 심화할 목적으로 이미 경희대학교 한의과대학 석사과정을 이수하는 중이었다.

대지 3천 평 규모의 종합한방병원은 건축가들이 대거 현장을 답사하고 설계도를 제시하였다. 향산의 마음을 움직인 설계는 후당 김인호 건축가의 작품이었다. 후당은 대구뿐 아니라 전국을 무대로 건축 활동을 펼치고 있는 이름난 건축사였다. 대구문화예술회관, 대구시민회관, 경북실내체육관, 경북대 대강당, 대전 충무실내체육관, 춘천 리오관광호텔 등의 수많은 작품을 남겼다. 서울 잠실운동장 잠실야구장은 그가 심혈을 기울인 지명 현상설계 당선작이다. 전통의학의 특색을 살린 건축미가 현대적 자재로 표현된 김인호 건축가의 설계는 세계 최초의 종합한방병원이라는 향산의 야심찬 의도를 반영하기에 충분하였다. 당대 최고의 건축가와 호흡을 맞춘 셈이다.

　연인원 18,900명이 투입되어 21개월의 공사가 진척되면서 '제한한방병원(濟韓韓方病院)' 개설을 신고하여 경상북도지사로부터 병원개설 신고필증을 발급받았다. 의료법상 국내 최초의 인가된 종합한방병원인 것이다. 향산은 일찍이 한방도 양의학계의 과학적 진료방식을 수용해야 한다고 생각을 굳혔다. 병원 경영과 관리 또한 합리적 제도의 기반 위에서 운영을 도모하였다.

　개원 당시 3개의 진료실과 18개의 입원실, 21개 병상을 마련하고 수술 및 수술 준비실, 검사실, 약제실, 급식시설 등을 갖춘 초현대식 한방병원이었다. 응급환자를 위한 24시간 진료체제, 전염병 환자를 위한 격리병동까지 여느 종합병원과 비교하여도 손색이 없었다. 세계 최초의 종합한방병원 준공식에는 1,800여 명의 내외 귀빈이 참석해 축하하였으며, 방송국 전속 경음악단이 행사 내내 아름다운 선율의 음악을 연주하면서 준공식은 매우 성대하게 치러졌고 개원 소식은 전국적으로 주요 뉴스가 되어 병원의 위상은 한꺼번에 올라갔다.

　그러나 복병이 나타났다. 예상하지 못한 바는 아니나 양의사들이 '한방병원' 명칭 사용 문제로 시비를 걸었다. 당시 의료법 제8조 의료기관의 종별은 종합병원, 병원, 의원, 치과병원, 치과의원 및 한의원으로 구분한다는 규정에 따라 한방병원은 법으로 규정된 의료기관의 종별에 해당하지 않는다는 이유였다. 의사단체는 보건사회부와 경상북도 보건당국에 병원 허가 경위를 따지는 등 명칭 변경을 요구해 왔다. 이런 복잡한 외부적 상황과는 달리 병원 내부적으로는 꾸준한 성장세를 보였다.

그럼에도 병원이 한의학의 학문적 연구의 기능을 소화하기에는 무리라 판단한 향산은 오랜 기간 준비해왔던 재단법인 제한동의학술원(濟韓東醫學術院) 설립을 실행에 옮겨 1971년 10월 25일 설립허가증을 손에 쥐었다. 의도중흥에 입각하여 한방의 과학화와 세계화로 국민보건향상에 관한 제반 문제를 연구하고 결과를 실용화하기 위한 보폭을 넓히려는 시도이자 평소 신념을 실천하기 위한 토대를 마련하기 위해서였다.

향산은 명칭 문제로 시비가 있은 후 보건사회부에 지속적으로 의료법 개정을 강력히 요구하여 마침내 1973년 의료법 개정안이 통과되었다.[2]

'제한동의학술원'이 개설한 제한한방병원을 개원하고 3년 만에 합법적인 한방병원이 세상에 모습을 드러낸 것이다. 변정환 원장은 세계 최초의 한방병원 개원에 머문 것이 아니라 한국의 의료법, 특히 한의학과 관련한 불합리한 문제점을 법적으로 정리한 성과를 보여 민족의

---

2 의료법(법률 제2533호, 시행 1973.8.17. 전부개정 1973.2.16.)
  제3조 (의료기관) ② 의료기관의 종별은 종합병원 병원 치과병원 한방병원 의원 치과의원 한의원 및 조산소로 나눈다.
  ④ "병원" "치과병원" 또는 "한방병원"이라 함은 의사 치과의사 또는 한의사가 각각 의료를 행하는 곳으로서 입원환자 20인 이상을 수용할 수 있는 시설을 갖춘 의료기관을 말한다. 다만 치과병원의 경우에는 그 입원시설의 제한을 받지 아니한다.
  이 외에도 제30조 (개설) ②항 ④항에 한방병원을 추가 명기하였다.

학 한의학이 발전할 수 있는 여건을 완벽하게 만들어 낸 인물로 평가받는다.[3]

　제한동의학술원은,

1. 동양의학과 서양의학의 비교 연구
2. 한의학 발전과 과학화에 관한 연구
3. 예방의학에 관한 연구
4. 육영(育英) 자선(慈善) 및 도덕사업에의 출연(出捐)
5. 제한한방병원 및 부속의료기관의 유지 경영
6. 위 각항에 부속되는 일체의 연구 및 사업

등을 목적사업으로 정하였다.

　한의학 교수들을 학술위원으로, 사계의 권위 있는 한의사들을 연구위원으로 참여하게 하여 한의학의 심오한 이치를 학문적으로 계발하고 연구 성과를 실용화하고자 학술논문집을 통해 소개하였다. 1973년 5월 28일 학술논문집《제한(濟韓)》창간호를 발간하였다. 이후 전국적으로 우수한 한의학 관련 논문이 게재되어 한의학을 학문적으로 정립하는 데 큰 역할을 하였다. 변정환 이사장은 창간사에서 '물질문명의 극치에서 정신문명에로의 전환을 맞는 시점에서 동양철학을 배경으로 한의학을 과학화 세계화하여야 한다'고 천명하였다.

　1976년 9월 30일《제한》은 통권 제3호부터《황제의학(黃帝醫學)》으로 제호를 바꾸어 발행하였다. 권두언에서 '동양의학의 세계화를 향해

---

3 대구한의대학교, 『大邱韓醫大學校建學60年史』, 113쪽.

비극태래(否極泰來)의 여명(黎明)도 감수(甘受)'를 통해 《제한》지(誌)의 방향과 체제를 보완해서 보다 실질적으로 학술연구와 대화의 광장으로 사계에 다각도로 기여하고자 새 제호로 출범한다고 밝혔다.

《황제의학》은 통권 10호까지 발간되다가 1979년 6월 30일 《동서의학(東西醫學)》으로 제호를 바꾼다. '동양의학이 세계의 의학을 향한 전위(前衛)로서의 사명과 역할을 감안, 동·서의학의 격합(隔合)과 협력을 선도적으로 고무 격려해야 할 당면한 시대적 요청에 부응'하고자 함을 다짐한다.

《동서의학》은 2023년 현재 48권 1호(통권 155호)까지 발간되면서 한의학계의 종합학술지로서의 우뚝한 자리를 지키면서 한의학의 질적 성장과 양적팽창을 견인하였다. 1980년 대구한의과대학 설립을 위한 디딤돌이 되었음은 누구도 부인할 수 없다.

제한동의학술원 이사장을 맡은 향산은 1995년부터 별도의 논문집을 발간하는가 하면 국내 국제 학술대회를 개최하면서 한의학의 과학화와 세계화에 기여하였다.

한때 신침으로 명성이 높았던 향산은 1973년 9월 24일 서울에서 개최된 세계침구학술대회장을 맡았다. 100여 편의 논문이 발표되었고 침구학뿐만 아니라 약물요법까지 총망라하여 한의학은 세인들의 큰 주목을 받았다. 한국의 침구 기술은 물론 한방의 효능과 우수성을 널리 알리는 계기가 되었다.

향산은 한의학의 국제교류를 통하여 한의학이 각 민족 또는 나라의 전통의료와 무관치 않음에 주목하게 된다. 공통점과 차이점을 찾아낸 것이다. 일본은 양의를 표준으로 하면서 기존의 전통의학을 한의(漢醫), 중국에서는 국의(國醫), 자유중국에서는 중의(中醫), 북한에서는 동의(東醫), 태국에서는 민의(民醫), 인도에서는 토착의학(土着醫學), 호주 등지에서는 전통의(傳統醫)로 부르고 있다.[4]

1976년 국제동양의학학술대회 석상에서 향산은 우리의 고유한 전통 민족의학을 굳이 일본의 예를 따라 한의학(漢醫學)으로 칭할 것이 아니라 주체성을 살려 동의학의 종주국으로서의 위치에 걸맞게 한의학(韓醫學)으로 명명할 것을 주창하였으나 연 3일간의 속개에도 결론이 나지 않았다. 세계인의 학문을 왜 왜소하게 한(韓)으로 국한시키느냐는 이유였다. 오늘날 한의학(韓醫學)으로 자리 잡게 된 것은 "한(韓)은 우리의 국명이요, 우리 민족의 상징이며 배달의 혼이 담긴 말'이기" 때문이라는 향산의 끈질긴 설득과 호소 덕분이라 하겠다.

4. 한의과대학을 설립하여 후학을 양성하다

이제까지 한의학은 도제식 혹은 가업으로 수천 년 동안 전승되어 왔다. 의가(醫家)마다의 경험에 의존하다 보니 적용 기준이 다를 수밖에 없어 임상 데이터의 공개된 축적이 거의 없었다. 더 나은 연구를 진행해 나가려 해도 표준으로 세울 근거가 없어 큰 어려움이 있었다. 한의학의 신비함에는 많은 사람들이 주목하면서도 한의학이 과학적 토대 위에서 진료되는가 하는 점에서는 호응이 부족한 것이 사실이었다.

향산은 한의학도 양의처럼 체계적이고 과학적인 데이터의 기반 위에서 표준화된 교육으로 후학을 양성하는 것만이 벼랑으로 내몰린 한

---

4 변정환, 『韓醫의 脈搏』, 현수사, 1980, 92쪽.

의학을 살릴 수 있는 유일한 길임을 절실히 깨달았다. 한의과대학의 설립이 시급했다.

대구 지역에서 한의과대학 설립의 필요성과 논의는 이미 오래전부터 인구에 회자되어 왔었다. "약령시의 전통을 계승하고 한의학을 발전시키기 위한 노력의 일환으로 한의과대학 설립 추진이 1960년대부터 시작되었다. 그러나 당시 생약 연구의 미비와 한방에 대한 낮은 신뢰도 등으로 여론의 호응을 얻지 못한 채 대구 지역 한의학 관련 분야의 숙원 사업으로 표류하였다.

1971년 대남한의원 여원현 원장과 당시 대한한의사회 경상북도 회장을 맡고 있던 향산이 주축이 되어 한의과대학 설립을 재추진하였다. 한의사들만의 힘으로는 어렵다고 판단하고 경북대학교 영남대학교 계명대학교 한국사회사업대학(대구대학교 전신) 등과 접촉하여 단과대학 설치를 추진하였다. 영남대학교 이선근 총장이 동양의학의 중요성을 인식, 설치 의사를 비쳤다. 설립 추진 임원단은 이효상 재단 이사장과 이선근 총장을 여러 차례 만나 추진 요청을 하였다. 또 1971년 대구 유세장을 찾은 박정희 대통령 후보에게 탄원서를 제출하였으나 끝내 성사되지 못했다.

1978년 보건의 날, 향산은 대통령으로부터 국민포장을 수여받으면서 한의과대학 설립의 꿈을 공고히 다졌다. 대학설립을 위한 포석으로 제2대 통일주체국민회의 대의원에 선출되어 한의과대학 설립을 위한 여론 형성이 실제 설립으로 이어지도록 관계 요로에 적극적으로 소통 채널을 가동하였다. 지역의 기존 종합대학교에 한의과대학 설치를 위한 추진 노력이 지지부진하여 향산은 결국 독자적으로 한의과대학 설립을 추진하기로 방향을 선회한다.

대학설립이 추진위원회의 의욕과 화려한 인맥만으로는 어렵다는 것을 깨달은 향산은 대구한의과대학 설립추진위원회 위원장을 맡고, 또 대학을 유지하고 경영할 학교법인을 먼저 설립하기 위하여 정계 관계 학계의 인사들과 여러 차례 협의를 거치고 한의사들의 협조를 이끌어 냈다.

1979년 5월 9일 창립총회를 열고 법인명을 '제한학원'으로 정하고 사립학교법 제10조의 규정에 맞추어 재산을 출연하고 방대한 구비서류를 갖추면서 한의과대학 설립을 위한 구체적 움직임이 시작되었다. 각고의 노력 끝에 1980년 9월 16일 학교법인 제한학원은 설립 가인가를 받는다.

"대한민국 교육이념에 기하여 인격을 도야하고 건전한 사상을 함양하는 동시에 우리나라 전통적인 한의학의 심오한 이론과 실제적인 응용 방법을 교수 연마하여 민족의학으로 승화 발전시키고 국가와 인류 사회 발전에 공헌할 지도적 인물을 양성함을 목적"으로 하는 한의과대학 설립을 향한 첫걸음이었다. 실로 향산의 창학 뜻이 21년 만에 결실을 보게 된 것이다.

학교법인 제한학원이 설립하고 유지 경영하는 대구한의과대학은 수업연한 6년, 졸업정원 80명으로 1981년 3월 1일 개교하였다. 81학년도 1학기까지는 경상북도 대구시 수성구 상동 164-1에서 학생을 수용하되 81학년도 2학기부터는 경상북도 경산군 압량면 점촌동 75 신축 교사에서 학생을 수용할 수 있도록 한다는 조건부 승인이었다.

경산캠퍼스는 삼성산 자락에 웅비의 나래를 폈다. 배산형국에 비봉귀소형으로 성인군자를 양성할 수 있는 명당이다. 봉황은 수컷인 봉(鳳)과 암컷인 황(凰)을 함께 이르는 말이다.

향산은 대학을 찾아 모여드는 인재들은 물론, 이들을 교육하고 학문 연구에 매진할 교수진, 그리고 교육활동을 뒷받침할 교직원 등 구성원들이 모두 봉(鳳)이거나 황(凰)이라는 믿음을 가진 것으로 보인다.

봉황을 살펴보면 머리는 닭, 턱은 제비, 목은 뱀, 다리는 학, 꼬리는 물고기, 깃털은 원앙, 등은 거북, 발톱은 매의 형상이다. 지상의 서기로운 동물들의 특징을 취한다. 봉황의 몸 각 부분에는 다섯 가지 의미를 담고 있다. 가슴은 인(仁), 날개는 의(義), 등은 예(禮), 머리는 덕(德), 배는 신(信)을 나타낸다고 한다. 또 사람들은 머리는 태양, 등은 달, 다리는 대지, 날개는 바람, 꼬리는 나무와 꽃에 해당하는 의미가 담겨 있다고 믿어왔다. 오색찬란하게 빛나는 몸에 다섯 가지의 아름다운 울음소리를 낸다. 오동나무에 깃들며, 살아 있는 것을 먹이로 하지 않고 천년에 한 번 열리는 대나무의 열매만을 먹으며, 예천의 물이 아니면 마시지 않는다고 한다. 캠퍼스에 오동나무와 대나무를 많이 식재한 연유이다. 원효와 설총, 일연 등 세 성인을 이미 배출한 삼성산의 지형조건과 경관에 맞추어 캠퍼스를 조성하였다.

학문 발전과 인재 양성의 염원을 담은 요람으로서의 대구한의과대학 삼성캠퍼스에서 대학자의 탄생을 간절히 바라는 설립자 향산의 동양학적 사상을 엿볼 수 있다.

설립자 향산은 "평소 학문의 중요성을 온고이지신(溫故而知新)에 두고 주체성 회복을 추구하는 국학을 중시하여 전통적인 한의학 이론을 체계화 세계화하며, 국민보건 향상에 기여하고, 국가의 번영 및 세계 인류의 복지 향상에 이바지해야 한다는 데 뜻을 두었다."[5]

5 위의 책, 134쪽.

학교법인 제한학원은 설립자 향산의 교육철학을 다음과 같이 건학
이념으로 담아냈다.

건학이념

우리나라 전통적인 한의학의 심오한 이치를 개발하고 체계화하여 민
족의학으로서 승화발전시키고 이의 실용화와 양산화를 도모하여 나아
가 의료시혜 확대를 위한 국민의 보건향상에 기여함과 아울러 금세의
총아격으로 각광받는 한의학을 국제적 차원에서 종주국적인 면모를 갖
추고 국위선양에 주도적 역할을 할 인재를 양성하여 수출입국을 뒷받침
하는 원대한 계획 아래 지역사회의 발전과 국가의 번영 및 세계 인류의
복지향상에 기여함을 목적으로 한다.

재단 이사장 향산은 교육법 10조에 규정된 교육의 일반목표와 대학
교육의 목표를 수렴하면서 대구한의과대학의 특수한 성격을 나타내는
3개 항의 교육목표를 왕학수 학장, 그리고 교무 관계자들과 수차례 논
의를 거쳐 설정하였다.

교육 목표

1. 새 시대 새 사회에 부응하는 복지사회 건설의 목표 아래 새로운 교육
   이념을 수립 진작한다.
2. 의도중흥에 입각하여 박애 봉사 정신을 함양하고 학구적이고 양심적
   인 의료인을 양성한다.
3. 성실 근면 정직하며 국가와 민족의 발전을 위하여 헌신할 수 있는
   유익한 지도적 인재를 육성한다.

한의학의 전통을 계승 발전시키기 위해 한의학을 중심으로 한 한방 웰니스를 선도할 인재 양성을 위한 뚜렷한 목표를 가진 대구한의과대학이 대학 문화를 어떻게 정립해 나가야 할지 또한 당면과제였다.

향산은 어디에 있든 학교가 정상 궤도에서 교수와 학생들이 열정을 다해 가르치고 배울 수 있는 면학 분위기를 만들어 나가는 일에 대한 고심에서 벗어날 수 없었다. 그의 열정과 손길 닿지 않는 곳이 없었다. 초대 학장으로 왕학수 박사를 모셔 왔고, 재단 이사장으로서 학문 탐구와 교육활동을 위한 캠퍼스 조성에 온몸을 바쳤다. 그리고 차기 학장을 맡아 교수와 학생들의 현안을 직접 챙기면서 학교 행정을 진두지휘하였다.

전국에서 몰려든 한의예과 학생들이 우수 인재라 하더라도 졸업 정원 80명으로는 학교를 운영하는 일이 방만한 운용일 뿐만 아니라 규모의 경제에서 볼 때도 가성비가 너무 낮았다. 1982년 한문학과를 새로 증설하는 것을 필두로 국어국문학과, 보건경제학과, 환경보건학과 등이 속속 설치되었다. 강의동은 물론 중앙도서관, 교수연구동 등 건물들이 연이어 준공되었다.

5개 학과 재학생이 1,200여 명에 이르렀고 각종 연구소와 부속기관, 부속기구가 설치되었다. 그리고 석사와 박사를 배출할 수 있는 대학원 설립까지 인가를 받았다. 대학가에서는 아직 졸업생을 배출하지 않은 상태에서 이례적 인가로 받아들여졌지만 연구기반이 이미 조성되어 있었다는 증좌라 하겠다.

한의예과 중심으로 관련 학과를 우선 개설한 데 이어 우리 사회의 교육 열망을 충족시킬 학과가 지속적으로 개설되어 인문학부 4개 학과, 자연학부 4개 학과, 보건학부 2개 학과, 야간학부 3개 학과 그리고 일반대학원과 보건대학원까지 갖추면서 종합대학교 승격을 위한 계획의 일환으로 대학명칭을 1990년 경산대학으로 바꾸었고, 1993년 종합대학교 승격 인가를 받아 '경산대학교'로 바꾼다.

10년 동안 학교가 9개 학부로 성장하면서 대외경쟁력을 제고하기 위해서는 지방 중소도시의 지역적 한계를 벗어나고 대외인지도를 높일 필요성이 제기되었다. 대학 구성원들의 의견을 수렴하여 2003년 경산대학교에서 대구한의대학교로 변경인가를 교육인적자원부로부터 받아냈다.

한방생명기술(BT) 분야를 특성화 축으로 정보통신기술(IT), 문화산업기술(CT) 분야별 전문인력 양성으로 일대 변혁을 불러왔다.

영남대학교 총장을 역임하고 한국학중앙연구원의 전신인 정신문화연구원 초대 원장을 지냈던 이선근 박사는 향산의 저서 『한의(韓醫)의 맥박(脈搏)』을 읽고 크게 감명을 받았다. 특히 동양 전통 의약을 다루는 인술(仁術)의 대가들이 남긴, "병불살인(病不殺人)이요, 약능살인(藥能殺人)이라."에 큰 관심을 가지고 한의학에 주목하게 된다. 병으로 죽기보다 약물 오남용이 생명을 재촉할 수도 있다는 경고가 회자된 것은 당시나 지금이나 크게 다를 바 없다. 대구 지역 대학에 한의과대학 설치를 위해 동분서주하던 향산과 여러 차례 만나면서 이선근 박사는 향산의 인간미에 매료된 것 같다. 그런데 한의(漢醫)를 당시로서는 생소하게 보이는 한의(韓醫)라 말하는 것에 신선한 충격을 받기도 하였다.

향산은 1974년부터 줄곧 한의(韓醫)로 써야 한다고 주창하여 왔다. 의료법 개정을 거쳐 한의사협회에서도 드디어 1986년 허준 이래 한국의 동양의학 공식 용어가 한의(漢醫)에서 한의(韓醫)로 변경되었다. 향산이 주도한 대구한의대학교의 학문적인 이론과 체계가 뒷받침되어 한결 용이하였음을 알 수 있다.

오늘날 대구한의대학교가 한방의료 분야를 축으로 한 생명공학 그리고 우리 시대를 반영하는 정보기술과 문화공학 분야 등 첨단화를 도모하면서 눈에 띄게 발전해 나가고 있다. 또 산학협동을 통한 생명공학, 한방산업, 한방벤처산업, 화장품사업 등 다양한 분야에서 지역산업을 선도하고 있다. 그 이면에는 철이 든 이래 4시간 이상 잠을 잔 기억이 별로 없다는 향산의 땀과 정신, 손길이 배어 있음을 부인할 수 없다.

5. 한의학, 덕의 정신을 추구하는 생활철학이다

한의학은 서구 의학과는 달리 인체를 각론적으로 보는 것이 아니라 하나의 시스템으로 본다. 따라서 신체 한 기관의 기능이 제대로 작동되지 않을 때는 그 원인을 인접 유관기관과의 공조 관계에서 이상 여부를 먼저 파악한다. 공조가 원활하지 않은 기관의 기운을 돋구어줌으로써 상생을 도모한다. 한의사는 분절적 치료보다는 인체를 하나의 유기체로 보고 각 기능들이 상호 공조를 이루어 내도록 처방한다.

그래서 한의학에서는 인체가 소우주라 일컫기도 한다. 인체 기관 하나하나가 유기적으로 서로 영향을 주고받는다는 점에서 매우 적절한 표현이다.

향산 변정환 박사의 삶을 눈여겨본다. 신체의 기관이 독립적이지만 서로 유기적으로 관련성을 갖는다. 사람 역시 개인으로 볼 때는 독립적 개체이지만 각각의 사람과 사람, 그리고 개인과 집단, 또는 집단과 집단을 유기적으로 꿰고 있는 무언가가 있다. 비록 형상을 띠고 있지는 않다 할지라도 그 속성은 원소에 불과한 소집단에서부터 그 규모를 확대하더라도 비슷한 속성을 띨 것이다. 집단이 원소로 분화하고, 원소가 집단으로 응집되더라도 프랙탈로서의 자기 유사성이 공통적으로 작용할 것이다.

즉 한 사람을 '人'으로 표현한다면 두 사람의 경우엔 '從', 셋 이상일 때는 '衆'이 된다.[6] '從'의 관계이든 '衆'의 관계이든 '人'은 부지불식간 프랙탈로서의 자기 유사성을 가진다.

향산 변정환 박사는 이미 사람과 사람을 연결하고 이해하는 프랙탈의 구조를 실천하고 있다. 이는 곧 공자가 주장하는 덕(德)과 인(仁)에 닿는다.

덕(德)은 사람이 살아가는 데 있어 육신의 두 눈이 보지 못하는, 드러나지 않은 부분을 볼 수 있는 여덟 개의 눈을 더하여 비로소 상대가 어떤 사람인지 한마음의 상태에 이르러야 한다는 것이다. 그것은 관계와 상호조응을 추구하는 한의학의 길이기도 하다. 그가 되어 보지 않고 누군가를 안다고 섣불리 말하거나 어떤 상황을 속단해서는 안 된다. 향산 변정환 박사는 덕을 생활 속에서 실천하고 있다는 점에서 공자의 가르침에 충실할 뿐만 아니라 한의학의 충실한 사도인 것이다.

향산은 환자를 대함에 있어서도 진료자인 의사 자신이 환자와 한마음이 되기 위하여 열의 눈을 활짝 여는 것은 물론 제대로 들으려고 '귀를 왕으로 하여 그들의 소리에 귀 기울[聽]이'는 것이 몸에 밴 삶을 살고 있다.

---

6 김형태, http://www.chungnamilbo.co.kr/news/articleView.html?idxno=688435.

그는 손수 의사가 지켜야 할 열 가지 수칙, 의가십요(醫家十要)를 수립하여 지켜나갔다.

① 항상 인자한 마음씨를 간직한다.
② 유학의 도리에 통달하여야 한다.
③ 혈맥의 이치를 바르고 정미롭게 이해한다.
④ 병의 근원을 인식하고 분별하여야 한다.
⑤ 사계절의 기운을 잘 이해하여 치료한다.
⑥ 경락의 위치와 흐름을 밝게 이해하여야 한다.
⑦ 약재의 성능을 잘 알아주어야 한다.
⑧ 약을 조제하여 달이는 방법을 정확히 하여야 한다.
⑨ 시기심과 공명심, 질투심을 버려야 한다.
⑩ 이중의 이익이나 빈부에 따라 투약을 달리하지 않아야 한다.

한의사로서의 진료와 침 시술은 향산에게 손끝의 기술을 넘어 동양학에 뿌리를 둔 자연의 섭리에 통달하는 일이었다.

향산은 "현대의학은 주로 인체의 형태에 치중하여 과학적 분석 방법에 따른 해부학과 국소병리학에 기초를 둔 데 반해 우리의 한의학은 육체와 정신을 혼연일체의 일원론인 생명현상학으로 본다."고 말한다.

한의학은 생리적 변조를 조절하기 위해서는 우리의 마음을 순화할 수 있는 정신적인 의학이라는 데 초점을 맞춘다. 향산이 신침 또는 명의로 이름이 우뚝한 것은 우연이 아니라 이미 경지에 이른 동양학과 역학에서 연유를 찾을 수 있으리라.

6. 저술가로서 자연주의 생명주의를 실천하다

덕(德)의 철학을 어찌 사람 사이에만 주고받아야 할 이치로 국한시키랴. 사람과 사물 간에도 열의 눈으로 살펴 한마음이 되려는 것, 그것은 곧 사랑이다. 향산 변정환 박사는 이 세상 모든 사람과 사물에 대하여 한마음이 되는 삶을 살아왔다.

향산이 우리 겨레의 전통문화 특히 어려운 한문학 및 철학 분야에도 남달리 조예가 깊은 것에 놀란 이선근 박사는 『한의의 맥박』을 읽고 감명을 받았다. 자청하여 재판에 들어갈 서문을 손수 작성하여 보내왔다. 그 한 구절을 소개하면 다음과 같다.

> "남에게는 매우 겸허하고 친절하면서도 자신에 대해서는 가혹하리만큼 엄격한 극기심의 소유자임을 짐작하게 될 때 마음으로 더욱 존경하며 감복하지 아니할 수 없다.
> 철저하게 금욕하고 검약하는 이분의 일상생활은 이미 술과 담배는 물론이요, 한 점의 육식도 스스로 허락하지 않는 수도자의 자세를 지키고 있으니, 정녕 인술에 도통한 진인간으로 인자무적(仁者無敵)의 한 길을 개척해 나갈 것이 틀림없다고 믿어진다."

향산은 학문의 자세에 대하여, 누군가 닦아놓은 길을 답습해 나가는 것이 아니라 스스로 기준을 세워 자신의 공부가 학문세계에서 표준을 이루어 나가야 한다고 믿는다. 표준을 세우는 일은 근원을 탐구하는 일, 원전에서 충실한 연후 학문의 단계를 올릴 수 있음을 말한다. 서두르지 않는 구도자적 자세, 학문에 뜻을 둔 이들에게 던지는 메시지이자 향산 자신을 향한 경구이기도 하리라.

"진정한 우리들의 광명(光明)은 학문의 성취에 있고 학문의 성취는 자신에게 있다.

학문의 성취는 서양의학을 보고 배움에 있지 않고, 동양의학, 즉 한의학을 더욱 탐구하는 데 있다고 본다. 다시 말해서 동양의학, 한의학은 오직 그 뿌리, 근원에서부터 탐구되어야 한다. 그 뿌리는 결코 원전(原典)에서 찾아야 하며 원전 가운데서도 내경, 장부론에 있다. 그리고 난경과 천부론을 숙지하면 광명이 보인다. 그 뿌리는 또한 역학에 있는 것이다. 의학입문선천도설에 역학을 탐구하지 않고서 의학을 논하지 말라는 소이(所以)도 여기에 있는 것이다.

오늘날의 의학을 뿌리가 없다 하고 가시적인 현상에만 의존하는 경향들이 많다고 한다. 중용에 막현호은(莫見乎隱)하고 막현호미(莫顯乎微)라 했다. 무에서 유를 구하는 구도인(求道人)의 자세여야 한다."[7]

향산은 미륵신앙의 신봉자이다. 그리고 대자연운동을 주도하고 있다. 엄청난 인력과 자산이 소요되지만 향산은 뜻하는 바를 실현하기 위하여 물러설 줄 모르는 뚝심과 뜨거운 열정을 보인다.

불가에서는 살생을 말라고 가르친다. 그 가르침을 따르자면 육식보다는 채식이 맞다. 내가 직접 생명체를 도살하지 않는, 간접 살생을 용인하는 이중성에 향산은 큰 회의를 가지고 있다.

산 것을 먹지 않고 오로지 천 년에 한 번 열리는 죽실(竹實)을 먹는다는 봉황처럼 비건주의자로서 자연을 지극히 사랑하고 가꾼다. 대자연운동을 주도하는 향산은 자연주의 생명주의에 충실한 천생 한의학자로 인(仁)과 덕(德)을 충실히 실천하는 공자의 사도라 하겠다.

---

7 변정환, 『시련을 딛고 밝은 세계로』, 북랜드, 2007, 327~328쪽.

그리스 신화에서 대지의 신은 '가이아'이다. 지구라는 행성은 포괄적으로 자연이자, 거대한 생명체 '가이아'라 말할 수 있다. 가이아는 이 땅의 생명체를 포함해 물 공기 바람 등 삼라만상 간의 평형으로 지구를 경영한다. 그것은 곧 관계의 역학이다.

선인들의 철학과 사상을 오늘에 잇기 위하여 동양학과 의료 관련 번역 및 저술 활동은 물론 젊은이들에게 꿈과 희망을 심어주는 자서전 발간에도 심혈을 기울였다. 온고이지신(溫故而知新) 정신의 저술가라 하겠다. 도덕경의 현대적 번역서와 자서전『시련을 딛고 밝은 세계로』는 한때 베스트셀러 반열에 오르기도 했다.「춘정 변계량 선생의 생애와 배경」등의 논문과 역저『역질의 보건서적 구료시책』도 선생이 아니었으면 빛을 보지 못했을 것이다.

향산은 충효를 몸소 실천하고, 아직도 진료와 봉사활동에서 끈을 놓지 않는 노익장을 보여주고 있다. 선생이 심혈을 기울여 병행하고 있는 신앙 활동과 대자연 운동도 사람과 자연, 비생명체에 이르기까지 자연의 순리를 위한 관계와 평형에 뿌리를 두고 있다.

덕(德)은 가이아의 품속에 있는 사람과 생물체, 그리고 비생물적 요소까지 하나의 관계망 속에서의 물아일체, 그 상호작용을 읽어낸다. 이를 처방하고 실천하는 삶이 한의의 길이며 또한 향산이 추구하는 삶의 철학이라 하겠다.

향산 변정환 선생의 시대적 위상과 학문세계

2024년 9월 13일 초판 1쇄 펴냄

편집인 대구한의대학교 향산교양교육연구소
발행인 김흥국
발행처 도서출판 보고사

등록 1990년 12월 13일 제6-0429호
주소 경기도 파주시 회동길 337-15 보고사
전화 031-955-9797   **팩스** 02-922-6990
메일 bogosabooks@naver.com
http://www.bogosabooks.co.kr

ISBN 979-11-6587-541-1 93990
ⓒ 대구한의대학교 향산교양교육연구소, 2024

정가 45,000원